自由自在 中学 社会
From Basic to Advanced

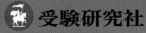

受験研究社

はじめに

首相や財務大臣として活躍した高橋是清は，

「一足す一が二，二足す二が四だと思いこんでいる秀才には，生きた財政はわからない」

と言いました。

世の中の「価値」を表す数字は，刻々と変わっていきます。予想通り，計算通りにいかないのが世の中の数字です。

歴史においても，栄華を誇った国や一族が，時代とともに衰退していくのは，成功するための正答が一つではなかったということを示します。

世の中では，模範解答さえ覚えれば，いつでもどこでも問題が解決するわけではありません。社会において正解は一つではなく，正解は，常には正解とはならないのです。大切なことは，その時々，その場その場でよく考え，最適解を探求し続けることなのです。

社会科を学ぶということは，その場所で考え得る，最適解を探求する力をもつことです。

つまり，社会科の学習は，一つの答えを暗記すればよいのではなく，一人の市民として，より望ましい最適解を考えるための基盤をつくることなのです。

『中学 自由自在 社会』には，社会科各分野（地理・歴史・公民）の内容が整理してまとめられているのですが，これらをすべて覚えることが大切なのではなく，関連付けて考えるようにすることを心がけてみてください。知識を関連付けて，できごとや問題がおきた原因について考えてみてください。それらの原因は一つではないはずです。問題の解決方法も一つではないはずです。

中学生の皆さんが，『中学 自由自在 社会』を高校受験対策に活用していただくことはもちろんのこと，本書で学ぶことで，世の中の問題について深く考え，さまざまな解決の仕方を導くことのできる力をつけていくことを願っています。

監修者
深谷 圭助

この本を使うみなさんへ

『自由自在』を手に取ってくれたみなさん，ありがとうございます。この本は，見ての通りとても厚い本です。しかし，とても難しい本というわけではありません。

この『自由自在』は，みなさんがまさに自由自在に，自分自身の力で学習を進められるようにつくられた本です。学校や塾でわからなかったことを『自由自在』で復習することができます。これから学ぶことを『自由自在』で確認する予習にも使えます。また，高校入試に役立つ内容を豊富に掲載しているので，受験対策にもなります。『自由自在』には学校で学ぶことや，それ以上にくわしい内容が掲載されているので，社会科が苦手な人も得意な人も，自分のペースで学習を進めることができるでしょう。

『自由自在』にはとても長い歴史があります。初めて出版されたのは1953年のことです。それから現在に至るまで，数多くの先生や編集部員が，考え，悩みながら，その時代に合った参考書にしていきました。しかし，その中でも変わらない思いがあります。それは，学ぶ楽しさを味わってほしいということです。

学ぶことは決してつらいことではありません。また，意味のないことでもありません。社会科の学習はすぐには役に立たないかもしれませんが，日本や他国を知り，歴史や文化を学び，世の中のしくみを学習することで，自分の中の世界がどんどん広がっていくことを実感できるでしょう。そうなると，この世界で生きることがより楽しく，意義深いものになるはずです。

学ぶ中でわからないことがあれば，いつでも『自由自在』を開いてみてください。そこには，みなさんが知りたかったことが書いてあるはずです。わからないことがなくても開いてみてください。そうすれば，より深い知識が身に付くはずです。

増進堂・受験研究社は，「馬(騎士)のマーク」をシンボルとしています。それは，読者のみなさんにとって忠実な騎士のような存在でありたいと願っているからです。この『自由自在』が社会科の学習を進めていくみなさんの世界を広げ，将来を切り開く最高のパートナーになることを，この本に関わったすべての人が願っています。

編著者 しるす

📖 特長と使い方

▶ 解説ページ

Point

この節で学習する重要なポイントをまとめています。

入試重要度

高校入試での重要度を★で示しています（★→★★→★★★の3段階で★★★が最重要）。

キャッチフレーズ

項目の内容を簡潔に表すフレーズを入れています。

丁寧な解説文

最重要語句は色文字，重要語句は黒太字，そのまま覚えておきたい重要な解説文には色下線を入れています。

第2章 古代までの日本

2 日本の成り立ち

Point
① 縄文・弥生・古墳時代の社会や文化の違いを整理しよう。
② 稲作と金属器の伝来が日本にどのような影響を与えたのか理解しよう。
③ 大和政権の誕生とその支配のしくみを知ろう。

1 日本のあけぼの ★☆☆

1 日本人のルーツ

〜大型動物を追って日本列島に移住〜

日本列島は200万年前ごろに形ができはじめ，氷河時代には海面が低くなったことで大陸と陸続きになった。そのため，**マンモスやオオツノジカ**などの大型動物がやってきた。そして，これらの大型動物を追って，人々が移り住んできた。日本列島にいつから人々が住みはじめたのか，正確にはわかっていないが，彼らは植物を採集し，打製石器を使って動物や魚を捕らえる狩猟・漁を行い，集団をつくって獲物を求め，移動しながらくらしていたと考えられている。

2 日本列島の誕生

〜気候変動が生んだ日本列島〜

今から1万年ほど前に最後の氷期が終わると，氷がとけて海面が上昇し，それまで大陸の一部であったところは島になって，ほぼ現在と同じような日本列島が成立した。

野尻湖遺跡（長野県）の3万年以上前の地層から発見された。

⊕ 氷河時代の日本列島

野尻湖
マンモス
オオツノジカ
ナウマンゾウ
現在の陸地
約2万年前の陸地

⊕ ナウマンゾウとオオツノジカの化石

参考 岩宿遺跡（群馬県）
1946年，相沢忠洋が関東ロームから打製石器を発見した。この発見によって日本にも旧石器時代が存在したことが証明された。

⊕ 打製石器

Episode 旧石器時代の人々は集団で協力し，落とし穴などのわなを仕掛けたり，足場の悪い沼地や湖に追い詰めたりして，**マンモスやナウマンゾウ**を捕らえていた。捕らえた獲物はみんなで分け合い，肉は食料に，骨や牙は道具に，皮は衣服の材料として余すところなく利用した。

250

役に立つ脚注

 社会科に興味・関心をもたせるような雑学などを入れています。

 高校入試でよく問われる内容や出題傾向・出題形式，その対策など，入試に役立つ情報を入れています。

○縄文土器

2 縄文文化 ★★☆

1 縄文時代の始まり

～土器の使用が始まる～

　1万2000年ほど前から日本列島に住む人々は，木の実の煮炊きや保存のために土器をつくるようになった。当時の土器は，厚手で複雑な形をしたものが多く，低温で焼かれたため黒褐色をしていた。また，表面には縄目のような文様がつけられているものが多いことから縄文土器と呼ばれる。縄文土器が使われたころの文化を縄文文化，この時代を縄文時代という。

2 縄文時代の人々のくらし

～自然の恵みを利用した縄文人～

❶ 貝塚…縄文時代の人々のくらしは，貝塚を調べると推測できる。貝塚からは，動物や人の骨，土器片などが見つかっており，当時のくらしを知る大切な手がかりになっている。

❷ くらし…人々は食料が得やすい場所にたて穴住居をつくり，集団で狩猟・漁・採集による生活を送った。狩猟や漁には磨製石器や骨角器が使われた。三内丸山遺跡のような大規模集落も誕生し，遠隔地との交易も行われていた。集団に指導者はいたが，貧富や身分の差はまだ生まれていなかった。

❸ 精神生活…人々は，人間の死や病気を神や精霊のしわざと考え，儀式やまじない，豊かな実りを祈る祭りを行った。大人になった儀式として抜歯が行われ，埋葬は体を折り曲げる屈葬の形がとられた。また，土偶と呼ばれる土製の人形もつくられた。

○人々の食べ物

狩猟や漁には，矢じり（磨製石器）をつけた弓矢や釣り針（骨角器）が使用された。

Words　貝塚

縄文時代の人々が食べた貝や食べ物の残りかすなどを捨てた場所。海岸や水辺の近くから出てくることが多い。明治時代にアメリカ人のモースが大森貝塚（東京都）を発見した。

参考　土偶

豊かな収穫や子孫の繁栄を祈ってつくられたと考えられている。女性をかたどったものが多い。

○たて穴住居(復元)

○土偶

HighClass　温暖化によって食料としての木の実の重要性が高まり，縄文時代にはくりやくるみ，どんぐりなどの木の実を採集するだけでなく，林の管理や増殖，豆類やひょうたんなどの栽培も行われていたと考えられている。

251

豊富な図表

地図やグラフなどの図表，写真，イラストを豊富に掲載しています。解説文とともに，これらを確認し，理解を深めましょう。

充実のサイドコーナー

Words

重要用語の詳細な解説をしています。

参考

解説文中に出てくる事項の詳細な解説や，その事項に関連した知っておくべき知識の解説をしています。

Person

主要な歴史人物について解説をしています。

史料

入試でよく出題される史料を掲載しています。

Why

重要事項について，その理由や原因，背景を解説しています。

zoomup

解説文中に出てくる語句について，よりくわしく説明しているページを掲載しています。

HighClass　高校での学習内容など，本文よりも難度が高い内容を入れています。

Q&A　定期テストや高校入試でよく出題される短文記述問題およびその解答例を「Q＆A」形式で入れています。

Close Up

「Close UP」では，高校入試で頻出となる事項や，特定の重要なテーマなどについて，図表や写真も織り交ぜながら，くわしく解説しています。

ここからスタート！

各章の導入として，この章で学習する内容の要点を，イラストを用いて紹介しています。

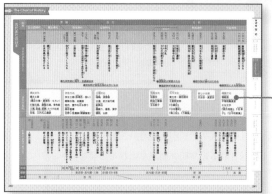

The Chart of History

第2編歴史では，各章に日本と世界の主なできごとや文化などに関する年表を設けました。歴史の流れをつかみましょう。

☑ 重点Check

各章末に高校入試で落としてはならない頻出問題を，一問一答形式で入れています。解説しているページも掲載していますので，間違った問題は解説ページで確認しましょう。

難関入試対策 思考力／記述問題

各編の区切りには，知識だけでは解くことができない，分析力・判断力・推理力などが試される思考力問題や記述問題を設けました。解説では，正答に至るまでのプロセスや考え方を説明しています。ぜひ，挑戦してください。

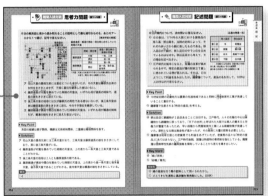

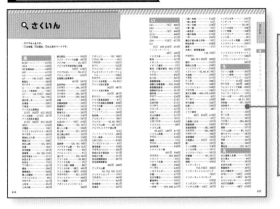

調べやすいさくいん

- どの分野の用語かわかるように，地 歴 公のマークを入れています。
- 人名を赤文字にしています。
- アルファベットのさくいんも設けています。

もくじ

第2編 歴 史

第3編 公 民

第1章　現代社会とわたしたちの生活　460〜481

装丁デザイン　ブックデザイン研究所
本文デザイン　A.S.T DESIGN
　　図　版　デザインスタジオエキス.
　　イラスト　青木麻緒

写真所蔵・提供(敬称略)
会津若松市立会津図書館　公益社団法人 青森観光コンベンション協会　阿寒湖アイヌシアターイコロ　秋田市竿燈まつり実行委員会　朝日新聞社　安土城郭資料館　天草市立天草キリシタン館　学校法人 安城学園 岡崎城西高等学校　和泉市久保惣記念美術館デジタルミュージアム　一乗寺　茨城県立図書館　株式会社いろどり　上杉神社　宇宙開発共同組合SOHLA　宇都宮市　恵林寺・武田信玄公宝物館　大垣市　大阪城天守閣　大阪大学考古学研究室　大阪府立中之島図書館　小笠原村観光局　岡谷蚕糸博物館　表千家不審菴　外務省　金沢大学附属図書館　公益社団法人 鎌倉市観光協会　鎌倉市防災安全部総合防災課　気象庁　岸和田市　北野天満宮　キユーピー　灸まん美術館　共同通信社　京都外国語大学付属図書館　京都市　宮内庁　宮内庁三の丸尚蔵館　宮内庁正倉院事務所　桑原史成　ゲッティイメージズ　玄福寺　高台寺　高知県立埋蔵文化財センター　高知市　豪徳寺　神戸市立博物館 Photo:Kobe City Museum/DNP artcom　国土交通省京浜河川事務所　国土地理院　国文学研究資料館　国立公文書館　国立国会図書館　国立歴史民俗博物館　最高裁判所　埼玉県立さきたま史跡の博物館　財務省　佐賀県　一般社団法人 酒田観光物産協会　参議院事務局　塩井宏幸　滋賀県立安土城考古博物館　時事通信フォト　慈照寺　静岡市　静岡浅間神社　志摩市　島根県立古代出雲歴史博物館　首相官邸ホームページ　首都大学東京図書館　尚古集成館　清浄光寺　勝林寺　神護寺　真正極楽寺　新日本製鐵　セイコーホールディングス　仙台七夕まつり協賛会　泉涌寺　早雲寺　大本山永平寺　田原市　田原市博物館　チャムビイアーカイブ (www.oldbookskorea.net <http://www.oldbookskorea.net/>)　中国四国農政局Webサイト　中尊寺　長興寺　東京国立博物館Image:TNM Image Archives　東京電力ホールディングス　東寺　唐招提寺　東洋文庫　徳川記念財団　徳川美術館イメージアーカイブ/DNPartcom　公益社団法人 とやま観光推進機構　内閣府ホームページ　長崎歴史文化博物館　長浜市立びわ中学校　奈良市教育委員会　奈良文化財研究所　南九地質　南湖神社　特定非営利活動法人 難民を助ける会(AAR Japan)　日光東照宮宝物館　公益財団法人 日本環境協会　日本銀行金融研究所貨幣博物館　公益社団法人 日本臓器移植ネットワーク　日本弁護士連合会　公益社団法人 能楽協会　野尻湖ナウマンゾウ博物館　函館市中央図書館　東大阪市　ピクスタ　平等院　平木浮世絵美術館　フォトAC　フォトライブラリー　福岡市博物館 / DNPartcom　藤田美術館　文化庁　法務省　法隆寺　北部方面隊ホームページ　北方領土問題対策協会　毎日新聞社　前橋市　マツオカコーポレーション　松山市教育委員会　向日市文化資料館　明治神宮聖徳記念絵画館　毛利博物館　本居宣長記念館　山形県花笠協議会　山口県　横浜開港資料館　米沢市上杉博物館　臨済寺　ロイター/アフロ　ローソン　鹿苑寺　六波羅蜜寺　AFP=時事　Alamy/アフロ　ColBase (https://colbase.nich.go.jp)　hemis.fr/時事通信フォト　iStock　keystone/時事通信フォト　Literary digest　Pixabay　UN Photo/Eskinder Debebe　UN Photo/Loey Felipe　UN Photo/Manuel Elias　UN Photo/P Klee　WWFジャパン　YOSAKOIソーラン祭り組織委員会ほか

本書に関する最新情報は、小社ホームページにある**本書の「サポート情報」**をご覧ください。(開設していない場合もございます。)
なお、この本の内容についての責任は小社にあり、内容に関するご質問は直接小社におよせください。

20

1

第1編　地理

ここからスタート！ 第1編 地理

第1章 世界と日本のすがた

START!
この章では，地理分野の学習の導入として，世界と日本の地域構成を地球規模と国家規模の視点から捉えます。緯度や経度から世界の主な国々の位置や分布を，周辺の海洋や構成する島々から日本の領域の広がりを見ていきましょう。

"わたしたちの住む地球"
わたしたちの住む地球は，青く美しい星です。この地球の表面の7割は海洋が占めており，わたしたちのくらす陸地は3割に過ぎません。

水半球

陸半球

"地球儀"
地球儀は地球をそのまま縮めたものです。地球上の位置が表せるように，地球儀や世界地図には緯線や経線が引かれています。

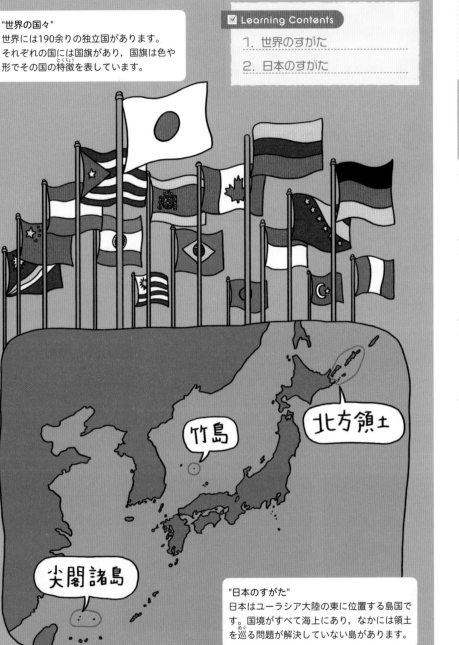

"世界の国々"
世界には190余りの独立国があります。
それぞれの国には国旗があり、国旗は色や形でその国の特徴を表しています。

☑ Learning Contents

竹島

北方領土

尖閣諸島

"日本のすがた"
日本はユーラシア大陸の東に位置する島国です。国境がすべて海上にあり、なかには領土を巡る問題が解決していない島があります。

1 ▶ 世界のすがた

1 地球のすがた　入試重要度 ★★★

1 宇宙から見た地球

〜水の惑星"地球"〜

わたしたちのくらす地球を宇宙から見るとどのように見えるのだろうか。地球は，太陽から３番目に近いところを回っている太陽系の惑星の１つである。半径約6400 kmの球体で，１周の長さは約４万km，表面積(海洋＋陸地)は約5.1億 km² である。

地球にはほかの惑星には見られない大きな特徴がある。それは，空気と水がたくさんあることであり，そのおかげでわたしたち人間も含め多くの生物がくらせるのである。

人類が初めて宇宙から地球を見たのは1961年のことで，そのとき人工衛星から地球を見た宇宙飛行士のガガーリンは「空は非常に暗かったが，地球は青かった」と伝えている。地球が青く見えたのは，地球が水のある星だからである。水(海洋)の占める割合が陸地よりも大きいことから地球は「水の惑星」と呼ばれている。

参考　ユーリイ=ガガーリン
旧ソビエト社会主義共和国連邦(ソ連)の空軍パイロット。1961年にボストーク１号で世界初の有人宇宙飛行に成功した。

参考　アポロ11号
初めて月面着陸に成功したのは，アメリカ合衆国の宇宙船アポロ11号(1969年)である。冷戦が激化する中，アメリカ合衆国とソ連は競って宇宙開発に力を注いだ。

⤴ わたしたちが住む地球

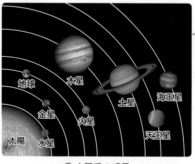

⤴ 太陽系の惑星

太陽とそのまわりを回る惑星・小惑星・衛星・すい星などの天体の集まりを太陽系といい，水星・金星・地球・火星・木星・土星・天王星・海王星を惑星という。

Episode 地球は大部分が岩石でできた惑星である。水のある海をもつ惑星でこれまでに確認されているのは地球だけだが，現在も噴火し続けている火山をもつ惑星もまた，地球だけである。

2　海洋と陸地の分布

〜三大洋と六大陸〜

　地球の表面は海洋部分と陸地部分に分かれており，こ
れらの分布には偏りがある。地球の海洋と陸地の面積比
はおよそ 7：3 で，海洋の方が陸地よりも 2 倍以上広い。
また，北半球と南半球とでは，北半球に陸地が多いこと
も特徴である。

地球の表面積 5.1億km²	陸地 28.9%	海洋 71.1%

⬆ 陸地と海洋の割合

⬆ 北半球　　　⬆ 南半球

❶ **三大洋**…3 つの大きな海を**三大洋**といい，面積の大き
いものから順に太平洋，大西洋，インド洋である。海
はほかにも陸地に挟まれた日本海や，陸地に囲まれた
地中海などからなっている。

❷ **六大陸**…陸地には 6 つの大陸（**六大陸**）と多くの島々が
ある。大陸は面積の大きいものから順に，ユーラシア
大陸・アフリカ大陸・北アメリカ大陸・南アメリカ大
陸・南極大陸・オーストラリア大陸である。

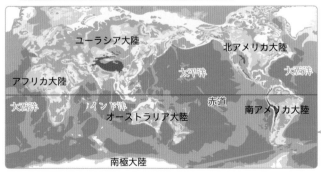

⬆ 三大洋と六大陸

参考 水半球と陸半球

海の部分が最も大きく見える角
度から見た地球を**水半球**，逆に
陸地が最も広がっている角度か
ら見た地球を**陸半球**という。水
半球では，海と陸地の面積比は
9：1 であるが，陸半球では
1：1 である。つまり，陸地が
最も大きく見える角度から見て
も陸地の面積は海の面積とほぼ
同じ大きさしかない。

⬆ 水半球

⬆ 陸半球

大洋の中で一番広い
太平洋は 5 つの大陸
に囲まれ，大陸の中
で一番広いユーラシ
ア大陸は 3 つの大洋
（三大洋）に面してい
る。

HighClass

地球には 3 億年前から 2 億年前ごろは，**パンゲア**と呼ばれる大きな 1 つの大陸しかなかった
が，1.8億年前ごろには北の**ローラシア大陸**と南の**ゴンドワナ大陸**に分裂した。その後，ロ
ーラシア大陸とゴンドワナ大陸が分裂と移動を続けて，現在の大陸の形に至っている。

3 世界の地域区分

～6つの州に分かれる世界～

　南極以外の大陸にある国と地域は，周辺の島々と合わせて大きく6つの州に分けることができる。これは海や山脈などによって世界を区分する方法で，アジア州・アフリカ州・ヨーロッパ州・北アメリカ州・南アメリカ州・オセアニア州の6つに分けられ，それぞれの州はさまざまな国や地域で構成されている。アフリカ州や北アメリカ州，南アメリカ州のように大陸と同じ名称がつけられている州もあれば，大陸の中で最も大きいユーラシア大陸のようにウラル山脈を境にしてアジア州とヨーロッパ州に分けられているところもある。オセアニア州は，オーストラリア大陸と周辺の島々で構成されている。

↑ 世界の州区分

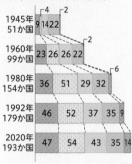

参考 6つの州に属する国の数

第二次世界大戦後，国際連合が発足したときには国際連合の加盟国は51か国にすぎなかったが，その後，1960年代を中心にアフリカ州やアジア州で植民地支配されていた地域が次々と独立し，国際連合に加盟した。現在，国連加盟国数が最も多い州は，アフリカ州である。

↑ 国際連合の加盟国数の推移

　よりくわしく示したいときには，自然や文化などの特徴によって6つの州をさらに異なるいくつかの地域に区分することがある。例えばアジア州の場合，**東アジア・東南アジア・南アジア・西アジア・中央アジア・シベリア**に分けられる。この区分を使うと，わたしたちが住む日本は，アジア州の中の東アジアに位置する国，と表現することができる。ヨーロッパも東西南北に区分でき，イギリスは西ヨーロッパに属する。

↑ アジアの地域区分

HighClass

現代の世界は，自然・政治・経済・文化などの指標によって，さまざまに地域区分することができる。地域区分は固定されたものではないため，何を指標とするかで異なってくる。

② 世界のさまざまな国々 ★★★

1 世界の独立国と地域

〜200近くある世界の国々〜

世界には190余りの**独立国**がある。国が独立国として成り立つためには，**領土・国民・主権**（国の政治について最終的に決定する統治権）の３つを有することが必要である。また，それをほかの国々が承認して，初めて独立国とみなされる。なお，世界にある197の国のうち，バチカン市国・コソボ共和国・クック諸島・ニウエを除く193の国が2020年11月末現在，国際連合（国連）に加盟している。

地球にくらす人々や地球の陸地のほとんどは，これら独立国のいずれかに属しているが，世界には今もほかの国から独立国として認められていない地域や，ほかの国に治められている地域がある。世界はこのように独立国と地域によって構成されている。

2 島国（海洋国）と内陸国

〜世界の国々とその国境〜

国と国の境を**国境**という。国境には，川や山脈などの自然の地形に沿って決められたものや，緯線や経線など人為的な区分に沿って決められたものがある。日本のように周りを海で囲まれ，国境がすべて海上にある国を島国（海洋国）といい，国土が海に面しておらず，国境がすべてほかの国との国境線になっている国を内陸国という。内陸国にはモンゴルなどがある。

参考 日本が承認している国
日本政府が承認している国の数は195か国である。これに日本国を加えて，現在196の独立国が世界に存在するというのが，日本政府の見解である。日本政府は近年では，2011年３月25日にクック諸島，2011年７月９日に南スーダン，2015年５月15日にニウエを独立国として承認している。ニウエとクック諸島は国連未加盟だが，日本が独立国として承認していない北朝鮮は韓国とともに1991年に国連に加盟している。

参考 国　境
国境は，戦争や国際情勢によって歴史的に変化を繰り返してきた。世界には今も国境が未確定な地域がある。国境を巡って国どうしの主張が食い違うこともあり，国境はしばしば紛争の原因になっている。

↑ 直線的な国境と未確定の国境

↑ 自然の地形に沿って決められた国境

赤道はアフリカの**ビクトリア湖**，東南アジアに位置する**シンガポール**のやや南，南アメリカ大陸のブラジルを流れる**アマゾン川**の河口付近を通っている。地図を見ると，190余りある世界の国々の多くが赤道以北の北半球に位置していることがわかる。

3　世界の国々①

〜面積・人口から考える〜

❶ **大きな国と小さな国**…世界で最も面積が大きい国は**ロシア連邦**である。その大きさは日本の**約45倍**あり、世界の陸地面積の1割以上を占めている。続いてカナダ・アメリカ合衆国・中国・ブラジルの順に大きく、これらの国の面積はいずれも日本の面積の20倍以上ある。一方、世界で最も小さい国である**バチカン市国**は東京ディズニーランドほどの広さしかない。また、シンガポールは奄美大島、スイスは九州と同じくらいの大きさである。このように、日本よりも小さい国は世界にたくさんある。

❷ **人口の多い国**…世界にはおよそ**78億人**の人々がくらしている。最も人口が多い**中華人民共和国（中国）**は約14.4億人、2番目に多いインドは約13.8億人で、3位のアメリカ合衆国（約3.3億人）を大きく引き離している。世界人口の約6割はアジアに集中しており、日本も世界で11番目に人口が多い（2020年）。

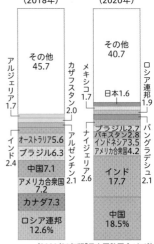

面積1億3616万km²（2018年）　人口77億9480万人（2020年）

（2020/21年版「日本国勢図会」など）
⬆ 世界の面積と人口

4　世界の国々②

〜いろいろな角度から国を見る〜

❶ **国名から見る**…国名を見ると、その国の成り立ちを知ることができる場合がある。自然や地形・人名・歴史などを由来にしている国や長い正式名称と短い通称の両方がある国、また、政治や社会のしくみの変化によって国名が変わった国もある。

参考　オランダ
オランダという国名は、ポルトガルから日本に伝えられたときの呼び名である。正式名称はネーデルラントで、「低地の国」を意味する。

国名	由来・正式名称・変化など
エクアドル	スペイン語で「赤道」という意味。
アイスランド	「氷の国」という意味。
アメリカ合衆国	アメリカ大陸を発見した探検家アメリゴ＝ベスプッチに由来。
ボリビア	独立運動の指導者シモン＝ボリバルの名に由来。
リベリア	アメリカ合衆国の解放奴隷が建国。「自由」を意味するリバティに由来。
イギリス	グレートブリテン及び北アイルランド連合王国が正式名称。
ロシア連邦	ソビエト社会主義共和国連邦解体後、ロシア共和国からロシア連邦に改称。

⬆ 名称に特色のある国の例

短文記述対策！

Q モルディブが将来なくなってしまう可能性があるといわれる理由を説明しなさい。

A モルディブは海抜高度が低い島国なので、地球温暖化が進み、海面が上昇すると水没してしまう可能性が高いから。

❷ 国旗から見る…国にはそれぞれ**国旗**が定められている。国旗は色や形，シンボルによってその国の特徴(とくちょう)を表しており，国旗からもその国の歴史やその国の人々の思いを知ることができる。シンボルには太陽や月・星・動物などが多く，例えばイスラム教の国では，イスラム教の象徴である月と星を国旗に使用することが多い。一方，歴史の中で人々の意識が変わり，国旗が変更(へんこう)された国もある。

イギリスの国旗

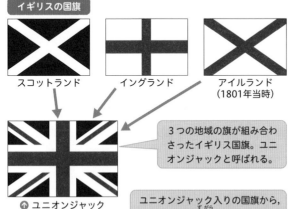

スコットランド　　イングランド　　アイルランド
（1801年当時）

3つの地域の旗が組み合わさったイギリス国旗。ユニオンジャックと呼ばれる。

↑ ユニオンジャック
（1801年制定）

カナダの国旗

（1957〜65年まで使用）

ユニオンジャック入りの国旗から，カエデの葉の図柄(ずがら)の国旗になった。カエデはカナダの国花

キリバスの国旗

海と太陽をデザイン。キリバスは太平洋上の島国

カンボジアの国旗

中央に世界遺産のアンコールワット

↑ いろいろな国の国旗

Episode 日本の国旗は，一般的(いっぱん)には「日の丸」，法律上では「日章旗」と呼ばれている。1999年に国旗及び国歌に関する法律が制定され，旗の縦横の比は2：3，日の丸は直径が縦の長さの5分の3，色は紅色で，旗の中心に描くものとされた。

参考 国旗の形
国旗の形は長方形とは限らない。ネパールのように山々の形をかたどった長方形ではない国旗もある。

模様は月と太陽

↑ ネパールの国旗

Why ユニオンジャックの描(えが)かれた国旗が多い理由
オセアニア州の国の国旗には，オーストラリア・ニュージーランド・ツバル・フィジーなどのように南十字星やユニオンジャックを描いたものが多い。南十字星は南半球の象徴，ユニオンジャックはイギリス連邦(れんぽう)の一員であることを意味する。国旗の中にあるユニオンジャックは，かつてイギリスの植民地であったことを示している。

↑ オーストラリアの国旗

↑ ツバルの国旗

③ 地球儀と世界地図 ★★☆

1 地球と地球儀

~地球を正確に表せる地球儀~

地球儀は地球をそのま
ま縮めたもので，大陸や
島の形，位置・面積・角
度・方位をすべて正確に
表すことができる。しか
し，球体のため常に半分
しか見ることができず，
地球全体のようすを一度
に捉えることはできない。

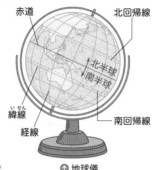

赤道　北回帰線
北半球
南半球
緯線
経線
南回帰線

↑ 地球儀

また，平面ではないため持ち歩くには不便である。

Words 地球儀

地球を縮めて球体で表した模型。
地球は地軸が23.4度傾いた状
態で自転と公転をしているため，
地球儀も同じ角度だけ傾けられ
ている。

Close Up　地球儀を使って距離と方位を調べよう！

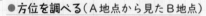

●**距離を調べる**

1 北極点と南極点を紙テープで結ぶ。

2 紙テープに目盛りをつける。20等分した目盛
りであれば，北極点と南極点の距離＝地球の
半周＝約2万kmなので，テープのひと目盛
りの長さは約1000kmになる。16等分した
目盛りであれば，ひと目盛りの長さは約
1250km，緯度10度ごとに目盛りをつけれ
ば，ひと目盛りの長さは約1100kmになる。

●**方位を調べる**（A地点から見たB地点）

1 2枚の紙テープを直角にはり合わ
せる。

2 テープが交差したところにA地点
を合わせる。

3 テープの1本を経線（北極点と南
極点を結ぶ縦の線）に合わせると，
それが南北を，もう1本が東西を
示す。

4 B地点の方位を確認する。

テープは2つの地点の
最短コースになる。

↑ 距離の測り方

西　B
A　東

B地点は，
A地点から
見て北東に
位置するこ
とがわかる。

↑ 方位の調べ方

Episode

地球が傾いて回転しているため，一部の高緯度の地域では太陽が一日中沈まない白夜と呼ば
れる現象が見られる時期がある。逆に一日中太陽が昇らない日もあり，このような現象は極
夜と呼ばれる。

2 緯度と経度

～地球上の位置を示す２つの数字～

❶ 緯線と経線…地球儀には縦横に線が引かれている。赤道と平行に引かれている横の線を**緯線**，北極点と南極点を結ぶ縦の線を**経線**（子午線）という。

❷ 緯度と経度…緯度とは，地球の中心と赤道からの角度のことで，地球上の南北の位置は**北緯**（赤道より北）と**南緯**（赤道より南）という角度を使って表すことができる。緯度は赤道を０度として，南北に90度ずつ（北緯90度が北極点，南緯90度が南極点）に分かれている。一般的に高緯度ほど気温が低く，低緯度ほど気温が高い。経度は，**イギリスのロンドン**にある旧グリニッジ天文台を通る経線（本初子午線）を経度０度として，地球を東西に180度ずつに分けたもので，経度０度の東側を**東経**，西側を**西経**で表す。つまり，経度は地球上の東西の位置を表すときに用いられ，東経180度の経線と西経180度の経線は同じ経線になる。経度が異なると**時差**（→ p.34）が生じる。

3 世界地図

～世界地図のメリット・デメリット～

世界地図は地球のようすを平面に表したものである。紙面上でもコンピューターの画面上でも見られるので，地球儀に比べて取り扱いは便利である。また，世界全体のことを調べたり，世界全体のようすを一度に捉えたりするのにも適している。しかし，球体の地球を平面にしているため，形や面積・方位・距離などのすべてを正確に表すことはできない。そこで，いろいろな図法を用いて，面積・方位・距離のいずれかを正確に表せるようにくふうがされている。わたしたちが世界地図を使用するときには，その目的に応じてどの図法を用いた地図を使うのが良いかをその都度検討しなくてはならない。また，その前提として，それぞれの図法の特徴を正しく理解しておかなくてはならない。

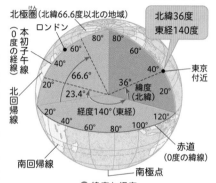

北極圏（北緯66.6度以北の地域）
ロンドン
本初子午線（０度の経線）
北緯36度 東経140度
東京付近
北回帰線
緯度（北緯）
経度140度（東経）
赤道（０度の緯線）
南回帰線
南極点

⬆ 緯度と経度

参考 対蹠点

地球の中心を通った反対側（真裏）の地点を**対蹠点**という。秋田県の大潟村は東経140度，北緯40度の位置にある。大潟村の対蹠点はどこだろう。

横から見た地球

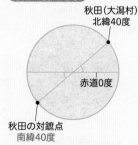

秋田（大潟村）北緯40度
赤道０度
秋田の対蹠点 南緯40度

北極点を中心にした地球

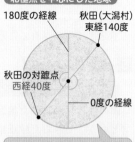

180度の経線
秋田（大潟村）東経140度
秋田の対蹠点 西経40度
０度の経線

大潟村の対蹠点は，西経40度，南緯40度の地点（ブラジル南方の大西洋上）であることがわかる。

入試Info 入試では時事をからめた世界情勢に関する問題も出題される。普段からテレビのニュースや新聞を見て世界の動きに関心をもち，世界地図を見る機会を増やすことで，世界の国々についての理解も深まる。

4 いろいろな世界地図

〜それぞれの図法の特徴を知ろう〜

❶ **モルワイデ図法**…モルワイデ図法は, 19世紀にドイツのモルワイデによって考案された。地図の形を楕円形にし, 極(北極と南極)に近い地方の形のゆがみを少なくした, 面積が正しい地図である。**面積が正しい世界地図は, 分布図などによく利用される。**

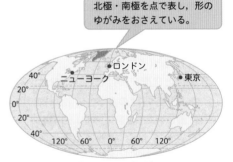

北極・南極を点で表し, 形のゆがみをおさえている。

↑ モルワイデ図法

❷ **正距方位図法**…正距方位図法は, **中心からの距離と方位が正しい地図である。**図の中心からほかの1地点を結んだ直線が, 図の中心からの正しい方位と最短経路(**大圏航路**)を表し, 図の中心からの距離を正しく求めることができる。飛行機の最短経路や方位を見るための航空図に主に利用される。

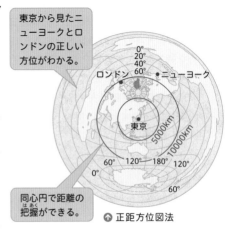

東京から見たニューヨークとロンドンの正しい方位がわかる。

同心円で距離の把握ができる。

↑ 正距方位図法

❸ **メルカトル図法**…メルカトル図法は, 16世紀にメルカトルによって考案された。地球儀を円筒に描く図法で, 経線は平行かつ等間隔に, 緯線は経線に垂直に交わるように描かれる。したがって, 地球の表面のすべての部分の**角度**が正しく表される。地図上の2点を結ぶ直線が**等角航路**となり, 羅針盤による航海に適した地図といえる。そのため, 海図や航路用地図として利用されることが多い。

5 メンタルマップ

〜地図を描いてみよう〜

頭の中に思い描いた地図をメンタルマップという。できるだけ正確な地図を描くためには, 頭の中で全体のバランスを考え, 細かいところは省くことが必要である。大陸の大きさや位置の関係を考えて, 実際に略地図を描いてみよう。

アフリカ大陸よりもグリーンランドが大きく描かれる。

↑ メルカトル図法

正積図法(面積比が正しく描かれる図法)には, モルワイデ図法のほかにもサンソン図法や, モルワイデ図法とサンソン図法を組み合わせたグード図法がある。その他にもボンヌ図法やランベルト正積方位図法など, 目的に応じていろいろな図法が考案されている。

第
1
編
地
理

第1章
世界と日本の
すがた

第2章
世界のさまざまな
地域

第3章
地域調査と
日本の地域的特色

第4章
日本の諸地域と
地域の在り方

2 日本のすがた

Point
1. 日本の国土の位置を確認し，世界各地との時差を求めよう。
2. 日本の領域の範囲や領域を巡る問題について理解しよう。
3. 都道府県の名称と位置や都道府県庁所在地名を把握しよう。

1 日本の位置と時差 ★★☆

1 日本の位置

～地図から見る日本の位置～

　世界の中で日本がどこにあるのかを説明するとき，どのように説明するだろうか。その方法には，日本の周辺の国々や大陸，海洋との位置関係を使って説明する方法と，緯度や経度を使って説明する方法がある。前者を相対的位置，後者を絶対的位置という。

↑ 近隣の国から見た日本

① **日本の相対的位置**…日本はユーラシア大陸の東にある国，太平洋の北西部に位置する島国ということができる。また，中国から見ると東シナ海を挟んで東，ロシア連邦から見ると日本海やオホーツク海を挟んで南に位置する隣国といえる。このように，相対的位置で説明すると，どこから見るかによって表現が変わる。

参考 極東の国「日本」

ヨーロッパの人々は，日本を「極東の国」と表現することがある。日本を中心にした世界地図では極東という表現に違和感をもつかもしれないが，ヨーロッパやアフリカを中心にした世界地図を見ると，日本がヨーロッパのはるか東に位置する国であることが確認できる。なお，極東とは日本だけでなく，中国や朝鮮半島，シベリア東部なども指す。

↑ ヨーロッパ・アフリカを中心に描いた世界地図

どこから見るか，どこを中心にするかで印象が変わる。

HighClass
キリスト教の世界観が支配した中世のヨーロッパでは，キリスト教の聖地エルサレムが中心となったTOマップと呼ばれる地図が作成された。この地図では，Tの上部にアジア，下部にヨーロッパとアフリカ大陸が描かれている。地図で何を中心に考えるかの影響は大きい。

❷ 日本の絶対的位置…日本の位置を緯度と経度を使って
説明すると，日本は東西およそ東経122度から154度の
間，南北およそ北緯20度から46の間に位置する国で
あるといえる。日本と同緯度，同経度の範囲にはどん
な国があるだろうか。確認してみよう。

> 日本の同緯度には中国やイ
> ラン，エジプト，スペイン，
> アメリカ合衆国などの国々
> がある。

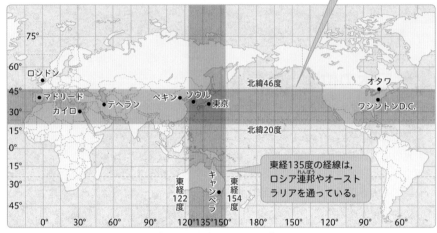

> 東経135度の経線は，
> ロシア連邦やオースト
> ラリアを通っている。

⬆ 日本と同緯度・同経度の範囲

2 日本と世界各地の時差

~時差で捉える日本の位置~

地球は24時間で1回転（360度）しているので，1時間
あたりでは15度回転している。このため，経度が15度ず
れると，1時間の時間の差が生じることになる。

各国は国内で基準になる経線（標準時子午線）を決め，
その真上に太陽が来たときを正午（午後0時）として，そ
の国の標準時としている。国の位置によって基準になる
経線は異なるため，各地の標準時も異なる。この標準時
の差を時差と呼ぶ。また，180度の経線に沿うように日
付変更線が引かれており，この線を西から東に越えると
日付が1日戻り，逆に東から西に越えると日付が1日進む。

日本は兵庫県明石市を通る経線（東経135度）を標準時
子午線としている。したがって，本初子午線が通るイギ
リスとの経度差は135度あり，イギリスとの時差は 135
度÷15＝9時間 とわかる。また，日本の方がイギリス
よりも東に位置するため，時間は日本の方が9時間早く，
東京が正午のとき，イギリスは午前3時となる。

Words 時差

各地の標準時の差。アメリカ合
衆国やロシア連邦など東西に国
土が広い国では，国を複数の地
域に分けてそれぞれの地域に標
準時を設定しているため，国内
にも時差がある。ニューヨーク
（西経75度）と東京の時差は
（135度＋75度）÷15＝14時間
だが，東京とロサンゼルス（西
経120度）の時差は（135度＋
120度）÷15＝17時間　となる。
つまり，同じアメリカ国内のニ
ューヨークとロサンゼルスにも
3時間の時差がある。

入試Info　時差の計算は確実に得点できるようにしたい。時差を正しく求められても，問われた地点の時
刻を求めるときに求めた時差を引くのか足すのかで間違えることが多い。求める地点が基準と
なる地点よりも東にあれば時差分の時間を進め（足す），西にあれば時差分の時間を戻す（引く）。

2 日本の領域 ★★★

1 日本の領域

〜島国日本の範囲〜

❶ **国の領域**…国の主権が及ぶ範囲を**領域**という。領域は，陸地である領土と領土に接する海域である領海，また領土と領海の上空の空間である領空からなっている。

※領海の幅は国によって異なる。
日本の場合は12海里（約22km）。

↑ 国家の領域

❷ **日本の領土**…日本列島は，弓状に並ぶ本州・北海道・九州・四国の４つの大きな島と，約7000の小さな島々からなる。周囲をすべて海に囲まれ，国境線はすべて海上に引かれている。南北の緯度の差は約25度，東西の経度の差は約30度あり，北海道から沖縄までの距離はおよそ3000 km ある。国土面積は約38万 km² で，これは世界の国々の中でも広い方といえる。

凡例：
- 日本の領海
- 日本の排他的経済水域
- 日本の排他的経済水域の外側で，日本が海底にある鉱山資源などの調査や開発を行う権利を認められた範囲
※これらの範囲の一部については，関係国と交渉・調整中。

北端（北緯45度33分）
東端（東経153度59分）
西端（東経122度56分）
南端（北緯20度25分）

↑ 日本の領域と排他的経済水域

❸ **日本最端の島**…日本最北端は北海道の択捉島，日本最西端は沖縄県の与那国島，日本最東端と日本最南端はともに東京都に属する南鳥島と沖ノ鳥島である。

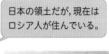
日本の領土だが，現在はロシア人が住んでいる。

↑ 択捉島

↑ 南鳥島

自衛隊員らのみが駐在

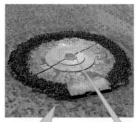
↑ 沖ノ鳥島

波の侵食から守るため護岸工事を行った。

↑ 与那国島

Episode
日本最西端の地は与那国島の西崎であったが，2019年に国土地理院が与那国島の「トウイシ」という岩を新たに２万５千分の１の地形図に記載したことから，日本の最西端は西崎からおよそ260 m 北北西のトウイシに変更された。

❹ 日本の領海と経済水域…日本の領海は干潮時の海岸線から12海里（約22 km）の範囲と決められている。また，その外側には世界の国々との取り決めで排他的経済水域を設けている。排他的経済水域とは，各国の領土沿岸から200海里（約370 km）の範囲のことで，この水域内では，沿岸国が水産資源や鉱産資源を自国のものとすることができる。離島の多い日本の排他的経済水域は広く，日本の国土面積の10倍以上にもなる。

> **参考　排他的経済水域**
> 略称は，EEZ。この範囲内では，漁業，天然資源の開発，科学的調査などの活動を沿岸国が優先的にできる。領海ではないので，他国の船の航行や航空機の飛行，海底でのパイプラインの敷設などを禁止することはできない。

2 領土を巡る問題

～北方領土と竹島～

国境線の確定や島の領有などを巡り，領土問題が生じることがある。島国である日本にも，領有を巡って隣国と解決できていない問題が残る島がある。

❶ 北方領土…歯舞群島・色丹島・国後島・択捉島からなる北方領土は，日本固有の領土であるが，第二次世界大戦後にソビエト連邦が占領し，ソ連解体後はロシア連邦が今日まで不法に占拠し続けている。日本は一貫して北方領土の返還をロシア連邦に強く求めているが，まだ実現できていない。現在，北方領土の島々に日本人は住んでいないが，1992年から元島民であった日本人と現在の島民であるロシア人との間で相互訪問などの交流が行われている。

❷ 竹島…日本海上の竹島は，島根県に属する日本固有の領土であるが，1952年から韓国が自国の領土であると主張し，不法占拠を続けている。日本はこれに抗議しているが，対立は続いている。

❸ 尖閣諸島…沖縄県の尖閣諸島については，中国や台湾がその領有権を主張しているが，歴史的にも国際法上も日本が正当かつ有効に支配しており，解決すべき領有権の問題は存在しない。

↑ 主な国の領土と領海・排他的経済水域

↑ 北方領土

> 1905年，日本が島根県に編入した。

↑ 竹　島

短文記述対策！

Q 日本が多額の費用をかけて沖ノ鳥島の護岸工事を行った理由を説明しなさい。

A 沖ノ鳥島が波に侵食されてなくなってしまうと，日本は国土面積よりも広い約40万km²もの排他的経済水域を失うことになるから。

③ 都道府県の名称と位置 ★★☆

① 都道府県と都道府県庁所在地

～47都道府県と都道府県庁所在地の名称～

　世界が6つの州に分けられているように，日本も7つの地方に分けられている。そして，地方はさらに47の都道府県に分かれている。都道府県とは，地方の政治を行うための単位となる地域区分で，このしくみは明治政府によってつくられた。都道府県は少しずつ変化しながら現在，「都」は東京都，「道」は北海道，「府」は大阪府と京都府，その他は「県」とされている（**1都1道2府43県**）。

　都道府県庁所在地とは，都庁・道庁・府庁・県庁が置かれている都市で，ここには地方議会や裁判所が置かれ，各都道府県や属する地方の政治・経済において中心的な役割を果たしている。都道府県庁所在地は，かつての城下町や港町など，歴史的にもその地域の中心地であったところが多い。したがって，現在も都道府県の中で最も人口が多い都市であることが多いが，例外もある。また，都道府県庁所在地のなかには，都市名が都道府県の名称と異なる都市もある。

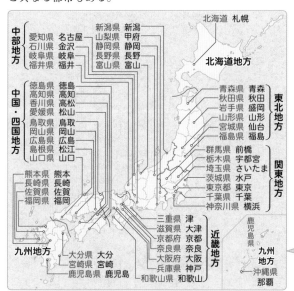

↑ 都道府県と都道府県庁所在地，7地方区分

参考 都・道・府・県

「府」には中心地や都という意味があり，かつての政治・経済の中心であった大阪府と京都府につけられている。東京も最初は「府」だったが，1943年に「都」に変更された。「県」は中国の古代の地域分け，「道」は日本の古代の地域分けにならってつけられた。廃藩置県によって1871年にこのしくみがつくられたときには，全国に3つの府と302の県があった。

参考 都道府県庁所在地

● 都道府県と名称が異なる都市
札幌市（北海道）・盛岡市（岩手県）・仙台市（宮城県）・水戸市（茨城県）・宇都宮市（栃木県）・前橋市（群馬県）・横浜市（神奈川県）・金沢市（石川県）・甲府市（山梨県）・名古屋市（愛知県）・大津市（滋賀県）・津市（三重県）・神戸市（兵庫県）・松江市（島根県）・高松市（香川県）・松山市（愛媛県）・那覇市（沖縄県）
※東京都の都道府県庁所在地は東京，埼玉県はさいたま市である。

● 人口が最多ではない都市
福島市（いわき市・郡山市）・前橋市（高崎市）・静岡市（浜松市）・津市（四日市市）・山口市（下関市）
※（ ）内はより人口が多い都市。

zoomup 7地方区分→ p.159

中国地方と四国地方を分けて8つに区分するなど，目的などによって区分の仕方は変わる。

Episode 三重県の県名は，明治時代に安濃津県の県庁を津から三重郡の四日市に移したときに，郡名にちなんで命名された。三重の地名は，この地を訪れたヤマトタケルノミコトが「吾が足は三重の勾の如くして甚疲れたり」と語ったと『古事記』にあり，これが由来と考えられている。

2 特色ある都道府県

～テーマ別に見てみよう～

❶ **位置から見る**…海に面していない**内陸県**と，海に囲まれ，陸地の県境をもたない県がある。前者には群馬県・栃木県・埼玉県・山梨県・長野県・岐阜県・滋賀県・奈良県があり，後者には北海道と沖縄県がある。

❷ **面積から見る**…都道府県別の面積は，大きい方から順に北海道・岩手県・福島県・長野県・新潟県，小さい方から順に香川県・大阪府・東京都・沖縄県・神奈川県である。

❸ **人口から見る**…都道府県別の人口は，多い方から順に東京都・神奈川県・大阪府・愛知県・埼玉県，少ない方から順に鳥取県・島根県・高知県・徳島県・福井県である。

❹ **名称から見る**…都道府県名に漢字の「山」が使われているのは，山形県・山梨県・富山県・和歌山県・岡山県・山口県の6県である。

参考 県の境界

県境は多くの場合，山や川などの地形に沿って引かれている。これは，昔の国の境が現在の都道府県の境になっていることが多いからである。昔は大きな山や川をこえて土地や人を治めることが難しく，自然の地形によって区切られた地域をそれぞれの支配者が治めていた。

❶長野県は陸地で接する県の数が最も多く，8つの県と接している。❷面積の大きい都道府県は，東日本に多い。❸人口上位の都道府県は，面積下位の都府県との重複が多く，人口密度が高いことがわかる。

❶
 内陸県
 陸地の県境をもたない県

❷
 面積上位県
 面積下位県
※(1)～(5)，(43)～(47)は順位を表す。

❸
 人口上位県
 人口下位県
※(1)～(5)，(43)～(47)は順位を表す。

❹
 名称に「山」がつく県

（面積・人口は2019年）

（2020/21年版「日本国勢図会」）

富士山の山頂付近は，静岡県と山梨県との間で県境が未確定である。また，和歌山県の北山村のように飛び地になっているところもある。各都道府県はさらに市（区）町村に分けられており，市（区）町村の境界は合併などによってこれからも変わっていく可能性がある。
Episode

重点Check

■ p.25　① 地球の海洋と陸地の面積比はおよそ（　　　）である。

■ p.25　② 六大陸のなかで（　　　）大陸が最も大きく，三大洋のなかでは（　　　）が最も広い。

■ p.27　③ 周りを海に囲まれた国を（　　　）という。

■ p.28　④ （　　　）は面積，（　　　）は人口が世界最大の国である。

■ p.28　⑤ 世界人口の6割以上は（　　　）州に集中している。

■ p.29　⑥ 右の国旗は世界で2番目に面積が大きい（　　　）の国旗である。

■ p.29　⑦ （　　　）州の国の国旗には，ユニオンジャックという（　　　）の国旗が描かれているものが多い。

■ p.31　⑧ 地球上の東西の位置は（　　　），南北の位置は（　　　）で表される。

■ p.31　⑨ イギリスのロンドンにある旧グリニッジ天文台を通る0度の経線を（　　　）という。

■ p.32　⑩ （　　　）図法は角度が正しく，（　　　）図法は中心からの距離と方位が正しく表される。

■ p.33　⑪ 日本は（　　　）大陸の東に位置する国である。

■ p.34　⑫ 経度15度ごとに1時間の（　　　）が生じる。

■ p.34　⑬ 日本の標準時子午線は兵庫県（　　　）市を通る（　　　）度の経線である。

■ p.35　⑭ 領域とは（　　　）とその沿岸から（　　　）海里の領海，領空からなる。

■ p.35　⑮ 日本列島は，4つの大きな島と7000近くある小さな島々からなっており，国土面積は約（　　　）万km²である。

■ p.35　⑯ 日本最南端の（　　　）島は，東京都に属している。

■ p.37　⑰ 領海の外側には200海里の（　　　）が設定されている。

■ p.36　⑱ （　　　）と呼ばれる北海道の島々は，（　　　）によって不法に占拠されているため，日本は返還を求めている。

■ p.36　⑲ 島根県の（　　　）は日本固有の領土であるが，（　　　）が不法に占拠している。

■ p.37　⑳ 日本には（　　　）の都道府県があり，愛知県の（　　　）市のように都道府県名と都道府県庁所在地名が異なるものもある。

■ p.38　㉑ 日本で最も面積の小さい都道府県は（　　　），最も面積の大きい都道府県は（　　　）である。

① 7：3
② ユーラシア，太平洋
③ 島国（海洋国）
④ ロシア連邦，中国
⑤ アジア
⑥ カナダ
⑦ オセアニア，イギリス
⑧ 経度，緯度
⑨ 本初子午線
⑩ メルカトル，正距方位
⑪ ユーラシア
⑫ 時差
⑬ 明石，東経135
⑭ 領土，12
⑮ 38
⑯ 沖ノ鳥
⑰ 排他的経済水域
⑱ 北方領土，ロシア連邦
⑲ 竹島，韓国
⑳ 47，名古屋
㉑ 香川県，北海道

第1編 地理

第1章 世界と日本のすがた
第2章 世界のさまざまな地域
第3章 地域調査と日本の地域的特色
第4章 日本の諸地域と地域の在り方

39

ここからスタート！ 第1編 地理

第2章 世界のさまざまな地域

START!

世界各地の人々の生活を，気候，衣服や住居，宗教などの面から見るとともに，世界を6つの地域に区分したときのそれぞれの地域のあゆみや自然，産業などの特色，および，各地域に位置する国々の特色について見ていきましょう。

"ヨーロッパ州"
ヨーロッパの統合を目ざしてヨーロッパ連合（EU）が結成されましたが，加盟国間の経済格差や，西ヨーロッパへの移民・外国人労働者を巡る問題などが生じています。

"アジア州"
近年，中国・インドをはじめアジアの国々で工業化が進展し，日本とも経済的に強く結びついています。一方，国内での経済格差や，都市部での人口集中といった問題もおこっています。

"アフリカ州"
ほとんどの国がかつて植民地支配を受けた影響で，特定の資源や農産物の生産・輸出に頼るモノカルチャー経済の国が多く見られます。また，人口の増加が著しく，それに伴う食料不足も大きな問題となっています。

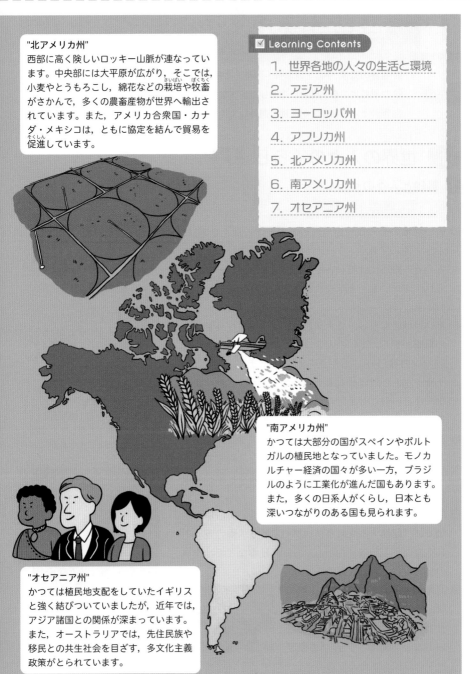

"北アメリカ州"
西部に高く険しいロッキー山脈が連なっています。中央部には大平原が広がり，そこでは，小麦やとうもろこし，綿花などの栽培や牧畜(ぼくちく)がさかんで，多くの農畜産物が世界へ輸出されています。また，アメリカ合衆国・カナダ・メキシコは，ともに協定を結んで貿易を促進(そくしん)しています。

☑ Learning Contents

"南アメリカ州"
かつては大部分の国がスペインやポルトガルの植民地となっていました。モノカルチャー経済の国々が多い一方，ブラジルのように工業化が進んだ国もあります。また，多くの日系人がくらし，日本とも深いつながりのある国も見られます。

"オセアニア州"
かつては植民地支配をしていたイギリスと強く結びついていましたが，近年では，アジア諸国との関係が深まっています。また，オーストラリアでは，先住民族や移民との共生社会を目ざす，多文化主義政策がとられています。

1 ▶ 世界各地の人々の生活と環境

Point
❶ 世界の気候（熱帯・乾燥帯・温帯・冷帯・寒帯）の特色を整理しよう。
❷ 世界各地の自然環境に適応した多様な衣食住について知ろう。
❸ 宗教と人々の生活が密接に関係していることを理解しよう。

1 世界の人々のくらし ★★★ 入試重要度

1 気候と人々のくらし

〜気候によって異なる生活〜

❶ **暑い地域のくらし**…赤道周辺の太平洋の島々などは，1年を通して暑く，うっそうとした熱帯雨林が広がっている。周辺には美しいさんご礁や**マングローブ**が見られ，タロいも，キャッサバなどのいも類が栽培されている。

❷ **寒い地域のくらし**…カナダ北部では，気温が0℃以下の期間が長く，1年の大半は雪と氷に覆われ，北極近辺では**白夜**（→ p.30）が見られる。カナダ北部には，イヌイットと呼ばれる人々がくらし，かつては，**カリブー**などの狩りが生活の中心であったが，近年は，商業や観光業の仕事をする人々が多くなっている。

❸ **乾燥した地域のくらし**…サハラ砂漠やアラビア半島などの砂漠では，水がわき出ているオアシス周辺で農業が行われ，モンゴルなどの短い草が生える草原では**遊牧**が行われている。

❹ **温暖な地域のくらし**…イタリアなどの地中海沿岸の地域では，乾燥する夏にオリーブやぶどう，雨の多い冬に小麦などの栽培がさかんである。日本などでは四季の変化がはっきりしている。

❺ **高地のくらし**…**アンデス山脈**では，標高によって異なる農業が行われ，とうもろこしやじゃがいもなどの栽培，**アルパカ**やリャマの放牧がさかんである。

↑ リャマとアルパカ

参考 暑い地域の環境問題
近年，土地開発による熱帯雨林の減少や，観光開発によりさんご礁やマングローブが破壊されるという問題が発生している。

Words オアシス
砂漠の中で水がわき出ているところ。植物が育ち人が生活できるだけの水が得られるところでは都市が発達し，小麦・綿花・なつめやしなどを栽培する畑作農業（オアシス農業）が行われている。地下水がわく場所のほか，掘り抜き井戸を利用して人工的に水を引いたところもある。

↑ 砂漠の中のオアシス（サハラ砂漠）

入試Info 各地の気候の特色と関連づけた出題が多い。各地の気温と降水量を示すグラフ（雨温図），それぞれの地域の場所と自然や産業，宗教などを結び付けて理解するようにしておくことが重要である。

② 世界の気候 ★★★

1 気候の要素

~気候の違いは気温・雨・風から生じる~

　地球を生命の住む環境にしてくれるのは空気と水と太陽光線である。それらが関連し合って，この地球上にいろいろな気候をつくりだしている。気候の特色を表すものは，気温・降水量・風などの気候要素である。それらは緯度・高度・水陸分布・地形・海流などによって地域差が生じる。

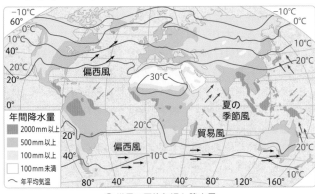

赤道低圧帯は上昇気流，中緯度高圧帯は下降気流で，ともに無風帯である。

↑ 世界の風

❶ 気　温…赤道付近が最も高く，高緯度になるほど低くなり，水陸の分布や海流，高度などにより変化する。海抜高度100 mにつき平均0.55℃下がる。エクアドルでは，海岸部は熱帯気候のため1年を通して気温が高いが，首都キトは2794 mの高地にあるため，年平均気温が13℃前後の常春の気候となる。また，常に一定方向に流れる海流には，低緯度から高緯度に向かって流れ，付近の海水より温かいために気温を高め，雨を降らせやすい**暖流**と，高緯度から低緯度に向かって流れ，付近の海水より冷たいために気温を下げ，乾燥させやすい**寒流**とがある。

↑ 世界の平均気温と降水量

年間降水量
2000mm以上
500mm以上
100mm以上
100mm未満
年平均気温

❷ 降水量…赤道付近から中緯度に向かうにつれて減少し，さらに高緯度に進むと雨が多くなり，極地に向かうと再び減少する。また，季節風（モンスーン）などの風上側でも雨が多くなる。

❸ 風…大気の循環によって，一定方向に吹く**貿易風**や**偏西風**が発生する。また，季節によって反対方向に風向を変える**季節風（モンスーン）**がある。これらの風は降水量に影響を与えている。

Words 貿易風, 偏西風, 季節風

● **貿易風**…中緯度から赤道に向かって吹く風で，北半球では北東風，南半球では南東風になる。

● **偏西風**…中緯度から極地方へ吹く風が地球の自転の影響で常に西から吹く風となる。

● **季節風（モンスーン）**…東アジアや南アジアにかけて吹く風。夏には海から大陸に向かって吹き，冬には大陸から海に向かって吹く。

Episode
近年，世界中で発生している異常気象の原因として，南アメリカ大陸のペルー沖から日付変更線付近までの海面の温度が平年より高い状態が続く**エルニーニョ現象**や，逆に，海面の温度が平年より低い状態が続く**ラニーニャ現象**などがあると考えられている。

2 世界の気候区分

〜地域によって異なる気候〜

世界の気候は，熱帯・乾燥帯・温帯・冷帯(亜寒帯)・寒帯の5つの気候帯に大きく分けられる。

❶ **熱帯**…赤道周辺の地域で，1年を通して気温が高い。

　▶**熱帯雨林気候**…赤道近辺の地域で，年間を通じて高温多雨。熱帯雨林(熱帯林)が生い茂っており，**スコール**と呼ばれる激しい雨が降る。

　▶**サバナ気候**…熱帯雨林気候の周辺地域に分布し，1年中高温で，**雨季**と**乾季**が見られる。丈の長い草原の中にまばらな樹木が生える**サバナ**が広がる。

❷ **乾燥帯**…1年を通じて降水量が少なく，1日の気温差が大きい。樹木はほとんど育たない。

　▶**砂漠気候**…ほとんど雨が降らず，砂や岩だけの砂漠が広がる。オアシス以外では草も育たない。

　▶**ステップ気候**…砂漠気候の周辺に分布し，雨季にやや雨があり，丈の短い草原の**ステップ**が広がる。サハラ砂漠の南側のサヘルでは砂漠化が進行している。

❸ **温　帯**…温暖な気候で，四季の変化が見られる。

　▶**温暖湿潤気候**…東アジアなどに分布し，夏は海から吹く季節風により高温多湿，冬は大陸から吹く季節風により寒い。常緑樹と落葉樹の混合林が見られる。

　▶**地中海性気候**…地中海沿岸などに分布し，夏は高温で乾燥し，冬は比較的降水量が多い。

　▶**西岸海洋性気候**…西ヨーロッパなどに分布し，**偏西風**と暖流の**北大西洋海流**の影響で，高緯度のわりに温暖である。

❹ **冷帯(亜寒帯)**…**シベリア**など北半球の高緯度に分布し，年間の気温の差が大きく，冬は長く寒冷である。**タイガ**と呼ばれる針葉樹林が広がり，その下には**永久凍土**が見られる。

❺ **寒　帯**…北極・南極地方に分布し，夏でも気温が低く雨も少ない。樹木もほとんど育たない。

　▶**ツンドラ気候**…北極海沿岸に分布し，夏は氷がとけ，こけ類が生える。

　▶**氷雪気候**…南極・グリーンランドなどに分布し，1

参考 ケッペンの気候区分

ドイツの気候学者**ケッペン**は，気温と降水量との関係から熱帯・乾燥帯・温帯・冷帯(亜寒帯)・寒帯の5つに大区分し，さらに気候の影響を受ける植物(植生)に注目した気候区分を行い，気候記号を設定した。ケッペンの区分は，作物栽培や家畜飼育などの農牧業の違いを調べるうえで都合が良いため，今日でも用いられている。

> 草原が広がるアフリカの景観

↑ ステップ気候区

> タイガはシベリアなどの冷帯(亜寒帯)の地域に広がるエゾマツやトドマツなどの針葉樹の大森林

↑ シベリアのタイガ

HighClass

冷帯(亜寒帯)には，広葉樹と針葉樹が混じった森林が見られ，夏は比較的気温が上がる**混合林気候**と，針葉樹林(タイガ)が広がり，夏も冷涼な**針葉樹林気候**に分ける場合もある。これは，植生による区分の方法である。

年中雪や氷に覆われる。

❻ 高山気候…高い山地に見られ，気温の低下により冷帯，
または寒帯に似た気候である。

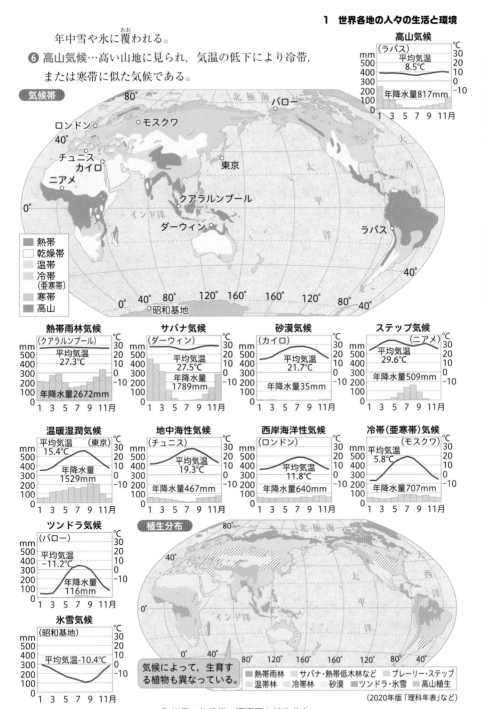

↑ 世界の気候帯・雨温図と植生分布

 気候帯に関する問題は入試では必須である。気候帯の名称は必ず覚えておこう。また，雨温図とそれが示す都市を関連づけて出題されることが多いので，それぞれの気候帯に位置する主な都市と雨温図を，地図やグラフで確認しておこう。

45

3 自然環境に適応した衣食住 ★★☆

1 世界各地の多様な衣装

〜世界各地で異なる民族衣装〜

身体を自然環境から守る衣服は，地域の気候と大きく関係している。地域によって衣服の原材料も異なるため，世界各地で特色ある衣服が見られる。

❶ **寒い地域**…カナダ北部でくらすイヌイットは，厳寒の地で活動するため，**トナカイ**や**アザラシ**などの毛皮を使った防寒服を着用してきた。

❷ **アンデス地方**…アンデス山脈の高地にくらす人々は，1枚の布の中に首を入れる切れこみを入れた**ポンチョ**と呼ばれる衣服を着用している。**アルパカ**の毛が衣服や帽子に使われている。

↑ イヌイットの衣服

↑ ポンチョ

❸ **西アジア・北アフリカ**…高温で乾燥した地域では，強い日差しを防ぐために，ゆったりとした衣服が多く見られる。また，**イスラム教徒**が多く，宗教上の決まりから，女性は肌の露出が少ないチャドルを着用している。

← チャドル

❹ **インド**…女性が着用するサリーは，綿や絹などでできた長い布を身体にゆるやかに巻きつける民族衣装である。

❺ **朝鮮半島**…**チマ-チョゴリ**が，女性の伝統的な民族衣装である。

↑ サリー

❻ **衣服の変化**…世界各地の民族衣装は，今日では祭りや祝いの日などに使われることが多く，普段着としては，気候に関係なく，活動しやすいシャツやジーンズなどの衣服が一般的になっている。

↑ チマ-チョゴリ

2 世界各地の多様な食事

〜食文化と環境〜

世界各地の食文化は，食材の違いや料理方法の違い，宗教による食生活の規制などにより，地域によってさまざまな特色が見られる。

参考 宗教と食生活

ヒンドゥー教では，牛を神聖な生き物として扱うため，牛は食べない。

イスラム教では，飲酒や豚を食べることは禁止されている。アルコールや豚肉を含まないなど，イスラム教で許された食品は**ハラル（ハラール）**と呼ばれる。

Episode

チマ-チョゴリの「チマ」はスカート，「チョゴリ」は上着を意味している。かつては，未婚の女性は真紅のチマと黄色のチョゴリ，既婚者は藍色のチマと水色のチョゴリなどのように身分や性別，年齢などによって色付きの服の着用に厳しい制限があった。

3 世界各地の主食

～三大穀物の米・小麦・とうもろこし～

世界各地で，米や小麦，とうもろこし，いも類などが主食として食べられている。これらの作物はそれぞれの原産地から世界中に広がり，今日の食生活を支えている。

❶ **米を主食とする地域**…降水量が多く稲作に適した，日本や中国，韓国，東南アジアなどに集中している。炊いて食べたり，粉にして麺として食べられている。

❷ **小麦を主食とする地域**…小麦は雨が少ない場所でも育つため，ヨーロッパや北アメリカなど多くの地域で主食となっている。主に，パンやパスタとして食べられている。

❸ **とうもろこしを主食とする地域**…中央アメリカや南アメリカでよく食べられている。

❹ **いも類を主食とする地域**…太平洋の島々やアフリカなどでは，**タロいも**や**キャッサバ**などのいも類が主食となっている地域が多い。

↑ タロいも

第 1 編 地 理

第 1 章 世界と日本のすがた

第 2 章 世界のさまざまな地域

第 3 章 地域調査と日本の地域的特色

第 4 章 日本の諸地域と地域の在り方

参考 食文化の変化

ファストフードの広まりにより，世界中どこでも同じものを食べられるようになってきている。また，食のグローバル化も進み，例えば，世界各地の都市で日本食レストランを見かける機会も増えている。

パン
パスタ

マントウ 小麦粉を練って蒸す

タコス とうもろこしの粉を練って焼いた皮に肉や野菜を挟む

ハンバーガー

ごはん

ビーフン 米の粉から麺をつくる

キャッサバ でんぷんを練って蒸す

ナン

小麦粉を薄くのばして焼く

タロいも バナナの葉に包み蒸し焼きにする

主な食べ物

■ 米	■ とうもろこしなど	■ 小麦・肉など	■ 肉と乳
□ 小麦	■ いも類	■ 麦類とじゃがいも	■ その他

↑ 世界各地の主な食べ物

4 世界各地の多様な住居

～気候と住居～

❶ **氷の住居**…イヌイットの**イグルー**は氷でつくられており，狩りをするときの短期間の住居となる。

❷ **高床式の住居**…東南アジアなど高温多雨，高温多湿の地域では，湿気を防ぎ，熱がこもらないようにするため高床式の住居になっている。

参考 冷帯（亜寒帯）の高床式の住居

シベリアなど永久凍土が分布する地域では，暖房など建物から出る熱で永久凍土がとけて建物が傾かないように，高床式になっている住居が見られる。

短文記述対策！

Q 東南アジアなどでは，高床式の住居が多く見られる。その理由を簡潔に述べなさい。

A 降水量が多く1年中気温が高いので，家の風通しを良くし，湿気や熱がこもらないようにするため。

❸ **日干しレンガの住居**…サハラ砂漠などの乾燥地域に広く見られる。**日干しレンガは強い日差しをさえぎり，窓を小さくして熱い風や砂ぼこりの侵入を防ぐ。**

❹ **テント式の住居**…モンゴルでは，広大な草原を家畜とともに移動する遊牧生活をする人々がおり，**ゲル**と呼ばれる，移動に適したテント式の住居が見られる。

❺ **石づくりの住居**…イタリアの多くの住居の壁は石でできており，夏の強い日差しを防ぐために，窓は小さくつくられている。

⤴ 東南アジアの高床式の住居

⤴ イグルー

⤴ 日干しレンガ

⤴ ゲ ル

⤴ 石づくりの住居

5 社会の変化に対応した生活

～変化する伝統的な生活～

　自然環境を中心とした伝統的な生活は，近年，ほかの文化との接触や経済の発達などによって変化してきている。北極海沿岸のイヌイットの人々の交通は，犬ぞりに加えて，**スノーモービル**が活躍し，モンゴルなどの遊牧民の交通も，馬やラクダからトラックに変わってきている。また，都市部では，コンクリートを使ったビルや高層の集合住宅も増えてきている。

Words 公用語
国が公に用いることを定めた言語。多くの民族が住んでいる国では複数の公用語をもつ場合もある。カナダでは英語とフランス語，スイスではドイツ語・フランス語・イタリア語など4つの言語が公用語となっている。

4 世界の民族と宗教 ★★★

1 世界の人種と民族の分類

～人々の分類方法～

❶ **人　種**…毛髪・目・皮膚の色など身体上の違いによる分類で，ヨーロッパ系人種，アジア系人種，アフリカ系人種の3つに大きく分けられる。

❷ **民　族**…言語・宗教・文化・生活習慣などの特徴による分類で，日常生活を共有する集団といえる。民族間での対立が紛争につながる場合も見られる。

❸ **言　語**…世界では，**公用語**として，英語やスペイン語，アラビア語などを使用している国が多い。

母語人口が最も多いのは中国語

言語	0億3 6 9 12 15
中国語	13.0
スペイン語	4.4
英語	3.8
アラビア語	3.2
ヒンディー語	2.6
ベンガル語	2.4
ポルトガル語	2.2
ロシア語	1.5
日本語	1.3
ラーンダ語	1.2

(2018年)
(2020年版「データブック オブ・ザ・ワールド」)
⤴ 世界の主な言語別人口

Episode
アマゾン川流域のテンベ族という先住民は，狩りや野生植物採集などが生活の中心だが，その一方で，スマートフォンを使い，インターネットやSNS(ソーシャル－ネットワーキング－サービス)でさまざまな情報を得ているという。

2　世界の宗教とその分布

～三大宗教とヒンドゥー教～

❶ **キリスト教**…聖地はエルサレム，教典は『**聖書**』。紀元前後ごろ，イエス＝キリストが始めた。主に，ヨーロッパ，南北アメリカ，オセアニアに広がっている。信者は約24億人で最も多い。

❷ **イスラム教**…最大の聖地はメッカ，聖典は『**コーラン**』。7世紀ごろ，ムハンマドが始めた。主に，西アジア，東南アジア，北アフリカに広がっている。信者は約19億人。

❸ **仏　教**…聖地はブッダガヤ，教典は『**経**』。紀元前5世紀ごろ，インドのシャカが始めた。主に，東アジア，東南アジアに広がっている。信者は約5億人。

キリスト教	● 日曜日には教会へ礼拝に行く。
イスラム教	● 飲酒をせず，豚肉を食べない。 ● 1日に5回，メッカの方角に向かって祈る。 ● 1か月の断食を行う時期がある。
仏教	● 僧侶らは町で食べ物などの施しを受ける托鉢という修行を行う（一部の宗派）。

⤴ 三大宗教の主な特徴

❹ **ヒンドゥー教**…**カースト**という身分制度と深いつながりをもつ。ヒンドゥー教徒は，神の使いとされる牛を食べない。聖なる川とされるガンジス川で身を清める**沐浴**が行われる。

⤴ 沐浴のようす

発祥の地として信仰の中心となっている聖地から，多くの民族に受け入れられ，広がっていった**キリスト教・イスラム教・仏教**の3つの宗教を指す。世界宗教ともいう。

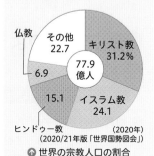

仏教
その他
22.7
キリスト教
31.2%
77.9
億人
6.9
イスラム教
24.1
15.1
ヒンドゥー教
（2020年）
（2020/21年版「世界国勢図会」）

⤴ 世界の宗教人口の割合

zoomup 宗教のおこり
→ p.249

参考 カースト制
インドで生まれた厳しい身分制度で，バラモン（僧侶）を最高の身分として大きく4つに分かれる。現在，憲法では禁止されているが，インド社会では大きな影響力をもっている。

■ カトリック
▥ プロテスタント
▦ 正教会
■ その他のキリスト教 ｝キリスト教
▤ イスラム教
▨ 仏教
▩ ヒンドゥー教
▧ 神道
★ ユダヤ教
□ その他

ヒンドゥー教・神道・ユダヤ教は，特定の民族と結びついた民族宗教

⤴ 世界の宗教の分布

入試Info

三大宗教の分布と，それぞれの宗教の信仰者が多い国とを結びつけて出題されることが多い。特に，イスラム教では**サウジアラビア**や**インドネシア**，仏教では**タイ**が重要である。

2 ▶ アジア州

1 アジアのようす ★★★

1 アジアのあゆみ

～植民地時代から独立へ～

❶ 植民地時代…アジアは，中国文明・インダス文明・メソポタミア文明といった古代文明が誕生した地域である。16世紀ごろから始まったヨーロッパ諸国のアジア進出によって，大部分の国々が欧米の植民地となった。これらの国々では，農業や鉱産資源などの利益は宗主国(植民地支配をしている国)にとられ，住民の生活向上がはばまれた。

(2020年現在)
※〔 〕内は成立年。

第二次世界大戦前の植民地(数字は独立年)
■ イギリス領 □ フランス領
■ アメリカ領 ■ オランダ領
■ 日本領

モンゴル〔1924〕
朝鮮民主主義人民共和国〔1948〕
日本
中華人民共和国〔1949〕
大韓民国〔1948〕
パキスタン〔1947〕 ブータン バングラデシュ〔1971〕
ネパール ラオス〔1953〕
インド〔1947〕 ミャンマー〔1948〕
タイ (台湾)
フィリピン〔1946〕
ベトナム 1976 南北統一
モルディブ〔1965〕 スリランカ〔1948〕 カンボジア〔1953〕 ブルネイ〔1984〕
マレーシア〔1963〕
シンガポール〔1965〕
東ティモール〔2002〕
インドネシア〔1949〕

⬆ アジア(西アジア・中央アジアを除く)の独立国と植民地

❷ 第二次世界大戦後…多くの国々で**民族主義**に基づく独立運動がさかんにおこり，多数の独立国が誕生した。しかし，資本不足や近代工業技術の遅れ，政治的不安定などにより経済発展が遅れ，**発展途上国**にとどまってきた。

❸ **アジアの現在**…アジアの人口は約46億人(2020年)と多く，世界人口の約60％を占めており，人口密度も高い。1990年代以降，日本や欧米の企業が進出したことで**工業化**が進み，経済成長が目覚ましい地

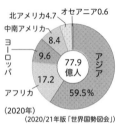

北アメリカ4.7 オセアニア0.6
中南アメリカ 8.4
ヨーロッパ 9.6
アフリカ 17.2
アジア 59.5％
77.9億人
(2020年)
(2020/21年版「世界国勢図会」)

⬆ 世界人口の地域別割合

Words 民族主義
同じ民族が団結して，他民族や他国の支配から脱して独立したり，同一民族の利益を確保しようとする考え。排他的な側面もある。

Episode
ヨーロッパ諸国がアジアを植民地化する中で，**タイ**だけは植民地とならなかった。それは，インドシナ半島を植民地化したフランスと，インド・ミャンマーを植民地化したイギリスとが直接的な軍事衝突を避けるために緩衝地帯としてタイの独立を保障したからである。

域となっている。一方で，近年は都市化が進み，大都市では，交通渋滞や大気汚染など，さまざまな都市問題が発生している。

2 アジアの自然

~変化に富む自然環境~

❶ 山地・山脈…中央部に，「世界の屋根」と呼ばれる8000m級の山々が連なるヒマラヤ山脈やチベット高原があり，世界で最も高い山岳地帯を形成している。

❷ 河 川…中央部の高い山岳地帯から黄河，長江，メコン川，ガンジス川，インダス川などの大河が流れ出し，河口部に大平原を形成している。

❸ 湖…中央アジアには，世界最大のカスピ海やアラル海などの塩湖がある。

❹ 島…太平洋の周辺部に地震や火山の多い日本列島，フィリピン諸島などの島々が連なる。

❺ 気 候…アジア東部から南部にかけては，夏と冬で風向きが変わる季節風(モンスーン)の影響を強く受ける。東アジアでは四季が明確で，インドシナ半島や南アジアでは，夏は海から吹く季節風の影響で雨季になり，冬は大陸から吹く季節風の影響で乾季になる。

赤道付近は年中高温多雨である。モンゴル高原や中央アジア，西アジアなどは，季節風の影響を受けないため，雨が少なく砂漠が広がる。シベリアや北極海沿岸は冬の寒さが厳しい冷帯(亜寒帯)・寒帯に属し，夏でも地中の氷がとけない永久凍土が分布する。

↑ アジアの地形

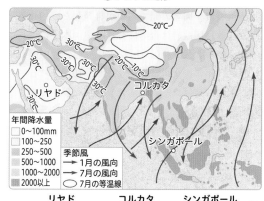

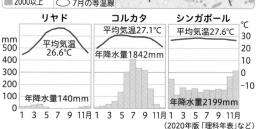

↑ アジアの気候

HighClass アラル海は，かつて世界第4位の湖沼面積をもつ塩湖だったが，湖に注ぐ河川の水がかんがい用水として大量に使われたことで水量が減り，**湖水面積の縮小**(21世紀には10分の1の面積にまで縮小した)や土壌の塩類集積などの深刻な環境問題がおこっている。

② 中華人民共和国(中国) ★★★

1 中国のあゆみ

〜4000年の歴史をもつ国〜

❶ **歴史の古い国**…黄河流域では**中国文明**が発祥した。紀元前16世紀ごろに生まれた殷王朝から最後の王朝となった清王朝まで，さまざまな王朝の攻防が繰り返された。その間，日本も中国の進んだ文明の影響を受けてきた。19世紀に，ヨーロッパ諸国が清国に勢力を伸ばし，日清戦争で清が日本に敗北すると，中国利権の争奪がおこった。その後，**辛亥革命**によって**中華民国**が建国され，中国の王朝時代は終結した。

❷ **2つの中国**…1937年に始まった日中戦争の際には，**国民党と共産党**が協力して日本に対抗したが，第二次世界大戦後，両者の間で内戦が再発した。1949年，敗れた中華民国政府は台湾に移り，中国本土には共産党による**中華人民共和国(中国)**が成立した。中国と日本とは1972年に国交正常化がなされ，1978年に日中平和友好条約が結ばれ，以降活発な交流が続いている。

2 国土の特色

〜世界第4位の面積で日本の約25倍〜

国土の東側は海に面し，平野が多く人口が集中している。内陸部は，北に**ゴビ砂漠**，西に**タクラマカン砂漠**が広がり，南西部には，**チベット高原**や**ヒマラヤ山脈**などの高原や山脈が多い。

🌐 基本データ

中華人民共和国
面積：960万 km²(2018年)
人口：14.4億人(2020年)
人口密度：150人/km²
首都：ペキン(北京)
言語：中国語
宗教：仏教・イスラム教など
1人あたり国民総所得：
　9496ドル(2018年)

zoomup 中国文明→ p.247

参考 中国と台湾

中華民国(台湾)と中華人民共和国は主権を巡って対立しているが，中華人民共和国が，国際連合に加盟するなど国際社会で認められるようになると，台湾は中国の一部とする見方が主流となっている。日本も，中華人民共和国が中国の唯一の合法政府との立場をとっている。

参考 ホンコン(香港)

イギリスの植民地であったホンコンは，1997年に中国に返還され，中国という1つの国の中に，社会主義と資本主義の2つの体制が共存することを認める**一国二制度**の政策がとられている(返還後50年間)。しかし，2020年に成立した香港国家安全維持法により，それまでホンコンに認められていた表現の自由や司法の独立などが制限されることになり，一国二制度が形骸化するとの懸念が高まっている。

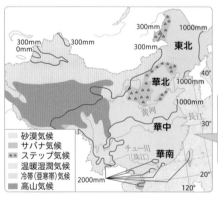

気候は冷帯から熱帯，高山気候まで幅広く分布している。

⬆ 中国の地域区分と気候

第二次世界大戦後，中国は農民を中心とする社会主義国家の建設を進めた。しかし，社会主義経済では，競争がなく技術水準が上がらないなどの弊害が生じたことから，1978年に「**四つの現代化**」政策を導入し，農業・工業・国防・科学技術の近代化を目ざした。

3　民族と人口

〜「一人っ子政策」の廃止へ〜

❶ **中国の民族構成**…9割を占める漢族と55の**少数民族**で構成されている。少数民族のうち，人口が多く，まとまって生活しているチョワン族・ホイ族・ウイグル族・モンゴル族・チベット族の5民族には，自治を認めた**自治区**が設定されている。

しかし，自治区への漢族の流入によっておこる民族間の摩擦や経済格差などが問題となっている。

↑ 少数民族の自治区

内モンゴル自治区
シンチャンウイグル自治区
ニンシヤ回族自治区
チベット自治区
コワンシー壮族自治区

参考　民族自治区

少数民族は漢族とは容姿・言語・宗教・生活様式が異なるので，中国政府は彼らの自治区を認めている。その一方で，政府は漢化政策を強化しており，シンチヤンウイグル自治区やチベット自治区では，政府の人権弾圧に対する**ウイグル族**や**チベット族**の暴動が発生している。こうした中国の人権弾圧に対して欧米諸国は非難を強めている。

❷ **中国の人口問題**…中国の人口は約14.4億人で世界最大となっている。中国では1960年代に急激な人口増加がおこったが，その主な要因は，それまで出産が奨励されていたことや，医療技術の進歩による死亡率の低下にある。人口の増加をおさえるために1979年から「一人っ子政策」が始められた。その結果，出生率は低下したが，高齢化が急激に進みはじめたことから労働力不足などが問題となった。そのため「一人っ子政策」は2015年に廃止され，すべての夫婦が2人まで子どもを育てられるようになった。

また，中国国内の人口分布には偏りが見られ，人口の大部分が東部に居住している。近年の経済成長によって，都市化が急速に進み，1980年代には人口の8割以上が農村部に住んでいたが，現在では都市部に居住する人口が5割を超えている。

参考　中国の人口抑制政策

中国は人口抑制のため，結婚や出産を遅らせる「晩婚晩生」を奨励した。さらに，1組の夫婦の子どもを1人に制限する「一人っ子政策」を実施し，子どもが1人の家庭には税金や教育面で優遇する特権をもたせた。しかし，農村部ではこの政策が普及せず，戸籍に登録されない子どもが現れるようになった。それだけでなく，少子高齢化社会を引きおこし，経済成長にも悪影響を及ぼすことが予想されたため「一人っ子政策」は廃止された。2021年には産児制限が緩和され，3人までの出産を認める方針が示された。

	都市人口	農村人口
1980年 9.9億人	19.4%	80.6%
1990年 11.4億人	26.4	73.6
2000年 12.7億人	36.2	63.8
2010年 13.4億人	49.9	50.1
2015年 13.7億人	56.1	43.9

（「中国情報ハンドブック」）
↑ 中国の都市と農村の人口割合

人口（1km²あたり）
■ 400人以上
■ 100〜400人未満
■ 10〜100人未満
□ 10人未満

ウルムチ
ラサ
シェンヤン
ペキン
テンチン
チョンチン　ウーハン　シャンハイ
ホンコン

（「中国地図集」など）
↑ 中国の人口密度の分布

Episode　「一人っ子政策」によって，多くの富裕層の親たちが「ただ一人の我が子」を過保護に育て，十分過ぎる衣食，教育を与える傾向が見られるようになった。このような家庭環境でわがままに育てられた子どもは，皮肉を込めて「小皇帝」と呼ばれるようになった。

4 農 業

～世界有数の食料生産で世界最大の人口を支える～

❶ **農業政策**…中国では，1950年代に設立された**人民公社**のもとで，農地や生産手段の共有化，生産計画による共同作業などにより，個人ではなく集団で農業経営を行う**農業の集団化**が進められた。農業の集団化は，労働量にかかわらず報酬が同じというのが原則であるため，農民の労働意欲は低下し，農業生産は停滞した。その後，1980年代に**生産責任制（生産請負制）**が導入されたことで，農民の生産意欲は高まり，農業生産は飛躍的に拡大した。

❷ **農業の特色**…地域によって栽培される農産物が異なっている。大きく分けると，華北と華中の間には年降水量1000 mm（チンリン〈秦嶺〉山脈・ホワイ川〈淮河〉線付近）の境があり，それより降水量の少ない北は畑作，多い南は稲作中心の農業である。東北地方では，小麦，こうりゃん，大豆などの栽培がさかんで，近年は，とうもろこしの栽培が急速に拡大している。華北地方では，小麦や綿花などの栽培がさかんで，黄河中下流域は世界有数の畑作地域となっている。華中・華南では稲作，西部の内陸部では遊牧が中心となっている。夏に雨が多い華中や華南の丘陵地では**茶**も栽培されている。

❸ **主な農産物**…中国は，世界最大の人口を抱えており，農業生産は世界有数である。

Words 人民公社

農業だけでなく経済や行政・教育・軍事などを統合，管理する組織。1980年代に解体された。

Words 生産責任制

農家が土地を借りて耕作し，契約量を超えた生産をすれば，その農家の収入になるしくみ。多くの富を得た農家は万元戸といわれ，貧しい農家との間で貧富の差が生じた。

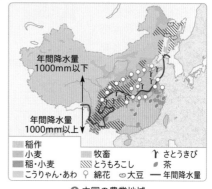

年間降水量 1000mm以下

年間降水量 1000mm以上

稲作　小麦　稲・小麦　こうりゃん・あわ　牧畜　とうもろこし　綿花　さとうきび　茶　大豆　年間降水量

↑ 中国の農業地域

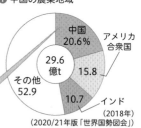

中国 20.6%　アメリカ合衆国 15.8　インド 10.7　その他 52.9

29.6 億t

（2018年）
（2020/21年版「世界国勢図会」）

中国は，世界の穀物生産量の約2割を占めている。

↑ 穀物の生産量の割合

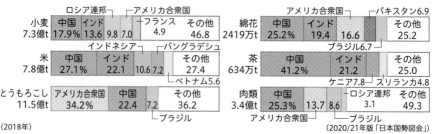

小麦 7.3億t	中国 17.9%	インド 13.6	ロシア連邦 9.8	アメリカ合衆国 7.0	フランス 4.9	その他 46.8

米 7.8億t	中国 27.1%	インド 22.1	インドネシア 10.6	バングラデシュ 7.2	ベトナム 5.6	その他 27.4

とうもろこし 11.5億t	アメリカ合衆国 34.2%	中国 22.4	ブラジル 7.2	その他 36.2

綿花 2419万t	中国 25.2%	インド 19.4	アメリカ合衆国 16.6	パキスタン 6.9	ブラジル 6.7	その他 25.2

茶 634万t	中国 41.2%	インド 21.2	ケニア 7.8	スリランカ 4.8	その他 25.0

肉類 3.4億t	中国 25.3%	アメリカ合衆国 13.7	ブラジル 8.6	ロシア連邦 3.1	その他 49.3

(2018年)

（2020/21年版「日本国勢図会」）

↑ 主な農畜産物の国別生産量の割合

入試Info 中国の畑作・稲作・放牧がさかんな地域と主な農産物の統計グラフを関連づけた出題が多い。また，中国の米や小麦の生産量が世界有数であるにもかかわらず輸出量の上位国には入っていない理由を人口と関連づけて答えさせる記述問題も見られる。

5　鉱工業

～「世界の工場」を支える地下資源～

中国の鉱産資源は特に東北地方で豊富に産出し，石炭・鉄鉱石・原油の生産量は世界有数である。近年は，内陸部でも資源の開発が進んでいる。

❶ 石　炭…産出量世界第1位（2017年）。主産地は，東北地方の**フーシュン**（撫順，**露天掘り**で有名），華北のカイロワン（開灤），タートン（大同，中国最大の炭田）など。

↑ 地下資源の分布

❷ 鉄鉱石…産出量世界第3位（2017年）。主産地は，東北地方の**アンシャン**（鞍山），華中のターイエ（大冶）など。

❸ 原　油…東北地方の**ターチン**（大慶），内陸部のユイメン（玉門）などが主産地。天然ガスも産出し，日本との間で東シナ海ガス田開発問題を抱えている。

❹ レアメタル…世界有数の**レアメタル**（希少金属）の産出国。輸出規制が国際問題になった。

6　工　業

～「世界の工場」の出現～

❶ **工業の発展**…かつては国の計画に基づいて重化学工業などに力を注いできたが，1980年代から日本などの先進資本主義国の資本や技術を積極的に導入するようになった。華南地方の沿岸部に，**経済特区**や**経済技術開発区**を設けて外国の投資を受け入れ，工業生産や科学技術の発展を図った。また，農村でも**郷鎮企業**と呼ばれる町村などが設立した企業が生まれ，農村の余剰労働力を吸収して急成長した。こうした沿岸部の経済発展に対して，内陸部では工業化が遅れ，貧富の差がますます拡大したため，政府は**西部大開発**を掲げて，2000年ごろから内陸部の重点的な開発を進めた。こうして，農村からの安い出かせぎ労働力を利用した工業生産で，中国は輸出を伸ばして急速に経済発展し，「世界の工場」と呼ばれるほどの成長を遂げた。現在はBRICSの1つに数えられている。

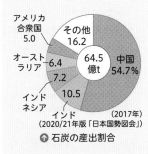
↑ 石炭の産出割合

中国	54.7%
インド	10.5
インドネシア	7.2
オーストラリア	6.4
アメリカ合衆国	5.0
その他	16.2

64.5億t

（2017年）
（2020/21年版「日本国勢図会」）

Words　経済特区

外国資本を導入して資本主義経済の原理に基づく経済活動が認められた地区。**シェンチェン**（深圳）・**チューハイ**（珠海）・**アモイ**（厦門）・**スワトウ**（汕頭）・**ハイナン**（海南）省に設置された。

Words　BRICS

2000年代以降，急速に経済発展している，**ブラジル**（Brazil），**ロシア連邦**（Russia），**インド**（India），**中国**（China），**南アフリカ共和国**（South Africa）の頭文字を組み合わせた造語。広大な国土，多大な人口と低コストの労働力，豊富な天然資源などが共通している。

Episode　2013年に中国は「**一帯一路**」という巨大経済圏構想を打ち出した。アジアとヨーロッパを陸路と海上航路でつなぐ物流ルートをつくり，貿易を活発化させ，経済成長につなげようというもので，これへの参加を表明する国々も増加している。

❷ **環境問題**…工業の急激な発展に伴い，大気汚染や酸性雨，水質汚濁，ごみ問題などの公害が深刻になっている。また，内陸部で急速に開発が行われていることで環境破壊が進んでいる。

❸ **工業地域**…東北地方では，アンシャン(鞍山)・シェンヤン(瀋陽)を中心に，製鉄・機械・化学工業などがさかんである。華北では，ペキン(北京)・テンチン(天津)やチンタオ(青島)で工業が発達し，ペキンでは先端技術(ハイテク)産業や情報通信技術(ICT)産業が発展している。華中では，**シャンハイ**(上海)が総合的な工業都市として発展し，華南ではコワンチョウ(広州)が工業の中心となっている。

↑ 中国の工業地域

日本への輸出 (2019年)

日本からの輸入 (2020/21年版「日本国勢図会」)

↑ 中国の日本との貿易

7 日本との貿易

~日本最大の貿易相手国~

　中国は，輸出額では世界第1位，輸入額ではアメリカ合衆国に次ぐ貿易大国となっている。日本にとっても中国は最大の貿易相手国である。中国は日本へ，**機械類・衣類・金属製品**などを輸出し，日本からは，**機械類・プラスチック・自動車**などを輸入している。また，日本が輸入する野菜類も中国からが最も多くなっている。

Why 外国企業が中国へ進出する理由

経済特区では，関税が免除されるほか，税金面での優遇措置があることや，中国はほかの国と比べて賃金が安く，労働力が豊富であったことから，進出する外国企業が増加した。

Close Up　中国の経済格差の問題

　中国東部の沿岸部では，シャンハイなどの大都市が発展し，経済特区で工業が発達するなどしたため，人口が集中し，経済成長が著しい。一方，内陸部では，工業化が進まないため，沿岸部への人口流出が続いている。沿岸部と内陸部では，1人あたり地区総生産が2倍以上も開いている地域もあり，その経済格差が大きな社会問題となっている。

↑ 地域別の1人あたり地区総生産

短文記述対策！

Q. 経済特区が設置された沿岸部と内陸部との間でどのような問題がおこっているか，簡潔に述べなさい。

A. 経済が発達した沿岸部と遅れている内陸部の経済格差が社会問題となっている。

③ 朝鮮半島の国々 ★★☆

1 朝鮮半島のようす

～北緯38度線を境に隣り合う２つの国～

❶ **地　形**…朝鮮半島東部の日本海側はテベク山脈がほぼ南北に連なり，西部は丘陵や平野が多い。北部はケマ高原が広がり山がちである。西海岸と南海岸は入り江の多いリアス海岸で，海上には多数の島が点在している。

❷ **気　候**…朝鮮半島北部は，冬は寒さが厳しく，降水量が少ない冷帯(亜寒帯)気候である。民家では**オンドル**で暖をとっている。一方，南部は温暖で，日本の梅雨と同様に雨季があり，台風に襲われることもある。

❸ **あゆみ**…古来から，朝鮮のさまざまな文化や技術とともに，中国や西アジア・ヨーロッパの文化が朝鮮半島を経由して日本に伝わってきた。江戸時代には，将軍が代わるごとに**朝鮮通信使**が来日した。しかし，明治時代から関係が悪化し，1910年から1945年までは植民地として日本に支配された。第二次世界大戦後に日本から独立したが，1948年に北緯38度線を境に分裂し，**資本主義**の大韓民国(韓国)と**社会主義**の朝鮮民主主義人民共和国(北朝鮮)が成立した。1950年には朝鮮戦争がおこった。1953年に休戦協定が結ばれたが，南北に分断されたまま，両国が対立する状態が続いてきた。2000年に初めての南北首脳会談が開催されて以降，緊張緩和の動きも見られたが，北朝鮮による核兵器開発の問題などがあり，両国の関係改善は進んでいない。

2 大韓民国(韓国)

～古代から日本とかかわりが深い国～

❶ **国土と文化**…平地が多く，日本と同様に資源が乏しい。北部は冷帯で，中南部は温暖湿潤気候となっている。民族衣装の**チマ-チョゴリ**や漬け物の**キムチ**などが知られている。儒教の教えが生活に大きく影響し，親や目上の人に対する礼儀には特に厳しい面がある。

❷ **産　業**…農業は稲作が中心だったが，1970年代から始まった農村の近代化運動(セマウル運動)の進展で生産

🌐 **基本データ**

大韓民国(韓国)
面積：10万 km²(2018年)
人口：5127万人(2020年)
人口密度：511人/km²
首都：ソウル
言語：韓国語
宗教：キリスト教・仏教など
1人あたり国民総所得：
　　　3万3710ドル(2018年)

↑ 朝鮮半島の地形

Words オンドル

土間を掘り下げたところにたき口があり，床下に煙を通して，室内を暖めるようにした暖房のしくみ。朝鮮半島で見られる。

↑ 昔のオンドルのしくみ

第１編
地理

第1章
世界と日本のすがた

第2章
世界のさまざまな地域

第3章
地域調査と日本の地域的特色

第4章
日本の諸地域と地域の在り方

Episode 韓国は，東アジアの交通の拠点となることを目ざし，空港や港の整備を進めてきた。首都のソウル近郊にある**インチョン国際空港**は，さまざまな航空路が集まり，乗り換えなどで世界の拠点となる**ハブ空港**として機能している。また，プサン港はコンテナ基地として機能している。

量がより増加した。工業では，1960年代以降，日本や欧米からの資本や技術を導入して工業化が進み，1980年代にはアジアNIES（新興工業経済地域）の1つに数えられた。1990年代末に経済危機を迎え，国際通貨基金（IMF）に緊急融資を要請し，国内経済の立て直しをはかった。造船・鉄鋼・自動車・家庭電気製品の生産のほかに，近年は，**インターネット**の普及率が非常に高いこともあり，**情報通信技術（ICT）**産業が急速に発達し，輸出産業の中心となっている。

❸ **ソウルへの一極集中**…経済発展に伴い，仕事を求め，多くの人が地方から都市に移住した。首都ソウルには国の機関や多くの企業の本社が集まり，人口や政治経済の**一極集中**が進む一方，地方との間で経済格差が広がり，農村では過疎化，高齢化が進んでいる。

❹ **日本との関係**…日本との国交が結ばれて以降，両国間の貿易は拡大し，多くの日本企業が韓国に進出した。日本への輸出品は集積回路などの機械類・石油製品・鉄鋼などが多く，日本からの輸入品は機械類・鉄鋼・プラスチックなどが多い。

　2002年の日韓共催サッカーワールドカップ以降，文化の交流もさかんである。

> **Words** **アジアNIES**
> 1970年代以降，急速に工業化を進めた国・地域をNIES（新興工業経済地域）といい，韓国・台湾・ホンコン・シンガポールはアジアNIESと呼ばれた。

↑ 朝鮮半島の鉱工業

■ 石炭	⛟ 自動車
▲ 鉄鉱石	造船
金属・鉄鋼	機械
IC 電子機器	化学
工業地域	繊維

日本への輸出（2019年）
3兆2271億円
機械類 26.2%，石油製品 13.1，鉄鋼 10.5，プラスチック 4.3，有機化合物 3.9，その他 42.0

日本からの輸入（2020/21年版「日本国勢図会」）
5兆438億円
機械類 34.9%，科学光学機器 3.7，有機化合物 5.4，プラスチック 5.9，鉄鋼 8.4，その他 41.7

> 日本の大幅な輸出超過で，日本の貿易黒字となっている。

↑ 韓国の日本との貿易

3 朝鮮民主主義人民共和国（北朝鮮）

〜軍事優先の社会主義国家〜

　1948年建国。工業化が進まず，経済は停滞している。核開発やミサイル発射実験を行うことなどから国際的に孤立している。日本とは2002年の**日朝平壌宣言**で国交正常化交渉再開の方針を確認したが，日本人拉致問題や**核開発問題**が未解決のため正式な国交は開かれていない。

> **🌐 基本データ**
> **朝鮮民主主義人民共和国（北朝鮮）**
> 面積：12万km²（2018年）
> 人口：2578万人（2020年）
> 人口密度：214人/km²
> 首都：ピョンヤン
> 言語：朝鮮語
> 宗教：仏教，キリスト教
> 1人あたり国民総所得：
> 　　　689ドル（2018年）

HighClass 韓国の主な工業都市には，繊維・機械工業がさかんな首都の**ソウル**，大規模な製鉄所のある**ポハン**，造船や自動車工業がさかんな**ウルサン**，機械工業がさかんな**プサン**，造船やエレクトロニクス工業がさかんな**インチョン**などがある。各種工業の中でも，造船の竣工量は世界有数である。

❹ 東南アジアの国々 ★★★

1 東南アジアのようす

〜多様な民族と宗教〜

❶ 気　候…1年を通して高温で降水量が多い気候である。季節風(モンスーン)の影響を受け、**雨季**と**乾季**が交互に現れる。雨季には毎日のように**スコール**が降る。タイのチャオプラヤ川の平野部ではしばしば洪水がおこるため、以前は、水位の上昇に合わせて茎を伸ばし、穂先を水面に出す浮稲が広く栽培されていた。

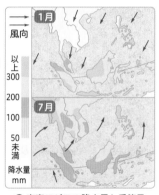

↑ 東南アジアの降水量と季節風

❷ 民族構成…東南アジアの人口は約6.7億人(2020年)で、多様な民族が分布している。民族ごとに国をつくっているが、中国系住民(**華人**)も多く住み、複雑な民族構成となっている。

❸ 宗　教…タイ・ミャンマー・カンボジアなどのインドシナ半島の国々では仏教、マレーシア・インドネシアなどではイスラム教、フィリピンではキリスト教(カトリック)が広く信仰されている。

↑ 東南アジアの宗教

参考 華僑と華人

外国に移住した中国人のうち、中国の国籍をもち続けている人を**華僑**、居住地の国籍を取得した人を**華人**という。華僑・華人の多くが東南アジアに住んでおり、貿易商など、それぞれの国の経済的実権を握っている人が多い。

❹ 東南アジア諸国連合(ASEAN)…東南アジア諸国連合(ASEAN)は、東南アジア諸国の政治的・経済的地位の安定を目ざし、タイ・シンガポール・インドネシアなどの5か国が1967年に結成した地域協力機構で、現在の加盟国は**10か国**となっている。1992年には、域内の関税を引き下げて貿易の拡大を図るASEAN自由貿易地域(AFTA)を設立し、2015年には、地域関税を撤廃し、相互参入規制を緩和するASEAN経済共同体(AEC)を発足させ、さらなる経済発展を進めている。今後、**アジア太平洋経済協力会議(APEC)**との連携をどのように進めるかが課題である。

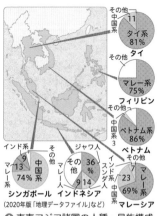

↑ 東南アジア諸国の人種・民族構成

入試Info 東南アジア諸国連合(ASEAN)に関する出題が多い。ヨーロッパ連合(EU)などと比較した、人口や国民総所得などの統計資料を確認しておこう。また、近年、東南アジアで工業化が進展している理由や、貿易で輸出品目がどのように変化したかなどを問う記述問題も多い。

2 東南アジアの農業

～稲作とプランテーション～

　東南アジアの平野部では古くから**稲作**がさかんで，インドネシアやフィリピンなどの山間部においても棚田で稲作が行われている。タイやベトナムでは自給用のほかに商業的な稲作もさかんである。また，植民地時代に開かれたプランテーションと呼ばれる大農園で商品作物を栽培する農業は，現在でも行われている。

3 地下資源と工業の発展

～世界とつながる工業～

❶ **豊かな地下資源**…インドネシアは世界的な**すず鉱**の産地で，硫黄分が少なく低公害の**原油**の産地としても知られている。フィリピンはニッケル鉱の産出が多い。インドネシア・マレーシアは天然ガスの産出国で，日本の天然ガスの主な輸入先となっている。

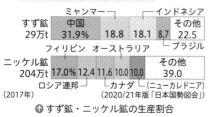

すず鉱
29万t
中国	ミャンマー	インドネシア		その他
31.9%	18.8	18.1	8.7	22.5

ニッケル鉱
204万t
フィリピン	オーストラリア				その他
17.0%	12.4	11.6	10.0	10.0	39.0

ロシア連邦　カナダ（ニューカレドニア）ブラジル
（2017年）
（2020/21年版「日本国勢図会」）

↑ すず鉱・ニッケル鉱の生産割合

Words　プランテーション

かつて欧米諸国が植民地に開いた大規模な農園。東南アジアの各地でつくられた。現地の先住民などの安い労働力を用いて商品作物を大量に単一栽培する大規模経営の商業的農業が行われた。独立後，インドネシアやベトナムでは農園を国有化した。現在は天然ゴムや油やし，バナナ，コーヒー豆などがプランテーションでも栽培されている。

ASEAN諸国は工業団地を整備し，積極的に外国企業を誘致している。

↑ 東南アジアの鉱工業

❷ **工業の発展**…地下資源や農産物は加工前の原材料（**一次産品**）で，加工品と比べて利益率が低い。そのため，東南アジア諸国では一次産品を加工し，付加価値をつけて輸出するかたちに変化してきた。日本や欧米など外国から資金や技術を導入することにより工業化を進め，経済発展を図っている。また，日本や欧米の企業が，東南アジア諸国の安価な労働力を利用して，テレビやビデオなどの電気機械や自動車の生産を増加させており，東南アジアでは輸出志向の工業化が進んでいる。一方，タイのバンコクやインドネシアのジャカルタなどは都市化が進み，スラムができたり，交通渋滞が激しくなるなど，さまざまな**都市問題**がおこっている。

Why 日本企業が東南アジアに進出している理由

東南アジアには，低賃金の労働力，安い工業用地，外国企業に対する税制面での優遇措置，ゆるやかな公害規制など好都合な条件がそろっているから。日本企業はタイを中心にマレーシア・シンガポール・インドネシア・ベトナムなどに進出している。

短文記述対策！

Q　海外から東南アジアへの企業の進出が増加している理由を簡潔に述べなさい。
A　東南アジアの各国は，労働賃金が安く，税制面での優遇措置を設けて外国企業の誘致を進めているから。

4 東南アジアの主な国々

〜工業化が進む国と遅れている国〜

❶ **シンガポール**…マレー半島の先端に位置する国で，人口の約４分の３が中国系である。国土面積が小さいため，農業はほとんど発達していない。ジュロン工業地域には，日本や欧米の企業が多数進出しており，近年，エレクトロニクス（電子）工業や半導体の研究開発と，これに関連した先端技術（ハイテク）産業が発展している。また，金融・商業・観光などの第三次産業が経済を支える重要な産業となっている。2002年に日本との間で関税の撤廃を含む**経済連携協定（EPA。→ p.155）**を締結した。**アジアNIES（新興工業経済地域）**の１つに数えられた。

❷ **マレーシア**…マレー半島南部とカリマンタン島などの島からなる国。住民の大部分はマレー系で，イスラム教が主に信仰されている。日本や韓国を手本として経済発展を目ざした**ルックイースト政策**により，日本企業も多く進出して工業化に成功し，電気機械やエレクトロニクスなどの工業が発達している。農業では，かつては，天然ゴムの生産で独占的な地位にあったが，近年その生産量を減らし，かわってパーム油の世界有数の生産国となっている。また，輸出品も原油や天然ゴムなどの一次産品から変化し，機械類などの工業製品の占める割合が高くなっている。

パーム油 7145万t (2018年)	インドネシア 56.8%		マレーシア 27.3	タイ 3.9	その他 12.0
天然ゴム 1364万t (2019年)	タイ35.9	インドネシア 22.7	ベトナム 9.0		その他 32.4

（2020/21年版「世界国勢図会」）

⬆ パーム油と天然ゴムの生産割合

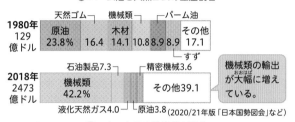

1980年 129 億ドル	原油 23.8%	木材 16.4	天然ゴム 14.1	機械類 10.8	8.9	パーム油 8.9	その他 17.1

すず

2018年 2473 億ドル	機械類 42.2%	石油製品7.3	精密機械3.6	その他39.1

液化天然ガス4.0　原油3.8（2020/21年版「日本国勢図会」など）

機械類の輸出が大幅に増えている。

⬆ マレーシアの輸出品の変化

🌐 基本データ

シンガポール

面積：0.07万 km²(2018年)
人口：585万人(2020年)
人口密度：8097人/km²
首都：なし（都市国家）
言語：マレー語・英語・中国語・タミル語
宗教：仏教・キリスト教・イスラム教など
１人あたり国民総所得：5万8462ドル(2018年)

⬆ マーライオン像（シンガポール）

🌐 基本データ

マレーシア

面積：33万 km²(2018年)
人口：3237万人(2020年)
人口密度：98人/km²
首都：クアラルンプール
言語：マレー語・中国語・タミル語・英語
宗教：イスラム教・仏教・キリスト教など
１人あたり国民総所得：1万968ドル(2018年)

Why マレーシアの天然ゴムの生産量が減少している理由

主な原因は，合成ゴムの普及により，天然ゴムの栽培から，パーム油をとる油やしの栽培へと転換したからである。天然ゴムは，マレーシアにかわって，タイやインドネシアが生産量を伸ばしている。

HighClass

マレーシアでは，中国系住民が経済面で大きな力をもっていたので，住民の多数を占めるマレー系の人々はこの状況に不満をもつようになった。そのため，政府は**ブミプトラ政策**と呼ばれる，教育や雇用などの面でマレー系を優遇する政策を行っている。

第１編 地理

第1章 世界と日本のすがた

第2章 世界のさまざまな地域

第3章 地域調査と日本の地域的特色

第4章 日本の諸地域と地域の在り方

❸ タ イ…第二次世界大戦前から独立を維持した国。仏教徒が国民の多数を占めており，多くの仏教寺院が見られる。首都のバンコクに人口が集中しており，ほかの都市に比べて極端に多くなっている。農業では，チャオプラヤ川流域を中心に米づくりがさかんである。かんがいによって乾季の稲作が可能となり**二期作**が行われ，世界有数の**米**の輸出国となっている。また，**天然ゴム**の世界最大の生産国である。1980年代から日本や欧米の企業が進出し，繊維や電気機械などの製造業が発展した。多くの自動車工場も進出し，近年の輸出では，機械類や**自動車**などが主要品目となっている。

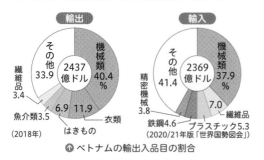

1980年 65 億ドル	米 14.7%	野菜・果実 14.2		9.3	8.5	その他42.8

天然ゴム┐　┌すず
とうもろこし5.4　　繊維品5.1

2018年 2525 億ドル	機械類 31.2%	12.1	その他45.4

自動車┐　┌石油製品3.7
プラスチック4.7　　ゴム製品2.9　(2020/21年版「日本国勢図会」など)

↑ タイの輸出品の変化

主要輸出品が機械類や自動車に変化している。

❹ ベトナム…ベトナム戦争後，南北が統一されて**社会主義国**になった。統一後は，先進国の資本や技術の導入が進まず，工業化が遅れ，経済が行き詰まった。そのため，1986年に**ドイモイ（刷新）**と呼ばれる市場経済を導入し対外開放政策へ転換した。東南アジア諸国連合（ASEAN）加盟後は，日本など外国からの投資が増加。近年は，繊維や電気機械などを中心に工業が発展し，外国企業の進出も増えている。農業では，**コーヒー豆**の生産量がブラジルに次いで世界第2位（2018年）となっており，世界有数の米の輸出国でもある。

輸出

その他 33.9 ／ 機械類 40.4%
繊維品 3.4
魚介類3.5　6.9　11.9
はきもの　　衣類
2437億ドル
(2018年)

輸入

その他 41.4 ／ 機械類 37.9%
精密機械 3.8
鉄鋼4.6　7.0
プラスチック5.3　繊維品
2369億ドル
(2020/21年版「世界国勢図会」)

↑ ベトナムの輸出入品目の割合

基本データ

タイ

面積：51万 km²(2018年)
人口：6980万人(2020年)
人口密度：136人/km²
首都：バンコク
言語：タイ語
宗教：仏教
1人あたり国民総所得：
　6925ドル(2018年)

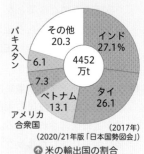

その他 20.3 ／ インド 27.1%
パキスタン 6.1
アメリカ合衆国 7.3
ベトナム 13.1　タイ 26.1
4452万t
(2017年)
(2020/21年版「日本国勢図会」)

↑ 米の輸出国の割合

基本データ

ベトナム

面積：33万 km²(2018年)
人口：9734万人(2020年)
人口密度：294人/km²
首都：ハノイ
言語：ベトナム語
宗教：仏教・キリスト教など
1人あたり国民総所得：
　2440ドル(2018年)

Words ドイモイ（刷新）

ベトナムが1986年から始めた，社会主義を維持しながら，市場経済と対外開放を推進する政策。これによって，外国企業の進出が増加し，繊維や電気機械などの生産が拡大した。また，コーヒー豆の生産量も増加した。

Episode

東南アジアなどで米の生産量が飛躍的に伸びた要因は「緑の革命」によるところが大きい。「緑の革命」は，発展途上地域の食料問題の解決のために1960年代から行われた，米や小麦などの高収量品種の導入を推進した農業の技術革新である。

❺ **インドネシア**…スマトラ島，ジャワ島などの1万4000以上の島々からなる国で，人口・面積ともに東南アジア最大である。火山や地震が多く，2004年12月におこったスマトラ島沖地震では，津波によって，周辺国にも大きな被害が及んだ。人口は約2.7億人（2020年）で，**イスラム教**の信者が大多数を占め，その人口は世界で最も多い。農水産業では，プランテーションでの天然ゴムやパーム油などの生産，輸出用のえびの養殖がさかんである。原油の生産が多く，外国資本の導入で，石油化学工業などの工業化が進展した。ジャワ島にあるボロブドゥール遺跡は，世界最大級の仏教寺院で，世界遺産にも登録されている。

1980年 219 億ドル	原油 53.3%		石油 ガス 13.2	木 材 8.3	石油製品5.4 その他 19.8

機械類 自動車4.2 鉄鋼3.5
パーム油

2018年 1802 億ドル	石炭 13.3%	9.2	8.2	原油2.8 その他46.5

衣類5.0 液化天然ガス3.9 有機化合物3.4

> 輸出品目が多様化している。

（2020/21年版「日本国勢図会」など）
↑ インドネシアの輸出品の変化

❻ **フィリピン**…ルソン島，ミンダナオ島などの島々からなる島国。スペインの植民地時代に**キリスト教**が普及した。**バナナやココやし**のプランテーション栽培がさかんで，バナナは日本への輸出も多い。

5 日本との関係

～重要なパートナーであるASEAN～

日本の東南アジア諸国連合（ASEAN）の国々との貿易額は，貿易総額の約15%（2019年）を占めている。また，ASEAN諸国にとっても日本は主要な貿易相手国である。

（2018年）

	0%	10	20	100	
タイ		10%(3)			輸出
		14%(2)			輸入
インドネシア		11(2)			
		9(3)			
フィリピン (2017年)		14(3)			
		10(3)			
マレーシア	7(5)				
	7(4)				

> ASEANの貿易総額に占める日本の割合は約8%（2018年）である。

※（ ）は日本の順位。（2020/21年版「日本国勢図会」など）
↑ 東南アジアの貿易に占める日本の割合

年	輸出		輸入	
	ASEANへ の輸出 （億円）	輸出総額 に対する 比率(%)	ASEANか らの輸入 （億円）	輸入総額 に対する 比率(%)
1990	47544	11.5	42069	12.4
2000	73812	14.3	64238	15.7
2010	98817	14.7	88444	14.6
2017	118720	15.2	115452	15.3
2018	126345	15.5	123991	15.0
2019	115783	15.1	117567	15.0

（2020/21年版「日本国勢図会」）
↑ ASEANとの貿易の推移

基本データ

インドネシア
面積：191万 km²（2018年）
人口：2.7億人（2020年）
人口密度：143人/km²
首都：ジャカルタ
言語：インドネシア語
宗教：イスラム教
1人あたり国民総所得：
3773ドル（2018年）

↑ えびの養殖場（インドネシア）

参考 東ティモール
かつてインドネシアの一部だったが，長期にわたる独立運動の末，2002年に独立した。

基本データ

フィリピン
面積：30万 km²（2018年）
人口：1.1億人（2020年）
人口密度：365人/km²
首都：マニラ
言語：フィリピノ語・英語
宗教：キリスト教（カトリック）など
1人あたり国民総所得：
3723ドル（2018年）

Episode 近年，東南アジアから日本を訪れる観光客が大幅に増加している。これは，東南アジアの経済発展によって，経済的に豊かになった人たちが増加したことに加えて，格安航空（**LCC**）が発達したことで，以前よりも安く海外旅行ができるようになったことが背景にある。

⑤ 南アジアの国々 ★★★

① インド

~急速に成長する南アジアの大国~

❶ 国　土…インド半島の大部分を占め，北に**ヒマラヤ山脈**が連なり，**ガンジス川**流域にはヒンドスタン平原が広がる。中部から南部にかけてデカン高原が広がっている。気候は，季節風（モンスーン）の影響を受けるため，夏は，アッサム地方などに大量の雨が降り，冬は広範囲で少雨となる。インド北西部は乾燥した地域が分布している。

❷ あゆみ…かつて**インダス文明**（→ p.247）が栄えた。多くの王朝が攻防を繰り返したが，16世紀にムガル帝国が統一した。19世紀にイギリスの植民地となったが，1947年にインドとパキスタンの２国に分離独立した。

❸ 社会と宗教…日本の約９倍の国土に約13.8億人（2020年）がくらす。歴史的に多くの民族が侵入したため，民族を代表する言語が多数存在し，公用語のヒンディー語，準公用語の英語のほかに憲法で21もの公用語が認められている。古代インドの宗教から発生した**カースト制**は，ヒンドゥー教と結びつき，多くの身分に分かれた厳格な規律があるインド特有の身分制度である。この制度下での社会の細分化が，インドの近代化を妨げ，貧富の差を拡大してきた。カースト制による身分差別は憲法で禁止されているが，現在もインド社会に影響を与えている。

❹ 産　業…1990年代以降，経済改革に取り組み，高い経済成長を達成している。欧米の企業が進出した**ベンガルール**や**ムンバイ**，デリー周辺で情報通信技術（ICT）産業が発展し，特に，コンピューターソフトウェア産業の発展が著しい。自動車工業も発達するなど，急速に経済発展を遂げ，**BRICS**の１つに数えられる。農業では，ガンジス川流域で**米**や**小麦**，アッサム地方では茶，デカン高原では綿花の栽培がさかんである。

🌐 基本データ

インド

面積：329万 km²（2018年）
人口：13.8億人（2020年）
人口密度：420人/km²
首都：デリー
言語：ヒンディー語・ベンガル語・英語など
宗教：ヒンドゥー教・イスラム教など
1人あたり国民総所得：
　　　2034ドル（2018年）

紙幣の裏面には英語・ヒンディー語のほか，15の言語が記されている。

↑ インドの紙幣

↑ 南アジアの農業地域

田　　🌾 小麦
畑　　🌿 茶
その他　🌱 綿花

入試Info　インドの社会面では，人口やヒンドゥー教に関する問題が多く見られる。工業では，自動車生産が増加していることやICT産業の発達とその理由，農業では，米・小麦の世界有数の生産国であることなどが問われる。関連するグラフなどを確認しておこう。

2 その他の主な国々

〜衣類や繊維品，茶が重要な輸出品〜

❶ パキスタン…インドの西側に位置する**イスラム教**国。インドとの国境地域に**カシミール地方**があり，国境が未確定でたびたび紛争がおこる。東部にインダス川が流れ，アラビア海に注いでいる。流域の大部分が乾燥気候となっているが，中流域のパンジャブ地方では，かんがいによって，**小麦や綿花**などの栽培がさかんである。繊維品や衣類が重要な輸出品となっている。

❷ バングラデシュ…ガンジス川とブラマプトラ川の三角州地帯に広がる国土は低平で，たびたび洪水の被害にあってきた。イスラム教徒が大半で，米や**ジュート**の栽培がさかんである。近年，繊維工業が発展し，衣類や繊維品が重要な輸出品となっている。

世界合計363万t		その他1.9
インド 53.7%	バングラデシュ 44.4	

(2018年)　　　　　　　(2020/21年版「世界国勢図会」)

⬆ ジュートの生産割合

❸ スリランカ…1948年にイギリスからセイロンとして独立し，その後，スリランカに改称した。大多数を占める仏教徒と少数派のヒンドゥー教徒との間でかつて内戦がおこった。世界有数の**茶**の生産国で，茶は南部の丘陵地などで栽培され，重要な輸出品となっている。

❹ ネパール…農業とヒマラヤ登山に関連する観光業が主な産業となっている。ヒンドゥー教徒が多い。

🌐 **基本データ**

パキスタン
面積：80万 km²(2018年)
人口：2.2億人(2020年)
人口密度：277人/km²
首都：イスラマバード
言語：ウルドゥー語・英語
宗教：イスラム教
1人あたり国民総所得：
　　　　1401ドル(2018年)

参考 カシミール紛争

第二次世界大戦後にイギリスから独立する際，カシミール地方を治めていた藩王がヒンドゥー教徒であったため，インドに帰属することを決めた。しかし，この地方の大部分を占めるイスラム教徒の住民が反発してパキスタンへの帰属を求めたことからおこった，カシミール地方の領有を巡るインドとパキスタンの紛争である。

参考 ジュート

黄麻とも呼ばれる。茎を刈り取って水に浸し，繊維を取り出して麻の袋などに利用される。

Close Up 情報通信技術(ICT)産業が発達するインド

　インドでICT産業が発達した背景には，賃金水準が低いこと，数学教育に力を入れていること，英語を話せる人が多いことなどがある。また，アメリカ合衆国との時差(昼夜が逆)も有利な条件となっている。アメリカ合衆国で夜になる時間帯にインドでデータを送受信することでソフトウェアの開発を引き継ぐことができるため，ソフトウェアの開発がより効率良くできる。

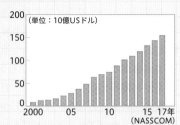

⬆ インドのICT関連サービスの売上高の推移

Episode 産業革命時のイギリスで，香りが強い紅茶を中国から輸入するようになり，そこから紅茶を飲む文化がヨーロッパで広まった。その後，当時イギリス植民地だったインドやスリランカで茶が栽培されるようになった。

6 西アジアの国々 ★★★

1 西アジアのあゆみと社会

～イスラム教と世界有数の原油生産の国々～

❶ **あゆみ**…西アジアは，メソポタミア**文明**が発達した地域で，キリスト教とイスラム教がここで誕生した。中世に栄えたイスラム文化は，近代ヨーロッパ文化の発達に大きな影響を与えた。16世紀にはヨーロッパ諸国が進出しはじめ，20世紀前半には油田や鉄道を支配したが，第二次世界大戦後，各地で民族運動が高まった。

❷ **民族と宗教**…アラビア語を話すアラブ民族，ペルシア語を話すイラン人，トルコ語を話すトルコ人など多様な民族構成で，イスラエルのユダヤ人やキリスト教徒も多いレバノンのほかはほとんどがイスラム教を信仰している。聖典『コーラン』の教えを忠実に守るなど，イスラム教が人々の生活と密接に結びついている。

> ジョージア・アルメニア・アゼルバイジャンは，中央アジアやヨーロッパに区分されることもある。

↑ 西アジア～中央アジアの国々

イスラム教の聖地

zoomup メソポタミア文明
→ p.245

参考 中央アジアのようす
中央アジアの国々はかつてソ連に属していた。中央アジアは，古くは**シルクロード**（→ p.248）の要地として重要な役割を果たした。乾燥地域が広がり，イスラム教が広く信仰されている。石炭・原油・天然ガスや**レアメタル**（希少金属）などの鉱産資源が豊富で，カザフスタンやウズベキスタンなどでは綿花栽培と繊維工業が発達している。

Words 資源ナショナリズム
主に原油などの資源を保有する国が，その資源を自国の主導で管理するとともに，輸出などの際に自国の利益を最優先とし，その資源をもとに自国の経済発展を図ろうとする動き。

2 原油の生産

～OPECによる石油管理～

❶ **原油の主産地**…ペルシア湾を囲むイラン・イラク・クウェート・サウジアラビア・カタール・アラブ首長国連邦の一帯は大油田地帯である。原油の埋蔵量は世界の約5割，産出量は世界の約3割を占めている。原油は油田からパイプラインで地中海沿岸やペルシア湾沿岸に送られ，タンカーで世界各地に運ばれる。

❷ **産油国と資源ナショナリズム**…石油は長い間，アメリカ合衆国などの巨大な石油会社が開発し，産油国は，石油利権料を受け取るだけで，石油を利用した経済政策を進めることはなかった。しかし，1950年代から**資源ナショナリズム**の風潮が高まり，1960年に主な石油産出国が石油輸出国機構（**OPEC**）を結成して，石油産業の国有化や，利権料や石油価格の値上げを行った。

HighClass 西アジアのクルディスタン地方を中心に居住する**クルド民族**は，西アジアではアラブ人，トルコ人，イラン人に次ぐ大きな民族集団といわれているが，その居住地域が複数の国の国境で分断されているため，自治や各国からの独立を要求している。

❸ 石油依存からの脱却…産油国は巨額の石油収入を得ているが，その価格によって国の経済が左右されている。また，石油の埋蔵量には限りがある。そのため，産油国では石油収入を別の産業の育成に使うなど，石油依存からの脱却を図っている。

③ 西アジアの主な国々

〜石油依存からの脱却を目ざす〜

❶ サウジアラビア…広大なアラビア半島の約5分の4を占め，東はペルシア湾，西は紅海，北はヨルダン，イラク，クウェートに接する。国土の大半が砂漠で，乾燥地帯となっている。憲法や議会がなく，国王一族が統治している専制君主国家である。イスラム教発祥の地で，聖地のメッカには世界中からイスラム教徒が巡礼に訪れる。原油が豊富で，石油収入によって工業化を図ってきた。農業は，地下水を利用したかんがい農業が行われ，オアシスでは小麦や野菜，なつめやし，綿花などを栽培する農業が営まれている。

原油の輸出量の割合
- その他 42.1
- サウジアラビア 15.5%
- ロシア連邦 11.3
- イラク 8.3
- カナダ 7.7
- アラブ首長国連邦 5.3
- イラン 5.2
- クウェート 4.6
- 22.4億t
(2020/21年版「日本国勢図会」)(2017年)

❷ アラブ首長国連邦(UAE)…7つの首長国から構成されるペルシア湾岸の連邦国家。最大の都市ドバイは観光地として有名で，世界の金融企業が集まり，投資によってばく大な資金を保有している。海外からの投資を自由化して，金融センターを建設するなど石油に依存した経済からの脱却を図っている。また，石油収入により，教育費や医療費が無料になっている。

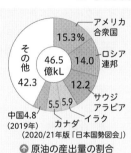

原油の産出量の割合
- その他 42.3
- アメリカ合衆国 15.3%
- ロシア連邦 14.0
- サウジアラビア 12.2
- イラク 5.9
- カナダ 5.5
- 中国4.8
- 46.5億kL
(2019年)(2020/21年版「日本国勢図会」)

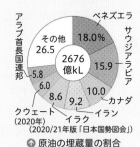

原油の埋蔵量の割合
- その他 26.5
- ベネズエラ 18.0%
- サウジアラビア 15.9
- カナダ 10.0
- イラン 9.2
- イラク 8.6
- クウェート 6.0
- アラブ首長国連邦 5.8
- 2676億kL
(2020年)(2020/21年版「日本国勢図会」)

🌐 基本データ

サウジアラビア
面積：221万km²(2018年)
人口：3481万人(2020年)
人口密度：16人/km²
首都：リヤド
言語：アラビア語
宗教：イスラム教
1人あたり国民総所得：
　2万3450ドル(2018年)

🌐 基本データ

アラブ首長国連邦
面積：7万km²(2018年)
人口：989万人(2020年)
人口密度：139人/km²
首都：アブダビ
言語：アラビア語
宗教：イスラム教
1人あたり国民総所得：
　4万3211ドル(2018年)

ドバイにある世界一高いビル

❸ イラン…ペルシア人が約35%を占める国で，イラクを含め以西のアラブ人の国々とは民族も異なる。1979年におこったイスラム革命を機に，欧米の資本により開発された油田や石油化学工業を国有化した。

Episode サウジアラビアは，砂漠と石油の国というイメージがあるが，実は養殖業にも力を入れており，その大部分が紅海沿岸で行われている。特にえびの養殖がさかんで，主にアメリカ合衆国や日本へ輸出されている。

④ **イラク**…メソポタミア文明発祥の地で，原油埋蔵量が多い国である。1990年にクウェートへ侵攻したことで**湾岸戦争**が発生し，2003年にはアメリカ合衆国との間で**イラク戦争**がおこった。イラク戦争後，政治情勢が不安定で混乱が続いている。

⑤ **トルコ**…イスラム教の国として初めて，政治と宗教の分離(政教分離)，ローマ字の採用，女性の解放などが行われた。ドイツなど西ヨーロッパ諸国への出かせぎ労働者が多い。ヨーロッパ連合(EU)への加盟を目ざしている。親日的な国として知られる。

4 日本との関係

～日本にとって最大の原油供給地域～

　日本は原油の多くを西アジアの国々からの輸入に依存している。日本の原油輸入先で最も多い国はサウジアラビアで，次いでアラブ首長国連邦である。この2か国で日本の原油輸入量の60％以上を占めている。1973年，アラブ諸国とイスラエルによる**第四次中東戦争**がおこったとき，石油輸出国機構(OPEC)は，原油の輸出制限と価格引き上げを決定したため，世界経済が打撃を受け，日本経済も大きな影響を受けた(石油危機〈**オイルショック**〉)。

参考 エルトゥールル号遭難事件

1890年，オスマン帝国(トルコ)の軍艦エルトゥールル号が紀伊大島の樫野崎付近で遭難し，600名もの人が海に投げ出された。その際，大島村(現在の串本町)の住民が総出で救助と介抱にあたり，69名が生還することができたできごと。

日本は原油の99％以上を輸入に頼り，そのうち，西アジア地域からの輸入が約88％を占める。

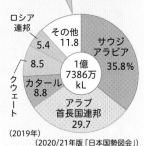

↑ 日本の原油輸入相手国

（2019年）
（2020/21年版「日本国勢図会」）

ロシア連邦　5.4
その他　11.8
サウジアラビア　35.8％
クウェート　8.5
カタール　8.8
アラブ首長国連邦　29.7
1億7386万kL

Close Up　パレスチナ問題

　20世紀になると，パレスチナ地方を追われて世界各地に分散していた**ユダヤ民族**が祖国建国の理念を掲げてパレスチナ地方に集まりはじめた。第二次世界大戦後の1948年，ユダヤ民族は**イスラエル**を建国したが，この地方に住んでいた多くのアラブ人が難民となった(**パレスチナ難民**)。イスラエルの周囲はアラブ人の国々であり，民族間の対立が武力衝突を生み，4度にわたる**中東戦争**がおこった。1990年代にパレスチナ自治政府が組織され，2012年にパレスチナの国連での資格がオブザーバー国家に格上げとなった。2013年に中東和平交渉が再開されたが，再び頓挫し，戦闘が激化した。2014年にはパレスチナ統一政府が樹立され，同年8月には停戦合意がなされたが，その後も和平は進展していない。

レバノン　シリア
地中海
ヨルダン川西岸地区
テルアビブ
エルサレム
ガザ地区
ヨルダン川
死海
イスラエル
ヨルダン
エジプト
（2012年）

□ パレスチナ自治区
行政管轄権の主体
■ イスラエル
■ パレスチナ自治政府

↑ イスラエルとパレスチナ自治区

入試Info　サウジアラビアに関する出題が多い。サウジアラビアと関連づけて，西アジアの宗教，原油の主な産出国や輸出国のグラフ，日本の原油輸入先のグラフを確認しておこう。また，石油危機とOPECの関係，石油危機で日本が受けた影響についても問われる。

3 ヨーロッパ州

Point
① 農業・工業の特色を整理し，地下資源と工業の関係を理解しよう。
② EUの成立と組織，加盟国の増加など基本事項を確認しよう。
③ EU諸国の人口減少，環境，外国人労働者など諸問題への対策を知ろう。

1 ヨーロッパのようす ★★★

1 ヨーロッパのあゆみ

～東西冷戦から統合の時代へ～

　地中海沿岸では，古代ギリシャ・ローマ文明が栄え，15世紀から始まった**大航海時代**には，スペインやポルトガルが世界各地に進出した。18世紀半ばにイギリスで産業革命がおこり，工業力を背景に**植民地**を拡大し，**資本主義**が確立された。20世紀には2度も世界大戦の戦場になった。第二次世界大戦後の冷戦時代には東西ヨーロッパの対立が続いたが，1990年代に冷戦は終結し，以降，ヨーロッパ連合(EU)による経済統合が進められた。

年代	できごと
前5世紀ごろ	ギリシャ文明が栄える
1～2世紀ごろ	ローマ帝国が栄える
392年	キリスト教がローマ帝国の国教となる
800年	カールの戴冠
1054年	カトリックと正教会に教会が分裂する
16世紀	宗教改革でプロテスタントが広まる
18世紀	イギリスで産業革命がおこる
1914～18年 1939～45年	2度の世界大戦
1993年	EUが発足する

↑ ヨーロッパのあゆみ

2 ヨーロッパの自然

～高緯度のわりに温暖な気候～

① 地　形…北部のスカンディナビア半島には，氷河の侵食を受けた複雑な海岸線のフィヨルドが見られる。北部から中央部にかけてはなだらかな丘陵や平原が広がり，**ライン川・ドナウ川**などの**国際河川**が流れ，内陸水路交通の大動脈として利用されている。南部には，アルプス山脈を中心とする険しい山脈が東西に連なっている。

↑ フィヨルド

凡例：
険しい山地
ゆるやかな山地
台地・高原
平地
▲ 主な火山

スカンディナビア半島
東ヨーロッパ平原
北ドイツ平原
フランス平原
ピレネー山脈
イベリア半島
アルプス山脈
カルパティア山脈
ディナルアルプス山脈
黒海

↑ ヨーロッパの地形

HighClass パリ盆地やロンドン盆地には，かたい地層とやわらかい地層が交互に繰り返し，かたい地層が侵食からとり残されて丘陵になり，やわらかい地層は侵食が早く進み低地となって，急斜面とゆるやかな斜面が連続した**ケスタ地形**と呼ばれる地形が発達している。

❷ 気　候…西ヨーロッパは，暖流の北大西洋海流と偏西風の影響で，高緯度のわりに比較的温暖な**西岸海洋性気候**である。南部の地中海沿岸は，夏は雨が少なく乾燥し，冬は雨が多く温暖な**地中海性気候**となっている。北部の大部分は冬の寒さが厳しい冷帯（亜寒帯）気候で，北極圏では**白夜**が見られる。

↑ ヨーロッパの気候区分

凡例（気候区分）:
- 温暖湿潤気候
- 地中海性気候
- 西岸海洋性気候
- ステップ気候
- 砂漠気候
- 冷帯（亜寒帯）気候
- 寒帯気候

3 ヨーロッパの民族と宗教

～キリスト教中心の3つの主な民族～

❶ ヨーロッパの民族…ヨーロッパには約7.5億人（2020年）の人々が住んでおり，言語の違いによって大きく3つの民族に分けられる。北部のドイツ・イギリス・北ヨーロッパ諸国ではゲルマン系民族が多い。南部のフランス・イタリア・スペインなどではラテン系民族が多く，東部のロシア連邦・東ヨーロッパ諸国はスラブ系民族が多い。その他，フィンランドではフィン人，ハンガリーではマジャール人などのアジア系の民族もいる。また，イギリス北部に居住するケルト人や，ピレネー山脈一帯に居住し，独特な言語をもつバスク人など，少数民族も多く，民族間の対立もおこっている。

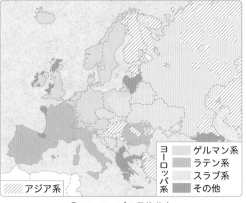
↑ ヨーロッパの民族分布

凡例:
- ヨーロッパ系：ゲルマン系／ラテン系／スラブ系／その他
- アジア系

❷ ヨーロッパの宗教…ヨーロッパの文化にはキリスト教が大きな影響を与えている。16世紀の**宗教改革**以降，**カトリック**（旧教）はラテン系民族を中心に，**プロテスタント**（新教）はゲルマン系民族を中心に信仰されている。東部のスラブ系民族は主に正教会を信仰しているが，チェコやポーランドのようにカトリックの信者が多い国もある。また，バルカン半島にはイスラム教徒も分布している。

↑ ヨーロッパの宗教分布

凡例:
- カトリック（キリスト教）
- プロテスタント（キリスト教）
- 正教会（キリスト教）
- イスラム教

短文記述対策！

Ｑ▶西ヨーロッパは，日本より高緯度に位置しているにもかかわらず，気候が比較的温暖である。その理由を簡潔に述べなさい。
Ａ▶暖流の北大西洋海流と偏西風の影響で寒さが和らげられるため。

4 ヨーロッパの産業

～地域によって異なる農業形態～

❶ 農　業…ヨーロッパでは，地域によって異なる特色をもった農業が行われている。アルプス山脈の北側では穀物栽培（さいばい）と家畜（かちく）の飼育を組み合わせた混合農業が発達しており，ドイツ北部ではライ麦やじゃがいもの栽培と豚（ぶた）の飼育，フランスやイタリア北部では小麦などの栽培と肉牛の飼育をそれぞれ組み合わせた農業が中心となっている。地中海沿岸地域では，乾燥（かんそう）する夏には，**オレンジ・ぶどう・オリーブ**など乾燥に強い作物を栽培し，雨の多い冬には，**小麦**などを栽培する地中海式農業がさかんである。冷涼（れいりょう）な北部やアルプス地方では，乳牛を飼育して，牛乳やチーズなどの乳製品をつくる酪農（らくのう）が発達している。また，大都市近郊（きんこう）では，野菜や花きを栽培する**園芸農業**も発達している。

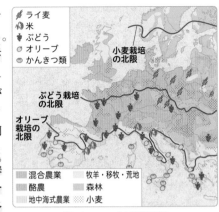

↑ ヨーロッパの農業地域

凡例：
- ライ麦
- 米
- ぶどう
- オリーブ
- かんきつ類

小麦栽培の北限
ぶどう栽培の北限
オリーブ栽培の北限

- 混合農業
- 酪農
- 地中海式農業
- 牧羊・移牧・荒地
- 森林
- 小麦

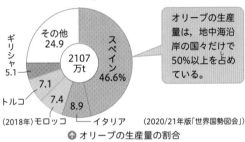

その他 24.9
ギリシャ 5.1
トルコ 7.1
モロッコ 7.4
(2018年)
イタリア 8.9
スペイン 46.6%
2107万t

↑ オリーブの生産量の割合

（2020/21年版「世界国勢図会」）

> オリーブの生産量は，地中海沿岸の国々だけで50%以上を占めている。

❷ 鉱工業…18世紀後半にイギリスで始まった産業革命は，19世紀にはヨーロッパ諸国へと広まり，石炭と鉄鉱石に恵（めぐ）まれたイギリスのミッドランド地方，豊富な石炭とライン川の水運を利用して発達したドイツの**ルール地方**，鉄鉱石が産出されたフランスの**ロレーヌ地方**などで工業が発達した。特に，ドイツのルール工業地域は，ルール炭田の豊富な石炭と，ライン川の水運を背景にヨーロッパ最大の工業地域となった。

凡例：
- ■ 石炭
- ✛ 原油
- ▲ 鉄鉱石
- 主な工業地域
- ○ 主な工業都市
- ─ パイプライン

サンクトペテルブルク
モスクワ
ワルシャワ
キエフ
ハンブルク
マンチェスター
バーミンガム
ロンドン
フランクフルト
ロッテルダム
パリ
ミュンヘン
ウィーン
リヨン
ミラノ
マドリード
バルセロナ

↑ ヨーロッパの鉱工業地域

HighClass

産業革命以降，都市化が進んだ結果，農業は都市への食料を供給する商業的農業へと変化した。さらに，安価な小麦が大量に輸入されるようになると，ヨーロッパの穀物栽培は衰退し，肉牛や豚の飼育と組み合わせた混合農業，酪農，園芸農業などに分化・専門化していった。

1970年代の**石油危機**以降，工業の中心が鉄鋼業や石油化学工業などから加工組立型の機械工業へと移り，ロンドンやパリなどの大都市近郊には機械工業や先端技術（ハイテク）産業などが発達するようになった。ドイツの**ミュンヘン**や**シュツットガルト**，イタリア北部の**トリノ**などでは**自動車工業**が発達している。また，近年，外国資本による**自動車工業**が立地するスペインの**バルセロナ**や**航空機工業**が立地するフランスの**トゥールーズ**などの成長著しい工業都市が見られる。

5 ヨーロッパの環境対策

~深刻な酸性雨による被害~

　19世紀以降，ヨーロッパは世界に先がけて工業が発展したが，一方では，水質汚染や大気汚染などの環境問題が発生した。特に，工場の煙や自動車の排出ガスなどに含まれる窒素酸化物や硫黄酸化物などが原因となる酸性雨の影響で広範囲の森林が枯れたり，湖の生物が減少したりするなどの深刻な被害が見られた。こうした環境問題に対し，早くからドイツなどでは**パークアンドライド**と呼ばれるしくみを取り入れた結果，都市中心部での大気汚染や騒音が減少してきている。また，**ヨーロッパ連合（EU）**加盟国は，共同で汚染物質の削減や電化製品のリサイクルに取り組むなどの対策をとるとともに，地球温暖化の原因ともなる温室効果ガスを排出する火力発電にかわる，風力・太陽光・バイオマスなどの**再生可能エネルギー**の利用も推進している。

Words パークアンドライド
自動車を都市郊外の駐車場に駐車し（パーク），そこから鉄道やバスなどの公共交通機関に乗り換えて（ライド），都市部に入るシステム。都市部への自動車の乗り入れを減らし，**交通渋滞の緩和**や排出ガスによる**大気汚染の軽減**を図ることが目的である。

西ヨーロッパの汚染物質が偏西風に乗って東ヨーロッパへ流れていくため，東ヨーロッパで酸性雨の被害が大きくなっている。

↑ 酸性雨で枯れた森林

Close Up フランスの航空機生産

　フランス南部の**トゥールーズ**には，フランス，ドイツ，イギリス，スペインの4か国が出資して設立したエアバス社の組み立て工場がある。フランスの航空機生産は主に分業で行われ，各国がそれぞれ異なる部品を生産している。それらの部品はトゥールーズの工場に集められ，そこで最終の組み立てが行われている。

航空機部品の製造国
■ フランス ■ イギリス
■ ドイツ ■ スペイン

↑ ヨーロッパでの航空機の生産

HighClass イギリス南部からライン川流域を経てイタリア北部に至る，各種工業が集中し，EUなどの主要機関が位置する地域は「**青いバナナ**」と呼ばれている。青はEUのシンボルカラーで，地図上でこの地域を見るとバナナのような形状をしていることに由来している。

② ヨーロッパ連合(EU) ★★★

1 EUのあゆみ

～ヨーロッパの統合を目ざして～

　第二次世界大戦後，西ヨーロッパ諸国の植民地が独立し，アメリカ合衆国やソ連の国力が増す中で，西ヨーロッパ諸国の影響力は相対的に低下した。そのため，アメリカ合衆国などの大国に対抗し，また，平和を維持するために，国家の枠を越えて連携しようとする動きが出てきた。1948年，オランダ・ベルギー・ルクセンブルクの３国が**関税同盟**を結成し，1958年には，より幅広い分野での統合を目的に**ヨーロッパ経済共同体(EEC)** が発足した。1967年にEECは**ヨーロッパ共同体(EC)** となり，その後，イギリスなどが加盟した。そして1993年に**マーストリヒト条約**が発効し，経済通貨統合や共通の外交・安全保障政策を目ざすヨーロッパ連合(EU)が発足した。EUの本部はベルギーの首都**ブリュッセル**にある。発足当初12か国だった加盟国は，2019年末までは28か国あったが，2020年１月31日に**イギリス**が正式に離脱したため**27か国**となった。

2 EUの規模

～世界の貿易輸出額の約30%を占める～

　EUの2018年における国内総生産(GDP)は，世界の約16%，輸出額は世界の約31%を占めるなど，大規模な経済圏を形成している。

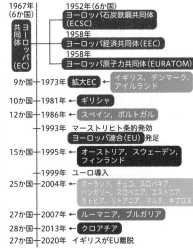
↑ EUのあゆみ

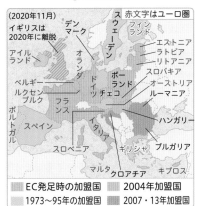
↑ EU加盟国の拡大

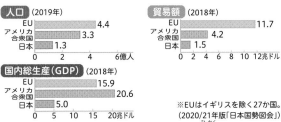
↑ EU・アメリカ合衆国・日本の比較

※EUはイギリスを除く27か国。
(2020/21年版「日本国勢図会」)

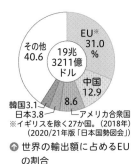
↑ 世界の輸出額に占めるEUの割合

※EUを除く27か国。(2018年)
(2020/21年版「日本国勢図会」)

短文記述対策！

Ｑ　EU設立の背景の１つに，２度とヨーロッパで戦争をおこさないようにするため，という理由がある。そのほかにもう１つあるが，その理由を簡潔に述べなさい。

Ａ　政治・経済の面で，アメリカ合衆国などの大国に対抗するため。

3 EUの主な政策

〜国境を越えたつながりを目ざす〜

❶ 通貨統合…1999年に，イギリスなどを除く11か国が参加して，単一通貨ユーロを導入し，2002年にユーロ紙幣・硬貨の流通が始まった。2020年11月現在，EU加盟国のうち19か国がユーロを導入している。

❷ 関税撤廃・市場統合…EU加盟国間では関税が撤廃されており，人・モノ・サービス・資本の移動が自由である。1995年のシェンゲン協定で出入国手続きが簡素化され，多くの加盟国の間で，パスポートなしで国境を行き来できるようになった。関税撤廃と自由な移動の実現により，共同で工業製品の開発や生産を行うなど，国境を越えたつながりが強まっている。

❸ 共通農業政策…EUは，加盟国の農業を保護するために，域外からの安価な農作物に対しては輸入課徴金（関税）をとり，農産物の価格を高く設定して農家や地域に補助金を与えるなどの共通農業政策をとってきた。

参考 ユーロ危機

2009年に，ギリシャの財政赤字の危機的実態が判明し，ユーロの信用が一気に低下した。ギリシャの国家財政が破綻するという不安から世界の株価が下落し，さらに，南ヨーロッパの国々にも経済危機が波及した。

参考 EUに未加盟の国々

永世中立国であるスイスは，政治の中立性がとれなくなること，ノルウェーは自国の農業・漁業への影響に懸念があることなどから加盟していない。

参考 共通農業政策

共通農業政策の結果，EU内の食料自給率は高まったが，一方で生産過剰や，補助金の増加によるEUの財政難を招いたため，政策の見直しも進められている。

Close Up EUの課題〜東西ヨーロッパの経済格差の解消など〜

　EUの加盟国拡大に伴い，工業化が進んで経済的に豊かな西ヨーロッパと，工業化が遅れて経済が停滞している東ヨーロッパの間で経済格差が拡大している。比較的所得の低い東ヨーロッパから賃金水準の高いドイツなどへ労働者が流入する一方で，西ヨーロッパの企業は安い賃金の労働力と生産コストの軽減のために生産拠点を東ヨーロッパに移転することが増えている。このため，西ヨーロッパでは失業率が高くなり，産業の空洞化をもたらしている。また，加盟国の財政危機などの経済問題や，域外から流入する外国人労働者や難民の問題なども抱えている。

1人あたり国民総所得
- 4万ドル以上
- 3万〜4万ドル未満
- 2万〜3万ドル未満
- 1万〜2万ドル未満
- 1万ドル未満

(2018年)　（2020年版「地理データファイル」）

⬆ ヨーロッパ諸国の1人あたり国民総所得

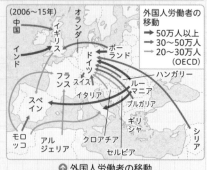

（2006〜15年）

外国人労働者の移動
- → 50万人以上
- → 30〜50万人
- → 20〜30万人
（OECD）

⬆ 外国人労働者の移動

入試Info　EUに関する出題は非常に多く見られる。共通通貨ユーロ，EU域内で共通する政策，EU加盟国間の貿易，東南アジア諸国連合（ASEAN）などほかの地域組織との比較まで多岐にわたるので，関連する統計やグラフなどに目を通しておこう。

③ イギリス ★★☆

1 位置とあゆみ

～産業革命発祥の国～

❶ 位　置…大陸側のフランスとは**ドーバー海峡**を隔てて位置する島国で，グレートブリテン島とアイルランド島北部からなる。正式な国名は，**グレートブリテン及び北アイルランド連合王国**である。首都ロンドンには０度の経線（**本初子午線**）が通る。

❷ あゆみ…古代ローマ時代はケルト人が居住。現在のイギリス人は，移住したゲルマン系のアングロ-サクソン人である。17世紀ごろから海外に進出し，交易により発展した。18世紀中ごろ，世界で最初に産業革命がおこり，「世界の工場」として発展し，世界の約４分の１に及ぶ広大な**植民地**を支配した。しかし，第二次世界大戦後，植民地の多くが独立し，**イギリス連邦**の一員として形式的なつながりをもつだけになった。アメリカ合衆国やソ連の台頭などにより経済的地位も低下した。「**ゆりかごから墓場まで**」といわれる広範な社会保障制度の充実を図ってきたが，1970年代から社会保障給付費の拡大が問題となり，給付の抑制など諸改革が実施された。2020年１月には**EUから離脱**した。

2 自　然

～高緯度でも温暖で雨が多い～

❶ 地　形…平坦な地形となっている。グレートブリテン島の中央にはなだらかなペニン山脈が走る。

❷ 気　候…暖流の北大西洋海流と偏西風の影響を受ける**西岸海洋性気候**で，高緯度でありながら温暖で，年間を通して雨が多い。

3 産　業

～北海油田の開発で石油産出国に成長～

❶ 鉱　業…バーミンガムや北東イングランドなどは，鉄鉱石と石炭の産地が近接していたことから工業の発展に有利であったが，最近では炭田近くの古い工業地帯は衰退している。1960年代に北海油田が開発されたこ

基本データ

イギリス
面積：24万 km²(2018年)
人口：6789万人(2020年)
人口密度：280人/km²
首都：ロンドン
言語：英語
宗教：イギリス国教会など
１人あたり国民総所得：
　4万1953ドル(2018年)

zoomup 産業革命→ p.364

Words イギリス連邦
イギリス本土と，かつてイギリス帝国に属し，その後独立した諸国とで構成される，友好協力のための組織。2020年11月現在54か国で構成され，主な加盟国には，イギリス・オーストラリア・ニュージーランド・カナダ・インド・バングラデシュ・マレーシアなどがある。

参考 北アイルランド問題
北アイルランドにはカトリックのケルト人が多く，イギリスから移住したプロテスタントのイギリス人との間で民族・宗教対立による紛争が続いた（**北アイルランド問題**）が，2005年にイギリスからの離脱を目ざすカトリック系過激派組織IRA（アイルランド共和軍）が武装解除を宣言した。また，スコットランドでは，2014年にイギリスからの独立の賛否を問う住民投票が行われ，独立反対派が過半数を占め，独立が否決された。

HighClass イギリスは，イングランド・スコットランド・ウェールズ・北アイルランドの４地方から構成されている。イングランドとウェールズは法律を共有しているが，スコットランドと北アイルランドは独自の法体系をもち，独立を主張する意見も多くある。

とから石油輸出国となっている。

❷ 工　業…炭田や鉄鉱石の産地が近くにある内陸で発達した。現在は原料の輸入に便利な港湾の近くに発達し，内陸とは運河で結ばれている。

主な工業地域	特色
ロンドン地区	自動車・機械・電子機器・衣服・印刷など総合工業地域。
ミッドランド地区	バーミンガムを中心に自動車・機械・鉄鋼などの工業が発達。
ランカシャー地区	マンチェスターが綿工業の中心地であった。近年，機械・電子などの工業が発達。リバプールは輸出入港。
ヨークシャー地区	リーズ（毛織物）とシェフィールド（刃物・金属）が中心。

↑ イギリスの工業地域と地下資源

❸ 農　業…イギリスの農業就業人口は，全就業人口の約1.2％（2017年）で，農業労働者を雇い，大型機械を使って行う大規模農業である。国土の約半分が牧場や牧草地で，穀物栽培と家畜の飼育を組み合わせた混合農業や酪農が中心である。

4 日本との貿易

~輸出入とも自動車が多い~

イギリスから日本への輸出品は機械類・医薬品・自動車が多く，イギリスの日本からの輸入品は機械類・自動車などが多い。

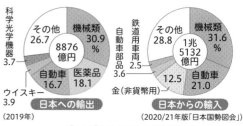

↑ イギリスの日本との貿易

4 フランス ★★★

1 位置とあゆみ

~自由・平等・博愛を掲げる~

西ヨーロッパの中心に位置し，大西洋と地中海，北海に面している。1789年のフランス革命で，自由，平等，人民主権などをうたった人権宣言が出された（→ p.363）。首都パリは「芸術の都」ともいわれ，歴史遺産も多いことから世界で最も多くの外国人観光客が訪れる国となっている。

🌐 基本データ
フランス
面積：55万 km²（2018年）
人口：6527万人（2020年）
人口密度：118人/km²
首都：パリ
言語：フランス語
宗教：カトリックなど
1人あたり国民総所得：
　　4万2289ドル（2018年）

HighClass

イギリスの産業革命は，マンチェスターを中心とするランカシャー地方で始まり，インドなどから輸入した綿花を原料に綿工業が発達した。綿糸は乾燥に弱いが，マンチェスターは偏西風の風上側に位置し，湿潤な気候であったことから綿工業に都合の良い気候条件であった。

2 自 然

〜高緯度ながら温暖な気候〜

❶ 地 形…西部はフランス平原が広がり，**セーヌ川**やロアール川が流れる。イタリア・スイスとの国境地帯に**アルプス山脈**，スペインとの国境には**ピレネー山脈**があり，山と海に囲まれた地形である。

❷ 気 候…国土の大部分は，比較的温暖な**西岸海洋性気候**，地中海に面する南部は**地中海性気候**である。

↑ 南フランスの観光都市ニース

3 産 業

EU最大の農業国

❶ 農 業…フランスはEU最大の農業国である。北部では混合農業や酪農が主に行われ，小麦の生産がさかんで，EUの穀倉地帯となっている。また，良質のぶどうの生産でも知られ，ボルドーやシャンパーニュ地方などでは**ワイン**の醸造がさかんである。地中海沿岸ではオレンジ・ぶどう・オリーブ・小麦などを栽培する地中海式農業が行われている。

↑ フランスの農業地域

❷ 鉱工業…北部のダンケルクでは鉄鋼業，リール付近では伝統的な繊維工業や鉄鋼・石油化学工業がさかんである。パリ付近は，美術工芸のほか，自動車・電子機器が発達したフランス最大の総合工業地域。南部のフォスでは鉄鋼業，マルセイユでは石油化学工業，**トゥールーズ**では**航空機工業**が発達している。また，1970年代におこった石油危機をきっかけに原子力発電の推進を図り，現在，発電量の**約71％**（2017年）を原子力発電が占めている。

↑ フランスの工業地域と地下資源

4 貿易と日本との関係

〜 EU諸国が最大の貿易相手国〜

貿易品目は，輸出では機械類・自動車・航空機が多く，**ワイン**が多いのが特徴である。また，貿易相手国としては，EU諸国やアメリカ合衆国が主となっている。

輸出			輸入		
国	百万ドル	%	国	百万ドル	%
ドイツ	84371	14.5	ドイツ	123028	18.3
アメリカ合衆国	45663	7.8	ベルギー	68950	10.3
スペイン	45378	7.8	オランダ	54896	8.2
イタリア	43293	7.4	イタリア	54431	8.1
ベルギー	41481	7.1	スペイン	48455	7.2
計	581774	100.0	計	671435	100.0
EU※	304124	52.3	EU※	436492	65.0

（2018年）※イギリスを除く27か国。　（2020/21年版「世界国勢図会」）
↑ フランスの貿易相手国

Episode　EUによる統合が進む中，人々の移動を支える交通網も整備されてきた。ドーバー海峡の海底に**ユーロトンネル**が開通し，パリ・ロンドン間を高速列車「ユーロスター」が2時間ほどで結んでいる。また，パリとドイツのフランクフルト間は，ドイツの特急ICEが走っている。

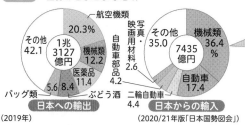

航空機類
20.3%
その他
42.1
1兆
3127
億円
機械類
12.2
医薬品
5.6　8.4　11.4
自動車部品
4.2
写真
映画
用材料
2.6
バッグ類　　　ぶどう酒

その他
35.0
7435
億円
機械類
36.4%
自動車
17.4
二輪自動車
4.4

日本への輸出　　**日本からの輸入**
(2019年)　　(2020/21年版「日本国勢図会」)

日本への輸出品では航空機類に次いで，機械類，医薬品やぶどう酒（ワイン）・バッグ類などが多く，日本からの輸入品は，機械類・自動車・バイクなどが多い。

⬆ フランスの日本との貿易

5 ドイツ ★★★

1 位置とあゆみ

〜冷戦による東西分裂から統一へ〜

　ドイツはヨーロッパの中央部に位置し，北部は北海とバルト海に面し，南部にはアルプス山脈が連なっている。ゲルマン民族が大部分を占めるドイツは，長い分裂状態から1871年に**ドイツ帝国**が成立して統一された。20世紀に２度の大戦を引きおこしたが敗北した。第二次世界大戦後には東西ドイツに分裂して冷戦の最前線となったが，**ベルリンの壁の崩壊**をきっかけに，1990年に統一された。旧東ドイツ地域の経済の遅れなど，東西間の経済格差の解消が課題となっている。

2 自 然

〜豊かな自然と温暖な気候〜

❶ 地　形…北部は北ドイツ平原で，ライン川やエルベ川などの大河川が北海へ注いでいる。ライン川は大型船舶の航行が可能で，運河により各地と結ばれている。中央部は低い丘陵地域で，南部の山間地域は豊かな自然が残され，観光地も多い。
❷ 気　候…高緯度のわりに冬の寒さも厳しくない**西岸海洋性気候**が大部分を占める。

3 産 業

〜 EU最大の工業国〜

❶ 農　業…北部・東部では，家畜の飼育とじゃがいもや**ライ麦**の栽培を組み合わせた混合農業がさかんである。中南部は比較的肥沃で，小麦・てんさいなどが栽培されている。ミュ

🌐 基本データ

ドイツ

面積：36万 km²(2018年)
人口：8378万人(2020年)
人口密度：234人/km²
首都：ベルリン
言語：ドイツ語
宗教：カトリック，
　　　　プロテスタントなど
1人あたり国民総所得：
　　　4万8843ドル(2018年)

参考 ベルリンの壁の崩壊

1989年後半，旧東ドイツでは市民の民主化要求運動が高まり，西側への出国が原則的に自由化され，東西対立の象徴であった**ベルリンの壁**が崩壊した。翌1990年に西ドイツが東ドイツを編入する形で東西ドイツが統一し，40年に及ぶ分断の歴史に終止符が打たれた。

🗺 てんさい
🥔 じゃがいも
🌾 ライ麦
　　小麦
　　混合農業
　　酪農
　　森林

⬆ ドイツの農業地域

Episode
複数の領域を流れている，または国境となっている河川で，条約によってすべての国に航行の自由が認められているものを**国際河川**という。ヨーロッパには，**ライン川**，**ドナウ川**などがあるが，ライン川は９か国，ドナウ川は10か国を流れている。

ンヘン周辺では，ビールの原料となるホップと**大麦**の栽培がさかんである。

❷ 鉱工業…ルール・ザール・ザクセンなどの石炭産地が，**ライン川**などの国際河川(かせん)や運河と結びついて工業地域が形成された。ルール工業地域のエッセンやドルトムントでは**鉄鋼業**が発達した。バイエルン工業地域では，ミュンヘンのビール，シュツットガルトの自動車工業が特に有名である。

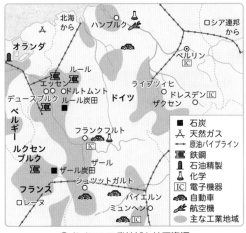

ライ麦 1373万t	ドイツ 19.9%	ポーランド 19.5	ロシア連邦 18.5	中国 9.7	その他 27.1

デンマーク5.3
オーストラリア　フランス

大麦 1億 4740万t	ロシア連邦 14.0%			その他 56.6

ドイツ　9.2 7.4 2.1
ウクライナ5.6
(2017年)　(2020年版「世界の統計」)

↑ ライ麦・大麦の生産量の割合

↑ ドイツの工業地域と地下資源

4 ドイツが抱える課題

〜先進的な環境対策〜

❶ **外国人労働者・難民問題**…第二次世界大戦後，旧西ドイツでは，経済成長に伴い深刻な労働者不足がおこったため，トルコなどから**外国人労働者**を多く受け入れた。その結果，ドイツ人の失業者が増えたため，外国人に対する反発が激しくなった。近年は，高い失業率と増加する西アジアやアフリカからの**難民**を背景に，ドイツ人と外国人との対立が社会問題となっている。

❷ **環境問題**…急速に工業化が進み，EU最大の工業国となった一方で，大気汚染や酸性雨(おせん)などの環境問題に直面した。そのため，早くからリサイクルを推進するなど環境対策に積極的に取り組んできた。また，パークアンドライド(→ p.72)を実施し，成果をあげている。

↑ LRT(路面電車)や歩行者が優先されるドイツ都心部

5 貿易と日本との関係

〜世界第3位の貿易大国〜

輸出入額は世界第3位(2019年)で中国・アメリカ合衆国に次ぐ貿易大国である。輸出相手国は，EU諸国が全体の約6割で，アメリカ合衆国や中国も上位にある。貿易品目では，輸出入品とも機械類や自動車が多い。

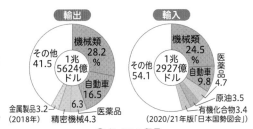

輸出
1兆5624億ドル
機械類 28.2%
自動車 16.5
医薬品 6.3
精密機械4.3
金属製品3.2
(2018年)
その他 41.5

輸入
1兆2927億ドル
機械類 24.5%
自動車 9.8
医薬品 4.7
原油3.5
有機化合物3.4
その他 54.1
(2020/21年版「日本国勢図会」)

↑ ドイツの貿易

短文記述対策！

Q ドイツのルール工業地域が，EU最大の重化学工業地域となった理由を，運輸と資源の面から簡潔に述べなさい。

A ライン川などの国際河川を利用した水運と，石炭の豊富な産出地が近くにあったため。

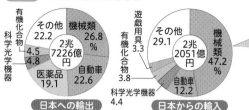

その他 22.2
機械類 26.8%
有機化合物 4.5
科学光学機器 4.8
医薬品 19.1
自動車 22.6
2兆7226億円

日本への輸出
(2019年)

遊戯用具 3.3
その他 29.1
有機化合物 3.8
科学光学機器 4.4
自動車 12.2
機械類 47.2%
2兆2051億円

日本からの輸入
(2020/21年版「日本国勢図会」)

日本への輸出品では機械類・自動車・医薬品が多い。
日本からの輸入品も機械類・自動車が多くなっている。

↑ ドイツの日本との貿易

6 オランダ ★☆☆

1 自 然

～国土の4分の1が干拓地～

ライン川下流の北海に面した地域に位置する。気候は，**西岸海洋性気候**である。海面より低い土地が多いため，ポルダーと呼ばれる干拓地をつくってきた。国土の4分の1はポルダーが占めている。

オランダの正式名称のネーデルラントは「低地」という意味

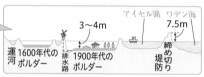

3～4m
7.5m
アイセル湖 ワデン海
運河
1600年代のポルダー
排水路
1900年代のポルダー
締め切り堤防

↑ 海面下のオランダ

2 産 業

～世界有数の農畜産物の輸出国～

❶ 農 業…酪農や，園芸農業によるチューリップなどの花きや野菜の栽培がさかんで，花や球根は世界各地に輸出されている。

❷ 工 業…古くからの海運国で造船業がさかんである。ライン川河口近くのロッテルダムに「EUの玄関口」と呼ばれるユーロポートがあり，世界有数の石油化学工業地帯を形成している。

3 貿易と日本との関係

～江戸時代から交易を行っている～

❶ オランダの貿易…EU諸国との貿易が中心となっている。機械類や石油製品，自動車など工業製品の輸出が多く，野菜・果実や酪農品も輸出している。輸入は機械類・石油製品・原油などが多い。

🌐 基本データ

オランダ

面積：4万 km²(2018年)
人口：1714万人(2020年)
人口密度：412人/km²
首都：アムステルダム
言語：オランダ語
宗教：カトリック，
　　　プロテスタントなど
1人あたり国民総所得：
　　　5万4115ドル(2018年)

Why オランダに風車が多い理由

風車は干拓の際に，低いところから高いところへ水を排水する動力として用いられ，また，粉を引いたり，丸太を切ったりするなど工業用の動力としても使われたから。

参考 ベネルクス三国

オランダ・ベルギー・ルクセンブルクを合わせてベネルクス三国といい，政治的・経済的・文化的なつながりが強い。EUの前身であるヨーロッパ共同体(EC)は，ベネルクス三国の関税同盟から発展，発足した。

HighClass

ベルギーは，北部はオランダ語を話すゲルマン系フラマン人，南部はフランス語を話すラテン系ワロン人が多く，言語・民族の違いによる南北の対立がある(「言語戦争」と呼ばれる)。そのため，1993年には言語別の連邦国家に移行した。

❷ 日本との関係…江戸時代にも日本と貿易を行い，古くから日本とかかわりが深い国の１つである。日本への輸出品は，機械類などの工業製品とともに肉類やチーズが多く，日本からの輸入品には，機械類や自動車部品・自動車，科学光学機器などの工業製品が多い。

プラスチック 3.1
その他 44.1
機械類 34.1%
3432億円
医薬品 9.2
チーズ 3.6
肉類 5.9

日本への輸出
(2019年)

その他 25.6
1兆2987億円
機械類 53.6%
有機化合物 2.9
科学光学機器 4.4
自動車 4.8
自動車部品 8.7

日本からの輸入
(2020/21年版「日本国勢図会」)

⬆ オランダの日本との貿易

7 南ヨーロッパの国々 ★☆☆

1 イタリア

～特徴的な長靴形の国土～

❶ 歴史と国土…地中海に突き出た長靴の形をしたイタリア半島などの島々からなり，１～２世紀ごろにはローマ帝国が繁栄した。14世紀からルネサンスが始まった。首都のローマ市内には世界で最も面積が小さい国であるバチカン市国がある。大部分がラテン系民族でカトリックの信者が多数を占める。

半島南部やシチリア島には火山があり，地震が多い。国土の大部分が地中海性気候に属している。

❷ 産　業…農業では，北部の平野部で小麦や米の栽培がさかんである。地中海沿岸部では，夏にオリーブやオレンジ，ぶどうなど，冬は小麦を栽培する地中海式農業が行われている。工業は，北部ではミラノ(繊維)・トリノ(自動車)・ジェノバ(鉄鋼・造船)の３都市を中心にした三角地帯で発達している。中北部のボローニャを中心とする地域は，職人による皮革・宝飾などの伝統工業が発達し，「第三のイタリア」と呼ばれる。また，コロッセオなど古代の遺跡や文化財，観光地やスキー場が多いため，世界中から多くの観光客が訪れ，観光収入が経済を支える重要な柱の１つとなっている。

🌐 基本データ

イタリア
面積：30万 km²(2018年)
人口：6046万人(2020年)
人口密度：200人/km²
首都：ローマ
言語：イタリア語
宗教：カトリック
１人あたり国民総所得：
3万4762ドル(2018年)

zoomup ルネサンス→ p.316

イタリアのぶどうとオリーブの生産は世界第２位(2018年)

ぶどう
オリーブ
米
かんきつ類
小麦

⬆ イタリアの農業

化学　機械
繊維　鉄鋼
自動車　造船
石油精製
■ 北部三角地帯

⬆ イタリアの北部三角地帯の工業都市

HighClass

イタリアは，北部は工業化が進んで経済的に豊かであるが，南部は農業が中心で工業化が遅れていて所得が少ないため，南北の経済格差が著しい。その対策として，南部に工場を誘致したり，高速道路を建設したりしてきたが，いまだ南北格差の解消には至っていない。

❸ 貿易と日本との関係…主な貿易相手国はEU諸国やアメリカ合衆国・中国である。輸出入品とも機械類・自動車が多い。また，日本のイタリアからの輸入品は，たばこや，衣類・バッグ類などのファッション関係も多い。

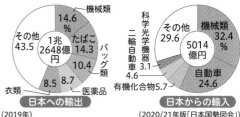

日本への輸出（2019年）

その他 43.5／1兆2648億円／機械類 14.6%／たばこ 14.3／バッグ類 10.4／医薬品 8.7／衣類 8.5

日本からの輸入（2020/21年版「日本国勢図会」）

科学光学機器 3.1／二輪自動車 4.6／有機化合物 5.7／その他 29.6／5014億円／機械類 32.4%／自動車 24.6

↑ イタリアの日本との貿易

2 ギリシャ

～ギリシャ文明発祥の国～

国土は大陸部分とエーゲ海の多数の島々からなる。紀元前3000年ごろ～前1200年ごろにエーゲ文明が栄え，その後，**アテネ**などの**都市国家（ポリス）**を中心とした文明が発達した。正教会（ギリシャ正教）の信者が多い。国土は山がちで，地中海性気候に属す。オリーブなどの栽培と牧羊が中心の**地中海式農業**が行われている。海運業と観光による収入が国の経済を支えている。

3 スペイン，ポルトガル

～日本と南蛮貿易を行った国々～

両国が位置するイベリア半島の内陸部は乾燥帯で，沿岸部は地中海性気候である。国民の多くが**ラテン系民族**で，カトリックの信者が多い。両国の沿岸部では**地中海式農業**がさかんである。近年，スペインでは工業化が進み，自動車などの輸出が増加している。

8 アルプスの国々 ★☆☆

1 スイス

～高級時計の生産地～

1815年，世界最初の**永世中立国**になった。多くのドイツ系民族とフランス系・イタリア系・ロマンシュ系などの民族が混在し，4つの公用語が存在する。アルプスの美しい風景は重要な観光収入源である。農業は酪農がさかんで**移牧**が行われている。工業は，時計などの精密機械工業が発達している。最大の都市チューリヒは国際金融都市で，ジュネーブには多くの国際機関の本部がある。

🌐 **基本データ**

ギリシャ

面積：13万 km²（2018年）
人口：1042万人（2020年）
人口密度：79人/km²
首都：アテネ
言語：ギリシャ語
宗教：ギリシャ正教など
1人あたり国民総所得：2万604ドル（2018年）

zoomup 都市国家（ポリス）→ p.248

↑ スペインとポルトガルの地形

リアス海岸／ビルバオ／ピレネー山脈／フランス／スペイン／マドリード／バルセロナ／タホ川／イベリア高原／リスボン／イベリア半島／ポルトガル／ジブラルタル海峡／地中海

平地／台地・高地／険しい山地

Words 移牧

山の斜面を利用して，夏は暑気を避けて高地の牧場（アルプ）で放牧し，冬はふもとの畜舎で飼育する牧畜。

Episode　スイスのような**永世中立国**とは，戦争がおこった場合に中立の立場をとることを国際的に認められ，他国がそれを保障・承認している国である。永世中立国は，領土と国民を他国の侵害から独自で守らなければならないため，スイスでは徴兵制がとられている。

2 オーストリア

～音楽家モーツァルト生誕の国～

ヨーロッパ中部に位置する内陸国。**ドナウ川**流域で混合農業が行われている。永世中立国で，公用語はドイツ語。首都**ウィーン**は「音楽の都」と呼ばれる。

9 北ヨーロッパの国々 ★☆☆

1 ノルウェー

～水産物と原油の輸出国～

スカンディナビア半島に位置し，氷河の侵食によるフィヨルドが見られ，夏には**白夜**が生じる。ゲルマン系住民が多く，漁業がさかんで，中国に次いで世界第2位の水産物輸出国（2017年）である。1960年代に**北海油田**の開発が進み，石油輸出国となった。

2 スウェーデン

～社会保障制度が充実～

ゲルマン系民族が多く，社会保障制度が最も進んだ国の1つで，国民の税負担は大きいが，生活水準は高い。**ノーベル賞**の授賞式が行われる国として有名である。鉄鋼業・パルプ工業が発達している。

3 フィンランド

～森と湖の国～

国民の多くがアジア系のフィン族。高緯度に位置し，寒冷である。国土の約7割が森林で覆われ，林業と製紙・パルプ工業がさかん。社会保障制度が整っている。

4 デンマーク

～ヨーロッパ有数の酪農王国～

ユーラン半島と付近の島々からなる国で，氷河に侵食された砂地や粘土質のやせた低地である。そのため，**酪農**に力を入れており，世界的な酪農王国となっている。また，**風力発電**の導入が積極的に進められている。

↑ 北ヨーロッパの産業

地図凡例：
⊞ 原油　🚗 自動車
▲ 鉄鉱石　🏭 鉄鋼
↓ 鉄の輸出港
■ 混合農業
■ 森林　■ 酪農
┄ 製材・製紙業地
■ ツンドラ・荒地

参考　スウェーデンの少子化対策

スウェーデンでは，女性が仕事を続けながら出産育児ができるように，出産育児の際の休暇制度の充実，保育施設の整備などの少子化対策を早くから行ってきた。そのため，出生率・人口増加率ともに高くなっている。

🌐 基本データ

デンマーク

面積：4万 km²（2018年）
人口：579万人（2020年）
人口密度：135人/km²
首都：コペンハーゲン
言語：デンマーク語
宗教：デンマーク国教会
1人あたり国民総所得：
　　6万2659ドル（2018年）

↑ デンマークの風力発電

HighClass

デンマークは，1年を通して偏西風が吹き，国土の大部分が平地であることから風力発電に適した立地となっている。そのため，風力発電に力を入れ，総発電量の約40％を風力発電が占めている。また，より風の強い海上での風力発電も行われている。

⑩ 東ヨーロッパの国々 ★☆☆

1 東ヨーロッパのあゆみ

~西ヨーロッパとの関係が深まる~

東ヨーロッパの多くの国々は，第二次世界大戦後，ソ連の影響下で社会主義国となり，東西冷戦時代を通じてソ連と密接な関係をもった。しかし，1980年代後半から民主化運動が高まり，その関係は弱まった。その後，西ヨーロッパとのつながりが深くなり，現在，多くの国がEUに加盟している。西側諸国との経済格差の解消が課題である。

↑ 東ヨーロッパの工業地域と地下資源

2 東ヨーロッパの国々

~スラブ系民族の国が多い~

❶ **ポーランド**…ヨーロッパの中央部に位置し，バルト海に面している。ロシアとドイツに挟まれた国であったことから，支配されたり分割されたりした歴史をもつ。東ヨーロッパ最大の人口と面積をもち，住民の大部分はスラブ系民族で，カトリックの信者が多い。農業は，麦類やじゃがいもを中心とした混合農業がさかんである。2004年，EUに加盟した。

❷ **チェコ**…スラブ系民族が多い。ガラスなどの伝統工業が有名。近年，西ヨーロッパの企業が進出し，鉄鋼・自動車工業が発展している。2004年，EUに加盟した。

❸ **ハンガリー**…アジア系のマジャール人が建国した。ハンガリー盆地は有数の穀倉地帯である。ボーキサイトを産出し，アルミニウムや機械・化学工業が発達している。2004年，EUに加盟した。

❹ **ルーマニア**…ラテン系民族が多く，首都ブカレストは「バルカンの小パリ」と呼ばれた美しい町。ドナウ川下流域の平原で小麦・とうもろこしの生産が多い。2007年，EUに加盟した。

❺ **ブルガリア**…バルカン半島の北東部に位置し，黒海に面している。ヨーグルトとばらの香水が有名である。2007年，EUに加盟した。

参考 旧ユーゴスラビア諸国

ユーゴスラビアは，バルカン半島に位置し，スラブ系の民族による6つの共和国からなる連邦国家であったが，民族対立により多くの国が分離独立した。

年	できごと
1991	スロベニア，クロアチア，マケドニアが独立。
1992	ボスニア-ヘルツェゴビナが独立を宣言。その後内戦勃発（1995年終結）。セルビアとモンテネグロが新ユーゴスラビア連邦を結成。
2003	ユーゴスラビアが，セルビア-モンテネグロに改称。
2006	モンテネグロが分離独立。
2008	コソボ自治州がセルビアから独立。

↑ 旧ユーゴスラビア諸国のあゆみ

HighClass

ハンガリーは，肥沃な土壌に恵まれており，国土面積に占める耕地面積の割合は約60％となっている。国土の大部分を占めるハンガリー盆地にはプスタと呼ばれる温帯草原が分布しており，小麦やとうもろこし栽培と肉牛と豚の飼育を行う混合農業がさかんである。

⓫ ロシア連邦と周辺諸国 ★★☆

1 ロシア連邦のあゆみ

～ソビエト連邦からロシア連邦へ～

1917年のロシア革命で帝政が倒れ，1922年に世界初の社会主義国家となるソビエト社会主義共和国連邦（ソ連）が成立した。第二次世界大戦後，東ヨーロッパやアジアの社会主義国家建設を支援し，アメリカ合衆国や西ヨーロッパ諸国などの資本主義国家と相対する**冷戦（冷たい戦争）**を展開した。しかし，政治・経済が行きづまり，1985年に発足したゴルバチョフ政権が**ペレストロイカ**と呼ばれる改革・開放路線をとると，連邦内では民主化や民族運動が高まった。1989年のマルタ会談で冷戦の終結が宣言され，1991年にロシア連邦などが**独立国家共同体（CIS）**を結成し，ソ連は解体した。

2 ロシア連邦のようす

～世界最大の国土面積を誇る～

❶ **国土・地形**…ユーラシア大陸の北部に位置し，ウラル山脈を挟んでヨーロッパ州とアジア州にまたがる広大な国で，世界最大の面積をもつ（日本の**約45倍**）。ウラル山脈の西側に東ヨーロッパ平原，東側に西シベリア低地，中央シベリア高原が広がる。この平原を，オビ川・エニセイ川・レナ川などの大河が流れている。

❷ **気　候**…全般に年間の気温の差が大きく，寒冷で雨量も少ない。北から，短い夏だけわずかに植物（こけ類）が育つ**寒帯**，タイガと呼ばれる針葉樹林が広がる**冷帯（亜寒帯）**，乾燥帯で丈の短い草原が広がる**ステップ気候**，**砂漠気候**と異なる気候の特徴をもつ地域が南北に並んでいる。

❸ **民族・宗教**…100を超える少数民族がくらしているが，**スラブ系民族**のロシア人が全体の約8割を占める。キリスト教の**ロシア正教**を信仰する人が多い。

🌐 基本データ

ロシア連邦

面積：1710万 km^2（2018年）
人口：1.5億人（2020年）
人口密度：9人/km^2
首都：モスクワ
言語：ロシア語
宗教：ロシア正教など
1人あたり国民総所得：
　　1万1110ドル（2018年）

zoomup 冷戦（冷たい戦争）
→ p.443

Words 独立国家共同体（CIS）
1991年に旧ソ連の11の共和国が集まり結成。2005年，原加盟国のトルクメニスタンが準加盟国となった。1993年に加盟したグルジア（現在のジョージア）は，2008年におこったロシア連邦との紛争が原因で2009年に脱退した。2014年には，原加盟国のウクライナがロシア連邦と対立し，脱退を宣言した。

ツンドラは寒帯に分布し，夏以外の季節は雪と氷に覆われる。

🔺 ロシアと周辺諸国の地形と植物帯

ツンドラ	農地
森林	草原
牧草地	砂漠

Episode 日本の標準時子午線は東経135度の1つだけだが，ロシア連邦やアメリカ合衆国など国土面積が広い国々の中には複数の標準時をもつ国があり，ロシア連邦は11もの標準時がある。中国は面積は広いが，ペキン（北京）を基準に統一しているため1つしかない。

3 農　業

～世界有数の穀物生産国～

❶ **特　色**…かつてソ連では国の計画に基づいて，コルホーズ(集団農場)・ソフホーズ(国営農場)で，機械を使った大農法が行われていた。ソ連解体後は農民の土地所有が認められ，農場の私有化が図られている。

❷ **農業地域**…ロシア連邦は寒冷で降水量も少ないため，農業生産性は高くない。農業の中心は，ウクライナから西シベリア南部まで続く肥沃な黒土地帯で，小麦の世界的産地となっている。

4 鉱工業

～豊富な鉱産資源を背景に発達～

❶ **地下資源**…**原油・天然ガス・石炭**などの地下資源の生産量・埋蔵量ともに豊富である。ロシア連邦の原油生産量は世界第2位(2019年)。産出した原油や天然ガスはパイプラインでヨーロッパ諸国などへ輸出される。

❷ **鉱工業と問題点**…ソ連解体直後のロシア連邦では工業生産が著しく落ち込んだが，その後，原油や天然ガスの輸出の増加によって経済は急速に回復，成長し，

Words 黒土地帯

草原の草が枯れて土中に堆積し，よく肥えた黒色の土となった土壌。農産物の栽培に適しており，チェルノーゼムといわれる。ウクライナから西シベリア南部に分布し，小麦の大産地となっている。

↑ 石油精製工場(ロシア連邦)

↑ ロシアと周辺諸国の農牧業地域

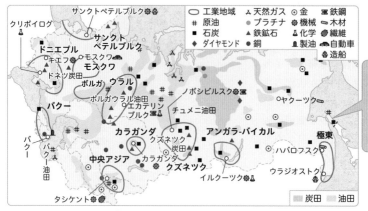

樺太(サハリン)では日本などの外資の導入により油田開発が行われている。

↑ ロシア連邦と周辺諸国の主な工業地域と地下資源

HighClass

ソ連が工業化を進めた当初，資源を結びつける水運の便が悪いため，輸送のむだを省き，資源を効率的に結合させるコンビナート方式や，関連工場や発電所などを組み合わせた工業地域を整備するコンプレックスという方式が導入された。

BRICS の 1 つに数えられるようになった。しかし，原油・天然ガスの輸出に依存する経済体質や，資源の枯渇や環境対策の遅れ，地域間の所得格差などの問題を抱えている。

zoomup 北方領土
→ p.36, 383, 605

5 貿易と日本との関係

~資源の輸出中心の貿易~

❶ **ロシア連邦の貿易**…輸出では原油・天然ガスなどのエネルギー資源が多く，輸入では機械類に次いで自動車・医薬品が多い。貿易相手国は，中国，EU 諸国，ベラルーシなどの旧ソ連諸国が多い。

❷ **日本との関係**…日本への輸出品では原油などの資源や魚介類などが多く，日本からは自動車や機械類の輸入が多い。北方領土問題が未解決のまま残されている。

輸出
原油 26.0%
石油製品 16.7
天然ガス 10.8
鉄鋼 5.5
石炭 4.0
その他 37.0
3592億ドル
(2017年)

輸入
機械類 31.8%
自動車 9.2
医薬品 4.9
野菜・果実 3.4
金属製品 3.2
その他 47.5
2282億ドル
(2020/21年版「日本国勢図会」)

↑ ロシア連邦の貿易

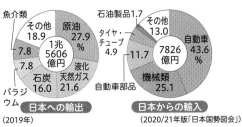

日本への輸出
原油 27.9%
液化天然ガス 21.6
石炭 16.0
パラジウム 7.8
魚介類 7.8
その他 18.9
1兆5606億円
(2019年)

日本からの輸入
自動車 43.6%
機械類 25.1
自動車部品 11.7
タイヤ・チューブ 4.9
石油製品 1.7
その他 13.0
7826億円
(2020/21年版「日本国勢図会」)

↑ ロシア連邦の日本との貿易

6 ロシア連邦周辺の主な国々

~ロシア連邦と距離を置き，独自路線へ~

❶ **ウクライナ**…肥沃な黒土地帯で小麦の生産がさかん。1986 年にチェルノブイリ原子力発電所で大事故がおこった。2014 年には，親ロシア派と親欧米派の対立でロシア連邦が軍事介入を行うなど，情勢が不安定である。

❷ **バルト三国**…エストニア・ラトビア・リトアニアの 3 か国をいう。1991 年にソ連から独立，2004 年に EU に加盟し，通貨もユーロを使用している。

北極海
ベラルーシ
モルドバ
ウクライナ
エストニア
ラトビア
リトアニア
アゼルバイジャン
ジョージア
アルメニア
ロシア連邦
カザフスタン
トルクメニスタン
ウズベキスタン

↑ ロシア連邦と周辺諸国

Close Up ロシアの民族問題

独立国家共同体(CIS)発足後，100 以上の民族がくらすロシア連邦では，地域内の民族主義の運動が活発になり，特に，イスラム系住民の多い**チェチェン共和国**では激しい独立運動がおこった。2000 年，ロシア連邦は軍隊を派遣してチェチェンの首都グロズヌイを制圧し，同共和国を連邦の直轄とした。2009 年にチェチェン紛争は終結したが，その後も同地域を中心に独立派のイスラム武装勢力によるテロが発生している。

入試Info

日本と比較したロシア連邦の国土面積，シベリア地方の気候やくらしに関する出題が多い。また，統計資料の問題では，各国とともにロシア連邦が含まれることが多いので，その面積や人口，生産量が多い農産物，輸出品目などの資料を確認しておこう。

4 アフリカ州

Point
❶ 植民地支配から独立までのアフリカのあゆみをおさえよう。
❷ アフリカ諸国に多いモノカルチャー経済について理解しよう。
❸ 人口増加や食料不足などアフリカが抱える問題点を整理しよう。

1 アフリカのようす ★★★

1 アフリカのあゆみ

〜人口・食料・経済など多くの課題がある〜

❶ 北アフリカ…ナイル川流域にエジプト文明がおこり、古くから西アジアやヨーロッパとの交流がさかんだった。7世紀以降、イスラム教が伝わり、北アフリカはイスラム文化圏に含まれた。今日でも西アジアと北アフリカはアラブ世界を形成している。

❷ 中・南アフリカ…サハラ砂漠より南側の地域。16世紀以降、黒人が奴隷として貿易の対象となり、アメリカ大陸などへ強制的に送られた。19世紀に入ると、ヨーロッパ各国は資源を求めて対立し、アフリカの大部分は植民地となって分割された。

❸ 「アフリカの年」…第二次世界大戦前の独立国は、エジプト・エチオピア・リベリア・南アフリカ共和国の4か国であった。戦後は民族運動が高まり、1960年代に多くの独立国が誕生した。特に1960年はアフリカ大陸で17もの独立国が誕生したことから「アフリカの年」と呼ばれる。長期間に渡る植民地支配によってアフリカの国々は経済力が弱く、先進国からの援助に頼っている国が多い。

zoomup エジプト文明
→ p.246

参考 奴隷貿易
16〜19世紀まで、アフリカの黒人は商品として売買され、千数百万人ともいわれる多くの黒人が奴隷として北アメリカ大陸や南アメリカ大陸に連れ去られ、過酷な労働を強いられた。

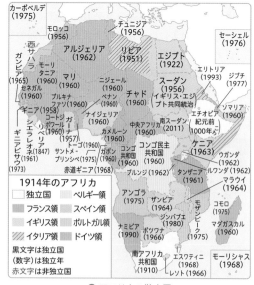

1914年のアフリカ
独立国／ベルギー領／フランス領／スペイン領／イギリス領／ポルトガル領／イタリア領／ドイツ領
黒文字は独立国（数字）は独立年
赤文字は非独立国

↑ アフリカの独立国

HighClass アフリカ諸国は、アフリカの統一、連帯と協力の促進などを目的として、1963年にアフリカ統一機構(OAU)を結成した。その後、2002年に、ヨーロッパ連合(EU)をモデルにして、アフリカ連合(AU)を発足させ、アフリカの統合を進めようとしている。

2 地形と気候

～赤道を中心に南北対称の気候～

❶ 地　形…大陸全体が大きな高原状の台地。東部にはエチオピア高原，キリマンジャロ山などの火山があり，東部の高原からは世界最長のナイル川が流れ出している。

❷ 気　候…大陸のほぼ中央を赤道が通り，赤道を中心として南北に対称的に，**熱帯→乾燥帯→温帯**の順に分布している。赤道周辺は熱帯雨林と呼ばれる密林に覆われ，周辺には**サバナ**と呼ばれる熱帯草原が広がっている。乾燥地域には，北部にサハラ砂漠，南部にカラハリ砂漠があり，周辺には，わずかに降水があるステップ気候が分布する。大陸の南北の端は夏は乾燥し，冬に雨が多い**地中海性気候**である。

3 アフリカの社会

～植民地時代の影響が今も残る～

❶ 国　境…かつてアフリカを植民地としたヨーロッパ諸国が地図上で線引きして境界線を決めたため，経緯線を利用した直線的な国境が多く見られる。各国が独立する際，その境界線をそのまま国境としたため，1つの民族が複数の国に分断され，民族間の対立がおこりやすくなった。

↑ アフリカの地形

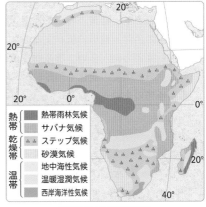

↑ アフリカの気候区分

Close Up　サヘル地域の砂漠化

サハラ砂漠の南側にある**サヘル**は，1年の大半を乾季が占め，雨季は6～8月と短く，年間の降水量が少ない地域である。気候が不安定で干ばつがおこりやすく「**アフリカの飢餓ベルト**」とも呼ばれる。牧草の再生量を上回る家畜の**過放牧**と綿花・らっかせいなどの栽培による**過耕作**もこの地域の**砂漠化**を促している。

↑ サハラ砂漠

短文記述対策！

Q アフリカ州に直線的な国境線をもつ国が多い理由を簡潔に述べなさい。
A かつてヨーロッパ諸国の植民地だった時代に，民族などに関係なく緯線や経線を利用して境界線が引かれ，そのときの境界がそのまま国境となっているため。

❷ 民族と言語…言語が異なる複数の民族が生活している
国が多く，英語やフランス語など旧宗主国（植民地時
代の本国）の言語を公用語としている国が多い。

4 アフリカの産業

～多くがモノカルチャー経済の国～

❶ 農　業…北部では地中海式農業やオアシ
ス農業，砂漠地帯では遊牧，中・南部で
はいも類などを生産する焼畑農業，カカ
オ豆やコーヒー豆などをつくるプランテ
ーション農業がさかんである。

❷ 鉱　業…北部では原油，中・南部では金
や銅，ダイヤモンド，レアメタル（希少
金属）などの地下資源が豊富である。

❸ モノカルチャー経済…特定の農産物や鉱
産資源の生産・輸出に依存するモノカル
チャー経済の国が多い。農産物や鉱産資
源は，自然環境の変化や国際情勢による
市場価格の変動が大きく，経済が不安定
になる。モノカルチャー経済から脱却す
るため，産業の多様化に取り組む国も多
い。解決策の１つとして，フェアトレー
ド（公正貿易）が注目されている。

5 アフリカの課題

～人口と食料問題が大きな課題～

❶ 人口問題…第二次世界大戦後は，出生率
が高いまま死亡率が低下したため，人口
増加率が世界で最も高い地域となってい
る。そのため，食料生産が追いつかず，
食料不足が慢性化している。

❷ 食料問題…人口の急増，干ばつなどの自然災害，草地
の砂漠化，自給用作物の生産が少ないなどの理由から，
特に中・南アフリカでは食料不足が深刻となっている。
そのため，飢餓問題に苦しむアフリカの国々に対し，
世界各国の政府開発援助（ODA）や非政府組織（NGO）
が食料支援や農業指導を行っている。

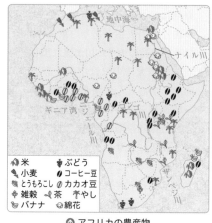

↑ アフリカの農産物

♣ 米	❀ ぶどう
✿ 小麦	● コーヒー豆
♠ とうもろこし	⬤ カカオ豆
✾ 雑穀	❦ 茶	やし
❧ バナナ	❁ 綿花

↑ アフリカの地下資源

←	パイプライン
■	石炭
＃	原油
▲	鉄鉱石
●	銅
◎	金
◆	ダイヤモンド
U	ウラン
B	ボーキサイト
Cr	クロム
Mn	マンガン
Pt	プラチナ

Words フェアトレード（公正貿易）

発展途上国の原料や製品を適正
な価格で継続的に購入すること
によって，立場の弱い途上国の
生産者や労働者の生活改善と自
立を目ざす取り組み。

Episode

アフリカで，人口・食料問題に加えて大きな問題となっているのがHIV/エイズで，感染者
は世界の約70％を占めるといわれている。エイズの拡大は，働き手の減少による農業生産
性の低下や勤労世帯の所得減少を招くなど深刻な問題となっている。

❸ 進む都市化…近年，ケニアの首都ナイロビをはじめ，アフリカ各国の都市の人口が急増し，都市化が進行している。しかし，賃金の低い不安定な仕事にしかつけず，路上やスラムでくらす人々も多い。

❷ アフリカの主な国々 ★★☆

1 エジプト

〜エジプト文明発祥の地〜

❶ 国土と歴史…アジアと接する地域にあり，国土の大部分は砂漠。1922年にイギリスから独立し，のちの革命で共和国となった。首都**カイロ**はアフリカ最大の都市。

❷ 産　業…ナイル川流域では，小麦・綿花などの栽培がさかん。工業では，綿花を使用した紡績業や鉄鋼・化学工業が発達している。また，スエズ運河の通行料やピラミッドなどの観光も重要な収入源となっている。

2 ケニア

〜赤道直下の高原の国〜

❶ あゆみと自然…1963年にイギリスから独立した。赤道直下だが，高原上にあるため気候は温和である。

❷ 産　業…高原地帯で**茶**や**コーヒー豆**の栽培がさかんである。また，**サファリ**による観光収入が多い。

❸ 日本との貿易…日本への輸出品では，ばらなどの切り花や茶，コーヒー豆が多い。

3 南アフリカ共和国

〜BRICSの1国に成長〜

❶ 国土と歴史…アフリカ大陸の南端にあり，大航海時代から中継地として栄えた。最初にオランダが入植し，その後イギリスが植民地として支配した。1961年にイギリス連邦から離脱して南アフリカ共和国となった。人種隔離政策であるアパルトヘイトを長い間行ってきたが，国際社会の非難を受け，1990年代に廃止した。

❷ 産　業…鉱業では，**金・プラチナ・ダイヤモンド**などの貴金属やウラン・石炭・鉄鉱石などの地下資源に恵まれ，レアメタルも多く産出する。工業は，鉄鋼・自動車・化学工業などがさかんで，アフリカ最大の工業

🌐 基本データ

エジプト

面積：100万 km²(2018年)
人口：1億233万人(2020年)
人口密度：102人/km²
首都：カイロ
言語：アラビア語
宗教：イスラム教など
1人あたり国民総所得：
　2474ドル(2018年)

🌐 基本データ

ケニア

面積：59万 km²(2018年)
人口：5377万人(2020年)
人口密度：91人/km²
首都：ナイロビ
言語：スワヒリ語・英語
宗教：キリスト教・イスラム
　　教・伝統宗教など
1人あたり国民総所得：
　1696ドル(2018年)

Why 赤道直下のケニアで茶の生産が可能な理由

ケニアは赤道が通っているが，茶の栽培がさかんな内陸の高原地域は，年平均気温が15 〜 20℃程度で茶の栽培に適した気候となっているから。

🌐 基本データ

南アフリカ共和国

面積：122万 km²(2018年)
人口：5931万人(2020年)
人口密度：49人/km²
首都：プレトリア
言語：英語・アフリカーンス
　　語など
宗教：キリスト教など
1人あたり国民総所得：
　6168ドル(2018年)

入試Info　南アフリカ共和国は，アフリカ諸国の中でも出題が多い国の1つである。特に，ケープタウンの気候(**地中海性気候**)と雨温図，アパルトヘイト，金やプラチナなどの鉱産資源に関する出題が多い。また，近年は工業化が進み，**自動車の輸出**が多いこともおさえておこう。

国。近年，工業化により経済が発展
し，<ruby>BRICS<rt>ブリックス</rt></ruby> の１つに数えられている。

❸ 農　業…国土の西南部から最南端に
かけて小麦や果実を<ruby>栽培<rt>さいばい</rt></ruby>する地中海
式農業がさかんである。

❹ 日本との貿易…日本への輸出品はプ
ラチナ・パラジウムなどの白金族や
自動車が多く，日本からの輸入品では
自動車・機械類などの工業製品が多い。

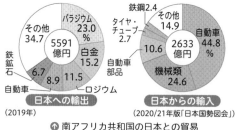

↑ 南アフリカ共和国の日本との貿易

4 ギニア湾岸の主な国々

〜発達したプランテーション〜

❶ コートジボワール…フランスから独立して建国。公用
語はフランス語。カカオ豆の生産量が世界第１位で世
界全体の約40％（2018年）を<ruby>占<rt>し</rt></ruby>める。

❷ ガーナ…イギリスから独立して建国。公用語は英語。
カカオ豆の生産量が世界第２位（2018年）で，ほかに
金・ボーキサイトの産出も多い。

❸ ナイジェリア…アフリカ最大の人口をもち，輸出の80
％以上（2018年）を原油が占める。

❹ リベリア…1847年，アメリカ合衆国で解放された黒人
<ruby>奴隷<rt>どれい</rt></ruby>が建国。<ruby>便宜置籍船国<rt>べんぎちせきせん</rt></ruby>(→ p.152)で，世界有数の
商船保有国である。

5 その他の主な国々

〜一次産品の生産が多い〜

❶ コンゴ民主共和国…アフリカ大陸中央部に位置し，世
界的な鉱産国で，銅やダイヤモンド，コバルトなどの
レアメタルの産出が多い。南東部から<ruby>隣国<rt>りんごく</rt></ruby>のザンビア
北部にかけては銅の一大産地となっている。

❷ エチオピア…アフリカ大陸北東部に位置する高原の国
でアフリカ最古の独立国。コーヒー豆の原産地といわ
れ，コーヒー豆が重要な輸出品である。

❸ スーダン…アフリカ大陸北東部に位置する国で，国土
をナイル川が<ruby>貫流<rt>かんりゅう</rt></ruby>している。綿花やらっかせいの栽培
がさかんである。2011年に南スーダンが独立した。

> ３か国とも，典型的な
> モノカルチャー経済と
> なっている。

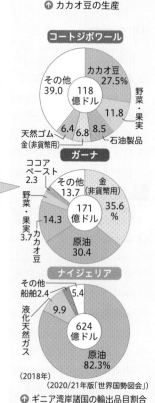

↑ ギニア湾岸諸国の輸出品目割合

短文記述対策！

Q アフリカに多いモノカルチャー経済の国々が不安定である理由を簡潔に述べなさい。

A 主に輸出向けに生産される特定の農産物や鉱産資源は，気候の変動や社会情勢によって
生産量や価格が大きく変動することがあり，輸出による収入が安定しないため。

5 北アメリカ州

Point
❶ アメリカ合衆国の適地適作と主な農産物の生産・輸出割合をおさえよう。
❷ アメリカ合衆国の工業の変化と日本との貿易のようすをおさえよう。
❸ アメリカ合衆国・カナダ・メキシコ間のつながりを理解しよう。

1 北アメリカのようす ★★☆

1 北アメリカのあゆみ

~西部開拓により領土拡大~

　1492年にコロンブスが西インド諸島に到達する以前は、ネイティブアメリカンと呼ばれる**先住民**が居住していた。17世紀以降、イギリスが東部に植民地を設けたが、1776年に東部の13植民地が独立を宣言し、イギリスとの戦争に勝利してアメリカ合衆国を建国した(→ p.362)。

　カナダには、セントローレンス川流域やハドソン湾からフランス人やイギリス人が入植した。メキシコでは、かつて**マヤ文明**や**アステカ文明**が栄えたが、いずれも**スペイン**に侵略された。

2 北アメリカの自然

~西経100度、北緯40度が気候の境目~

❶ **地　形**…東部には低くなだらかなアパラチア山脈、西部には高く険しいロッキー山脈が連なる。中央部を流れるミシシッピ川流域には広大な**中央平原**があり、その西側にはプレーリーと呼ばれる草原が広がっている。ロッキー山脈とプレーリーの間には、グレートプレーンズと呼ばれる乾燥した大平原がある。**五大湖**はアメリカ合衆国とカナダの、リオグランデ川はアメリカ合衆国とメキシコの、それぞれ国境(自然的国境)である。メキシコには、メキシコ高原が広がっている。

凡例
■ 険しい山地
□ ゆるやかな山地
□ 台地・高原
□ 平地
▲ 主な火山

（地図中のラベル）
ユーコン川
ロッキー山脈
ハドソン湾
ラブラドル高原
セントローレンス川
五大湖
グレートベースン
コロラド高原
グレートプレーンズ
中央平原
アパラチア山脈
ニューファンドランド島
カリフォルニア半島
リオグランデ川
フロリダ半島
西インド諸島
メキシコ湾
ユカタン半島
メキシコ高原
パナマ運河
110°　80°　60°　40°　30°　20°

⬆ 北アメリカの地形

参考　アングロアメリカ
民族・文化によって南北アメリカ州を区分した場合の北アメリカ州の呼称で、主にアングロサクソン系のイギリス人によって開拓が進められたアメリカ合衆国とカナダを指す。

⬆ ロッキー山脈

Episode アメリカ合衆国の西部の土地は、進取の精神に富む植民者によって開拓された。東部の開拓地と西部の未開拓地の境界は**フロンティア**と呼ばれ、フロンティアはしだいに西に移動していった。この**西部開拓**がアメリカ産業の発展のもとになった。

❷ 気　候…北緯40度より北側の，北部の
島々は極寒で樹木がほとんど育たない寒
帯気候，カナダとアラスカの大部分はタ
イガ（針葉樹林帯）が分布する冷帯（亜寒
帯）気候である。アメリカ合衆国の北部
は寒く，東部や太平洋沿岸は温暖な気候
となっている。西経100度付近より西か
らロッキー山脈にかけては乾燥した地域。
メキシコ湾岸には熱帯と温帯が分布し，
カリブ海では，夏に熱帯低気圧のハリケ
ーンが発生する。

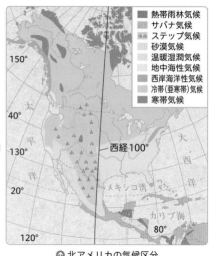

凡例
■ 熱帯雨林気候
■ サバナ気候
■ ステップ気候
■ 砂漠気候
■ 温暖湿潤気候
■ 地中海性気候
■ 西岸海洋性気候
■ 冷帯（亜寒帯）気候
■ 寒帯気候

↑ 北アメリカの気候区分

3 北アメリカの人種・民族

〜複数の人種・民族からなる多民族国家〜

❶ アメリカ合衆国…ヨーロッパ人の移住に
より，ネイティブアメリカンは迫害され，
強制移住させられた。アフリカ系の黒人
は，南北戦争中の奴隷解放により一部は
北部の工業地域に移住したが，現在もそ
の多くは南部に居住し，人口の約12％
（2015年）を占めている。太平洋や大西洋
岸にはアジア系住民が多い。また，近年
増加しているのが，ヒスパニックと呼ば
れるスペイン語を話し，メキシコやカリ
ブ海沿岸の国々からアメリカ合衆国へ渡
った移民で，約18％を占めている。多く
の人種や民族が互いの文化を尊重しなが
ら生活しているため，アメリカ合衆国は
「人種のサラダボウル」ともいわれる。

いずれにもあて　（アメリカ合衆国 国勢調査局）
はまらない州

20％以上のアフリカ系の人々がいる州

アジア系の人々が5％以上の州
ヒスパニックの人々が20％以上の州
アラスカ…
ハワイ…

↑ アメリカ合衆国の人種・民族分布

総人口
3億
2142万人
（2015年）

| ネイティブアメリカン0.7 | その他2.3 |
| ヨーロッパ系 61.6% | ヒスパニック 17.6　アフリカ系 12.4 |

アジア系5.4　（アメリカ合衆国 国勢調査局）

↑ アメリカ合衆国の人口構成

❷ カナダ…人口の約40％はイギリス系住民である。セン
トローレンス川流域は，当初フランス人の移住地であ
ったので，東部のケベック州にはフランス系住民が多
く，英語とともにフランス語も公用語として認められ
ているが，ほかの州との対立点が多い。このためケベ
ック州では分離独立を求める運動が今も続いている。

❸ メキシコ…スペインによる植民地支配を受けたため，
白人と先住民の混血であるメスチソの割合が最も多い。

参考　混血民族

メキシコや南アメリカに多い白
人と先住民の混血をメスチソと
いい，カリブ海沿岸の国々に多
い白人と黒人の混血をムラート
という。

短文記述
対策！

Q 近年，アメリカ合衆国で急増しているヒスパニックとはどのような人々のことをいうか，
簡潔に述べなさい。
A スペイン語を話し，メキシコやカリブ海の国々からアメリカ合衆国へ移住してきた移民。

② アメリカ合衆国 ★★★

1 企業的な農牧業

〜適地適作と大規模経営〜

❶ **大規模経営**…農業従事者1人あたりの平均耕地面積は約65 ha(2012年)と大規模で，大型機械で生産力を向上させる**企業的な農業**が行われている。農家の経営を支えているのが**アグリビジネス**と呼ばれる農業関連企業である。その中でも，**穀物メジャー**と呼ばれる大企業は，穀物の売買や輸送，消費動向の調査，市場情報の提供などを行い，世界の農産物市場で大きな影響力をもっている。生産された農作物は海外にも大量に輸出されているため，アメリカ合衆国は「**世界の食料庫**」とも呼ばれている。

❷ **遺伝子組み換え作物**…近年，**バイオテクノロジー**を用いて，ほかの作物の遺伝子を組み込むことで，病害虫に強いなどの性質をもった**遺伝子組み換え作物**が急速に普及している。

❸ **適地適作**…その地域の気温や降水量，土壌などの自然条件に最も適した作物を栽培する**適地適作**で効率良く農産物が生産されている。

2 農業地域の区分

〜地域に適した農作物の栽培〜

❶ **とうもろこし地帯**…中央部の北緯40度近辺に広がり，**コーンベルト**とも呼ばれ，生産量は世界第1位。とうもろこしを飼料として牛や豚を飼育する混合農業が発達している。近年は，**大豆**の栽培もさかんである。

❷ **小麦地帯**…**プレーリー**やグレートプレーンズが中心。主に北部では，春に種をまいて秋に収穫する**春小麦**，南部では秋に種をまいて，翌年の初夏に収穫する**冬小麦**が栽培されている。

📊 基本データ

アメリカ合衆国
面積：983万 km²(2018年)
人口：3.3億人(2020年)
人口密度：34人/km²
首都：ワシントンD.C.
言語：英語
宗教：プロテスタント，カトリックなど
1人あたり国民総所得：6万3704ドル(2018年)

Words アグリビジネス

農産物の売買や加工，運搬だけでなく，バイオテクノロジーを応用した種子の開発，農業機械や化学肥料などの農業生産資材の製造や販売も行う企業。

参考 遺伝子組み換え作物

とうもろこしや大豆，綿花などの作物で，遺伝子組み換え品種の割合が高くなっている。一方，人体や環境への影響など，その安全性に対する懸念も根強い。

> 西経100度を境に，農業地域の分布の仕方が異なる。

↑ アメリカ合衆国・カナダの農牧業地域

入試Info アメリカ合衆国の農業に関する出題は非常に多い。**企業的な農業**であること，**適地適作**による小麦・とうもろこし・綿花の栽培地域や放牧地域はおさえておくこと。また，**センターピボット**について記述式問題で問われることがあるので確認しておこう。

❸ 綿花地帯…温暖で降水量の多い北緯35度以南の南部一
帯は**コットンベルト**と呼ばれ，綿花の栽培がさかん。

❹ 酪農地帯…冷涼で大都市にも近い**五大湖沿岸**で発達。

❺ 放牧・かんがい農業地帯…ロッキー山脈東側のグレー
トプレーンズでは，大規模な肉牛の放牧がさかんであ
る。地下水をかんがいに利用するセンターピボット方
式で栽培したとうもろこしを飼料に利用している。

❻ 地中海式農業地帯…カリフォルニア周辺では，オレン
ジ・ぶどうを栽培する**地中海式農業**がさかんである。

大規模な肉牛肥育場

↑ フィードロット

小麦 1億9679万t (2017年)	16.8%	13.9	11.2	11.2	8.8	その他 38.1

ロシア連邦／カナダ／ウクライナ
アメリカ合衆国／オーストラリア

大豆 1億5184万t (2017年)	ブラジル 44.9%	アメリカ合衆国 36.5	その他 13.7

アルゼンチン4.9

とうもろこし 1億6125万t (2017年)	アメリカ合衆国 32.9%	ブラジル 18.1	14.7	12.0	その他 22.3

アルゼンチン／ウクライナ

綿花 678万t (2016年)	アメリカ合衆国 36.4%	12.8	11.9	その他 38.9

インド／ブラジル

(2020/21年版「日本国勢図会」など)

↑ 主な農産物の輸出量に占めるアメリカ合衆国の割合

3 鉱業

〜豊富な地下資源〜

❶ 石炭・鉄鉱石…東部の**アパラチ
ア炭田**や五大湖沿岸にある**メサ
ビ鉄山**がよく知られ，東部や五
大湖周辺の工業発展に寄与した。

❷ 原油・天然ガス…メキシコ湾岸
油田，カリフォルニア油田など
を中心に，世界有数の産出国と
なっている。近年は，採掘の難

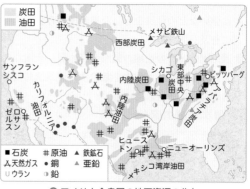

↑ アメリカ合衆国の地下資源の分布

しい場所にあった天然ガス(**シェールガス**)や原油(**シ
ェールオイル**)の生産が増えている。

Close Up　センターピボット

　ポンプで地下水をくみ上げ，長さが400m近くあ
るスプリンクラーで散水するかんがい方法。回転しな
がら散水するので，畑は円形になっている。生産効率
を高める一方，大量の地下水をくみ上げるため，地下
水の減少や土壌汚染などの問題が生じている。

↑ 円形の農地

Episode

近年，アメリカ合衆国や南アメリカで大豆の生産が増えているが，その大部分は植物油やバイオ燃料，家畜の飼料など食用以外の用途で利用されている。植物油は，豚を食べないイスラム教徒や牛を食べないヒンドゥー教徒にとって重要な食材なので需要が多い。

4 工 業

～工業の中心は五大湖周辺からサンベルトへ～

❶ **特 色**…アメリカ合衆国は, 豊富な資源, 巨大な資本, 国内の大消費市場などを背景に世界最大の工業生産国となっている。資本を蓄積した企業は海外にも進出し, 巨大な多国籍企業が誕生した。近年, 鉄鋼や自動車工業は停滞しているが, かわって**先端技術(ハイテク)産業**の分野が発展している。

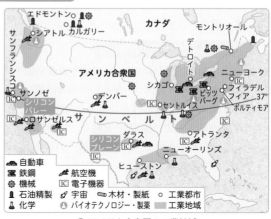

↑ アメリカ合衆国の工業地域

❷ **工業地域**…東部のボストンを中心に綿工業や造船業, フィラデルフィア・ボルティモアなどで鉄鋼・機械・石油化学などの重化学工業が発達した。五大湖沿岸では, **ピッツバーグの鉄鋼業, デトロイト周辺の自動車工業**などが発達した。これらの地域は, 20世紀前半まではアメリカ合衆国の工業の中心であった。1970年代に入ると, **サンベルト**と呼ばれる北緯37度以南の地域で工業化が進み, 近年は特に, 先端技術産業が急成長している。メキシコ湾岸の**ヒューストン**にはNASA(アメリカ航空宇宙局)の宇宙センターがあり, 宇宙・航空産業が発達した。また, 太平洋岸の**サンフランシスコ近郊のサンノゼ周辺**は, 半導体工場やコンピューター関係の会社が集中していることからシリコンバレーと呼ばれている。

5 社会のようすと都市問題

～自動車社会・貧富の差が拡大～

アメリカ合衆国では, 自動車が移動手段として多く使用され, **自動車社会**となっている。週末には大駐車場を備えた郊外の**ショッピングセンター**で大量にまとめ買いをする人々が多い。こうした**大量生産・大量消費**の生活様式が, アメリカ合衆国の経済発展を支えてきた。また, 近年は情報通信技術(ICT)の発展が著しく, 情報社会の

Words 多国籍企業

アメリカ合衆国に本社を置き, 国内のほか海外にも多くの生産拠点をもち, 複数の国にまたがって事業を行っている巨大企業のこと。

zoomup 先端技術(ハイテク)産業→ p.138

Why 工業の中心が五大湖周辺から南部に移った理由

アメリカ南部には温暖な気候と安く手に入る土地, 低賃金で働く労働力などがあったから。

参考 メガロポリス

アメリカ合衆国の大西洋岸に位置する, ボストン, ニューヨーク, フィラデルフィア, ボルティモア, ワシントンD.C.と連なる大都市群のこと。

入試Info 農業と並んで工業の出題も非常に多い。特に**サンベルト**と**シリコンバレー**はよく出題されるので覚えておこう。また, 20世紀後半に工業の中心が北部から南部へ移動した理由, 主な工業都市とそこでさかんな工業もおさえておこう。

先端を走っている。一方で，貧富の差は拡大しており，失業者や，外国から不法に入国した人々が職を求めて大都市に集まり，スラムを形成しているところもある。

6 貿易

~中国と並ぶ世界有数の貿易国~

❶ 北米自由貿易協定（NAFTA）…アメリカ合衆国・カナダ・メキシコの3か国は，域内の関税の段階的な引き下げを進め，自由貿易圏をつくることを目的として，北米自由貿易協定（NAFTA）を結び，1994年に発効した。そのため，カナダ・メキシコは，アメリカ合衆国が最大の貿易相手国となっている。2020年にはNAFTAにかわる米国・メキシコ・カナダ協定（USMCA）が発効した。

❷ アメリカ合衆国の貿易…貿易相手国は，輸出ではカナダ・メキシコ・中国が上位3か国，輸入では中国・メキシコ・カナダが上位3か国。貿易品目では，輸出入とも機械類と自動車が多い。また，輸入が輸出を約9000億ドルも上回る貿易赤字になっている（2018年）。

❸ 日本との関係…日本にとってアメリカ合衆国は重要な貿易相手国であり，日本の輸出額の約20％，輸入額の約11％を占めている（2019年）。日米貿易では，アメリカ合衆国は大幅な貿易赤字となり，貿易摩擦を招いてきた。

❹ 日本との貿易…日本への輸出品では機械類が最も多く，航空機類・医薬品・肉類・とうもろこしなど工業製品と農畜産物が多い。日本からの輸入品では機械類が4割近くを占め，次いで自動車や自動車部品などの工業製品が多い。

NAFTAによって対メキシコ貿易赤字が拡大し，メキシコへの工場移転が進んだため国内の雇用が奪われたというアメリカ合衆国の主張を受けて，新たに米国・メキシコ・カナダ協定（USMCA）が結ばれた。新協定では，最大の焦点であった自動車の域内生産の割合を高める新基準や合衆国への生産回帰を促す条項が設けられた。

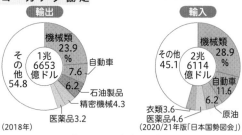

↑ アメリカ合衆国の貿易

（2018年）

輸出
機械類 23.9％
自動車 7.6
石油製品 6.2
精密機械 4.3
医薬品 3.2
その他 54.8
1兆6653億ドル

輸入
機械類 28.9％
自動車 11.6
原油 6.2
衣類 3.6
医薬品 4.6
その他 45.1
2兆6114億ドル

（2020/21年版「日本国勢図会」）

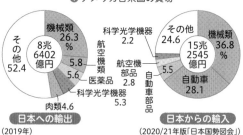

↑ アメリカ合衆国の日本との貿易

日本への輸出（2019年）
機械類 26.3％
航空機類 5.8
医薬品 5.6
科学光学機器
肉類 4.6
科学光学機器 2.2
その他 52.4
8兆6402億円

日本からの輸入
機械類 36.8％
自動車 28.1
自動車部品 5.5
航空機部品 2.8
科学光学機器 5.3
その他 24.6
15兆2545億円

（2020/21年版「日本国勢図会」）

↑ 日本から見た日米間の主要貿易品に占めるアメリカ合衆国の割合

輸出

品目	割合
自動車 4兆2889億円	35.8%(1)
内燃機関 8416億円	36.6%(1)
自動車部品 8346億円	23.2%(1)
半導体等製造装置 4558億円	18.5%(3)
建設・鉱山用機械 4415億円	38.7%(1)

輸入

品目	割合
航空機類 4992億円	55.1%(1)
航空機用内燃機関 4902億円	68.9%(1)
医薬品 4847億円	15.7%(2)
科学光学機器 4597億円	25.3%(1)
肉類 3977億円	25.8%(1)

（2019年）※（ ）内の数字はアメリカ合衆国の順位。（2020/21年版「日本国勢図会」）

HighClass 日米の貿易摩擦は，日本が高度経済成長期の1960年代に繊維や鉄鋼，70年代にカラーテレビ，80年代に自動車や半導体などでおこった。特に自動車は大きな問題として取り上げられ，日本の自動車メーカーが輸出の自主規制や現地生産を始めるなどの対応をとった。

③ カナダ ★★☆

1 国土と社会

～多文化社会を目ざす～

国土面積は，日本の約26倍あり，ロシア連邦（れんぽう）に次いで世界第2位であるが，人口密度は非常に低い。イギリス系の住民が多数を占（し）めるが，**ケベック州**などフランス系住民の多い地域もあり，英語とフランス語が公用語となっている。こうした伝統から，カナダではほかの少数派の人々に対しても，それぞれのもつ伝統や文化の共存を認める**多文化社会**を目ざす政策がとられている。

2 産業

～世界有数の小麦輸出国～

❶ 農業・林業・漁業…南部では**小麦**の栽培（さいばい）がさかんで，世界有数の小麦の輸出国となっている。北部には，針葉樹林帯の**タイガ**が広がり林業がさかんで，日本にも多くの**木材**が輸出されている。また，ニューファンドランド島の沖合は，潮目（潮境）（しおめ・しおざかい）と大陸棚（だな）のある世界三大漁場の1つで，たら・にしんなどの漁獲（ぎょかく）量が多い。

❷ 鉱業…鉱産資源も豊富で，ニッケル鉱・コバルト鉱・鉄鉱石・原油・銅鉱・ウラン鉱の産出量が多い。

❸ 工業…水資源に恵（めぐ）まれ，水力発電による電力をもとにした**アルミニウム工業**がさかんである。工業地域は南東部に集中し，モントリオール・トロント・ケベックなどが主な工業都市で，製紙・パルプ工業のほかに木材・自動車工業もさかんである。

3 貿易

～アメリカ合衆国とつながりが深い～

アメリカ合衆国との貿易が大部分を占めている。主に原油・自動車・機械類などを輸出し，機械類・自動車などを輸入している。

その他 36.2
カナダ 24.0%
3573億円
アメリカ合衆国 17.5
ロシア連邦 14.2
フィンランド 8.1
（2019年）
（2020/21年版「日本国勢図会」）
⬆ 日本の木材輸入相手国

■ 石炭　＃ 原油
▲ 鉄鉱石　◎ 鉛・亜鉛
N ニッケル　○ 金
U ウラン　◦ 銀
⤳ 天然ガス　● 銅
炭田
油田
バンクーバー
ウィニペグ
ケベック
モントリオール
オタワ
トロント
⬆ カナダの地下資源

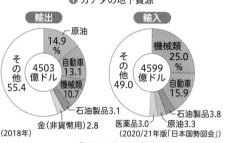

輸出
その他 55.4
4503億ドル
原油 14.9%
自動車 13.1
機械類 10.7
石油製品 3.1
金（非貨幣用）2.8
（2018年）

輸入
その他 49.0
4599億ドル
機械類 25.0%
自動車 15.9
石油製品 3.8
医薬品 3.0
原油 3.3
（2020/21年版「日本国勢図会」）

⬆ カナダの貿易

HighClass カナダの北極海沿岸には**イヌイット**が居住している。カナダでは，1999年にイヌイットの自治権を認めた**ヌナブト準州**を発足させた。カナダ政府は，イヌイットの言語や伝統文化（か）の教育を導入するなど，彼らの文化を尊重する政策を進めている。

4 メキシコ ★☆☆

1 国土と自然

〜国土の大部分が高原〜

面積は日本の約5倍で，約1.3億人（2020年）の人口をもつ。国土のほぼ中央を北回帰線が通る。海岸部は高温多雨な熱帯気候だが，全体的に標高1000m以上の高原が多く分布しているので比較的過ごしやすい。首都のメキシコシティをはじめ大都市の多くは高原に立地する高山都市である。

2 人種と社会

〜国民の半分以上がメスチソ〜

人種・民族構成は，メスチソが約60％，先住民が約30％，スペイン系白人が約9％を占める。先住民らは貧しい生活を強いられ，仕事を求めてアメリカ合衆国へ出かせぎに行く人々も多い。メキシコシティに人口が集中し，大気汚染やスラムなどの都市問題が深刻化している。

3 産業

〜銀の産出量が世界第1位〜

❶ 農業…海岸部ではコーヒー豆やさとうきび，ユカタン半島ではサイザル麻，高原地帯では小麦・綿花・とうもろこしなどの栽培がさかんである。

❷ 鉱工業…銀の産出量が世界第1位（2016年）で，原油・銅・鉛・亜鉛などの鉱産資源も豊富である。これらの資源を背景に1940年代から工業化を進めた。石油化学工業のほかに鉄鋼・繊維工業，近年は自動車工業も発達している。

❸ 貿易…NAFTAを結成したことからアメリカ合衆国との経済的なつながりが深く，輸出入ともアメリカ合衆国が最大の貿易相手国となっている。日本は主要な輸入相手国である。

↑ カリブ海の主な国々

↑ 銀鉱の産出割合
（2016年）
（2020/21年版「日本国勢図会」）
2万6600t
メキシコ 20.2%
ペルー 16.4
中国 13.1
ロシア連邦 5.9
チリ 5.6
その他 38.8

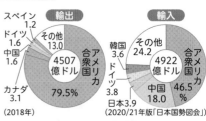
↑ メキシコの貿易相手国
【輸出】4507億ドル（2018年）
アメリカ合衆国 79.5%
カナダ 3.1
中国 1.6
ドイツ 1.6
スペイン 1.2
その他 13.0
【輸入】4922億ドル（2020/21年版「日本国勢図会」）
アメリカ合衆国 46.5%
中国 18.0
日本 3.9
ドイツ 3.8
韓国 3.6
その他 24.2

🌐 基本データ

メキシコ

面積：196万km²（2018年）
人口：1.3億人（2020年）
人口密度：66人／km²
首都：メキシコシティ
言語：スペイン語
宗教：カトリック
1人あたり国民総所得：
9466ドル（2018年）

参考 カリブ海の主な国々

- **キューバ**…西インド諸島最大の島で，1959年の革命で社会主義国になり，ソ連との関係を深めた。産業の国有化政策をとったため，アメリカ合衆国との関係が悪化したが，2015年に国交を回復した。
- **ハイチ**…1804年に世界で最初の黒人国家として独立した。黒人が約95％を占める。
- **パナマ**…太平洋と大西洋を結ぶパナマ運河をもつ。便宜置籍船国で，商船保有量は世界第1位（2019年）である。

HighClass メキシコは1965年から2001年まで，アメリカ合衆国との国境付近にマキラドーラと呼ばれる，輸出入にかかる税を優遇する地域を設け，外国企業の誘致を推進した。その結果，アメリカ合衆国や日本などからの外国企業が多数進出し，工業が発達した。

6 ▶ 南アメリカ州

 Point
❶ アンデス山脈の高地やアマゾン川流域での人々のくらしを知ろう。
❷ 南アメリカの主な農業と鉱産資源の分布をおさえよう。
❸ ブラジルの工業化とそれに伴っておこる環境問題を理解しよう。

1 南アメリカのようす ★★☆

1 南アメリカのあゆみと社会

~高度なインカ文明が栄えた地域~

❶ **ラテンアメリカ**…かつて，南アメリカ大陸のアンデス山脈ではインカ文明が栄えていた。しかし，スペイン人が16世紀前半にインカ文明を滅ぼして植民地をつくった。また，ポルトガル人は南アメリカ大陸東部を植民地とした。メキシコ以南の地域は，ラテン系民族に支配された歴史が共通しており，**ラテンアメリカ**と呼ばれる。

❷ **ヨーロッパ人の侵略と開発**…スペインやポルトガルは，先住民のインディオ（インディヘナ）を奴隷として使役し，金や銀の鉱山の開発を進め，大量の貴金属をヨーロッパへ流出させた。また，アフリカからは黒人が労働力のために奴隷として強制的に連れてこられた。農地の開拓は，封建的な**大土地所有制**が導入された。その結果，大地主と小作人という貧富の差が大きい社会が形成された。

❸ **民族と宗教**…南アメリカには多くの人種・民族がくらしている。アンデス山中の国々はインディオや，白人とインディオの混血である**メスチソ**が多い。ブラジルは，人口の半数以上を占める白人と，混血，黒人などで構成されている。アルゼンチンやウルグアイは白人の比率が高くなっている。

Words インカ文明

エクアドルからペルー・ボリビアにかけての高山地帯で栄えたインカ帝国の文明。スペイン人のピサロによって滅ぼされた。

↑ インカ帝国のマチュピチュ遺跡（ペルー）

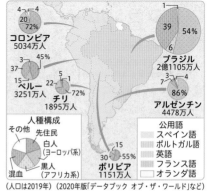

コロンビア
5034万人
4 4
20
72%

ブラジル
2億1105万人
1
39 54%
6

ペルー
3251万人
37 45%

チリ
1895万人
5 1
22 72%

アルゼンチン
4478万人
3 4
7
86%

ボリビア
1151万人
15
30 55%

人種構成
その他 先住民
白人（ヨーロッパ系）
混血 黒人（アフリカ系）

公用語
スペイン語
ポルトガル語
英語
フランス語
オランダ語

（人口は2019年）（2020年版「データブック オブ・ザ・ワールド」など）
↑ 南アメリカ諸国の公用語と人種構成

 Episode
南アメリカの先住民である**インディオ**は，日本人と同じ**モンゴロイド**（黄色人種）である。ユーラシア大陸と北アメリカ大陸がベーリング海峡を通じて陸続きだった氷河期の終わりに，アジアからモンゴロイドが北アメリカに渡り，さらに南アメリカに移動・定住した。

　また，20世紀の初めから，ブラジルやペルーなどへ日本人の移住が始まり，現在でも多くの日系人（日本人移民の子孫）が生活している。南アメリカの国々は19世紀以降に独立を果たしたが，今も植民地時代の影響が強く残り，多くの国でスペイン語，ブラジルではポルトガル語が公用語となっている。また，キリスト教のカトリックの信者が多い。

2 南アメリカの自然

～険しいアンデス山脈と雄大なアマゾン川～

❶ 地　形…大陸西部に6000 m 級のアンデス山脈があり，東部にはなだらかなギアナ高地やブラジル高原が広がる。中央部には，世界一流域面積が広いアマゾン川やラプラタ川が流れ，流域には平野が広がっている。

❷ 気　候…赤道直下のアマゾン川流域は，1年を通して高温多雨で，熱帯雨林に覆われている（熱帯雨林気候）。東部のブラジル高原一帯は高温で雨季と乾季が明瞭なサバナ気候。アルゼンチンのラプラタ川下流は，夏に高温多雨となる温暖湿潤気候である。大陸西部を流れる寒流の影響で，チリ北部は乾燥した砂漠気候。アンデス山脈は高地のため比較的涼しく，ラパス・キト・ボゴタなどの高山都市が点在し，高山気候が分布する。

2 ブラジル ★★★

1 あゆみと自然

～南アメリカ最大の工業国～

❶ あゆみ…16世紀にポルトガル領になり，1822年に独立した。主要都市はサンパウロとリオデジャネイロ。

❷ 地　形…北部はアマゾン川流域のアマゾン盆地が大部分を占める平坦な地形，南東部のブラジル高原は標高1000 mほどの台地状の地形である。

❸ 気　候…北部からブラジル高原にかけて熱帯が広がる。南部は温帯となっている。

↑ 南アメリカの地形

凡例：
■ 険しい山地
□ ゆるやかな山地
□ 台地・高原
□ 平地
▲ 主な火山

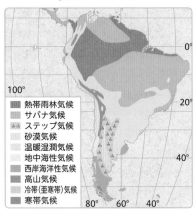

↑ 南アメリカの気候区分

凡例：
■ 熱帯雨林気候
■ サバナ気候
■ ステップ気候
■ 砂漠気候
□ 温暖湿潤気候
□ 地中海性気候
■ 西岸海洋性気候
■ 高山気候
■ 冷帯（亜寒帯）気候
■ 寒帯気候

🌐 基本データ

ブラジル

面積：852万 km²(2018年)
人口：2.1億人(2020年)
人口密度：25人/km²
首都：ブラジリア
言語：ポルトガル語
宗教：カトリックなど
1人あたり国民総所得：
　　　8785ドル(2018年)

HighClass　南アメリカの森林や草原にはそれぞれ名称があり，北部のオリノコ川流域の草原はリャノ，アマゾン川流域の熱帯雨林はセルバ，ブラジル高原に広く分布する熱帯草原はカンポ，南部のラプラタ川下流の温帯草原はパンパと呼ばれている。

② 農 業

〜企業的農業や多角化が進む〜

　植民地時代に開かれた大農園（ファゼンダ）で，コーヒー豆の栽培がさかんに行われてきた。コーヒー豆は天候の影響で収穫量が変わりやすいので価格の変動が大きい。その対策として，近年は大豆・とうもろこし・オレンジ類・カカオ豆・バナナ・葉たばこ・綿花などもつくる多角経営が行われている。東部沿岸では綿花・カカオ豆・さとうきび，南端部では牛や豚の農牧業がさかんである。近年は，バイオエタノールの需要が高まり，さとうきびなどの栽培が増加している。熱帯雨林は人々の入植が進むにつれて切り開かれて農地や放牧地ができ，森林破壊が広がっている。

↑ 南アメリカの農牧業

コーヒー豆

ホンジュラス 31.1 その他
ブラジル 34.5%
1030万t
ベトナム 15.7
コロンビア 7.0
7.0
4.7
(2018年)インドネシア

さとうきび

その他 29.8
ブラジル 39.2%
19.1億t
インド 19.8
タイ 5.5
中国5.7
(2020/21年版「日本国勢図会」など)

生産量はいずれもブラジルが世界第1位

↑ コーヒー豆とさとうきびの生産割合

参考　バイオエタノール

バイオ燃料の一種で，さとうきびやとうもろこしなどのバイオマス（生物資源）からつくられるアルコール燃料のこと。二酸化炭素の排出が少ないことから，地球温暖化対策のガソリン代替燃料として注目されている。

Close Up　ブラジルで進む森林面積の減少

　アマゾン川流域では，20世紀後半から，熱帯雨林を横断する道路やダムの建設，鉱山の開発など大規模な開発が進められた。その結果，森林伐採による**森林面積の減少**という環境問題が生じた。さらに，近年，バイオエタノールの生産量が増加し，その原料となるさとうきびや，輸出作物として生産量が急増している大豆の農地開発が進んだことなどから，森林面積の減少はさらに進み，深刻な環境破壊を引きおこしている。そのため，ブラジルは，熱帯林の一部を国立公園や世界遺産の保護地区に指定して開発を規制したり，違法な伐採を防ぐために日本も協力して人工衛星から監視したりするなど，熱帯林を保存するための取り組みを行っている。

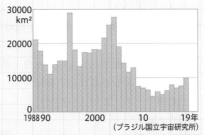

↑ アマゾン地域で1年間に失われた森林面積

HighClass　アマゾン川流域では自給的な焼畑農業が行われている。これは森林を伐採し，焼いてできる灰を肥料に作物を栽培する農業である。土地がやせる前に栽培をやめ，ほかの場所に移動して，これを繰り返す。そして，放棄した畑の植生が回復するのを待ち，再び畑として利用する。

３ 工業の発展と課題

〜豊富な鉱産資源，工業の発展と都市問題〜

　ブラジルは鉄鉱石やボーキサイトなどの地下資源に恵まれ，鉄鉱石を日本へ多く輸出している。工業は，サンパウロ州を中心に自動車・航空機産業，リオデジャネイロ付近で繊維・機械工業，水力発電を利用したアルミニウム工業がさかんである。豊富な資源を背景に，外国資本を導入して工業化を進め，南アメリカ最大の工業国となった。BRICSの１つに数えられている。

　経済成長に伴って都市化が進み，生活水準が上がる一方，内陸部の農村との経済格差が広がっている。大都市では人口が急激に増加したが，生活基盤の整備が追いつかず，各地にスラムが形成され，悪化する治安やごみ問題など，劣悪な生活環境の改善が大きな課題となっている。

カラジャス鉄山は世界最大の鉄鉱石産地

↑ 南アメリカの鉱工業

４ 日本との関係

〜南アメリカで最も日系人が多い〜

❶ 日系人…ブラジルに移住した日本人は，当初，契約農民として大農園で働いたり，アマゾンの開拓を行ったりした。現在，ブラジルには南アメリカで最大の約190万人（2017年）の日系人がくらし，さまざまな分野で活躍している。

❷ ブラジルの貿易…主な貿易相手国は，輸出入とも中国・アメリカ合衆国・アルゼンチンが上位３位を占める（2018年）。貿易品目では，**大豆・原油・鉄鉱石・肉類**などの原料や農畜産物，機械類・**自動車**などの工業製品が輸出の上位を占めている。

❸ 日本との貿易…日本への輸出品では，**鉄鉱石**や有機化合物・鉄鋼などの工業製品や，**とうもろこし・肉類・コーヒー豆**などの農畜産物が多い。日本からの輸入品は機械類などが多くなっている。

Why 日本人がブラジルへ移住した理由

19世紀の終わりころ，ブラジルは，奴隷制を廃止し，奴隷にかわるコーヒー農園の労働力を求めていた。一方，経済的に貧しかった日本には職のない人々を外国に送り出す必要があったことから，ブラジルへの移住が始まった。

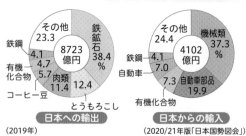

↑ ブラジルの日本との貿易

日本への輸出（2019年）
8723億円：鉄鉱石 38.4%，とうもろこし 12.4，肉類 11.4，コーヒー豆 5.7，有機化合物 4.7，鉄鋼 4.1，その他 23.3

日本からの輸入（2020/21年版「日本国勢図会」）
4102億円：機械類 37.3%，自動車部品 19.9，有機化合物 7.3，自動車 7.0，鉄鋼 4.1，その他 24.4

入試Info

ブラジルは南アメリカ諸国の中では最も出題が多い国である。公用語が**ポルトガル語**であることや，大規模な開発に伴って生じている**森林面積の減少**に関する問題が多い。日本との関係では，**日系人**や，日本の鉄鉱石の主要な輸入相手国であることをおさえておこう。

③ その他の主な国々 ★☆☆

① 自然と人々のくらし

〜標高の差を利用した農業〜

大陸西部に高くて険しいアンデス山脈が南北に走り，火山も多い。海岸部は気温が高いため，高原や山脈中の盆地に人口が集中している。太平洋岸のペルー付近やチリ北部は乾燥し，砂漠が分布している。先住民のインディオの多くはアンデス山脈の高地に住み，特にペルーやボリビアで多くの割合を占める。インディオはリャマやアルパカを家畜として飼い，じゃがいもやとうもろこしを栽培している。

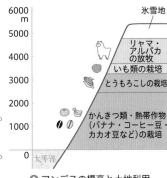

↑ アンデスの標高と土地利用

② アンデスの国々

〜鉱産資源が豊富な国が多い〜

❶ ペルー…銀・銅・鉛・すず・亜鉛などの鉱産資源が豊富である。かつて漁業生産量が世界第1位だったが，乱獲や異常気象により激減した。1990年，初めて日系人が大統領となった。古くはインカ文明が栄え，クスコやマチュピチュ遺跡（→ p.101），ナスカの地上絵などは世界文化遺産に登録されている。

❷ チ　リ…アンデス山脈の西側に位置し，南北約4300 kmにわたる細長い国。北部は砂漠気候でアタカマ砂漠がある。産出量が世界最大の銅をはじめ銀・鉄鉱石などの鉱産資源が豊富である。中部は温暖で，小麦やぶどうが栽培され，人口が集中している。南部は南極に近く，海岸ではフィヨルドが見られるが，比較的温暖な気候である。銅のほか，魚介類・パルプ・ワインなどを輸出している。

❸ ベネズエラ…原油や鉄鉱石を産出。マラカイボ湖岸や東部に国有の油田があり，石油輸出国機構（OPEC）加盟国である。2014年におこった原油価格の暴落で経済が急速に悪化し，政情不安と経済危機に陥っている。

❹ ボリビア…アルチプラノと呼ばれる高原上に位置する内陸国。すずを多く産出する。事実上の首都ラパスは約4000 mの高地にある高山都市。チチカカ湖は世界最高所に位置する湖である。

参考 アンデス山脈の農業

高地では，標高によって異なる農作物が栽培され，農作物が育たない標高約4000 m以上の場所ではリャマやアルパカの放牧が行われている。

🌐 基本データ

ペルー

面積：129万 km²（2018年）
人口：3297万人（2020年）
人口密度：26人/km²
首都：リマ
言語：スペイン語・ケチュア語・アイマラ語
宗教：カトリックなど
1人あたり国民総所得：6627ドル（2018年）

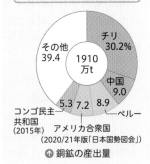

↑ 銅鉱の産出量

短文記述対策！

Q ペルーなどアンデス山脈の高地で行われている農業の特色を簡潔に述べなさい。

A 標高の差を利用して，とうもろこしやじゃがいもなどを栽培している。また，農作物が育たない高地では，リャマやアルパカが家畜用に飼育されている。

⑤ コロンビア…コーヒー豆の生産量は世界第4位(2018年)で、国の経済を支えている。石炭・金鉱なども多く産出している。

⑥ エクアドル…赤道直下にあり、国名は「赤道」を意味するスペイン語に由来する。首都キトは高山都市。海岸沿いの低地では主要輸出品である**バナナ**の栽培がさかんで、日本への輸出量も多い。原油を産出し、原油が最大の輸出品となっている。

3 アルゼンチン

〜パンパが広がる草原の国〜

❶ あゆみと国土…1816年にスペインから独立。1982年にフォークランド諸島の領有を巡ってイギリスと戦争し、敗北した。長い間、政治の混乱が続き、経済発展が遅れていたが、工業化が進められ、近年は経済成長を遂げている。

　国土面積は世界第8位で、内陸から南部にかけて乾燥帯、北・東部と南端に温帯が分布する。国土の大部分は低平な土地で、住民の9割は白人(スペイン系とイタリア系)である。

❷ 農牧業…首都のブエノスアイレスを中心にパンパと呼ばれる草原が広がっている。パンパの東部では、小麦やとうもろこしなどが栽培され、牧牛や混合農業がさかんである。パンパの西部では牧羊が行われている。牧牛や牧羊などの牧畜は、19世紀末に**冷凍船**が発明されて生肉を輸出することが可能になり、また、栄養価の高いアルファルファ(マメ科の牧草)の普及などによって発展した。南半球での小麦の収穫期が、ヨーロッパなど北半球での収穫が少ない時期にあたるという利点から、農畜産物は主にヨーロッパに向けて輸出されている。

❸ 鉱工業…近年、工業が発展し、南アメリカではブラジルに次ぐ工業国に成長した。自動車や機械類の生産が増えている。また、パタゴニア(南部の乾燥台地)の南部では油田開発が行われている。

🌐 基本データ

アルゼンチン
面積：280万 km²(2018年)
人口：4520万人(2020年)
人口密度：16人/km²
首都：ブエノスアイレス
言語：スペイン語
宗教：カトリックなど
1人あたり国民総所得：
　　　1万1292ドル(2018年)

耕作地
牧草地
森林
湿地帯
高山地帯
🌾 小麦
🌽 とうもろこし
🐂 牛
🐏 羊
年間降水量550mm

ブラジル
アルゼンチン
ブエノスアイレス
ウルグアイ
チリ
パンパ
パタゴニア

↑ アルゼンチンの農業

↑ パンパの放牧(アルゼンチン)

HighClass

1995年に、アルゼンチン・ブラジル・ウルグアイ・パラグアイの4か国が、関税の原則撤廃と域外の共通関税を設定した**南米南部共同市場(MERCOSUR)**を発足させた。2020年11月現在、ベネズエラを合わせた5か国が加盟している。

第1編 地理

第1章
世界と日本の
すがた

第2章
世界のさまざまな
地域

第3章
地域調査と
日本の地域的特色

第4章
日本の諸地域と
地域の在り方

7 ▶ オセアニア州

👉 Point
❶ アボリジニやマオリなどの先住民からオセアニアのあゆみを考えよう。
❷ オーストラリアの鉱産資源・農畜産物と日本への主な輸出品をおさえよう。
❸ オーストラリアの貿易相手国と輸出入品目の変化を知ろう。

1 オセアニアのようす ★★☆

1 オセアニアの区分

〜3つの地域に区分される〜

オセアニア州は，オーストラリア大陸と太平洋に散在する島々からなる。太平洋の島々は，ミクロネシア・メラネシア・ポリネシアの3つの地域に区分される。

2 あゆみと自然

〜迫害を受けた先住民アボリジニ〜

❶ あゆみ…オセアニアは，18世紀後半のイギリス人クックの探検・調査によって知られるようになった。18世紀末，オーストラリアはイギリス植民地となり，その迫害や病気によって先住民アボリジニの人口は激減した。1851年に金鉱が発見されて以降，中国などアジア系の移住者が急増したため，オーストラリアはアジア系などの移民を制限するようになった。ニュージーランドも先住民マオリが住む土地だったが，イギリス植民地となった。太平洋の島々も欧米諸国の植民地となったが，20世紀に大部分の島々は独立した。

❷ 自　然…オーストラリア大陸を除き，ニューギニア島やニュージーランドは火山や地震が多い。太平洋上の島々は火山島やさんご礁の島が多く，大部分は暑い地域（熱帯気候）となっている。

ミクロネシアは小さい島々，メラネシアは黒い島々，ポリネシアは多くの島々という意味

↑ オセアニアの地域区分

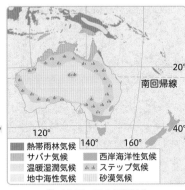

↑ オセアニアの気候区分

凡例：熱帯雨林気候／サバナ気候／温暖湿潤気候／地中海性気候／西岸海洋性気候／ステップ気候／砂漠気候

Episode
ミクロネシアやポリネシアのさんご礁地域では，欧米の核保有国が核実験をたびたび行った。1954年にアメリカ合衆国はビキニ環礁で水爆実験を行い，日本の漁船第五福竜丸が放射能の灰を浴びた。なお，ビキニ環礁は2010年に世界文化遺産に登録された。

2 オーストラリア ★★★

1 自 然

～1つの大陸が1つの国を形成～

❶ 地　形…オーストラリア大陸の中部から西部にかけて**グレートサンディー砂漠**・**グレートビクトリア砂漠**などの広大な砂漠が広がっている。東部には，なだらかな**グレートディバイディング山脈**が南北に連なる。中央部には**グレートアーテジアン(大鑽井)盆地**があり，その南側にマリー川・ダーリング川流域の低地が広がる。北東部には，長さ2000 kmにわたる世界最大のさんご礁の**グレートバリアリーフ(大堡礁)**があり，日本からも多くの観光客が訪れている。

❷ 気　候…人口の集中する東部は日本と同じ**温暖湿潤気候**で暖かいが，南半球のため日本とは夏冬が逆である。南東部は偏西風の影響を強く受ける西ヨーロッパと同じ**西岸海洋性気候**。南西部や南部は冬に雨が多く，夏は乾燥する**地中海性気候**。北部は暑い地域で，丈の長い草原が分布する**サバナ気候**。西部から中央部にかけての広い範囲は厳しい乾燥地域で，**ステップ気候**と**砂漠気候**が広がっている。

2 人々の生活

～白豪主義の廃止と多文化主義政策～

オーストラリアはかつて**白豪主義**を唱え，ヨーロッパ系移民以外の移民を制限してきたが，国際世論の非難や労働力不足を招いたため，1970年代に白豪主義を廃止した。その後は**多文化主義政策**を打ち出し，アジアを中心に移民を受け入れるようになった。先住民の**アボリジニ**との共生も進めており，先住民としての権利や伝統的な土地に対する権利を認めるようになった。このように，さまざまな人々が共存し，互いの文化を尊重し合う**多文化社会**を築こうとしている。

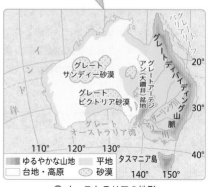

年降水量500mm未満の草原や砂漠が国土の3分の2を占める。

↑ オーストラリアの地形

🌐 基本データ

オーストラリア

面積：769万 km²(2018年)
人口：2550万人(2020年)
人口密度：3人/km²
首都：キャンベラ
言語：英語
宗教：キリスト教など
1人あたり国民総所得：
　　　　5万6396ドル(2018年)

ウルルはアボリジニの聖地

ウルル(エアーズロック)

居留地域

↑ アボリジニの居留地

Episode

オーストラリア大陸は，ほかの大陸とは地理的に隔絶しているため，カンガルーやコアラ，カモノハシなどの独特の動物が多い。しかし，2019年におこった大規模な山火事によって，数万頭ものコアラが被災したともいわれ，絶滅が危惧されている。

③ 産　業

～世界有数の石炭・鉄鉱石の輸出国～

❶ **農　業**…中央部の乾燥したグレートア
ーテジアン盆地では，**掘り抜き井戸**の
水を利用した羊の放牧がさかんである。
羊毛の生産量は世界第2位(2018年)，
輸出量は世界第1位(2017年)。また，
肉牛の放牧が北部から北東部，内陸部
で行われている。南東部の湿潤地域で
は**酪農**がさかんで，輸出用の酪農製品
が生産されている。北半球の端境期を
利用した小麦栽培は，機械化農業によ
り中央低地のマリー川流域で大規模に行われている。
南部では地中海式農業が行われ，**小麦**の生産とぶどう
などの果樹栽培が発達し，ワインの生産も有名である。

❷ **鉱　業**…鉄鉱石・石炭・ボーキサイト・金・ウラン鉱
などの地下資源に恵まれ，**露天掘り**(鉱産物を坑道を
掘らずに直接地表から削り取る方法)で採掘する鉱山
も見られる。**東部に石炭，西部に鉄鉱石**の産地が集ま
り，日本など，多くの国々へ輸出されている。

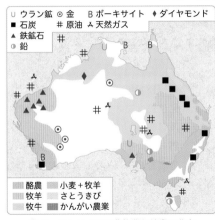

Ｕ ウラン鉱　⊙ 金　Ｂ ボーキサイト　◆ ダイヤモンド
■ 石炭　♯ 原油　Ａ 天然ガス
▲ 鉄鉱石
◎ 鉛

酪農　　　小麦＋牧羊
牧羊　　　さとうきび
牧牛　　　かんがい農業

↑ オーストラリアの農牧業と鉱業の分布

Words　アジア太平洋経済協力会議(APEC)

アジア・太平洋地域の貿易の自由化や技術協力を円滑にして，同地域の経済発展を目ざすための枠組み。1989年に発足し，2020年現在，日本・韓国・中国・オーストラリア・アメリカ合衆国など21か国・地域が参加している。

④ 貿　易

～中心はイギリスからアジアへ～

❶ **オーストラリアの貿易相手国**…かつ
てはイギリスが中心だったが，近年
は，中国やアメリカ合衆国，日本な
どとの貿易が増加し，太平洋沿岸諸
国との結びつきを強化している。ア
ジア太平洋経済協力会議(APEC)は
オーストラリアの提唱で結成された。

❷ **日本との貿易**…日本は輸出入ともに
オーストラリアの主要な貿易相手国
である。日本への輸出品は**石炭・鉄
鉱石**などの地下資源や，肉類などの
農畜産物が多い。日本からは**自動車**
の輸入が多くなっている。

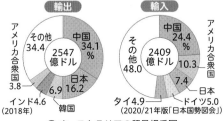

輸出
中国 34.1％
2547億ドル
日本 16.2
韓国 6.9
インド4.6
(2018年)
アメリカ合衆国 3.8
その他 34.4

輸入
中国 24.4％
2409億ドル
アメリカ合衆国 10.3
日本 7.4
ドイツ5.0
タイ4.9
その他 48.0
(2020/21年版「日本国勢図会」)

↑ オーストラリアの貿易相手国

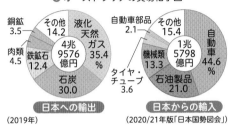

日本への輸出
液化天然ガス 35.4％
4兆9576億円
石炭 30.0
鉄鉱石 12.4
肉類 4.5
銅鉱 3.5
その他 14.2
(2019年)

日本からの輸入
自動車 44.6％
1兆5798億円
石油製品 21.0
機械類 13.3
タイヤ・チューブ 3.6
自動車部品 2.1
その他 15.4
(2020/21年版「日本国勢図会」)

↑ オーストラリアの日本との貿易

短文記述対策！

Q 近年，オーストラリアの貿易相手国はどのように変化してきたか述べなさい。

A かつては，イギリスが主要な貿易相手国であったが，近年はアジアや太平洋諸国との貿易が増加している。

③ ニュージーランド ★★☆

① あゆみと自然

〜南北2つの島からなる島国〜

❶ **あゆみ**…1840年にイギリス領となり，1947年に独立した。先住民はマオリで，現在の住民の約7割はヨーロッパ系である。

❷ **自然**…北島・南島からなる島国で，火山や温泉が多く，地震もおこりやすい。比較的温暖な西岸海洋性気候である。島の中央にサザンアルプス山脈が走り，西側で雨量が多く，東側では雨量が少ない。

② 産業

〜人口よりも羊の数が多い国〜

世界有数の農業国で，乳製品・肉類・果実・ワインなどを生産。羊の飼育がさかんで，羊毛の生産は世界有数である。多くの旅行者が訪れる観光立国でもある。

④ 太平洋の島々 ★☆☆

① あゆみ

〜水没の危機に直面している国々〜

ニューギニアなどの大きな島を除けば，ほとんどが火山島やさんご礁の島々で，ミクロネシア・メラネシア・ポリネシアに分かれる。1960〜70年代以降，ソロモン諸島・ツバル・キリバス・バヌアツ・パラオなどの独立国が生まれた。地球温暖化による海面上昇で，ツバルなどでは，国土の水没危機が深刻な問題となっている。

② 産業

〜主食のいも類の栽培がさかん〜

農業は，**タロいも・キャッサバ**の栽培や，ココやし・バナナ・さとうきびの**プランテーション農業**が行われている。トンガでは日本向けのかぼちゃ栽培がさかんである。ニューカレドニア島ではニッケル鉱，ナウルではりん鉱，パプアニューギニアでは銅を産出。フィジーやパラオは観光業が発展している。第一次産業以外の産業が育っていないため他国へ**出かせぎ**に行く人々も多い。

🌐 基本データ

ニュージーランド

面積：27万 km²（2018年）
人口：482万人（2020年）
人口密度：18人/km²
首都：ウェリントン
言語：英語・マオリ語
宗教：キリスト教など
1人あたり国民総所得：
　4万2724ドル（2018年）

🔼 ニュージーランドの自然と農牧業

ニュージーランドの羊毛の生産は世界第3位（2018年），輸出は第2位（2017年）

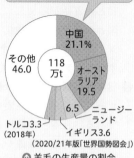

中国 21.1%
その他 46.0
118万t
オーストラリア 19.5
ニュージーランド 3.6
イギリス3.6
6.5
トルコ3.3（2018年）
（2020/21年版「世界国勢図会」）

🔼 羊毛の生産量の割合

Episode　ニュージーランドは，1893年に世界で初めて女性参政権を実現させた。1980年代までは高福祉国家として知られていたが，国の財政悪化によって，近年は福祉の削減が課題となっている。

p.46 **1** インドの民族衣装である（　　　）やアンデス地方の民族衣装である（　　　）は，その地方の環境に適している。

1 サリー，ポンチョ

p.49 **2** 西アジアから北アフリカでは，（　　　）教の信者が多く，人々は1日に5回，聖地（　　　）に向かって礼拝している。

2 イスラム，メッカ

p.55 **3** 中国は，工業化を進めるために，シェンチェンなど5つの地域に（　　　）を設置した。

3 経済特区

p.59 **4** 1967年に設立され，現在，東南アジア10か国が加盟している地域協力機構を（　　　）という。

4 東南アジア諸国連合（ASEAN）

p.60 **5** 東南アジアでは，植民地時代につくられた（　　　）で天然ゴムやバナナなどの商品作物の栽培がさかんである。

5 プランテーション

p.70 **6** 西ヨーロッパは，（　　　）海流と（　　　）の影響で高緯度のわりに冬でも比較的暖かい気候である。

6 北大西洋，偏西風

p.73, 74 **7** ヨーロッパ州の27か国が加盟する組織は（　　　）で，そのうち19か国が単一通貨（　　　）を導入している（2020年現在）。

7 ヨーロッパ連合（EU），ユーロ

p.77 **8** フランスはEU最大の農業国で，穀物と家畜の飼育を組み合わせた（　　　）農業がさかんである。

8 混合

p.85 **9** ロシア連邦の寒冷地に広がる針葉樹林帯を（　　　）という。

9 タイガ

p.89 **10** サハラ砂漠の南側にある（　　　）と呼ばれる地域では，干ばつや過放牧などにより砂漠化の進行が著しい。

10 サヘル

p.90 **11** アフリカでは，特定の鉱産資源や農産物の生産・輸出に頼っている（　　　）経済の国々が多く見られる。

11 モノカルチャー

p.94 **12** アメリカ合衆国では，近年，スペイン語を話すメキシコなどからの移民である（　　　）が増加している。

12 ヒスパニック

p.97 **13** アメリカ合衆国の北緯37度以南の（　　　）では先端技術（ハイテク）産業が発達し，サンフランシスコ郊外にある，ICなどを生産・開発する電子工業地域は（　　　）と呼ばれている。

13 サンベルト，シリコンバレー

p.102 **14** ブラジルの公用語は（　　　）語であるが，ほかの南アメリカの国々の多くは（　　　）語が中心である。

14 ポルトガル，スペイン

p.106 **15** アルゼンチンの（　　　）と呼ばれる温帯草原では，小麦の栽培や牛・羊の放牧がさかんである。

15 パンパ

p.107 **16** オーストラリアの先住民は（　　　）で，ニュージーランドの先住民は（　　　）である。

16 アボリジニ，マオリ

p.108 **17** オーストラリアは有色人種の移民を制限する（　　　）という政策を行っていたが，1970年代に廃止した。

17 白豪主義

●次の文は，平野君以下４人がそれぞれ今年旅行した国について話し合った会話の一部である。また，表は，４人が訪れた国の生産量が世界において上位である品目をまとめたものである。 a ～ d にあてはまる品目を下のア～オでうめた場合，残るものを１つ選び，記号で答えなさい。 【大阪教育大附高(平野)―改】

平野君：わたしはドバイを経由して，目的の都市がある国に行ったよ。その国の首都である目的の都市には，コロッセオなどの遺跡があって興奮したよ。

堀川君：わたしは目的の都市に行くために国際線とその国の国内線を利用したよ。目的の都市は，かつて，日本の平城京もモデルにしたそうだよ。

鈴木君：わたしは直行便で目的の都市である，その国の首都に入ったよ。この都市はチャオプラヤ川の河口にあるんだ。

流町君：わたしはホンコンを経由して目的の国へ向かったんだ。目的の国の北東にある都市では，世界最大のさんご礁の海に感動したよ。

順位	a		b	
1	堀川君訪問国	131441	堀川君訪問国	250
2	インド	99700	流町君訪問国	232
3	ロシア連邦	72136	ニュージーランド	77
4	アメリカ合衆国	51287	イギリス	42
5	フランス	35798	トルコ	39

順位	c		d	
1	スペイン	9820	鈴木君訪問国	4900
2	平野君訪問国	1877	インドネシア	3100
3	モロッコ	1561	ベトナム	1222
4	トルコ	1500	コートジボワール	780
5	ギリシャ	1079	堀川君訪問国	774

(単位：千 t。a～cは2018年，dは2019年)
(2020/21年版「日本国勢図会」など)

ア オリーブ　イ 小麦　ウ 米　エ 天然ゴム　オ 羊毛

▶Key Point
４人の会話文の内容から，それぞれが行った国を特定できるかが重要となる。

▶Solution
●平野君…コロッセオは，古代ローマの遺跡であることから，イタリアへ行った。
●堀川君…平城京のモデルになった都市は長安であることから，中国へ行った。
●鈴木君…チャオプラヤ川の河口に位置し，首都である都市はバンコクであることから，タイへ行った。
●流町君…世界最大のさんご礁の海はグレートバリアリーフであることから，オーストラリアへ行った。

　また，表のaはインドやアメリカ合衆国，フランス，bはニュージーランドやイギリス，cはスペインやギリシャ，dは熱帯の国々が多いことからそれぞれの品目が判断できる。aは小麦，bは羊毛，cはオリーブ，dは天然ゴム。

解答
ウ

●右の表は，携帯電話やコンピューターなど高度な工業製品の生産に欠かせないレアメタルのうち，4種のレアメタルの生産量上位3か国とその他の国々の割合を示したものである。表を見て，レアメタルを確保するうえでの課題と対策について，「特定」，「安定」，「開発」の3つの語句を用いて，100字以内で説明しなさい。

【お茶の水女子大附高一改】

	1位	2位	3位	その他
クロム	南アフリカ共和国 40.8%	カザフスタン 23.0%	トルコ 16.1%	20.1%
コバルト	コンゴ民主共和国 56.6%	オーストラリア 4.9%	ロシア連邦 4.9%	33.6%
タングステン	中国 81.6%	ベトナム 8.0%	ロシア連邦 2.6%	7.8%
バナジウム	中国 59.3%	ロシア連邦 23.5%	南アフリカ共和国 10.4%	6.8%

(2017年。コバルトは2016年)　(2020/21年版「日本国勢図会」)

▶ Key Point

❶ 「特定」，「安定」，「開発」の語句を必ず用いて，課題と対策の両方について記述する。

❷ 課題については，表中のレアメタルの生産量について，上位3か国とその他の国々の占める割合に注目し，そこからどのような課題があるかを考える。

❸ 対策については，現在身近なところで行われていることを考えるとともに，「開発」という語句に注目して，どのような対策ができるかを推測する。

▶ Solution

❷ 表中のレアメタルの産出上位国には，同じ国が含まれており，それぞれ上位3か国で生産量の60〜90%以上を占めていることから，輸入できる国が限定されてくる。

❸ 携帯電話やコンピューターに欠かせないレアメタルは再利用が可能な資源で，都市に多く存在するため「都市鉱山」とも呼ばれている。これらをリサイクル(再利用)していくことが重要である。また，レアメタルも資源の1つであり，石油などと同様にレアメタルに頼らないような技術開発も必要になってくる。

▶ Key Word

「特定の国」，「安定した輸入」，「リサイクル」，「かわりになる技術」などを含めて記述するとよい。

解答例

産出国が特定の国で占められているため，安定した輸入が困難であることが課題としてある。対策としては，積極的に資源のリサイクルを行うことや，レアメタルのかわりになる技術の開発をしていくことが考えられる。(99字)

第 3 章 地域調査と日本の地域的特色

START!

日本は，世界的に見て人口が多く，人口密度も高い国ですが，国内では，人口が集中している地域や非常に少ない地域があり，大きな違いが見られます。その理由を，自然や産業，地域間や世界との結びつきなどの面から見ていきましょう。

"自然災害と防災・減災"
日本は，環太平洋造山帯に位置し，火山や地震の活動が活発で，さまざまな自然災害によって大きな被害を受けることがたびたびあります。自然災害に対する防災・減災のために，日ごろからハザードマップ（防災マップ）などを確認しておくことが必要です。

"日本の人口"
日本では，総人口の半数近くが東京・京阪神・名古屋の三大都市圏に集中し，首都圏は過密地域となっています。
一方，山間部や農村部では人口が減少する過疎が進み，その対策が大きな課題となっています。

"日本の資源・エネルギーと産業"
日本は鉱産資源に乏しく，資源の多くを輸入に頼っています。産業では，サービス業などの第三次産業を中心に，各地で農業・漁業や各種工業が発達しています。

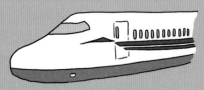

"世界や日本国内の結びつき"
航空網の整備によって世界が狭まって人や物の移動が容易になり，国・地域間の結びつきが強まっています。国内でも，高速道路や新幹線，航空路などの高速交通網の整備が進んでいます。その結果，遠隔地へ新鮮な農畜産物を輸送できたり，都市部から地方の高速道路や空港の周辺に工場が進出するなど，地域間の結びつきが強まりました。

115

1 地域調査の手法

❶ 地域調査に必要な準備, 調査, 整理, 発表などの手順と内容をおさえよう。
❷ 地形図の縮尺を理解し, 実際の距離の計算ができるようになろう。
❸ 地図記号や等高線などの決まりをもとに, 地形図を正確に読み取ろう。

1 身近な地域の観察と調査 入試重要度 ★☆☆

1 地域調査の目的

〜地域調査で日本の国土を知る〜

　身近な地域全体を調べ, その変化や特色をはっきりさせることは大切である。身近な地域は日本の一部であり, そこでのわたしたちの生活や産業は日本全体と深く結びついていて, ほかの地域と共通した問題をもっている。したがって, 身近な地域を調べることは, 日本の国土を知る手がかりをつかむことになり, 身近な地域で調べた知識をもとに, ほかの地域をより身近なものとして理解することができる。

　地域調査の方法には, 統計資料や地図の読み取りにより, 地域の概観を把握する予備調査と, 実際に外に出て行う聞き取り調査や工場見学, 役所で資料を収集するなどのフィールドワークがあり, その両方が重要である。

2 地域調査の手順

〜予備調査から野外観察・整理・発表まで〜

❶ 調査テーマの設定…身近な地域を取り巻く自然のようすや人口・産業の特色, 環境問題や環境保全など, 興味や関心をもったことをカードに書き出してみる。それらをもとに, 関連図(ウェビングマップ)を作成したり, 関連づけられるものを分類したりすると, テーマがまとまりやすくなる。
❷ 予備調査…調査前に設定したテーマに関連する本や統計資料, 地形図などの参考資料を, 図書館やインターネットなどを利用して集める。

Why 身近な地域を調査対象とするのが良い理由

身近な地域(市〈区〉町村)は, 日常の生活圏であり, 現地で観察や調査が行えること, 各種の統計資料が整っていて活用できること, 複数の人(生徒)が同じ地域を異なる視点で調べるので, 自分たちの生活する地域を総合的にまとめられること, などの利点がある。

Words ウェビングマップ

「調べたい」ことから, くもの巣状にイメージをつないでいき, テーマを絞り込む方法の1つ。まず, 中央に調べたいことを書き, そこから連想される語句を自由に書き出していく。そして, 連想された語句のマップがある程度広がったところで, 疑問を書き込んでいく。書き込んだ疑問の中から, 特に興味がもてたものや調べたい地域の特徴が見えてきそうなものにチェックを入れ, テーマに選んでいく。

Episode　地域調査のテーマには, 自然や防災, 地域の歴史や発展のようす, 産業や土地利用, 環境問題や環境保全, 人口, 地域特有の生活や文化, 交通など他地域との結びつきに関することなどが考えられるが, いずれも日本の国土と大きく関連するものである。

❸ **野外観察**…まず，調査する道順を地図に書き込んだ**ルートマップ**を作成する。野外観察時は，必要な携行品（地図・方位磁針・ノート・スケッチブック・デジタルカメラ・ボイスレコーダー・筆記用具など）を用意し，ルートマップに沿って進んでいく。観察したことは，その場でメモしたり，写真を撮ったりスケッチをして，後から再度確認できるようにしておく。

❹ **聞き取り調査**…聞き取り調査をする際には，あらかじめ訪ねる相手と連絡をとって都合を聞くことや，質問事項をまとめておく準備が必要である。また，聞いた内容をメモするノートやボイスレコーダーなどを準備して，聞いた内容を記録しておくことが重要である。

⬆ 2万5千分の1地形図に書いたルートマップ

（電子地形図25000，東京都八王子市川口町付近）

観察したことをできるだけ具体的に記録する。

○月○日（○）午後○時

○観察したこと
川口川をこえてすぐ左のところに，庭木に囲まれた家があった。家のほかに作業用の小屋が2つあった。

かわら屋根　家に近い方の作業小屋

トラック　肥料の袋　庭木が多い

スケッチなども書き入れる。

○聞き取りでわかったこと
質問①の答え）この家の人は，第二次世界大戦より前からここに住んでいるそうだ。
質問②の答え）八王子市内。農業をしていて，近くにある畑で，はくさいやだいこんなどの野菜をつくっている。

○疑問に思ったこと
どうして家のまわりを庭木で囲んでいるのだろうか。

質問したことへの回答や聞き取りした内容を簡潔にまとめて書く。

疑問に思ったことなども書きとめておく。

⬆ 野外調査や聞き取り調査のノートのとり方（例）

3　調査後の整理と発表

～わかりやすいレポートで発表～

❶ **調査結果のまとめ**…観察・調査の記録や統計などの資料を整理してレポートにまとめる。レポートには，そのテーマを選んだ理由，調査した方法，調査してわかったことや自分たちの意見を加えたりしてまとめ，調査の感想や今後の課題についても触れておくとよい。また，レポートの内容を補足するため，イラストや地図，統計グラフ・表などを入れてくふうする。

❷ **調査結果の発表**…レポート以外にも壁新聞，ポスターなどの方法がある。また，パソコンを使ったプレゼンテーションやビデオを使った口頭発表などさまざまな方法があり，発表会の規模を考えて，適切な方法を選び組み合わせて発表する。

参考　**聞き取り調査の際に必要なマナー**

正確に自分たちの立場を理解してもらい，協力を得るために，あいさつやことば使いなどマナーに気をつけて，感謝の気持ちを常に忘れずに接する姿勢が大切である。

参考　**グラフの特徴**

グラフには多くの種類があり，用途によって使い分けるとよい。折れ線グラフや棒グラフは，長期にわたる数値の推移，円グラフは項目の内訳，棒グラフは，項目の内訳や年ごとの内訳の変化を示すのに適している。

HighClass　**地理情報システム（GIS）**のソフトを活用すると，パソコンの画面上で複数の地図を重ね合わせるなど，地図を使ったいろいろな表現ができる。身近な地域の調査結果から見えてきた地域の将来像や課題などを地図化してレポートにまとめることも可能である。

② 地形図 ★★★

1 地形図の種類

~地域の多くの情報が得られる~

　地形図は，土地の起伏・形状などを等高線などで示し，土地利用や施設の記号を用いてさまざまな情報を記入した地図である。**5万分の1，2万5千分の1，1万分の1**の地形図などが，**国土交通省の国土地理院から発行され**ている。5万分の1などの数字は実際の距離を縮めた割合(縮尺)を表している。

2 地形図の決まり

~標高や斜面の傾きがわかる等高線~

❶ 縮　尺…地図は広い場所を縮めて表されている。その縮めた割合を縮尺という。縮尺が2万5千分の1の地形図では，1kmの距離が，地図上では2万5千分の1に縮小して4cmの長さで表されている。実際の距離は，**地図上の長さ×縮尺の分母**で計算することができる。(例) 2万5千分の1の地形図上の長さが3cmの場合，実際の距離は，3×25000＝75000(cm)＝750(m) となる。

❷ 等高線…海面からの高さが等しい地点を結んだ線を等高線といい，**計曲線・主曲線・補助曲線**がある。計曲線は，2万5千分の1の地形図では**50m**ごと，5万分の1の地形図では**100m**ごとに引かれている。主曲線は，2万5千分の1の地形図では**10m**ごと，5万分の1の地形図では**20m**ごとに引かれている。等高線の間隔が狭いほど傾斜が**急**で，反対に広いほど傾斜が**ゆるやか**な地形となる。

種類	縮尺 記号	2万5千分の1地形図	5万分の1地形図
計曲線	〜	50mごと	100mごと
主曲線	〜	10mごと	20mごと
補助曲線	〜 / ---	5mごと，2.5mごと※	10mごと
			5mごと

※2.5mの補助曲線には必ず等高線数値を表示する。
⬆ 等高線の種類

参考 地形図の枚数

地形図の枚数は，全国全域が完成している5万分の1地形図が1295面，2万5千分の1地形図が4437面あり，1万分の1地形図は313面ある。20万分の1地勢図は全国で130面になる(2020年10月現在)。

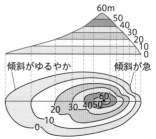
⬆ 等高線と傾斜の関係

参考 谷と尾根，水準点と三角点

等高線が高度の高い方に張り出している部分を**谷**，低い方に張り出している部分を**尾根**という。また，高さの基準となる点を**水準点**，測量をするときの位置の基準となる点を**三角点**という。

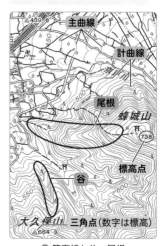
⬆ 等高線と谷・尾根
(国土地理院発行2万5千分の1地形図「石和」)

HighClass　2万5千分の1地形図は，実際に測量・調査をした結果や空中写真測量などをもとに作成された地図で，**実測図**という。5万分の1地形図などは，実測図などをもとに編集しているため**編集図**という。なお，縮尺2万5千分の1の**電子地形図**(電子地形図25000)は編集図である。

1 地域調査の手法

第**1**編 地理

第1章 世界と日本のすがた

第2章 世界のさまざまな地域

第3章 地域調査と日本の地域的特色

第4章 日本の諸地域と地域の在り方

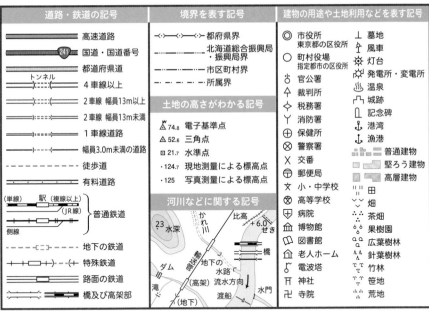

道路・鉄道の記号	境界を表す記号	建物の用途や土地利用などを表す記号

↑ 国土地理院発行2万5千分の1地形図の主な記号（平成25年2万5千分の1地形図図式）

❸ **地図記号と方位**…地形図には，等高線のほかに自然物や人工の建造物など地上のようすが，上の図のような**地図記号**で示されている。地図記号は地図のことばであるから，地図を読むには地図記号を覚え，その意味をつかむことが大切である。また，地形図の上の方を北として描くのが原則である。上を北にできないときは，北の方角を方位記号で示す。

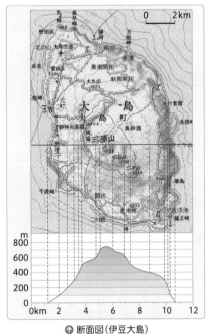

↑ 断面図（伊豆大島）
（国土地理院発行20万分の1地勢図「横須賀」）
※紙面の都合で実際の地形図を76％に縮小して掲載。

3 地形図の利用

～断面図や土地利用図～

❶ **断面図の作成**…地形図から**断面図**をつくることで，実際の地形の状態を具体的に知ることができる。

❷ **土地利用図の作成**…地形図の田・畑・森林などの記号をそれぞれ着色すると**土地利用図**ができ，土地利用と地形の関係などが読み取れる。

Episode

2019年に，新しい地図記号「自然災害伝承碑」（🏳）ができた。過去におこった津波や洪水，火山災害，土砂災害などの自然災害の情報を伝える石碑やモニュメントを表す。従来の記念碑の記号（凸）に縦線を加えた形で，大きさが記念碑記号の約1.5倍になっている。

③ 地形図の読み取り方 ★★★

1 扇状地の地形図

～果樹栽培の利用が多い～

扇状地は川が山地から平地に流れ出たところに砂や小石が堆積してできた地形で，扇を広げたような形でゆるやかに傾斜している。右の地形図では，原・勝沼町藤井・一宮町千米寺・一宮町石のあるところが扇状地の末端（扇端）にあたる。中央部の**扇央**は，砂や礫が多くて水がしみ込みやすく，水はけが良いため果樹園として利用されている。山がちな日本では，扇状地は山間の盆地をはじめ各地で見ることができる。特に，山梨県に位置する**甲府盆地**の扇状地は，ぶどうの生産地として知られている（→ p.193）。

↑ 甲府盆地（山梨県）の扇状地
（国土地理院発行 2 万 5 千分の 1 地形図「石和」）

2 三角州の地形図

～水田や住宅地が多い～

三角州は，川が運んできた土砂が河口に堆積してできた地形で，平坦で低い土地のため，等高線がほとんど見られない。三角州は多くの細かい土砂からできており，水はけが良くないため，**水田**に利用されることが多いが，近年では住宅地として開発されているところも多く見られる。広島市の**太田川**河口や岐阜県海津市の**木曽川**河口の三角州が知られている。

↑ 広島市の三角州の地形図
（国土地理院発行 5 万分の 1 地形図「広島」）
※紙面の都合で実際の地形図を48％に縮小して掲載。

入試Info

地形図を読み取る問題は非常に多く出題される。地図記号を問うものから，読み取れる内容の正誤問題，ある方向から見た風景の選択，新旧の地形図の比較など多岐にわたって出題されるので，いろいろな地形図を見て慣れておくことが必要である。

3 河岸段丘

～河川沿いにできる階段状地形～

河岸段丘は，地盤の隆起などによってできた，ほぼ平坦な段丘面と急な傾斜の段丘崖が階段状に連なる地形である。段丘崖は急斜面で直線的に道路をつくることが難しいため，その道路は曲線になる（右図A，B）。河川沿いで等高線が密になっているところは段丘崖である。Aの上野原市の市街地は段丘面上にある。

↑ 上野原(山梨県)の河岸段丘の地形図
(国土地理院発行 2 万 5 千分の 1 地形図「上野原」・「与瀬」)
※紙面の都合で実際の地形図を82%に縮小して掲載。

第1編 地理

第1章 世界と日本のすがた

第2章 世界のさまざまな地域

第3章 地域調査と日本の地域的特色

第4章 日本の諸地域と地域の在り方

Close Up 　**新旧地形図の比較**

地域調査の1つに，古い地形図と現在の地形図を比較して見る方法がある。地図記号などを比べることで，次のような土地利用の変化など，新旧の変化のようすを知ることができる。

- 1974年にはなかった道路が，東西・南北方向に新しく建設されている。
- 1974年には見られた田の多くが，2005年には住宅地などになっている。
- 「たけだ」駅の位置が，2005年では，1974年より北に移動している。
- 1974年にはなかった場所に，2005年では新しく郵便局が2か所できている。
- 1974年にはなかった場所に，2005年では新しく消防署ができている。

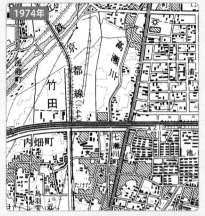

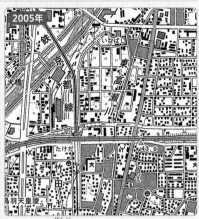

↑ 1974年と2005年の京都市の一部(同じ範囲)の地形図
(国土地理院発行 2 万 5 千分の 1 地形図「京都東南部」)

HighClass　河川の流れに沿って階段状に発達したのが**河岸段丘**であるのに対し，**海岸線**に沿って階段状に発達した地形を**海岸段丘**という。海岸段丘は，地盤の隆起や海水面の低下が断続的に行われた場合に形成され，高知県の室戸岬などで見られる。

2 自然環境の特色

1 世界の地形 ★★★

1 地形

~陸上地形と海底地形~

地球の表面には，山地や海底などの起伏がある。この起伏を地形といい，海水面上で見られる地形を陸上地形，海水面下にある地形を海底地形という。

2 造山帯と山地

~造山活動が活発な2つの造山帯~

① 造山帯…陸地のうち，火山や地震の活動が活発で，地面の隆起や沈降などの大地の動きがさかんな地域を造山帯という。

② 古期造山帯…古生代（約5.7億～2.5億年前）に造山活動がおこり，その後，長い期間侵食され，安定した陸地になっている低くなだらかな山地帯を古期造山帯という。ウラル山脈やアパラチア山脈，オーストラリアのグレートディバイディング山脈などがある。

③ 新期造山帯…中生代から現在まで造山活動を続けている比較的新しい山地帯を新期造山帯という。アンデス山脈・ロッキー山脈・日本列島・ニュージーランドなど太平洋を取り囲むように連なる環太平洋造山帯と，アルプス山脈・パミール高原・ヒマラヤ山脈などを含むアルプス-ヒマラヤ造山帯の2つがある。

④ 高原・台地…パミール高原・チベット高原は高くて険しい山地にあり，ブラジル高原・デカン高原などは大規模でなだらかである。北アメリカの北東部や北ヨーロッパには台地（楯状地）が広がっている。

参考 地形の形成

一般的に，地球上の地形は，地殻変動など地球内部から働く力（**内的営力**）と，流水や波，風など地球の外側から働く力（**外的営力**）の2つの作用によってつくられる。内的営力は，主に世界的な規模の地形である**大地形**（大陸や海溝など）を形成し，外的営力は，比較的小規模な地形である**小地形**（谷や沖積平野）を形成する。

エベレスト山は世界最高峰の山（標高8848 m）

↑ ヒマラヤ山脈

Words 楯状地

先カンブリア時代（約46億～約5.4億年前）の古い地層が広い範囲にわたって露出している平坦な陸地。楯を伏せたような台地状の地形である。

環太平洋造山帯とアルプス-ヒマラヤ造山帯の2つについて問われることが多い。地震や火山活動が現在も活発であることやそれぞれの造山帯の位置，含まれる山脈や地域は必ずおさえておこう。
入試Info

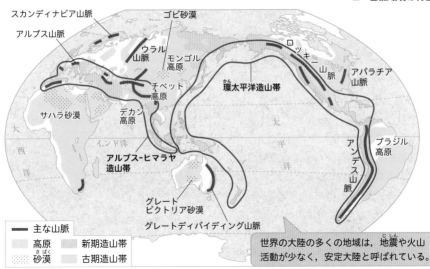

スカンディナビア山脈
アルプス山脈
ゴビ砂漠
ウラル山脈
モンゴル高原
チベット高原
ロッキー山脈
アパラチア山脈
環太平洋造山帯
サハラ砂漠
デカン高原
アルプス-ヒマラヤ造山帯
ブラジル高原
アンデス山脈
グレートビクトリア砂漠
グレートディバイディング山脈

──	主な山脈
	高原
	新期造山帯
	砂漠
	古期造山帯

世界の大陸の多くの地域は，地震や火山活動が少なく，安定大陸と呼ばれている。

↑ 世界の造山帯と主な地形

③ 平野と川

～大陸に大規模な平野～

❶ **侵食平野**…古い地層が川や氷河によって長い間侵食されてできた広く平らな低地を**侵食平野**という。ウラル山脈の西から東ヨーロッパにかけての平原，西シベリアの平原，北アメリカの**中央平原**などがこれにあたる。

❷ **沖積平野**…川などによって運ばれた土砂が堆積してできた平野を**堆積平野**といい，そのうち，約1万年前から現在までにできたものを**沖積平野**という。沖積平野の特徴的な地形として，川が山地から平地に出るところに土砂が堆積してできた**扇状地**や，川の氾濫により土砂が川の周りに積もってできた**氾濫原**，河口付近に細かい土砂が堆積してできた**三角州**などがある。

❸ **河　川**…大陸を流れる川は，流れがゆるやかで水量の多い川が多い。そのため，ヨーロッパの**ドナウ川**や**ライン川**のような複数の国を流れる国際河川は，内陸水路交通の大動脈として重要な役割を果たしてきた。また，**ミシシッピ川・ナイル川・ティグリス川・ユーフラテス川・黄河**などの流域には，川によって運ばれた土砂が堆積してできた大平原があり，河口近くには大規模な三角州（デルタ）が発達している。

参考 構造平野

侵食により形成された侵食平野のうち，ほぼ水平な古い安定した地層からなる平坦地のこと。

10か国を流れる国際河川

↑ ドナウ川

HighClass

ナイル川，ティグリス川，ユーフラテス川など，流水の大部分を上流の雨の多い地域の降水に依存しながら乾燥地域を流れる河川を**外来河川**という。また，海に注がない河川を**内陸河川**といい，中国のタリム川などがある。

4 海岸地形と海底地形

〜海底地形には大陸棚や海溝がある〜

❶ 海岸地形…氷河によって侵食されたU字型の谷に海水が入り込んでできたフィヨルドや，山地が海に沈んでできた，複雑に入り組んだ海岸線をもつリアス海岸などがある。

❷ 海底地形…大陸や大きな島の周囲に広がる深さ200mくらいまでの傾斜がゆるやかな海底を大陸棚という。海底のうち，水深が6000mを超える細長い海底を海溝といい，さらに深い部分を海淵という。地表で最も高いエベレストの山頂（8848m）と最も深いマリアナ海溝（−10920m）との差は約20000m（20km）にも及ぶ。

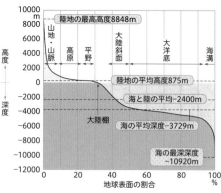

↑ 地球表面の地形

Close Up プレートテクトニクス

1912年にドイツの気象学者ウェゲナーは，元は1つであった大陸がしだいに離れていったという**大陸移動説**を発表した。その後，急速に発達した海洋底の観測の結果，大陸を乗せている地殻は何枚かの**プレート**（岩盤）で構成され，そのプレートは動いていることが解明された。その結果，「プレートに乗る大陸も移動している」と考えられるようになった。

プレートは地震の発生とも関係している。例えば，北日本の太平洋沖の海溝付近では，重たい**海洋プレート**（太平洋プレート）が，軽い**大陸プレート**（北アメリカプレート）を引きずりながら潜り込み続けているためひずみがたまる。このひずみが限界に達すると，大陸プレートは元の状態に戻ろうとしてはね上がる。これがプレート境界型（海溝型）の地震の原因である。そしてこのとき，海底で隆起がおこって**津波**も発生する。2011年の**東北地方太平洋沖地震**は海溝型地震に含まれる。

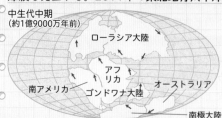

中生代中期
（約1億9000万年前）

↑ 大陸の移動

↑ 大陸プレートの下に沈み込む海洋プレート

Episode 約6000km離れた茨城県の「つくば」とハワイの「コキー」間の距離を約15年間にわたって観測した結果，毎年約6cmずつ近づいていたものが，東日本大震災後は約12cmずつ近づいており，1億年後には日本とハワイが接近している可能性がある。

第1編　地理

第1章　世界と日本の
　　　すがた

第2章　世界のさまざまな
　　　地域

第3章　地域調査と
　　　日本の地域的特色

第4章　日本の諸地域と
　　　地域の在り方

② 日本の地形 ★★★

1 山がちな日本

～国土の4分の3が山地～

❶ 環太平洋造山帯に属する日本列島

　　環太平洋造山帯の一部で，4枚のプ
レートが出合う日本列島は，山がち
で国土の4分の3が山地で占められ，
地震や火山の噴火活動が活発である。

❷ 2つの構造線…構造線とは大規模な
断層のことをいう。本州の中央には，
西の端を**糸魚川・静岡構造線**とする
フォッサマグナが南北に伸びている。日本列島はフォ
ッサマグナを境に**東日本**と**西日本**に分けられ，山地・
山脈は東日本ではほぼ南北方向に，西日本ではほぼ東
西方向に伸びている。フォッサマグナの西側には，日
本アルプスと呼ばれる**飛驒山脈・木曽山脈・赤石山脈**
が連なっている。また，**中央構造線**は西日本を外帯と
内帯に分け，外帯の山地（紀伊，四国，九州山地など）
は高く険しいが，内帯の山地（中国，筑紫山地など）は
低くなだらかである。

❸ 火山と湖…日本には，世界最大級の**カルデラ**をもつ阿
蘇山をはじめ，浅間山，桜島（御岳）など現在も活動が
活発な火山が多く見られる。また，火山活動によって
できた湖も見られる。**田沢湖**や**十和田湖，洞爺湖**など
のような，火山の噴火でできた凹地であるカルデラに
水がたまってできた**カルデラ湖**や，**中禅寺湖**など，溶
岩などが川をせき止めてできた**せき止湖**がある。

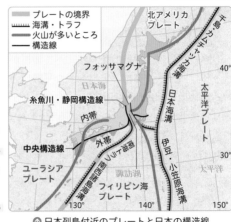

```
□ プレートの境界
□ 海溝・トラフ
□ 火山が多いところ
― 構造線
```
北アメリカプレート
千島・カムチャツカ海溝
フォッサマグナ
糸魚川・静岡構造線
日本海溝
内帯
中央構造線
外帯
日本海
ユーラシアプレート
木曽御岳山
諏訪湖
フィリピン海プレート
伊豆・小笠原海溝
太平洋プレート
太平洋

⬆ 日本列島付近のプレートと日本の構造線

参考 日本列島付近のプレート

日本はプレートの境界に位置し
ており，その境界では2つの**海
洋プレート**（フィリピン海プレー
ト・太平洋プレート）が2つ
の**大陸プレート**（ユーラシアプ
レート・北アメリカプレート）
の下に沈み込んでいる。隣り合
うプレートどうしは，移動する
方向の違いによって，ぶつかり
合ったりずれ動いたりするため，
プレートの境界では地震が発生
する。

Words 流域面積

雨水などが川に流れ込む範囲の
面積。日本では利根川が広さ1
位，世界では**アマゾン川**が最も
広い流域面積をもつ。

2 日本の河川の特徴

～日本の川は短くて急流～

　　日本の河川は山から海までの距離が短い
ため，大陸を流れる外国の川と比べると，
流れが急で短い。また，流域面積が狭く，
降雨や雪解けの影響で季節ごとの流れる水
量の変化が大きいことも特徴である。

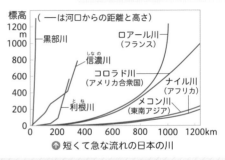

標高　（ー は河口からの距離と高さ）
黒部川
信濃川
ロアール川（フランス）
コロラド川（アメリカ合衆国）
ナイル川（アフリカ）
利根川
メコン川（東南アジア）

⬆ 短くて急な流れの日本の川

短文記述対策！

Q 外国の川と比較した日本の川の特徴をその理由も含めて簡潔に述べなさい。

A 日本は山がちで山地から海までの距離が短いため，日本の川は，外国の川と比べると，
流れが急で，長さも短いという特徴がある。

3 平 地

〜土砂が堆積した扇状地と三角州〜

日本の平地は，外国の平地に比べて面積が狭い。平地は，山に囲まれた**盆地**と海に面した**平野**に大きく分けられ，**扇状地・三角州・河岸段丘**・台地などがある。扇状地は主に果樹栽培に利用されている(→ p.120)。

4 海岸と日本近海の地形

〜変化に富む日本の海岸〜

❶ 海 岸…**志摩半島**や**三陸海岸・若狭湾**沿岸のように，山地が海中に沈んでできた，海岸線が複雑に出入りする**リアス海岸**や，岩場が続く**岩石海岸**，**九十九里浜**のように砂に覆われた**砂浜海岸**などがある。砂浜海岸には**砂丘**も見られる。これらの自然海岸のほか，埋め立て工事などでできた**人工海岸**もある。

❷ 日本近海…東シナ海は，浅くてゆるやかに傾斜した大陸棚が広がり，良い漁場となっている。太平洋側には**日本海溝**など深い海がある。また，太平洋側を流れる暖流の黒潮(日本海流)と寒流の親潮(千島海流)がぶつかるところを潮目(潮境)といい，プランクトンが豊富で良い漁場となっている。

↑ 三角州(広島平野)

小さな岬と奥行きのある湾が連続する入り組んだ地形

↑ リアス海岸(対馬)

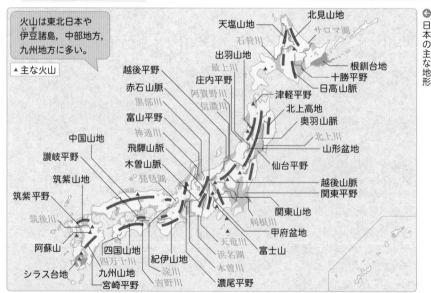

火山は東北日本や伊豆諸島，中部地方，九州地方に多い。

▲ 主な火山

（日本の主な地形）

北見山地
天塩山地
サロマ湖
石狩川
出羽山地
越後平野
最上川
根釧台地
十勝平野
日高山地
赤石山脈
庄内平野
黒部川
阿賀野川
津軽平野
北上高地
黒部川
信濃川
奥羽山脈
富山平野
神通川
北上川
中国山地
飛騨山脈
山形盆地
讃岐平野
木曽山脈
琵琶湖
仙台平野
筑紫山地
越後山脈
関東平野
筑紫平野
関東山地
筑後川
利根川
甲府盆地
天竜川
浜名湖
富士山
阿蘇山
四国山地
紀伊山地
木曽川
シラス台地
四万十川
淀川
九州山地
濃尾平野
宮崎平野
吉野川

扇状地は果樹栽培に利用されることが多く，**リアス海岸**は地震による津波の被害を受けやすく，**大陸棚**は漁業がさかんな海域であるなど，日本の産業や自然災害などと関連づけて地形の問題は出題されやすいので，知識だけではなく，色々な角度から見るようにしておこう。

入試Info

③ 日本の気候 ★★★

① 日本の気候の特色

〜大部分が温帯で降水量が多い〜

> 季節風は夏と冬で風向きが逆になる。

❶ 季節風の影響…日本は，北海道を除く大部分が**温帯（温暖湿潤気候）**に属し，**四季の変化**がはっきりしている。大陸の東部に位置するため季節風（モンスーン）の影響を強く受け，夏は，南東の季節風により雨が多く蒸し暑い日が続く。冬は，北西の季節風が日本海側に大量の雪を降らせ，太平洋側には乾燥した風をもたらし，晴れの日が多くなる。

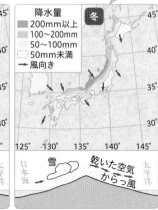

↑ 夏と冬の季節風と降水

❷ 梅雨と台風…6〜7月にかけて，太平洋上の暖かい空気とオホーツク海上の冷たい空気との間に**梅雨前線**ができ，降水量が多くなる。これが梅雨で，同じように秋には**秋雨前線**ができて雨の日が多くなる。台風は，フィリピン東方で発生した**熱帯低気圧**が暴風雨を伴って北上する現象である。夏から秋にかけて日本列島に近づいたり上陸したりして，大きな被害をもたらす。

❸ 南北の気候の違い…日本は国土が南北に約3000kmと細長く緯度の差も約25度と大きいため，北と南の気候は大きく異なっている。北海道は冷帯（亜寒帯）で冬の寒さが厳しい。一方，沖縄は亜熱帯で冬でも温暖である。沖縄で1月に桜が開花し，その後桜前線が北上して北海道で開花するのは5月で，4か月もの開きがある。

（1981〜2010年の平年値）（気象庁）
エゾヤマザクラ 5月10日
4月30日
ソメイヨシノ 4月20日
4月10日
3月31日
3月25日
1月 ヒカンザクラ

↑ 桜の開花前線

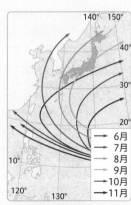

↑ 台風の進路

140° 150°
40°
30°
20°
→ 6月
→ 7月
→ 8月
→ 9月
→ 10月
→ 11月
10°
120° 130°

Why 月によって台風の進路が変わる理由

8月は日本列島を覆っている太平洋上の高気圧の勢力が強いため，台風はその西側を北上して大陸へ進む傾向が強い。秋になって高気圧の勢力が弱まると，東へ進路を変え，日本に上陸する台風も増えてくる。

HighClass 日本の四季では，夏は暖かく湿った**小笠原気団**，冬は冷たく乾燥した**シベリア気団**，梅雨の時期は冷たく湿った**オホーツク海気団**と小笠原気団，春と秋は揚子江気団の一部が高気圧となった移動性高気圧という，4つの空気のかたまり（気団）が大きく関係している。

2 日本の気候区分

〜6つの気候に大きく分かれる〜

❶ 北海道の気候…冷帯（亜寒帯）の気候で，冬は非常に寒く長い。夏も比較的気温は低く，梅雨や台風の影響を受けることが少ない。

❷ 太平洋側の気候…夏は南東の季節風の影響で，高温で雨が多い。冬は北西の季節風が中央の山地でさえぎられるため雨や雪が少なく，乾燥した晴れの日が多い。

❸ 内陸性の気候…海から遠く離れた内陸部に見られ，雨が少なく，夏と冬，昼と夜の気温差が大きい。

❹ 瀬戸内の気候…夏と冬の季節風が四国山地と中国山地にさえぎられるため，1年を通して雨が少なく温暖である。

❺ 日本海側の気候…冬は湿った北西の季節風の影響で多量の雪が降り，降水量が多くなる。また，夏に，南東の季節風が中央の山地を越えてくる際に，高温の乾燥した風となって吹きおろすフェーン現象がおこる。

❻ 南西諸島の気候…1年を通して気温が高く，雨の多い**亜熱帯**の気候。台風の影響を受けやすい。

参考 からっ風

関東地方で冬に吹く乾いた風で，冬の湿った北西の季節風が本州中央の山地にぶつかり大量の雪を降らせた後，乾いた風となって関東平野に吹きおろす。群馬県では「赤城おろし」「上州からっ風」などと呼ばれている。

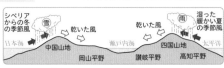

↑ 瀬戸内地方に雨の少ないわけ

↓ 日本の気候区分

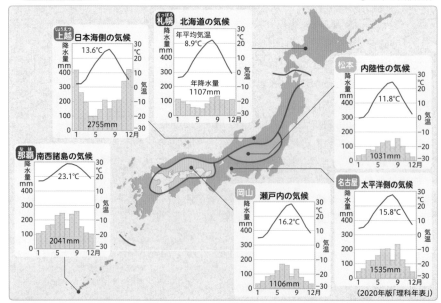

(2020年版「理科年表」)

入試Info 雨温図の特徴から各気候区やそこに位置する都市を問う問題が多く出題される。夏と冬の降水量から日本海側と太平洋側を，年間の気温の差などから，内陸性の気候と瀬戸内の気候の区別ができるようにしておこう。

④ 自然災害と防災・減災 ★★★

1 地形による自然災害

～地震や火山災害が多い日本～

日本は環太平洋造山帯に属しているため，地震や津波，火山による自然災害が多い。

❶ 地　震…近年の大きな地震では，1995年１月の兵庫県南部地震(阪神・淡路大震災)，2011年３月11日の三陸沖を震源とする，日本における観測史上最大のマグニチュード9.0を記録した東北地方太平洋沖地震(東日本大震災)，2016年４月の熊本地震などがある。

❷ 津　波…地震などによって海底で発生する津波は，海岸に大波が押し寄せ，家屋や田畑を押し流す。特に，リアス海岸では被害を受けやすい。東北地方太平洋沖地震では，津波によって甚大な被害が発生した。

❸ 火山の噴火…火山灰・火山弾・火山ガス・溶岩などが家屋や耕地に被害をもたらす。1991年の雲仙岳(普賢岳)の噴火では火砕流で大きな被害が発生した。

2 気象現象による自然災害

～梅雨や台風による風水害が多い～

❶ 風水害…梅雨の時期には，集中豪雨や長雨で水害がおこりやすい。また，台風は強風や豪雨を伴って洪水や高潮，土砂崩れなどの被害をもたらす。室戸台風(1934年)，伊勢湾台風(1959年)や，近年の九州北部豪雨(2012・17年)，特別警報が適用された平成30年７月豪雨や令和２年７月豪雨，令和元年東日本台風などで大きな被害が発生した。

❷ 干　害…降水量が少ない地域，特に瀬戸内地方では，干害(日照りの害)がおこりやすい。

❸ 冷　害…北海道や東北地方の一部では，夏にやませの影響で気温が上がらず，冷害がおこることがある。

❹ 雪　害…日本海側の雪の多い地方では，大雪や雪崩のため，家屋・耕地・道路・鉄道などが被害を受ける。

❺ 竜　巻…近年，関東地方などでは，竜巻によって，地表の建物などが巻き上げられる被害が発生している。

↑ 日本で発生した主な地震の震源地

北海道南西沖地震 M7.8(1993年)
新潟県中越地震 M6.8(2004年)
日本海中部地震 M7.7(1983年)
北海道胆振東部地震 M6.7(2018年)
新潟県中越沖地震 M6.8(2007年)
兵庫県南部地震 M7.3(1995年)
熊本地震 M7.3(2016年)
東北地方太平洋沖地震 M9.0(2011年)
昭和南海地震 M8.0(1946年)
関東地震 M7.9(1923年)
※Mはマグニチュードを表す。

参考 直下型(内陸型)地震

活断層(将来も活動すると考えられる断層)がずれ動くことで発生する地震で，兵庫県南部地震，新潟県中越地震などがあてはまる。

Words やませ

夏に東北地方の太平洋側に吹く冷たく湿った北東の風。冷気と露，日照不足をもたらし，農作物に被害を与えることがある(冷害)。

□ 冷害
□ 干害
▨ 台風による風水害
■ 大雪の被害

やませ

台風

↑ 日本各地のおこりやすい災害

HighClass
今後発生すると予測されている海溝型地震に東海地震や南海トラフ地震がある。南海トラフは本州の南側から九州の南東側に渡って広がる深い溝で，ここで地震がおこると日本列島に大災害をもたらすとされる。そのため，減災に向けたさまざまな取り組みが模索されている。

3 自然災害と人災

～人災が自然災害を大きくする～

　住宅地の開発や山林の伐採など，人間が自然を人工的に変えることで招いた災害は**人災**と呼ばれ，自然災害と重なって被害が拡大する傾向がある。

❶ **樹木の過伐採**…山が荒れて保水力が減少し，鉄砲水や土石流，土砂崩れ，地すべりを誘発する。

❷ **都市の過密化**…地震などの自然災害の被害を増幅させる。ヒートアイランド現象は都市特有の現象である。

❸ **内水氾濫**…都市部では，雨が地下に浸透せず，短時間に河川へ雨水が集中し，氾濫がおこりやすい。地震により地盤が液体状になり，地中から地下水などが噴き出す液状化現象がおこることもある。

4 防災・減災への取り組み

～ハザードマップの活用～

　自然災害の発生を人間の力でおさえることはできない。そのため，被害が及ぶことを防ぐ**防災**や，できる限り被害を少なくする**減災**のための取り組みが行われている。

　気象庁は2013年8月から，警報の発表基準をはるかに超える重大な災害の危険性が著しく高まった場合に特別警報，地震の際には緊急地震速報を発表し，最大限の警戒を呼びかけるようにした。多くの都道府県や市（区）町村は，災害の被害が及ぶ範囲などを予測した**ハザードマップ**（防災マップ）をつくり，災害に備えている。また，大災害時に電気・ガス・水道などのライフラインが絶たれるおそれがあるため，関係機関と対策を講じている。

土石流などをせき止め，土砂災害を防ぐ砂防ダム（鹿児島市桜島）

津波からの緊急避難場所（高知市）

豪雨時，行き場のない雨水を一時的に貯水する地下調節池（大阪市）

Episode　近年，突発的に発生し，短時間に非常に狭い範囲で降る局地的大雨が各地で増えている。新聞やテレビで「ゲリラ豪雨」という表現をすることがあるが，これは正式な気象用語ではなく，予知することが難しく，いきなり発生することからつけられたようである。

3 人口の特色

Point
① 人口ピラミッドから，富士山型などの特徴や該当する地域を読み取ろう。
② 世界の国々と比較し，日本で急速に進む少子高齢化の問題点をおさえよう。
③ 日本の過疎・過密の分布とそれぞれの地域が抱える課題をおさえよう。

1 変化する人口 ★★☆

1 世界の人口分布

~温帯の平野部に集中する人口~

① **人口分布**…世界で人口が集中している地域は，アジアやヨーロッパ，北アメリカ北東部に多く，特にアジアには世界人口の約60％が集中している。また，人口密度が高い地域は温帯の平野部に多く，人口密度が低い地域は乾燥帯や寒帯などの自然条件が厳しい地域とほぼ重なる。

> 日本を含む東アジア，南アジア，ヨーロッパで人口密度が高く，いずれの地域も都市部に人口が集中している。

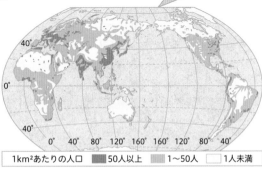

1km²あたりの人口　■50人以上　■1～50人　□1人未満

⬆ 世界の人口密度

② **世界の人口増加**…世界の人口は，1950年ごろから急速に増加している。特に，アジア・アフリカにおける人口増加は著しく，人口爆発と表現される。人口の自然増加は「出生数－死亡数」の計算で求められ，死亡数が減少すると人口は増加する。右下のグラフで，出生率・死亡率がともに高い**多産多死型**の状態Ⓐから，Ⓑの医療技術や衛生面の改善で死亡率が急速に低下する**多産少死型**になると人口爆発が生じると考えられる。多産少死型は特にアフリカの国々に多い。続いて，社会が安定し，生活水準が高まると出生率も低下する**少産少死型**になり，Ⓒのように人口はほぼ一定となる。

> 出生率の低下が進みすぎて死亡率を下まわり，人口の減少が著しい国も見られる。

⬆ 人口の自然増減

※単位の‰は千分率を表す。

短文記述対策！

Q アジアやアフリカでおこっている急激な人口増加により，特にアフリカで発生している問題について食料の面から簡潔に述べなさい。
A 急激な人口増加に食料生産が追いつかず，食料不足がおこっている。

2 少子化・高齢化を考える

～超高齢社会に入った日本～

❶ **性別・年齢別の人口構成**…国や地域の人口を性別・年齢別に示したグラフを人口ピラミッドといい，その国や地域の人口の特色を表す。

▶ **エチオピア**…15歳未満の人口が極端に多く，出生率・死亡率ともに高い型。これは富士山型（多産多死型）といい，発展途上国に多い。

▶ **アメリカ合衆国**…出生率・死亡率ともに低い人口停滞型でつりがね型（少産少死型）という。つりがね型は先進国に多い。

▶ **日本**…出生率が低下し，0～9歳の部分がすぼんで人口減少が予測される型でつぼ型という。つりがね型がさらに進んだ状態である。反対に65歳以上の老年人口の割合が高いことも特徴で，**少子化と高齢化**が社会問題となる。日本は2007年以降，人口の自然減を記録し，その減り幅は大きくなっている。

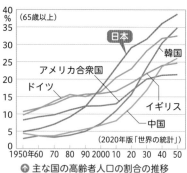

↑ 主な国の高齢者人口の割合の推移

参考｜生産年齢人口

社会を支える年齢層として15～64歳をあてている。15歳未満の人口を**年少人口**，65歳以上の人口を**老年人口**という。

富士山型	つりがね型	つぼ型

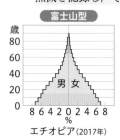

エチオピア(2017年)

アメリカ合衆国(2018年)

日本(2019年)

(2020/21年版「日本国勢図会」など)

↑ 主な国の人口ピラミッド

日本はほかの国と比べ，0～14歳の人口が少なく，65歳以上の人口が非常に多いことがわかる。

❷ **日本の少子高齢化**…少子化と高齢化が世界に例を見ないスピードで進行し，少子高齢社会となっている。65歳以上の人口割合が7％以上になると**高齢化社会**，14％以上になると**高齢社会**，21％以上を**超高齢社会**という。日本はすでに超高齢社会となっている。老人医療や社会保障対策の遅れによって，将来，労働力不足や福祉の高負担が深刻化すると見られており，対策が急がれる。

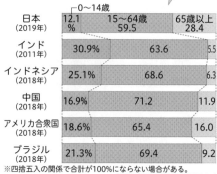

※四捨五入の関係で合計が100％にならない場合がある。
(2020/21年版「日本国勢図会」)

↑ 主な国の年齢構成の割合

Episode

日本で1947～49年の3年間に生まれた人は800万人に上り，ほかの年と比べて突出して多い。1クラス50～60人もの生徒が授業を受けるなど常に競争にさらされてきた世代で「**団塊の世代**」とも呼ばれ，雇用や消費，教育などにも大きな影響を与えた世代である。

② 日本の人口 ★★★

1 日本国内の人口分布

～三大都市圏に人口の半分が集中～

❶ 人口密度…日本は世界的に見ても人口密度が非常に高く，1 km² あたり約340人となっている(2019年)。

❷ 人口分布…日本では，人口の分布が著しく偏っている。**東京・京阪神(大阪)・名古屋の三大都市圏**に全人口のおよそ半数が生活しており，福岡市などの地方中枢都市や岡山市などの政令指定都市にも人口が集まっている。一方，離島や山間部では人口の減少が続いている。

2 過密化

～人口集中による都市問題が発生～

❶ 都市への人口移動…第二次世界大戦後から高度経済成長期にかけて，地方から仕事や便利な生活を求め，多くの人々が都市へ移住した。現在もそうした状況が続いている。

❷ 過密化の問題点…人口が過度に集中することを過密といい，三大都市圏を中心におこっている。過密地域では，ごみ処理施設の不足や交通渋滞，大気汚染などの**都市問題**が発生している。

❸ ドーナツ化現象と都心回帰現象…大都市は地価が高いため，都心から郊外の**ニュータウン**などに移り住む人が増え，都心部の人口が減少するドーナツ化現象がおこった時期があった。しかし，1990年代に地価が下がると都市の再開発が進められ，逆に郊外から都心近くに人々が戻ってくるようになった(**都心回帰現象**)。一方，郊外のニュータウンは老朽化が進んでおり，高齢者でも住みやすい施設の整備や建てかえの必要，若い家族世帯の入居促進といった課題を抱えている。

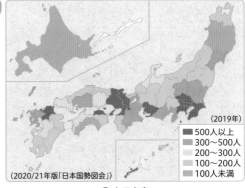

(2019年)
- 500人以上
- 300〜500人
- 200〜300人
- 100〜200人
- 100人未満

(2020/21年版「日本国勢図会」)

↑ 人口密度

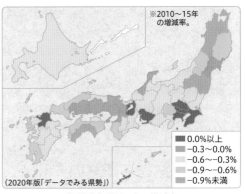

※2010〜15年の増減率。

- 0.0%以上
- −0.3〜0.0%
- −0.6〜−0.3%
- −0.9〜−0.6%
- −0.9%未満

(2020年版「データでみる県勢」)

↑ 都道府県別の人口増減率

その他 52.8
26.8%
13.1
7.3

- 東京50キロ圏
- 大阪50キロ圏
- 名古屋50キロ圏

(2019年)
(2020年版「日本のすがた」)

↑ 全人口に占める三大都市50キロ圏の人口の割合

HighClass 河川や海に面した地域を**ウォーターフロント**といい，工場や倉庫，港湾施設などに使われてきたが，近年，ショッピングセンターやレジャー施設などに建て直す**ウォーターフロント再開発**がさかんである。横浜市のみなとみらい21，神戸市の六甲アイランドなどがある。

3 過疎化と地域開発

〜国土面積の60％を占める過疎地域〜

❶ 過疎化…山間部や離島では，若い人が仕事を求めて都市部へ出て行き，少子高齢化が進行している。その結果，経済活動が衰え，公共交通機関の廃止や学校の廃校など，地域社会を維持する機能が弱くなる。こうした人口の流出により，その地域で生活することが困難になる状況を過疎という。過疎地域の中には，65歳以上の人口が過半数を占める限界集落も増加している。過疎地域は国土面積の約60％を占めているが，その人口はわずか９％にすぎない(2019年)。

❷ 過疎化と地域開発…中国自動車道の開通により，岡山県津山市や広島県三次市などにつくられた工業団地に多くの企業が進出するなど，交通網の整備によって産業がさかんになり，地元が活気を取り戻した地域もある。また，岡山県真庭市では，都市の人々が訪れて，のんびりくつろげる里づくりを目ざした農村型リゾートの整備を進めたり，島根県雲南市では，かつてさかんであった「たたら製鉄」を復活させ，「鉄の歴史村」を宣言し，町おこし・村おこし事業で地域振興を図っている。

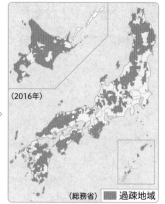

(2016年)

(総務省) ■ 過疎地域

↑ 日本の過疎地域

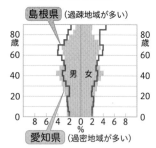

島根県 (過疎地域が多い)

愛知県 (過密地域が多い)

(2014年) (総務省)

↑ 過密地域と過疎地域の人口構成

Close Up 人口移動のパターン

特に三大都市圏に住んでいた人々が，地方に移住する際の人口移動には次の３つのパターンがある。

● Uターン……地方から大都市に移住したが，出身地や元の居住地に引きあげる移動(右図Ⓐ)。

● Jターン……地方へ引きあげるが，出身地が雇用やサービス面で不十分な場合に，地方中心都市まで戻る移動(右図Ⓑ)。

● Iターン……都市部で生まれ育ったが，地方の生活に魅力を感じて移り住む移動(右図Ⓒ)。全国の地方公共団体が，いろいろな地方移住の優遇措置を用意して移住者を募集するイベントを東京などで行っている。

↑ 人口移動のパターン

入試Info

過疎地域と過密地域の分布やそれぞれの地域における問題点などが出題される。**過疎**地域では**中国・四国地方**と**東北地方**，過密地域では**三大都市圏**などと関連づけて出題されることが多いので，各地域の問題点や対応策についてまとめておこう。

4 資源・エネルギーと産業の特色

Point
- ❶ 世界の資源分布と，日本の資源・エネルギーの確保についておさえよう。
- ❷ 日本の農業や漁業，工業の特色とその変化，直面する課題を知ろう。
- ❸ 日本の商業の特色と情報関連などの新たな産業について学ぼう。

1 世界と日本の資源・エネルギー ★★★

1 鉱産資源

～分布が偏る鉱産資源～

❶ **鉱産資源の分布**…**原油**（石油）はペルシア湾岸やメキシコ湾岸・カスピ海周辺，**石炭**はオーストラリア東部や中国北東部，**鉄鉱石**はオーストラリア西部やブラジルといったように分布は著しく偏っている。

❷ **鉱産資源の有限性**…地下に埋蔵されている鉱産資源の量には限りがあり，石油や石炭の採掘可能年数は，あと100年を切っているともいわれている。

❸ **化石燃料と地球環境問題**…化石燃料が大量に消費されると，大気中の二酸化炭素などの温室効果ガスの増加による地球温暖化や，硫黄酸化物や窒素酸化物による酸性雨などの地球規模での環境問題を引きおこす。

Words 鉱産資源，化石燃料

- **鉱産資源**…石油や石炭のようにエネルギー源となったり，鉄鉱石のように工業原料となる鉱物。
- **化石燃料**…**石油・石炭・天然ガス**など，動植物の死がいが地中に堆積し，熱や圧力の影響を長期間受けて生じたもの。エネルギー源となる。

zoomup 地球温暖化，酸性雨
→ p.621

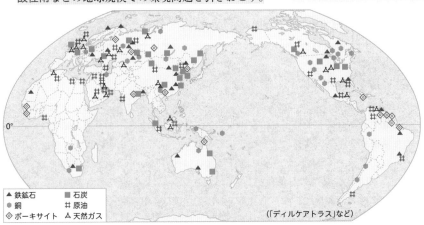

▲ 鉄鉱石	■ 石炭
● 銅	♯ 原油
◇ ボーキサイト	△ 天然ガス

（「ディルケアトラス」など）

↑ 鉱産資源の分布

Episode 1970年代には石油の可採年数は約30年と試算されていた時期もあったが，2019年では約60年と延びている。海底油田やシェールオイルが採取可能になったことなどから，国際エネルギー機関（IEA）の長期見通しでは，石油可採年数は150年以上と見込まれている。

❹ 再生可能エネルギーと課題…太陽光・風力・水力・地熱やバイオマスなどの再生可能エネルギーは，一度使っても短期間で再生でき，枯渇（こかつ）しないクリーンなエネルギーで，化石燃料にかわるエネルギーとして開発が進められている。しかし，設備費や発電コストが高い，自然条件に左右されるものが多いため出力が不安定などの課題も多い。

❺ 世界のエネルギー消費量…以前から，先進国は産業活動や生活を維持するために大量のエネルギーを消費してきた。さらに，今日では発展途上国（とじょう）でも人口の増加，産業活動の活発化，自動車・電気製品の普及（ふきゅう）などエネルギー消費量が増えてきた。このため，世界のエネルギー消費量は大きく増加している。

2 日本の資源・エネルギー

〜鉱産資源の大部分を輸入に頼る〜

❶ 日本の鉱産資源…日本は，多種類の鉱産資源を有するが，産出量が少なく品質も良くないため，ほとんどを輸入に頼（たよ）っている。近年は，安定して鉱産資源を確保するため，外国にある鉱山の開発に参加したり，深海底で資源の探査を進めたりしている。2013年には日本付近の深海底に眠（ねむ）るメタンハイドレートからの天然ガスの生産に世界で初めて成功した。

Words バイオマス

木くずや生ごみなどの有機物で構成された生物資源。これを燃やしたりして発電する方法を**バイオマス発電**という。

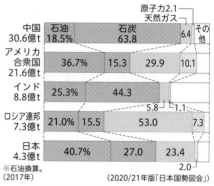

↑ 主な国の一次エネルギー供給量の構成

	石油	石炭	天然ガス	原子力2.1	その他
中国 30.6億t	18.5%	63.8			6.4
アメリカ合衆国 21.6億t	36.7%	15.3	29.9		10.1
インド 8.8億t	25.3%	44.3		5.8	1.1
ロシア連邦 7.3億t	21.0%	15.5	53.0		7.3
日本 4.3億t	40.7%	27.0	23.4		2.0

※石油換算。
（2017年）　　　　　（2020/21年版「日本国勢図会」）

↑ 日本の主な鉱産資源の輸入先

原油 1.7億kL
サウジアラビア 35.8% ／ アラブ首長国連邦 29.7 ／ カタール 8.8 ／ クウェート 8.5 ／ その他
ロシア連邦5.4　カナダ　アメリカ合衆国 5.5

石炭 1.9億t
オーストラリア 58.7% ／ 15.1 ／ 10.8 ／ 7.1
インドネシア　アメリカ合衆国7.1　ロシア連邦

液化天然ガス 0.8億t
オーストラリア 38.9% ／ 12.1 ／ 11.3 ／ 8.3 ／ ブルネイ5.6
マレーシア　ロシア連邦　カタール

鉄鉱石 1.2億t
オーストラリア 57.3% ／ ブラジル 26.3
カナダ6.2　南アフリカ共和国2.9　アメリカ合衆国1.7

（2019年）　　　　　（2020/21年版「日本国勢図会」）

Close Up　エネルギー革命

　18世紀の産業革命後，主要なエネルギーの中心は**石炭**であったが，1960年代から**石油や天然ガス**を使うように変化していった。このエネルギー源の転換（てんかん）は，人々の生活様式や産業・交通に大きな変化を与（あた）えたため，**エネルギー革命**と呼ばれている。しかし，1970年代から石油の埋蔵（まいぞう）量には限りのあることが認識（にんしき）されはじめ，また，70年代に2度の**石油危機（オイルショック）**がおこって石油の値段が高騰（こうとう）すると，それまで大量に石油を消費してきた先進国は，産業構造を転換し，省エネルギー技術や新エネルギーの開発を進めるようになった。

短文記述対策！

❓ 太陽光や風力などの再生可能エネルギーの長所と短所について簡潔に述べなさい。

🅰 二酸化炭素などの温室効果ガスを排出しないため，クリーンで環境にやさしいが，設備費用がかかることや自然条件に左右され電力の安定供給が難しいことなどが短所である。

❷ 資源の再利用…近年，ペットボトル・アルミ缶・食品トレーなどのリサイクルのほか，**都市鉱山**と呼ばれる家電製品中の**レアメタル**などの金属部品をリサイクルして再利用する動きも見られる。

❸ 日本の電力…日本は山地が多く水資源が豊富であるため，1950年代まで水力発電に頼ってきた。その後，電力需要が増えると火力発電や原子力発電が急増した。しかし，東日本大震災に伴う福島第一原子力発電所事故後，原発の運転停止が相次ぎ，現在，発電エネルギー別割合では，火力発電が大部分を占めている。エネルギー自給率の向上と脱炭素化（地球温暖化の原因である炭素の排出防止）を図るため，近年は再生可能エネルギーの普及促進に取り組んでいる。

※原子力発電所は，全炉運転停止中のものも含む。

(2020/21年版「日本国勢図会」など)

★ 原子力発電所　◆ 風力発電所
▲ 火力発電所　■ 地熱発電所

⬆ 日本の主な発電所

> 日本は火力，ブラジルは水力，フランスは原子力が中心となっている。

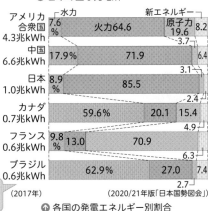

	水力	火力		新エネルギー	原子力
アメリカ合衆国 4.3兆kWh	7.6% 4.3	火力64.6		19.6 3.7	8.2
中国 6.6兆kWh	17.9%	71.9		6.4 3.1	
日本 1.0兆kWh	8.9%	85.5		2.4	
カナダ 0.7兆kWh	59.6%	20.1	15.4	4.9	
フランス 0.6兆kWh	9.8%	13.0	70.9	6.3	
ブラジル 0.6兆kWh	62.9%	27.0	7.4 2.7		

(2017年)　　(2020/21年版「日本国勢図会」)

⬆ 各国の発電エネルギー別割合

水力発電	温室効果ガスは排出しないが，ダム建設に費用がかかることや自然破壊のおそれがあるといった問題点がある。
火力発電	現在の発電の中心。化石燃料を使うため温室効果ガスを排出。発電所は原料の輸入に便利で，電力需要の多い工業地域や大都市付近の臨海部に立地している。
原子力発電	ウランを核分裂させたときに出る熱を利用して発電する。温室効果ガスを排出しないが，事故がおこると放射性物質が拡散することや，放射性廃棄物の最終処分場をどうするかという問題もある。発電所の多くが，大都市から離れた海岸部に立地している。
太陽光発電	温室効果ガスは排出しないが，天気に左右され，発電量が安定しない。
地熱発電	昼夜・天候に左右されないクリーンエネルギーである。日本は火山が多く地熱発電に適しているが，候補地の多くが国立公園内にあることや，発電所建設によって温泉が枯渇するおそれがあるなど，自然環境保護の面で問題が多い。
風力発電	風による風車の回転運動を利用して発電する。比較的発電コストが低くクリーンなエネルギーだが，風量・風向によって出力が左右されることや，風車が回転するときに出る騒音や低周波などが問題となっている。

◉ 主な発電方法の特徴

Episode　再生可能エネルギーの普及を進めるため，太陽光・風力・水力・地熱・バイオマスのいずれかの再生可能エネルギーで発電した電気を，電力会社が一定の価格・期間買い取ることが定められている（固定価格買取制度。2022年以降，一部変動価格に移行予定）。

② 世界の産業 ★☆☆

1 産業の区分

～第一次産業は発展途上国で多い～

❶ 第一次産業…自然に働きかけて生産活動を行う農業・林業・漁業を第一次産業という。各地で自然環境に応じた生産活動が行われている。アジア・アフリカ・南アメリカなどの発展途上国にさかんな地域が多い。

　農業では，世界の**三大穀物**と呼ばれる**米・小麦・とうもろこし**の生産量が多く，米は温暖で湿潤なアジア，小麦は涼しくて乾燥したヨーロッパや北アメリカなど，とうもろこしは南北アメリカで広く栽培されている。また，オーストラリアや北アメリカでは機械化による大規模農業が行われているのに対し，アジアなどでは農地が狭く，小規模経営が多い。

❷ 第二次産業…原料を加工して製品をつくり出す，工業を中心とした産業を第二次産業という。かつて，世界の工業製品は先進国で大量に生産されていたが，現在，アジアなどの発展途上国で，安い労働力を生かして工業化が進められており，**中国**は世界有数の工業製品の生産国となった。近年，**インド**や**ブラジル**なども工業が発達してきている。

❸ 第三次産業…製品の流通や商業，サービス業などを第三次産業という。先進国では産業の中心となっており，産業別人口比率や国内総生産に占める割合が高くなっている。

2 日本の産業の変化

～第一次産業から第三次産業中心へ～

　日本では20世紀後半以降，第一次産業が衰退し，第二次産業や第三次産業がさかんになった。現在は，**自動車・電気製品・先端技術(ハイテク)産業**などにおいて世界トップクラスの技術を誇り，工業生産額も世界有数である。

参考 世界の漁業・林業

漁業は，三大漁場と呼ばれる北西太平洋漁場(オホーツク海や日本海・東シナ海)，北西大西洋漁場(ニューファンドランド島近海)，北東大西洋漁場(北海周辺)の暖流と寒流がぶつかる地域が中心となっている。林業は，森林資源に恵まれた地域(カナダや北ヨーロッパの国々など)でさかんである。

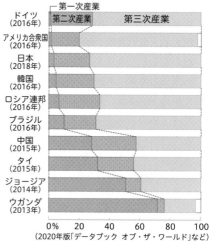

⬆ 各国の産業別人口比率

（2020年版「データブック オブ・ザ・ワールド」など）

Words 先端技術(ハイテク)産業

高度な技術や最先端の技術により工業製品を生産する産業の総称。航空・宇宙，コンピューター，ロボット，半導体，医薬品，バイオテクノロジー，ファインセラミックスのような新素材など，さまざまな分野が含まれる。

Episode 　日本の産業は，農業・林業，漁業，鉱業，建設業，製造業，電力・ガス・水道業，情報通信業，卸売・小売業，金融・保険業，不動産業，宿泊・飲食サービス業，学習支援業，公務などの20に大きく分類され，さらに99の中分類，530の小分類，1460の細分類がある。

③ 日本の農業 ★★★

1 日本の農業の特色

〜小規模で集約農業が中心〜

❶ **小規模経営**…日本はアメリカ合衆国などと比べると，北海道を除いて農業従事者１人あたりの耕地面積が狭く，家族単位で小規模な経営を行っている農家が多い。

❷ **集約農業**…日本では限られた土地から最大限の収穫を得ようとする**集約農業**が行われている。狭い耕地に多量の肥料や農薬を使い，品種改良や機械化も進んでいるため，単位面積あたりの生産量が多い。

2 稲 作

〜東北・北陸地方でさかん〜

日本では稲作は，夏の高温多雨の気候が栽培に適していること，米が古くから主食であったこと，政府が生産者からできるだけ高い価格で買い取り，消費者に安い価格で売る**食糧管理制度**によって国が稲作を保護してきたことなどから農業の中心であった。しかし，近年，食生活の変化などにより米の消費量は減少傾向にある。

❶ **主な生産地**…新潟県，北海道，東北地方の各県は米の生産量が多く，日本の**穀倉地帯**となっている。北陸地方は，農業産出額に占める米の割合が最も高い。

❷ **さまざまな稲作**…稲作の方法には，冬の降雪などのため，年に１回しか収穫しない単作，同じ耕地で年に２回米をつくる二期作，同じ耕地で米の裏作に麦などを栽培する二毛作などがある。また，利根川流域など，台風の通り道にあたる地域などで，ほかの地域よりも早く出荷する早場米もつくられている。

❸ **銘柄米（ブランド米）**…近年，ほかの地域の米と差別化を図るために，越後平野の**コシヒカリ**，庄内平野の**はえぬき**，仙台平野のひとめぼれなど，銘柄米（ブランド米）といわれる米が各地でつくられている。

❹ **減反政策**…食生活の洋風化などにより，米の生産量・

参考 北海道の耕地面積
農家１戸あたりの耕地面積は，全国平均が3.0 ha に対し，北海道は28.5 ha で，約10倍となっている（2019年）。

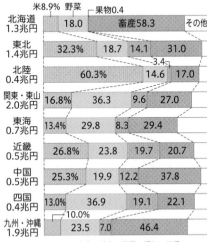

地方別の農業生産額の割合

米8.9%	野菜	果物0.4	畜産	その他
北海道1.3兆円	18.0		58.3	
東北1.4兆円	32.3%	18.7	14.1	31.0
北陸0.4兆円	60.3%		14.6	17.0（3.4）
関東・東山2.0兆円	16.8%	36.3	9.6	27.0
東海0.7兆円	13.4%	29.8	8.3	29.4
近畿0.5兆円	26.8%	23.8	19.7	20.7
中国0.5兆円	25.3%	19.9	12.2	37.8
四国0.4兆円	13.0%	36.9	19.1	22.1
九州・沖縄1.9兆円	23.5	10.0% 7.0		46.4

※東山は山梨・長野，東海は岐阜・静岡・愛知・三重。
（2018年）　　　　　　　　　　　　（農林水産省）

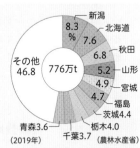

都道府県別の米の生産量の割合

- 新潟 8.3%
- 北海道 7.6
- 秋田 6.8
- 山形 5.2
- 宮城 4.9
- 福島 4.7
- 茨城 4.4
- 栃木 4.0
- 千葉 3.7
- 青森 3.6
- その他 46.8
- 776万t
（2019年）　　　　　（農林水産省）

Words 銘柄米（ブランド米）
「新潟県産コシヒカリ」のような産地品種銘柄米のうち，特に市場での評価が高い米。産地品種銘柄は法律によって指定される。

HighClass　1995年，日本は世界の貿易自由化にあわせて，米の貿易において最低限の輸入義務（**ミニマム-アクセス**）を導入した。現在は，アメリカ合衆国やタイなどから年間約77万 t のミニマム-アクセス米を輸入している。

消費量が減り，米が余るようになった。そのため，政府は1969年から，稲作を制限する休耕や米以外の作物をつくらせる転作などの米の生産調整（減反政策）を実施してきたが，2018年度に廃止された。

3 日本の野菜づくり

~地理的位置や気候に適した野菜栽培~

❶ 近郊農業…東京都に近い茨城県や千葉県・埼玉県などでは，大消費地の近くで都市向けの野菜を生産する近郊農業がさかんである。新鮮な野菜を早く出荷でき，輸送費も安くつくという利点がある。

❷ 園芸農業…大消費地である都市部への出荷を目的に，野菜や果物，花きを栽培する農業。ビニールハウスや温室を利用する施設園芸農業とトラックやフェリーで生産物を輸送する輸送園芸農業がある。

❸ 促成栽培…高知平野や宮崎平野などでは，冬になすやピーマンなどをビニールハウスなどで生産し（施設園芸農業），ほかの地域よりも早い時期に出荷している（促成栽培）。

❹ 抑制栽培…長野県の野辺山原や菅平，群馬県嬬恋村などの高原では，夏でも涼しい気候を利用して，レタスやキャベツなどの高原野菜を生産している。これらの地域では冬野菜の収穫を遅らせ，ほかの地域よりも遅い夏に出荷している（抑制栽培）。

Why 米の消費量が減少した理由

食生活の多様化によって主食の選択肢が増え，米の消費割合が減ったこと，女性の社会進出が進み，外食に頼る傾向が強くなったことなどが主な理由である。核家族や少人数世帯が増えたことで，米を炊くことが効率が悪いともいわれている。

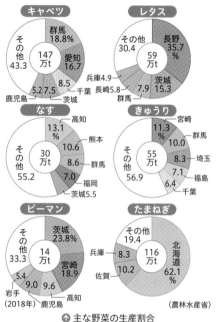

↑ 主な野菜の生産割合

キャベツ 147万t
- 群馬 18.8%
- 愛知 16.7
- 千葉 8.5
- 茨城 7.5
- 鹿児島 5.2
- その他 43.3

レタス 59万t
- 長野 35.7%
- 茨城 15.3
- 群馬 7.9
- 長崎 5.8
- 兵庫 4.9
- その他 30.4

なす 30万t
- 高知 13.1%
- 熊本 10.6
- 群馬 8.6
- 福岡 7.0
- 茨城 5.5
- その他 55.2

きゅうり 55万t
- 宮崎 11.3%
- 群馬 10.0
- 埼玉 8.3
- 福島 7.1
- 千葉 6.4
- その他 56.9

ピーマン 14万t
- 茨城 23.8%
- 宮崎 18.9
- 高知 9.6
- 鹿児島 9.0
- 岩手 5.4
- その他 33.3

（2018年）

たまねぎ 116万t
- 北海道 62.1%
- 佐賀 10.2
- 兵庫 8.3
- その他 19.4

（農林水産省）

Close Up　促成栽培と抑制栽培

　宮崎県では，ピーマンを促成栽培により収穫時期を早め，出荷量が少なくなる秋から冬に出荷量を増やしている（→ p.169）。長野県では，レタスを抑制栽培により収穫時期を遅らせ，出荷量が少なくなる夏に出荷量を増やしている（→ p.193）。このように，促成栽培や抑制栽培では，出荷量が減少する時期に出荷することで，高値で売ることができる。生産されたこれらの野菜は，保冷トラックを利用するコールドチェーンという運搬システムで，新鮮なまま遠くの消費地に運ばれている。

入試Info　野菜栽培の種類についての出題が多い。近郊農業や促成栽培，抑制栽培がさかんな地域やそれらの特色をおさえておこう。特に，促成栽培のピーマンや抑制栽培のレタスの出荷先と出荷時期，出荷量を比較したグラフと関連づけた記述問題が出題されることが多い。

4 日本の果物づくり

~気候や地形に適した果樹栽培がさかん~

涼しい気候に適したりんごは青森県や**長野県**，暖かい気候に適したみかんは**和歌山県・静岡県・愛媛県・熊本県**で主に生産されている。また，**甲府盆地**ではぶどう・もも，山形盆地ではおうとう（さくらんぼ）・西洋なし・ぶどう，**福島盆地**ではもも・なしなどの生産がさかんである。

5 工芸作物・草花の生産

~各地域の特産品となっている~

茶は，**牧ノ原台地**（静岡県）などの暖かく日あたりの良い台地や山の斜面で栽培され，砂糖の原料のてんさいは**北海道**のみで栽培されている。たたみ表の原料のい草は**熊本県**で大部分が生産されている。また，**渥美半島**（愛知県）や**沖縄県**では，施設を利用した電照ぎくの栽培がさかんである。

6 日本の畜産

~北海道や九州南部，関東地方でさかん~

❶ **畜産がさかんな地域**…農業産出額割合に占める畜産の割合は，米や野菜より高く，北海道の**釧路平野**や**根釧台地**，関東地方，九州地方南部の**シラス台地**でさかんである。特に，根釧台地は全国有数の酪農地帯である。

肉牛 250万頭	北海道 20.5%	鹿児島 13.5	宮崎 10.0	熊本 5.0	岩手3.5	その他 47.5
豚 916万頭	鹿児島 13.9%	北海道 9.1	7.6	群馬 6.9	千葉 6.6	その他 55.9
肉用若鶏 1億3823万羽 (2019年)	宮崎 20.4%	鹿児島 20.2	岩手 15.7	青森 5.0	北海道3.6	その他 35.1

(農林水産省)

⬆ 主な家畜の飼育数の割合

❷ **家畜の病気**…家畜が病気にかかると，大量に処分しなければならないなど，農家は大きな被害を受けることがある。**狂牛病**ともいわれる，牛の脳がスポンジ状になる**BSE**（牛海綿状脳症），鶏が感染すると大量死することもある**鳥インフルエンザ**などがある。

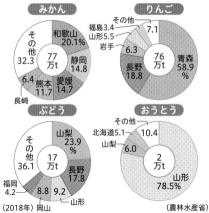

⬆ 主な果物の生産割合

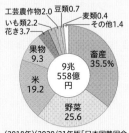

(2018年)(2020/21年版「日本国勢図会」)
⬆ 農業産出額の内訳

Episode BSE（牛海綿状脳症）は，1986年にイギリスで初めて確認され，日本では2001年に初めて確認された。2003年にアメリカ合衆国でBSEの牛が発見されたことを受けて，当時，日本はアメリカ産牛肉の輸入停止を決定し，小売店や外食産業に大きな影響を与えた。

7 農業の課題

～高齢化の進行と農産物輸入の増加～

❶ 労働力の確保…農業は労働が厳しく危険も伴うため，就業者が減り高齢化が進んでいる。若者の労働力をいかに確保するかが課題となっている。

❷ 輸入農産物の増加…2018年，日本は環太平洋経済連携協定（TPP）に署名した。TPPで関税が撤廃されると，外国の安い農産物が大量に国内に出まわるようになり，日本の農業生産の減少や食料自給率の低下などにつながると考えられている。そのため，日本の農業は安全で質の良い農産物をつくることで輸入農産物に対抗しようとしている。

❸ 食料自給率の低下…農産物の輸入自由化が進むにつれ，日本に安価な外国産の農産物が出まわるようになった。そのため，日本の食料自給率は大きく低下し，**37％**（2018年）と先進国の中でも特に低い。外国から食料を輸入できなくなったときに備え，いかに食料自給率を上げるかが課題である。

❹ 地産地消…地元で生産した食料を地元で消費する「地産地消」という考えは，**フードマイレージ**をおさえることができ，地域産業の活性化にもつながるため，近年，広がりを見せている。

❺ 食の安全…BSE（牛海綿状脳症）の発生をきっかけにつくられた，食品の生産・加工・流通などの情報をさかのぼって調べることができるシステムを**トレーサビリティ**という。消費者に食品の安全性をアピールすることなどが目的である。

❻ 兼業農家の増加…日本の農業は，機械化が進んだため働き手が少なくて済むようになったことや，農業で得られる収入が少ないことから，ほかの仕事と兼業する農家が多くなっている。

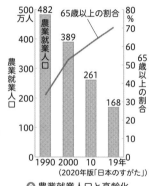

↑ 農業就業人口と高齢化

（2020年版「日本のすがた」）

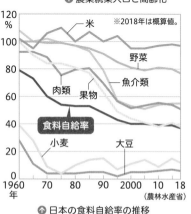

↑ 日本の食料自給率の推移

（農林水産省）

※2018年は概算値。

Words フードマイレージ

（食料の重さ）×（輸送距離）で表される数値。この数値が大きいほど生産地と消費地が離れていて，食料輸送時に燃料を多く使い，環境に負担をかける。

65歳未満の農業従事者※がいない農家
主業農家 20.8％
副業的農家 64.5
販売農家 113万戸
準主業農家 14.6

所得の50％以上が農業所得の農家※※

農業以外の所得が主な所得の農家※※

※年間60日以上農作業をする人。
※※年間60日以上農作業をする65歳未満の人がいる農家。
（2019年）

（2020/21年版「日本国勢図会」）

↑ 日本の主業・副業別農家の割合

HighClass 食料や畜産物を輸入する消費国が，自国でそれらを生産すると仮定したときに必要となる水の量を推定したものを**バーチャルウォーター**（仮想水）という。多くの農産物を輸入している日本は，形を変えて多くの水を輸入していることになる。

④ 日本の林業 ★☆☆

1 日本の森林資源と森林のはたらき

〜国土の3分の2を占める森林〜

❶ **日本の森林資源**…日本の国土の約3分の2は森林で，針葉樹や広葉樹の種類も多い。そのうちの約30％は国が所有する**国有林**である。また，森林の約60％が人工林で，1950年代に始まった大規模な植林から50年以上が経過し，利用可能なすぎ，ひのきが豊富である。

❷ **森林のはたらき**…森林は多様な生物のすみかとなっている。森林には，水を蓄えることで洪水や土砂崩れを防ぐはたらき（「緑のダム」ともいわれる）や，川を通じて海に養分を運ぶはたらき，地球温暖化の原因の1つとされる二酸化炭素を吸収するはたらきなどがあるため，その重要性が見直されている。

2 日本の林業

〜輸入材の増加により低迷〜

　日本の林業は古くからさかんであったが，1960年代以降，安い木材が輸入されるようになると振るわなくなった。安価な輸入木材の増加により，国産材の価格は低迷した。近年は，林業に従事する人が減少し，従事者の高齢化も進んでいる。そのため，間伐や林道の整備など森林の手入れが十分に行われず，木材の伐採を難しくしている。しかし，2000年代後半からは国産材の供給量が少しずつ増え，自給率も回復しつつある。また，中国やフィリピンなどアジアの国々への国産材の輸出も伸びている。

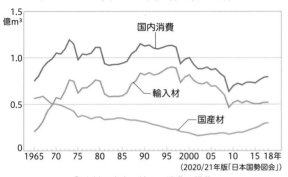
↑ 木材の生産・輸入・消費の推移

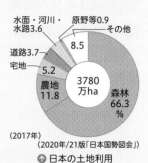
（2017年）
（2020/21版「日本国勢図会」）
↑ 日本の土地利用

参考 三大美林

- **人工の三大美林**…吉野すぎ（奈良県）・天竜すぎ（静岡県）・尾鷲ひのき（三重県）。
- **天然の三大美林**…青森ひば（青森県）・秋田すぎ（秋田県）・木曽ひのき（長野県）。

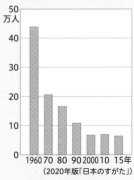
（2020年版「日本のすがた」）
↑ 林業の従事者の推移

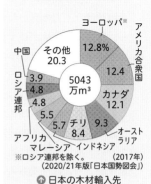
※ロシア連邦を除く。　（2017年）
（2020/21年版「日本国勢図会」）
↑ 日本の木材輸入先

HighClass　日本の木材の輸入は，かつては東南アジアからが多かった。東南アジアでは，日本などからの丸太の需要に応じて木材を伐採・輸出していたが，熱帯林の減少が進んだことなどから伐採や輸出の規制を行うようになった。現在，日本の木材の輸入は，木材製品が中心である。

143

5 日本の漁業 ★★★

1 日本の漁業の特色

~漁獲量が大幅に減少している~

❶ 漁　場…三陸沖にある，暖流の黒潮（日本海流）と寒流の親潮（千島海流）がぶつかる潮目（潮境）と東シナ海に広がる大陸棚は，ともにプランクトンが豊富なため，良い漁場となっている。かつては，北太平洋やオホーツク海で行われる北洋漁業がさかんであったが，アメリカ合衆国やロシア連邦が排他的経済水域を設定したことにより，漁場が制限され，近年は衰えている。漁獲量が多い漁港には，銚子港（千葉），焼津港（静岡），釧路港（北海道），八戸港（青森），境港（鳥取）などがある。

↑ 日本付近の海流と主な漁港

❷ 漁業の種類…海岸から約5kmくらいの沿岸で，日帰りで主にさば・あじなどをとる沿岸漁業，海岸から30～50kmくらいの沖合で数日間にわたり主にいわし・さんまなどをとる沖合漁業，大型船で船団を組み，遠洋で数か月間にわたってまぐろ・かつおなどをとる遠洋漁業がある。沿岸漁業では，プランクトンが異常発生し，酸素不足で魚や貝が死んでしまう赤潮の発生が問題になることがある。沖合漁業は，主力の真いわしの減少などから，近年は漁獲量が減少している。

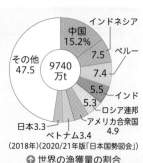

↑ 世界の漁獲量の割合

❸ 遠洋漁業の漁獲量の減少…かつて日本は，世界一の漁獲量を誇っていた。しかし，1973年の石油危機（オイルショック）により船の燃料である石油の価格が高騰したことや，各国が排他的経済水域を設定したため，漁場が大幅に制限されたことで，遠洋漁業や北洋漁業（→p.216）の漁獲量は激減した。

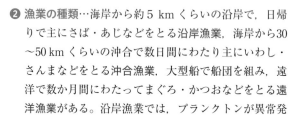

↑ 日本の漁業別漁獲量と水産物輸入量

短文記述対策！

Ｑ 遠洋漁業の漁獲量が1970年代以降，大幅に減少した理由を簡潔に述べなさい。

Ａ 1973年の石油危機により船の燃料費が値上がりしたことや，各国が排他的経済水域を設定したため，漁場が大幅に制限されたから。

2 世界有数の水産物輸入国

～えびやまぐろなどの高級魚を輸入～

❶ 水産物の輸入増加…日本では，1980年代から90年代にかけて，漁獲量の大幅な減少，円高の進行などにより，水産物の輸入が急増した。しかしその後，世界中で魚の消費量が増えたことや，国内での魚の消費量が減ったことなどから水産物輸入量は減少している。それでも，日本の水産物の輸入額は，世界の約10％を占めており（2017年），世界有数の輸入国となっている。

❷ 主な輸入水産物…日本の主な輸入水産物は，さけ・ます，えび，まぐろなどである。まぐろは，国際的に資源管理が行われており，漁業規制が厳しくなっている。

3 育てる漁業

～魚を育て増やすための対策～

近年，日本の沿岸では，環境の変化などにより，水産資源が減少している。そのため，魚を育て，増やすために，養殖業や栽培漁業による「育てる漁業」を推進している。

❶ 養殖業…海や湖などで人工的に魚介類を育てる漁業を養殖業という。のりやほたて貝，かき，真珠，はまちなどが主に養殖されている。広島湾のかき，サロマ湖のほたて貝，志摩半島の真珠，有明海ののりなどが有名である。

❷ 栽培漁業…卵を人工的にふ化させて稚魚になるまで育て，その後，海や川に放流して自然の中で成長した魚をとる漁業を栽培漁業という。主にさけ・ますなどで行われている。

4 漁業の課題

～水産資源の減少への対応～

漁獲量の減少とともに，漁業就業者数も減少傾向にあり，従事者の高齢化も進んでいる。また，世界的な水産資源の減少に対して，科学的根拠に基づいた水産資源の評価を行い，漁獲量を適切に管理していくことも必要とされている。

Words 円　高

外国の通貨に対し，円の価値が相対的に上がること。日本にとって，輸入は有利になるが，輸出は不利になる。

輸入額
1兆6629億円

さけ・ます（生）13.6％
まぐろ（生）11.7
えび（生）11.7
いか（生）4.2
えび（加）4.6
かに（生）3.7
その他 50.5

※（生）は生鮮・冷凍および生きているもの
（加）は加工したもの。
（2018年）（2020年版「日本のすがた」）

⬆ 日本の主な輸入水産物

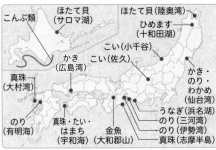

ほたて貝（サロマ湖）
こんぶ類
ほたて貝（陸奥湾）
ひめます（十和田湖）
こい（小千谷）
こい（佐久）
かき（広島湾）
真珠（大村湾）
かき・のり・わかめ（仙台湾）
うなぎ（浜名湖）
のり（三河湾）
のり（伊勢湾）
真珠（志摩半島）
のり（有明海）
真珠・たい・はまち（宇和海）
金魚（大和郡山）

⬆ 主な養殖業

参考 えびの養殖と環境問題

日本はえびをベトナムなどの東南アジア諸国から輸入しているが，えびの養殖場をつくる際の**マングローブ林の伐採**が環境問題を引きおこしている。

HighClass

乱獲などによって世界的に水産資源の量が減少している。これに対して日本では，水産資源を守るために，漁獲量の上限を設ける**TAC（漁獲可能量）制度**を，さんま・真いわし・するめいかなど8魚種に導入している（2020年現在）。

6 日本の工業 ★★★

1 日本の工業の発展

～中心は繊維工業から重化学工業へ～

　日本では，19世紀末の産業革命から繊維工業を中心に工業が発達した。その後，重化学工業の発達とともに京浜・中京・阪神・北九州の各工業地帯が生まれ，戦後はその周辺に工業地域が形成された。原料の輸入や製品の輸送に便利な臨海部には，石油化学コンビナートや製鉄所が立ち並ぶようになり，関東地方から九州地方北部にかけて，太平洋ベルトと呼ばれる帯状の工業地域が形成された（→ p.148）。1970年代になると，2度の石油危機によって原料や燃料が値上がりし，重化学工業の国際競争力が衰えた。このころ各地で交通網が整備されて空港や高速道路の近くに工業団地が開発され，内陸型の新しい工業地域も形成されるようになった。

2 日本の工業の特色

～機械工業が中心で中小工場が多い～

❶ 加工貿易…日本は地下資源に乏しいため，輸入原料を製品に加工して，できた製品を輸出する加工貿易が中心であった。しかし，現在では，輸入品目も機械類が占める割合が高くなるなど変化してきている。

❷ 重化学工業…現在，日本の工業は，自動車工業などの機械工業を中心に，金属・化学などの重化学工業が中心となっている。

❸ 工場の大部分を占める中小工場

　国内の工場のうち，99％以上は従業者が300人未満の中小工場である。中小工場は，大工場よりも従業者数の割合は高いが，工業出荷額では大工場より少なく，その多くは大工場の部品などをつくる関連工場や下請けの工場となっている。

Words　太平洋ベルト

太平洋側の臨海部の東京・名古屋・大阪・北九州を結ぶ帯状の工業地域。三大工業地帯や工業地域が集まっている。日本の総人口の約60％，工業生産額の約70％が太平洋ベルトに集中している。

Words　工業団地

工場を集約的・計画的に集めた地域。高速道路のインターチェンジや空港の周辺につくられる傾向がある。地方公共団体などによって建設・誘致される場合が多い。

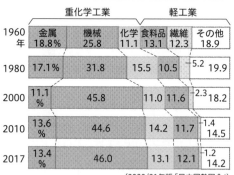

	重化学工業			軽工業		
	金属	機械	化学	食料品	繊維	その他
1960年	18.8%	25.8	11.1	13.1	12.3	18.9
1980	17.1%	31.8	15.5	10.5	5.2	19.9
2000	11.1%	45.8	11.0	11.6	2.3	18.2
2010	13.6%	44.6	14.2	11.7	1.4	14.5
2017	13.4%	46.0	13.1	12.1	1.2	14.2

(2020/21年版「日本国勢図会」)

⬆ 工業出荷額割合の推移

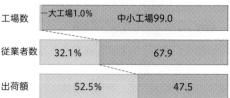

工場数	大工場1.0%	中小工場99.0
従業者数	32.1%	67.9
出荷額	52.5%	47.5

※大工場は従業者300人以上の工場。
(2018年。出荷額は2017年)　(2020/21年版「日本国勢図会」)

⬆ 大工場と中小工場の比較

短文記述対策！

Q 主な工業地帯や工業地域が太平洋ベルトに集まり形成された理由を簡潔に述べなさい。
A 臨海部は，工業の原料やエネルギー源となる鉱産資源の輸入と生産した製品の輸出に便利だから。

3 日本の主な工業

～自動車工業と先端技術産業がさかん～

❶ 金属工業…鉄を生産する鉄鋼業が中心である。鉄はあらゆる産業の土台となるため「産業の米」とも呼ばれた。原料の**鉄鉱石**と**石炭**は輸入に頼っているため，製鉄所は太平洋側の沿岸部に立地している。

❷ 機械工業…自動車生産が中心である。自動車工業は，1980年代に欧米の国々との間でおこった貿易摩擦以降，アメリカ合衆国などへ進出して現地生産を進め，現在では，海外生産が国内生産を上回っている。現在生産されている自動車の約35%が**ハイブリッド車**や電気自動車などの環境に優しい新エネルギー車(NEV)である。また，**自動運転車**の開発も進められている。

❸ 石油化学工業…石油からつくるナフサなどを原料に，ガソリンや合成繊維などを生産している。石油を積んだ**タンカー**が接岸する太平洋側の海岸沿いに石油化学コンビナートが形成されている。

❹ 軽工業…繊維工業，食料品工業，セメントや陶磁器などをつくる窯業，製紙・パルプ工業など。

4 三大工業地帯

～中京工業地帯は国内最大の工業地帯～

❶ 京浜工業地帯…東京都・神奈川県・埼玉県にまたがる総合工業地帯。自動車などの機械工業の出荷額が多い。また，首都東京があるため，多くの情報が集まることから，特に印刷業がさかんである。

❷ 中京工業地帯…愛知県から三重県北部にかけての伊勢湾沿いに発達。愛知県豊田市を中心に自動車工業がさかんで，工業出荷額の３分の２以上を機械工業が占める。瀬戸市を中心に窯業も発達している。

❸ 阪神工業地帯…大阪市・神戸市を中心とする大阪湾沿いに発達。明治時代から繊維工業が栄えた。金属・化学工業の割合が高く，中小工場が多い。

zoomup 貿易摩擦→ p.154

Words ハイブリッド車

大きなバッテリー(蓄電池)を備え，ガソリンで動くエンジンと電気で動くモーターの２つの動力をもっている車。コンセントから直接充電できるハイブリッド車を**プラグインハイブリッド車**という。

Words 石油化学コンビナート

石油化学工場と石油精製工場をパイプで結び，原料の供給を直接受けるしくみが整備されている工場群のこと。

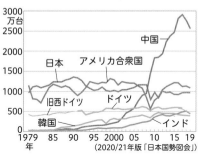

↑ 主な国の自動車生産台数の推移

(2020/21年版「日本国勢図会」)

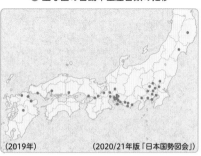

(2019年) (2020/21年版「日本国勢図会」)

↑ 自動車工場の分布

入試Info **三大工業地帯**は，工業の中でも最も多く出題される。それぞれの名称と位置，工業出荷額のグラフ，工業の特色などが総合的に出題されるので，関連する事項をまとめて整理しておこう。また，それぞれの主な工業都市とさかんな工業についてもおさえておこう。

5　主な工業地域

～太平洋ベルト以外の内陸部にも発達～

❶ 北九州工業地域…戦前から北九州市の八幡製鉄所を中心に鉄鋼業や石炭産業が発達してきたが，エネルギー革命後は，近郊の炭鉱が相次いで閉鎖され，鉄鋼の生産が減少したことなどから地位が低下した。現在は，自動車工場やIC工場が発達している。

❷ 瀬戸内工業地域…中国・四国地方の瀬戸内海沿岸に広がり，石油化学コンビナートや製鉄所が集中しているため，特に化学・金属工業の占める割合が高い。

❸ 東海工業地域…静岡県の太平洋沿岸に発達し，**浜松市**を中心に機械工業の割合が高い。東部では製紙・パルプ工業がさかんである。

❹ 京葉工業地域…東京都から千葉県にかけての東京湾の東側に発達し，化学工業の割合が特に高い。

❺ 北関東工業地域…茨城県・栃木県・群馬県にかけて広がり，機械工業の割合が高く，特に自動車・電気機械の製造がさかんである。

zoomup 八幡製鉄所→ p.399

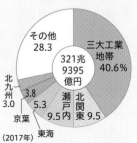

↑ 工業出荷額に占める三大工業地帯と各工業地域の割合

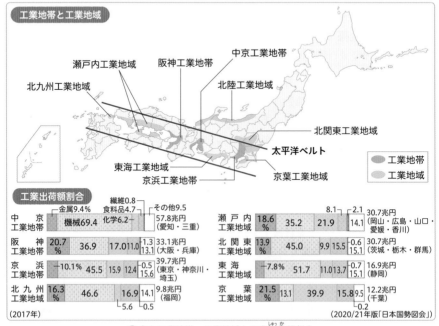

↑ 主な工業地帯・工業地域と工業出荷額割合

太平洋ベルト以外で形成されている工業地域には，北海道の工業地域，茨城県の鹿島臨海工業地域・常磐工業地域，中央高地の工業地域，北陸工業地域などがある。かつては養蚕業がさかんだった中央高地では，現在，**精密機械工業**や**電気機械工業**がさかんである。

第
1
編
地
理

第1章
世界と日本の
すがた

第2章
世界のさまざまな
地域

第3章
地域調査と
日本の地域的特色

第4章
日本の諸地域と
地域の在り方

6 伝統産業

～古き良きものを伝える産業～

近代工業が発達する一方，その土地の原材料を使い，長年受け継がれてきた技術をもとに製品をつくる伝統産業も各地で見られる。しかし，原材料の減少や安価な大量生産品との競争，後継者（こうけい）不足（かか）などの問題を抱えている。

zoomup 伝統産業→ p.186
→ p.195
→ p.209

7 工業の国際化

～アジアを中心に多くの企業が海外へ進出～

1980年代に入ると，特に日本の自動車がアメリカ合衆国やヨーロッパ諸国との間で貿易摩擦（まさつ）を引きおこし，輸出の数量制限や自主規制枠（わく）が設けられた。そのため，生産拠点を国内から海外へ移転させ，現地生産を始める企業（きぎょう）が増えた。この動きは1985年以降の円高によってさらに進み，生産コストを下げるために，豊富で安価な労働力が得られる中国や東南アジアにも進出していった。その結果，多くの日本企業が多国籍（たこくせき）企業として世界各地で生産を行うようになった。また，1970年代後半からIC（集積回路）を小さく効率良く生産する技術を発達させ，日本製品の国際競争力が高まるきっかけとなった。日本の半導体（かんこく）は，1980年代半ばには世界市場の半分を占める（し）までになったが，2000年代以降は韓国などにシェアを奪（うば）われている。

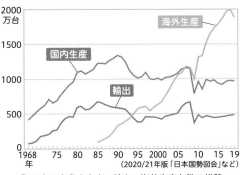

↑ 日本の自動車生産・輸出・海外生産台数の推移

（2020/21年版「日本国勢図会」など）

8 日本の工業の問題と新しい試み

～産業の空洞化が進行～

生産拠点の海外移転が進んだ1990年ごろから，国内の工業生産が衰退（すいたい）する「産業の空洞化（くうどう）」が進み，失業者の増加や高度な技術の海外流出，後継者不足が心配されている。一方，近年は，第四次産業革命と呼ばれる製造業の高度化が進展している。IoTや人工知能（AI）によって生産活動の最適化などを実現するもので，政府もシステムやロボットなどの導入に対して税制上の優遇措置（ゆうぐうそち）（あた）を与えるなど，先端（せんたん）技術を応用した新しい製品づくりを推進している。

> **参考** 第四次産業革命
> IoT，AIなど最新の技術による産業構造や社会の変革のこと。蒸気機関などにより工業化が進んだ18〜19世紀初頭の第一次革命，重化学工業が発展した19世紀後半の第二次革命，自動化が進み，コンピューターが普及（ふきゅう）した20世紀後半の第三次革命に続く新たな革命である。

> **Words** IoT，AI
> - **IoT**（Internet of Things）あらゆるモノがネットワークでつながり，さまざまな情報をリアルタイムにやりとりするためのしくみ。
> - **AI**（Artificial Intelligence）言語の理解や問題解決などの知的行動を人間にかわってコンピューターに行わせる技術。

Episode 伝統産業の製品のうち，法律によって経済産業大臣が指定したものを**伝統的工芸品**という。伝統的工芸品の指定条件には，日常生活で使用される工芸品であること，手工業でつくられること，伝統的な技術や技法により製造されるものであることなどがある。

7 日本の商業・サービス業 ★☆☆

1 日本の第三次産業

～就業者が最も多い産業部門～

戦後すぐの日本は，農業を中心とする第一次産業で働く人が半数を占めていた。高度経済成長期に入った1950年代以降は，第三次産業で働く人が増え続けており，現在，第三次産業の産業別人口比率や国内総生産に占める割合が最も高くなっている。

宿泊業・飲食サービス業

教育，学習支援業6.8

| 第三次産業従業者4731万人 | 卸売・小売業22.7% | 医療，福祉業17.6 | 8.8 | | その他36.9 |

運輸業，郵便業7.2

(2018年)

(2020年版「日本のすがた」)

⬆ 第三次産業就業者数の割合

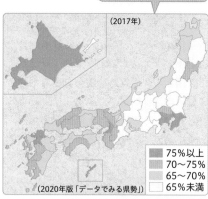

大都市のある都府県や観光業がさかんな北海道・沖縄県は第三次産業の人口割合が高い。

(2017年)

75%以上
70〜75%
65〜70%
65%未満

(2020年版「データでみる県勢」)

⬆ 第三次産業就業者の都道府県別割合

2 日本の商業

～多様化した小売業～

① 商業…消費者に商品を売る小売業と生産者などから仕入れた商品を小売業者に売る卸売業がある。

② 商業の変化…かつての日本の商業は，小売店が立ち並ぶ商店街を中心に行われていた。しかし，さまざまな社会の変化によって，**百貨店**や大規模な**スーパーマーケット**，数多くの店舗で24時間営業を行う**コンビニエンスストア**などが誕生した。近年は**インターネットショッピング**などの通信販売も大きく伸びている。また，自動車の普及につれて，都市郊外では大型ショッピングセンターや専門店が増えてきた反面，地方都市の中心部にある商店街の活気が失われてきている。

百貨店の落ち込みが目立つ。

百貨店

大型スーパー

コンビニエンスストア

(2020/21年版「日本国勢図会」)

⬆ 主な小売業者の販売額の推移

3 日本のサービス業

～情報関連産業が急成長～

近年，宅配便や外食産業などのサービス業が成長してきたが，特に，IT革命と呼ばれる情報技術（IT），情報通信技術（ICT）の発達により，**情報コンテンツ産業**など情報サービス業が重要な産業となっている。また，高齢化の進行に伴い，**医療・福祉業**も重要性を増している。

Words 情報コンテンツ産業
スマートフォンなどの通信業，ソフトウェア開発，アニメーション制作，ゲームソフト開発などに関わる産業の総称。

HighClass 発展途上国の大都市でくらしている，農村から流入した人たちや外国人労働者の中には，露天商や靴磨き，日雇い労働など，公式の統計に現れにくい就業（**インフォーマルセクター**）で生計を立てている人たちもいて，社会問題となっている。

5 ▶ 世界や日本国内の結びつきの特色

Point
① 交通，情報・通信，貿易における日本と世界の結びつきを知ろう。
② 日本の貿易の特徴を，輸出入品目や貿易相手国の面からおさえよう。
③ 交通網と情報・通信の発達により生じた社会の変化や課題を知ろう。

1 交通による世界との結びつき ★★☆

1 航空交通による結びつき

～世界の一体化が進行～

❶ **時間距離の短縮**…大型化・高速化してきた航空機によって世界は狭くなった。目的地までの**時間距離**が大幅に短縮されて人や物の移動が容易になり，直行便も増えて地域間の結びつきが強まっている。

❷ **世界の航空網**…世界の航空交通網は，ヨーロッパ・北アメリカ・アジアに集中しており，南アメリカやアフリカなどとは結びつきが弱い。また，韓国やシンガポールなどアジア各地で空港の整備が進み，国際線の乗り換え拠点になる空港（ハブ空港）の機能を巡る空港間の競争が激しくなっている。日本の空港は，国際線発着枠を増やすなどして機能の向上に努めているが，規模の違いや乗り継ぎの悪さなどから，ハブ空港としてはアジアの国々に遅れをとっている。

❸ **日本の航空網**…日本の成田国際空港・東京国際（羽田）空港・関西国際空港・中部国際空港（セントレア）などは世界各地へ国際線をのばし，外国からの定期航空路も多い。近年は，**LCC**と呼ばれる格安航空会社の利用者も世界的に増えている。一方，海外旅行客の増加やジェット機の大型化に伴い，各地の空港が整備さ

Words LCC
Low Cost Carrierの略。従来の航空会社が提供していたさまざまなサービスを削減するなど効率的な運営により，運賃を大手航空会社より格安におさえている航空会社。

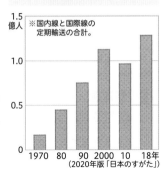

※国内線と国際線の定期輸送の合計。
（2020年版「日本のすがた」）
↑ 日本の航空旅客数

（「JTB時刻表」など）
↑ 世界の主要航空路

Episode LCCの路線網などが広がり，航空交通の利用者が増加する一方，パイロットの数は世界的に不足してきている。航空交通の需要は今後も高まっていくと考えられるため，日本政府は，パイロットの育成を積極的に行っていく方針を示している。

れ，新千歳・福岡・仙台・新潟・広島・岡山などの地方の空港からも国際線定期便が就航している。

2 世界の人々との交流

～急増する日本への外国人訪問者～

近年，日本から旅行や仕事で海外に出かける人々は増加しており，日本を訪れる外国人も増えている。日本からの訪問先は，アメリカ合衆国や中国・韓国などのアジア地域が多い。日本を訪れる外国人は，中国と韓国で半数以上を占めるなど，比較的近い国や地域が多い。学生が留学や修学旅行で外国へ行ったり，各都道府県・各市（区）町村が外国の州や都市と姉妹・友好都市を結んだりして交流を深める取り組みも行われている。

zoomup 増加する外国人
→ p.205

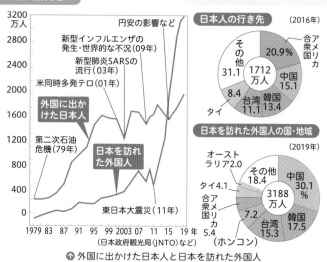

⬆ 外国に出かけた日本人と日本を訪れた外国人

日本人の行き先 （2016年）
アメリカ合衆国 20.9%／中国 15.1／韓国 13.4／台湾 11.1／タイ 8.4／その他 31.1（1712万人）

日本を訪れた外国人の国・地域 （2019年）
中国 30.1%／韓国 17.5／台湾 15.3／（ホンコン）5.4／アメリカ合衆国 7.2／タイ 4.1／オーストラリア 2.0／その他 18.4（3188万人）

3 海運国・日本

～原料・資源の輸送に不可欠な船舶～

日本は資源に恵まれていないため，大量の資源を外国から輸入しなければならない。そこでたくさんの船舶を必要とするので，日本は世界有数の海運国となっている。日本人船員の賃金は高く，日本籍の船舶で安く貨物を運ぶことが困難なため，パナマやリベリアなどの船舶にかかる税金が安い国に船籍を置き（**便宜置籍船**），賃金の安い外国人の船員を雇っている。

貿易では，機械類などの工業製品の輸送には主にコンテナ船が使われ，原油の輸送には専用のタンカーが使われる。

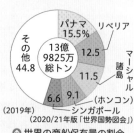

パナマ 15.5%／リベリア 12.5／マーシャル諸島 11.5／（ホンコン）9.1／シンガポール 6.6／その他 44.8（13億9825万総トン）
（2019年）（2020/21年版「世界国勢図会」）
⬆ 世界の商船保有量の割合

Words 便宜置籍船
船にかかる税金の安いパナマやリベリアなどで船籍を登録している船舶。登録国に現地法人を設立して，賃金の安い外国人の船員を雇うことができる。

⬆ コンテナ船

コンテナはそのままトラックや貨物列車に積みかえることができる。

Episode
2020年，世界中に広まった新型コロナウイルス感染症の感染拡大に際して，各国政府は外国人の入国拒否などの対応をとった。日本政府も同様の措置をとったため，2020年度の訪日外国人及び出国日本人の数は大幅に減少すると見られている。

② 情報・通信による世界との結びつき ★★☆

1 国際通信網の発達

~ IoTを活用する時代へ~

1980年代に入ると，貿易相手国との通信量が急激に増加し，特にアジア各国やアメリカ合衆国との国際電話などの使用量が増加した。一方，近年の**情報通信技術（ICT）**の急速な発達により，世界中のコンピューターを結ぶネットワークであるインターネットを通じた情報のやりとりが急増してきたことから，電話回線だけでは間に合わなくなり，デジタル方式の通信網が急速に整備されてきた。2018年のインターネット利用者は世界全体の51%，約39億人にのぼり，初めて世界人口の半数を超えた。また，1990年代半ばから携帯電話，2000年代に入るとスマートフォンが急速に普及し，2019年からは**次世代移動通信規格（5G）**による通信サービスが各国で始まった。5Gは高速通信だけでなく多数同時接続が可能で，さまざまなモノがインターネットにつながる**IoT**（→ p.149）での活用などが期待されている。

2 ICTの発達と課題

~情報格差の解消が課題~

デジタル方式の通信網には，大量のデータを，一度に高速で送ることができる**ブロードバンド通信**があるが，近年では，光ファイバーを用いたブロードバンド通信が増え，多くの人が日常的に世界中の情報を得たり，遠く離れた人と交流ができるようになった。インターネットなどを使った国際通信網は，**通信衛星**や**海底ケーブル**などの通信技術によって支えられている。

日本はブロードバンドが普及していて，世界の中でも通信環境が整った国である。その一方で，情報通信技術は，それが発達した国とそうでない国や，使いこなせる人とそうでない人との間でさまざまな格差も生じさせている。このような格差を**デジタルデバイド（情報格差）**といい，その解消が課題となっている。

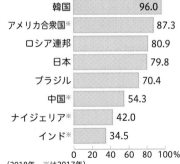

国	%
韓国	96.0
アメリカ合衆国※	87.3
ロシア連邦	80.9
日本	79.8
ブラジル	70.4
中国※	54.3
ナイジェリア※	42.0
インド※	34.5

（2018年。※は2017年）
（2020/21年版「日本国勢図会」など）
⬆ 主な国のインターネット利用者率

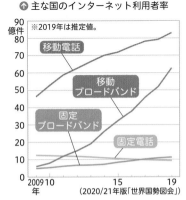

※2019年は推定値。
⬆ 世界の電話・インターネットブロードバンド契約数
（2020/21年版「世界国勢図会」）

Words ブロードバンド通信

画像などの大量のデータを，一度に高速で送る通信システム。光ファイバーなどを使ってインターネットに接続し，高速でデータ通信ができる。従来の電話回線に比べると，伝達スピードが速く，音楽や動画もスムーズに送ることができる。

Episode

5GのGは世代（generation）の意味。1Gはアナログ携帯電話の時代，2Gはメール・インターネットの利用が普及，3Gで通信速度が向上し，4Gでさらに飛躍的に向上した。5Gでは，4Gと比べて通信速度は20倍，同時接続台数は10倍の進化ともいわれている。

③ 貿易による世界との結びつき ★★★

1 国際分業と世界の貿易

～分業で行われる世界の貿易～

　世界の国々の産業は，自然条件の相違や歴史の違いによってそれぞれ特色がある。産業革命以降，西ヨーロッパ・北アメリカ・日本などは原料を輸入し，工業製品を輸出してきたが，アジアやアフリカなどの国々は食料や原料を輸出し，工業製品を輸入してきた。各国が自国に有利な商品をそれぞれ生産し，貿易によってその交換を行うことを**国際分業**という。

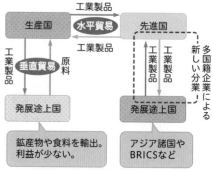

↑ 国際分業のようす

2 世界貿易の流れ

～南北問題や南南問題の発生～

❶ **先進国間の貿易**…北アメリカ・西ヨーロッパ・日本などの工業が発達した国どうしの貿易を**水平貿易**という。世界貿易の大半はこの貿易が占め，機械類や自動車などの工業製品の輸出入が中心である。同じ工業製品の取り引きは，価格や品質の競争が激しく，しばしば貿易量に格差が生じるため，貿易摩擦を引きおこす。

❷ **先進国と発展途上国間の貿易**…発展途上国からは主に食料や原料が輸出されるが，価格は先進国に支配されるため，利益は少ない。一方，先進国からは工業製品が輸出されるため，発展途上国は貿易赤字になりやすい。こうした先進国と発展途上国間の貿易は**垂直貿易**または南北貿易といわれ，南北間の経済格差から生じる問題を南北問題と呼ばれる。

❸ **新しい国際分業**…近年，多国籍企業の活動や情報通信技術（ICT）の発達など，世界経済は**グローバル化**しているため，新たな国際分業体制が成立している。発展途上国から先進国への工業製品の輸出の増加など，先進国と発展途上国による貿易が増えている。また，アジア諸国や**BRICS**諸国は，先進国の多国籍企業の進出によって経済成長している。

参考 南南問題

発展途上国の中でも資源に恵まれ工業化を進めている国とそうでない国があり，途上国間の経済格差と，そこから生じるさまざまな問題のこと。なお，南北問題の「南北」とは，発展途上国が主に地球の南側に位置し，先進国が主に北側に位置することに由来する。

zoomup 南北問題→p.618
　　　グローバル化
　　　　→p.468

Episode

世界には貧困や気候変動など地球規模の課題が山積しており，国際連合は，その解決に向けた17の目標と具体的な169のターゲットを定め，人類が2030年までに達成すべき行動計画を**持続可能な開発目標（SDGs**→ p.625）として採択した。

④ 自由貿易への取り組み

▶自由貿易協定（FTA）…特定の2国間または複数国間で，貿易などの活発化を図るのが目的。

▶経済連携協定（EPA）…EPAを基礎に，貿易の自由化にとどまらず，人の移動，サービス，投資など，さらに広範囲の分野にわたって自由化・円滑化を図ろうとする協定。

▶環太平洋経済連携協定（TPP）…太平洋を取り囲む国々が全物品の関税撤廃を原則とし，高水準でサービスや投資の自由化を推進するための経済連携協定。

> **参考** 世界貿易機関（WTO）
>
> 1995年，紛争処理機能などを強化した正式な国際機関として発足した。本部はスイスのジュネーブにあり，164か国・地域が加盟している（2020年11月現在）。WTOは，各国が自由にモノ・サービスなどの貿易ができるようにするためのルールを決め，貿易障壁を削減・撤廃するため，加盟国間で貿易交渉を行っている。

3 日本の貿易

~加工貿易中心から変化~

日本は，**加工貿易**で発展してきたが，近年の貿易品目から，その変化を読み取ることができる。

① **輸出品目**…戦前は繊維品が主であったが，現在は集積回路などの機械類や自動車といった高い付加価値をもつ製品が中心となっている。

② **輸入品目**…原材料や鉱産資源の割合が高いことが日本の輸入の特徴であったが，現在は，機械類や衣類などの工業製品の輸入比率が高まっている。これは，日本企業の海外進出・生産などにより，工業化が進んでいるアジア地域からの工業製品の輸入が増えたからである。

③ **貿易相手国・地域**…アメリカ合衆国と中国・韓国・台湾などアジアが中心となっている。輸出入を合わせた貿易額では，中国が日本最大の貿易相手国である。ほかにオーストラリア，タイ，ドイツなどとの貿易が多い。

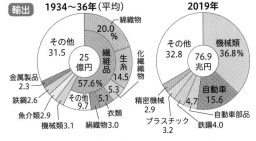

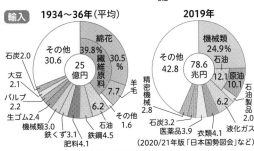

↑ 日本の輸出入品目の変化

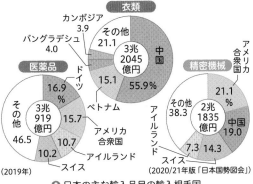

↑ 日本の主な輸入品目の輸入相手国

入試Info 日本の貿易は，出題頻度の高い分野である。輸出入品目の変化とその理由についての記述や，日本の主な輸入資源や農産物の輸入相手国などが多く出題されている。主な貿易品目の相手国を示したグラフなどをよく確認しておくことが重要である。

4 日本国内の主な貿易港

〜成田国際空港が貿易額第1位〜

❶ **貿易額が上位の貿易港**…輸出入総額と輸入額では成田国際空港が最も多く，輸出額では自動車を多く輸出する**名古屋港**が最も多い。

❷ **主な貿易港の貿易品目**…名古屋港は，輸出額の約26％（2019年）が**自動車**で，横浜港も自動車の輸出額が多い。**千葉港**は，輸入品の約71％（2019年）を**石油・液化ガス**が占めている。大都市にある東京港・大阪港・神戸港は，衣類や食料品の輸入額割合が高い。成田国際空港と関西国際空港は，航空機を使った貿易であるため，小型・軽量・高額なIC（集積回路）・科学光学機器（レンズ・カメラなど）・通信機・医薬品の輸出入額が多いという特徴がある。

貿易港	主な輸出品（％，金額円による百分比）
名古屋港	自動車26.3　自動車部品16.7　内燃機関4.3　金属加工機械3.9　電気計測機器3.4　その他45.4
横浜港	自動車19.6　自動車部品4.5　内燃機関4.5　プラスチック4.0　金属加工機械3.2　その他64.2
成田国際空港	半導体等製造装置8.1　科学光学機器6.2　金（非貨幣用）5.7　電気回路用品3.9　集積回路3.6　その他72.5

貿易港	主な輸入品（％，金額円による百分比）
成田国際空港	通信機13.7　医薬品12.3　コンピューター8.8　集積回路8.4　科学光学機器6.4　その他50.4
関西国際空港	医薬品23.2　通信機14.2　集積回路6.2　科学光学機器4.8　衣類2.9　その他48.7
東京港	衣類8.9　コンピューター5.3　肉類4.6　魚介類4.5　音響・映像機器3.5　その他73.2
大阪港	衣類15.0　肉類6.9　家庭用電気機器3.3　金属製品3.2　鉄鋼2.8　その他68.8
千葉港	石油53.4　液化ガス17.4　自動車9.1　鉄鋼3.7　有機化合物2.8　その他13.6

（2019年）　　　　　　（2020/21年版「日本国勢図会」）

⬆ 主な貿易港の上位輸出入品目の割合

Close Up　**中国・アメリカ合衆国との貿易**

● **中国との貿易**…輸出入総額で見ると中国は日本の最大貿易相手国であり，2019年の輸出の約19％，輸入の約24％が対中貿易によるものである。中国との貿易では，日本の輸入超過が続いている。日本から中国への輸出は，プラスチック，科学光学機器，集積回路など工業生産に必要なものが中心であり，中国から日本への輸入は，機械類のほか，衣類や家具，野菜類などが多い。

輸出
- プラスチック　—33.6％(1)
- 科学光学機器　—35.2％(1)
- 集積回路　—24.5％(1)

輸入
- コンピューター　74.2％(1)
- 家具　58.9％(1)
- 野菜　48.8％(1)

※（　）内の数字は中国の順位。金額円による百分比。
（2019年）　　（2020/21年版「日本国勢図会」）

⬆ 日本から見た日中間の主要貿易品に占める中国の割合

● **アメリカ合衆国との貿易**…2019年の輸出の約20％，輸入の約11％を占めており，中国とともに日本の重要な貿易相手国となっている。長く日本の貿易黒字が続いていたため，アメリカ合衆国は日本と通商交渉を行い，2020年1月，両国間の農産品と工業品の関税を撤廃または削減するという**日米貿易協定**が発効した。

入試Info　主な貿易港の輸出入品目を示した資料から，特定の貿易港のものを選択させる問題がよく出題される。主な貿易港の上位輸出入品目からその特徴をつかんでおくことが必要である。また，成田国際空港の名称やその位置を問う問題もよく出題されている。

4　日本国内の交通・通信の整備 ★★☆

1 国内交通網の発達

～地域の結びつきが強化～

　高速道路や新幹線，航空路などの高速交通網は，1960年代以降，東京を中心に整備されてきた。その結果，日本各地を結ぶ**時間距離**がしだいに短くなり，地域間の結びつきが強まった。高速交通網の広がりは，東京から日本各地への到達時間を短くし，全国1日交通圏にしつつある。

↑ 主な高速道路と新幹線

高速道路
新幹線

2 交通網の発達とその影響

～地域の結びつきが変化～

　高速道路の整備により，その周辺に**工業団地**が進出してきた地域も出てきた。また，**本州四国連絡橋**によって，四国地方と中国地方などの結びつきが強くなった。一方，公共交通機関が廃止されるなどして，以前よりも不便になった地域も見られる。また，都市間の移動時間が短くなったことで，大都市へ出かける人が増え，地方都市の商業が衰えるという問題もおこっている。このように，交通の発達は，日本各地で地域間の結びつきに変化をもたらした。

3 国内輸送の変化

～貨物輸送の中心は鉄道から自動車へ～

　かつては，旅客輸送では鉄道，貨物輸送では海運が高い割合を占めていた。しかし，高速道路網の整備や自動車の普及により，近年は，自動車輸送の割合が高い。

❶ 自動車…戸口から戸口まで運ぶことができ，荷物の積みおろしが容易である。一方，騒音や振動，排出ガスなどの公害が問題となっている。これらに対して，途中で船や鉄道に積みかえて運ぶモーダルシフトや，二酸化炭素の排出量をおさえる**ハイブリッド車・電気自動車・燃料電池自動車**などの開発が進んでいる。

❷ 鉄　道…一度に大量輸送ができ，時間どおりに安全に

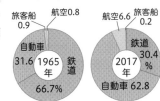

旅客輸送

1965年：3825億人キロ
2017年：1兆4401億人キロ

旅客船 0.9　航空0.8
自動車 31.6　1965年　鉄道 66.7%

航空6.6　旅客船 0.2
鉄道 30.4%
2017年
自動車 62.8

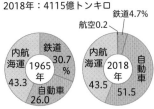

貨物輸送

1965年：1863億トンキロ
2018年：4115億トンキロ

航空0.2
内航海運 43.3　1965年　鉄道 30.7%
自動車 26.0

鉄道4.7%
内航海運 43.5　2018年　自動車 51.5

※100%になるように調整していない。
（2020/21年版「日本国勢図会」など）

↑ 国内における輸送手段の変化

Episode

電気自動車はガソリン車に比べ高額なことなどから，日本では普及が伸び悩んでいる。その一方で，ガソリン車・ディーゼル車の販売禁止の表明や政府の支援など，ヨーロッパでは電気自動車の普及を促進する動きが見られる。

輸送できる。また，自動車に比べて二酸化炭素の排出量が少なく，輸送にかかるエネルギーも少なくて済むが，駅から駅にしか運べないのが短所である。

❸ 船…安い運賃で大量に運べる一方，輸送に時間がかかり，大規模な港が必要になるのが短所である。

❹ 航　空…遠距離を速く輸送することができる一方，重量のある貨物を大量には輸送できず，運賃も高いという欠点がある。航空貨物として適しているのは，IC(集積回路)や貴金属などの小さくて高価な製品である。これらは，航空機で輸送しても値段に占める輸送費の割合が小さいので採算がとれるからである。また，国内航空は東京と地方都市を結ぶ役割が大きく，国内航空の利用者は2018年には1億人を超えている。

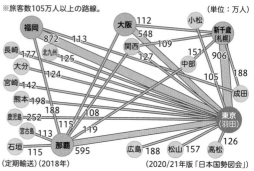

※旅客数105万人以上の路線。

（単位：万人）

（2020/21年版「日本国勢図会」）

↑ 主な国内航空路線の旅客輸送量

4 情報通信の発達

～メディアリテラシーが求められる～

❶ 電　話…近年の携帯電話・スマートフォンの普及により，固定電話の加入数は減少しており，インターネットを用いたIP電話への置き換えが進んでいる。

❷ インターネット…遠く離れた病院と患者との間で行う遠隔医療システム，場所や時間を選ばない働き方(テレワーク)，インターネットショッピング，オンライン講義など，インターネットを介したサービスが普及してきている。パソコンやスマートフォンを使って情報交換をする，facebookやtwitter，InstagramなどのSNS(ソーシャル-ネットワーキング-サービス)の利用者も増加している。

❸ インターネットの問題点…コンピューターに侵入してファイルの破壊などを行うコンピューターウイルス，著作権侵害，個人情報の流出，インターネット犯罪などの問題が発生している。そのため，情報を正しく読み取り活用する能力(メディアリテラシー)や，情報モラル(情報倫理)を身につけることが求められている。

Why 東京国際(羽田)空港と中部国際空港間の旅客数が少ない理由

東京―名古屋間は距離も近く，新幹線を利用した方が短時間で移動できるため。

Words IP電話

インターネットを用いた電話のことで，電話回線を引く必要はない。光ファイバーなどのブロードバンド回線を利用した安価な電話サービスである。

参考 新しい決済サービス

• 電子マネー…カード上に小さなICチップを埋め込んだもので，少額の買い物でも使えて，入金すれば何度も使える。

• ICカード乗車券…電子マネーの機能をもつ乗車券。

• スマホ決済…スマートフォンを通じて支払いができるサービス。QRコードやバーコードをスマートフォンやコードリーダーで読み取ることで，現金がなくても買い物ができるキャッシュレス決済が可能になった。

短文記述対策！

Q IC(集積回路)や貴金属の輸送に航空輸送が適している理由を簡潔に述べなさい。

A ICや貴金属は小さくて軽量，かつ価格が高いので，輸送費がかかる航空機で輸送しても，価格に占める輸送費の割合が小さく，採算がとれるため。

6 ▶ 日本の地域区分

Point
❶ 7地方区分のほかに，自然や生活・文化による区分も知っておこう。
❷ 人口の分布と産業との関係をおさえよう。
❸ 交通網の整備がもたらす長所と短所をおさえておこう。

1 日本の地域区分 ★★☆

1 都道府県を使った地域区分

〜主要な7地方区分〜

❶ **7地方区分**…47ある都道府県を，北
海道地方，東北地方，関東地方，中
部地方，近畿地方，中国・四国地方，
九州地方の7つの地方に区分する方
法は，行政府にも利用され，最も多
く用いられている区分の方法である。
中国・四国地方を，中国地方と四国
地方に分けて8つの地方に区分する
場合もある。また，地理的・歴史的な結びつきの観点
から，7地方区分をさらに細かい地域に分けることも
ある。

▶**中部地方**…中部地方は，さらに，日本海側の**北陸地
方**，内陸部の**中央高地**，近畿地方の三重県を含めた
太平洋側の**東海地方**に分けられる。

▶**中国・四国地方**…中国・四国地方は，さらに，日本
海側の**山陰地方**，瀬戸内海沿岸の**瀬戸内地方**，太平
洋側の**南四国地方**に
大きく分けられる。
また，中国地方は，
中国山地を境に，日
本海側の山陰地方と
瀬戸内海側の**山陽地
方**にも分けられる。

※・の8都市は管区法務局の所在地。
↑7地方区分と法務省法務局の所在地

参考 関東甲信越地方
関東地方に，山梨県・長野県・新潟県を加えた地域を関東甲信越地方と呼ぶ。

↑中国・四国地方の区分

↑中部地方の区分

Episode 三重県は，7地方区分では近畿地方だが，石油化学工業がさかんな四日市市は，中京工業地帯の工業都市として位置づけされており，生活や文化の面でも中部地方との結びつきが非常に強いため，東海地方として扱われることが多い。

❷ 3地方区分…北海道，東北，関東地方を**東北日本**，中部地方を**中部（中央）日本**，近畿，中国・四国，九州地方を**西南日本**と呼ぶことがある。

↑ 2地方と3地方の区分

2 自然・生活・文化の違いで分けた地域区分

~ 地形や食文化などによる区分もある ~

❶ 地　形…フォッサマグナ（西端の糸魚川・静岡構造線）を境に，**東日本**と**西日本**に分けられる（→ p.125）。

❷ 気　候…気温や降水量の違いにより，北海道・太平洋側・内陸性・瀬戸内・日本海側・南西諸島の気候に分けられる（→ p.128）。

❸ 電気の周波数…糸魚川市と富士川を結んだ線を境に，その東側は50ヘルツ（Hz），西側は60ヘルツの電気が送られている。

❹ 雑煮用のもちの形…東日本では角もち，西日本では丸もちが使われることが多い。また，味噌の味付けも，東日本では辛口，西日本では甘口が多く見られる。

❺ JRや電力会社による区分…JRや電力会社各社が受けもつ地域によって区分されている。

↑ JR各社の区分

3 昔の国名に由来する地名

~ 各地で残る昔の国名 ~

　7地方区分を細かく分けたときの山陰や，山陽，北陸・東海，甲信越などは，昔の地域区分に由来した地方名である。このように，昔の地域区分や国名が地方名や地形名，特産品名として現在も使われている例が多く見られる。愛知県では，東部を**三河**地方，西部を**尾張**地方と呼び，岐阜県の北部は**飛騨**地方，南部は**美濃**地方と呼ばれている。また，地形や特産品では，**越後**山脈や**信濃**川，**近江**盆地，**讃岐**うどんや**備前**焼，**丹後**ちりめん，**阿波**踊りなど全国各地に数多く見られる。

↑ 昔の境界

Episode　交流電流の流れる向きが1秒間に変わる回数を周波数といい，その単位をヘルツという。明治時代に発電機が輸入されたときに，関東にはドイツから50ヘルツ，関西にはアメリカ合衆国から60ヘルツの発電機が輸入されたため，現在も東西で異なった周波数が使われている。

② さまざまな地域区分 ★★☆

1 自然環境から見た地域区分

～地形と人口分布の関係～

　日本の地形と人口の分布は，大きく関係しており，右の図から，川の流域の平地に人口密度が高い地域が集中していることがわかる。また，気候によっても，雨が多い地域や雪が多い地域などに区分することができる。

人口密度
■ 3000人/km²以上
■ 300〜3000人/km²
□ 平地

(平成22年「国勢調査報告」など)

⬆ 主な平地と人口密度が高い地域

2 人口の分布と産業から見た地域区分

～人口の分布と産業の関係～

　人口密度が高い地域には，工業出荷額が多い都道府県が多くなっている。また，三大都市圏や観光業がさかんな沖縄県や北海道では，第三次産業の割合が高くなっている。このように，人口の分布と産業を結びつけて地域を区分することもできる。

(例)老年人口と第一次産業人口の割合から見た地域区分

年間30cm以上の雪が降る地域
■ 30cm以上
□ 30cm未満

(1981〜2010年までの平均)
※北方領土は統計なし。
(気象庁など)

⬆ 積雪量による地域区分

> 老年人口の割合が高い地域は，第一次産業に従事している人の割合が高いことが読み取れる。

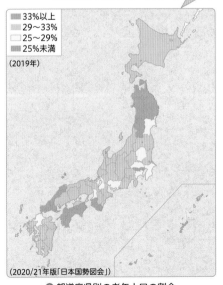

■ 33%以上
▥ 29〜33%
□ 25〜29%
■ 25%未満

(2019年)

(2020/21年版「日本国勢図会」)

⬆ 都道府県別の老年人口の割合

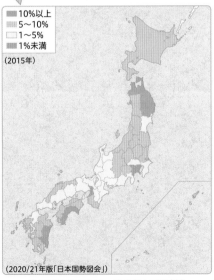

■ 10%以上
▥ 5〜10%
□ 1〜5%
■ 1%未満

(2015年)

(2020/21年版「日本国勢図会」)

⬆ 都道府県別の第一次産業人口の割合

Episode
「人口密度が高い地域」と「工業出荷額が多い都道府県」は深く関係している。それは，工業がさかんな地域に多くの人が流入して人口が増加すると，商業がさかんになり，工業生産も増えるからである。

161

3 資源・エネルギーから見た地域区分

～発電方式に着目した地域区分～

　日本の水力発電所，火力発電所，原子力発電所は，各発電の特色に適した地域に分布している。また，近年，新エネルギーとして注目されている再生可能エネルギーの発電の分布にも地域的な特色が見られる。

(例)風力発電所・地熱発電所が分布する地域

↑ 都道府県別の風力発電量

風力発電所の設置には，設備のための広い土地や比較的強い風が安定的に吹く場所などが必要である。そのため，風力発電所は，大都市圏から離れた地域の沿岸部に多く見られる。

地熱発電は，地下のマグマのエネルギーを利用するため，火山が近くにあり，設備のための平坦な土地が必要である。そのため，地熱発電所は，火山が多い東北地方や九州地方に集中している。

↑ 主な地熱発電所

4 交通・通信から見た地域区分

～交通・通信による地域間の結びつき～

　航空網や鉄道網などから，地域間の結びつきの強弱によって地域を区分することができる。例えば，東京と東京から比較的近い地域は主に鉄道，遠い地域は主に航空機で結びついている。

(例)航空網から見た東京との結びつき

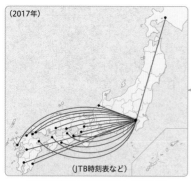

↑ 東京間が1日10便以上ある空港

西日本や北海道とは，航空機による結びつきが強く，中部～東北地方にかけては，航空機による結びつきが弱いことが読み取れる。

東京・大阪間の鉄道による移動時間は，非常に短くなってきている。

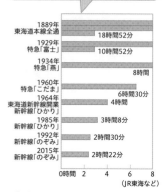

↑ 東京・大阪間の移動時間の変化

入試Info　農業や工業などが分野ごとに問われる出題もあるが，人口や産業，エネルギー，交通・通信などの分野と地域を結びつけた総合的な形で問われる場合もあるので，それぞれの分野の地域による違いなども確認しておこう。

p.118 **1** ２万５千分の１の地形図の計曲線は（　　　）m ごとに引かれており，地形図上で２cm の実際の距離は（　　　）m である。

p.118 **2** 標高が等しい地点を結んだ線を（　　　）といい，その間隔が狭いほど，傾きは（　　　）である。

p.122 **3** 世界の２つの造山帯のうち，日本列島が含まれるのが（　　　）で，もう１つの造山帯は（　　　）である。

p.123 **4** （　　　）は，川が山から平地へ出たところに形成され，（　　　）は，川の河口に土砂が堆積してつくられた地形である。

p.125 **5** 本州のほぼ中央を南北に走る（　　　）は日本を東西に分け，その西側には（　　　）と呼ばれる３つの山脈が連なっている。

p.128 **6** 日本の夏は高温多雨で，特に（　　　）側で雨が多く降り，冬は北西の（　　　）の影響により（　　　）側で大雪が降る。

p.129 **7** 東北地方の太平洋側は，海底でおきた地震による（　　　）や，夏に吹く冷たい（　　　）の影響で冷害の被害を受けやすい。

p.130 **8** 災害の被害が及ぶ範囲などを予測した地図を（　　　）という。

p.131 **9** アジアや（　　　）の発展途上国では，（　　　）と呼ばれる急激な人口増加がおこっており，食料不足などの問題が生じている。

p.132 **10** 近年，人口の減少が進んでいる日本では，出生率の低下による（　　　）と高齢化が進んだ（　　　）社会となっている。

p.134 **11** 日本の山間部や離島では，都市部への人口流出が続き，社会生活の維持が難しくなる（　　　）が進行している。

p.135 **12** 石油や石炭などは（　　　）と呼ばれ，これらを燃やして発生する二酸化炭素などが（　　　）の原因とされている。

p.139 **13** 高収益が期待できる品質の優れた米を（　　　）という。

p.141 **14** 日本の農業産出額に占める割合が最も高いのは（　　　）で，北海道の根釧台地や九州南部の（　　　）でさかんである。

p.144 **15** 石油危機や各国が設定した（　　　）により，1970年代から日本の（　　　）漁業は漁獲量が大幅に減少した。

p.146 **16** 日本の工業地帯・地域は臨海部の（　　　）に集中しているが，近年，（　　　）などの整備が進み内陸部でも形成されている。

p.149 **17** 工場の海外移転が進んだことで，国内の工業生産が衰退する（　　　）が日本でもおこっている。

p.155 **18** 日本の貿易は（　　　）が中心であったが，近年は，企業の海外進出が増加し，（　　　）の輸入割合が最も高くなっている。

1 50,
500

2 等高線,
急

3 環太平洋造山帯,
アルプス-ヒマラヤ造山帯

4 扇状地, 三角州

5 フォッサマグナ,
日本アルプス

6 太平洋, 季節風（モンスーン）, 日本海

7 津波,
やませ

8 ハザードマップ
（防災マップ）

9 アフリカ,
人口爆発

10 少子化,
少子高齢

11 過疎

12 化石燃料,
地球温暖化

13 銘柄米
（ブランド米）

14 畜産,
シラス台地

15 排他的経済水域,
遠洋

16 太平洋ベルト,
高速道路

17 産業の空洞化

18 加工貿易,
機械類

ここからスタート！　第1編 地理

第4章 日本の諸地域と地域の在り方

START!
> 日本のそれぞれの地方では，自然環境を生かした農業・林業・漁業や，特色ある工業が発達しています。こうした産業と人々の生活，交通・通信の発達による各地方の結びつきについて見ていきましょう。

"中部地方"
東海・中央高地・北陸の各地域で，異なった産業の特色があります。

"近畿地方"
歴史の中で形成されてきた古都の町並みや文化遺産が保護されています。

"九州地方"
火山活動によってできた地形が多く見られます。かつて発生した公害を教訓に，環境への取り組みが進んでいます。

中国・四国地方

九州地方

近畿地方

"中国・四国地方"
過疎地域では，さまざまな町おこし・村おこしが行われています。

☑ Learning Contents

北海道地方

東北地方

関東地方

中部地方

"北海道地方"
豊かな観光資源が多く，日本有数の農業地域でもあり，稲作・畑作・酪農がさかんです。

"東北地方"
寒さが厳しい自然環境の中，伝統的な生活や文化が息づいています。

"関東地方"
首都・東京があり，国内や海外と強く結びついています。

1 ▶ 九州地方

Point
① 促成栽培や畜産がさかんな地域とそこでとれる農畜産物をおさえよう。
② 北九州工業地域の特色とその変化，新しい工業の進出を知ろう。
③ 公害を経験した九州地方の環境保全への取り組みについておさえよう。

1 九州地方のあゆみと自然 入試重要度 ★★☆

1 位置とあゆみ

～古くから外国との交流がさかんな地域～

❶ **大陸や南方に近い位置**…九州は海を隔てて朝鮮半島や中国大陸，南西諸島を挟んで南方の台湾・フィリピン諸島にも近い位置にある。古代から外国の文化を取り入れた西の玄関口で，外国とのかかわりが深い。

❷ **あゆみ**…飛鳥時代から平安時代にかけて，**遣隋使・遣唐使**が九州の港から大陸へ向かって出発した。また，西国の要地として，**大宰府**が筑前国（福岡県）に置かれた。16世紀に鉄砲やキリスト教が伝わり，九州の諸大名が南蛮貿易を行ったが，江戸時代には幕府の鎖国政策により，長崎だけが貿易港として許され，西洋文化のただ1つの窓口となった。明治時代に政府が北九州に**八幡製鉄所**を建設して，近代工業発展のきっかけをつくった。

県名	面積 （km²）	人口 （万人）	人口密度 （人/km²）
福岡	4987	510.4	1024
佐賀	2441	81.5	334
長崎	4131	132.7	321
熊本	7409	174.8	236
大分	6341	113.5	179
宮崎	7735	107.3	139
鹿児島	9187	160.2	174
沖縄	2281	145.3	637
九州計	44512	1425.6	320

（2019年） （2020/21年版「日本国勢図会」）

2 自然の特色

～火山や温泉が多い九州～

❶ **地 形**…南北に長く，火山をはじめ離島も多い。

▶**北九州**…北部には低くてなだらかな**筑紫山地**があり，**有明海**沿岸には，主に筑後川によってつくられた三角州が発達した筑紫平野が広がっている。西北部の半島部や東部の豊後水道沿岸は，海岸線の出入りが複雑なリアス海岸となっている。

▶**中・南九州**…高く険しい**九州山地**の北側に，世界最

活火山の桜島がある鹿児島市では日常的に火山灰が降る。

↑ 御岳（桜島）

Episode

日本の川には，三大急流と三大暴れ川と呼ばれる川があり，**最上川**（山形県）・**富士川**（静岡県）・**球磨川**（熊本県）を三大急流，**利根川・筑後川・吉野川**はそれぞれ，「坂東太郎」，「筑紫次郎」，「四国三郎」とも呼ばれ，洪水や水害が多い河川として知られている。

第
1
編

地
理

第
1
章
世界と日本の
すがた

第
2
章
世界のさまざまな
地域

第
3
章
地域調査と
日本の地域的特色

第
4
章
日本の諸地域と
地域の在り方

大級の**カルデラ**をもつ阿蘇山，南に霧島山・御岳（桜島）などの火山と火山灰に覆われたシラス台地が広がっている。盆地が多く，大きな平野は，熊本平野や**宮崎平野**を除いて少ない。種子島・屋久島から沖縄県にかけては，**南西諸島**が連なっている。

❷ 気　候…九州地方は日本列島の南に位置し，近海を流れる暖流の黒潮（日本海流）と対馬海流の影響を受けるため温暖である。九州地方の多くは，夏の温かく湿った南東の季節風の影響を受けやすいため，夏から秋にかけて雨が多い**太平洋側の気候**に属する。九州南部や南西諸島は台風の経路にあたることが多いため，夏から秋にかけて，風水害にみまわれやすい。奄美大島や沖縄島などの南西諸島は，1年中気温が高く，降水量が多い**亜熱帯の気候**である。

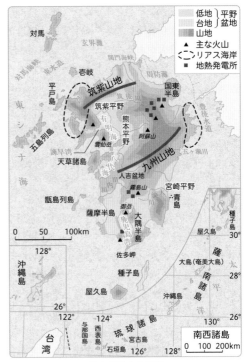

↑ 九州地方の地形

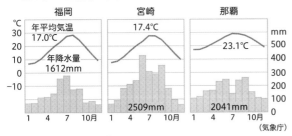

↑ 九州地方の雨温図

3 火山と向きあったくらし

～多発する災害と地熱の有効活用～

❶ **火山が多い九州地方**…九州地方には，阿蘇山をはじめ，御岳（桜島）・雲仙岳・くじゅう連山といった活動中の火山が多くあり，それらの火山活動がしばしば大きな災害をもたらすことがある。1991年におこった雲仙岳の大噴火では，火山灰が積もって農作物に被害を与え，

Words　カルデラ

火山の頂上部が落ち込んだり，爆発したり，侵食されてできたほぼ円形のくぼ地。カルデラの内部に新しい火山ができると複式火山となる。阿蘇山のカルデラは，頂上部が落ち込んでできたものである。

参考　シラス

現在の桜島を取り囲む巨大な姶良火山の火山灰をシラスといい，数十mの厚さで台地を形成している。「白い砂」を意味し，水を含むと崩れやすい。

Episode　気象庁が出している火山の噴火警戒レベルには5段階あり，2020年11月現在，九州では桜島・口永良部島にレベル3の入山規制，霧島山（新燃岳）などにレベル2の火口周辺規制が出され，現在も活発な活動が続いている。

火砕流が多くの人命を奪った。2015年には口永良部島や阿蘇山でも噴火がおき，2018年には霧島山（新燃岳）で爆発的噴火がおこった。一方，火山の多い一帯は，地下のマグマだまりで地下水が温められるため**温泉**が多い。九州地方も**別府・由布院・雲仙・霧島**など多くの温泉がある。温泉水や地熱を利用した地熱発電がさかんで，大分県九重町の**八丁原地熱発電所**は有名である。また，火山は美しく独特な景色を生み出すため，火山の多い九州は阿蘇山のような国立公園や観光地になっているところが多い。

⬆ 湯けむりが立ち上がる別府温泉

❷ **シラス台地とシラスの利用**…シラスは軽くて水を通しやすく，たいへんもろいため，九州南部のシラス台地では，豪雨の際にがけ崩れがおこりやすい。一方，鹿児島県では，シラスを高温で焼いてつくるシラスバルーンという物質を利用したさまざまな製品がつくられている。

❸ **防災の取り組み**…九州の各県や市町村では，火山の噴火などの被害を最小限にするため，ハザードマップ（防災マップ）を作成し，防災情報を提供している。

⬆ 火山灰の台地

2 九州地方の産業 ★★★

1 農　業

～宮崎平野の促成栽培とシラス台地の畜産～

❶ **九州地方北部の農業**…筑紫平野には，クリークと呼ばれる水路が広がっている。その起源は，有明海の陸地化により形成される澪筋（潮の通る道筋）と考えられている。水不足に悩んでいた筑紫平野の人々は，この澪筋をクリーク（水路）として農業用水や生活用水に利用した。さらに，排水や水上交通にも用い，人工的に設けることもあった。不規則にはりめぐらされていたクリークは，機械を使った農業の妨げになることから整備が進められ，直線化されてきている。

　九州の米どころである筑紫平野では，冬でも比較的温暖な気候を利用し，冬から春にかけて麦類などを生

⬆ 崩れやすいシラス台地

八丁原発電所は，国内最大の地熱発電所で，1・2号機があり，それぞれの出力が5万5000kWで合計11万kWの電気を発電することができる。年間の発電電力量は約8億7千万kW時で，ほぼ20万kLの石油が節約できる発電量である。

産する**二毛作**も行われ，たまねぎの生産やビニールハウスを利用したいちごの栽培もさかんである。また，熊本平野では米づくりのほか，トマト・いちごの**施設園芸農業**がさかんに行われている。

❷ **九州地方南部の農業**

▶**促成栽培**…宮崎平野などでは，冬でも温暖な気候を利用し，**ピーマンやきゅうり**などの野菜の出荷時期を早める促成栽培がさかんである。農家は冬でも暖かいため，他地域よりビニールハウスなどの施設の暖房費を節約でき，また，出荷量が少なくなる時期に野菜を出荷して高値で販売することができる。

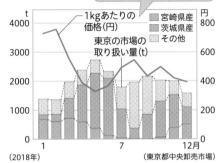

宮崎県が主に出荷する冬期は市場での取り扱い量が少なく，取引価格が高いことがわかる。

↑ 東京へ出荷されるピーマンの量・価格

Close Up 諫早湾の干拓事業

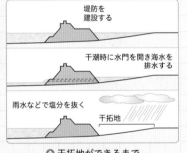

↑ 干拓地ができるまで

●**諫早湾で干拓が行われる理由**…有明海は潮の干満の差が大きく遠浅であるため，干潮時には沖の方まで干潟が広がる。有明海西部の諫早湾も，河川に運ばれる土砂のほか，海に漂う小さな砂や泥，火山灰が有明海を左まわりに流れる潮に乗って堆積することで干潟が発達している。この土砂が堆積し続けると，低平地である諫早湾沿岸では，堤防の内側の陸地より干潟の方が高くなるところが生じ，排水不良となって洪水の被害を受けやすくなる。そのため，諫早湾沿岸では排水の改良と農地の確保を目的に干拓が繰り返されてきた。

●**近年の動き**…有明海西部の諫早湾では，諫早湾干拓事業が国によって進められた。1997年，堤防が完全に閉じられ，2008年には干拓地が完成し，営農が始まった。一方，有明海沿岸の水産業関係者は，干拓事業による有明海の環境の悪化が現在の漁業不振を招いていると主張し，堤防の排水門の開放を求めて提訴した。2010年12月の福岡高等裁判所では，開門の判決が出たが，2013年11月の長崎地方裁判所では，開門せずとの判決がなされた。また，両判決により，国は開門するまでは漁業者へ，開門した場合は干拓営農者への制裁金の支払いを命じられた。これらの判決に対して国は最高裁判所に抗告を行ったが，2015年1月に抗告は棄却され，国への制裁金命令が確定した。現在，排水門は閉門したままであり，国が漁業者に制裁金を支払っている。

Episode トマト・すいかは熊本県，きゅうりは宮崎県，マンゴーは沖縄県が生産量全国1位(2018年)，オクラは鹿児島県が生産量全国1位(2016年)となっている。また，きくの生産量は，沖縄・福岡・鹿児島・長崎の4県が上位5位以内に入っている(2018年)。

▶**シラス台地**…九州南部に広がるシラス台地は，水はけが良く，水の確保が難しいため，干ばつの被害（ひがい）を受けやすく，稲作（いなさく）には適していない。江戸（えど）時代に少ない水で育つさつまいもの栽培（さいばい）が広まると，ようやく農地の開発が進んだ。戦後，笠野原（かさのはら）ではダムが建設されて水の供給が可能になると，野菜・飼料作物・花などが生産されるようになった。南九州市では大規模な茶の栽培が行われている。

③ **畜産業（ちくさん）**…宮崎県や鹿児島県は，肉牛・豚（ぶた）・肉用若鶏（わかどり）の出荷数が全国有数で，農業産出額に占（し）める畜産の割合も高くなっている。これらの県では，安い外国産の畜産物に対抗（たいこう）するため，味や安全性を保証した「かごしま黒豚」「宮崎牛」などのブランド化された肉を生産する農家や会社が多い。

さつまいも（かんしょ）

南方あるいは中国から琉球（りゅうきゅう）王国に伝わり，それが薩摩藩領（さつまはん）で栽培され，諸国に伝わったとされている。鹿児島県は全国生産量の約35％を占めている（2019年）。

↑ 九州地方の農業産出額の内訳

- 米 10.0％
- その他 13.1
- 1.9兆円
- 野菜 23.5
- 果実 7.0
- 畜産 46.4

（2018年）　　　（農林水産省）

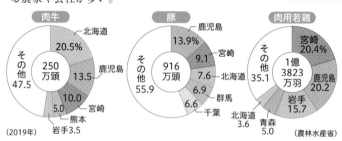

↑ 主な家畜の飼育数の割合

肉牛　250万頭
- 北海道 20.5％
- 鹿児島 13.5
- 宮崎 10.0
- 熊本 5.0
- 岩手 3.5
- その他 47.5

豚　916万頭
- 鹿児島 13.9％
- 宮崎 9.1
- 北海道 7.6
- 群馬 6.9
- 千葉 6.6
- その他 55.9

肉用若鶏　1億3823万羽
- 宮崎 20.4％
- 鹿児島 20.2
- 岩手 15.7
- 青森 5.0
- 北海道 3.6
- その他 35.1

（2019年）　　　（農林水産省）

2 漁　業

～のり・うなぎの養殖がさかん～

九州地方には，**長崎（まつうら）・松浦・枕崎（まくらざき）**など漁港が多く，長崎県は漁獲（ぎょかく）量が北海道に次いで多い。鹿児島県・宮崎県からは，まぐろ・かつおをとる漁船が出港している。

また，養殖業（ようしょく）もさかんで，**有明海ののり，大村湾（わん）**や**対馬（つしま）の真珠（しんじゅ），鹿児島湾のぶり類**は有名である。鹿児島県・宮崎県では**うなぎ**の生産量が多い。

↑ のり・うなぎの生産量の割合

のり 28.4万t	兵庫 24.0%	佐賀 24.0	福岡 13.3	熊本 11.2	その他 27.5

うなぎ 1.5万t	鹿児島 42.2%	愛知 22.9	宮崎 16.8	静岡 9.6	8.5

※海面養殖業の統計。
（2018年）　その他（農林水産省）

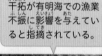

干拓（かんたく）が有明海での漁業不振（ふしん）に影響（えいきょう）を与（あた）えていると指摘（してき）されている。

↑ 諫早湾の干拓地（有明海西部）

入試Info

九州地方における畜産業についての出題が多く見られる。畜産がさかんなシラス台地の名称（めいしょう），九州地方の農業産出額の割合や，家畜の飼育数などの資料と関連づけて出題される。酪農（らくのう）がさかんな北海道地方などと比較しながらその特色をおさえておこう。

3　工　業

~電子・自動車工業が発達~

❶ 北九州工業地域の移り変わり

▶発展期…明治時代，近くに**筑豊炭田**があり，鉄鉱石の輸入先である中国に近いという理由で，現在の北九州市に官営の八幡製鉄所が建設された。関門海峡から洞海湾にかけての地域は，北九州工業地帯として四大工業地帯の１つに数えられた。

▶衰退期…高度経済成長の後期以降，**エネルギー革命**により炭鉱が閉山し，主力の鉄鋼業や石炭産業が衰えたこと，日本の工業の主体が鉄鋼などの素材型工業から自動車などの組み立て型工業に変化したことなどから，北九州工業地帯の地位は低下していった。

❷ 現在の九州地方の工業…北九州工業地帯は，工業出荷額の減少により工業地域と呼ばれるようになった。九州地方は広い工業用地や他地域よりも低賃金の労働力を得やすく，自動車の輸出先である中国に近いという理由から，北九州市の近くに**自動車**の組み立て工場が進出し，北九州工業地域の機械工業の割合も高くなってきている。また，九州地方は1970年代からIC（集積回路）産業が発達し，アメリカ合衆国のシリコンバレーにならってシリコンアイランドとも呼ばれた。ICなどの電子部品は，小型・軽量なわりに高価なので，輸送費が高くても採算がとれる。そのため，IC工場は空港や高速道路に近く，水や空気のきれいなところに立地している。しかし，1990年代以降，外国企業との競争が激しくなり，アジアの国々にIC工場を移転する企業も増えている。

第
1
編
地
理

第1章
世界と日本の
すがた

第2章
世界のさまざまな
地域

第3章
地域調査と
日本の地域的特色

第4章
日本の諸地域と
地域の在り方

参考　筑豊炭田

筑豊炭田は，福岡県の北九州市・中間市・直方市・飯塚市・田川市など６市４郡にまたがる，かつての主要な石炭の産地で，戦前は国内最大の炭鉱地帯だった。しかし，1960年代に入ってから衰退を始め，1970年代にはほとんどの炭鉱が閉山し，筑豊地域は壊滅的な打撃を受け，多数の失業者を出すなど社会的な問題となった。

zoomup　エネルギー革命
→ p.136
主な工業地域
→ p.148

⬆ 九州地方の工業都市

◁ 金属
⚙ 機械
🧪 化学
🏺 窯業
▢ 食料品
IC 電子部品
🚗 自動車
⚓ 造船
（2017年）

✈ 主な空港
━ 高速道路

（出荷額1300億円以上の業種のある市。政令指定都市は区ごとの統計。）
（平成30年版「工業統計表」）

（2019年）（2020/21年版「日本国勢図会」）

⬆ 半導体工場の分布

近年，半導体集積回路は，中国向けなどの輸出が好調で，日本国内での生産が増えつつある。

短文記述対策！

Q．北九州工業地域の地位が低下していった理由を，資源の面から簡潔に述べなさい。

A．周辺で豊富に産出していた石炭の炭鉱が，エネルギー革命により閉山し，鉄鋼の生産量が大きく減ったため。

③ 九州地方の生活・文化 ★★☆

1 環境保全

～公害発生から環境保全へ～

❶ **北九州市の事例**…高度経済成長期，北九州市では鉄鋼業が発展する一方で，大気汚染と洞海湾の水質汚濁が大きな問題となった。そこで，北九州工業地帯の企業などは公害をおさえるための技術を開発していった。北九州市は，その技術をもとにして環境産業に力を入れるようになり，1997年には**エコタウン事業**の承認を受けた。現在，沿岸部の「北九州エコタウン」には，廃棄物から金属を回収する工場やリサイクルをする工場が集まっている。

❷ **水俣市の事例**…1950～60年代に，熊本県水俣市の化学工場がメチル水銀を廃液として水俣湾に排水したことが原因で水俣病が発生した。しかし，住民らの海をきれいにする取り組みによって，現在はかつてのきれいな海を取り戻している。また，住民たちによるきめ細かいごみの分別の徹底やリサイクルへの取り組みなどの環境政策が評価され，2008年には**環境モデル都市**に選定された。さらに，水俣市は水俣病の教訓を世界に向けて発信し，世界の公害防止や環境保全のためにも努力している。2013年には，水銀などを使用した製品の製造と輸出・輸入を規制する**水銀に関する水俣条約**が採択・署名された。

❸ **循環型社会を目ざして**…九州地方では，鹿児島七ツ島メガソーラー発電所が建設されるなど太陽光発電もさかんである。また，**バイオマス**資源の利用など再生可能エネルギーの積極的な導入にも取り組んでいる。九州地方では，こうした，資源を循環させる産業を育て，将来の世代により良い社会を伝え残していこうとする「**持続可能な社会**」を実現するためのさまざまな努力がなされている。

Words エコタウン事業

ゼロ・エミッション(あらゆる廃棄物をほかの産業の原材料などとし，最終的に廃棄物をなくすこと)を基本構想として循環型社会の構築を目ざす事業。環境省と経済産業省が承認。水俣市や神奈川県川崎市など，かつて大きな公害がおこった都市も承認されている。

zoomup 水俣病
→ p.451, 596

Words 環境モデル都市

温室効果ガスの大幅な削減に取り組むモデル都市として政府が指定した地方公共団体。九州地方では北九州市や水俣市などが選定されている。

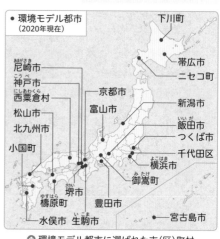

↑ 環境モデル都市に選ばれた市(区)町村

入試Info 工業では，北九州工業地帯が衰退した理由や，IC工場や自動車工場の進出に関する出題が多い。農業では，促成栽培や畜産業の割合が高いことなどが問われる。また，公害を経験した北九州や水俣市の環境政策についても出題される。

2 九州地方の結びつき

〜福岡市が経済・交通の中心〜

❶ **アジアとのかかわり**…福岡空港は，国際定期航空路で結ばれている。なかでも，韓国・台湾・中国から福岡空港に来る人が多いため，福岡市では交通機関などの案内板に英語，朝鮮半島で使われているハングル，中国語も表記することが他地域に先がけて行われた。

❷ **福岡市**…福岡市は政令指定都市（→ p.188）であり，地方中枢都市（→ p.178）としても機能している。政府機関，企業の本社や支店，大型商業施設，大学などが集中し，ほかの市町村から通勤や通学をする人も多い。

❸ **九州地方の観光**…2011年3月に九州新幹線が全線開通し，各県では温泉などの観光に力を入れている。1993年に**世界自然遺産**に登録された**屋久島**や，九州にある複数の資産が登録された**明治日本の産業革命遺産**，「神宿る島」宗像・沖ノ島と関連遺産群，長崎と天草地方の潜伏キリシタン関連遺産などの世界文化遺産もあり，魅力ある観光スポットが多い。

3 沖縄のあゆみとくらし・産業

〜観光業と花き栽培がさかん〜

沖縄はかつて琉球王国という独立国であった。終戦の直前，沖縄島は激しい戦闘の場となり，多くの住民が犠牲となった。戦後も1972年までアメリカ合衆国の軍政下に置かれ，現在も多くの米軍基地が残されている。基地は騒音など生活の妨げになるが，基地関連の仕事で収入を得る人も多い。沖縄は水資源に乏しく，貯水タンクを備えている住宅が見られる。また，台風の被害を防ぐため，軒を低く構えて，屋根がわらをしっくいで固めていたり，まわりを石垣で囲んだ伝統的な住居も見られる。産業では，独特の料理・文化やさんご礁を生かした**観光業**，電照ぎくの栽培，野菜づくりがさかんである。

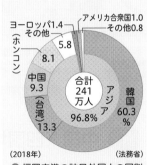

ヨーロッパ1.4　アメリカ合衆国1.0
その他 5.8（ホンコン）　その他0.8
中国 9.3
（台湾）13.3
合計 241万人
アジア 96.8%
韓国 60.3%

（2018年）　（法務省）

⬆ 福岡空港の訪日外国人の国別割合

樹齢3000年ともいわれる大木

⬆ 屋久島の縄文すぎ

zoomup 琉球王国→ p.301

⬆ 伝統的な沖縄の家

那覇
東シナ海
太平洋

住宅地
パイナップル畑
さとうきび畑
森林・原野
公園・空き地
アメリカ合衆国の軍用地

⬆ 沖縄島の土地利用

Episode

沖縄県は，さとうきびやパイナップルの出荷量が多い県であるが，近年，これらの外国からの輸入が増加したこともあり，作付面積は減少傾向にある。かわりに，高価なマンゴーなどの果物を栽培する農家が増加している。

2 ▶ 中国・四国地方

❶ 自然や産業の特色を,山陰・瀬戸内・南四国の3地域を比較しておさえよう。
❷ 本州四国連絡橋の開通による利点とその影響について理解しよう。
❸ 中国山地や南四国など過疎が進んだ地域で抱える問題点を整理しよう。

① 中国・四国地方のあゆみと自然 ★★★

1 位置とあゆみ

~九州地方と近畿地方を結ぶ要地~

中国地方は,九州地方と近畿地方の中間に位置し,瀬戸内海と山陽道は,古くから両地方を結ぶ重要な交通路であった。江戸時代,中国地方は日本海を経由してきた東北地方の米を大阪に運んだり,朝鮮半島から江戸へ向かう朝鮮通信使が通ったりする重要な場所であり,現在もその影響を受けた文化が残っているところもある。

県名	面積 (km²)	人口 (万人)	人口密度 (人/km²)
鳥取	3507	55.6	158
島根	6708	67.4	101
岡山	7114	189.0	266
広島	8480	280.4	331
山口	6113	135.8	222
徳島	4147	72.8	176
香川	1877	95.6	510
愛媛	5676	133.9	236
高知	7104	69.8	98
中国・ 四国計	50725	1100.4	217

(2019年) 　(2020/21年版「日本国勢図会」)

2 自然の特色

~3つの地域で異なる気候~

❶ 地　形…南北に山地があり,中部は平地となっている。地形の特徴から,中国・四国地方は**山陰地方・瀬戸内地方・南四国地方**の3つの地域に分けられる。

▶**中国地方**…日本海側の鳥取平野の海岸部には日本最大級の砂丘である鳥取砂丘が広がっている。中国地方は全体的に山がちで,その中央には低くなだらかな中国山地があり,**秋吉台**などの**カルスト地形**(雨水などが石灰岩を溶食してできた地形)が発達している台地も見られる。瀬戸内海は,土地が沈んでできた**多島海**で,海岸の出入りは複雑である。瀬戸内海沿岸には,岡山平野や,**三角州**が発達した

↑ 秋吉台のカルスト地形

参考 鳥取砂丘

日本海沿岸には,冬の北西季節風が河川の運んできた砂を吹き寄せて形成する砂丘が分布している。なかでも鳥取砂丘は日本最大級の砂丘として知られている。東西16km,南北2.4km,最大高低差が90mもあり,国の天然記念物や,山陰海岸国立公園の特別保護地区に指定されているほか,観光地にもなっている。

Episode　日本には全国各地に石灰岩が分布しており,200以上の石灰石鉱山が稼動している。石灰岩は日本で自給できる数少ない鉱産資源であり,山口県の**秋吉台**は有名な石灰石地形の1つである。山口県**宇部市**などで,石灰石を原料とする**セメント工業**が発達している。

広島平野などが広がる。

▶ **四国地方**…四国地方も全体的に山がちで，中央には高く険しい四国山地があり，**吉野川**や日本最後の清流として知られる**四万十川**は，この四国山地に水源をもつ。平野には**讃岐平野・徳島平野・高知平野**などがある。また，西部の海岸は**リアス海岸**が発達している。

❷ **気　候**…3つの地域で異なる。

▶ **山陰地方**…日本海で湿気を含んだ北西の季節風の影響で，冬に雪や雨が多くなる**日本海側の気候**に属する。

▶ **瀬戸内地方**…中国山地と四国山地が夏と冬の季節風をさえぎるため，1年を通じて降水量が少なく，温暖な**瀬戸内の気候**である。

▶ **南四国地方**…沖合を流れる黒潮（日本海流）と夏の南東から吹く季節風の影響で，夏に降水量が多い**太平洋側の気候**。冬は南九州と同じように温暖である。

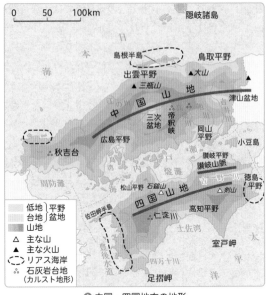

↑ 中国・四国地方の地形

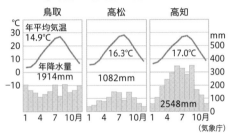

↑ 中国・四国地方の雨温図

② 中国・四国地方の産業 ★★★

1 農　業

～瀬戸内で果物，南四国で促成栽培～

❶ **山陰地方の農業**…山陰地方の海岸部は，断続的に砂地が分布している。砂地は**スプリンクラー**などのかんがい施設が整備された結果，安定した農地となった。地温が高く，水はけが良いなどの特色がある砂地では，**らっきょう・すいか・長いも・ねぎ**などがつくられている。鳥取県の山のふもとの傾斜地などでは，**日本なし**（主に「二十世紀なし」）が栽培されている。

↑ スプリンクラーが整備されたらっきょう畑

Episode 岡山県の児島湾は，秋田県の八郎潟，九州地方の有明海とともに，三大干拓地の1つに数えられている。児島湾の干拓は世界的にも有数の規模で，岡山平野の耕地約2万5000haのうち，8割にあたる約2万haが干拓によって生み出されている。

❷ 瀬戸内地方の農業…岡山県の**児島湾**では，江戸時代から大規模な**干拓**が行われ，現在は稲作がさかんに行われている。瀬戸内海の島々や日あたりが良い沿岸部の山の斜面で見られる段々畑ではみかんの栽培がさかんで，愛媛県は全国有数のみかんの生産地となっているが，近年は，キウイフルーツを栽培する農家も増えている。岡山平野では，ぶどう・ももの栽培が，瀬戸内海の**小豆島**ではオリーブの栽培がさかんである。

↑ 愛媛県のみかん畑

❸ 南四国地方の農業…高知平野では，かつて温暖な気候を利用した米の**二期作**が行われてきた。しかし，近年の食生活の多様化で米の消費量が減ったことなどから，現在は主に野菜が生産されるようになった。特に，ビニールハウスなどの**施設**を利用した野菜づくりがさかんで，冬に品薄になる夏野菜の**ピーマン・なす**の**促成栽培**が行われている。そのため，高知県は農業産出額における野菜の割合が非常に高い。全国的な交通網の整備が進んで農産物を新鮮なまま遠い大都市に運べるようになったことなどから産地間競争が激化した今日，高知平野の農家はオクラやししとうなど多くの種類の野菜を生産したり，農薬を減らしてより安全な野菜をつくったりして，競争力をつけている。

↑ 高知平野のビニールハウス群

	野菜	米	畜産6.8	その他（果実など）
高知 1170億円	野菜63.7%	米10.0		19.5
徳島 981億円	37.8%	13.7	27.0	21.5
香川 817億円	28.6%	15.4	41.2	14.8
愛媛 1233億円	16.3% 13.6	19.9	50.2	
全国 9兆558億円	25.6%	19.2	35.5	19.7

（2018年）　　　　　　　　　　（農林水産省）
↑ 四国地方各県の農業産出額の内訳

Close Up　讃岐平野での水の確保

降水量が少ない讃岐平野は，大きな河川がないこともあり，水不足になりやすい。そこで，人々は古くから対策を行ってきた。

讃岐平野には，数多くのかんがい用の**ため池**がある。なかでも満濃池は最大のもので，821年以降，空海（→ p.273）らによって改修されてきた。ため池は讃岐平野のほか，兵庫県南東部，奈良盆地，広島県南部に多い。

香川用水は，吉野川から讃岐平野に水を引くために建設された用水路で，讃岐平野を東西に貫くように流れている。

↑ 点在するため池

（水資源機構香川水総合事業所）
↑ 香川用水

短文記述対策！

Q 高知平野でさかんな促成栽培とはどのような栽培方法か簡潔に述べなさい。

A 冬でも暖かい気候を利用して収穫時期を早める栽培方法で，他地域からの出荷量が少ない時期に出荷するので高値で売ることができる。

2 畜産業

～中国山地で肉牛の放牧がさかん～

かつて中国山地は製鉄のさかんな地域であり，人々は製鉄の原料である砂鉄や木炭を運搬するため，低くてなだらかな山地の恵まれた地形を利用して牛を**放牧**していた。現在，牛は肉用・乳用に飼育されている。

島根県や山口県は，全国的に増加傾向にある**耕作放棄地**での放牧をいち早く始めた。耕作放棄地の所有者に放牧用の牛を貸し出し，放牧をさらに広げようとしている。

3 林 業

～四国山地でさかん～

高温多雨の四国山地では，すぎ・ひのきがよく育つ。四国山地で生産される**こうぞ・みつまた**は，地元の伝統的工芸品である**土佐和紙**の原料となる。

4 漁 業

～養殖業がさかんな瀬戸内海～

鳥取県や島根県は，あじ・かれい・いか・かにの漁獲量が多く，鳥取県の境港は全国有数の水揚げ量を誇る。

瀬戸内海では養殖がさかんで，**広島県（広島湾）のかき，愛媛県（宇和海）の真珠・まだい・ぶり類**の生産量は全国でも上位を占める。

高知県西部の土佐清水港からは，黒潮の流れる沖合などを漁場とする，まぐろ・かつおをとるための漁船が出港し，静岡県の焼津港などに水揚げをしている。

5 工 業

～石油化学工業がさかんな瀬戸内工業地域～

❶ **瀬戸内工業地域**…瀬戸内工業地域は臨海型で，化学工業の割合が高く（→p.148），製鉄所や石油化学コンビナートが集中している。この地域は水運の便が良く，工業用地（埋め立て地や，かつてこの地域に多かった塩田の跡地）や用水が豊富であったことから，1960年代以降，大工場が立地するようになり，山陰や南四国から労働力を吸収してきた。

❷ **倉敷市水島地区**…倉敷市水島地区は，かつて国が産業

↑ 耕作放棄地における放牧（山口県）

Words 耕作放棄地

過去1年以上作物を栽培せず，今後数年の間に耕作する意思のない土地。農家が高齢化などで農業をやめても土地を手放さずに放置することなどによって生じる。耕作放棄地は，雑草が生え，病害虫やいのししなど鳥獣害の原因となり，人間の生活に悪影響を及ぼす。近年，耕作放棄地での放牧は，牛に草を食べさせることで荒れた土地を農地に復元できる，畜産農家が省力化を図れる，家畜の健康を増進できるなどの長所があることから少しずつ全国に広まっている。

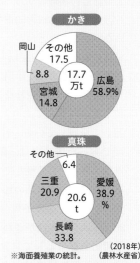

かき

その他 17.5
岡山 8.8
宮城 14.8
17.7 万t
広島 58.9%

真珠

その他 6.4
三重 20.9
長崎 33.8
20.6 t
愛媛 38.9%

※海面養殖業の統計。 （2018年）（農林水産省）

↑ かき・真珠の生産量の割合

入試Info

瀬戸内工業地域については，工業出荷額の内訳を示すグラフから選択する問題や，石油化学コンビナートの名称を問うものなどが多く出題されている。ほかの工業地帯・地域と比較して出されるので，それらの統計やグラフとも関連づけて確認しておこう。

の発展に力を注いだ地域の１つで，岡山県の中核工業

都市として成長してきた。高梁川の河口が造成され，大規模な工業用地と大型船の出入りができる水島港がつくられた。そこに，鉄鋼・石油化学・自動車などの工場や発電所が建設され，現在，瀬戸内で最大の工業地域となっている。

❸ 内陸部への進出…高速道路に近い内陸の津山盆地ではIC(集積回路)の生産がさかんになった。

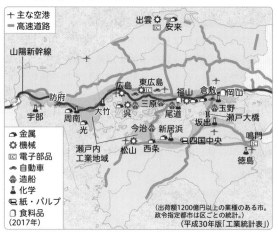

↑ 中国・四国地方の工業都市

3 中国・四国地方の生活・文化 ★★☆

1 人口分布が偏る中国・四国地方

~瀬戸内海沿岸に人口が集中する~

❶ 人口の多い地域…中国・四国地方にある人口５万人以上の都市約40市のうち，瀬戸内に約30市がある。逆に，５万人未満の都市約50市のうち，瀬戸内には約10市しかない。このことから，人口は瀬戸内の都市に集中し，山陰や南四国では人口が少ないことがわかる。

❷ 広島市…広島市は，中国・四国地方最大の都市である。行政機関や銀行・商社などが集中し，自動車工業・機械工業がさかんであり，地方中枢都市として発展している。江戸時代に城下町であった広島市は，明治時代以降，軍事都市として発展してきた。しかし，第二次世界大戦末期の1945年８月６日，世界で初めての原子爆弾が投下されて20万人以上の人命が奪われた。戦後は，平和記念都市として世界平和を訴え続け，1996年に原爆ドームが世界文化遺産に登録された。毎年８月６日には広島平和記念式典が行われている。

> **Words** 地方中枢都市
> 行政などにおいて地方の中心となる都市。北海道地方の札幌市，東北地方の仙台市，中国・四国地方の広島市，九州地方の福岡市が代表的である。

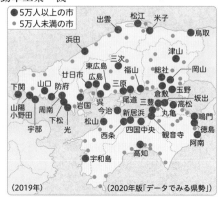

↑ 中国・四国地方の都市の分布

Episode 2019年11月，フランシスコ・ローマ教皇が日本を訪れた。ローマ教皇の来日は38年ぶり２回目で，教皇は被爆地である広島市，長崎市を訪問した。広島市では，広島平和記念公園を訪問し，核兵器廃絶などの平和へのメッセージを発信した。

❸ 過疎地域…中国山地や南四国は, 国内でも特に働きざかりの年齢層が大都市に流出し, 人口減少や高齢化の進行が著しい地域である。このような過疎が進んだ地域では, 地域の収入が減って, 学校・病院などの公共施設や乗客の少ない鉄道・バスなどの公共交通が廃止されるなど, 都市

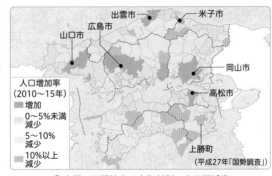

人口増加率
（2010〜15年）
■ 増加
□ 0〜5%未満 減少
■ 5〜10% 減少
■ 10%以上 減少

（平成27年「国勢調査」）

↑ 中国・四国地方の市町村別の人口増減率

部に比べてくらしが不便になっている。身近な商店がなくなり, 自動車の運転ができない高齢者など, 買い物に困難を感じる**買い物弱者**の増加も問題となっており, 65歳以上の高齢者の人口比率が住民の50%を超え, 消滅のおそれがある**限界集落**も増加している。また, さまざまな原因で農業が行われなくなり, **耕作放棄地**も増えている。

　一方, 過疎地域の中には, インターネットを利用して農産物の通信販売や医療（遠隔医療ネットワーク）を行い, 産業・生活を便利にしようとくふうしている地域もある。過疎に直面した各市町村では, その地域の特色を生かした**町おこし・村おこし**を行って地域の活性化を目ざしている。徳島県の上勝町では, 地域でとれる木の葉や野草を「つまもの」として商品化し, 多くの高齢者が生産に携わり収入を得ている。また, 過疎が進んでいる地方公共団体の中には, 都市を離れて地方に住もうという**Iターン**や**Uターン**の希望者の受け入れに力を入れているところもある。

❹ **平成の大合併**…国は, 「より広域行政を単位とした地方自治」や「少子高齢社会（福祉サービスの維持）への対応」には, 市町村の財政を強化させることが必要であるとし, 1990年代後半から**市町村合併**を進め, 市町村の数が大幅に減少した。しかし, 合併による中心地以外の地域の衰退, 伝統のある古い地名がついた市町村の消失, 限界集落を多くもつ市における集落間の格差拡大といった問題点も生じた。

参考 アンテナショップ, 道の駅

- **アンテナショップ**…地元の特産品を販売するために, 地方公共団体などが大都市などに設けた店のこと。販売のほか, 消費地のニーズをつかむ目的もある。
- **道の駅**…国土交通省によって登録された, 「休憩」「情報発信」「地域の振興」という3つの機能をもつ施設。地元の特産品を販売することで産業の活性化を図っている。

↑ 「つまもの」の生産（上勝町）

zoomup Iターン, Uターン
→ p.134

入試Info 中国・四国地方は, 典型的な過疎地域として出題が多い。瀬戸内海沿岸部の過密地域と山陰・南四国の過疎地域の分布や, 人口ピラミッドなどの資料を確認しておくことが必要である。また, 過疎地域の現状や対応策も確認しておこう。

2 中国・四国地方の結びつき

～本州四国連絡橋で強まった結びつき～

❶ **中国地方と他地方の結びつき**…九州地方と中国地方は，1942年に海底鉄道トンネルとして鉄道が開通し，1958年には自動車トンネル，1973年には**関門橋**が開通して結合した。中国地方では**中国自動車道**や**山陽自動車道**，**山陽新幹線**といった陸上交通が発達しているため，世界文化遺産の石見銀山，城下町の山口県萩市など観光に力を入れる地域も増えている。

❷ **中国地方と四国地方の結びつき**…中国地方と四国地方は**フェリー**で結びついていたが，1988年，倉敷市児島と坂出市を結ぶ瀬戸大橋が開通し，本州と四国が高速道路と鉄道で結ばれた。この児島・坂出ルートに続き，1998年に神戸・鳴門ルート，1999年に尾道・今治ルートが開通し，これら3本の**本州四国連絡橋**の高速道路を使って中国地方と四国地方を行き来する人が増えた。四国地方で生産された農産物や水産物も，近畿地方の都市などに早く届けられるようになった。しかし，交通網の発展に伴うフェリーの廃止・減便などにより，逆に交通が不便になった地域も現れた。また，大都市への移動時間が短くなったことで人が大都市に吸い寄せられる**ストロー現象**によって，地域経済が衰えを見せはじめたところもある。

上段が自動車道，下段が鉄道になっている。

↑ 瀬戸大橋

香川→岡山

- 1980年　843人
- 2015年　2170人

岡山→香川

- 1980年　541人
- 2015年　2453人

（平成27年「国勢調査」など）

↑ 岡山県・香川県間の1日あたりの通勤・通学者数の変化

↑ 中国・四国地方の高速道路の整備

明石海峡大橋の開通により，徳島市から神戸市まで約1時間半，大阪市まで約2時間半で結ばれるようになった。

↑ 本州四国連絡道路

入試Info

本州四国連絡橋のなかでも瀬戸大橋に関する問題がよく出題される。3つのルートの位置や結んでいる都市名，橋の名称を確認しておこう。また，本州四国連絡橋の開通による影響についての記述問題の出題も多いので，人口移動の変化などについておさえておこう。

❸ 観光による結びつき…中国・四国地方には，観光地となっているところも多く，世界文化遺産には，**原爆ドーム・厳島神社**(広島県)・**石見銀山**(島根県)などが登録されている。

「負の遺産」とも呼ばれる。

↑ 石見銀山遺跡

↑ 厳島神社(宮島)

↑ 原爆ドーム

全国的に知られている観光地には，**鳥取砂丘**(鳥取県)，**出雲大社**(島根県)，**金刀比羅宮**(香川県)，**道後温泉**(愛媛県)などがある。多くの観光客がこれらの地を訪れており，近年は外国からの観光客も増えている。

瀬戸内しまなみ海道とも呼ばれる，本州四国連絡橋の尾道・今治ルートは，サイクリングコースとして知られるようになり，アメリカ合衆国のメディア・CNNの「世界の最も素晴らしい7大サイクリングコース」の1つにも選ばれるほど，世界中のサイクリストから注目を集めている。最近では，特に，台湾からサイクリングを目的にやってくる人々が増加している。

自転車専用道路がつくられている。

↑ 瀬戸内しまなみ海道を構成する橋の1つ，多々羅大橋

また，農林水産省の中国四国農政局は，訪日観光客らを対象に，中国・四国地方各県の観光農園や農家レストランを紹介する「中国四国『食と農』のポータルマップ」を作成して国内外へ発信している。訪日観光客は近年，より深い日本文化の体験を求めており，リピーターを中心に地方への訪問が人気となっている。ポータルマップなどは，そのような訪日観光客のニーズに応え，地方の活性化へつなげる動きといえる。

参考　出雲大社，道後温泉

● **出雲大社**…伊勢神宮に並ぶ古社。大国主大神を奉っており，縁結びの神・福の神として親しまれている。1744年に建てられた本殿は，日本で最も古い神社建築の形式である大社造で，国宝に指定されている。

● **道後温泉**…夏目漱石の小説『坊っちゃん』の舞台として，また，時を知らせる太鼓楼振鷺閣のある温泉として全国に知られる。温泉の歴史は古く，『日本書紀』，『万葉集』，『源氏物語』などにも名湯として登場している。

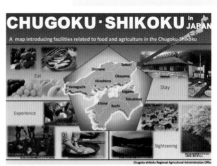
↑ 中国四国「食と農」のポータルマップ(英語版)

Episode　2018年の四国地方での外国人延べ宿泊者数は4県合計で約97万人で，各県とも宿泊者数が過去最高を更新した。特に，香川県は4県全体の約60％を占めており，アジアからの航空便が就航する高松空港などを軸に，四国観光の拠点として集客力を維持している。

3 近畿地方

1 近畿地方のあゆみと自然 ★★☆

1 位置とあゆみ

～かつての政治・経済・文化の中心地～

❶ 位　置…近畿地方は本州の中西部に位置し，北部は日本海，南部は太平洋，西部は瀬戸内海に面する。兵庫県明石市には日本の標準時子午線である東経135度の経線が通っている。

❷ あゆみ…4世紀ごろ，近畿地方に大和政権が成立し，8世紀には平城京（奈良県）・平安京（京都府）に遷都され，京都は1869年に東京へ遷都されるまで1000年余りにわたって日本の都として，政治・経済・文化の中心であった。大阪は，16世紀に豊臣秀吉が大阪城を築いてから発展し，江戸時代には「天下の台所」と呼ばれ，日本経済の中心であった。現在，大阪市は西日本の中心である。また，古代の都の遺構と多くの文化財や自然に恵まれた京都市や奈良市は，国際的な観光都市として知られている。

府県名	面積 （km²）	人口 （万人）	人口密度 （人/km²）
三重	5774	178.1	308
滋賀	4017	141.4	352
京都	4612	258.3	560
大阪	1905	880.9	4624
兵庫	8401	546.6	651
奈良	3691	133.0	360
和歌山	4725	92.5	196
近畿計	33126	2230.8	673

（2019年）　　　（2020/21年版「日本国勢図会」）

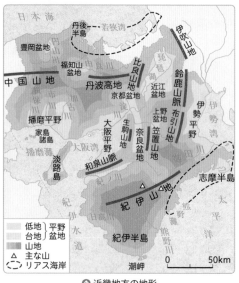

↑ 近畿地方の地形

2 自然の特色

～北・中・南部で異なる気候～

❶ 地　形…南北に山地があり，中部は低地となっている。

　▶ 北　部…低くなだらかな丹波高

入試Info　近畿地方の府県に関して，県名と県庁所在地名が異なる県や大阪・京都・神戸の特色について，主な産業と関連づけて出題されることが多いので，府県ごとの特色を確認しておこう。

地・中国山地が東西に走っているため山がちで平地が少なく，福知山盆地など盆地が点在している。

▶ **中　部**…西から大阪平野・奈良盆地・上野盆地・伊勢平野と平地が続いている。近江盆地に囲まれた日本最大の湖である琵琶湖を源流とする川は，京都盆地を抜けると淀川となり，大阪平野を通って大阪湾に注いでいる。

▶ **南　部**…日本最大の半島である紀伊半島には，高く険しい紀伊山地があり，そこから発する紀ノ川は西流して紀伊水道，熊野川は南流して熊野灘に注いでいる。志摩半島では**リアス海岸**が発達している。

❷ **気　候**…北・中・南部ではっきりと異なる。

▶ **北　部**…冬は日本海で湿気を含む北西の季節風の影響を受け，雪や雨が多くなる。また，沿岸部の気温はあまり下がらないが，盆地は寒さが厳しい。

▶ **中　部**…瀬戸内海沿岸や山に囲まれた盆地は，季節風の影響を受けにくいため，1年中降水量が少なく，1年の気温の差が大きい。

▶ **南　部**…夏は南東の季節風や黒潮（日本海流）の影響で雨が多くなる。三重県の**尾鷲市**は年間降水量が約4000 mmにものぼり，降水量が非常に多い。

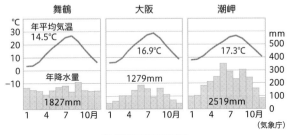

↑ 近畿地方の雨温図

3 琵琶湖の水利用と環境保全

〜京阪神大都市圏の水源〜

❶ **琵琶湖の水利用**…琵琶湖は日本最大の湖で，京阪神に住む人々の最大の水源である。その水は，琵琶湖疏水により京都，淀川水系により大阪などの下流地域へ送られ，生活用水・農業用水・工業用水などに利用されている。

琵琶湖の水は瀬田川，宇治川，淀川を流れ，大阪湾に注いでいる。

↑ 琵琶湖

波が静かな入り江では，真珠やのりの養殖が行われている。

↑ 志摩半島のリアス海岸

農林水産省により「疏水百選」に選ばれ，経済産業省により「近代化産業遺産」に認定されている。

↑ 琵琶湖疏水

Episode　琵琶湖疏水は，1881年，京都府知事の北垣国道により計画され，1885年から5年を要して全長20 kmの第1疏水が完成し，1912年には第2疏水ができ上がった。琵琶湖疏水の建設は明治時代の大土木工事であり，疏水は今も京都市民の生活を潤している。

❷ 琵琶湖の汚れと環境保全…高度経済成長期以降，工場廃水や生活排水が大量に琵琶湖に流入するようになり，それらに含まれる窒素やリンによって湖水の富栄養化が進み，アオコや淡水赤潮の原因となるプランクトンが異常発生した。1977年，地元の人々は合成洗剤の使用中止を呼びかけ，1979年にはリンを含む合成洗剤の販売・使用などを禁止する条例が制定された。1993年に琵琶湖がラムール条約の登録湿地になると，滋賀県は水質保全のためにさまざまな規制を設けるようになった。現在も水質改善のための活動が続けられている。

⬆ 琵琶湖の環境保全（ヨシ植栽）

参考 琵琶湖の生態系

琵琶湖には固有の貴重な魚が生息しているが，水質の悪化，ヨシ（アシ）の消失，ブラックバスなどの外来魚による固有種の捕食などが原因で生態系が乱れてきている。ヨシは水を浄化する性質をもち，湖岸の魚類の生息場ともなっていることから，ヨシを植林する取り組みが行われているほか，滋賀県は外来魚回収ボックスを設けて，釣った外来魚を生きたまま放さずに駆除するよう呼びかけている。

zoomup ラムサール条約
→ p.217

② 近畿地方の産業 ★★★

1 農業

～近郊農業と果樹栽培がさかん～

❶ 近郊農業…京都・大阪・神戸といった大消費地の周辺では近郊農業が行われており，淡路島では，たまねぎ・レタスなどの栽培がさかんである。京都では，伝統的な京料理に使われる京野菜が栽培されている。

❷ 果実…和歌山県では，温暖な気候を利用したみかん栽培がさかんである。有田川下流域の山の斜面の多くがみかん畑に利用され，全国有数のみかんの産地となっている。また，和歌山県はかき・もも・うめなどの生産量も多く，農業産出額に占める果実の割合が非常に高い。

❸ 茶…京都府南部は茶の産地で，そこで生産された茶は**宇治茶**というブランドで販売されている。

❹ 畜産業…兵庫県では肉牛や乳牛の飼育がさかんである。兵庫県で生まれ育った但馬牛は，高級ブランド牛肉の神戸牛のもととなるほか，松阪牛や近江牛などのブランド牛の素牛として飼育されることもある。

かき 21万t	和歌山 18.8%	奈良 13.6	7.6	6.7	その他 46.8

福岡／愛知6.5／岐阜

みかん 77万t	和歌山 20.1%	静岡 14.8	愛媛 14.7	熊本 11.7	その他 32.3

長崎6.4

うめ 11万t	和歌山 65.1%	その他 29.8

群馬5.1

(2018年) （農林水産省）
⬆ かき・みかん・うめの生産割合

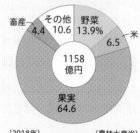

その他 4.4／畜産／野菜 13.9%／米 6.5／1158億円／果実 64.6

(2018年) （農林水産省）
⬆ 和歌山県の農業産出額の内訳

短文記述対策！

Q 大阪や神戸などの都市周辺で行われている近郊農業の利点について簡潔に述べなさい。

A 市場である大阪や神戸までの輸送に時間がかからないため，鮮度の高い状態を保ったまま，野菜を市場や消費者に届けることができ，輸送費もおさえることができる。

2 林　業

〜吉野すぎや尾鷲ひのきで知られる紀伊山地〜

　紀伊山地は温暖多湿で森林がよく育つため，吉野すぎ（奈良県）や尾鷲ひのき（三重県）といった美林が多い。昔から林業がさかんで，開発が進められてきたため，全国的に見ても個人や団体の所有する私有林が多い。

　和歌山県では若い林業の担い手の募集に力を入れ，林業従事者の高齢化の進行に歯止めをかけている。また，木材価格が低迷するなか，高性能な林業機械の活用などによる低コスト林業を推進している。

> 尾鷲ひのき，天竜すぎ（長野県）とともに人工の三大美林といわれる。

↑ 吉野すぎ

3 漁　業

〜志摩半島では真珠の養殖がさかん〜

　兵庫県から島根県にかけての日本海では，かにがよくとれる。黒潮が流れる太平洋側も漁業がさかんで，和歌山県の勝浦港は，近くにまぐろの漁場があるため，その水揚げ量が多い。和歌山県白浜町にある大学の水産研究所は，国際的に漁獲量が制限されているくろまぐろの完全養殖に世界で初めて成功した。兵庫県の瀬戸内海沿岸や三重県の伊勢湾沿岸ではのり，三重県南部ではまだいの養殖が行われている。特に養殖業がさかんな志摩半島では，英虞湾・五ヶ所湾で真珠が生産されている。

> アコヤ貝を育てることから始め，4年ほどかけて真珠ができる。

↑ 英虞湾の真珠の養殖

4 工　業

〜中小工場が多い阪神工業地帯〜

❶ **阪神工業地帯**…阪神工業地帯は，金属，化学工業の割合が比較的高い（→ p.148）。明治時代以降，繊維工業を中心に成長したが，戦後，沿岸部に製鉄所や石油化学コンビナートが立地するようになった。一方，内陸部の大阪府**門真市**や守口市では**家庭電気製品**を中心とする機械工業が発展していった。しかし，1970年代におこった石油危機の後，鉄鋼業や石油化学工業が外国との競争で伸び悩むようになったことや，自動車工

↑ 近畿地方の工業都市

Episode　紀伊山地で伐採された木材は，かつては，木材をいかだに組んで川の下流に向かって流す「いかだ流し」という方法で運ばれていた。そのため，製材所は大きな河川のある和歌山県新宮市・田辺市・御坊市に多い。現在はトラックで山から運び出されている。

業や先端技術産業の工場の誘致が進まなかったことで工業出荷額が伸び悩み，工場の閉鎖や移転が進んだ。

　また，大気汚染や地下水のくみ上げすぎによる**地盤沈下**などの公害が発生したが，それを機に公害対策を強化するようになった。

❷ **中小工場**…大阪府の**東大阪市**や**八尾市**などには日用雑貨・金属部品・機械部品，大阪南部の泉南地域には毛布・タオルを生産する多くの中小工場がある。中小工場の多くは大工場の**下請け**を行っているが，安い外国の製品との競争にさらされるなど，厳しい経営状況にある。しかし，なかには特殊技術をもち，先端技術産業を支えている中小工場もある。

❸ **大阪湾パネルベイ**…大阪湾岸の工場跡地などでは，液晶パネル・太陽光発電パネル，燃料電池などの生産・開発拠点の立地が進み，「大阪湾パネルベイ」と呼ばれ，関西経済を活性化させると期待されていた。しかし，国際的な価格競争力の低下や新興国の生産増加による価格の下落などから採算がとれず，操業停止や売却する企業が増加した。今後の地域経済を活性化させる新しい産業として，カジノを中核とするIR(統合型リゾート)の誘致などが計画されている。

❹ **伝統産業**…古くから産業が栄えた京都や大阪には，伝統的な技術・製法によってつくられる伝統的工芸品が多い。京都の**西陣織**，**京友禅**，**京焼・清水焼**，大阪の堺打刃物はその代表例で，全国的に知られている。

3　近畿地方の生活・文化 ★★★

1 京阪神大都市圏(大阪大都市圏)と私鉄

～三大都市圏の1つ～

　京都市・大阪市・神戸市を中心とする京阪神大都市圏(大阪大都市圏)では，人口の増加に伴って**過密**となり，都心部の宅地が不足したため，私鉄の沿線に千里・泉北(大阪府)などのニュータウンが開発されていった。また，通勤・通学客を増やすことを目ざした私鉄は，住宅地を開発し，自社の沿線に百貨店・野球場・遊園地などをつくり，乗客を増やすくふうを行ってきた。

2009年，大阪の中小企業と産官学が連携して開発した小型人工衛星「まいど1号」が種子島からの打ち上げに成功した。

↑ 小型人工衛星「まいど1号」

参考 大阪湾岸の再開発

近年，大阪湾ベイエリア地区は，広大な工場跡地に，レジャー施設や商業施設，大規模な会議や展示会などを行うコンベンションセンターなどが建設され，工業以外の再開発が進んでいる。1970年に日本で初めての国際博覧会が大阪で開催されたが，再び，**日本国際博覧会(大阪・関西万博)**が2025年に大阪湾岸の夢洲で開催されることが決定し，地域の活性化と経済への波及効果が期待されている。

近年は建て替えが進んでいることから，特に若い世代が流入し，人口・世帯数ともに回復してきている。

↑ 千里ニュータウン(大阪府吹田市)

入試Info

阪神工業地帯について，**金属・化学工業の割合が高い**ことや**中小工場が多い**ことなどの特色に関する出題が多い。また，千里ニュータウンなどが開発された背景や，ニュータウンの現状などについても問われることがあるのでおさえておこう。

② 古都奈良・京都とその歴史的景観の保全

～歴史的景観を守るための取り組み～

❶ **古都奈良・京都**…奈良や京都は，かつて都として日本の政治・文化の中心であったため古都といわれ，由緒ある寺社，伝統的な祭り，歴史的な町並みなどが多く見られる。平安京は碁盤の目のように通りで区切られた街割りがなされ（**条坊制**），現在も京都ではその街割りが維持されている。また，京都には三条・四条といった通りや，右京・左京といった区があり，古都らしい地名が残る。

❷ **世界文化遺産と文化財**…近畿地方には，歴史的な背景から世界文化遺産の登録地が6件もあり，全国の国宝や重要文化財の約半分が集中している。また，美術館や博物館には，歴史的に貴重な工芸品・絵画・仏像・書物などの文化財が所蔵されている。

❸ **古都の観光業**…古都の歴史的な文化財や景観は，観光資源になっている。修学旅行で古都を訪れる学校が多いほか，海外向けの広告などでは，日本の象徴として京都・奈良の寺社や景観がよく使われている。

❹ **京都の歴史的景観の保存**…京都市では時代の経過とともに都市化や近代化が進み，人口も増加してくると，建物が高層化され，京都独自の**町家**で形成された低い町並みにそぐわない集合住宅などが建てられるようになった。そこで京都市は，古都らしい景観を保存するため，建物の高さやデザイン，屋外の広告物などに規制を設けるようにした。また，東山や嵯峨嵐山のように，古都保存法に基づいて歴史的風土保存区域に指定され，乱開発から守られている地域もある。

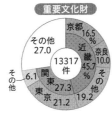
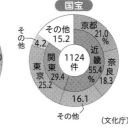

重要文化財

京都 16.5%
その他 27.0
近畿 45.7%
奈良 10.0
その他
その他 6.1
関東 19.2
東京 21.2
27.3

13317件

国宝

京都 21.0%
その他 15.2
その他
近畿 55.4%
奈良 18.3
その他 4.2
関東
東京 25.2
29.4
16.1
その他

1124件

（2020年10月1日現在）　（文化庁）

⬆ 重要文化財と国宝の分布

⬆ 歴史的風土保存区域（京都市東山区・二年坂）

参考　近畿地方の世界文化遺産

法隆寺地域の仏教建造物，姫路城，古都京都の文化財，古都奈良の文化財，紀伊山地の霊場と参詣道の5件と，2019年に登録された百舌鳥・古市古墳群の合わせて6件がある（2020年現在）。

参考　重要伝統的建造物群保存地区

1975年に伝統的建造物群保存地区の制度が発足し，城下町，宿場町，門前町など歴史的な集落・町並みの保存が図られるようになった。市町村は，伝統的建造物群保存地区を決定したうえで保存計画を定める。国は市町村からの申請を受け，特に価値が高いと判断したものを重要伝統的建造物群保存地区に選定する。2019年12月現在，全国に120地区ある。

短文記述対策！

Q 京都市は，建築物の高さなどを制限するための条例を制定している。その理由を簡潔に述べなさい。

A 新たに建てる建築物により，歴史的な町並みの景観が損なわれないようにするため。

3 大阪市

～西日本最大の商業都市～

　早くから政令指定都市となった大阪市は西日本最大の都市で，東京都区部，横浜市に次ぐ人口をもち，人口密度もきわめて高い。また，近畿地方の経済・文化・交通の中心地としての地位も確立している。

❶ 商業都市…江戸時代，大阪は全国各地と航路で結ばれていたため物流の拠点となり，「天下の台所」と呼ばれていた。大阪市には，調理器具や生地など特定の商品を扱う問屋街が形成されている。近年は，東京への一極集中が進み，本社を東京に移す企業が増えている。

❷ 都心回帰現象…大阪市は，郊外にニュータウンが建設されたこともあり，1960～70年代にかけて人口の流出が続いた。近年は，高層マンションの建設が進み，人口が回復する都心回帰現象がおこっている。

4 神戸市

～貿易港から発展した都市～

❶ 貿易都市…神戸市は，中世から航路の要地として栄え，1868年に開港してからは京阪神の国際貿易港の役割をもつ港湾都市に成長した。市街地を拡張するために埋め立てによって，ポートアイランドや六甲アイランドなどが造成された。

❷ 兵庫県南部地震…1995年におこった淡路島北部を震源とする阪神・淡路大震災で神戸市は大きな被害を受けた。震災後，古い市街地の土地区画整理が行われた際には，道路の幅を震災前に比べて広くしたり，緊急時の避難場所となるように広場や公園を設けるなど，防災を意識した復興が進められた。

5 近畿地方の結びつき

～大阪駅と関西国際空港が交通の中心～

　大阪駅や京都駅は長距離バスやJRの発着点となっている。また，近畿地方には３つの空港があり，関西国際空港の定期便はアジアに向かう国際線が多い。距離が近い大阪国際空港（伊丹空港）と神戸空港の機能をどのように分担するかが課題となっている。

Words　政令指定都市

地方自治法による政令によって指定された50万人以上の人口をもつ市。福祉・衛生・都市計画など，都道府県の役割の一部を市が主体となって実施できる。2020年現在の政令指定都市は，札幌，仙台，さいたま，千葉，横浜，川崎，相模原，新潟，静岡，浜松，名古屋，京都，大阪，堺，神戸，岡山，広島，北九州，福岡，熊本の20市。

参考　関西文化学術研究都市

関西文化学術研究都市は，京都府・大阪府・奈良県にまたがる丘陵に開発された広域都市で，研究機関・大学・研究所のほか，住宅や商業施設などが立地している。しかし，交通の便が悪いことや，思うように企業の進出が進まないことなどの問題点も抱えている。

↑ 阪神・淡路大震災で横倒しになった高速道路

Episode　大阪府には在日韓国・朝鮮人が多く住んでいる。これらの人々の多くは，日本が朝鮮半島を支配していたときに来日した人々やその子孫である。また，19世紀に外国人居留地が置かれた神戸市では，異人館や中華街など外国の影響を受けた文化が見られる。

4 ▶ 中部地方

Point

❶ 山脈や平野，川などの地形と３つの地方の気候の違いをおさえよう。

❷ ３つの地方の農業・林業・漁業の特色を整理しよう。

❸ 中京工業地帯・東海工業地域の主要な工業とその都市を覚えよう。

1 中部地方のあゆみと自然 ★★★

1 位置とあゆみ

～東京と大阪を結ぶ役割を果たす～

❶ 位　置…中部地方は本州の中央にあたり，文
化圏・商圏の上でも東西の中間に位置する。
中部地方は，東海地方(愛知・静岡・岐阜南
部・近畿地方の三重)，中央高地(山梨・長
野・岐阜北部)，北陸地方(新潟・富山・石
川・福井)の３地方に分けられる。

❷ あゆみ…江戸時代に政治の中心が関東に移っ
てから，中部地方は関東と近畿とを結ぶ交通
路となり，東海道・中山道・北陸道の交通が
活発になり，街道沿いの町々が栄えた。明治
時代以後，鉄道の開通によって，東京と大阪を結ぶ中
部地方，特に東海地方の役割は重要になった。

県名	面積 (km²)	人口 (万人)	人口密度 (人/km²)
新潟	12584	222.3	177
富山	4248	104.4	246
石川	4186	113.8	272
福井	4191	76.8	183
山梨	4465	81.1	182
長野	13562	204.9	151
岐阜	10621	198.7	187
静岡	7777	364.4	469
愛知	5173	755.2	1460
中部計	66807	2121.4	318

(2019年)　(2020/21年版「日本国勢図会」)

2 自然の特色

～北陸・中央高地・東海で異なる気候～

❶ 地　形…険しい山地の間に盆地が点在し，河川の下流
には平野が広がっている。

▶主な山地…中部地方の中央部には，日本アルプスと
呼ばれる，標高3000 m 級の山々からなる飛騨山脈
(北アルプス)・木曽山脈(中央アルプス)・赤石山脈
(南アルプス)の３つの山脈が南北に連なる。日本ア
ルプスの東には，フォッサマグナ(大地溝帯)が本州
を横断するように伸びており，これを境に日本は大
きく東西に分けられる。フォッサマグナの西端は，

V字谷は川の侵食作用
によってつくられ，横
断面がV字形になった
深い谷のことを指す。

⬆ 飛騨山脈のV字谷

Episode　フォッサマグナはラテン語で「大きな溝」という意味で，ここを境に本州の東側と西側では地形や岩石が大きく異なっている。フォッサマグナの西端は糸魚川・静岡構造線になるが，東端は火山灰などに覆われているため不明確で，さまざまな説がある。

およそ新潟県糸魚川市と静岡県静岡市を結んだ**糸魚川・静岡構造線**である。これに沿って**八ケ岳・富士山**などの火山が点在している。

▶**主な平地と川**…フォッサマグナに沿って**甲府盆地**や**長野盆地**などの盆地が点在し,扇状地が広がっている。また,**野辺山原**や**菅平**といったなだらかな高原もある。日本海側には,日本一長い川である**信濃川**の下流に**越後平野**が広がっている。太平洋側には,**木曽川・長良川・揖斐川**の下流に**濃尾平野**があり,それらの川が合流する河口付近の三角州では,土地が低い**輪中**(→ p.192)が見られる。**駿河湾**に注ぐ**富士川**は,**球磨川・最上川**とともに三大急流として知られる。

▶**島・半島・海岸**…日本海側には,日本海に突き出た**能登半島**があり,**若狭湾**は**リアス海岸**が発達している。太平洋側には,**伊豆半島・渥美半島・知多半島**などの半島がある。

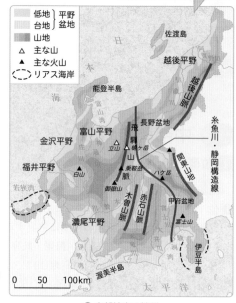

越後山脈と関東山地は関東地方との境となっている。

↑ 中部地方の地形

❷ **気　候**…3つの地域で明確に異なる。

▶**東海地方**…南東の季節風の影響で,夏に降水量が多い太平洋側の気候。梅雨の時期から台風が近づく秋にかけて降水量が多くなる。また,暖流の黒潮(日本海流)の影響で冬でも比較的温暖である。

▶**中央高地**…標高が高いため夏は涼しいが,冬は寒さが厳しい。年較差(最暖月と最寒月の平均気温の差)や日較差(1日の最高気温と最低気温の差)が大きく,降水量が1年を通して少ない内陸性の気候である。

▶**北陸地方**…冬に北西の季節風の影響を受け,大量の雪が降る**豪雪地帯**で,冬に降水量が多い日本海側の気候である。

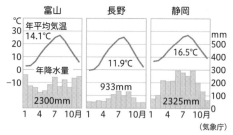

↑ 中部地方の雨温図

Q 北陸地方では冬に降水量が多くなるが,その理由を簡潔に述べなさい。
A 北西の季節風が日本海上で多量の水蒸気を含み,それが山地にぶつかって日本海側に大量の雪や雨を降らせるため。

② 東海地方の産業・生活・文化 ★★★

① 農業・林業・漁業

〜用水で発達した愛知県の農業〜

❶ 農　業…静岡県はみかんの生産量が全国有数で，日あたりの良い傾斜地でみかんが栽培されている。また，茶の生産量は全国有数で，温暖で水はけの良い**牧ノ原**などで栽培がさかんである。愛知県の**知多半島**や**渥美半島**には，大きな河川がなく水不足が深刻であったため，それぞれ**愛知用水**，**豊川用水**が引かれ，農業が発展した。渥美半島の田原市では，**キャベツやメロン，電照ぎく**の栽培がさかんである。

❷ 林　業…**天竜すぎ**は，吉野すぎ，尾鷲ひのきとともに三大人工美林として知られている。

❸ 漁　業…静岡県の**焼津港**は日本有数の水揚げ量があり，主にまぐろ・かつおが水揚げされている。また，**浜名湖**ではうなぎ，三河湾に面した知多半島沿岸では**のり**の養殖が行われている。

② 工　業

〜日本最大の出荷額を誇る中京工業地帯〜

❶ 中京工業地帯…愛知県西部から三重県東部にわたる**中京工業地帯**は，工業地帯の中で工業出荷額が最も多い。愛知県豊田市を中心とする**自動車工業**がさかんなため，機械工業の割合が非常に高い（→ p.148）。

❷ 自動車工業…豊田市周辺はかつて綿花の産地で繊維工業がさかんであったが，1930年代に自動車の関連工場

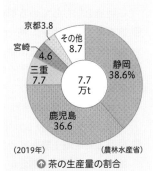

京都3.8
宮崎 4.6
三重 7.7
その他 8.7
静岡 38.6%
7.7 万t
鹿児島 36.6

(2019年)　（農林水産省）

↑ 茶の生産量の割合

参考　電照ぎく

きくは日照時間が短くなると開花するという特性があるので，ビニールハウス内できくに光をあてて栽培すると，ほかの地域より遅い時期に開花するように調節することができる（抑制栽培）。

↑ 田原市のきくの電照栽培

伊勢湾の臨海部には，工業製品をつくるための原材料をつくる工場が集まり，内陸部には，それらを組み立てる工場や輸送用機械・情報機器などをつくる工場が集まっている。

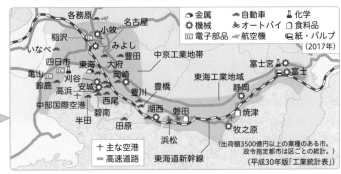

各務原　小牧　名古屋
稲沢　みよし
いなべ　豊田
四日市　東海　大府
亀山　刈谷　岡崎　中京工業地帯
鈴鹿　高浜　安城　豊川
中部国際空港　西尾　湖西　東海工業地域　富士宮　富士
半田　碧南　豊橋　静岡
田原　磐田　焼津
浜松　牧之原

□金属　🚗自動車　⚗化学
⚙機械　🏍オートバイ　🍴食品
IC電子部品　✈航空機　🗞紙・パルプ
(2017年)

✚ 主な空港
━ 高速道路
━ 東海道新幹線

（出荷額3500億円以上の業種のある市。政令指定都市は区ごとの統計。）
（平成30年版「工業統計表」）

↑ 東海地方の工業都市

入試Info

中部地方に関する出題としては，地形では**日本アルプス**，農業では**高冷地農業**，工業では**中京工業地帯**についての出題が多い。また，3つの地方でそれぞれ異なった気候や産業の特色をもっているので，地方ごとにその特徴をおさえるようにしておこう。

や下請け工場が増え，豊田市は世界有数の自動車生産地となった。豊田市のように，特定の企業による産業に経済を依存している都市を**企業城下町**という。

❸ **鉄鋼業・石油化学工業**…愛知県**東海市**は鉄鋼業，三重県四日市市では石油化学工業がさかんである。

❹ **窯業**…愛知県瀬戸市や岐阜県多治見市では古くから窯業がさかんであった。現在，焼き物のほかに**ファインセラミックス**（耐熱性・絶縁性などに優れた高性能の陶磁器類）も生産されている。

❺ **東海工業地域**…静岡県の太平洋沿岸に広がる**東海工業地域**は機械工業の割合が高い。**浜松市**は楽器や**オートバイ**の生産がさかんである。富士山のわき水が豊富な**富士市・富士宮市**では**製紙・パルプ工業**，静岡市・焼津市では水産物加工業が発達している。

③ 輪中における生活

～水害を防ぐための輪中～

揖斐川・長良川・木曽川が合流する場所にある岐阜県海津市は，土地の大部分が海面より低いため，水害がよくおこった。水害を防ぐために，河岸の家屋や田畑を堤防で囲んだ地域を**輪中**という。現在，輪中では排水設備も充実し，水害は減少している。

④ 東海地方の結びつき

～名古屋市を中心とする交通網～

政令指定都市である**名古屋市**は，中部地方最大の人口をもち，日本で3番目に人口が集中している**名古屋大都市圏**の中心都市となっている。東海地方は，名古屋市を中心に交通網が発達しており，2005年に開港した**中部国際空港**（セントレア）によって海外との結びつきも強くなった。また，名古屋港と三河港は，自動車を船で輸出する拠点となっている。東海道新幹線に加え，将来，東京から名古屋・大阪までを結ぶ**リニア中央新幹線**も開通予定で，時速500kmで走行する**リニアモーターカー**により東京～大阪間が約1時間で結ばれる予定である。また，2013年に，**富士山**が世界文化遺産に登録されたことで，外国人を中心とした富士山への観光客が増加している。

（2017年）
（2020/21年版「日本国勢図会」）
⬆ 輸送機器の出荷額の割合

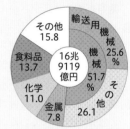

（2017年）（2020/21年版「日本国勢図会」）
⬆ 東海工業地域の工業出荷額の内訳

「木曽三川」といわれる揖斐川（左）・長良川（中央）・木曽川（右）

⬆ 海津市の輪中地帯

Episode

海津市周辺では，江戸時代に，薩摩藩（現在の鹿児島県）により3つの川の流れを分ける工事が行われた。その後，明治時代にオランダの技師が招かれ，25年をかけて工事が完成した。この工事によって洪水が減り，それまで100以上あった輪中は半分以下になった。

③ 中央高地の産業・生活・文化 ★★★

1 農業・林業・漁業

～高冷地農業と果樹栽培がさかん～

❶ 高冷地農業…長野県の八ヶ岳の東に広がる**野辺山原**は高原で，標高1200～1500 mに位置し，夏でも涼しい。野辺山原では，夏でも涼しい気候を利用した高冷地農業がさかんである。この農業は野菜の収穫時期をほかの地域より遅らせる抑制栽培で，野菜を市場での流通量が減る時期に出荷することから，市場で高値がつけられやすい。高冷地農業は，菅平や浅間山山ろくの群馬県嬬恋村などでも行われている。

❷ 果樹栽培…甲府盆地や長野盆地で見られる水はけの良い扇状地は水田に適さず，かつては養蚕業がさかんであった。その後，養蚕業の衰えとともに，水はけの良さを生かした果樹栽培がさかんになった。現在，山梨県はぶどう・もも，長野県はぶどう・もも・りんごの国内有数の生産地となっている。

❸ 林　業…長野県でとれる**木曽ひのき**は，青森ひば・秋田すぎとともに**天然の三大美林**として知られている。

❹ 漁　業…山梨県の本栖湖・西湖などではます類，長野県の佐久市や飯田市ではこい・ます・ふな，安曇野市ではます類が養殖されている。

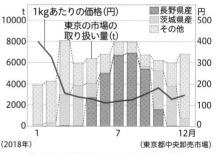
↑ 東京へ出荷されるレタスの量・価格

（2018年）　　　　　（農林水産省）
↑ 山梨県の農業産出額の内訳

（2018年）　　　　　（農林水産省）
↑ ぶどうの生産量の割合

Close Up 　扇状地の土地利用

　扇状地とは，山地を流れていた川が平地に出たところに，土砂が積もってできた扇形の地形を指す。山側の扇頂は大きな礫（小石）が堆積し，傾斜も急なため利用されにくい。扇央は川が地下を流れるため水を得にくいが，日あたりと水はけが良く，果樹栽培に適している。扇端は地下水が地上にわき出て水を得やすいため，集落がつくられている。

↑ 扇状地の地形

Episode　野辺山原は，かつては八ヶ岳の噴火による火山灰の積もったやせた土地であったが，第二次世界大戦後に開拓や土地改良が進み，涼しい気候に合う野菜がつくられるようになってから，セロリ・はくさい・レタスなどの一大産地になっている。

2 工 業

～製糸業から精密機械・電子工業へ～

長野県諏訪盆地の諏訪市や岡谷市はかつては製糸業がさかんであったが，高度経済成長期に時計・カメラなどの精密機械工業が発達した。現在は，諏訪盆地だけでなく，松本市など高速道路沿いの都市に電子部品やプリンターなどの電気機械工業の工場が進出している。

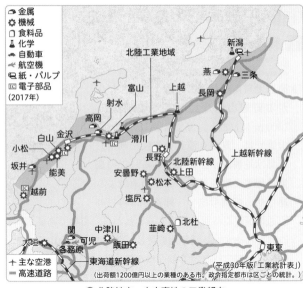

凡例：
- 金属
- 機械
- 食料品
- 化学
- 自動車
- 航空機
- 紙・パルプ
- 電子部品
（2017年）

北陸工業地域
新潟　燕　三条　長岡　富山　上越　射水　高岡　滑川　白山　金沢　小松　能美　坂井　越前　長野　上田　松本　安曇野　塩尻　北陸新幹線　上越新幹線　上越新幹線　北杜　韮崎　飯田　中津川　可児　関　各務原　大垣　東京

＋主な空港
高速道路
東海道新幹線

（平成30年版「工業統計表」）
（出荷額1200億円以上の業種のある市。政令指定都市は区ごとの統計。）

↑ 北陸地方・中央高地の工業都市

3 観光業と観光資源の保護

～豊かな自然と観光業～

❶ **さかんな観光業**…中央高地では，豊かな自然や温泉を生かした観光業が発達している。夏は登山や避暑，冬はスキーに訪れる人々でにぎわいを見せている。その一方で，交通網の発達によって日帰りの観光客が増え，宿泊業が伸び悩むようになった地域もある。

❷ **観光資源の保護**…長野県の上高地では，排出ガスによる大気汚染や動植物への悪影響を考え，特定の地域への車の乗り入れを規制し，世界文化遺産に登録されている岐阜県白川郷でも，大気汚染を緩和するために大型自動車の交通規制が行われている。長野県西部の昔の町並みが残る妻籠宿は，**ナショナルトラスト**団体により保存が図られている。

❸ **新しい観光の在り方**…近年，農山漁村に滞在してその地域の生活などを楽しむ**グリーンツーリズム**や，地域特有の自然環境や歴史・文化などを体験・学習する**エコツーリズム**が全国的に広まりつつある。自然豊かな中央高地では，この新しい観光がいたるところで行われ，人気を集めている。

↑ 白川郷の合掌造り集落

Words ナショナルトラスト

貴重な自然環境をとどめている土地や優れた文化財を，地域の住民らが募金を集めて買い取ったり，寄贈を受けたりして保護・管理していく運動。産業革命期の19世紀末にイギリスで発祥した。日本では全国各地で50以上の団体が活動している。

zoomup グリーンツーリズム，エコツーリズム
→ p.218

Episode

上高地へは年間を通して自家用車では入れないようになっており，駐車場からシャトルバスやタクシーなどを利用しなくてはならない。また，夏から秋にかけての週末を中心に，観光バスの乗り入れを制限する「観光バス乗り入れ規制日」も設けられている。

④ 北陸地方の産業・生活・文化 ★★☆

1 農業・漁業

～日本有数の稲作地帯～

❶ **米の単作地帯**…北陸地方は，冬の積雪量が非常に多く裏作ができないため，稲作だけを行う**水田単作**が農業の中心となっている。**客土**(他地域から運び入れた土)による土地改良を行ってから有数の米どころとなった。北陸4県は水田率が高く，農業産出額の半分以上を米が占めている。

❷ **銘柄米・早場米**…越後平野の魚沼などで生産されている新潟県産**コシヒカリ**は，銘柄米(ブランド米)として全国的に高い評価を得ている。また，夏に高温になる北陸地方は，稲の生育が早いため，ほかの地域より早く稲を収穫する**早場米**の産地としても知られている。

❸ **球根の栽培**…富山平野の一部では，米の裏作として**チューリップ**の球根の栽培が行われている。越後平野でも減反などで使われなくなった水田や砂地が広がった海岸部で栽培されている。

❹ **観光資源の棚田**…石川県輪島市の千枚田は全国的に知られる棚田の1つで，観光地となっている。

❺ **漁　業**…新潟県はかに，石川県はぶり類やいか類の漁獲量が多い。富山湾では，ほたるいか漁がさかんである。

2 鉱工業と電力

～農家の副業から発達した伝統産業～

❶ **伝統産業**…大量の雪が積もる冬の間，農作業が困難な北陸地方の農家は，出かせぎに行ったり副業を行ったりしていた。その副業で培った技術が継承され，しだいに**伝統産業**や地場産業として発展していった。伝統的工芸品も多く，新潟県の**小千谷ちぢみ**・十日町がすり，富山県の高岡銅器，石川県の**輪島塗**・加賀友禅・**九谷焼**，福井県の越前和紙はその代表である。新潟県の燕市や三条市は古くから刃物・金物の生産がさかんで，現在，**燕市**では**洋食器**の生産がさかんである。また，福井県**鯖江市**の**眼鏡フレーム**は日本最多の生産量を誇っている。

第1編　地理

第1章　世界と日本のすがた

第2章　世界のさまざまな地域

第3章　地域調査と日本の地域的特色

第4章　日本の諸地域と地域の在り方

Why 北陸地方で稲作がさかんな理由

北陸地方は，①夏の日照時間が太平洋側より長い，②暖かく乾いた南東の季節風が稲を乾かして病気を防いでくれる，③雪解け水が川に流れ込むため水が豊富である，④雪が田の土の温度を下げ，雑菌を減らす，などの条件がそろっているため，米の生産がさかんに行われている。

↑ 富山湾のほたるいか漁

Words 地場産業

地元資本の中小企業が，一定の地域において，技術・労働力・原材料などの経営資源をもとに特定の産物をつくり，発達してきた産業。古くから現代まで生活の中で使われる伝統的工芸品をつくる伝統産業も含まれる。鯖江市の眼鏡フレーム，富山市の医薬品，愛媛県今治市の今治タオル，兵庫県豊岡市の豊岡鞄など，全国各地で優れた製品がつくられている。

Episode かつて越後平野では，信濃川などの堤防決壊により，たびたび水害が発生した。信濃川河口付近の水量を制御するため，1909年に分水路建設工事が始まり，1931年に**大河津分水路**が完成した。現在もその機能を維持するためにさまざまな工事が行われている。

❷ 北陸工業地域…北陸工業地域は，ほかの工業地帯・地域と比べて繊維工業の割合が高くなっている。また，新潟県や富山県では化学，新潟市では製紙・パルプ工業がさかんである。

❸ 鉱　業…新潟県は，原油や天然ガスをわずかながら産出している。

❹ 水力発電とアルミニウム工業…黒部川や神通川などの上流には，雪解け水が豊富であるため，水力発電所が多数設けられている。**アルミニウム工業**は，原料であるボーキサイトを精錬する際に多くの電力を使うため，電力が豊富な富山県高岡市で発展した。しかし，石油危機以後，電力の価格が高騰すると精錬は中止された。現在の高岡市では，銅器づくりの技術を生かした金属加工業が行われている。

❺ 原子力発電…新潟県には，世界最大級の原子力発電所である柏崎刈羽原子力発電所がある。**若狭湾沿岸**にも原子力発電所が集中している。しかし，福島第一原子力発電所事故後は，多くの発電所が運転を停止した。

3 雪と共存する生活

〜雪害から生活を守るためのくふう〜

　雪国である北陸地方では，雪害から生活を守るために，道路に**消雪パイプ・流雪溝・融雪施設**，歩道に**雁木**（アーケード）を設けている。また，除雪車で払った雪を道路の横にためておくスペースや，積雪や雪崩から道路を守るために**スノーシェルター**やスノーシェッドを設けるなど，さまざまなくふうが見られる。

4 北陸地方の結びつき

〜三大都市圏や海外とも結びつく〜

❶ 北陸地方の交通網…北陸地方は新潟市が**上越新幹線**や高速道路で東京と結びつき，北陸自動車道によって京阪神とも結びついている。高崎（群馬県）〜長野間を走る北陸新幹線が2015年に金沢市まで延長されたことで，北陸地方と首都圏の結びつきが強まっている。

❷ 新潟市と海外との結びつき…新潟空港からは，ロシア連邦や中国，韓国の都市へ向かう国際線が出ている。

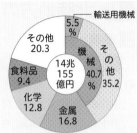

輸送用機械

5.5 ％

その他 20.3

機械 40.7 ％

その の 他 35.2

14兆
155
億円

食料品 9.4

化学 12.8

金属 16.8

(2017年) (2020/21年版「日本国勢図会」)

↑ 北陸工業地域の工業出荷額の内訳

参考 **砺波平野の散村**

富山県の砺波平野では，家屋が1戸ずつ分散した**散村**という集落形態が見られる。これは農家が住居を小高いところに建て，各々がその周囲を耕作しはじめたことによって発達したと考えられている。この地域は，北西の季節風や**フェーン現象**など強い風が吹くことが多いため，家屋の周囲には屋敷林（防風林）が植えられている。

↑ 砺波平野の散村

参考 **コンパクトシティ**

富山市では，市街地が郊外に広がった結果，中心部では人口が減少し，商業が衰えてきた。そのため，自動車に頼った郊外型の町づくりからの転換を図ろうと，市の中心部に**LRT**（Light Rail Transit）と呼ばれる路面電車を走らせ，住宅や職場，店舗，病院など生活に必要な機能を中心部に集めるコンパクトシティの取り組みを進めている。

HighClass 1980年代半ばに，ロシア沿海，中国東北部，韓国，日本など日本海を囲む地域の経済発展を目ざす**環日本海経済圏構想**が生まれ，新潟市はその中心的な役割を果たしてきた。グローバル化によって，その意味は薄れてきたが，現在も経済交流は続いている。

5 ▶ 関東地方

👆Point
- ❶ 近郊農業・高冷地農業がさかんな地域とそこでとれる農産物を知ろう。
- ❷ 京浜工業地帯と京葉・北関東工業地域の特色をおさえよう。
- ❸ 過密などの都市問題と，都心の分散化や再開発について理解しよう。

1 関東地方のあゆみと自然 ★★☆

1 位置とあゆみ

〜江戸時代から急速に発達〜

❶ 位　置…日本列島の方向が東西から南北に変わるところ，本州の東部に位置している。

❷ あゆみ…関東地方は，12世紀末に鎌倉に幕府が置かれてから開発が始まった。17世紀初めに江戸に幕府が開かれると，開拓が急速に進み，江戸は日本の政治の中心となった。明治時代に江戸が**東京**と改称されて首都になると，東京を中心に産業が急速に発展し，政治・経済・文化の中心となった。

都県名	面積 （km²）	人口 （万人）	人口密度 （人/km²）
茨城	6097	286.0	469
栃木	6408	193.4	302
群馬	6362	194.2	305
埼玉	3798	735.0	1935
千葉	5158	625.9	1214
東京	2194	1392.1	6345
神奈川	2416	919.8	3807
関東計	32433	4346.5	1340

（2019年）　　（2020/21年版「日本国勢図会」）

2 自然の特色

〜関東ロームが覆う関東平野〜

❶ 山　地…関東地方は，**関東山地**，**越後山脈**，**阿武隈高地**などの山地によって囲まれている。また，**浅間山**・**榛名山**・箱根山など多くの火山があり，箱根山のふもとにある芦ノ湖は火口原湖（大きな火口やカルデラに水がたまってできた湖）で，その周囲は温泉地になっている。その他，栃木県の鬼怒川，那須湯本，群馬県の草津・伊香保など有名な温

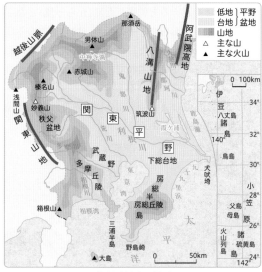
↑ 関東地方の地形

入試Info
関東地方に位置する県は，県名と県庁所在地名が異なるものが多いので確認しておこう。また，地形では，関東ロームの名称，東京都に属する沖ノ鳥島・南鳥島，山では浅間山，川では利根川がよく出題されている。

泉が多数ある。

② 平地と川・湖

　▶**関東平野**…関東平野は日本で最も広い平野で，関東地方の大部分を占める。台地や丘陵地が多いという特徴をもち，台地の表面は関東ロームという富士山などの火山灰が積もってできた赤土に覆われている。

　▶**利根川**…利根川は長さでは信濃川に次いで2番目に長く，流域面積では国内最大の川である。その流水量は，春の雪解け水が流れ込む4〜5月や，降水量の多い梅雨から秋にかけて増える。利根川下流域には，琵琶湖に次いで2番目に広い湖の霞ケ浦がある。霞ケ浦は，水路で利根川と結びつき，その付近は水郷と呼ばれる低湿地帯となっている。

　▶**海岸・島**…南部に位置する**房総半島**は，三浦半島との間に東京湾を形成し，東部には砂浜海岸の**九十九里浜**が続いている。太平洋上には，東京都に属する**伊豆諸島**や世界自然遺産に登録されている**小笠原諸島**がある。これらの島々の中には，現在でも火山活動が活発な島もある。また，国土の最東端の南鳥島と最南端の沖ノ鳥島も東京都に属している。

③ 気　候…日本海側で雪を降らせた冬の北西の季節風は，越後山脈を越えると乾燥した風（**からっ風**）となって関東平野に吹きおろす。そのため，関東地方の冬は，降水量が少なく乾燥した日が続き，晴天に恵まれる。

　伊豆諸島は冬でも温暖で，1年を通して降水量が多く，強い風が吹いている。

　小笠原諸島は1年中高温多雨であり，南西諸島と同じ**亜熱帯**の気候である。

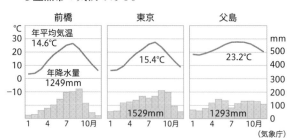

↑ 関東地方の雨温図

前橋　年平均気温 14.6℃　年降水量 1249mm

東京　15.4℃　1529mm

父島　23.2℃　1293mm

（気象庁）

関東平野の広い範囲に分布。台地上は畑や住宅地として利用されている。

↑ 関東ローム

zoomup 日本の領域 → p.35

参考 かしぐね

からっ風をさえぎるために，かしの木で家屋などの周りを囲んだ防風垣のこと。群馬県前橋市は特にからっ風の影響を受けやすく，住居の北・北西・西側などにかしぐねを設けている地域がある。

かしぐね

↑ 前橋市のかしぐね

HighClass

関東ロームはその色から赤土とも呼ばれるが，これは含有する鉄分が風化により酸化したものである。ローム層はできた時代によってさらにいくつかの層に区分することができ，古い方から，多摩ローム，下末吉ローム，武蔵野ローム，立川ロームの4層に区分される。

② 関東地方の産業 ★★★

1 農 業

〜近郊農業と高冷地農業がさかん〜

❶ 近郊農業…関東地方では，都市向けの新鮮な野菜や果物を栽培する近郊農業がさかんで，特に，茨城県と千葉県は全国的に見ても野菜の生産額が多い。東京など大消費地の近くでは，市街地の拡大に伴い，農地が減ってきているため，近郊農業を行う地域は少しずつ都市部から遠ざかっている。**茨城県**では，**はくさい・ピーマン・レタス**，**千葉県**では，**だいこん・にんじん・すいか・ほうれんそう**，**埼玉県ではねぎ**などが全国有数の生産量をあげている。野菜以外でも，**日本なし**は関東地方が主な産地であり，**栃木県はかんぴょう・いちご**，**群馬県**はこんにゃくいも，**千葉県は落花生**の生産で全国的に知られている。

❷ 高冷地農業…高速道路が整備され，保冷トラックでの長距離輸送が可能になり，都心から離れた地域でも大都市向けの農業が可能になった。**群馬県嬬恋村**では，夏でも涼しい高原の気候を利用し，収穫時期を遅らせる抑制栽培で，キャベツなどの高原野菜を生産する高冷地農業がさかんに行われている。

❸ 花きの栽培…千葉県南房総市の太平洋側では，大消費地である東京に近いことや，近海を流れる暖流の影響を受けて，冬でも温暖な気候を生かした花の露地栽培が行われている。花畑は景観が美しく，観光地にもなっている。また，市内の各地では，温室などの施設でカーネーション・ばらなどの栽培も行われている。

2 畜産業

〜採卵鶏の飼育がさかん〜

大消費地に近く，都心と比べて家畜による公害が発生しにくい茨城県・千葉県・栃木県・群馬県では畜産業が

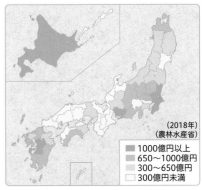

(2018年)
(農林水産省)

■	1000億円以上
▨	650〜1000億円
▨	300〜650億円
□	300億円未満

⬆ 都道府県別の野菜の産出額

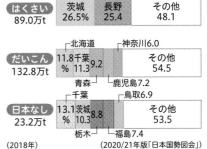

| **はくさい**
89.0万t | 茨城
26.5% | 長野
25.4 | その他
48.1 |

だいこん：北海道 11.8% / 千葉 11.3 / 青森 9.2 / 神奈川6.0 / 鹿児島7.2 / その他 54.5

| **だいこん**
132.8万t | |

日本なし：千葉 13.1% / 茨城 10.3 / 栃木 8.8 / 鳥取6.9 / 福島7.4 / その他 53.5

| **日本なし**
23.2万t | |

(2018年)　(2020/21年版「日本国勢図会」)

⬆ はくさい・だいこん・日本なしの生産割合

> 千葉県はカーネーション，ガーベラ，スターチス，洋ランなどの出荷量が全国有数である。

⬆ 南房総市の花の栽培

入試Info　関東地方の農業では，茨城県や千葉県の**近郊農業**，群馬県の**高冷地農業**に関する出題が多い。それぞれの農業の特色を，主な農産物の生産量割合のグラフなどと関連づけて確認しておこう。

第1編 地理

第1章 世界と日本のすがた

第2章 世界のさまざまな地域

第3章 地域調査と日本の地域的特色

第4章 日本の諸地域と地域の在り方

さかんに行われている。外国から飼料が輸入される鹿島港に近い茨城県東部や千葉県北部では、豚や採卵鶏の飼育がさかんである。栃木県北部に広がる那須野原では、冷涼な台地という自然条件を生かして酪農がさかんである。また、群馬県では、赤城山や榛名山の南面のゆるやかな傾斜地で豚・乳牛が飼育されている。

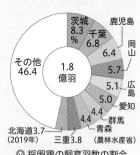

↑ 採卵鶏の飼育羽数の割合

3 漁　業

~水揚げ量全国一の銚子港~

利根川河口に位置する千葉県の銚子港は、まぐろ・かつお・いわし・さば・さんまなどが大量に水揚げされ、日本を代表する漁港の1つとして知られている。銚子港の沖合は、黒潮（日本海流）と親潮（千島海流）がぶつかる潮目（潮境）に利根川の栄養豊富な水が流れ込み、プランクトンが大量に発生するため、良い漁場になっている。また、房総半島の太平洋側にある勝浦港にはかつお・まぐろ、三浦半島の先端にある三崎港にはまぐろが多く水揚げされている。

4 工　業

~工業地帯・地域が集中している~

❶ 京浜工業地帯…京浜工業地帯は、東京都・神奈川県・埼玉県にまたがる工業地帯で、機械工業がさかんである。東京都区部・横浜市・川崎市がその中心となっている。高度経済成長期には、地方からの労働力を吸収して成長し、近年まで日本最大の工業出荷額を誇っていた。しかし、人口増加に伴う住宅地の増加で工場用地の確保が困難になったため、1990年代以降、工場の閉鎖や他地域への移転が進み、出荷額が減少していった。

| 参考 | くろまぐろの減少 |

近年、太平洋でのくろまぐろの資源量が減少してきている。そのため、2018年からくろまぐろはTAC（漁獲可能量）制度の対象魚種となっている。TAC制度は、魚種ごとに年間の漁獲可能量を定め、水産資源の適切な保存・管理を行うための制度である。現在、日本では長崎県を中心に、くろまぐろの養殖も行われている。

↑ 関東地方の工業都市

入試Info

京浜工業地帯、京葉工業地域、北関東工業地域に関する出題が多く見られる。京浜工業地帯は印刷業、京葉工業地域は化学工業、北関東工業地域は輸送用機械の占める割合が高いことなど、それぞれの特色と運輸・貿易を関連づけて出題されることが多い。

▶**印刷業がさかんな東京**…政治・経済・文化の中心である東京は，国内外からさまざまな情報が集まり，新聞社や出版社の数が多いため，東京23区には印刷業が集中している。

▶**優れた技術をもつ中小工場**…東京都**大田区**や川崎市などの多摩川流域には，高い技術をもった中小工場が多い。近年，先端技術産業の製品をつくる企業の研究所が集まるようになり，中小工場と協力し合って製品をつくるという動きが見られる。

❷ **京葉工業地域**…1960年代から，千葉県の東京湾岸の埋め立て地に石油化学コンビナートや大規模な製鉄所が建設されるようになり，京葉工業地域が形成された。石油化学工業と金属工業が発達し，特に化学工業の割合は工業出荷額全体の約40％を占めている（→ p.148）。

❸ **北関東工業地域**…栃木県・群馬県・茨城県にかけて広がる工業地域で，自動車・電気機械などの機械工業の占める割合が高い（→ p.148）。

▶**栃木県・群馬県**…かつては製糸業がさかんであったが，1970年代以降，高速道路などの整備が進んだことから，京浜工業地帯から自動車などの組み立て型の機械工業が進出し，各地に工業団地が建設された。また，2011年に北関東自動車道が全線開通したことで渋滞する都心を通らず，常陸那珂港から効率的に輸出できるようになった。

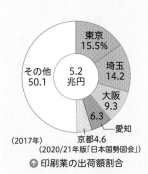

（2017年）
（2020/21年版「日本国勢図会」）

↑ 印刷業の出荷額割合

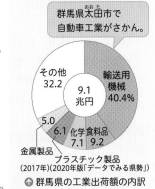

群馬県太田市で自動車工業がさかん。

（2017年）（2020年版「データでみる県勢」）

↑ 群馬県の工業出荷額の内訳

↑ 工業団地（宇都宮市）

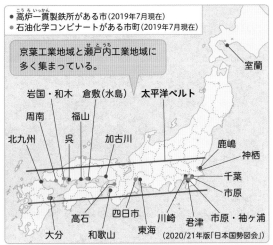

● 高炉一貫製鉄所がある市（2019年7月現在）
● 石油化学コンビナートがある市町（2019年7月現在）

京葉工業地域と瀬戸内工業地域に多く集まっている。

太平洋ベルト

室蘭

岩国・和木　倉敷（水島）

周南　福山

北九州　呉　加古川

鹿嶋

神栖

千葉

市原

大分　高石　四日市　川崎　君津　市原・袖ヶ浦

和歌山　東海

（2020/21年版「日本国勢図会」）

↑ 主な製鉄所と石油化学コンビナート

Episode

群馬県などではかつて，桑をえさとするかいこを飼い，かいこのまゆからとれる生糸で絹織物をつくる養蚕業がさかんであった。しかし，1970年代ごろから化学繊維が広まってきたことや，外国産の安い生糸が輸入されるようになったことなどから現在は衰えている。

▶茨城県…鹿島灘の砂丘海岸に**掘込式港湾**(鹿島港)や工業用地がつくられ,そこに製鉄所や石油化学コンビナートが建設されてから重化学工業が発達し,鹿嶋市・神栖市を中心とする工業地域(**鹿島臨海工業地域**)が形成された。また,北部にある**日立市**は,家電製品などを生産する大企業の発祥の地であり,発電機など幅広い電力関連機器も生産されている。

❹ **新しい産業**…近年,多くの人々や企業が集まる東京では,インターネットに関連した**情報通信技術**(**ICT**)**関連産業**や,ゲーム・アニメーションの製作や流通関連などの新しい産業が発達している。

❺ **観光業**…関東地方には,2011年に**世界自然遺産**に登録された**小笠原諸島**や,日光・尾瀬・富士箱根伊豆などの国立公園があり,いずれも観光客が多い。また,自然豊かな群馬県では,**グリーンツーリズム**も行われている。2014年には**富岡製糸場**が世界文化遺産に登録され,観光業のさらなる活性化が図られている。

↑ 鹿島港

Words 掘込式港湾

海岸を人工的に掘り込んでつくった港湾。東京湾や大阪湾などには埋め立て式の港湾が多いが,未開発の広い砂丘地に港湾をつくる場合,掘込式が採用される。鹿島港以外では,北海道の苫小牧港が有名である。

Close Up 関東地方の世界遺産

関東地方では群馬県に文化遺産が1つ,栃木県に文化遺産が1つ,東京都に自然遺産・文化遺産が1つずつある。それぞれが違った魅力をもち,多くの観光客が訪れる観光スポットになっている。日光東照宮は,国宝の「陽明門」が2017年,44年ぶりの大修理を終えて公開された。

↑ 富岡製糸場と絹産業遺産群

↑ 日光東照宮

↑ 小笠原諸島

↑ ル・コルビュジエの建築作品
(国立西洋美術館本館)

Episode

クールジャパンと呼ばれる日本のマンガやアニメ,ゲーム,和食,伝統文化などが,海外でも人気となっている。日本政府も,それらの情報発信,海外への商品・サービス展開などを行い,世界の共感を取り込むことで経済成長につなげるクールジャパン戦略を進めている。

③ 関東地方の生活・文化 ★★☆

1 日本の首都・東京

〜東京大都市圏を形成〜

❶ **政治・経済・文化・交通の中心**…都市の中で，政治・経済の重要な機関が集まる地区を**都心**という。東京の都心には，国会議事堂・最高裁判所・首相官邸・中央官庁などが集まり，首都としての機能のほか，日本銀行・証券取引所，銀行の本店や大企業の本社，全国に情報を発信する放送局・新聞社・出版社，博物館・美術館・劇場などの文化施設，大学などの教育機関が集まっており，日本の政治・経済・文化の拠点としての機能をもっている。東京からは，鉄道や高速道路が放射状にのびており，航空路線も東京国際（羽田）空港を中心に，各地の空港と結ばれている。また，都市部では鉄道網がたいへん発達している。

❷ **都心の分散化**…都市に企業のオフィスが集中すると，地価が非常に高くなったり，交通渋滞や通勤ラッシュが激しくなったりする。そこで，都心のオフィスを分散させるため，東京の千代田区・港区・中央区などの中心地区（都心）に対して，新宿・池袋・渋谷を**副都心**（都心に次いで中心となる機能をもつ地区）とする整備が進められた。新宿・池袋・渋谷は，郊外と都心を結びつける鉄道の**ターミナル駅**で，百貨店などの商業施設が集中する繁華街として発展してきた。この分散化の動きは東京周辺の都市にも見られ，千葉県では**幕張新都心**，埼玉県では**さいたま新都心**，横浜市では「**みなとみらい21**」の開発が進められ，企業のオフィスが集まる高層ビルや商業施設が新しく建設された。

　茨城県南西部に建設された**筑波研究学園都市**は，大学や国の研究機関などが東京から移転し，住宅などが建設され職住近接が実現した研究学園都市である。

⬆ 官庁が集中する霞が関

参考　インバウンド

日本を訪れる外国人の旅行をインバウンドという。2018年に訪日外国人旅行者数が初めて3000万人を超えた。2020年に開催予定であった東京オリンピック・パラリンピックに伴い，さらなるインバウンドの増加やインバウンド消費の拡大が期待されていたが，新型コロナウイルス感染症の世界的な感染拡大により，2020年2月以降，訪日外国人数は激減している。

官庁街　ビル街　━ 新幹線　━ JR線　━ 私鉄など

⬆ 東京の都心と副都心

Episode　横浜市の「みなとみらい21」にある横浜ランドマークタワーは，70階建ての複合施設で高さは約296 mあり，大阪市の「あべのハルカス」に次いで日本第2位の超高層ビルである。最寄駅とも動く歩道でつながっていて，アクセスにも便利になっている。

❸ 東京大都市圏と衛星都市…第二次世界大戦後，東京への人口集中が進んで地価が高騰すると，住宅を地価の安い郊外に求める人々が増えた。1960年代以降，都心部を走る地下鉄と郊外にのびる列車の相互乗り入れが始まり，通勤・通学に便利な鉄道沿線が最初に宅地化され，1970年代になると多摩などの近郊の台地・丘陵にニュータウンが建設された。この結果，東京への通勤圏は都心から50km以上の範囲にまで広がり（東京大都市圏），かつては農村地区であったところが，東京に通勤・通学する人々の居住する衛星都市（中心都市の周辺にあり，その機能の一部を担う都市）になった。衛星都市の多い茨城県・埼玉県・千葉県・神奈川県は夜間人口（常住人口）よりも昼間人口が少なくなっている。

❹ 都市問題…東京大都市圏では，人口や産業が集中しすぎて過密の問題がおこっている。1960年代に大気汚染・騒音・水質汚濁などが問題となったが，法律や条例により現在では大幅に改善された。しかし，通勤ラッシュ，ごみの増加などについては今も解決できていない。また近年では，ごく狭い範囲に突然激しい雨が短時間降るゲリラ豪雨と呼ばれる現象が東京などの都市部で目立ち，被害をもたらしている。

▶ドーナツ化現象…都心部の住民が郊外へ転出し，都心部の人口が減少（空洞化）する現象。

▶スプロール現象…都市近郊の宅地などが，郊外に向かって無秩序（スプロール＝虫食い状）に拡大していく現象。

▶インナーシティ問題…高所得者層や若い世代の人々が郊外に移転したため，都心のある地域が空洞化し，人口減少，高齢化，コミュニティの崩壊などがおこり，治安や衛生環境が悪くなる現象。

▶ヒートアイランド現象…都市部での工業活動や自動車の人工熱の排出などにより，都市の中心部の気温が郊外よりも高くなる現象。

都県名	昼間人口 （千人）	夜間人口 （千人）	流入人口 （千人）	昼夜間 人口比率※
茨城	2843	2917	－74	97.5
埼玉	6456	7267	－811	88.9
千葉	5582	6223	－641	89.7
東京	15920	13515	2405	117.8
神奈川	8323	9126	－803	91.2

※昼間人口÷夜間人口×100
（2015年）　　　（2020/21年版「日本国勢図会」）

⬆ 昼間人口・夜間人口と昼夜間人口比率

参考　多摩ニュータウンの現状
1971年から入居が始まった多摩ニュータウンは，老朽化が進み，住民の高齢化や現代の生活様式に対応していない住宅が多く，ニュータウン再生を求める声が高まっている。

流入人口とは，常住地から通勤（15歳以上）・通学（15歳未満を含む）のために流入してくる人口をいう。

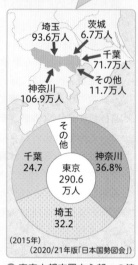

埼玉
93.6万人

茨城
6.7万人

千葉
71.7万人

その他
11.7万人

神奈川
106.9万人

その他

千葉
24.7

神奈川
36.8%

東京
290.6
万人

埼玉
32.2

（2015年）
（2020/21年版「日本国勢図会」）

⬆ 東京大都市圏中心部への流入人口と割合

短文記述対策！

Q 東京都は昼夜間人口比率が100％を超えている。その理由を簡潔に述べなさい。

A 東京都には，事業所や学校の数が多いため，周辺の県や地域から通勤や通学のために人々が通ってくるため。

第1編　地理

第1章　世界と日本の
すがた

第2章　世界のさまざまな

第3章　地域調査と
日本の地域的特色

第4章　日本の諸地域と
地域の在り方

❺ 都心の再開発と都心回帰…東京の都心や臨海部では，再開発が進んでいる。そこでは，他地域に比べて地価の高い土地を有効的に利用するため，高層ビルにしたり地下の深いところまで地下街をつくったりしている。近年，東京では地価が以前よりも下がり，再開発による高層マンションなどの建設が進んだため，人々が都心近くに戻ってくる都心回帰現象がおこっている。

❻ 世界都市・東京…東京には，外国企業の支店や各国の**大使館**が集まっている。東京を訪れる外国人観光客も多く，中国語などの言語でサービスを行う店もある。また，**東京港**や東京に近い**横浜港**は日本有数の貿易港で，**成田国際空港**は日本最大の貿易港として世界と結びついている。

（2019年）

（2020/21年版「日本国勢図会」）

↑ 日本の主な港湾別貿易額

2 増加する外国人

～外国人との共生社会へ～

　留学や仕事で日本に滞在する外国人は増加傾向にある。かつては韓国・朝鮮国籍の人が大部分を占めていたが，1990年以降，ブラジルなどの南アメリカから出かせぎに来る日系人が増えた。法律の改正で，特別な資格を必要とせず仕事に就けるようになったからである。日系ブラジル人などは，自動車や機械をつくる工場で働くことが多いため，それらの工業がさかんな関東地方や東海地方に多く居住している。自動車関連工場が多い群馬県大泉町はブラジル人などの外国人が人口の約19％（2019年末）を占めている。また，中国人の増加も著しい。少子高齢化が進み，働き手が減りつつある日本において，**外国人労働者**への期待は高まっている。

参考 外国人技能実習制度
日本で培われた技能，技術または知識の開発途上国・地域への移転を図り，そこでの経済発展を担う人づくりに寄与するという国際協力を柱とした外国人雇用制度で，1993年に制度化された。2019年に改正出入国管理及び難民認定法が施行され，新しい**外国人技能実習制度**の運用が始まり，外国人労働者の受け入れが拡大した。

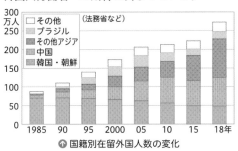

↑ 国籍別在留外国人数の変化

↑ 都道府県別の在留外国人数の割合

Episode 日本で就労している外国人労働者の数は増加し，2018年現在で過去最高を更新している。その一方で，観光の名目で日本へ出かせぎに来る不法就労者や，外国人労働者に対する不当な労働条件や賃金などが問題となっている。

6 東北地方

Point
① 首都圏と直結する高速交通網と工業の発達との関係を理解しよう。
② 伝統産業がさかんな地域とそこでつくられる伝統的工芸品を覚えよう。
③ 農業と結びついた伝統文化や祭り，年中行事についておさえよう。

1 東北地方のあゆみと自然 ★★☆

1 位置とあゆみ

〜明治時代以降に産業の近代化が始まる〜

❶ **位 置**…本州の最北端に位置し，古くから「陸の奥」つまり「みちのく」と呼ばれ，北海道が開拓されるまでは日本の最北端と考えられていた。

❷ **あゆみ**…12世紀に平泉を本拠地とする奥州藤原氏が栄えたが，開拓が進んだのは江戸時代になってからで，農林業を中心に鉱山開発や藩営工場の設立が図られた。産業の近代化は，明治時代以降，特に鉄道が開発された後のことである。

県名	面積 （km²）	人口 （万人）	人口密度 （人/km²）
青森	9646	124.6	129
岩手	15275	122.7	80
宮城	7282	230.6	317
秋田	11638	96.6	83
山形	9323	107.8	116
福島	13784	184.6	134
東北計	66948	866.9	130

（2019年） （2020/21年版「日本国勢図会」）

2 自然の特色

〜南北に走る山地と東西で異なる気候〜

❶ **地 形**…中央に険しい奥羽山脈が背骨のように南北に連なっている。奥羽山脈には，八甲田山・蔵王山などの火山やカルデラにできた十和田湖・田沢湖，猪苗代湖などの湖があり，美しい自然を残している。太平洋側には，なだらかな北上高地・阿武隈高地に沿って北上川・阿武隈川がそれぞれ流れ，北上盆地・仙台平野などが開けている。三陸海岸の南部は入り江の多いリアス海岸となっており，津波の被害を受けやすい。日本海側には，出羽山地が南北に走り，鳥海山や月山などの火山がある。その間を流れる最上川の河口には庄内平野が広がっている。

❷ **気 候**…日本海側は冬に北西の季節風の影響で雪が

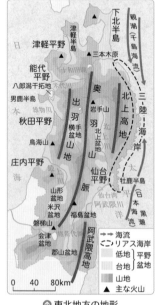

↑ 東北地方の地形

（凡例）
→→ 海流
リアス海岸
低地 平野
台地 盆地
山地
▲ 主な火山

0 40 80km

Episode
宮城県にあるリアス海岸の**松島**は，京都の**天橋立**，広島の**宮島**とともに日本三景の1つに数えられるほど美しい景観が見られる。東日本大震災では，湾内の水深が浅いことや多くの島々が防潮堤の役割を果たしたことから壊滅的な被害はまぬかれた。

多く，北陸地方から続く豪雪地帯となっている。夏は，南東の季節風が太平洋側に雨を降らせた後，暖かく乾いた風が山脈を越えて日本海側に吹きおろし，日本海側の内陸部で非常に高温になるフェーン現象がおこる。一方，太平洋側は冬の降水量は少ないが，初夏から夏にかけて，寒流の親潮（千島海流）の影響で冷たく湿ったやませと呼ばれる北東風が吹き，その影響で曇りの日が続き，気温は日本海側よりも低くなることがある。

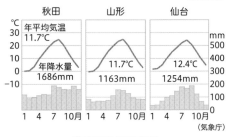

↑ 東北地方の雨温図

2 東北地方の産業 ★★★

1 農業

〜水田単作地帯が多い日本の穀倉地帯〜

❶ 稲作…東北地方は全国の米の生産量の約4分の1を占めており，単位面積あたりの収穫量も多く，日本の穀倉地帯といわれている。特に秋田平野・庄内平野・仙台平野などでさかんである。冬の積雪のため裏作ができないので，北陸地方と同様に水田単作地帯となっている。

❷ 冷害…夏に太平洋側では，やませと呼ばれる冷たい北東風が吹き，農作物に被害をもたらす冷害がおこることがある。冷害対策として，寒さに強い稲の品種改良や保温折衷苗代のような栽培技術の向上，気象情報の活用によるやませの監視などを行ってきた。

❸ 米の生産調整と銘柄米…日本人の食生活の変化に伴い，1960年代から米の消費量が減少して米が余るようになった。そのため，政府は米の生産量を調整する減反政策をとり，ほかの作物への転作や生産をやめる休耕などが進められた。また，日本では1942年から食糧管理制度の下で，政府が米の生産・流通を管理し，農家を保護してきたが，1995年に新食糧法が施行され，市場での取り引きが自由に行えるようになったため，競争力を高めることが必要となった。そのため，農家では，

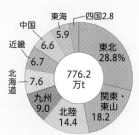

※東山は山梨・長野，東海は岐阜・静岡・愛知・三重。
(2019年) (2020/21年版「日本国勢図会」)

↑ 米の地方別生産割合

Words 保温折衷苗代
水温の高い苗代を利用し，栽培時期を早めたり，強い苗を育てたりする方法で，寒冷地に有効である。

Words 食糧管理制度
主食である米などを確保するために，政府が生産者からできるだけ高い価格で買い取り，消費者にできるだけ安い価格で売る制度。米が余りはじめた1969年には減反政策に転じ，生産調整を政府が行ってきた。なお，減反政策は2018年度に廃止された。

短文記述対策！

Q 東北地方で夏に見られるフェーン現象とはどのような現象か簡潔に述べなさい。

A 南東の季節風が太平洋側に雨を降らせた後，高温の乾燥した風が山脈を越えて日本海側に吹きおろし，日本海側の内陸部で気温が非常に高くなる現象。

消費者のニーズに合った米で，高収益が期待できる品質の優れた銘柄米（ブランド米）の開発に取り組んできた。

❹ 八郎潟の干拓…秋田県北部の八郎潟では，1957年から農地の増加などを目的に干拓事業が行われた。その結果，約5分の4が干拓されて陸地となり，大潟村が誕生した。当初は米の増産を目ざしたが，減反政策の影響で畑作地が増加して小麦や大豆なども栽培されるようになった。

❺ 果樹栽培…青森県の津軽平野では冷涼な気候に適したりんごの生産がさかんである。また，山形盆地ではおうとう（さくらんぼ）・西洋なし・ぶどう，福島盆地ではももの生産量が多く，それぞれ全国有数の産地となっている。

❻ 畜産業…かつては北上高地や阿武隈高地を中心に馬の飼育がさかんであったが，現在は，肉牛・乳牛・肉用若鶏が多く飼育され，酪農も発達している。岩手山の山ろくにある小岩井農場は，岩手県の代表的な観光地でもある。

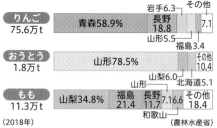

● 東北地方各県の銘柄米の作付面積の割合

● りんご・おうとう・ももの生産割合

2 林 業

～天然の美林が多い～

東北地方には国有林が多い。秋田県の秋田すぎ，青森県の青森ひばは，木曽川流域の木曽ひのきとともに，天然の三大美林に数えられる。能代市は秋田すぎの集積地となっており，製材業がさかんである。青森ひばは津軽半島を中心に生育している。秋田すぎや青森ひばは建築材や家具の材料に利用されている。

3 漁 業

～三陸沖の潮目が好漁場～

リアス海岸が発達している三陸海岸の沖合は，暖流の黒潮（日本海流）と寒流の親潮（千島海流）がぶつかる潮目（潮境）となっており，魚のえさとなるプランクトンが豊富で，寒暖両流の魚が集まる好漁場となっている。石巻・八戸・気仙沼・大船渡・女川など，日本有数の水揚

青森・岩手・宮城の南北約250 kmに及ぶ太平洋沿岸は国立公園（三陸復興国立公園）に指定されている。

● 三陸海岸

Episode

銘柄米で最も多く生産されている銘柄は「コシヒカリ」で，全体の約35％，次いで「ひとめぼれ」，「ヒノヒカリ」が約9％，「あきたこまち」が約7％などとなっている（2018年）。ほかにも有名な銘柄米には，山形県の「はえぬき」や北海道の「ななつぼし」などがある。

げ量を誇る天然の良港に恵まれ，さんま・かつお・まぐろ・いかなどの水揚げ量が多い。リアス海岸は湾が多く，海がおだやかで波が少ないため養殖業がさかんで，三陸海岸では昆布・わかめ・ほたて貝・かき，**仙台湾**で**かき**の生産量が多い。また，**陸奥湾**で**ほたて貝**，青森県と秋田県にまたがる十和田湖ではひめますの養殖がさかんである。

4 工 業

～多くの伝統的工芸品が見られる～

❶ **伝統産業**…東北地方ではさまざまな伝統産業が各地で受け継がれている。伝統産業は，農作業のできない冬の農家の副業や武士の内職として始まり，江戸時代には藩の奨励を受けて発展した。地元の森林資源や鉱産資源，伝承される技法を用いて製品がつくられる。青森県の**津軽塗**，岩手県の**南部鉄器**，秋田県の**大館曲げわっぱ**，山形県の**天童将棋駒**，宮城県の**宮城伝統こけし**，福島県の**会津塗**などは国から伝統的工芸品に指定されている。伝統的工芸品は，熟練した職人が1つ1つ製作する温かみのある造形物として人気を集めている。しかし，現在では材料となる資源の減少や大量生産される安い製品との競争，職人の高齢化と後継者不足などの問題を抱えている。

❷ **工業の発展**…かつて東北地方の工業は，岩手県釜石市の製鉄業を除き，地元でとれる農作物や水産物を原料とした食料品工業や，製材業が中心であった。仕事を求めて関東地方へ集団で就職したり，農業ができない冬に**出かせぎ**に行ったりする人々も多かった。

1970年代から1980年代にかけて高速道路などの交通網が整備され，原料・製品を輸送しやすい高速道路や空港の周辺に，**IC**（集積回路）などの電子部品工場や自動車組み立て工場が進出し，工業団地が形成された。特に東北自動車道沿いはIC工場などが集中し，**シリコンロード**と呼ばれるようになった。冬に働く場所が増えたことで，出かせぎに行く人々は減少した。

現在は，自動車工業を中心に，**先端技術（ハイテク）**産業が発達している。

↑ 東北地方の主な民芸品

↑ 南部鉄器

↑ 大館曲げわっぱ

入試Info 東北地方の養殖業については，**仙台湾のかき**，**陸奥湾のほたて貝**の出題が多く見られる。また，東北を代表する**津軽塗**，**南部鉄器**，**天童将棋駒**，**宮城伝統こけし**などの伝統的工芸品の名称や生産地も出題頻度が高いので，工芸品の写真などと関連づけておさえておこう。

第**1**編 地 理

第1章 世界と日本のすがた

第2章 世界のさまざまな地域

第3章 地域調査と日本の地域的特色

第4章 日本の諸地域と地域の在り方

❸ 工業のさかんな都市…福島市やいわき市，米沢市で情報通信機械などの機械工業，郡山市で化学・電気機械工業，弘前市や鶴岡市，由利本荘市で電子部品工業，白河市でゴム工業がさかんである。八戸市や石巻市では食料品工業や製紙・パルプ工業が発達している。

5 電 力

～原子力発電所事故を経験～

❶ 水力・風力・地熱発電…福島県の只見川沿いには，豊富な水資源をもとに建設された水力発電所がある。東北地方の内陸部では火山活動を利用した地熱発電，強い風が吹く下北半島や日本海側では風力発電が行われている。

❷ 原子力発電…太平洋側は原子力発電所の集中地域で，東北地方だけでなく首都圏にも電力を供給してきたが，2011年の東日本大震災で福島第一原子力発電所が甚大な被害を受けた。青森県六ヶ所村では核燃料サイクル施設の建設が進められている。

凡例
⚙ 金属
✿ 機械
🚗 自動車
IC 電子部品
🏭 化学
🏠 食料品
（2017年）

出荷額1000億円以上の業種のある市。政令指定都市は区ごとの統計。

✈ 主な空港
━ 高速道路

（平成30年版「工業統計表」）

↑ 東北地方の工業都市

Close Up　**自然災害による教訓とその伝承**

　2011年3月11日に発生した東日本大震災で三陸地方沿岸では多くの尊い命が失われた。三陸地方は過去にも大きな地震が発生しており，その経験から，津波の教訓を伝えるための石碑が東北地方の各地で300以上もつくられた。岩手県宮古市の姉吉地区では，東日本大震災の際に津波が押し寄せたが，「此処より下に家を建てるな」と刻まれた石碑の手前で津波は止まり，姉吉地区は被害をまぬかれた。また，釜石市では，以前から，地震の後には津波がすぐにやってくるので，他人に構わずてんでんばらばらに避難しなさいという意味の「津波てんでんこ」ということばが防災訓練の標語となっていた。釜石市の小中学生がこの標語を守って避難したことがきっかけで住民も避難し，その結果多くの命が救われることになった。このように，過去の伝承を受け継ぎ，現代の教訓も加えて将来に伝えていくことは，地域防災の取り組みの1つとして非常に重要なことである。

↑ 昭和三陸地震（1933年）後に建てられた津波記念碑

短文記述対策！

Q 東北地方の東北自動車道沿いがシリコンロードと呼ばれた理由を簡潔に述べなさい。

A 高速道路ができて，製品などの輸送が便利になったため，IC工場などが進出して多くの工業団地が形成されたから。

③ 東北地方の生活・文化 ★★☆

① 東北地方の伝統文化と世界遺産

〜全国的に知られる東北三大祭り〜

❶ **伝統文化**…冬の長い東北地方では，地方色豊かな伝統文化が息づいてきた。国の**重要無形民俗文化財**に指定されている祭りや年中行事・伝統芸能も多い。豊漁や豊作を祈願した伝統的な祭りや，昔ながらの伝統的な町並みや風景は，地域を活性化させるための重要な観光資源である。

❷ **祭り・年中行事**…青森ねぶた祭，秋田竿燈まつり，仙台七夕まつりの東北三大祭りや**山形花笠まつり**，盛岡さんさ踊り，福島わらじまつりなどの祭りが毎年8月に開催される。岩手県滝沢市の「チャグチャグ馬コ」も美しい風物詩である。また，秋田県の男鹿半島に伝わる伝統行事「**ナマハゲ**」や，横手市のかまくらも有名である。

↑ ナマハゲ

参考『遠野物語』
岩手県遠野市の周辺に伝わる民間伝承を集めた説話集で，1910年に民俗学者の柳田國男が出版した。地域の文化や風土をうかがい知ることができる。

曲家は岩手県などで見られる伝統的な民家。馬や牛を飼育する馬屋と居間がL字型に続いた造りになっている。

↑ 南部曲家の間取りの例

↑ 青森ねぶた祭

↑ 秋田竿燈まつり

↑ 仙台七夕まつり

↑ 山形花笠まつり

❸ **伝統的な町並み**…江戸時代に城下町だった秋田県仙北市**角館**には武家屋敷などの建造物が立ち並んでいる。また，福島県下郷町の大内宿には江戸時代の宿場町の景観が残されている。

❹ **世界遺産**…青森県と秋田県の県境に位置し，**ぶな**の原生林が生い茂る白神山地は1993年に**世界自然遺産**に登録された。2011年には，奥州藤原氏の築いた寺院や遺跡群をもつ岩手県の平泉が世界文化遺産に登録された。また，岩手県花巻市の**早池峰神楽**，仙台市の**秋保**の田

↑ 角館の武家屋敷

入試Info　東北地方の伝統文化として，**東北三大祭り**と**花笠まつり**の出題が非常に多い。それぞれの祭りの名称と開催される場所，祭りのようすの写真などを確認しておこう。また，**ナマハゲ**は，秋田県の伝統行事として問われることが多い。

植踊，秋田県鹿角市の**大日堂舞楽**の３つの伝統芸能が2009年に，男鹿のナマハゲが2018年に**無形文化遺産**に登録された。

2 東北地方の人口・都市

～地方中枢都市となる仙台～

❶ **人口流出が続く東北地方**…東北地方は人口密度が低く，第一次産業従事者の割合がほかの地方より高い。高度経済成長期，東北地方では地元に有力な企業が少ないために東京大都市圏への若年層の流出や出かせぎが相次ぎ，労働力の供給地になる一方で，人口の減少が続いた。近年は少子高齢化に伴う人口減少が著しくなっている。また，農村部から都市部への人口移動も多く，過疎化が進行している。

❷ **東北の中心都市・仙台市**…宮城県の県庁所在地である**仙台市**は，人口約106万人(2019年)を有し，緑が豊かで「杜の都」とも呼ばれている。東北地方の地方中枢都市で，行政・経済・文化の中心となっている。仙台市には，野球・サッカー・バスケットボールのプロのスポーツチームが拠点を置いて活動しており，これらの試合の開催は，経済効果を高める重要な機会となっている。また，イベントとして定着した**七夕まつり**や「SENDAI光のページェント」などの都市イベントを生み出し，その運営ノウハウなどを市外・県外に移出する文化都市でもある。さらに，震災復興計画の１つとして，国際会議の誘致や観光キャンペーンの展開を推進し，仙台の魅力や震災からの復興を国内外に発信している。

3 東北地方の結びつき

～強まる関東地方との結びつき～

東北地方と関東地方は，**東北・秋田・山形新幹線**や，**東北・秋田・山形自動車道**などの交通網によって結びついている。東北新幹線は東京～新青森間を結び，新青森～新函館北斗間を北海道新幹線が結んでいる。また，津軽海峡の海底を通る**青函トンネル**は，津軽半島と北海道の松前半島を鉄道で結んでいる。

Words 無形文化遺産

2003年に採択された無形文化遺産保護条約に基づき，祭礼行事や芸能など無形の文化財を保護する国連教育科学文化機関(UNESCO)の活動。2020年12月現在，日本からは22件が登録されている。

参考 東北絆まつり

東日本大震災の鎮魂と復興を願い，東北6県の代表的な6つの夏祭りを集めて毎年行われる。2011～16年まで「東北六魂祭」として6県の県庁所在地が持ち回りで開催してきた祭りが，2017年から「東北絆まつり」として開催されている。

↑ 東北地方の交通

Episode 近年，東北地方のさまざまな方言が衰えてきたといわれている。交通網や情報通信が発達し，関東地方との結びつきがさらに強まった結果，東北地方で放映されるテレビ番組などの多くが東京でつくられるようになったのが原因の１つと考えられている。

7 北海道地方

Point
① 地域ごとに異なる農業の特色と漁業の現状をおさえておこう。
② 厳しい北海道の自然に対応した生活のくふうを知ろう。
③ 国立公園など雄大な自然を生かした観光資源について学ぼう。

1 北海道地方のあゆみと自然 ★★☆

1 位置とあゆみ

〜深まるアイヌ文化への理解〜

❶ 位　置…日本の最北端に位置し，南は津軽海峡を挟んで本州に，北は宗谷海峡を隔てて樺太（サハリン）に，東は択捉海峡を隔ててロシア連邦のウルップ島に接している。面積は83424 km²（北方領土を含む）で，日本の総面積の約5分の1を占める。人口は約525万人（2019年）。1 km²あたりの人口密度は約67人で，日本の都道府県の中で最も低い。

❷ あゆみ…かつて北海道は蝦夷地と呼ばれ，独自の文化をもつ先住民族のアイヌの人々が住んでいた。江戸時代になると松前藩が渡島半島南部を支配した。18世紀末にロシアが北海道をうかがうようになったため，幕府は伊能忠敬に命じて探検や測量をさせた。明治時代になると，政府は札幌に開拓使という役所を置き，屯田兵の制度を設け，アメリカ式農法を取り入れて開拓に努めた。

❸ 北方領土…千島列島のうち，**国後島・択捉島・歯舞群島・色丹島**を含む南千島の4島を北方領土という。第二次世界大戦後はソ連，現在はロシア連邦が不法に占拠しているが，日本固有の領土である。

参考　アイヌ民族

北海道や樺太・千島に居住している先住民族で，かつては漁労や狩猟・採集などを行い，自然と共生した生活を営んでいた。明治政府はアイヌの人々の土地を強制的に開拓し，彼らは住む地域を失うだけでなく，同化を強いられた。**アイヌ文化振興法**（現在の**アイヌ民族支援法**）が制定されてから，アイヌ文化への理解が深まりつつある。

Words　屯田兵

1874年に北海道の警備と開拓のために設けられた制度。軍事訓練をしながら土地を開拓していく方法で，1904年までの間に，石狩平野や上川盆地をはじめ，全道に37の屯田兵村がつくられ，7万ha以上が開かれた。

2 自然の特色

〜火山灰地と低湿地からなる平地〜

❶ 地　形…南北に連なる山地・山脈や広

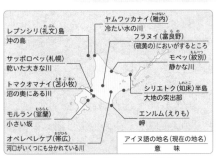

アイヌ語の地名（現在の地名）	意　味
レブンシリ（礼文）島	沖の島
サッポロペツ（札幌）	乾いた大きな川
トマクオマナイ（苫小牧）	沼の奥にある川
モルラン（室蘭）	小さい坂
オベレペレケプ（帯広）	河口がいくつにも分かれている川
ヤムワッカナイ（稚内）	冷たい水の川
フラヌイ（富良野）	（硫黄の）においがするところ
モベツ（紋別）	静かな川
シリエトク（知床）半島	大地の突出部
エンルム（えりも）	岬

❖ アイヌ語に由来する主な地名

Episode 明治新政府は1869年，北海道開拓のために**開拓使**を設置し，その指南役としてアメリカ合衆国の農務長官ケプロンを招いた。開拓使はケプロンの指導のもと，北海道の気候，地形，鉱山資源などの調査を実施し，30以上にも及ぶ事業をおこした。

大な平野，特色ある火山地形が見られる。

▶ 山 地…中央に標高2000 mを超える**石狩山地**がそびえ，その北側に**北見山地**，南側に**日高山脈**が連なる。天塩山地と夕張山地の間には上川盆地が形成されている。また，**大雪山・有珠山・十勝岳**など，各地に火山が分布し，**洞爺湖**や屈斜路湖など，噴火によってできた**カルデラ湖**も見られる。

▶ 平地と川…**十勝平野・根釧台地**などの火山灰台地と，**石狩平野・釧路平野**などの低湿地がある。石狩平野を流れる石狩川は利根川に次ぐ流域面積の広い川である。

❷ 気 候…北海道は**冷帯（亜寒帯）気候**に属しており，冬の寒さが厳しく，夏は涼しい。梅雨の影響をほとんど受けず，6～7月の降水量は少ない。上川盆地は内陸性の気候で，年間の気温差が大きい（観測最低気温−41℃を記録）。太平洋側は寒流の親潮（千島海流）の影響で日本海側より気温が低く，夏の濃霧は日照時間を減らし，気温を下げる。オホーツク海沿岸では冬に流氷が押し寄せる。

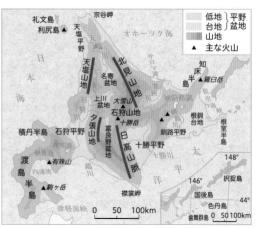

↑ 北海道地方の地形

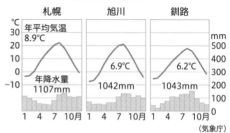

↑ 北海道地方の雨温図

② 北海道地方の産業 ★★★

１ 農 業

～機械を使った大規模農業が特色～

❶ 特 色…広大な土地をもつ北海道は，耕地面積の約8割が畑・牧草地となっている。販売農家1戸あたりの経営耕地面積は約25 ha（2019年）で，全国平均の2.5 ha の約10倍もあり，大型トラクターなどを使った**大規模な機械化農業**が行われている。

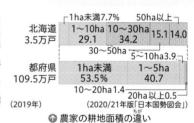

↑ 農家の耕地面積の違い

短文記述対策！

Q 北海道の太平洋側で，春から夏にかけて濃霧が発生するしくみを簡潔に述べなさい。

A 夏の南東の季節風が暖流の黒潮（日本海流）の影響で湿った暖かい空気となり，その後，寒流の親潮（千島海流）の上空の冷たい空気に冷やされて濃霧が発生する。

また，農業所得を主とする主業農家が多く，約73％（2015年）を占めている。

北海道
4万戸
| 主業農家 73.1% | 準主業農家5.0 | 副業的農家 22.0 |

全国
133万戸
| 22.1% | 19.3 | 58.6 |

※100%になるように調整していない。
(2015年)
(2020年版「データでみる県勢」)
↑北海道と全国の販売農家の割合

道内の食料自給率は206％（2017年）で，北海道は日本の食料供給基地となっている。農業産出額は1兆2593億円（2018年）で全国第1位である。

❷ 稲　作…北海道は，低湿に加えて泥炭地が広がり，農耕を行うには厳しい環境であった。しかし，排水や客土による土地改良や寒さに強い稲の品種改良を行ったことにより，今では全国有数の稲作地帯となっている。石狩平野や上川盆地で特にさかんである。

❸ 畑　作…火山灰地が広がる十勝平野は，気温の低い地域での栽培に適した大豆・てんさい・じゃがいも・小麦などの栽培がさかんで，北海道の畑作の中心地帯となっている。

↑北海道の土地利用

| 田 |
| 畑 |
| 牧草地 |
| 果樹園 |
| 市街地 |
| その他 |

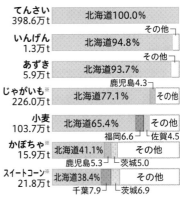

てんさい
398.6万t
| 北海道100.0% |

いんげん
1.3万t
| 北海道94.8% | その他 |

あずき
5.9万t
| 北海道93.7% | その他 |

じゃがいも
226.0万t
| 北海道77.1% | 鹿児島4.3 その他 |

小麦
103.7万t
| 北海道65.4% | その他 |
福岡6.6　佐賀4.5

かぼちゃ※
15.9万t
| 北海道41.1% | その他 |
鹿児島5.3　茨城5.0

スイートコーン※
21.8万t
| 北海道38.4% | その他 |
千葉7.9　茨城6.9

(2019年。※は2018年)
(農林水産省)
↑主な農産物の生産量に占める北海道の割合

Close Up　十勝平野の畑作のくふう

毎年同じ畑で同じ作物の栽培を続けると，土地がだんだんやせてしまい，収穫量が減少したり，作物が病気になりやすくなる連作障害をおこすことがある。

↑十勝平野の畑作地帯

1年目	てんさい／いんげんまめ／小麦	
	牧草／じゃがいも／あずき	
2年目	あずき／てんさい／いんげんまめ	
	小麦／牧草／じゃがいも	
3年目	じゃがいも／あずき／てんさい	
	いんげんまめ／小麦／牧草	

↑輪作のしくみ(例)

そのため，十勝平野では，耕地を分けて，毎年異なった作物を栽培する輪作が行われている。写真の畑の色がそれぞれ違って見えるのはそのためである。畑の周囲にはからまつの防風林をめぐらせ，強風で土が飛ぶのを防いでいる。また，夏の濃霧対策として防霧林を植えている。

入試Info　北海道の農業は，稲作・畑作・酪農がさかんな地域に分けられるので，それぞれの農業がさかんな石狩平野・十勝平野・根釧台地の位置や農業の特色についてまとめておくこと。また，北海道が生産量第1位・第2位の農産物についてもおさえておこう。

❹ 酪　農…北海道東部の根釧台地は火山灰地で，濃霧の影響で夏でも気温が低いため稲作には適していない。そのため，冷涼な気候でも栽培できる飼料の生産を行いながら，乳牛を飼育する酪農がさかんである。消費地から遠いため，生乳はバターやチーズなどの乳製品に加工して出荷されている。1950年代に，根釧台地で酪農を行う入植者を政府が援助する**パイロットファーム（実験農場）**がつくられ，1973年には**新酪農村**の建設が始まり，農地やかんがい施設を整備したことで，日本の代表的な酪農地域に発展した。

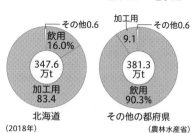

↑ 乳牛の都道府県別飼育頭数の割合と加工用に出荷される生乳の割合

2 漁　業

～漁獲量の減少と育てる漁業の育成～

❶ 全国一の漁獲量…北海道近海は，暖流の黒潮（日本海流）と寒流の親潮（千島海流）が出あうため，魚種が豊富であり，北太平洋にかけては世界有数の漁場となっている。このため，北海道は全国の約19％（2017年）の漁獲量を誇っている。

❷ 北洋漁業の縮小…太平洋北部やオホーツク海，ベーリング海でさけ・ます・たら・かに・さんまなどをとる**北洋漁業**は，**釧路港・根室港**・函館港などを基地とする遠洋漁業の中心であった。しかし，各国が排他的経済水域を設定したために漁獲量が制限されたことや，公海でのさけ・ます漁が禁止されたこと，乱獲による漁業資源の減少などによって，北洋漁業は活動を縮小せざるを得なくなった。

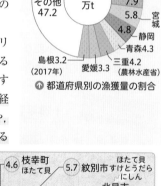

↑ 都道府県別の漁獲量の割合

❸ とる漁業から育てる漁業へ…そうした世界情勢の中，漁業を活性化させるために，さけの稚魚などを放流して大きくなってから捕獲する栽培漁業や，ほたて貝・かき・昆布・わかめなどの養殖業に力が入れられている。サロマ湖のほたて貝はよく知られている。

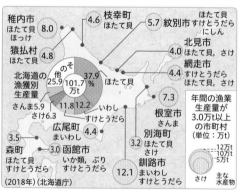

↑ 北海道の市町村別漁業生産量と魚種別生産量

HighClass　ロシア連邦やアメリカ合衆国などの経済水域内で操業するために支払う入漁料は，魚種や漁獲量，漁船規模などを基準に定められるが，年間数十億円にもなっている。また，さけ・ますは産卵に帰ってくる川をもつ国の資源とする**母川国主義**が主張されている。

3 鉱工業

~地元資源との結びつきが強い~

❶ **工　業**…北海道では，地元でとれた農産物や水産物を加工する**食料品工業**がさかんで，北海道の工業出荷額の約35%（2017年）を占めている。**札幌市**では大麦を利用したビールや乳製品，**帯広市**では乳製品，漁獲量の多い**函館市・釧路市・根室市**では水産加工品（冷凍品・缶詰など）が多く生産されている。**室蘭市**では北海道の石炭と海外から輸入する鉄鉱石によって**鉄鋼業**がさかんである。**苫小牧市**や**釧路市**では恵まれた針葉樹林を原材料に**製紙・パルプ工業**が発達している。掘込式港湾（→ p.202）を築いた苫小牧市では自動車工場や石油精製工場が進出し，石油備蓄基地もある。

❷ **鉱　業**…北海道は，かつては全国有数の**石炭**の生産地であった。しかし，1960年代の**エネルギー革命**により，石炭にかわって石油の需要が増加した。また，外国産の安価な石炭との競争などで衰え，炭鉱は徐々に閉山していった。炭鉱で栄えた**夕張市**は，石炭需要の減少で地域経済が急速に悪化した。夕張市は石炭産業からの転換を図るため，**夕張メロン**の栽培や観光施設の開発を行ってきたが，2007年に財政が破綻し，現在再建を進めている。

3 北海道地方の生活・文化 ★★★

1 自然環境の保全

~国立公園と世界自然遺産~

❶ **国立公園**…国立公園は日本全国で34公園が指定されており，そのうち6公園が北海道にある。また，北海道には海岸沿いに低湿地や原野が多く，多様な動植物の生息地になっている。特にタンチョウの生息地として貴重な釧路湿原は，1980年に国内初のラムサール条約登録地になった。

（右図の凡例）
- ◇ 金属
- ▣ 電子部品
- ◆ 自動車
- ⚗ 化学
- ⬡ 食料品
- ▭ 紙・パルプ

（2017年）
✛ 主な空港
= 高速道路

旭川　小樽　恵庭　札幌　千歳　帯広　釧路　室蘭　苫小牧　新千歳空港　新函館北斗　函館

北海道新幹線

（出荷額500億円以上の業種のある市。政令指定都市は区ごとの統計。）
（平成30年版「工業統計表」）

⬆ 北海道地方の工業都市

Words　国立公園
優れた自然環境を国民の財産として保護し，国民が自然に親しむことができるように，国が選び，自然公園法で定めて管理している地域のことで，2020年現在34か所が指定されている。また，国立公園に準じる景勝地の国定公園は，国立公園と同じく環境大臣が指定し，管理・保護は都道府県が行うもので，2020年現在57か所ある。

Words　ラムサール条約
正式名称は「特に水鳥の生息地として国際的に重要な湿地に関する条約」。1971年にイランのラムサールで締結された。日本では2020年現在52か所が登録されている。

⬆ 釧路湿原

Episode　北海道の歌志内市は旧炭鉱都市。最盛期に約4万6000人だった人口は，炭鉱の閉山による人口減少で，2020年11月末現在3033人と，日本で最も人口の少ない市となっている。閉山後の地域振興策として，札幌圏へのアクセスを売りとした工業団地を分譲している。

❷ **世界遺産**…オホーツク海に突き出た知床は，2005年に**世界自然遺産**に登録された。この付近は流氷が到達する北半球の南限であり，流氷の影響を受けた海洋生態系と陸上生態系の相互関係の見本となっている。また，知床でかつて行われた自然保護運動の「しれとこ100平方メートル運動」は，自然環境を守るために人々から資金を集めて土地を買い上げるナショナルトラスト運動が本格化する事例の1つとなった。

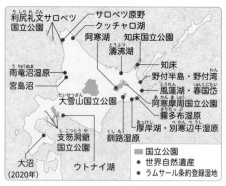

↑ 北海道の国立公園・世界自然遺産とラムサール条約登録湿地

2 北海道地方のくらし

〜厳しい寒さに対応したくふう〜

❶ **生活のくふう**…北海道では，冬の厳しい寒さを和らげるためのくふうが見られる。住宅は寒さを防ぐために厚い壁で，**二重窓**にするなど，断熱を施してあるのが一般的である。積雪対策のために屋根が急傾斜になっており，電熱線や温水パイプなどで凍結を防止する**ロードヒーティング**が整備されている道路も多い。

❷ **札幌市**…道庁所在地の**札幌市**は，人口約196万人（2019年）で，北海道の人口の約3分の1が集中している。北海道の行政・経済・文化の中心で，**地方中枢都市**である。開拓の際に土地を計画的に区分したなごりで，市街地が碁盤目状の区画になっている。

↑ 北海道における札幌市への集中

3 自然の特色を生かした観光

〜観光資源が豊富な北海道〜

❶ **豊かな観光資源**…北海道は，雄大な自然やさまざまな祭りなどを観光資源として生かしている。自然と触れ合いながら，その価値を学ぶエコツーリズムや，農村地域で自然・文化・人々との交流を楽しむグリーンツーリズムなどの取り組みも各地で行われている。

Words　エコツーリズム，グリーンツーリズム

● **エコツーリズム**…専門のガイドの案内・説明を受け，実際に自然に触れることを通して，自然環境の価値や人間のかかわり方などを楽しみながら身につけられる観光。

● **グリーンツーリズム**…農山漁村に滞在して，農林漁業体験やその地域の自然，文化，人々との交流を楽しむ余暇活動。

参考　世界ジオパーク

11万年前の巨大噴火によってできた洞爺湖と活火山である有珠山を中心とした一帯は「世界ジオパーク」に認定されている。「世界ジオパーク」は，科学的に価値の高い地質を保全するために設けられた制度である。国連教育科学文化機関（UNESCO）のもとで，地質保全や教育・普及活動が行われ，観光業にも役立てられている。

Episode　幕末以降の日本の近代化を支えた産業・交通・土木に関する遺産のことを**近代化遺産**といい，近年，これらを再評価する動きが高まっている。北海道では，旧札幌ビール第2工場（札幌市），小樽運河倉庫群（小樽市），旧北炭夕張炭鉱の関連施設（夕張市）などがある。

北海道西部のニセコは日本を代表する冬の**リゾート**で，オーストラリアなどからのスキー客が増えている。また，札幌市の「さっぽろ雪まつり」や「YOSAKOIソーラン祭り」，網走市の「あばしりオホーツク流氷まつり」などは全国的に有名である。豊かな湖沼や，火山とその周辺の温泉，国立公園なども多くの観光客を集めている。現在では，北海道を訪れる観光客の半数は外国人となっている。

2500
万人

2000

1500

1000

500

0

4　5　6　7　8　9　10　11　12　1　2　3月

(2018年)　　　(北海道経済部観光局)

北海道外からの観光客

その他の道外客　48.6　607万人　51.4%　外国人観光客

↑ 北海道への月別観光客数と外国人観光客の割合

❷ **観光と地域の活性化**…国内外から多くの観光客が訪れることで，観光ガイドや関連施設の従業員の雇用創出につながっている。

↑ さっぽろ雪まつり

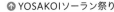

↑ YOSAKOIソーラン祭り

↑ 新千歳空港

4 北海道地方の結びつき

～空の玄関口の新千歳空港～

❶ **航　空**…国内から北海道への移動は長距離であるため，航空便を利用する人々が多い。札幌市の近郊にある新千歳空港は，年間約1959万人(2018年)が利用し，北海道の空の玄関口となっている。新千歳空港～東京国際(羽田)空港間の利用者は年間約906万人(2018年)で日本最大である。また，函館・旭川・釧路などの空港からも，東京をはじめ国内各地への直行便が就航している。

❷ **物　流**…北海道内の貨物輸送では，90％以上が自動車輸送となっている。海外輸送の大部分と，道外との間の輸送では，80％以上を海上輸送に依存しており，海上輸送は北海道の経済やインフラとして重要な役割を果たしている。

❸ **鉄　道**…青函トンネルで本州と結ばれ，新青森～新函館北斗間を北海道新幹線が走る。北海道新幹線は2030年度に新函館北斗～札幌間が開業予定である。

1965年

稚内　枝幸　名寄　網走　留萌　旭川　根室　小樽　釧路　札幌　帯広　士幌　広尾　江差　室蘭　苫小牧　釧路　松前　函館

―― JR線
━━ 新幹線
＋ 空港
―― 高速道路

2016年

稚内　網走　留萌　旭川　根室　小樽　釧路　札幌　帯広　苫小牧　室蘭　函館

(国土交通省など)

↑ 北海道の交通網の変化

Episode　JR北海道が運営する鉄道路線は23区間すべてで営業赤字だった(2019年度)。JR北海道が発足した当時約3200 kmあった営業キロ数は，現在約2500 kmとなっており，北海道の鉄道網は徐々に縮小されつつある。

8 地域の在り方

Point
❶ さまざまな地域で共通して見られる課題を探してみよう。
❷ 地域の課題がおこってきた経緯について注目してみよう。
❸ 地域の課題が与える影響を考察し，その解決策を考えてみよう。

1 地域の在り方 ★☆☆

日本の各地域には特色とともに，さまざまな課題がある。各地域に生活する人たちが安心してくらしていくことができ，将来の世代も発展していける持続可能な社会を目ざすためにも，地域の課題を捉え，解決していくことが重要である。

1 地域の課題を見つける

〜さまざまな視点から見た地域の課題〜

❶ 対象となる地域の選定…例えば，学校がある市（区）町村やその姉妹都市，修学旅行で訪れる市（区）町村などを候補として地域を選定する。

❷ 地域の課題を考察する…選定した地域の課題を，自然環境や人口，産業，交通・通信，伝統・文化などの面から考える。課題によっては，複数の分野が関係していることもあるため，さまざまな視点から考える必要がある。

2 課題を調査する

〜地域の実態の把握〜

❶ 課題がおこっている場所…市街地の中心部と郊外では課題の現れ方も異なってくるので，まず，どこでどのような課題がおこっているかを捉える。

❷ 課題がおこってきた経緯…その地域の変化に注目し，文献資料や統計資料などから課題をより具体的に捉える。地域の人々から話を聞くことで，資料だけではわからなかった情報が得られることもあるため，聞き取

地域の課題の具体例

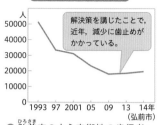

解決策を講じたことで，近年，減少に歯止めがかかっている。

⬆ 弘前市の中心市街地の歩行者・自転車通行量の推移

中心市街地の通行量が減少傾向にあったことがわかる。

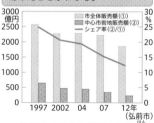

⬆ 弘前市の中心市街地の商品販売額の推移

中心市街地の商品販売額が減少傾向にあり，市全体に占めるシェア率も低下していることがわかる。

弘前市では，中心市街地に人が集まらなくなっていることが課題の1つになっている。

Episode 青森市の「ねぶた祭」は東北三大祭りの1つとして有名であるが，弘前市は「ねぷたまつり」という祭りが有名である。どちらも，七夕の日に行われていた「眠り流し」という夏の睡魔を追い払う行事が青森県域で独自に発展したものと考えられている。

り調査を行うことも重要である。また，地形や土地利用の変化を，新旧の地形図を比較しながら見ていくという方法もある。

3 課題の要因を考察する

~課題の原因や影響の考察~

❶ 課題の要因の考察…調査資料の分析や，同じような課題がおこっているほかの地域も参考にして，課題の原因を調べていく。

❷ 注意点…例えば，観光業がさかんな都市では，外国人観光客が増加したことで，地域経済の活性化が図られる一方で，交通渋滞が増えるなど，その地域の特色が，新たな課題を引きおこす背景や原因になることもある。そのため，1つの課題について，さまざまな立場の違いも考慮しながら要因を考える必要がある。

❸ 課題の影響…課題の影響を推測する。1つの課題が，直接関係していないところにも影響を与えることがあるので，どのような影響が出ているのかを広く考察することが，課題の解決方法にもつながっていく。

（例）中心市街地に人が集まらないことが及ぼす影響

中心市街地に人が集まらない。

↓

中心市街地の商品販売額が減少する。

↓

閉店や移転をしたり，営業時間を短縮したりする商店が増加。

↓

さらに中心市街地に人が集まらなくなる。

---

4 課題の解決策を考察する

~効果的な課題の解決策の考察~

❶ 他地域の取り組みの調査…同じような課題をもつ，ほかの地域の取り組みを調査する。

❷ 解決策の考察…ほかの地域の事例を参考に，地域の実情に合った，より良い解決策を考える。その際，立場の異なる人たちの利点や問題点も含めて考えていく必要がある。

課題の要因の具体例

（弘前市）

凡例：
- 中心市街地区域
- ● スーパー
- ● 専門店

↑ 弘前市の中心市街地と郊外の大型店舗の立地

↓

弘前市の郊外に，多くの大型ショッピングセンターがつくられた。

↓

郊外のショッピングセンターで買い物をする人が増加し，中心市街地に人が集まらないという課題が生じた。

課題の解決策の具体例

弘前市の中心市街地は「出かけたくなる賑わいと魅力のあるまち」の実現を目ざす。

↓

中心市街地で，「よさこい津軽」，「駅前夏祭り」，「ひろさきりんごハロウィン」など，多種多様なイベントの開催を継続した。

↓

中心市街地の歩行者通行量の減少に歯止めがかかった。

Episode 中小企業庁の調査によると，1商店街あたりの空き店舗の平均店舗数は5.3店（2018年）で，平均空き店舗率は13.8％である。空き店舗率ごとの商店街数の分布では，10％を超える商店街が全体の41.3％もあり，シャッター商店街が多いことがわかる。

221

⮕ p.167 **1** （　　　　）は噴火でできた世界最大級のカルデラをもち，九州南部には火山灰が積もった（　　　　）台地が広がっている。

⮕ p.169, 170 **2** 宮崎平野では，野菜の出荷時期を早める（　　　　），宮崎・鹿児島県では，牛や豚を飼育する（　　　　）業がさかんである。

⮕ p.177 **3** （　　　　）工業地域にある倉敷市水島地区には，多くの工場や火力発電所などが集まった石油化学（　　　　）が見られる。

⮕ p.180 **4** 本州と四国を結ぶ（　　　　）が開通し，移動時間が短縮された一方，四国では，（　　　　）現象によって地域経済の衰えも見られる。

⮕ p.185, 186 **5** 大阪・神戸を中心とする（　　　　）工業地帯にある東大阪市などでは，高い技術力をもった（　　　　）が多く集まっている。

⮕ p.186 **6** 1960～70年代にかけて，都市部に人口が集中する（　　　　）化の解消のため，千里や泉北に（　　　　）がつくられた。

⮕ p.190, 192 **7** 木曽川などの下流に広がる（　　　　）平野の西部には，家屋や田畑が堤防で囲まれた（　　　　）が見られる。

⮕ p.191 **8** （　　　　）工業地帯は機械工業の占める割合が非常に高く，特に，愛知県の豊田市では，（　　　　）の生産がさかんである。

⮕ p.193 **9** 山梨県の（　　　　）盆地ではぶどうやもも，長野県では，夏でも涼しい気候を生かしたレタスなどの（　　　　）栽培がさかんである。

⮕ p.198, 199 **10** 関東平野の大部分は赤土の（　　　　）に覆われ，千葉県や茨城県では大都市に近いことを生かした（　　　　）農業がさかんである。

⮕ p.201 **11** 首都東京がある京浜工業地帯は，東京に新聞社や出版社が多いことから（　　　　）業がさかんで，（　　　　）工業地域は，化学工業の占める割合が高い。

⮕ p.205 **12** 千葉県にある（　　　　）は，貿易額が日本最大の貿易港である。

⮕ p.209 **13** 東北地方では，農作業ができない冬の副業として（　　　　）が発達し，岩手県の（　　　　）などの伝統的工芸品が有名である。

⮕ p.209 **14** 東北自動車道沿いには，半導体などの電子部品をつくる工場が進出して（　　　　）が形成されている。

⮕ p.211 **15** 青森（　　　　），秋田竿燈まつり，仙台（　　　　）は，東北三大祭りとして全国的に知られている。

⮕ p.214 **16** 北海道の太平洋沿岸では季節風と寒流の影響で夏に（　　　　）が発生し，オホーツク海沿岸では冬に（　　　　）が押し寄せる。

⮕ p.215, 216 **17** 北海道では西部の（　　　　）で稲作，火山灰地の（　　　　）で畑作や酪農，東部の（　　　　）で酪農がさかんに行われている。

1 阿蘇山，シラス

2 促成栽培，畜産

3 瀬戸内，コンビナート

4 本州四国連絡橋，ストロー

5 阪神，中小工場

6 過密，ニュータウン

7 濃尾，輪中

8 中京，自動車

9 甲府，抑制

10 関東ローム，近郊

11 印刷，京葉

12 成田国際空港

13 伝統産業，南部鉄器

14 工業団地

15 ねぶた祭，七夕まつり

16 濃霧，流氷

17 石狩平野，十勝平野，根釧台地

●右のグラフは，日本全国並びに，5つの県の農業産出額の割合を示したものである。このグラフを見て，次の問いに答えなさい。　　　　　　　　　　【市川高】

❶ グラフ中の**A〜E**は富山・長野・山梨・静岡・鹿児島のいずれかの県を表している。**A〜E**にあてはまる県の組み合わせとして正しいものを，次の**ア〜オ**から1つ選び，記号で答えなさい。

ア A－山梨　　B－静岡　　C－富山
　　 D－鹿児島　E－長野

イ A－鹿児島　B－静岡　　C－長野
　　 D－山梨　　E－富山

ウ A－鹿児島　B－静岡　　C－山梨
　　 D－長野　　E－富山

エ A－長野　　B－鹿児島　C－山梨
　　 D－富山　　E－静岡

オ A－長野　　B－鹿児島　C－静岡
　　 D－山梨　　E－富山

	米	野菜	果実	畜産	その他
全国	18.6%	26.1	9.0	35.4	10.9
A	13.1	4.4%／1.9 63.2			17.4
B	8.7% 32.1	13.3	21.5		24.4
C	19.1%	33.9	25.3	12.1	9.6
D	6.7% 13.6	63.3			8.6 7.8
E	68.2%		8.9	3.3 5.5 14.1	

0　20　40　60　80　100%
(2018年) (2020年版「データブック オブ・ザ・ワールド」)

国名	生産量(千t)	%
中国	2460	40.3
インド	1325	21.7
ケニア	440	7.2
スリランカ	350	5.7

(2017年) (2020年版「データブック オブ・ザ・ワールド」)

❷ グラフ中の**B**県は「その他」の割合が他県に比べて高くなっている。上の表は，**B**県の「その他」に含まれるある特産物の世界の生産量上位4か国を示したものである。ある特産物とは何か，答えなさい。

▶ **Key Point**

各県でさかんに行われている農業は何かを判断することが重要となる。

▶ **Solution**

❶ 富山県…中部(北陸)地方に位置し，米の単作地帯となっている。
　長野県…野菜の抑制栽培や，長野盆地ではりんごの生産がさかんである。
　山梨県…甲府盆地の扇状地では，ぶどう・ももの栽培がさかんである。
　静岡県…温暖な気候を生かしたみかんや工芸作物の生産がさかんである。
　鹿児島県…シラス台地は稲作に適していないため，特に畜産がさかんである。

❷ ケニアやスリランカで生産がさかんで，重要な輸出品目となっている工芸作物である。日本では，静岡県のほか，鹿児島県や三重県などでも生産がさかんである。

解答

❶ イ　　❷ 茶

● 次の表は，2018年における，国内旅行の旅行目的別のべ旅行者数（主目的地）を示したものである。この表について説明した下の文中の X ， Y にあてはまる内容をそれぞれ説明しなさい。 【函館ラ・サール高─改】

都道府県	宿泊旅行		観光・レクリエーション		帰省・知人訪問等		出張・業務	
	順位	千人	順位	千人	順位	千人	順位	千人
東京	1	22453	1	10049	1	5702	1	6702
北海道	2	15592	5	8624	2	4529	4	2439
大阪	3	14000	7	7366	3	3489	2	3146
静岡	4	13916	2	9954	9	2567	8	1395
千葉	5	13709	4	9508	8	2823	9	1378

（2020年版「データでみる県勢」）

　　千葉の観光・レクリエーション目的で宿泊する人数が全国第4位であるのは，日本を代表する遊園地があることや， X ためである。また，北海道の宿泊旅行が全国第2位である理由は，スキー場や温泉など魅力的な観光地がたくさんあるほかに， Y という，ほかの都府県にはほとんど見られない理由があるからである。

▶ **Key Point**

X 千葉にある遊園地には，国内の遠隔地，及び海外からも多くの来園者が来ることから，どのような手段で千葉を訪れているかを考える。

Y 北海道とほかの都府県を比較した場合，宿泊せざるを得ないような地理的な要因について考える。

▶ **Solution**

X 海外や国内の遠隔地から千葉へ訪れる交通手段としては，飛行機が多く利用される。

Y 北海道は，国内では最も面積が広い。そのため，北海道各地の観光地を1日でまわることは難しいので，数日かけて観光する旅行者が多いと考えられる。

▶ **Key Word**

Xは「飛行機」，「空港」，Yは「広い面積」，「移動」，「距離」などを含めて記述する。

解答例

X 千葉には，国内や海外からの交通手段として，飛行機を利用できる成田国際空港がある

Y 北海道は，ほかの都府県と比べて面積が広く，移動距離も長く時間もかかるため，各地の観光地をまわろうとすると宿泊せざるを得なくなる

2

第2編　歴史

第1章　歴史の流れと地域の歴史

START!

歴史の学習は昔のことを覚えることだけではありません。この章では，小学校で学習した人物やできごと，文化遺産を思い出し，歴史の大きな流れをふり返ります。また，身近な地域の歴史を通して，歴史の調べ方やまとめ方を学びます。

"くにの誕生"
稲作に有利な土地を巡り，むら同士の争いがおこりました。争いに勝ったむらが周りのむらを従えて勢力を広げ，くにが誕生しました。

"天皇・貴族の政治"
大宝律令の制定によって，天皇を中心とした律令国家のしくみが整えられました。天皇や貴族は優雅で華やかなくらしをしました。

"武士の政治"
源 頼朝が鎌倉幕府を開いてから，1867年に徳川慶喜が大政奉還を行うまでの約700年間，中断した時期もありましたが，武士による政治が続きました。

"議会政治の始まり"
明治政府は，欧米の政治や文化，考え方を吸収し，近代化を進めました。大日本帝国憲法が発布され，議会も開かれました。

☑ Learning Contents

1. 歴史の流れを調べる

2. 身近な地域の歴史を調べる

"戦争への道"
軍部が台頭し，日本は満州事変，日中戦争，太平洋戦争へと続く，長く悲しい戦争を経験しました。

"国民の政治"
太平洋戦争の敗戦から復興を遂げ，国民が主役になって平和で豊かな国を築いていきました。

第2編 歴史

第1章 歴史の流れと地域の歴史

第2章 古代までの日本

第3章 中世の日本

第4章 近世の日本

第5章 近代日本のあゆみと国際関係

第6章 2つの世界大戦と日本

第7章 現代の日本と世界

1 歴史の流れを調べる

1 歴史上の人物　入試重要度 ★☆☆

1 小学校で学習した歴史上の人物

〜どれだけ覚えているかな〜

これまでの日本の歴史の中で重要な役割を果たし，今でも多くの人々にその名や業績が知られている人物は少なくない。みなさんも小学校で歴史を学習し，その中でたくさんの歴史上の人物についても学んだはずである。小学校の教科書に登場した歴史上の人物の一覧を見てみよう。何人くらいの人物を覚えているだろうか。

卑弥呼	聖徳太子	小野妹子	中大兄皇子
中臣鎌足	聖武天皇	行基	鑑真
藤原道長	紫式部	清少納言	平清盛
源頼朝	源義経	北条時宗	足利義満
足利義政	雪舟	ザビエル	織田信長
豊臣秀吉	徳川家康	徳川家光	近松門左衛門
歌川広重	本居宣長	杉田玄白	伊能忠敬
ペリー	勝海舟	西郷隆盛	大久保利通
木戸孝允	明治天皇	福沢諭吉	大隈重信
板垣退助	伊藤博文	陸奥宗光	東郷平八郎
小村寿太郎	野口英世		

↑ 小学校の教科書に登場した主な人物

歴史上の人物や歴史上でおこったできごと，文化遺産などについて調べることは，しばしば歴史をひもとくヒントにもなる。また，それぞれの関係性を考えたり，時代ごとに並べたりすることで，歴史の大きな流れをつかむこともできる。

2 歴史上の人物について調べよう

〜いつ，どこで，何をした人？〜

生没年はいつか，その人物が生きた時代はどのような世の中だったのか，その人物は何を行ったのか，また，それがその時代やのちの世にどのような影響を与えたのかを調べる。

参考 小学校で学習した主な文化財

縄文土器	大仙(仁徳陵)	
古墳	法隆寺	東大寺大仏
正倉院	平等院鳳凰堂	
厳島神社	金閣	銀閣
水墨画	姫路城	日光東照宮
浮世絵	八幡製鉄所	原爆ドーム

文化財についても，いつ，どこで，だれが，どのような目的でつくったのか，調べてみよう。また，遺産として重要な理由も調べてみよう。

入試Info　調べ学習は時間がかかり，入試に向けての勉強としては非効率でむだなことに思えるかもしれない。しかし，調べたり，まとめたりすることで論理的な思考力を養うことができ，これから変わっていくであろう入試制度で求められる力をつけることができる。

3 調べたことをまとめよう

～まとめることで新たな発見！～

　中学校の歴史の学習を始める前に，小学校で学習した歴史上の人物について，テーマを決めて調べてみよう。テーマには，疑問や興味があることを選ぶとよい。その際，同じ時代に活躍した人物を複数選んで比較すると，その時代についてより深く知ることができ，新たな発見につながる。一方，政治や外交・文化などのテーマに基づいて時代を超えて人物を選び，調べてまとめることで歴史の大きな流れをつかむことができる。まとめるときには，図やイラストを使ったり，関係図や年表をつくったりすると見やすく，新たな発見につながる。

Words 関係図

人物やできごとなどの関係を整理してまとめた図。情報を多く載せすぎると見づらくなり，逆にわかりにくくなるので，関係図を使用するときには，要点をしぼってまとめることが重要である。

Words 年表

年代や時代順にできごとをまとめた表。項目ごとにまとめるとわかりやすい。大きな流れを把握したいときには便利である。

Close Up 鎌倉時代の権力者についてのまとめ

人物	源 頼朝	北条泰時	北条時宗
生没年	1147〜1199年	1183〜1242年	1251〜1284年
時代背景や業績など	平 清盛に破れた父親は東国に逃れる途中に暗殺され，頼朝は伊豆に流された。北条氏の協力で挙兵し，平氏を滅ぼした。鎌倉に幕府を開き，初代将軍となった。初の本格的な武家政権をつくった。	1221年に後鳥羽上皇が政権を取り戻そうと承久の乱をおこしたときには御家人を指揮し，上皇方を破った。その後，3代執権となって，1232年には御成敗式目(貞永式目)を制定し，御家人に対して裁判の基準を示した。	鎌倉幕府の8代執権で，元寇のときの最高責任者である。御家人を統率し，元軍を退けることには成功したが，恩賞を十分に与えることができず，幕府は御家人の不満を買うことになった。
影響	土地を仲立ちにした主従関係に基づく支配のしくみは，江戸幕府まで引き継がれた。	御成敗式目(貞永式目)は武士が初めて制定した法で，のちの武家法の基準とされた。	御家人の不満をそらすために出された徳政令は，幕府を滅ぼすきっかけになった。

＜まとめからわかったこと＞

● 頼朝が亡くなると，鎌倉幕府の実権はしだいに将軍から**執権**へと移っていった。

● 鎌倉幕府の支配力は，承久の乱を経て強まり，元寇によって弱まった。

● 頼朝がつくった鎌倉幕府は滅んだが，鎌倉幕府のしくみや法はのちの武家政権にも影響を与えた。

Episode 人物について調べるときには，歴史書や伝記，人物事典などの書籍から調べる方法のほかに，その人物とかかわりの深い地域に聞き取り調査に行ったり，資料館や博物館に見学に行ったりして調べる方法がある。

第2編 歴史

第1章 歴史の流れと地域の歴史

第2章 古代までの日本

第3章 中世の日本

第4章 近世の日本

第5章 近代日本のあゆみと国際関係

第6章 2つの世界大戦と日本

第7章 現代の日本と世界

2 生活の中の歴史 ★☆☆

1 生活の中にある歴史

~ 歴史は昔のことだけじゃない ~

　歴史は，教科書や博物館の中だけに存在するものではない。また，戦争や革命などの大きな事件やできごとだけが歴史ではない。何気ない日常の中でおこっている，取るに足らないことがらの中からも歴史をひもとくことができる。むしろそのような日常の歴史の方が，現代を生きるわたしたちの生活や物の見方に大きな影響を与えているかもしれない。各時代の人々の服装，食生活，住まい，くらしの道具など，生活に密着したテーマごとに各時代を見ていくと，それぞれを支えている信仰や儀礼・教育・科学・文芸などまでが見えてくるはずである。表面的な変化にとどまらず，その背景までも探ることで歴史への興味を深めていこう。

❶ **服装の歴史**…縄文時代と弥生時代の服装から，両時代とも人々は祈りやまじないを信仰していたことが想像できる。また，弥生時代には，縄文時代にはなかった身分の差が生まれたことが，服装や装飾品からうかがえる。さらに歴史を掘り下げていけば，その背景にある稲作や金属器の伝来などの発見につながり，調べる時代を広げていけば，外交や文化の大きな流れも把握できるだろう。興味のある時代を掘り下げて調べたり，各時代について調べて比較したりすることで，新たな歴史の発見につながるかもしれない。

参考 各時代の衣装

貴族の時代には束帯と女房装束（十二単），武士の時代には袴や烏帽子，打ち掛け・小袖などを着用した。明治時代になると，軍服や礼服，ドレスや革靴など新しいものが取り入れられた。女性の髪型の変化などに注目しても，おもしろい発見があるかもしれない。

⬆ 平安時代の髪型

⬆ 浮世絵に描かれた髪型

調べたことを文字や表にまとめるだけでなく，写真やイラストをつけると変化がよりわかりやすくなる。

時代	服装	わかること
縄文時代	布の中央に穴をあけて頭からすっぽりかぶった。髪飾りや耳飾りなどの装身具を男女ともに身につけていた。	動物の皮や食物の繊維など，狩猟・採集の生活の中で得られるものを材料にしていた。装身具にはまじないの意味もあった。
弥生時代	庶民は縄文時代と同じ服装をしていたが，一部の人々はガラスや巻き貝などでできたアクセサリーを身につけた。織物も登場した。	貧富や身分の差が生まれた。縄文時代にはなかった織物の技術は，中国や朝鮮半島から伝わった。大陸の文化の影響を受けはじめた。

HighClass 飛鳥時代は冠位十二階（→ p.262）によって冠の色で役人の階級が区別されたが，奈良時代には中国の制度を参考にして，**衣服令**という規定で細かく貴族や役人の服装が決められた。沓と袴以外は身分によって違ったため，服装をひと目見ただけでその人の身分がわかった。

❷ **食生活の歴史**…服装の歴史については，２つの時代を比較するという方法をとったが，食については資料を使って，奈良時代の食事がどのようなものであったかを考えてみよう。奈良時代になると**律令制度**が整い，都には各地の特産物が荷札である**木簡**をつけて運び込まれた。したがって，木簡を調べることで，都の人々の食事のようすや各地の産物をうかがい知ることができる。

参考 食事の回数
朝・夕２回の食事が普通であったが，江戸時代になると現在のように庶民も昼に食事をとるようになり，１日３食の生活になった。

zoomup 律令制度→p.266

第２編 歴史

第１章 歴史の流れと地域の歴史

第２章 古代までの日本

第３章 中世の日本

第４章 近世の日本

第５章 近代日本のあゆみと国際関係

第６章 ２つの世界大戦と日本

第７章 現代の日本と世界

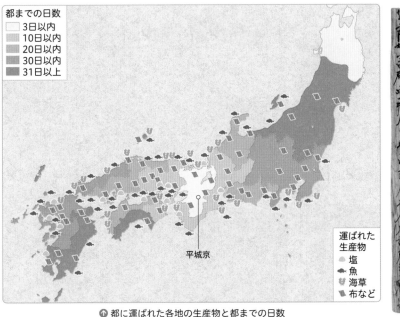

都までの日数
- 3日以内
- 10日以内
- 20日以内
- 30日以内
- 31日以上

平城京

運ばれた生産物
- 塩
- 魚
- 海草
- 布など

← 木簡

↑ 都に運ばれた各地の生産物と都までの日数

貴族は魚や野菜，漬物のほか，庶民が口にすることのできない各地の珍味や蘇と呼ばれる乳製品を食べていたと想像される。器も漆が塗られて豪華であった。

↑ 都の貴族の食事例

庶民の食事は貴族に比べ，質素で品数も少ない。器は主に土器が使われた。木の器も使われていた。

↑ 庶民の食事例

Episode

食については，古い時代のことを資料から調べるのもよいが，もっと身近な学校給食の歴史（学校給食のメニューの移り変わり）を調べてみるのもおもしろいかもしれない。ちなみに，学校給食は明治時代の1889年に山形県の小学校で始まり，全国に広まったといわれている。

❸ **住まいの歴史**…住まいについては，原始から近代に至るまでの変化を大きくとらえて見てみよう。下のイラストでは，明治時代までの移り変わりをまとめているが，近代以降も人々の住まいは，大きく変化している。住まいの歴史からは，それぞれの時代の為政者（いせい）や外国とのかかわりなどが人々のくらしにどのような影響（えいきょう）を与（あた）えていたかを見てとることができる。

参考　生活の中の歴史

衣食住のほかにも身の回りの事物から歴史は読み取る（よ）ことができる。学校・暦・貨幣（か　へい）・遊び・交通機関など，身近なテーマから歴史を見てみよう。

縄文時代（じょうもん）〜

たて穴住居。地方の農民は平安時代になっても使用した。

平安時代

寝殿造（しんでんづくり）。藤原氏（ふじわら）の娘（むすめ）の子どもは藤原氏の邸宅（ていたく）で育てられた。

鎌倉時代（かまくら）

武士の館（やかた）。平時の武士は農業を営み，武芸に励んだ。

室町時代（むろまち）

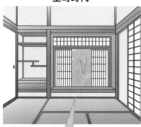

書院造（しょいんづくり）。現在の和風建築のもとになった。

江戸時代（えど）

町人の多くは，長屋と呼ばれる集合住宅にくらした。

明治時代

東京にはれんが造りの建物。欧米（おうべい）文化が急速に吸収された。

⬆ 住まいの変化

③ 外国とのつながりの移り変わり ★★☆

1 外国とのつながり

〜外国を通して深まる日本の歴史〜

　日本の歴史を，世界の歴史を背景にして理解し，そのかかわりを知ることは重要である。日本を訪（おとず）れた外国人，外国に残る史料などから日本と外国との関係に着目し，歴史地図や年表にまとめてみよう。

参考　日本を訪れた外国人と外国に渡った（わた）日本人

鑑真（がんじん），ザビエル，ペリー，ハリス，マッカーサーなどは日本を訪れ，小野妹子（おののいもこ），阿倍仲麻呂（あ　べのなかまろ），空海（くうかい），最澄（さいちょう），雪舟（せっしゅう），岩倉具視（いわくらともみ）などが外国に渡った主な人物。

Episode　大正時代になると，個人の家の中にも郊外（こうがい）の住宅地などで洋風住宅が多く見られるようになった。それとともに，洋風住宅へのあこがれから，和風住宅に洋風の部屋を取り入れた「文化住宅」（→ p.421）と呼ばれる家も現れた。「洋間」は，書斎や応接室として使われた。

2 歴史地図から見る

～地図から見える歴史～

紀元前後，8世紀，13世紀の世界のようすを表した3つの歴史地図から，日本と外国とのつながりの移り変わりを探ってみよう。

Words 歴史地図

過去につくられた古い地図ではなく，歴史を知るために過去の地名などを記した地図。歴史の地理的事象やその移り変わりを視覚的に伝えることができる。

● **世界のようす**
西部はローマ帝国，東部は漢が支配。シルクロード（絹の道）でローマと長安が結ばれていた。

● **日本のようす**
弥生時代。小国が誕生していた。

● **外国とのつながり**
小国の王の中には，中国に使いを送る者がいた。奴国の王は中国の皇帝から金印を授かった。

↑ 紀元前後の世界

● **世界のようす**
アフリカ北部から西アジアにかけて勢力をもつイスラム帝国が誕生。唐が中国を統一した。

● **日本のようす**
奈良時代。仏教の力で国を治めようとした。

● **外国とのつながり**
遣唐使を派遣し，強大な唐の政治や文化を取り入れた。

↑ 8世紀の世界

● **世界のようす**
東部はインドと東南アジアを除き，モンゴル帝国が支配。帝国分裂後は元が中国を統一した。

● **日本のようす**
鎌倉時代。武士による政治が始まった。

● **外国とのつながり**
日本を従えようと，元が高麗軍とともに九州北部に襲来した。

↑ 13世紀の世界

入試Info

人物や文化，社会経済，外交などをテーマにした通史が出題されることが多い。日本の歴史の大きな流れを外国の歴史と関連させてつかみ，時代感覚を身につけることは重要である。細かい事象にとらわれ過ぎず，広い視野をもって歴史の学習に取り組もう。

④ 時代の分け方 ★★☆

1 年代の表し方

~年代の表し方を学ぼう~

❶ 西暦…西暦とは，ヨーロッパで考え出された年代の表し方である。**イエス＝キリスト**が生まれたと考えられている年を「紀元1年（元年）」として，それより前を「紀元前（B.C.）」，それよりあとを「紀元後（A.D.）」として年代を表す。ただし，紀元後（A.D.）は省略し，数字だけで「～年」と表すことが多い。

❷ 元号…元号とは，中国から伝わってきた年代の表し方で，現在では日本だけで使用されている。最初の元号は西暦645年に定められた「**大化**」で，現在の「令和」までおよそ250の元号がこれまでに使用された。元号の制定は君主の特権とされていたが，明治時代以降は天皇1代ごとに1つの元号が制定されることとなった（**一世一元制**）。

❸ 世紀…西暦年を100年ごとに区切り，**世紀**で表す。西暦1年～100年を1世紀，101年～200年を2世紀，紀元前100年～紀元前1年を紀元前1世紀とする。歴史の流れを大きくとらえるときに便利である。

2 時代区分

~歴史を大きくとらえた表し方~

❶ 政治の中心地や文化の特色で分類…旧石器時代・縄文時代・弥生時代・古墳時代は文化の特色で区分され，飛鳥時代・奈良時代・平安時代・鎌倉時代・室町時代・安土桃山時代・江戸時代は政治の中心が置かれた場所で区分されている。明治時代以降は，元号によって区分され，明治時代・大正時代・昭和時代・平成時代・令和時代と続く。

❷ 社会のしくみや特徴で区分…**原始・古代・中世・近世・近代・現代**と区分される。日本の歴史では，原始に旧石器～弥生時代，古代に古墳～平安時代，中世に鎌倉～室町時代，近世に安土桃山～江戸時代，近・現代に明治時代以降の時代が含まれる。

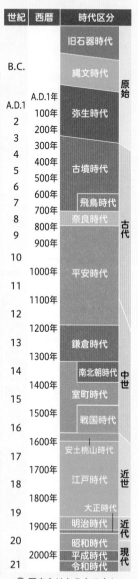

参考 元号と歴史用語		

歴史用語の中には「**大化の改新**」や「**応仁の乱**」，「**安政の大獄**」のように，そのときの元号が含まれているものも多い。

世紀	西暦	時代区分	
B.C.		旧石器時代	原始
		縄文時代	
A.D.1	A.D.1年	弥生時代	
2	100年		
3	200年		古代
4	300年	古墳時代	
5	400年		
6	500年		
7	600年	飛鳥時代	
8	700年	奈良時代	
9	800年	平安時代	
10	900年		
11	1000年		
12	1100年		
13	1200年	鎌倉時代	中世
14	1300年	南北朝時代	
15	1400年	室町時代	
16	1500年	戦国時代	
17	1600年	安土桃山時代	近世
18	1700年	江戸時代	
19	1800年	大正時代	近代
20	1900年	明治時代	
21	2000年	昭和時代／平成時代／令和時代	現代

↑ 歴史をはかるものさし

 HighClass 中国の殷の時代から使われていたとされる年代の表し方に**干支**がある。干支は，**十干**（甲・乙・丙・丁・戊・己・庚・辛・壬・癸）と**十二支**（子・丑・寅・卯・辰・巳・午・未・申・酉・戌・亥）との組み合わせでつくられ，60年で1回り（**還暦**）する。

2 身近な地域の歴史を調べる

Point
1. 身近な地域に隠れている歴史の存在に気づこう。
2. 気づいたことや疑問に思ったことをテーマにして,実際に調べてみよう。
3. 身近な地域の歴史の調べ方やまとめ方を学ぼう。

1 身近な地域の歴史調べ ★☆☆

1 身近な地域の歴史を探る

~地域にひそむ歴史に気づこう~

本に書かれてあることだけが歴史ではない。身の回りにはいくつもの歴史が隠れている。くらしの中で,身近な歴史の存在に気がつくことが歴史調べの第一歩である。身近な地域の中から,調べたいと思うテーマを見つけよう。

2 歴史を調べる

~調べ・まとめ・発表~

テーマが決まったら,まずは図書室や公立図書館にある本など身近な資料から情報を集める。テーマに関する本を,インターネットを使って検索することも有効である。そして,テーマや調査の目的に合ったものを取捨選択する。次に,実際に外に出て観察や,博物館や郷土資料館で展示を見学して学芸員の方に聞き取り調査を行うなどして,新しい発見や自分たちの仮説の裏づけとなる情報を集める。集めた情報を整理し,日本の歴史の大きな流れとも関連づけて考察し,まとめの作業に入る。その際,集めた資料を丸写しするのではなく,資料から自分で新しいことを読み取ること,1つの資料を複数の視点から見たり,複数の資料を比較したりすることが必要である。そして,「テーマ名とそのテーマを設定した理由」「自分の立てた仮説」「調査してわかったこと」「まとめや今後の課題」などの項目ごとにまとめていく。さらに小さな項目に分けて整理し,根拠となる資料のほか,地図やイラスト,写真などを添えると伝わりやすくなる。

参考 身近な地域
「身近な地域」が指す範囲は人によって,また目的によって異なる。市(区)町村から都道府県・地方にまで身近な地域の範囲が広がることもある。自分がなぜその地域を身近に感じるかを考えながら,調べ学習を進めることが重要である。

参考 テーマを決めるヒント
テーマを決めることは意外と難しい。小学校で学習した人物の中に地域出身の人物はいないか,地域に気になる地名や建物はないか,地域の人が大切にしている行事や祭り,食べ物はないか,言い伝えや伝統的な工芸品はないかなど,いろいろな視点から考えてみよう。歴史に一見関係のなさそうなものでも,調べてみるとおもしろい発見があるかもしれない。

HighClass 情報を集めたら,情報が正しいものかどうかを検討することを忘れてはいけない。**インターネット**は調べ学習を行ううえで非常に便利なツールではあるが,誤った情報もあふれている。正しい情報を選び,正しく使用する**メディアリテラシー**を身につける必要がある。

第2章 古代までの日本
第3章 中世の日本
第4章 近世の日本
第5章 近代日本のあゆみと国際関係
第6章 2つの世界大戦と日本
第7章 現代の日本と世界

② 身近な地域の歴史 ★☆☆

1 地域の行事・風習から見る歴史

～山形県酒田雛街道～

　山形県の日本海側に位置する酒田市では，毎年3月1日から約1か月にわたって「酒田雛街道」という行事が開催され，多くの観光客が訪れる。期間中，酒田市内にある旧家をはじめとする施設が貴重な雛人形や傘福を一斉に展示し，町全体で雛祭りを行う。なぜ，酒田市に数多くの貴重な雛人形が保管されているのか，町の歴史からひもといてみよう。

傘福

↑ 酒田雛街道

雛人形

❶ **酒田市の歴史**…江戸時代，酒田をはじめとする東北地方の日本海側の港や北海道の港からは，江戸や大阪に向けて米や魚，地方の特産物などが船で運ばれた。当時，船の航路には津軽海峡を通って江戸へ向かう**東廻り航路**と，瀬戸内海を通って大阪へ向かう**西廻り航路**があり，西廻り航路を走る船を**北前船**と呼んだ。酒田は西廻り航路の寄港地として発展し，「西の堺，東の酒田」と称されるほど繁栄した。北前船の往来によって豪商が次々と誕生し，市内にはその名残をとどめる旧家や倉庫が多数残っている。

参考 酒田雛街道

山形県酒田市で開かれるイベントで，酒田に数多く残る由緒ある雛人形が市内の観光施設で一斉に展示される。市内の旧家や商店などが参加して，毎年開催している。酒田の「雛めぐり」は，日本遺産「荒波を越えた男たちの夢が紡いだ異空間～北前船寄港地・船主集落～」を構成する文化財の1つである。

↑ 酒田市の位置

秋田県
酒田市
最上川
山形県
宮城県
新潟県
福島県

↑ 北前船（復元）

zoomup **東廻り航路**→ p.338
西廻り航路→ p.338
北前船→ p.338

Episode

雛人形は関東では向かって左に男雛，右に女雛を置くが，京都では逆である。これは御所の伝統にならったもので，左が位の高い位置とされているからである。京都では南向きに建てられた御所から見ての左右であるため，左京と右京のように地図でも左右が逆になっている。

❷ **酒田と雛人形**…酒田から出航する北前船には，米や最上川上流で生産された紅花などが積み込まれ，上方（京都・大阪）に向かった。そして，帰りは上方の塩や木綿などの日用品のほか，さまざまな文物が北前船によって酒田にもたらされた。雛人形の多くもこうして，豪商などによって伝えられた。したがって，酒田の旧家に伝わる雛人形は贅を尽くしたものが多く，大切に保管されてきた。

　また，京の雛人形をもとに酒田市亀ヶ崎では「鵜渡川原人形」がつくられるようになった。地元に伝わるこの素朴な人形とさまざまな飾り物に願いを込めた吊るし飾りの「傘福」は，雛人形とともに，酒田市で現代まで大切に受け継がれている。

❸ **江戸時代の交通**…江戸時代には，江戸を中心に陸路と海路が整えられた。陸路では**五街道**が，海路では西廻り航路・東廻り航路・南海路が整えられ，人は陸路を，物資は主に海路を使って運ばれた。江戸時代に産業が発達し，都市の発展に伴って交通網も整えられ，物資の輸送がさかんになったことが，「酒田雛街道」開催の背景にある。

❹ **まとめ**…酒田に数多く残っている雛人形は，江戸時代に北前船で栄えた酒田の豪商の富の象徴であり，港町酒田の誇りでもある。また，この富は，庄内地方の農民たちによってつくられた米や紅花によってもたらされたものでもあった。酒田雛街道は，由緒ある雛人形や古くから地元に伝わる人形などを一斉に展示することで，酒田の歴史と文化を多くの人に知ってもらう良い機会になっている。したがって，市内の旧家や商店なども協力して，毎年この行事を盛り上げている。

凡例
― 五街道
― 主要陸路
--- 東廻り航路
--- 西廻り航路
--- 南海路
― その他
‡ 主な関所

木曽福島　碓氷
中山道　下諏訪
京都　草津　白河
日光　宇都宮
栗橋
江戸
新居　小仏
箱根
大阪　甲州道中　東海道
関

↑ 江戸時代の交通

↑ 紅花

zoomup 五街道→ p.337
南海路→ p.338

参考 身近な地域の歴史

身近な地域の歴史を調べる場合，農村部と都市部とでは観点が異なる。農村地帯は古くから開けた地域が多いため，古代や中世の遺跡が多い。一方，都市部は戦国時代から江戸時代に城下町として発展した地域が多く，江戸時代や明治時代に重点を置いて調べることに適している。

HighClass　「歴史調べ」でまとめたレポートを発表し，意見交換をすることで新たな発見を生んだり，自分の考えを深めたりすることができる。また，レポートの内容をインターネットなどで紹介すると，身近な地域の歴史や文化を世界中のたくさんの人に知ってもらうことができる。

ここからスタート！　第2編 歴史

第2章 古代までの日本

START! およそ1万年前に，日本列島は現在の姿になりました。弥生時代になると稲作が広まり，小国が出現します。大陸や朝鮮半島との交流の中で3世紀後半に大和政権という統一政権が誕生します。奈良時代には天皇を中心とした貴族による政治が行われるようになりました。

"人類の誕生"
約20万年前，現在の人類の直接の祖先にあたる新人が誕生し，世界各地に広がりました。

"古代文明"
大河の流域で農耕が始まり，メソポタミア・エジプト・インダス・中国文明がおこりました。地中海沿岸ではギリシャ・ローマの文明が栄えました。

"邪馬台国の女王卑弥呼"
3世紀ごろ，女王卑弥呼が邪馬台国を治め，魏に使いを送りました。その後，日本には大王を中心とする大和政権が誕生しました。

"律令国家に向けて"
聖徳太子の政治，中大兄
皇子らによる大化の改新
を経て，701年に大宝律
令が出され，天皇を中心
とする律令国家のしくみ
が整いました。

☑ Learning Contents

1. 世界の古代文明と宗教のおこり

2. 日本の成り立ち

3. 古代国家のあゆみと東アジア

"聖武天皇"
東大寺に大仏をつくった聖武天皇は，
墾田永年私財法を出しました。これ
により，律令国家の土地制度の基本
であった公地公民の原則は崩れてい
きました。

"貴族の世へ"
摂関政治を行った藤原氏は，
道長・頼通の時代に全盛を迎
えました。貴族の文化が花開
き，清少納言や紫式部など
宮中に仕えた女性もいました。

古代までの日本

時代

原始			古代	
旧石器時代	縄文時代	弥生時代	古墳時代	

日本の主なできごと

約一万年前	前四世紀ごろ～	前一世紀	五七	二三九	四～五世紀	四七八	五八七
日本列島が形成される	縄文土器がつくられる	弥生土器がつくられる	小国の誕生	奴国の王が光武帝から金印を授かる	卑弥呼が魏に使いを送る	大和政権の統一が進む	倭王武が宋に手紙を送る

※ 五八七 蘇我氏が物部氏を倒す

●九州北部に稲作・金属器伝来
●卑弥呼が邪馬台国の女王になる

日本の文化

縄文文化
縄文土器（縄目文様・黒褐色・もろい）
打製石器, 磨製石器, 骨角器
土偶, 抜歯, 屈葬, たて穴住居
貝塚, 三内丸山遺跡

弥生文化
弥生土器（赤褐色・固い）
磨製石器, 金属器
稲作, 豊作を祈る祭り
高床倉庫
吉野ヶ里遺跡（環濠集落）

古墳文化
埴輪, 須恵器
古墳, 前方後円墳
副葬品
機織り, 養蚕, 漢字
儒教, 仏教

世界の主なできごと

前七百万年	前二十万年	一万年前	前一六〇〇	前八世紀ごろ	前六世紀ごろ	前二二一	前二七	前四ごろ	二五	二二〇	三七五	三九五	四七六	四八六	五八九
人類の出現	新人の登場	最後の氷期が終わる／農耕・牧畜が始まる／四大文明がおこる	殷が中国を統一	ギリシャに都市国家ができる	シャカ（釈迦）が仏教を開く	秦の始皇帝が中国を統一	ローマで帝政が始まる	イエスの誕生	光武帝が中国を統一	後漢の滅亡	ゲルマン人の大移動	ローマ帝国の東西分裂	西ローマ帝国の滅亡	フランク王国の成立	隋が中国を統一

中国・朝鮮・欧米

中国	殷	周	春秋・戦国	秦	前漢	後漢	三国	晋・五胡十六国	南北朝	隋
朝鮮			楽浪郡・高句麗・三韓					高句麗・百済・新羅		
欧米	先史			古代						

第2編 歴史

第1章 歴史の流れと地域の歴史
第2章 古代までの日本
第3章 中世の日本
第4章 近世の日本
第5章 近代日本のあゆみと国際関係
第6章 2つの世界大戦と日本
第7章 現代の日本と世界

古代

飛鳥時代	奈良時代	平安時代

五九三	六四五	六七二	七〇一	七一〇	七四一	七四三	七五二	七八四	七九四	八九四	一〇一六

- 聖徳太子(厩戸皇子)が摂政になる
- 大化の改新が始まる
- 壬申の乱
- 大宝律令の制定
- 平城京に遷都
- 国分寺・国分尼寺建立の詔
- 墾田永年私財法
- 東大寺大仏の開眼供養
- 長岡京に遷都
- 平安京に遷都
- 遣唐使の停止
- 藤原道長が摂政になる
- 藤原頼通が関白になる

●遣隋使が派遣される
●遣唐使が派遣される
●律令制が崩れはじめる
●藤原氏による摂関政治

飛鳥文化
法隆寺
釈迦三尊像
玉虫厨子

天平文化
東大寺・唐招提寺
正倉院宝物
『古事記』
『日本書紀』
『風土記』、『万葉集』

新しい仏教
天台宗・真言宗

国風文化
寝殿造
平等院鳳凰堂
かな文字
『源氏物語』、『枕草子』、『古今和歌集』

六一〇ごろ	六一八	六七六	七五〇	八〇〇	九〇七	九三六	九六〇	九六二

- ムハンマドがイスラム教を開く
- 隋の滅亡、唐の建国
- 新羅が朝鮮半島を統一
- イスラム帝国(アッバース朝)の建国
- 西ローマ帝国の復興
- フランク王国が3つに分裂
- 唐の滅亡
- 高麗が朝鮮半島を統一
- 宋の建国
- 神聖ローマ帝国の成立

隋	唐	五代	宋
高句麗・百済・新羅	新羅		高麗

中世

1 世界の古代文明と宗教のおこり

1 人類の誕生 入試重要度 ★☆☆

1 人類の誕生と進化

〜いつ，どこで誕生したのか〜

　人類がいつ，どこで誕生したのかについては諸説あるが，２本足で**直立歩行**することを特徴とする人類が誕生したのは，今からおよそ700万年前のアフリカ東部であると考えられている。最初に出現した猿人は，チンパンジーと共通の祖先から分かれて誕生しており，猿人に属する**アウストラロピテクス**の化石はエチオピアからタンザニアにかけての地域で多く見つかっている。約200万年前，猿人の一部は脳の大きさが２倍ほど大きくなり，原人に進化した。180万年前ごろ，原人はアフリカを出てユーラシア大陸に進出し，ジャワ島で発見された**ジャワ原人**や北京郊外で発見された**北京原人**のように，ヨーロッパやアジアにまで分散するようになった。約20万年前ごろになると，現在の人類の直接の祖先にあたる新人（**ホモ-サピエンス**）が誕生し，やがて全世界に住み着くようになった。

参考 **最古の人類**

　現在，最古の人類は，アフリカのチャドで2001年に発見された**サヘラントロプス-チャデンシス**とされている。脳の大きさはチンパンジーほどしかないが，発見された骨から直立二足歩行をしていたことがわかっている。サヘラントロプス-チャデンシスは，チャドのことばで「生命の希望」という意味をもつ「トゥーマイ」から，**トゥーマイ猿人**とも呼ばれる。

旧石器時代		新石器時代
約700万年前	約200万年前〜	約20万年前〜
猿人 サヘラントロプス-チャデンシス	原人 ジャワ原人・北京原人	新人 クロマニョン人
脳の容量 400〜600cm³	脳の容量 800〜1300cm³	脳の容量 1400〜1800cm³

↑ 人類の進化

HighClass　今から約60万から３万年ほど前に，**旧人**と呼ばれる化石人類が生存した。旧人の脳の容量は現在の人類とほぼ同じで，その代表である**ネアンデルタール人**は死者の埋葬を行うなど宗教的な精神文化も発達させたが，約４万年前に絶滅した（絶滅時期にはこれ以外の説もある）。

猿人 （えんじん）	アフリカで出現した。脳の大きさはチンパンジーほどだが，２本足で歩いていた。自由になった手で木の棒や石などを道具として使い，知能が発達した。 (例)サヘラントロプス-チャデンシス，アウストラロピテクス
原人 （げんじん）	アフリカで誕生し，ユーラシア大陸に進出した。氷河期（かんきょう）の厳しい環境の中を生き抜くために，火やことばの使用が始まった。狩猟（しゅりょう）・採集の生活を営んだ。 (例)ジャワ原人，北京（ペキン）原人
新人 （しんじん）	現在の人類の直接の祖先。石に加え，動物の骨や角で道具をつくった（か）。狩りや採集を行い，移動しながら生活し，南極大陸を除くすべての大陸に住むようになった。(例)クロマニョン人

⬆ 人類の進化の段階のまとめ

2 先史時代の時代区分

～自然環境の変化と人類の発達～

　約260万年前から地球は**氷河時代**に入り，**氷期**（寒い時期）と**間氷期**（ひかくてき）（比較的暖かい時期）を繰り返した。人類はこの厳しい環境を生き抜く中で進化し，ヨーロッパやアジアにも進出していった。

　今から１万年ほど前に氷期が終わって，気候はしだいに温暖になり，海や陸地もほぼ現在のような形になった。陸地では草原が広がりはじめ，マンモスなどの大型動物は滅（ほろ）んだが，いのししやしかなどの中小型動物が繁殖（はんしょく）し，人類を取り巻く地球環境が大きく変化した。人類はこの変化に対応しながら，生活の方法を変えていった。

❶ **旧石器時代**…人類が地球上に現れてから１万年ほど前までの間，人類は氷河時代の厳しい環境を生き抜くために，火を使って寒さから身を守ることを覚え，ことばを発達させて意思の疎通（そつう）を図（はか）り，助け合って集団でくらした。そして，自然の石を打ち欠いてつくった打製石器などを使って動物を狩り（狩猟），魚をとったり（漁労），木の実や植物の根をとったりする（採集）生活を送った。人類が打製石器を使い，狩猟・漁労・採集生活をしたこの時代を，旧石器時代と呼んでいる。

クロマニョン人が約１万5000年前に描（えが）いたとされるフランス南西部にある洞窟壁画。牛や馬などが描かれている。

⬆ ラスコーの洞窟壁画（どうくつへきが）

参考 直立二足歩行と人類の進化の関係

　２本足で歩くことによって，人類はそれまで歩行に使っていた前足を手として自由に使えるようになった。道具をつくったり使ったりすることで，しだいに手先が器用になり，手先を使うことが脳の発達をいっそう促（うなが）した。また，２本足で立つことで，頭の重みを背骨と足で支えることができるようになったので，大きくなっていく脳を支えることが可能になった。

⬆ 打製石器

第2編 歴史

第1章 歴史の流れと地域の歴史

第2章 古代までの日本

第3章 中世の日本

第4章 近世の日本

第5章 近代日本のあゆみと国際関係

第6章 ２つの世界大戦と日本

第7章 現代の日本と世界

Episode　氷河時代が終わった約１万年前に絶滅（ぜつめつ）した古代生物の死骸（しがい）が，シベリアなどの永久凍土（とうど）から発掘（はっくつ）されている。その中から**マンモス**の生きた細胞の核が発見され，「マンモス復活」研究が現在，日本やアメリカなど世界の研究機関で進んでいる。

❷ **新石器時代**…約1万年前に氷期が終わると地球はしだいに温暖化が進み，動植物の変化をもたらした。マンモスなどの大型動物は絶滅し，いのししやしかなどの中小型動物が多くなった。ナラやブナなどの落葉広葉樹林やシイなどの照葉樹林が繁茂し，木の実なども増えた。人々は素早い中小型動物を狩るために弓矢を使用するようになり，木の実の調理や保存をするために粘土を焼いて土器をつくるようになった。また，野生の小動物を飼いならして増やす**牧畜**や野生の植物を栽培する**農耕**が始まり，計画的に食料を生産し，蓄えることができるようになったため，従来よりもはるかに生活が安定した。このころ，石を磨いてつくった磨製石器も使用されるようになったことから，この時代を**新石器時代**と呼んでいる。

生活が安定したことで，人類は獲物を追って移住するくらしをやめ，一定の場所に定住し，むらをつくるようになった。それとともに血のつながりをもった者同士が集まってくらすようになり，血縁中心の社会ができ上がった。この時代の社会では，まだ階級や身分の上下はなく，みなが共同で働き，生活をともにしていた。

❸ **青銅器時代**…新石器時代に続き，青銅器が道具として用いられるようになり，金属器時代が確立した。銅にすずを加えて固さを増した青銅器は，しだいに武器や生産用具として使用されるようになった。この時代を青銅器時代と呼ぶ。生産が高まり，人口が増えるにつれて，人々の間には貧富の差が生まれ，階級や身分の差が生まれた。やがて，人々を統治するための**国家**の形が整い，**文字**も発明され，文明がおこった。

❹ **鉄器時代**…金属器として，鉄器が使用されるようになった時代を鉄器時代と呼ぶ。紀元前1400年ごろ，ヒッタイト人によって鉄器が実用化され，青銅器よりも固く，強い道具として，しだいに世界各地に広まっていった。日本では，弥生時代後期から広く行き渡り，鉄製の農具がつくられるようになると米の生産力は急速に増大した。

磨くことで表面が滑らかになっている。木を切ったり土を掘ったりするための石斧や調理用の石皿，木や動物の皮に穴をあけるための石錐など，用途に応じていろいろな物がつくられた。

↑ 磨製石器（石斧）

参考 道具による時代区分

人類の誕生から，文字が発明されて記録が残されるようになるまでの時代を**先史時代**という。人類の歴史の約99％を占めるこの最も古い時代（原始時代）の記録はないため，その時代に使用された最も新しい道具（刃物）の種類によって，**旧石器時代→新石器時代→青銅器時代→鉄器時代**と分けられている。ただし，道具が伝わった時期は地域によって異なるため，この時代区分も地域による差が相当大きいことに留意しなければならない。

ヒッタイト人は，馬や鉄製武器を使用して勢力を拡大し，強大な国を建てたが，紀元前12世紀に滅亡した。ヒッタイト国内で独占されていた製鉄技術は，国が衰退していく過程で他地域に普及し，世界中で鉄がつくられるようになったと考えられている。

② 文明の始まり ★★☆

1 文明のおこり

～大河のもとで生まれた文明～

世界の古代文明は，大河のほとりにおこったといわれる。アフリカやアジアの大河のほとりでは，農耕や牧畜が営まれ，人々が計画的に食料を生産し，それらを蓄えることができるようになった。収穫量が増えると，その富を巡って争いがおこり，食料や農作業を管理するための支配者が現れた。やがて支配者は王となって都市を形成し，王が神やその代理人として政治や祭りを行い，人々を支配することで，国家の形が整えられた。こうした動きの中で，文字や金属器が発明され，治水や土木・建築の技術が高まり，世界各地に文明が形づくられた。

> **Words** 文明
> 都市・国家・文字などをもつ発達した文化のこと。支配者が人々を統治するために文字や建造物，芸術を発達させていくことなどから文明はおこる。

> メソポタミアやエジプトを含む地域を**オリエント**という。オリエントには，「太陽が昇る土地」という意味がある。

世界	メソポタミア文明（B.C.3000～）			ギリシャ文明(B.C.8世紀～)	ローマ文明 (B.C.27～)
	エジプト文明（B.C.3000～）				
		インダス文明(B.C.2500～)	中国文明（B.C.1600～）		
年	B.C.3000	2000	1000		A.D.1
日本	縄文時代				弥生時代

↑ 古代文明がおこった地域と年代

2 メソポタミア文明

～城壁で囲まれた巨大都市国家の誕生～

❶ **都市国家の誕生**…**ティグリス川**と**ユーフラテス川**にはさまれたメソポタミアでは，肥沃な土地を利用して早くから農耕や牧畜が始まり，メソポタミア文明が生まれた。紀元前3000年ごろには神殿を中心に城壁で囲まれた都市国家が形成された。各都市には神殿や宮殿がつくられ，王が神々の名のもとに人々を支配した。

> メソポタミアで建設された聖塔で，頂上に神殿が設けられていた。

↑ ジッグラト

Episode **ナイル川**が毎年夏に氾濫し，養分を豊富に含んだ土が上流から運ばれてきたため，エジプトでは豊かな土地を耕して，麦や豆を植える農業がさかんになった。ナイル川の氾濫時期を予測するために，**天文学**が発達したと考えられている。

第2編 歴史

第1章 歴史の流れと地域の歴史

第2章 古代までの日本

第3章 中世の日本

第4章 近世の日本

第5章 近代日本のあゆみと国際関係

第6章 2つの世界大戦と日本

第7章 現代の日本と世界

❷ **メソポタミア文明の特徴**…人々は青銅器をつくり，支配や交易のためにくさび形文字を使用した。月の満ち欠けをもとにした**太陰暦**がつくられ，時間や角度を60進法で測る方法も考え出された。

❸ **メソポタミアの統一**…紀元前18世紀ごろ，ハンムラビ王がメソポタミア全域を統一した。ハンムラビ王は大規模な治水工事を行い，**ハンムラビ法典**を制定し，法に基づく中央集権的な強力な政治を行った。

↑ くさび形文字

↑ ハンムラビ法典の碑

3 エジプト文明

～エジプトはナイルのたまもの～

❶ **統一国家**…毎年夏になるとおこる洪水が肥えた土をもたらすため，**ナイル川**の流域では早くから農業がさかんになり，エジプト文明が生まれた。紀元前3000年ごろには小さな国々を統一した国家がつくられ，国王は地上における神として人々を支配した。神としてあがめられた王は，巨大な石造りの神殿や墓（ピラミッド）を築かせた。

↑ ピラミッドとスフィンクス

❷ **エジプト文明の特徴**…エジプトでは，象形文字やパピルスと呼ばれる紙が発明された。また，ナイル川の氾濫時期を知るために，太陽を基準にして1年を365日とし，12か月に分ける**太陽暦**がつくられた。

↑ 死後の世界の案内書とされる「死者の書」

象形文字の1つである神聖文字（ヒエログリフ）が使われている。

入試Info
それぞれの文明の特徴を正確に理解していないと，文章の正誤を判断するときに混同してしまう。オリエントでおこった**メソポタミア文明**と**エジプト文明**を比較しながら，その共通点と異なる点を見つけてまとめておこう。

4 インダス文明

〜謎に包まれた計画都市〜

インダス川流域では，紀元前2500年ごろにインダス文明が生まれた。モヘンジョ−ダロなどの遺跡からは規則正しく建物が配置された計画都市が見つかっており，青銅器やインダス文字が使用されていた。王宮や王の墓は見つかっておらず，インダス文字も解読されていない。

5 中国文明

〜皇帝が治める統一帝国の誕生〜

❶ 中国文明…中国では，黄河流域であわやきび，長江流域で稲の栽培が始まった。収穫量が安定し，人口が増えると，2つの川の流域には都市がつくられ，中国文明が生まれた。紀元前1600年ごろには，黄河流域に殷という国が成立し，王は占いによって政治や祭りを行い，人々を支配した。王の墓からは祭りで使用された青銅器のほか，戦争や農業などを占った結果を記録した甲骨文字が見つかっている。

❷ 統一帝国…紀元前11世紀には殷が滅び，周がおこったが，紀元前8世紀ごろから周の支配力も衰え，多くの国々が争う春秋・戦国時代になった。この時代は，各国が自国の力を強めようとしたため，鉄製の武器や農具の使用が広まり，農業や商業が発達した。また，各地の王が優れた人材を集めたことから，孔子などの思想家が現れた。長い争いの末，紀元前3世紀に秦の王が初めて中国を統一し，帝国をつくり上げた。

❸ 秦と漢の政治…紀元前221年に中国を統一した秦の始皇帝は，ものさし・貨幣などを統一し，北方の遊牧民の侵入を防ぐため，万里の長城を築いた。しかし，厳しい政治だったため，始皇帝の死後，各地で反乱がおこり，わずか15年で秦は滅んだ。秦にかわって中国を統一した漢は，国の支配に孔子の教えである儒教(儒学)を取り入れ，領土を拡大していった。漢の時代には，シルクロード(絹の道)を通って人や物の行き来がさかんになり，西方との文化や思想の交流が行われた。また，紙が発明され，歴史書が編纂された。

道路や上下水道が整備され，公衆浴場などの公共施設もあった。

↑ モヘンジョ−ダロ

↑ インダス文字

Words 甲骨文字

漢字の起源になった文字。殷では，亀の甲羅や牛の骨を火であぶり，できたひび割れをもとに政治や農作業について占い，その結果を甲骨文字で記録した。

↑ 甲骨文字

⊕ Person

孔子
〈紀元前551？〜紀元前479年〉

春秋・戦国時代の中国の思想家。人々が思いやりの心(仁)や秩序を大切にし，正しい行い(礼)をすれば，国が良くなると説いた。孔子が説いた儒教(儒学)は，朝鮮や日本にも影響を与えた。

第2編 歴史

第1章 歴史の流れと地域の歴史

第2章 古代までの日本

第3章 中世の日本

第4章 近世の日本

第5章 近代日本のあゆみと国際関係

第6章 2つの世界大戦と日本

第7章 現代の日本と世界

HighClass

中国を初めて統一した秦の始皇帝は，王の称号を「皇帝」と改めた。また，封建制度を改め，皇帝が任命した役人が地方の郡や県を治める郡県制による政治を行い，中央集権国家を確立した。

Close Up　**シルクロード（絹の道）**

漢は武帝のとき，朝鮮や中央アジア（中国西北の楼蘭などのオアシス都市），ベトナムにも勢力が及ぶ大帝国になった。その結果，西方への交

↑ 2世紀の世界とシルクロード

通路が開け，西の**ローマ帝国**と**シルクロード**を通して交流が行えるようになった。漢からは絹織物などが西方に伝わり，西方からは馬やぶどう，仏教などが伝わった。

6 ギリシャ・ローマの文明

～民主政のポリスと共和政のローマ～

❶ **ギリシャの都市国家**…紀元前8世紀ごろ，地中海沿岸では，ギリシャ人が独自の文明（ギリシャ文明）を築き，アテネやスパルタなど多くの**都市国家（ポリス）**を建設した。ポリスでは，成人男子の市民が戦時には兵士として戦い，市民全員が参加する民会を中心に民主政が行われた。民会では多数決で国の政策が決定され，行政や裁判にも抽選で選ばれた市民が参加した。ただし，女性や奴隷には参政権がなかった。

↑ パルテノン神殿

❷ **ローマ帝国**…イタリア半島中部には，ラテン人が都市国家**ローマ**をつくり，紀元前6世紀末には貴族を中心とする共和政による政治が行われた。中小農民である平民にも参政権はあったが，貧富の区別なく平民が政治に参加できたギリシャの民主政とは異なっていた。紀元前3世紀前半，ローマはイタリア半島全域に支配を広げ，紀元前1世紀には地中海一帯を統一し，共和政から皇帝を頂点とする**帝政**へと移り変わった。ローマ帝国は法律を整え，道路や水道，浴場や闘技場などの施設をつくり，高度な文明を築いた。

参考　都市国家（ポリス）

都市国家（ポリス）は，丘の上の神殿とふもとの広場を中心につくられた。紀元前5世紀にギリシャが東方の大国ペルシャからの侵入を受けると，ポリスは連合してこれを撃退し（ペルシャ戦争），ギリシャは全盛期を迎えた。

参考　ヘレニズム

紀元前4世紀に，ギリシャは北方のマケドニアに征服された。マケドニアの**アレクサンドロス大王**はさらに東方へ遠征してペルシャを征服し，インダス川にまで達する大帝国を築いた。この結果，ギリシャの文明はオリエントの各地域の文化と融合した。これを**ヘレニズム**という。

奴隷を闘わせた闘技場。ギリシャもローマも奴隷の労働によって支えられていた。

↑ コロッセオ

HighClass　古代ギリシャでは，民会や民衆裁判での弁論が市民生活にとって重要になってきたため，哲学が発達した。真理の絶対性を説いた**ソクラテス**，理想国家論を説いた**プラトン**とその弟子の**アリストテレス**など，多くの哲学者が生まれた。

③ 宗教のおこり ★★☆

1 宗教のおこり

～宗教誕生の背景～

　世界の各地域で文明が発達し，広い領土をもつ国家が発展していく過程で，**三大宗教**と呼ばれる3つの宗教が生まれた。大きな国家では，地域によって異なる習慣や考え方をもった多くの民族がくらしており，貧富の差もあったため，宗教は人々が心の支えを求める中で誕生し，国家や民族を越えて広がっていった。

2 仏　教

～身分制度の否定から生まれた～

　インドでは，インダス文明が衰えるとバラモン（神官）を最高位とする厳しい身分制度をもつ国々がつくられた。そのような中，**紀元前6世紀ごろにシャカ（釈迦）が身分制度を批判**し，人はみな平等であるという仏教を開いた。

3 キリスト教

～十字架にかけられた救世主～

　紀元前後ごろ，パレスチナに生まれたイエスが，「神の前ではみな平等，神の愛によってだれもが救われる」と説いた。これが**救世主（キリスト）**の教えである。パレスチナを支配したローマ帝国は，イエスやその弟子を当初は迫害したが，キリスト教の信者がしだいに増えると，4世紀末には皇帝が国教と認めたため，ヨーロッパで広く信仰されるようになった。

4 イスラム教

～唯一の神を信じる宗教～

　6世紀，アラビア半島（サウジアラビアの**メッカ**）に生まれた**ムハンマド**は，ユダヤ教とキリスト教をもとに**アラー**を唯一の神とする**イスラム教**を開いた。イスラム教は偶像崇拝を禁止し，聖典の『**コーラン**』に従い，神の教えを厳しく守って生活することの大切さを説いた。

Words 三大宗教

現在でも国，地域，民族を越えて多くの人々に信仰されている**仏教・キリスト教・イスラム教**を三大宗教という。仏教はインドから東南アジアや中国を経て日本にも伝えられた。キリスト教はヨーロッパ人の世界進出とともにアメリカやアジア・アフリカに伝えられた。イスラム教はアラビア半島から西アジアや北アフリカ，東南アジアに広がった。

Why イエスが十字架にかけられた理由

イエスが生まれたころのローマは多神教で，皇帝も神の1人とされたが，唯一絶対神を信じるキリスト教信者は皇帝礼拝を拒み，反社会的集団と見なされたから。

参考 ユダヤ教

パレスチナ地方（現在のイスラエル）では，紀元前から，ユダヤ教が信仰されていた。

第**2**編 歴　史

第1章 歴史の流れと地域の歴史

第2章 古代までの日本

第3章 中世の日本

第4章 近世の日本

第5章 近代日本のあゆみと国際関係

第6章 2つの世界大戦と日本

第7章 現代の日本と世界

嘆きの壁（ユダヤ教の聖地）

岩のドーム（イスラム教の聖地）

エルサレムでイエスは処刑され，復活した。（キリスト教の聖地）

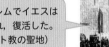

↑ 3つの宗教の聖地があるエルサレム

Episode インダス川流域に誕生した国でバラモン教が成立し，僧侶を頂点とした職業による厳しい身分制度（**カースト**）がつくられた。インドでカーストの名残があるように，宗教は各国の文化や生活に影響している。宗教のおこった場所とその広がりを確認しておこう（→ p.49）。

2 ▶ 日本の成り立ち

1 日本のあけぼの ★☆☆

1 日本人のルーツ

~大型動物を追って日本列島に移住~

日本列島は200万年前ごろに形ができはじめ、氷河時代には海面が低くなったことで大陸と陸続きになった。そのため、**マンモスやオオツノジカ**などの大型動物がやってきた。そして、これらの大型動物を追って、人々が移り住んできた。日本列島にいつから人々が住みはじめたのか、正確にはわかっていないが、彼らは植物を採集し、打製石器を使って動物や魚を捕らえる狩猟・漁を行い、集団をつくって獲物を求め、移動しながらくらしていたと考えられている。

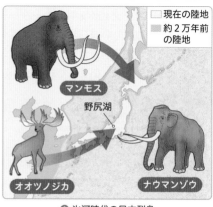

- 現在の陸地
- 約2万年前の陸地

マンモス
野尻湖
オオツノジカ
ナウマンゾウ

↑ 氷河時代の日本列島

2 日本列島の誕生

~気候変動が生んだ日本列島~

今から1万年ほど前に最後の氷期が終わると、氷がとけて海面が上昇し、それまで大陸の一部であったところは島になって、ほぼ現在と同じような日本列島が成立した。

野尻湖遺跡(長野県)の3万年以上前の地層から発見された。

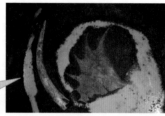

↑ ナウマンゾウとオオツノジカの化石

参考 岩宿遺跡(群馬県)

1946年、**相沢忠洋**が関東ロームから**打製石器**を発見した。この発見によって日本にも**旧石器時代**が存在したことが証明された。

↑ 打製石器

💬 **Episode** 旧石器時代の人々は集団で協力し、落とし穴などのわなを仕掛けたり、足場の悪い沼地や湖に追い詰めたりして、**マンモスやナウマンゾウ**を捕らえていた。捕らえた獲物はみんなで分け合い、肉は食料に、骨や牙は道具に、皮は衣服の材料として余すところなく利用した。

② 縄文文化 ★★☆

1 縄文時代の始まり

〜土器の使用が始まる〜

　1万2000年ほど前から日本列島に住む人々は，木の実の煮炊きや保存のために土器をつくるようになった。当時の土器は，**厚手**で複雑な形をしたものが多く，低温で焼かれたため**黒褐色**をしていた。また，表面には縄目のような文様がつけられているものが多いことから**縄文土器**と呼ばれる。縄文土器が使われたころの文化を**縄文文化**，この時代を**縄文時代**という。

2 縄文時代の人々のくらし

〜自然の恵みを利用した縄文人〜

❶ **貝　塚**…縄文時代の人々のくらしは，貝塚を調べると推測できる。貝塚からは，動物や人の骨，土器片などが見つかっており，当時のくらしを知る大切な手がかりになっている。

❷ **くらし**…人々は食料が得やすい場所にたて穴住居をつくり，集団で狩猟・漁・採集による生活を送った。狩猟や漁には**磨製石器**や**骨角器**が使われた。**三内丸山遺跡**のような大規模集落も誕生し，

> 地面を掘り下げてつくったくぼみに柱を立て，屋根をかけた住居

↑ たて穴住居（復元）

遠隔地との交易も行われていた。集団に指導者はいたが，貧富や身分の差はまだ生まれていなかった。

❸ **精神生活**…人々は，人間の死や病気を神や精霊のしわざと考え，儀式やまじない，豊かな実りを祈る祭りを行った。大人になった儀式として**抜歯**が行われ，埋葬は体を折り曲げる**屈葬**の形がとられた。また，土偶と呼ばれる土製の人形もつくられた。

↑ 縄文土器

> 木の実や魚・貝，動物など，自然から四季折々の恵みを得ていた。

↑ 人々の食べ物

> 狩猟や漁には，矢じり（磨製石器）をつけた弓矢や釣り針（骨角器）が使用された。

Words 貝　塚

縄文時代の人々が食べ物の残りかすなどを捨てた場所。海岸や水辺の近くから出てくることが多い。明治時代にアメリカ人の**モース**が**大森貝塚**（東京都）を発見した。

参考 土　偶

豊かな収穫や子孫の繁栄を祈ってつくられたと考えられている。女性をかたどったものが多い。

← 土　偶

第2編 歴史

第1章 歴史の流れと地域の歴史

第2章 古代までの日本

第3章 中世の日本

第4章 近世の日本

第5章 近代日本のあゆみと国際関係

第6章 2つの世界大戦と日本

第7章 現代の日本と世界

HighClass 温暖化によって食料としての木の実の重要性が高まり，縄文時代にはくりやくるみ，どんぐりなどの木の実を採集するだけでなく，林の管理や増殖，豆類やひょうたんなどの栽培も行われていたと考えられている。

③ 弥生文化 ★★☆

1 稲作の伝来

～稲作が生んだ貧富や身分の差～

紀元前4世紀ごろ，中国や朝鮮半島から移り住んだ人々が，**九州北部**に稲作を伝えた。稲作はまたたく間に西日本から東日本に広がり，人々は水田の近くにむら（集落）をつくってくらすようになった。収穫した米は，**高床倉庫**に蓄えられるようになった。土地のよしあしや労働力の差によって生産量に差が生まれるようになると，貧富の差が発生した。また，共同作業の指導者が現れ，支配する者と支配される者の区別や身分の差も発生した。稲作が伝わり，**貧富や身分の差**が生まれたこの新しい時代を弥生時代という。

2 弥生時代の人々のくらし

～新しい道具の使用～

❶ **弥生土器の発見**…縄文土器にかわって，貯蔵用や調理用，盛りつけ用など，用途によって種類の異なる新しい土器が誕生した。縄文土器に比べると飾りが少なく，薄手で固く，赤褐色をしている。東京都文京区弥生町で発見されたことから弥生土器と名づけられた。

❷ **金属器の伝来**…弥生時代には，大陸から稲作とともに**金属器**が伝わった。**青銅器**（**銅鐸・銅剣・銅矛・銅鏡**など）は最初は実用品だったが，のちには祭りや儀式の道具として使われた。鉄器は農具や木製品をつくる工具・武器など，実用品として使われた。

Words 高床倉庫

収穫した米を湿気やねずみから守るために，床を高くしてつくられた倉庫。床下には，ねずみが登ってこられないようにねずみ返し（張り出した板）がつけられた。

↑ 高床倉庫（復元）

高坏。神様への供え物や食べ物を盛りつけた。

かめ。口が大きく開いた深い土器。煮炊き用に使用した。

↑ さまざまな弥生土器

つぼ。首が細長い土器。水や食べ物を貯蔵した。

荒神谷遺跡（島根県）からは，358本の銅剣と16本の銅矛，6個の銅鐸が発見された。

↑ 荒神谷遺跡から発見された銅剣

入試Info　**縄文文化**と**弥生文化**は，比較しながら共通点と相違点を整理しよう。その際，資料集にも目を通し，用語だけでなく図や写真も確認しておくとよい。稲作が伝わったことで人々のくらしがどのように変化したのか注目しよう。

金属器	特徴
銅鐸 どうたく	本来は楽器だったが，飾りとして祭儀に使用されるようになった。近畿地方を中心に出土している。
銅剣・銅矛 どうけん　どうほこ	本来は武器であったが，権力を示すために祭りで使用されるようになった。主に九州北部から出土している。
銅鏡 どうきょう	権力を示す道具，または，まじないや祭りの道具として使用された。

⬆ 主な金属器

⬆ 銅　鐸

臼とたて杵を用いた脱穀のようすが描かれている。銅鐸にはこのほかにも犬を使って狩猟をする絵なども描かれており，当時のくらしを知る手がかりになっている。

❸ 稲作に使用された道具…弥生時代に入り，狩猟・漁・採集の生活から稲作中心の生活に変わった。それに伴い，さまざまな農具が生まれた。春から初夏にかけては，田おこしに木製のすきやくわが使用された。耕した田には用水路から水が引かれ，初夏には田下駄をはいて田植えが行われた。秋になると実った稲穂を石包丁で摘み取る穂首刈りを行い，稲穂からもみがらを取り除くときには，杵と臼が使用された。

福岡県の板付遺跡からは当時の米粒が，静岡県の登呂遺跡からは水田跡や高床倉庫の跡，周りに盛り土した住居の跡などが発見され，土器や木製農具・装身具なども出土している。

Words 石包丁

半円形の石を使った道具。2つの穴にひもを通し，指をかけて穂を摘み取った。

⬆ 穂首刈り

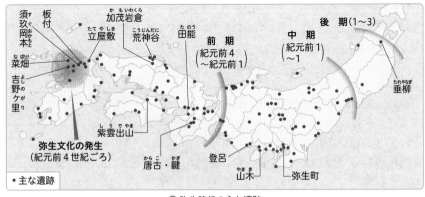

⬆ 弥生時代の主な遺跡

Episode

現代の米づくりと違い，弥生時代の初めのころは田に直接種もみをまいて米をとる直播という方法がとられた。また，米が不足するときにはどんぐりを穴などに貯蔵し，食料不足を補っていたと考えられている。このどんぐりを貯蔵する穴は「ドングリピット」と呼ばれる。

④ 小国の分立 ★★★

1 国のおこり

〜戦いの始まりと国のおこり〜

稲作が始まり，人口が増えてくると，土地や水の利用を巡ってむらどうしで争いがおきるようになった。むらの指導者は戦いからむらを守り，周辺のむらを従えて小さな国をつくり，自らは王となって国を支配した。佐賀県の吉野ヶ里遺跡からは，柵と濠で囲まれた集落跡や物見やぐら，矢の刺さった人骨などが発見されており，当時の日本で争いがあったことを裏づけている。

戦いによって首を取られた骨だと考えられている。

↑ かめ棺に入った人骨

司祭者の祭殿
高床倉庫
物見やぐら
二重の柵
たて穴住居

↑ 吉野ヶ里遺跡（想像図）

2 中国の歴史書から見た日本

〜歴史書が伝える倭のようす〜

中国の漢の時代になると周辺諸民族に対する関心が高まり，当時の日本列島のようすについても少しずつ記録が残されるようになってくる。それらの記録から，当時の日本が倭と呼ばれていたこと，倭には多くの小国が分立しており，それらがしだいに統合されていったこと，その過程で中国との外交が生まれたこと，などがわかる。

❶ 『漢書』地理志…前漢の歴史書で，紀元前1世紀ごろの倭のようすを伝えている。倭には100余りの小国があり，朝鮮半島に漢が置いた郡の1つである楽浪郡を通して漢の皇帝に定期的に使いを送る国もあったと記されている。

❷ 『後漢書』東夷伝…後漢の歴史書で，紀元後1〜2世紀ごろのようすを伝えている。そこには，紀元57年に倭の奴国の王の使いが後漢の光武帝にみつぎ物をもってきたので，光武帝はかわりに金印を授けたと記されている。

↑ 金 印

Words 金 印

江戸時代に福岡県博多湾の志賀島で発見された。「漢委奴国王」と刻まれており，『後漢書』に記された光武帝が奴国の王に送った金印と考えられている。

> **📖 史料**
>
> 『漢書』地理志
>
> 紀元前1世紀ごろ，楽浪郡の海のかなたに倭人がいて，100余りの小国があり，定期的に朝貢する国もあった。
>
> （一部要約）

> **📖 史料**
>
> 『後漢書』東夷伝
>
> 建武中元2年に倭の奴国が後漢に朝貢したので，光武帝は印綬をおくった。…桓帝と霊帝のころ，倭は大いに乱れ，…
>
> （一部要約）

日本を「委」と表記している。

短文記述対策！

Q 稲作の伝来が日本の社会にどのような影響を及ぼしたか，簡潔に述べなさい。

A 生産や蓄えの量の違いから貧富や身分の差が生まれた。土地や水の利用を巡るむらどうしの争いがおこるようになり，強いむらの指導者が王となり周りのむらを従えて国をつくった。

❸ 『魏志』倭人伝…『魏志』倭人伝は，三国時代（中国を魏・呉・蜀の３つの国が支配した時代）の魏の歴史書で，３世紀ごろの日本のようすを伝えている。当時，倭は国どうしの争いが絶えず，なかなかまとまらなかったが，諸国が共同して邪馬台国の**女王卑弥呼**を王に立てたところ，争いがようやく収まった。こうして，邪馬台国を中心とする30ほどの小国の連合が生まれた。『魏志』倭人伝には，邪馬台国の社会や人々の生活などについて詳しく記されているが，その所在に関する記述には不明な点が多い。邪馬台国の所在を巡っては主として**北九州説**と**畿内（大和・奈良県）説**がある。

↑ 3世紀の東アジア

3 『魏志』倭人伝から見た邪馬台国

〜女王卑弥呼が治めた連合国家〜

❶ **女王卑弥呼**…卑弥呼はまじないによる政治で国を治め，**239年**に魏の皇帝に使いを送った。卑弥呼には魏の皇帝から「**親魏倭王**」の称号と金印を授けられ，銅鏡100枚などがおくられた。

❷ **邪馬台国の社会**…人々は稲や麻を植え，蚕を飼って糸を紡いでくらしていた。また，人々の収穫物の一部を**租税**として納めさせる税の制度を整え，物を交換するための**市**も開かれていた。王を頂点に，**大人**と呼ばれる支配層，**下戸**と呼ばれる一般の人々，さらにその下に**生口（奴隷）**という身分の違いがあり，国を治めるための古代社会のしくみが整えられていた。

❸ **卑弥呼の死後**…卑弥呼が死ぬと大きな墓がつくられ，100人もの奴隷が一緒に生き埋めにされた。その後，男性が王になったが国が乱れたため，卑弥呼の一族である**壱与**という少女を王としたところ，国は再び安定した。３世紀後半，倭の女王（壱与？）が中国に使いを送ったのを最後に，そののち１世紀半の間，中国の歴史書から倭国に関する記述は姿を消す。

参考 畿内説のもつ意味

邪馬台国の所在地を近畿とする畿内説が正しければ，３世紀前半にはすでに近畿中部から九州北部に及ぶ政治連合が誕生していたことになる。つまり，のちに成立する大和政権につながる勢力が３世紀に生まれていたということを意味する。

Why 卑弥呼が魏に使いを送った理由

卑弥呼は魏の皇帝に使いを送って皇帝から珍しい品を受け取り，王としての地位を認めてもらうことで，ほかの国よりも優位に立とうとしたため。

📄 史料

『魏志』倭人伝

南に進むと邪馬台国に着く。ここは女王が都を置いているところである。…倭にはもともと男の王がいたが，その後国内が乱れたので１人の女子を王とした。名を卑弥呼といい，成人しているが夫はおらず，１人の弟が国政を補佐している。…卑弥呼が死んだとき，直径が100歩余りもある大きな墓をつくった。（一部要約）

第2編 歴史

第1章 歴史の流れと地域の歴史

第2章 古代までの日本

第3章 中世の日本

第4章 近世の日本

第5章 近代日本のあゆみと国際関係

第6章 ２つの世界大戦と日本

第7章 現代の日本と世界

HighClass 中国を魏・呉・蜀の３つの国が支配した三国時代の歴史書『三国志』の１つである魏書の「烏丸鮮卑東夷伝」倭人の条を一般に『**魏志**』倭人伝と呼んでいる。『三国志』は，３世紀に晋の陳寿によって編纂された。

⑤ 古墳文化 ★★☆

1 古墳の出現

～権力を示す巨大な墓～

　3世紀の終わりごろから各地の王や豪族が，自分たちの権力を示すために，大きな古墳をつくるようになった。古墳の造営が行われた3世紀後半から6世紀末ごろまでを古墳時代，このころの文化を古墳文化という。古墳の上や周りには埴輪と呼ばれる焼き物が並べられ，内部には副葬品が収められた。古墳を詳しく調べることは，大和政権の政治や，当時の経済，文化のようすを知ることにつながる。

埴輪から当時の人々の服装や持ち物，家のつくりなどがわかる。初期のころは，形象埴輪よりも円筒埴輪が多かった。

↑ 家形の埴輪

↑ 武人の埴輪

❶ 古墳の形…古墳にはいろいろな形式があり，四角いものを方墳，丸いものを円墳，四角と丸が組み合わさった鍵穴のような形のものを前方後円墳という。前方後円墳には規模の大きなものが多く，大和・河内地方には特に巨大な前方後円墳が集中している。日本最大の古墳である大阪府堺市の大仙古墳(仁徳陵古墳)も，前方後円墳の形式でつくられている。

↑ 大仙古墳(仁徳陵古墳)

▲円　墳

▲方　墳

▲前方後円墳

↑ 古墳の形式

❷ 古墳の分布…古墳は近畿，出雲，瀬戸内，九州北部，東海，関東などに多く分布している。このことから，これらの地域にも勢力をもった豪族がいたことや，この地域の豪族が大和政権と密接な関係をもっていたことがうかがえる。また，前方後円墳の全国への広がりは，大和政権の勢力の広がりを示しているとも考えられる。

Words 大仙古墳(仁徳陵古墳)
5世紀ごろにつくられた大王の墓の1つ。全長が486mあり，日本最大の古墳。2019年，大仙古墳を含む百舌鳥古墳群は，古市古墳群とともにユネスコの世界文化遺産に登録された。

入試Info

豪華な奉献品や祭祀遺物が出土し，海上交通の安全を祈る国家的祭祀が行われたと考えられる福岡県の沖ノ島や大仙古墳などを含む大阪府の百舌鳥・古市古墳群は，ユネスコの世界文化遺産に登録されている。世界文化遺産は，歴史的背景と関連づけて整理するようにしよう。

❸ **古墳の副葬品**…古墳には棺を収める石室が
設けられ，ここからは，王や豪族と一緒に
埋められた品（**副葬品**）が見つかっている。
銅鏡や勾玉・銅剣などの祭りの道具，鉄製
の武器やよろい・かぶと・かんむりや馬具，
農具などの副葬品を調べることで，当時の
王や豪族の富と力を知ることができる。また，副葬品
の時期や種類を調べることは，大和政権の性格や発展
のようすを知る手がかりにもなる。

↑ 勾　玉

↑ 銅　鏡

第2編　歴史

第1章　歴史の流れと地域の歴史

第2章　古代までの日本

第3章　中世の日本

第4章　近世の日本

第5章　近代日本のあゆみと国際関係

第6章　2つの世界大戦と日本

第7章　現代の日本と世界

❻ 大和政権 ★★★

1 大和政権の成立

～王の中の王，"大王"の登場～

　3世紀後半から4世紀になると，奈良盆地
を中心とする大和・河内の地域に巨大な古墳
がつくられるようになった。このことから，
近畿地方には有力な豪族（王）たちが存在した
ことがわかる。また，大和地方に特に大きな
古墳があることから，この地域には早い時期
に有力な豪族たちで構成される強大な勢力が
誕生していたことがうかがえる。これらの豪
族が互いに連合し，大和につくった政権を**大
和政権**（ヤマト王権）といい，その政府を大和
朝廷という。大和政権の支配者は「**大王**」と呼
ばれた。

↑ 鉄製のよろい・かぶと

↑ 5世紀ごろの東アジア

4世紀ごろの中国は国内が
分裂していた（五胡十六国
時代）が，5世紀ごろにな
ると南北に分かれた（南北
朝時代）。

Words **大　王**

大和政権の王。7世紀ごろから
しだいに**天皇**と呼ばれるように
なった。

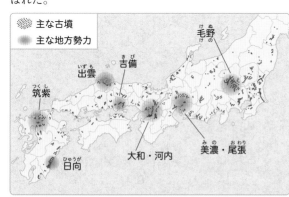

　　主な古墳
　　主な地方勢力

↑ 主な古墳と地方勢力の分布

Episode

5世紀になると，それまでには見られなかった馬具などが，古墳の**副葬品**として埋葬される
ようになった。これは，馬に乗って戦う騎馬軍であった高句麗との戦いを通して，それまで
乗馬の風習がなかった日本に乗馬の技術を取り入れさせたからだと考えられる。

2 大和政権の支配のしくみ

～関東から九州にまで広がる勢力～

❶ 氏姓制度…5～6世紀にかけて大和政権は，大王を中心に大和とその周辺に勢力をもつ豪族によって支えられ，政治のしくみを整えていった。豪族たちは血縁関係をもとに構成された氏を名乗り，大和政権はその氏ごとに職務を分担し，姓を与えた。このようなしくみを氏姓制度と呼ぶ。豪族の中でも有力な氏には大臣（蘇我氏）や大連（物部氏や大伴氏）などの姓が与えられ，財政や軍事などの役割を担い，中央の政治が行われた。6世紀になると地方の有力な豪族は国造や県主に任命され，地方の政治を任せられた。

❷ 大和政権の勢力範囲…埼玉県の稲荷山古墳から出土した鉄剣と熊本県の江田船山古墳から出土した鉄刀にはともに，「ワカタケル大王」の文字が刻まれている。このことから大和政権の王であるワカタケルが大王を名乗り，関東や九州の豪族に鉄剣や鉄刀を与えていたと推測される。つまり，ワカタケル大王（雄略天皇とされる）の在位した5世紀末ごろには，大和政権の支配力は東北地方南部から九州地方北部にまで及んでいたといえる。

3 神話・伝承と信仰

～神話や伝承で彩られる大和政権～

大和政権の成立の事情については，科学的にはよくわかっていないが，さまざまな神話と伝承によって彩られている。天皇による政治のしくみが整った8世紀の初め，『古事記』や『日本書紀』などの歴史書が天皇の命令でつくられた。これらの歴史書には，神の子孫が天皇となって大和地方に入って国をつくり，日本各地を統一していくという話が載せられている。主なものとして，「イザナギとイザナミによる国生み神話」，アマテラスとスサノオの対立から始まる「天岩屋戸神話」，出雲神話におけるスサノオの「ヤマタノオロチ退治伝説」などがある。神話や伝承は，古代の人々のものの考え方や価値観，さらには大和政権成立の由来や事情を知るうえで貴重な手がかりとなる。

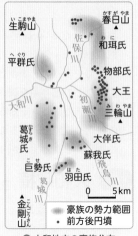

⬆ 大和地方の豪族分布

⬆ 江田船山古墳から出土した鉄刀(左)と稲荷山古墳から出土した鉄剣(右)

zoomup 『古事記』，『日本書紀』
→ p.271

大王家は，必要な物資を全国に散在する私有民である部民から調達し，部民はおのおのが担当する物資の名まえから玉造部や服部などと称した。また，豪族も部曲と呼ばれる私有民をもち，必要な物資をそこから調達していた。

Close Up 『古事記』の神話や伝承から見る大和政権の由来

- ●**国生み神話**…神々から国づくりを命じられた**イザナギとイザナミ**の2人の神は，神々から授かった矛を使って1つの美しい島をつくり，2人はその島に降り立った。これが日本の国土の始まりであり，この2人の神が天皇の祖先であるという神話である。

↑ ヤマトタケルと草なぎの剣（想像図）

- ●**ヤマトタケルの伝説**…ヤマトタケルは，武勇に優れた皇子である。朝廷に従わない豪族を討つように天皇から命じられたヤマトタケルは，九州に行ってクマソを平定し，その後東日本のエミシを倒した。ヤマトタケルの姿は，大和政権の国内統一事業を進めた多くの英雄たちの行動を1人の人物に象徴化したものと考えられている。

4 大和政権と東アジア

～朝鮮半島・中国との交流～

❶ **朝鮮半島のようす**…4世紀ごろの朝鮮半島では，北部で**高句麗**が勢力を強め，南部で**百済**と**新羅**が成立して，3つの国が対立していた。百済と新羅にはさまれた**伽耶地域（任那）**の小さな国々は，倭とのつながりを利用することで両国に対抗した。

❷ **大和政権と朝鮮半島・中国の交流**…4世紀ごろ，大和政権は鉄や進んだ技術を求めて伽耶諸国と関係を深め，百済とは同盟を結んで高句麗や新羅と戦った。5世紀に入ると，大和朝廷の**大王**が中国の**宋（南朝）**にしばしば使いを送り，朝鮮半島南部における外交・軍事上の立場を有利にしようとした。

❸ **大和政権に関する史料**…4世紀ごろの朝鮮半島のようすは，高句麗の広開土王（好太王）の功績を記した石碑から知ることができる。そこには，391年に倭が百済・新羅を倒して，高句麗と戦ったことが書かれている。また，**『宋書』倭国伝**には，5世紀ごろの大和朝廷の大王に関する記述が残っている。『宋書』倭国伝に出てくる**倭の五王**の1人である「**武**」は，稲荷山古墳の鉄剣に刻まれた「**ワカタケル大王**」と同一人物と見られる。

> 大和政権は伽耶地域（任那）から鉄を入手した。

↑ 古墳から出土した鉄の延べ板

参考 『宋書』倭国伝
5世紀の初めから5人の倭王「讃・珍・済・興・武」が中国の南朝に使いを送っていたことが記されている。済・興・武は，それぞれ日本でつくられた歴史書の『古事記』と『日本書紀』に登場する允恭天皇とその子の安康天皇・雄略天皇と考えられている。

Episode
古墳時代の人々の間では，弥生時代から引き続き，山や川，稲作と関係の深い太陽などの自然の神々への信仰がさかんであった。民衆は豊作を祈る春祭りや，収穫に感謝する秋祭りを行った。また，豪族たちは，自分たちの氏の祖先と信じる**氏神**を信仰していた。

5　渡来人が伝えた文化

～大陸文化の伝来～

❶ 渡来人…4～6世紀ごろ，大陸や朝鮮半島から渡ってきた人々が，日本に住みつくようになった。これらの人々を渡来人という。渡来人は大陸の優れた学問や技術を日本に伝えた。

❷ 渡来人が伝えたもの…巨大な古墳をつくるためには，当時の大王や豪族の強い権力や膨大な労働力だけでなく，高度な土木技術も必要であった。古墳をつくるための土木技術は渡来人によって伝えられた。

　朝鮮半島や中国との交流を通じて，古墳をつくるための土木技術だけでなく，ため池をつくるかんがい工事や堤防を築く技術も渡来人によって伝えられ，これらは当時の日本の農業生産の向上にも役立った。また，より進んだ鉄器やのぼりがまを使って焼いたかたい質の土器（須恵器）の製造，機織り・養蚕・造船の技術，漢字や暦など，毎日の生活に役立つ多くの技術や学問も渡来人によって伝えられた。さらに，6世紀には百済から渡来した人々によって，儒教や仏教も伝えられたが，渡来人の間ではそれ以前から仏教が信仰されていた。

↑ 須恵器

　渡来人が伝えたさまざまな技術や学問・文化は，のちの日本の社会に大きな影響を与えた。

❸ 渡来人の登用…大和政権はこれらの優れた技術をもつ渡来人を各種の技術者集団に組織し，各地に居住させた。進んだ技術をもつ渡来人は，大和政権で重要な地位を与えられることもあり，外交文書の作成や財政などの仕事にあたる一族もいた。支配者層がこれらの高度な技術や文化をもつ渡来人を受け入れ，活用したことから，大陸文化はこの時代の日本社会に受け入れられ，広がりを見せた。蘇我氏などのように，渡来人との結びつきを強めることで朝廷における地位を高め，大きな勢力をもつ豪族も現れた。

↑ 渡来人が伝えた鉄製農具

渡来人によって進んだ鉄製の農具が伝えられ，農業生産も向上した。

Words　須恵器

それまでの土器よりも薄くてじょうぶな質の土器。のぼりがまを使って高温で焼き上げる技術が伝えられたことで，製造が可能になった。なお，のぼりがまでは埴輪が焼かれることもあった。

↑ のぼりがまで須恵器を焼くようす（想像図）

参考　仏教の伝来

仏教の正式な伝来は，百済の聖明王から欽明天皇に仏像や経典が伝えられたときとされるが，その年代については538年の説と552年の説がある。

HighClass　漢字の音を使って，地名や日本人の名まえなどを書き表せるようになってくると，史部などと呼ばれた渡来人たちが，漢字を用いて大和政権の記録や出納，外交文書の作成にあたるようになった。

3 古代国家のあゆみと東アジア

第
1
章
歴史の流れと
地域の歴史

第
2
章
古代までの日本

第
3
章
中世の日本

第
4
章
近世の日本

第
5
章
近代日本の
あゆみ
と国際関係

第
6
章
二つの
世界大戦と日本

第
7
章
現代の
日本と世界

Point
❶ 聖徳太子の政治から大宝律令制定に至る過程を理解しよう。
❷ 唐を手本とした律令体制のしくみを整理しよう。
❸ 奈良時代と平安時代の文化を当時の政治とともに比較しよう。

1 東アジアの情勢 ★☆☆

1 隋と唐の中国統一

〜大帝国"唐"の誕生〜

　南朝と北朝に分裂していた中国を，589年に隋が統一した。隋は，**律令**という法律を整え，役人として優れた人材を広く集めるための試験制度（**科挙**）を導入した。しかし，2代目煬帝の政治で財政は苦しくなり，農民の反乱によってわずか30年余りで隋は滅んだ。

　隋にかわって中国を統一した唐は，隋を上回る大帝国をつくり上げた。唐では，戸籍に基づいて人々に土地を与えるかわりに税や兵役を負担させる律令制が確立され，皇帝による中央集権的な国家体制ができ上がった。広大な地域を支配した唐は，**シルクロード**（絹の道）を通じて西方との貿易もさかんに行った。都の**長安**（現在の**西安**）は人口100万人を超える国際的な大都市として栄えた。

> **Q Person**
>
> ### 煬 帝
> 〈569〜618年〉
>
> 隋の2代目皇帝。父の死後（殺害したという説もある），皇帝の座についた。のべ200万人を超える農民を動員し，中国の南北を結ぶ大運河を完成させた。また，高句麗を攻めたが，3度の遠征はすべて失敗に終わった。これらの土木事業やたび重なる外征は，労役と重税に苦しむ農民や，中央集権化に不満をもつ豪族の反感を買い，隋を滅亡へと導いた。

2 新羅の朝鮮半島統一

〜唐と手を結び朝鮮半島を統一〜

　中国が南北朝に分裂していたころ，朝鮮半島では新羅と百済がそれぞれ政治制度を整えて強大化し，6世紀の後半には伽耶諸国を併合した。これによって朝鮮半島における大和政権の勢力は大きく後退したが，大和政権は百済を通じて大陸とのつながりを保った。7世紀後半，新羅は唐と結んで百済・高句麗を滅ぼし，676年には唐を退けて朝鮮半島を統一した。

↑ 7世紀前半の東アジア

Episode　科挙は，中国で20世紀まで続いた役人登用のための試験である。受験生は食料と寝具を持参し，数十時間にも及ぶ試験を受けなければならなかった。中国の有名な詩人でも合格できないほど難しかったが，遣唐使として唐に渡った阿倍仲麻呂は合格し，唐の皇帝に仕えた。

② 聖徳太子の政治と飛鳥文化 ★★★

1 大和政権の行き詰まり

～力をつける豪族～

6世紀ごろになると，地方豪族の中には互いに争う者や大和政権に反抗する者が現れた。大伴氏が朝鮮との外交に失敗して衰えたあと，中央では蘇我氏と物部氏が仏教を受け入れるかどうかを巡って対立し，渡来人と結んだ蘇我氏が物部氏を倒して政治の実権を握った。

2 聖徳太子の政治

～天皇中心の国を目ざして～

❶ 聖徳太子(厩戸皇子)…厩戸の前で生まれたことから厩戸皇子と呼ばれたといわれているが，命名については諸説あり，定かではない。聖徳太子についてはいくつかの伝説があり，中でも，10人もの人々の請願を同時に正確に聞き取り，それぞれに明確な返答をしたというものが有名である。この逸話から，『古事記』や『日本書紀』にも厩戸皇子のほか，豊聡耳命(皇子)などいくつかの名称で記されている。聖徳太子という名が書物に登場するようになるのは，彼の死後であることからも，厩戸皇子は死後，聖徳太子として信仰・伝承の対象となったと考えられる。

❷ 摂政…6世紀末になると，蘇我馬子は自分の姪を推古天皇として即位させた。593年に推古天皇の甥の聖徳太子が摂政の位につき，蘇我馬子と協力して中国や朝鮮半島の政治にならって，大王(天皇)を中心とする政治体制をつくるための新しい政治を始めた。当時，政治の中心地が奈良盆地南部の飛鳥地方にあったため，聖徳太子が摂政になってから奈良に都が移されるまでの期間を飛鳥時代という。

❸ 冠位十二階…603年に冠位十二階を制定した。冠の色や濃淡で役人の位を12段階に区別し，政治の秩序を整えた。また，この制度によって以前のように家柄にとらわれず，才能や実力のある人を役人に登用するしくみがつくられた。

参考 系図から見る蘇我氏と天皇家

祖先と子孫との関係を線で表したものを系図という。系図を見ると，蘇我氏と天皇家との関係の深さがよくわかる。

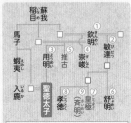

― 親子・兄弟関係　赤字 女性
― 婚姻関係　番号 表中の即位順

↑ 蘇我氏と天皇家との関係系図

🔍 Person

聖徳太子
〈574～622年〉

用明天皇の子。同じ血縁をもつ蘇我馬子・推古天皇とともに権力の集中を図った。有力な皇位継承資格者として政治に参加したが，推古天皇より先に死亡したため，天皇の地位に就くことはなかった。

↑ 聖徳太子と伝えられる肖像

zoomup 『古事記』，『日本書紀』 → p.271

Words 摂政

天皇が女性や幼少のとき，天皇にかわって政治を行う役職。

HighClass

仏教を受け入れることに賛成であった蘇我氏と，日本古来の神々を信仰することを重んじた物部氏との対立が深まった結果，587年に大臣の蘇我馬子が大連の物部守屋を滅ぼし，592年には崇峻天皇を暗殺して政治の実権を握った。

❹ 十七条の憲法…604年に，仏教や儒教の考え方を取り入れた，十七条の憲法を制定した。ここには，天皇の命令には必ず従うこと，仏教を重んじること，役人同士で争わないことなど，国家の役人としての心構えが示された。

❺ 遣隋使の派遣…国内の政治が整うと，中国を統一した隋との国交を開こうと試みた。**607年には，小野妹子を遣隋使として派遣し，隋に対等な関係を求めた。**

　　隋の進んだ政治制度や文化を取り入れるために遣隋使は数回派遣された。608年の派遣のときには，遣隋使とともに南淵請安・高向玄理らの留学生や学問僧の旻らが中国に渡った。彼らは長く中国に滞在し，その間に隋の滅亡と唐の成立を体験した。滅びる隋と大帝国になっていく唐のようすを間近で見て学び，帰国した留学生らの新しい知識は文化の発達に大いに貢献し，また，のちの大化の改新に大きな役割を果たした。

3 飛鳥文化

～日本初の仏教文化～

　　6世紀中ごろに伝わった仏教は，渡来人や蘇我氏に信仰された。蘇我馬子が**飛鳥寺**，聖徳太子が法隆寺や四天王寺を建て，仏教を政治のよりどころとしたことから，仏教はしだいに皇族や豪族に広く信仰されるようになり，それまで自然に存在する神々を信仰していた人々は，病気からの回復や祖先の冥福を祈る新しい宗教として仏教を信じるようになった。

　　このような状況のもと，当時朝廷が置かれた飛鳥地方を中心に，日本で最初の仏教文化がおこった。この文化を**飛鳥文化**という。朝鮮・中国からさらに遠くインド・ペルシャ・ギリシャなどの影響が見られ，特に南北朝時代の中国の文化の影響を強く受けた文化であった。

　　聖徳太子が建てた法隆寺は飛鳥文化を代表するもので，金堂・五重塔などは現存する世界最古の木造建築物である。法隆寺には，鞍作鳥(止利仏師)がつくったとされる釈迦三尊像などの仏像のほか，**玉虫厨子**など多くの工芸品も残されている。

第**2**編 歴史

第1章 歴史の流れと地域の歴史

第2章 古代までの日本

第3章 中世の日本

第4章 近世の日本

第5章 近代日本のあゆみと国際関係

第6章 2つの世界大戦と日本

第7章 現代の日本と世界

📖 **史料**

十七条の憲法

一に曰く，和をもって貴しとなし，さからうことなきを宗とせよ。
(和を尊び，争うことをやめなさい。)
二に曰く，あつく三宝を敬え。三宝とは仏法僧なり。
(仏教を信仰しなさい。)
三に曰く，詔を承りては，必ず謹め。
(天皇の命令には必ず従いなさい。)
　　　　　(一部抜粋・要約)

📖 **史料**

『隋書』倭国伝(隋に送った手紙)
日出づる処の天子，書を日没する処の天子に致す。つつがが無きや…
(太陽の昇るところの天子〈推古天皇〉が太陽の沈むところの天子〈隋の煬帝〉に手紙を送ります。お元気ですか…)
　　　　　(一部抜粋・要約)

Words 法隆寺

聖徳太子が斑鳩(奈良県)に建てた寺院。7世紀後半に火災にあったのちに再建された。金堂などの柱には中央部がふくらんだ**エンタシス**が見られる。

↑ 法隆寺釈迦三尊像

Episode
仏教伝来以降，古墳にかわって寺をつくることで権威を示そうとする豪族が現れるようになった。豪族が一族の政治的集まりの場所にするために氏寺を建立したことで，仏教が伝来してから約100年後には全国に46もの寺がつくられたといわれている。

③ 大化の改新と律令国家の成立 ★★★

1 大化の改新

〜蘇我氏の滅亡〜

❶ **大化の改新前のようす**…618年，中国では隋が滅び，唐がおこった。勢力を強めた唐が高句麗への攻撃を始めたため，東アジア諸国で緊張が高まった。朝鮮半島にあった新羅・高句麗・百済では政変や戦争が相次ぎ，日本も戦争に備えて国内を整備し，国力を強める必要性に迫られた。

しかし，日本では聖徳太子の死後，蘇我氏に権力が集中し，天皇を中心とする中央集権国家を目ざす人々と対立するようになった。

ちょうどそのころ，遣隋使や遣唐使とともに中国に渡っていた留学生が帰国してきた。隋の滅亡や唐の成立を目の当たりにした彼らは，唐の発展と律令政治などの新しい情報を日本にもたらし，日本でもようやく新しい国家体制を打ち立てようとする動きが高まった。朝鮮半島でも中央集権体制を進めてきた新羅の勢力が増してきており，日本も急いで政治改革を進める必要が出てきた。

❷ **大化の改新**…645年，中大兄皇子（のちの天智天皇）は中臣鎌足（藤原鎌足）とともに蘇我氏を滅ぼし，新しい国づくりをするための政治改革を始めた。

まず，日本で初めてとなる元号を制定し，「**大化**」とした。このことから，中大兄皇子と中臣鎌足が中心となって行った一連の政治改革を大化の改新という。都は難波宮（大阪府）に移され，唐の政治制度を手本に，天皇に権力を集中させて日本を中央集権国家にするための政策が打ち出された。

具体的には，それまで皇族や豪族がそれぞれ支配していた土地と人民をすべて国（天皇）のものとする公地公民を基本方針とし，中央（朝廷）と地方における組織のしくみを改めようとした。また，中国の均田制にならって戸籍を作成し，その戸籍に基づいた新しい税制度を定めた。

🔍 Person

蘇我蝦夷
〈？〜645年〉

蘇我入鹿
〈？〜645年〉

蘇我馬子の子と孫。聖徳太子の死後，蘇我氏は勢力を強めたが，入鹿は聖徳太子の息子である山背大兄王を襲い，自殺に追い込んだ。大化の改新（乙巳の変）で入鹿が暗殺されると，父の蝦夷も自殺した。

🔍 Person

中臣鎌足
〈614〜669年〉

大化の改新の中心人物。唐から帰国した南淵請安から隋や唐のようすを学んだ。飛鳥板蓋宮で蘇我入鹿を襲い，暗殺した。死の間際に天智天皇から「藤原」の姓を授かった。これが，平安時代に栄華を極める藤原氏の始まりとなった。

参考 改新の詔

646年，新政府の基本方針が改新の詔として出された。なお，詔とは，天皇のことばという意味である。

1．すべての土地と人民を国有とする。（公地公民）

2．中央（都）や地方の行政区画や行政組織を整える。

3．戸籍を作成し，戸籍に基づいて人々に土地を貸し与える。（班田収授法）

4．新しい税制度を定める。

しかし，これらの制度が本格的に完成するのに，ここから50年以上の年月を要した。

HighClass

乙巳の変ののち，中大兄皇子の主導のもとに蘇我氏系の皇位継承候補であった古人大兄皇子，蘇我倉山田石川麻呂，孝徳天皇の皇子有間皇子が次々に滅ぼされ，中大兄皇子への権力の集中が進んだ。

2 律令国家へのあゆみ

~唐の政治制度が手本~

❶ **政治の展開**…660年，唐と新羅の連合軍が百済を滅ぼした。663年，中大兄皇子は滅亡した百済再興のために援軍を送ったが，唐と新羅の連合軍に敗れ，敗退した（**白村江の戦い**）。中大兄皇子は，唐と新羅の侵攻に備えて，北九州に**大宰府**という外交や防備を担当する役所を置き，西日本の各地には**山城**や**水城**をつくらせた。また，大宰府には全国から集めた兵（**防人**）を配備し，都を飛鳥から大津宮（滋賀県）に移して，国内の防備に努めた。

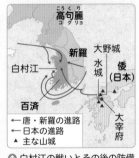

↑ 白村江の戦いとその後の防備

大野城跡。大野城は朝鮮式の山城であった。

博多湾

水城

大野城

大宰府

↑ 大野城と水城（想像図）

668年，中大兄皇子は，大津宮で**天智天皇**として即位し，国内の政治にも取りかかった。近江令を制定し，日本で最初の戸籍である**庚午年籍**を作成した。

❷ **天智天皇の死後**…671年，天智天皇が亡くなると，翌年，皇位を巡って天智天皇の子の**大友皇子**と天皇の弟の**大海人皇子**との間で争いがおこった（**壬申の乱**）。大海人皇子は大友皇子を破ると，673年に即位して**天武天皇**となった。壬申の乱後，敗れた大友皇子に味方した中央の有力豪族らは勢力を失い，天武天皇の権威が急速に高まった。

堀と土塁からなる水城。大宰府の北につくられた。

博多湾側 　　　　　　大宰府側

堀 幅約60m 深さ約4m

土塁 幅約80m 高さ約10m

↑ 水城の断面図（想像図）

天武天皇は，飛鳥浄御原令を制定し，国史の編さんを命じるなど，天皇中心の強力な中央集権国家の建設を目ざした政治を推し進めた。

❸ **藤原京**…天武天皇の死後，その事業は皇后の**持統天皇**に引き継がれた。持統天皇は，奈良盆地の南に日本で最初の本格的な都である**藤原京**を造営した。

参考 天皇と日本

天武天皇のころに国内の政治のしくみが整えられる中で，「大王」を「天皇」と呼ぶようになり，正式な国号を「日本」とするようになったと考えられている。**大宝律令**には，「日本の天皇」という記述があり，遅くとも701年には，日本国号や天皇号が正式に定められていた。

入試Info

大化の改新から大宝律令の制定までの期間に即位した**天智天皇・天武天皇・持統天皇**の政治は頻出である。それぞれの業績を整理するとともに，なぜ改革が必要であったのか，また，どのような国家を目ざしたのかを確認しておこう。

第2編 歴史

第1章 歴史の流れと地域の歴史

第2章 古代までの日本

第3章 中世の日本

第4章 近世の日本

第5章 近代日本のあゆみと国際関係

第6章 2つの世界大戦と日本

第7章 現代の日本と世界

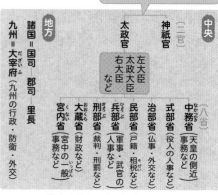

3 律令国家の成立

～大宝律令の制定～

701年，律（刑罰の決まり）と令（政治を行ううえでのさまざまな決まり）に基づいて政治を行う律令国家のしくみを定めた大宝律令が，唐の律令にならってつくられた。これによって律令制度が確立し，以降，国の政治は天皇を中心に，皇族や天皇から高い位を与えられて貴族となった近畿地方の有力豪族らによって進められた。

神祇官は祭祀，太政官は政治を担当した。

〔二官〕中央
中央
神祇官
太政官
左大臣
右大臣
太政大臣
など

〔八省〕
中務省（天皇の側近〔事務など〕）
式部省（役人の人事など）
治部省（仏事・外交など）
民部省（戸籍・租税など）
兵部省（軍事・武官など）
刑部省（裁判・刑罰など）
大蔵省（財政など）
宮内省（宮中の一般事務など）

地方
諸国＝国司 郡司 里長
九州＝大宰府（九州の行政・防衛・外交）

↑ 大宝律令による役所のしくみ

① **行政組織**…中央には**二官八省**が置かれ，それぞれが政務を分担した。地方は，**国・郡・里**に分けられ，それぞれに**国司**（中央の貴族の中から任命），**郡司**（地方豪族の中から任命），**里長**（地方豪族の中から任命）が置かれ，国司の監督のもとで郡司や里長が民衆を支配した。こうして，中央集権国家が誕生した。

② **身分制度**…人々は，良民と賤民（奴隷）とに分けられた。

③ **土地制度**…唐の均田制にならい，**班田収授法**を定め，6年ごとにつくられる戸籍に基づき，6歳以上の男女に土地（口分田）が与えられ，死ぬと国に返させた。

④ **税制度**…人々には，租・調・庸という税や雑徭，兵役などが課された。

Words 均田制

成人男子に一定面積の土地を支給し，租税と兵役を負担させた制度。

種類		内容	納入・労役先	対象
税	租	収穫量の約3％の稲	国司（一部は中央）	全員
	調	地方の特産物（絹，塩，魚，貝，海藻など）	都	成年男子
	庸	10日間の労役のかわりに布	都	成年男子
労役	雑徭	国司のもとで1年に60日以内の労働	国司	成年男子
兵役	兵士	1年で平均36日，地方の軍団で訓練	地方	成年男子
	衛士	1年間の都の警備（兵士から選ばれる）	都	成年男子
	防人	3年間の九州北部の警備（兵士から選ばれる）	九州	成年男子
労役	運脚	調・庸を都まで運ぶ	都	成年男子

↑ 主な税負担

HighClass

口分田は6歳以上の男子に2段（約24a），女子には男子の3分の2，奴婢（男は奴，女は婢）にはそれぞれの3分の1が与えられた。租は，口分田を与えられた者全員が課税の対象であったが，僧は租の課税対象からはずされていた。

❹ 平城京と律令政治の移り変わり ★★☆

❶ 平城京の造営と律令政治の進展

～新しい都"平城京"の誕生～

❶ **平城京遷都**…710年，元明天皇のときに藤原京から奈良盆地北部の平城京に都が移された。平城京は唐の都**長安**（現在の**西安**）にならい，律令国家の新しい都としてつくられた。平城京は，広い道路によって碁盤の目のように区切られ，中央北に配置した天皇の住まいや役所が置かれた平城宮を中心に，貴族の住まいや寺院，民家が立ち並んだ。また，地方から都に集められた産物を売買するために，東西で市も開かれた。平城京は，律令国家の中心地として栄え，約10万の人々がくらしており，そのうち約1万人が役所に勤めていたといわれる。

710年に平城京に都が移されてから，この都を中心に政治が行われた80年余りを奈良時代という。

> 平城宮には天皇の住む内裏や二官八省の役所があった。

⬆ 平城京

> 東西の通りを条，南北の通りを坊という（条坊制）。

❷ **産業の発達と貨幣**…平城京がつくられるころには鉱産資源の開発も始まり，銅や金が地方で産出されるようになった。また，左京に東市，右京に西市が置かれ，都を中心に産業や交通が発達した。

> 都の北には朱雀門，南には羅城門があり，中央に朱雀大路が通っていた。

⬆ 朱雀門

7世紀後半，日本で最初の貨幣である**富本銭**がつくられ，708年には唐の制度にならい**和同開珎**がつくられた。その後，朝廷は10世紀半ばまでに和同開珎を含めて12種類の貨幣を発行したが，流通の範囲は畿内とその付近に限られ，地方では物々交換が主流だったため，あまり流通しなかった。

> 日本で最初の貨幣だが，どれくらい流通したかはわかっていない。

⬆ 富本銭

Words 和同開珎

708年に発行された貨幣。開元通宝という唐の貨幣がモデルとされている。

⬅ 和同開珎

Episode

古代の天皇は都や宮殿を造営しては，住む場所を移した。父と子は住む場所を別にするという習慣があったこと，亡くなった天皇の都は汚れていると考えられていたこと，地理的・経済的理由などいろいろなきっかけで頻繁に都を移したと考えられている。

第2編 歴史

第1章 歴史の流れと地域の歴史

第2章 古代までの日本

第3章 中世の日本

第4章 近世の日本

第5章 近代日本のあゆみと国際関係

第6章 2つの世界大戦と日本

第7章 現代の日本と世界

❸ 地方の政治…朝廷が置かれている畿内と七道に全国を区分し，畿内を五畿，七道をさらにいくつもの国に分けた。また，国ごとに国府と呼ばれる役所を置き，現在の福岡県には九州地方の政治や外交・防衛を担当する大宰府，現在の宮城県には東北地方の政治や軍事を担当する多賀城を置いた。朝廷は，東北地方に住む蝦夷の征服を進め，南九州や南西諸島への支配にも意欲を見せた。

都と地方を結ぶ道が整えられ，役人が行き来するための駅と駅馬も設けられた。

🔼 律令国家における行政区分

2 律令政治のゆるみ

〜崩れる公地公民制〜

❶ 農民のくらし…6年ごとに作成された戸籍に基づき，6歳以上の人々には一定面積の口分田が与えられたが，その一方で，その土地には租と呼ばれる税がかけられた。収穫量の約3％の稲を納める租は，農民にとってそれほど負担の大きいものではなかったが，鉄製農具の普及によって農業生産力が高まったとはいえ，天災などによる不作の際には負担が重くのしかかった。また，成人男子に課された調や庸，兵役や労役は農民のくらしをいっそう苦しめた。特に，防人や運脚は大宰府や都までの費用を自分で負担しなくてはならず，農民にとって非常に重い負担となった。そのため，奈良時代の中期になると，農民の中には口分田を捨てて逃げ出す者，朝廷の許可なく税のかからない僧侶になる者，労役の場から逃げ出す者，戸籍を偽る者が現れるようになった。

　こうして口分田の荒廃が進んだが，その一方で人口は増加したので，口分田が不足するようになり，班田収授の実施が困難になってきた。このことは国家の財政や軍事にも影響を及ぼす可能性があったため，朝廷は新たな土地を開墾することで耕地の拡大を図る必要に迫られた。

📖 史料

防人の歌

唐衣　裾に取りつき　泣く子らを　置きてぞ来ぬや　母なしにして

（衣の裾に取りついて泣く子どもたちを置いてきてしまったよ。母親もいないのに。）

（『万葉集』）

参考　木簡

地方から運ばれた調（特産物）に役人がつけた荷札。木でできているため，繰り返し使用できる。木簡を見れば，どこから何が運び込まれたのかがわかる。

阿波国（徳島県）から納められたわかめにつけられた木簡

短文記述対策！

Q 奈良時代の戸籍で男性よりも女性の登録が多かった理由を簡潔に述べなさい。

A 女性には調や庸，兵役や労役の負担がなく，これらの負担から逃れられるように戸籍を偽った男性が多かったため。

❷ **土地政策**…朝廷は田地の拡大を図るため，723年に三世一身の法を出した。これは，新しくかんがい施設をつくって開墾した者には3代，以前からあるかんがい施設を使って開墾した者には本人1代に限り，開墾した土地の私有を許すものである。しかし，新しく開墾された土地も，朝廷に返す時期が近づくと耕作するのをやめてしまい，結局またその土地も荒れることになってしまった。そこで朝廷は，743年に墾田永年私財法を出して，新しく開墾した土地の永久私有を認めた。こうして，朝廷は人々に土地を開墾させ，田地を増やそうとした。

　しかし，農民のくらしは非常に苦しく，新たな土地を開墾する余裕はなかったため，有力な貴族や寺社などが周辺の農民や浮浪人らを使って土地を開墾したり，土地を買い取ったりして，さかんに私有地を増やしていった。こうして，律令国家の土地制度の基本であった公地公民の原則は崩壊しはじめた。

❸ **土地政策後の社会**…貴族や寺社は大きくなった私有地を管理するために「荘」と呼ばれる事務所や倉庫を設けた。このことから，貴族や寺社の私有地はやがて荘園と呼ばれるようになった。

　税から逃れるために逃亡した貧しい農民の中には，このような荘園に逃げ込み，身を寄せる者もいた。墾田永年私財法の制定は，政府の狙いどおり新たな土地の開墾には成功したが，律令制の基本方針である公地公民が崩れ，天皇の権力の低下と貴族や寺社の権力の増強を招く結果となった。また，社会の中では貧富の差が広がった。

　奈良時代の80年余りは，目まぐるしく政権の担当者がかわり，内乱や疫病の流行などもあって不安定な時期であった。この背景には律令制の行き詰まりがあったといえる。

📋 史料

「貧窮問答歌」

人なみに田をつくっているのに，ぼろぼろの着物を着て，つぶれそうな家の中で，地面にじかにわらを敷いて横たわっている。…かまどには煙も立たず，こしき(米を蒸す器)にはくもの巣が張っている。そのうえ，むちをもった里長が税を取り立てようと，戸口までやってきてわめいている。（『万葉集』。一部要約）

山上憶良は，地方の農民の貧しいくらしのようすを歌に詠んだ。

Words　墾田永年私財法

743年に聖武天皇が出した土地に関する法令。土地を新しく開墾した者に，その土地の永久私有を認めた。ただし，私有を認められた土地も，口分田と同じように税がかけられた。

貴族は調・庸や兵役が免除され，高い給与や土地が与えられた。

⬆ 貴族の食事

地方の農民はたて穴住居でくらし，食事は粗末なものだった。

⬆ 農民の食事

HighClass　春から夏に種もみや食用の米がなくなってしまった農民に対し，国司や豪族が稲を貸し与え，収穫時に高い利子を加えて返還させた。これを**出挙**という。もとは農民の生活維持のために行ったが，のちに国司から強制的に貸し与えられるようになり，これも農民の負担となった。

第2編　歴史

第1章　歴史の流れと地域の歴史

第2章　古代までの日本

第3章　中世の日本

第4章　近世の日本

第5章　近代日本のあゆみと国際関係

第6章　2つの世界大戦と日本

第7章　現代の日本と世界

⑤ 天平文化 ★★★

1 天平文化の特徴

〜大陸文化と仏教の影響〜

❶ **遣唐使**…奈良時代には，唐の進んだ政治制度や文化を取り入れるため，たびたび遣唐使が送られ，遣唐使によって唐の文化が日本にもたらされた。広大な領域を支配し，**シルクロード(絹の道)**を通じて西アジアとの交易もさかんであった唐には，アジア各地の人々や工芸品が集まったため，遣唐使が日本にもたらした文化にも唐や朝鮮半島だけでなく，西アジアや南アジアの影響が見られた。奈良時代の中でも特に聖武天皇のころに最も栄えた国際色豊かなこの文化を，聖武天皇のころの元号にちなんで**天平文化**と呼ぶ。聖武天皇が厚く仏教を信仰したため，**天平文化は仏教色の強い文化**でもあった。聖武天皇が使用した道具や楽器などは，**東大寺**の正倉院に保存されている。正倉院の宝物にもシルクロードを経て西アジアなどから運ばれてきたものが多く見られる。

風通しが良い高床式になっている。

三角形の角材を組み合わせた校倉造でつくられている。

⚠ 正倉院

❷ **仏教と社会**…奈良時代は，凶作や天然痘(伝染病)の流行，藤原氏を中心とする貴族たちの勢力争いが激しくなったため，社会が非常に不安定であった。そこで，聖武天皇は鎮護国家思想(仏教の力で乱れた世の中を鎮めようという考え)に従って政治を進めた。

▼ガラスの器

▼漆器の水さし

▼五絃の琵琶

⚠ 正倉院の宝物

Words 遣唐使

第1回の犬上御田鍬に始まり，菅原道真の提言によって停止されるまで(630〜894年)，約260年の間に十数回派遣された。遣唐使の中には，阿倍仲麻呂や吉備真備のように唐の皇帝に認められ，皇帝に仕える者もあった。吉備真備は帰国後も朝廷で活躍したが，阿倍仲麻呂は遣唐使船が嵐にあって帰国できず，唐で一生を終えた。

🔍 **Person**

聖武天皇
〈701〜756年〉

奈良時代前半の天皇。妻の光明皇后は大宝律令の制定に尽力した藤原不比等の娘である。743年に墾田永年私財法を出し，土地の永久私有を認めた。また，仏教の力で国を治めようとした。

HighClass 飛鳥文化と天平文化にはさまれた，天武天皇と持統天皇の時代を中心とする文化を**白鳳文化**という。この文化を代表する**法隆寺金堂の壁画**や**高松塚古墳の壁画**には，インドや西域(中国西方)，中国の影響が見られる。また，このころに和歌の形式も整えられた。

2 聖武天皇と仏教

~国を治めるための仏教~

❶ **聖武天皇の政策**…聖武天皇と光明皇后は，唐の政治に
ならって伝染病や天災などで不安になった世を仏の力
で治めようと考えた。そのため，国ごとに**国分寺**と**国
分尼寺**を，都には総国分寺として**東大寺**を建てさせた。
また，東大寺に**大仏**をつくるよう命じた。民衆からの
信頼が厚かった僧の**行基**
の協力もあり，大仏は752
年に完成した。同年，盛
大に行われた大仏開眼の
供養には，インドや中国
から来た僧も含め，約1
万人の僧が参加した。

↑ 東大寺大仏

❷ **鑑真の来日**…唐の高僧鑑真は，優れた僧を求める日本
の要請に応じて，来日した。5
回も渡航に失敗して失明してし
まったが，来日後は東大寺で多
くの僧に仏教の正しい教えを伝
えた。また，**唐招提寺**を建て，
日本の寺院や僧の制度を整えた。

↑ 鑑 真

3 天平文化の書物

~なぜ天皇が日本を支配するのか~

8世紀に入り，国のしくみが整いはじめると，国のお
こりや天皇家が国を治めることの正当性を明らかにしよ
うとする動きがおこった。そこで，神話や伝承，記録な
どをもとに『**古事記**』や『**日本書紀**』などの歴史書がつくら
れた。また，天皇が支配するすべての土地の情報を集め
るため，諸国の地理・伝説・産物などを記した『**風土記**』
もつくられた。

一方，都に住む天皇や貴族の間では，**万葉がな**を使っ
て歌を詠むことがさかんになった。大伴家持がまとめた
とされる，日本最古の歌集である『**万葉集**』には天皇や貴
族の歌のほかに，山上憶良の「貧窮問答歌」や防人の歌な
ど約4500首が収められている。

🔍 Person

行 基
〈668〜749年〉

奈良時代の僧侶で，渡来人の
子孫。当時，皇族や貴族のた
めのものであった仏教を民衆
に広めた。人々のために尽く
したため民衆からの信頼は厚
かったが，当初朝廷からは布
教活動を禁じられた。

📃 史料

大仏造立の詔

天平15年10月15日をもって，
盧舎那仏の金銅像一体をおつ
くりすることとする。…天下
の富をもつ者はわたしであ
り，天下の勢いをもつ者もわ
たしである。この富と力で仏
像をつくることは困難ではな
いであろうが，それは初願の
趣旨にそぐわない。もし一本
の草や一握りの土をもって仏
像をつくることに協力を願う
者があれば，これを許す。

（一部要約）

Why 鑑真の来日が困難だっ
た理由
遣唐使は当初，朝鮮半島づたい
に唐へ向かう**北路**をとっていた
が，日本と新羅との関係が悪化
すると，東シナ海を横断する**南
路**がとられるようになり，遭難
の危険が高まったから。鑑真が
乗った船は来日に成功したが，
阿倍仲麻呂の乗った船は遭難し，
東南アジアに流された。

入試Info

行基と鑑真はともに奈良時代に活躍した僧侶で，混同されやすい。それぞれの業績を整理し
ておこう。また，その際には，**東大寺大仏殿**や**正倉院**，**唐招提寺**の写真も確認し，それぞれ
の建築物の特徴をとらえておくとよい。

第 **2** 編 歴 史

第1章 歴史の流れと地域の歴史

第2章 古代までの日本

第3章 中世の日本

第4章 近世の日本

第5章 近代日本のあゆみと国際関係

第6章 2つの世界大戦と日本

第7章 現代の日本と世界

⑥ 平安京と貴族の政治(摂関政治) ★★★

1 桓武天皇の政治

～律令制の立て直し～

❶ **平安京遷都**…奈良時代の後半になると，貴族や寺院の勢力争いが激しくなり，権力をもった僧侶の中には政治に口出しするものも現れた。一方，律令制が崩れはじめたことにより，天皇の権威は低下した。そこで，**桓武天皇**は律令制の立て直しを図り，山城(京都府)に**長岡京**の造営を始めた。さらに現在の京都市に平安京を造営し，**794年**に都を平安京に移した。このとき，仏教勢力を排除するために平城京からの寺院の移転は禁止された。

平安京に都が置かれてから鎌倉幕府が成立するまでのおよそ400年間を平安時代という。

❷ **政治改革**…桓武天皇は律令制を立て直し，乱れた班田収授を実行するために地方の役所を整えたり，**勘解由使**を置いて国司の不正を厳しく取り締まったりした。また，東北と九州を除く農民の兵役を廃止し，郡司などの子弟から志願兵を募る**健児の制**を実施した。

❸ **東北の支配**…桓武天皇は都の造営とともに東北地方の支配にも力を入れた。奈良時代から東北地方には多賀城や秋田城を置いて**蝦夷**と呼ばれる人々を支配してきたが，蝦夷はしばしば反乱をおこし，朝廷の支配に抵抗した。そこで，桓武天皇は**坂上田村麻呂**を征夷大将軍に任命し，蝦夷平定のために大軍を送った。

蝦夷の抵抗

胆沢地方(岩手県)の指導者**アテルイ**は，朝廷の支配に激しく抵抗した。朝廷はしばしば大軍を送ったが，アテルイの作戦の前に惨敗が続き，**坂上田村麻呂**がようやく降伏させた。田村麻呂はアテルイの助命を願ったが，朝廷はアテルイを処刑した。

zoomup 征夷大将軍→ p.288

↑ 平安京

城や柵と呼ばれる砦を築いた。

南北約5.2km，東西約4.5kmの大きさ。平城京よりやや大きい。

※( )内は城や柵を置いた年。

志波城(803年)
秋田城(733年)
出羽柵(708年)
磐舟柵(648年)
淳足柵(647年)
胆沢城(802年)
伊治城(767年)
多賀城(724年)

── 平安時代の初期
--- 奈良時代の後期

↑ 朝廷の東北支配の広がり

Episode 長岡京の工事は，工事責任者の**藤原種継**が暗殺されたため中止された。犯人とされた早良親王は無実を訴えて断食をし，餓死した。当時，非業の死を遂げた人の恨みは現世に残って祟りをおこすと信じられていたことから，早良親王らの祟りを避けるため，御霊会が始まった。

第2編 歴史

第1章 歴史の流れと地域の歴史

第2章 古代までの日本

第3章 中世の日本

第4章 近世の日本

第5章 近代日本のあゆみと国際関係

第6章 2つの世界大戦と日本

第7章 現代の日本と世界

2 新しい仏教

～修行と加持祈とうで人々に幸福を～

平安時代初期の９世紀初めに，遣唐使として唐に渡っていた２人の僧が日本に帰国し，新しい仏教の教えを開いた。

唐で密教を学んだ空海(弘法大師)は高野山(和歌山県)に金剛峯寺を建てて真言宗を広め，天台宗を学んだ最澄(伝教大師)は比叡山(滋賀県・京都府)に延暦寺を建てて天台宗を広めた。どちらの仏教も山中で厳しい修行を積み，祈りやまじないによって病気や災いを取り除くと説く，**密教**と呼ばれる仏教の教えであった。奈良時代の仏教と違って政治と距離を置くこの２人の仏教は，天皇や貴族からの信仰を集め，広く受け入れられた。

↑ 空海　　　↑ 最澄

> 京都の教王護国寺(東寺)を嵯峨天皇から賜った。

3 摂関政治

～藤原氏の繁栄～

❶ 藤原氏の発展…平安時代になると，法律や習わしが整えられてきたため，朝廷では形式が重視され，儀式や行事がさかんに行われた。そして，貴族が政治の実権を握るようになってきた。特に９世紀の中ごろからは，中大兄皇子に協力して大化の改新を行った中臣鎌足の子孫である**藤原氏**がほかの貴族を退けて勢力をもつようになり，藤原氏は一族で朝廷の官職を独占した。さらに，藤原氏は娘を天皇に嫁がせ，その子を天皇に立てることで天皇家との関係を深めながら勢力を伸ばし，９世紀後半には摂政や関白という天皇を補佐する職について，国司の任免権を握るなど政治の実権を握るようになった。このように，天皇と外戚関係をもった藤原氏が摂政や関白となり，天皇にかわって行った政治を摂関政治という。

> **Words** 関白
>
> 天皇が成人してからも，後見役として天皇を補佐する役職。関白の名称は，宇多天皇が「万事すべて基経に関り白す」と言ったことに由来する。

> **参考** 外戚関係
>
> 母方の親類のことで，多くの場合，母方の祖父を指す。当時の貴族社会では，生まれてきた子どもは母方の手で育てられ，母方との結びつきが強かった。藤原氏も天皇の外戚として権力を握った。

> 良房は皇族以外で最初の摂政になり，基経は最初の関白となった。

> 不比等は大宝律令の制定に貢献した。

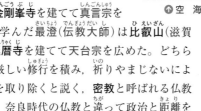

鎌足　不比等　房前　□　□　冬嗣　良房　基経

忠平　□　兼家　道長　頼通

↑ 藤原氏系図

HighClass　空海や最澄が活躍した平安遷都から９世紀末ごろまでの文化を，嵯峨天皇と清和天皇のときの元号にちなんで**弘仁・貞観文化**という。新しい仏教のほか，唐風が重んじられ，漢文学がさかんになった。空海や菅原道真も漢詩文集を著した。

❷ **藤原氏の政治と地方の乱れ**…藤原氏は，有力な皇族や貴族を陥れ，排除していった。例えば，右大臣の**菅原道真**は天皇からの信頼も厚く，朝廷の中心で活躍していたが，藤原氏の陰謀によって**大宰府に左遷**され，再び都に戻ることはなかった。

　一方で，藤原氏に気に入られ，国司に任命してもらおうと考えた貴族らは，藤原氏に多くの贈り物をした。また，租をまぬかれるために藤原氏に荘園を寄進する者も多かった。こうして，藤原氏が朝廷において政権を握るとともに，荘園を集めて経済的にも豊かになってくると，地方の政治は国司に任せきりになり，国司の中には任期中に財産を蓄えようとする者も出てきた。国司に任命されたのに任命された国に赴かず，代理の者を送る貴族も現れるようになり，しだいに地方の政治は乱れ，律令国家の基本ともいえる戸籍づくりや班田収授も行われなくなった。

❸ **摂関政治の全盛**…藤原氏による**摂関政治**は，10世紀末から11世紀前半の藤原道長・頼通父子の時代に全盛期を迎えた。道長は4人の娘を次々に天皇に嫁がせ，娘の生んだ3代の天皇の外祖父として強大な力をつけ，思いのままの政治を行った。この時代，都の貴族は朝廷からの給料のほかに荘園からの収入を得ていたが，特に藤原氏には地方の有力者が税を免除してもらう目的で土地を寄進してきたため，多くの荘園も藤原氏に集まった。

年代	摂関	藤原氏の数		藤原氏の割合
858年	良房	5人	9人	(36%)
866年	良房	6人	9人	(40%)
887年	基経	7人	9人	(44%)
969年	実頼	11人	7人	(61%)
1016年	道長	18人	5人	(78%)
1065年	頼通	18人	7人	(72%)
1072年	教通	17人	8人	(68%)
1106年	忠実	12人	14人	(46%)

（「公卿補任年表」）

⬆ 上級官職につく藤原氏の割合

⬆ 天皇を屋敷に招く藤原氏

Episode 菅原道真は，摂政・関白を置かない宇多天皇に重用されたが，醍醐天皇のときに**藤原時平**の陰謀で大宰府に左遷された。その地で死去した道真は，怨霊としておそれられ，京都には北野天満宮，大宰府には太宰府天満宮がつくられた。

第2編　歴史

第1章　歴史の流れと地域の歴史

第2章　古代までの日本

第3章　中世の日本

第4章　近世の日本

第5章　近代日本のあゆみと国際関係

第6章　2つの世界大戦と日本

第7章　現代の日本と世界

（結婚）

天皇 —— 藤原氏の娘

● 摂政　▲ 関白

鎌足

不比等

聖武　光明子　房前

□

村上　安子　兼家

冷泉　超子　道長　道兼　道隆

円融　詮子

一条　彰子　頼通

三条　妍子　教通

後一条　威子

□

後朱雀　嬉子

後冷泉　寛子　師実

後三条

藤原道長の娘は全員天皇の后になった。

↑ 藤原氏と天皇家の関係系図

藤原氏と天皇家との姻戚関係は，奈良時代の聖武天皇と光明子のころからすでに始まっていた。

7 国風文化 ★★★

1 変わる東アジア情勢

〜唐の衰退と遣唐使の停止〜

❶ 遣唐使の停止…9世紀になると，唐では均田制が衰え，一部の大地主が広い土地を所有して，多数の農民を使役するようになってきた。また，中央では勢力争いが続き，政治が乱れて唐の支配力は低下した。唐が衰え，東アジアの安定した体制が崩れはじめると，周辺諸国は唐との交流を断つようになった。日本も，菅原道真の提言により，894年に遣唐使の派遣を停止した。その後間もなく，唐は滅んだため，およそ260年間続いた唐との国交は途絶えた。

📖 史料

藤原道長の栄華

寛仁2（1018）年10月16日

今日は威子（道長の娘）を皇后に立てる日である。…太閤（道長）がわたしを招き呼んでこういった。「和歌を詠もうと思う。誇らしげな歌ではあるが，あらかじめ準備しておいたものではない。」

この世をば　わが世とぞ思う望月の　欠けたることもなしと思えば

（この世の中はわたしの世界のように思える。まるで満月の欠けたところのないように，満ち足りた思いがするのだから。）　（『小右記』。一部要約）

zoomup 均田制→ p.266

🔍 Person

菅原道真

〈845 〜 903年〉

醍醐天皇のときに右大臣になった貴族。894年に遣唐大使に任命されたが，遣唐使の停止を進言し，実現させた。その後，藤原氏の陰謀で大宰府に左遷され，その地で亡くなった。学問の神様（天神様）として信仰されている。

短文記述対策！

Q 藤原氏がどのようにして政治の実権を握ったか，簡潔に述べなさい。

A 娘を天皇に嫁がせ，生まれた子どもを天皇にして，自らは摂政や関白の役職につき，天皇にかわって政治を行った。

❷ **東アジア地域のようす**…唐が907年に滅ぶと，960年に宋が成立した。その間，東アジアの情勢は大きく変わり，朝鮮半島でも新羅が滅んで新しく高麗がおこった。また，中国東北部にあった渤海も滅んだ。

2 国風文化の誕生

～貴族が育んだ日本風文化～

　日本と大陸との関係が9世紀末から10世紀にかけて大きく変化すると，貴族の間ではそれまでに吸収してきた唐の文化を基礎として，日本の風土やくらし，日本人の感情や好みに合った独自の文化が形成されていった。この文化を国風文化という。貴族を中心とした優美で細やかなこの文化は，摂関政治のころに最も栄え，女性の活躍も見られた。また，このころには密教に加えて浄土信仰が広く普及し，人々の生活の中にとけ込んでいった。

3 国文学

～かな文字の誕生と女性の活躍～

❶ **かな文字**…8世紀の末ごろに，漢字を変形させて日本語の発音を表せるようにくふうした，かな文字（ひらがな・カタカナ）がつくられた。それまでは，漢字の音や訓を組み合わせて表現する万葉がなが使用されて

いたが，かな文字が生まれたことによって，日本人特有の感情を自由に表現できるようになり，国文学が発達した。また，かな文字は主に女性の間で使用されたことから，紫式部や清少納言など宮中に仕えた女性が活躍し，女流文学が発達した。

❷ **和　歌**…和歌も再びさかんになり，10世紀初めには紀貫之らが天皇の命令を受け，初の勅撰和歌集として『**古今和歌集**』を編集した。

❸ **物　語**…かな文字の発達によって，長編の物語も書かれるようになった。日本で最古のかな書きの物語とされる『**竹取物語**』や紫式部の『**源氏物語**』など，優れた文学作品が生まれた。

Words かな文字

平安時代の初めごろにつくられた文字。漢字全体を崩してつくられたひらがなと，漢字の一部（へんやつくり）をとって生まれたカタカナがある。**かな文字**は主に女性に用いられ，男性は漢字（真名）を用いた。

お	え	う	い	あ	オ	エ	ウ	イ	ア
於	衣	宇	以	安	於	江	宇	伊	阿
扵	衣	宇	以	安	扵	工	宇	イ	阝
お	え	う	い	あ	オ		ウ		阝
お	え	う	い	あ			ウ		ア

⬆ かな文字の成り立ち

参考 紫式部と清少納言

藤原氏は娘の教養を高めるため，教養のある貴族の娘を女官として仕えさせた。紫式部は藤原道長の娘の**彰子**に仕え，清少納言は道長の姪の**定子**に仕えた。いずれも中流貴族の娘であったが，教養が高く，宮中で活躍した。

Words 『竹取物語』

「かぐや姫」として広く知られる日本最古の長編物語。9世紀末から10世紀初めにつくられたが，作者はわかっていない。

Episode 紫式部は日記の中で，清少納言のことを「漢文学の知識をひけらかして得意になってがまんならない…」と書いている。紫式部が仕えた彰子と清少納言が仕えた定子がライバル関係にあったことから，紫式部も清少納言をライバル視していたのかもしれない。

❹ 日記・随筆…清少納言は随筆『枕草子』を著した。日記としては，『土佐日記』や『蜻蛉日記』，『更級日記』などが知られ，いずれもかな書きのため感情が自由に表現されている。『土佐日記』は，男性としては珍しく，紀貫之がかな文字で著した。

❺ 歴史書など…律令国家が衰えたため，朝廷の手で歴史書の編集が行われなくなり，かわって『大鏡』や『栄華物語』などの歴史物語が生まれた。これらはかな書きで著され，栄華を極めた藤原氏の生活を中心にまとめられている。また，かな交じりで書かれた説話集『今昔物語集』もつくられた。

4 浄土信仰

~極楽浄土へのあこがれ~

❶ 浄土信仰の広がり…10世紀半ばになるとしだいに社会が乱れ，人々の心に不安な気持ちが高まったため，念仏を唱え，阿弥陀仏にすがることで極楽浄土に往生できるという浄土信仰（浄土教）がおこった。
　　空也は全国を回って人々に念仏を勧め，源信（恵心僧都）は『往生要集』を著し，浄土教を説いた。

❷ 浄土信仰と藤原氏…藤原氏も阿弥陀仏を信仰するようになった。藤原道長は阿弥陀仏と手を五色の糸で結んで念仏を唱えながら亡くなったといわれている。藤原頼通も阿弥陀仏を信仰し，阿弥陀仏の住む極楽浄土をこの世に再現しようとして宇治（京都府）に平等院鳳凰堂を建てた。

　　浄土信仰は貴族の間だけでなく，地方の人々にも広まり，阿弥陀如来像やそれを納めた阿弥陀堂が各地につくられた。

↑ 平等院鳳凰堂

Words 『土佐日記』
紀貫之が土佐国（高知県）の国司の任期を終え，都に戻るまでの日記。

参考 末法思想
シャカ（釈迦）の死から2000年が経つと，仏教の力が衰えて世の中が乱れ，天災や戦乱，不幸の続く末法の世になるという仏教の考え方。1052年がその1年目にあたると考えられていた。

参考 浄土信仰の広がり
空也は特に庶民が集まる市で布教したことから「市聖」と呼ばれた。空也らの布教により，浄土信仰は地方にまで広がった。

↑ 空　也

↑ 阿弥陀如来像

第2編 歴史

第1章 歴史の流れと地域の歴史

第2章 古代までの日本

第3章 中世の日本

第4章 近世の日本

第5章 近代日本のあゆみと国際関係

第6章 2つの世界大戦と日本

第7章 現代の日本と世界

HighClass
末法思想や浄土信仰が広がったことによって，極楽に往生しようとする人々を迎えるための阿弥陀如来や菩薩が人間世界へ下降する場面を描いた，来迎図と呼ばれる絵画もさかんに描かれるようになった。

5 貴族の生活

～大和絵に見る貴族のくらし～

❶ 衣　装…国風文化の担い手であった貴族の服装も唐風のものから日本風のものに変わり，豪華で華やかな衣装になった。女性は，さまざまな色の着物を何枚も重ねて袖口を美しく見せる**十二単**を宮中での正式な服装とし，その美しさを競いあった。男性の正式な服装は**束帯**と呼ばれ，貴族の男性が朝廷で仕事をするときや儀式に出るときに着用した。一方，庶民の服装は貴族のものに比べると粗末であったが，ゆったりとした動きやすいものになった。

⬆ 十二単

⬆ 束　帯

❷ 住まい…平安時代の貴族は，**寝殿造**と呼ばれる邸宅にくらすようになった。

> 部屋は板の間で，壁は少なく，屏風などで仕切った。

⬆ 寝殿造（復元模型）

Words 寝殿造

貴族の屋敷の造りで，自然の美しさが取り入れられている。主人の住む寝殿を中心に建物が廊下でつながれ，庭には池や池に浮かぶ小島が設けられた。

❸ くらし…貴族たちは広い屋敷で，貝合わせやすごろく，和歌などを楽しんだ。当時のようすは，このころに生まれた**大和絵**に見ることができる。大和絵には日本の風景や人物が描かれ，平安時代の末に現れた絵巻物にもその技法が用いられている。

> 大和絵は日本画のもとになった。

⬆ 「源氏物語絵巻」

入試Info　国風文化は，その特色や代表する人物，作品など重要語句を覚えるだけでなく，文化が生まれた背景も合わせて理解しておくこと。すなわち，唐の衰退や藤原氏による摂関政治の隆盛を背景に花開いた貴族の文化であることをおさえておこう。

第2編 歴史

第1章 歴史の流れと地域の歴史

第2章 古代までの日本

第3章 中世の日本

第4章 近世の日本

第5章 近代日本のあゆみと国際関係

第6章 2つの世界大戦と日本

第7章 現代の日本と世界

p.242 **1** 人類の進化の段階をまとめると，およそ猿人→原人→（　　　）の順になる。

p.244 **2** （　　　）石器や土器の使用が始まる時代を新石器時代という。

p.246 **3** メソポタミアには（　　　）という厳しい復讐の決まりがあり，王が法に基づく強力な政治を行った。

p.246 **4** エジプト文明は（　　　）川のほとりでおこった。

p.247 **5** 紀元前221年，秦の（　　　）が中国を統一した。

p.249 **6** 三大宗教の１つであるイスラム教は，（　　　）が開いた。

p.251 **7** 縄文時代の人々が，不要な物を捨てた場所を（　　　）という。

p.251 **8** 縄文時代の人々は，地面に穴を掘って屋根をかけた（　　　）をつくって，狩猟・漁・採集による生活を送った。

p.251 **9** 右の写真は，縄文時代につくられた（　　　）である。

p.252 **10** 大陸から（　　　）と金属器が伝わったことで，弥生時代には貧富や身分の差が生まれた。

p.254 **11** １世紀には，奴国の王が光武帝から（　　　）を授かった。

p.255 **12** ３世紀には，邪馬台国の女王（　　　）が魏に使いを送った。

p.260 **13** 大陸から移り住んだ（　　　）が，仏教や儒教を日本に伝えた。

p.262, 263 **14** 推古天皇の摂政になった（　　　）は，天皇中心の国づくりを進め，（　　　）で役人の心構えを示した。

p.264 **15** （　　　）は，中臣鎌足らと協力して蘇我氏を滅ぼし，（　　　）と呼ばれる政治改革を始めた。

p.266 **16** 701年に（　　　）が出され，日本の律令体制は確立した。

p.269 **17** 743年に（　　　）が出され，やがて公地公民制が崩れた。

p.271 **18** 奈良時代には，『（　　　）』・『日本書紀』などの歴史書や，日本最古の歌集である『（　　　）』がつくられた。

p.272 **19** （　　　）は，都を平安京に移すとともに（　　　）を征夷大将軍に任命して蝦夷の平定を試みた。

p.274 **20** （　　　）・頼通父子のとき，（　　　）政治は全盛期を迎えた。

p.275 **21** 894年に（　　　）の進言で（　　　）の派遣が停止され，その後，国風文化が花開いた。

p.276 **22** 平安時代には漢字から日本独自の（　　　）がつくられた。

p.278 **23** 平安時代の貴族は，（　　　）と呼ばれる屋敷に住んだ。

1 新人

2 磨製

3 ハンムラビ法典

4 ナイル

5 始皇帝

6 ムハンマド

7 貝塚

8 たて穴住居

9 土偶

10 稲作（米づくり）

11 金印

12 卑弥呼

13 渡来人

14 聖徳太子，十七条の憲法

15 中大兄皇子，大化の改新

16 大宝律令

17 墾田永年私財法

18 古事記，万葉集

19 桓武天皇，坂上田村麻呂

20 藤原道長，摂関

21 菅原道真，遣唐使

22 かな文字

23 寝殿造

ここからスタート！ 第2編 歴史

第3章 中世の日本

START! 　鎌倉時代から戦国時代までに至る約400年間を中世と呼んでいます。平安時代の半ばに現れた武家勢力が幕府を開き，当初は公家勢力と並立していましたが，しだいに公家勢力を圧倒していき，やがて政治の実権を確立していきました。

"平清盛"
平治の乱で源氏に勝利し，武士として初めて太政大臣に任じられ，平氏の全盛時代を築きました。

"源頼朝"
本格的な武家政権である鎌倉幕府を開き，1192年には征夷大将軍になりました。

"元寇"
執権北条時宗が元の皇帝フビライの朝貢要求を退けたことで，元軍が2度にわたって九州北部に襲来しました。

"後醍醐天皇"
鎌倉幕府を倒し，武士から政治の実権を取り戻しましたが，公家中心の政治は武士たちに受け入れられませんでした。

"足利義満"
南北朝を統一し，京都の室町に花の御所を造営するとともに，北山に金閣を築きました。また，明との貿易を始め，利益を幕府の財源にしました。

"応仁の乱"
足利義政の後継者争いに端を発した争いは京都を中心に11年にわたって続き，下剋上の風潮が広がり，戦国時代となりました。

第2編 歴史

第1章 歴史の流れと地域の歴史

第2章 古代までの日本

第3章 中世の日本

第4章 近世の日本

第5章 近代日本のあゆみと国際関係

第6章 2つの世界大戦と日本

第7章 現代の日本と世界

中世の日本

時代

古代		中世
平安時代		鎌倉時代

日本の主なできごと

年	できごと
九三五	平将門の乱(〜四〇)
九三九	藤原純友の乱(〜四一)
一〇一六	藤原道長が摂政になる
一〇五一	前九年合戦(〜六二)
一〇八三	後三年合戦(〜八七)
一〇八六	院政の開始
一一五六	保元の乱
一一五九	平治の乱
一一六七	平清盛が太政大臣になる
一一八五	壇ノ浦の戦い
〃	源頼朝が全国に守護・地頭を置く
一一九二	源頼朝が征夷大将軍になる
一二二一	承久の乱
一二三二	御成敗式目(貞永式目)の制定

●武士が成長する　●日宋貿易がさかんになる　●執権政治

日本の文化

鎌倉文化
文学：軍記物『平家物語』，歌集『新古今和歌集』
　　　随筆『方丈記』(鴨長明)，『徒然草』(兼好法師)
建築と彫刻：東大寺南大門，金剛力士像(運慶・快慶)
新仏教：浄土宗(法然)，浄土真宗(親鸞)，時宗(一遍)，
　　　　日蓮宗(日蓮)，禅宗(栄西・道元)

世界の主なできごと

年	できごと
九三五	新羅の滅亡
九三六	高麗が朝鮮半島を統一
九六〇	宋の建国
一〇三八	セルジューク朝の成立
一〇五四	キリスト教会の東西分裂
一〇九六	十字軍の遠征(〜一二九一)
一二一五	イギリスでマグナ゠カルタ制定
一二〇六	チンギス゠ハンのモンゴル統一

●イスラム文化が発展する　●イタリアで都市が発達する

中国	五代	宋	金 / 南宋
朝鮮	新羅	高麗	
欧米	中世		

第2編 歴史

第1章 歴史の流れと地域の歴史
第2章 古代までの日本
第3章 中世の日本
第4章 近世の日本
第5章 近代日本のあゆみと国際関係
第6章 2つの世界大戦と日本
第7章 現代の日本と世界

中世

鎌倉時代　南北朝時代　室町時代　戦国時代

一二七四　文永の役
一二八一　弘安の役
一二九七　永仁の徳政令
一三三三　鎌倉幕府滅亡
一三三四　建武の新政（〜三六）
一三三六　南北朝の対立（〜九二）
一三三八　足利尊氏が征夷大将軍になる
一三七八　足利義満が室町に幕府を移す
一四〇四　明との勘合貿易の開始
一三九二　南北朝の統一
一四二八　正長の土一揆
一四二九　琉球王国の成立
一四六七　応仁の乱（〜七七）
一四八五　山城国一揆（〜九三）
一四八八　加賀の一向一揆（〜一五八〇）

●貨幣経済の発達　　●倭寇が大陸の沿岸を荒らす　　●下剋上の風潮

室町文化
《北山文化》
建築：金閣（足利義満）
芸能：能（観阿弥・世阿弥），狂言

《東山文化》
建築：銀閣（足利義政）…書院造
絵画：水墨画（雪舟）
文学：御伽草子『一寸法師』など

一二七一　元の建国
一二七九　元が南宋を滅ぼす
一二九九　マルコ=ポーロ『世界の記述』
一二九九　オスマン帝国の成立
一三〇二　フランスで三部会が成立
一三三九　百年戦争（〜一四五三）
一三六八　明の建国
一三九二　朝鮮の建国
一四五三　ビザンツ帝国が滅ぶ
一四七九　スペイン王国の建国
一四九二　コロンブスのアメリカ到達
一四九八　バスコ=ダ=ガマのインド航路の開拓

●ルネサンスが始まる

金
南宋　元　明
高麗　朝鮮
中世

1 武家政治の成立とユーラシアの交流

1 武士のおこり　入試重要度 ★☆☆

1 乱れる地方政治

～横行する国司の不正～

　10世紀以降，地方での政治は**国司**に任せきりのような状態になった。そのため，国司の中には，任地での不正な税を取り立て，任地の農民や郡司と対立する者もいた。さらには，任地に赴かず，代理の者を派遣して国司の収入を得ようとする者も現れるようになり，地方政治は乱れた。

2 荘園の発達

～荘園を守る2つの権利～

① **開発領主の成長**…有力農民らは土地をさかんに開発し，**開発領主**と呼ばれるまでに成長した。領地や税を巡って，国司との対立が繰り返されるようになると，彼らは武装するとともに，国司との対立を避けるために都の有力な貴族や大寺社に自らの領地を寄進し，**荘官**として現地の支配を続けた。

② **公領と荘園**…国司が支配する朝廷の領地を**公領**と呼ぶのに対し，開発領主が有力な貴族や大寺社に寄進した領地を**寄進地系荘園**と呼ぶ。寄進地系荘園では，寄進を受けた有力貴族や大寺社（**荘園領主**）の権威を利用して，租税を納めなくてもよい**不輸の権**や税の徴収や土地の調査を行う役人の立ち入りを認めない**不入の権**を得て，土地や人の私的な支配が確立していった。荘園では，**名主**と呼ばれる年貢を納める責任を負った有力農民のもとで，作人や下人が農作業を行った。

史料

尾張国郡司・百姓の訴え
この国の国司である藤原元命が3年間で違法に取った税や不法行為を31か条にまとめて訴えます。
一，これまでに比べて極端に増税しています。
一，国司の従者がさまざまな乱暴を働きます。
一，自分に都合の悪い法令は国内に知らせません。…
（一部要約）

↑ 寄進地系荘園のしくみ

HighClass　荘園領主のうち，開発領主から荘園の寄進を受けた貴族や寺社を「**領家**」という。寄進を受けた荘園を領家が自らの政治的な地位を高める目的などでさらに上級の大貴族や大寺社，天皇家などに寄進した場合，その上級の領主は「**本家**」と呼ばれた。

3　武士団の形成

～源氏と平氏の台頭～

❶ **武士の2つの流れ**…有力農民の中から，国司との対立や土地を巡る争いの中で，一族の土地を守るために武装を始める者が現れ，豪族の中からも，武芸を得意とし，貴族の警護や宮中の警備にあたる者が現れた。

❷ **武士団の成長**…2つの流れは結びつき，地方に住みついた皇族や貴族の子孫を頭（棟梁）に，一族（家の子）や従者（郎党）などからなる武士団を結成していった。

❸ **源氏と平氏**…武士団の中で大きな勢力となったのは源氏と平氏であった。源氏は清和天皇，平氏は桓武天皇の子孫を名乗り，小武士団を束ねる大武士団に成長した。

4　地方の反乱

～朝廷の衝撃～

❶ **平将門の乱・藤原純友の乱**…10世紀中ごろ，関東地方では平将門が，自らを「新皇」と称し，新しい国をつくろうとしたが，平貞盛らに討たれた。伊予（愛媛県）の国司であった藤原純友は，任期を終えても都に帰らず，海賊の棟梁となって，瀬戸内海全域を支配下に置いたが，源経基に討たれた。これらの争乱は，ともに武士によって平定されたことで，朝廷や貴族は武士を積極的に警備に使うようになった。

❷ **前九年合戦・後三年合戦**…11世紀，東北地方で武士の勢力争いがおこり，この争いを鎮めた **源義家** が関東武士と主従関係を強め，東日本で勢力を強めた。また，後三年合戦の後，**平泉**（岩手県）を拠点に奥州藤原氏が栄えた。12世紀前半には，平忠盛らが瀬戸内海の海賊を鎮め，平氏が西日本で勢力を広げた。

2　院政と平氏の政治 ★★☆

1　院　政

～藤原氏を追い落とす！～

❶ **院政の開始**…藤原道長・頼通父子が摂関政治の最盛期を築いたのは，道長が娘を次々と天皇に嫁がせ，生まれた子どもを天皇の位につけて外戚の祖父として権力

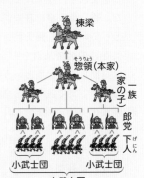

棟梁

惣領（本家）

（家の子）一族

郎党
下人

小武士団　　　小武士団

大武士団

⤴ 武士団のしくみ

Words 前九年合戦，後三年合戦

● **前九年合戦**…1051〜62年。東北地方で豪族の安倍氏がおこした反乱を，源頼義・義家父子が豪族の清原氏の援助を得て平定した戦い。

● **後三年合戦**…1083〜87年。前九年合戦後，東北地方で勢力を伸ばした清原氏一族の争いを，源義家が清原氏一族の中の藤原清衡（奥州藤原氏の祖）を助けて平定した戦い。

参考 奥州藤原氏の栄華

奥州藤原氏は金や馬などの産物や北方との交易で富を築いた。都の文化を取り入れ，平泉に中尊寺金色堂を建立した。

⤴ 中尊寺金色堂の内部

第**2**編　歴　史

第1章　歴史の流れと地域の歴史

第2章　古代までの日本

第3章　中世の日本

第4章　近世の日本

第5章　近代日本のあゆみと国際関係

第6章　2つの世界大戦と日本

第7章　現代の日本と世界

Episode　敗れた平将門の首は平安京に送られ，京都の七条河原にさらされた。将門の首は夜になると「わたしの身体はどこにあるのか。つなげて戦おう」と叫び続けたとも，関東めがけて飛び去り，途中で力尽きて落下したとも伝えられている。

をふるったからである。しかし，藤原頼通の娘は男子に恵まれず，藤原氏と血縁の薄い後三条天皇が即位した。後三条天皇は荘園整理令を出して正式の手続きをとっていない荘園を停止し，藤原氏をはじめ大貴族や大寺社の経済基盤をそいだ。1086年，次の白河天皇は退位して，上皇という自由な立場で，摂政・関白の力をおさえて院で政治を始めた（院政）。

❷ 院政の実情…院政が始まると，多くの貴族や武士が院のもとに荘園を寄進するようになった。院で政治が行われることで，院と朝廷という権力の二重構造がおこり，上皇と天皇は，政権を巡って対立するようになった。

❸ 僧　兵…広大な荘園をもつ延暦寺や興福寺などの大寺院は，荘園を守るために下級の僧侶を僧兵として組織した。僧兵の多くは地方武士出身で，みこしや神木をかついで，朝廷や院に強訴を行った。

■史料

白河法皇の嘆き
「賀茂河の水，双六の賽，山法師，これぞわが心に叶わぬもの」
（鴨川の洪水とサイコロの目，比叡山延暦寺の僧兵は，わたしの思うようにはならない。）

『平家物語』に載っている逸話

↑院政と天皇

↑強訴する僧兵

2 保元の乱・平治の乱

～武家の中央進出が実現～

❶ 保元の乱…1156年，鳥羽法皇が死去すると，政治の実権を巡って崇徳上皇と後白河天皇の対立が鮮明になった。この上皇と天皇の対立に摂関家の争いが加わり，双方とも戦力として源氏と平氏の武士団を集めて，京都で保元の乱がおこった。この戦いでは後白河天皇方が勝利し，崇徳上皇は讃岐（香川県）に流された。

❷ 平治の乱…1159年，院政を始めた後白河上皇の側近となった平清盛と源義朝の対立が激しくなり，藤原氏の対立と結びついて平治の乱がおこった。乱は平清盛が都を留守にしている間におこったが，都に戻った清盛が反撃し，源義朝を討ちとった。この結果，源氏は力を失い，平氏が政治の実権を握るようになった。義朝の子頼朝は伊豆（静岡県）に流された。

	天皇家	藤原氏	平氏	源氏
勝利	後白河 （弟）	忠通 （兄）	清盛 （甥）	義朝 （子）
敗北	崇徳 （兄）	頼長 （弟）	忠正 （叔父）	為義（父） 為朝（弟）

↑保元の乱関係図

↑平清盛

HighClass

本来，上皇の住む場所を院，院政を行う役所を院庁，その職員を院司といった。本来は大きな力をもつものではなかったが，院政が始められると一転し，そこから発せられる命令である院宣は大きな影響力をもつようになった。

3 平氏の政治

～おごれる者は久しからず～

❶ **平清盛の政治**…平清盛は**1167年**に武士として初めて太政大臣に任じられ，西日本を中心に広大な荘園と多くの知行国を支配した。さらに，藤原氏にならって娘の徳子を天皇の后とした。初めての武家政権というものの，貴族的な性格が強く，平氏一族が高位高官を独占したことで官職を失った旧勢力から強い反発が生まれるとともに，武士の信頼も失っていった。

❷ **以仁王の令旨**…1180年，後白河法皇の皇子・以仁王が諸国の武士に平氏打倒を呼びかけ，自らも挙兵した。この呼びかけに各地の源氏が次々に挙兵した。

❸ **源平の争乱**… 源頼朝は伊豆(静岡県)，**源義仲**は木曽(長野県)で兵を挙げ，各地で戦乱がおこった。1181年に平清盛が病死すると，強力な指導者を失った平氏政権は急速に衰え，頼朝の弟・源義経らが平氏を追って西進し，**1185年**に壇ノ浦の戦いで平氏を滅ぼした。

第 **2** 編 歴史

第1章 歴史の流れと地域の歴史

第2章 古代までの日本

第3章 中世の日本

第4章 近世の日本

第5章 近代日本のあゆみと国際関係

第6章 2つの世界大戦と日本

第7章 現代の日本と世界

Words 知行国，令旨

● **知行国**…一族や家臣を国司に推薦し，そこから上がる収益の大半を得ることができる国。
● **令旨**…皇后・皇太子・親王などの命令・意思などを伝えるために発する文書。

平清盛は厳島神社を厚く信仰し，一族の氏神とした。一族の繁栄を願い，豪華な平家納経を納めた。

↑ 厳島神社

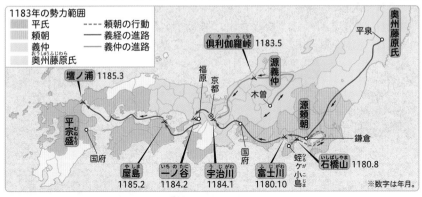

1183年の勢力範囲
- 平氏
- 頼朝
- 義仲
- 奥州藤原氏
- ----- 頼朝の行動
- —— 義経の進路
- —— 義仲の進路

倶利伽羅峠 1183.5
源義仲
木曽
福原
京都
源頼朝
平泉
奥州藤原氏
壇ノ浦 1185.3
平宗盛
国府
屋島 1185.2
一ノ谷
宇治川 1184.1
国府
富士川 1180.10
蛭ヶ小島
石橋山 1180.8
鎌倉

※数字は年月。

↑ 源氏と平氏の争い

Close Up ## 平清盛の日宋貿易がもたらしたもの

遣唐使停止後，中国とは正式な貿易を行うことなく，細々と私貿易が行われていた。平清盛の父・忠盛は宋との貿易の利益に着目し，清盛は政治の実権を握ると**日宋貿易**を本格化させるために**大輪田泊**(現在の神戸港)を拡張し，瀬戸内海航路を整備した。主な輸入品は銅銭(**宋銭**)で，日本からは金などが輸出された。貿易は平氏に巨万の富をもたらしただけでなく，日本に貨幣経済が浸透するきっかけとなった。

Episode 平清盛の孫である**安徳天皇**は3歳(満1歳)で即位し，清盛が外戚の祖父として権力を握った。清盛の死後，安徳天皇は一ノ谷の戦い，屋島の戦いと平氏一族に同行して敗走を続け，壇ノ浦の戦いで一族とともに入水した。崩御年齢8歳(満6歳)は歴代天皇で最年少である。

③ 鎌倉幕府の成立と執権政治 ★★★

1 鎌倉幕府の成立

〜本格的武家政権が実現〜

鶴岡八幡宮

↑ 鎌倉周辺の地形(復元模型)

❶ **武家政権の始まり**…平氏を滅ぼしたのち,源義経は兄で源氏の棟梁である源頼朝に無断で朝廷から官位を受けた。頼朝はこれを許さず,義経を捕らえることを口実に,**1185年**,国ごとに守護,荘園・公領ごとに地頭を置くことを朝廷に認めさせた。さらに頼朝は,義経をかくまおうとした奥州藤原氏も滅ぼし,勢力範囲を東北地方まで拡大した。**1192年**,頼朝は**征夷大将軍**に任じられ,名実ともに全国の武士を従えることになった。頼朝が始めた政権を鎌倉幕府といい,幕府の続いた約150年間を鎌倉時代という。

❷ **鎌 倉**…頼朝は源氏のゆかりの地であり,地形的に要害の地である鎌倉に幕府を置き,源氏の守り神である**鶴岡八幡宮**を中心に幕府の中枢となる施設を整備した。

❸ **封建制度**…将軍と将軍に従う武士(御家人)は,土地を仲立ちに,御恩と奉公の関係で結ばれていた。

> **Words** 征夷大将軍
>
> 古代,東北地方の蝦夷征討のために臨時に編成された軍の総大将に与えられた称号。源頼朝は朝廷内の高位高官を辞し,将軍の称号を望んだ。以後,江戸幕府滅亡まで,武家政権の最高職の称号となった。

↑ 主従関係のしくみ

上の図のように,土地を仲立ちとして御恩と奉公で結ばれたしくみを封建制度といい,封建制度で支えられた社会を封建社会という。

❹ **幕府と朝廷**…武家の政権である鎌倉幕府と京都の朝廷という2つの政権が並んで存在していたため,諸国では守護が任命されても朝廷からは国司が派遣されており,また,地頭が置かれた荘園では荘園領主も支配権をもっていたため,諸国や荘園は朝廷と幕府の両方から支配されることになった。

↑ 鎌倉幕府のしくみ

Q 源頼朝が鎌倉に幕府を開いた理由を,鎌倉の地形の特徴に触れながら簡潔に述べなさい。

A 鎌倉は正面が海で,三方を山に囲まれているため,守りやすく攻められにくい地形だったから。

2 執権政治

~政治の実権は妻の実家に~

❶ **北条氏の台頭**…頼朝の死後, 有力御家人の間で権力争いがおこった。頼朝の妻・**北条政子**の父である**北条時政**がその争いをおさえ, 将軍の補佐役として初代執権の地位に就き, 以後, 北条氏がその地位を独占した。源氏の直系が３代で滅ぶと, 京都から藤原氏の幼い子どもを迎えて名ばかりの将軍とし, 北条政子の弟で２代執権の**北条義時**が幕府権力を完全に掌握した(執権政治)。

❷ **承久の乱**…源氏の直系が途絶えると, **後鳥羽上皇**は政治の実権を朝廷に取り戻そうと, **1221年**に挙兵した。これに対して東日本の御家人を中心に幕府の大軍が京都に攻め上り, 上皇方は敗北し, 後鳥羽上皇は隠岐(島根県)に流された(承久の乱)。

❸ **乱後の幕府の安定**…上皇方についた貴族や武士の領地を取り上げ, 戦功のあった御家人を新たにそれらの土地の地頭に任命したことで, 幕府の支配は西日本まで広がった。さらに, 朝廷や西日本の御家人を監視するために, 京都に六波羅探題を置いた。

❹ **御成敗式目の制定**…幕府の支配が西日本まで広がったことで, 御家人と荘園領主の間で土地を巡る争いが増加した。そこで, ３代執権北条泰時は裁判を公平に行うための基準として, **1232年**, 51か条からなる御成敗式目(**貞永式目**)を制定した。この法令は, 武家社会で行われてきた慣習や頼朝以来の裁判の先例を法文化したもので, 長く武家政治の基準となった。

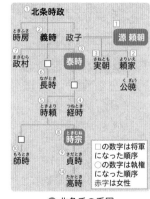

↑ 北条氏の系図

□の数字は将軍になった順序
○の数字は執権になった順序
赤字は女性

📄 史料

北条政子の訴え

みなの者よく聞きなさい。…頼朝公が平氏を倒し, 幕府を開いて以降, その御恩は山よりも高く, 海よりも深いものでした。その御恩に報いる心が浅いはずがありません。名誉を重んじる者は敵を討ち, 幕府を守りなさい。上皇方につこうと思う者は今すぐ申し出なさい。

(一部要約)

奥州藤原氏を滅ぼしたのち幕府が直接支配した。

後鳥羽上皇が流された。 ○隠岐国

○平泉

■ 承久の乱以前から北条氏一族が守護であった国
■ 承久の乱以後から北条氏一族が守護となった国(乱以前は守護不在)
■ 承久の乱以後に守護の交代があった国
■ 承久の乱以後に北条氏一族への守護の交代があった国

六波羅探題

鎌倉幕府

↑ 承久の乱前後の幕府の勢力

御成敗式目は武士にわかりやすい平易な文で記されており, 守護を通じて諸国に通達された。ただし, 御成敗式目が適用されるのは幕府の勢力範囲のみであり, 朝廷は律令の系統である**公家法**, 荘園は**本所法**によって治められていた。

第2編 歴史

第1章 歴史の流れと地域の歴史

第2章 古代までの日本

第3章 中世の日本

第4章 近世の日本

第5章 近代日本のあゆみと国際関係

第6章 ２つの世界大戦と日本

第7章 現代の日本と世界

④ 武士と民衆の生活 ★☆☆

1 鎌倉時代の武士

～もののふの道を究める～

❶ **武士の生活**…武士は農村の一角にある質素なつくりの館に住んだ。館は堀と塀に囲まれ，門の上には矢倉を設け，戦いに備えていた。室内は板敷きで，座る場所にだけ畳を敷いた。日常は農作業を指導し，耕地の開発に努めながら，「**弓馬の道**」と呼ばれる武芸の訓練（**流鏑馬・笠懸・犬追物**など）に励んだ。学問や文化はほとんど浸透しなかったが，武勇や名誉を尊び，主従関係の基礎となる忠義と一族の団結を重んじる「**もののふの道（武士道）**」が生まれた。

↑ 武士の館

↑ 流鏑馬

↑ 笠懸

↑ 犬追物

❷ **一族の団結**…所領は**分割相続**を原則とし，本家が分家を統括した。本家の長である**惣領**は戦時には一族を率いて戦い，平時には先祖のまつりごとを執り行った。女性の地位は比較的高く，男子と同じく財産が分配され，女性が地頭になる例も見られた。

❸ **土地支配**…幕府と朝廷の二重支配が続いたが，地頭となった武士が，年貢の取り立てや治安維持を通じて農民に対する支配を強めていった。荘園領主は地頭の不法を幕府に訴えるなどしたが，地頭の行動を阻止することは困難で，地頭に荘園の管理を一切任せて一定額の年貢納入を請け負わせる**地頭請**や，土地の支配権を地頭と荘園領主で分け合う**下地中分**などが行われるようになった。

📄 史料

紀伊国阿氐河荘の農民の訴え

一，材木のことですが，地頭が上京するとか，近所の労役だとかいっては，こき使うので，山に入って材木を切る暇がありません。わずかな人を，山から材木を運ぶために送ると，「逃げた百姓の畑に麦をまけ」といって，地頭が追い返してしまうのです。…　（一部要約）

Episode

鎌倉時代のよろいかぶとは戦国時代に比べて非常に目立つ色をしていた。これは戦功を立てれば恩賞として土地がもらえることから，自分の働きを味方に認識してもらうためのくふうであった。

2 鎌倉時代の民衆

~産業の発達が生活を豊かにする~

❶ **農業技術の発達**…武士は農村に住み，農地の開発に努めた。やがて治水やかんがいの技術が進み，近畿地方を中心に，牛や馬を使った耕作（**牛馬耕**）や鉄製の農具の使用で農作業の効率が上がるとともに，**草木灰**を肥料として利用したり，稲作の後に裏作として麦をつくる二毛作が行われるようになり，収穫量が増加した。

↑ 牛馬耕

❷ **手工業の発達**…農村には，鉄製農具をつくる鍛冶屋や衣料の染物などを行う紺屋など，手工業を専門に行う職人が現れた。

❸ **定期市の出現**…農業生産性が高まり，手工業が発達するようになると，生産物を交易する場として，寺社の境内や交通の要地に定期市が立つようになった。商品や年貢米を輸送する業者として，陸上は馬借や車借，水陸の交通の要所には水上輸送と物資の保管を行う問（問丸）が現れた。また，市では宋から輸入された銅銭（**宋銭**）が流通するようになり，商品の取り引きや荘園の年貢にまで使用されるようになった。貨幣経済の発達とともに，**借上**と呼ばれる高利貸しも現れた。

> **Words** 定期市
>
> 商品の交換・売買の場。市は常設ではなく，鎌倉時代には「四のつく日」などというように，一定のルールで月に3回程度開かれていた。これを三斎市という。四日市・二日市など，現在の地名にその名残が見られる。

↑ 定期市のようす（「一遍上人絵伝」）

5 鎌倉時代の文化と宗教 ★★☆

zoomup 宋 銭→ p.287

1 鎌倉文化

~質実剛健の武家文化~

❶ **特 色**…貴族を中心とした伝統文化を基礎として，武士の気風にあった，素朴でわかりやすく，力強い文化が発達した。

❷ **学 問**…学問は主に公家や僧の間で行われたが，武士の中にも学問を好む者が現れ，北条実時は書物を集めて**金沢文庫**を開いた。

> **Words** 金沢文庫
>
> 13世紀の中ごろ，北条実時が武蔵国金沢（神奈川県横浜市）の別荘（のち称名寺）に設けた私設図書館。

入試Info

鎌倉時代と室町時代（中世）の産業の発達は一続きだが，江戸時代（近世）の産業と区別する正誤問題がよく出題される。中世と近世の産業を比較する表をつくって整理しておこう。

❸ 文　学

▶ 和歌集…後鳥羽上皇の命令で藤原定家らが編纂した『新古今和歌集』，3代将軍源実朝が詠んだ『金槐和歌集』などがある。

▶ 軍記物…武士の活躍を描いたもので，『平家物語』や『保元物語』，『平治物語』などがある。『平家物語』は琵琶法師によって語り広められたため，字の読めない人でも親しめた。

▶ 随　筆…鴨長明の『方丈記』，兼好法師の『徒然草』は平安時代の清少納言の『枕草子』とともに日本三大随筆といわれる。

❹ 建築・美術

▶ 建　築…源平の争乱で焼け落ちた東大寺が人々の募金によって再建された。中国から伝わった雄大な大仏様でつくられた東大寺南大門が代表建築といえる。8代執権北条時宗が鎌倉に創建した円覚寺舎利殿は禅宗様の代表的な建築物である。

▶ 彫　刻…写実的で力強い彫刻が多くつくられた。運慶・快慶ら仏師集団がつくり上げた東大寺南大門の金剛力士像は，日本最大の木像彫刻である。

↑ 琵琶法師

📋 史料
『平家物語』
祇園精舎の鐘の声
諸行無常の響きあり
沙羅双樹の花の色
盛者必衰の理を表す
おごれる人も久しからず
ただ春の夜の夢のごとし
猛き者も遂には滅びぬ
ひとえに風の前の塵に同じ
（冒頭の部分）

↑ 東大寺南大門と金剛力士像(左が阿形，右が吽形)

▶ 絵　画…似絵と呼ばれる写実的な肖像画が多く描かれた。また，「一遍上人絵伝」に代表される高僧の伝記や社寺の由来などを絵と文でつづった絵巻物が数多く描かれ，文字の読めない民衆などに神仏の教えを説くために用いられた。「蒙古襲来絵詞」などの合戦絵巻もつくられた。

← 似絵

Episode　8mを超える東大寺南大門の金剛力士像は寄木造でできており，約3000点もの木製部材が使われている。4人の仏師を中心とする集団によって，わずか69日間でつくり上げられたと伝えられている。

2 鎌倉仏教

～わかりやすい民衆の仏教が誕生～

❶ 背　景…平安時代末期，源平の争乱や相次ぐ自然災害は，人々に不安を抱かせた。しかし，大寺院は多くの荘園を所有し，僧兵が強訴を行い，人々の心を救済するものではなかった。そのような社会の中で，武士や民衆にもわかりやすい新しい宗派が次々に生まれた。

❷ 浄土宗…法然は，一心に「南無阿弥陀仏」と念仏を唱えればだれでも極楽浄土に生まれ変わることができると説いた。浄土宗は京都の貴族をはじめ，武士や民衆に広く信仰された。

❸ 浄土真宗（一向宗）…法然の弟子である親鸞は，ひたすら阿弥陀仏を信仰し，善人よりも自分の罪を自覚した悪人の方が仏に頼ろうとする心が強いから，いっそう阿弥陀仏によって救われるという**悪人正機説**を説いた。浄土真宗は地方武士や庶民を中心に広まった。

❹ 時　宗…一遍は念仏の教えを説き，諸国を巡り歩いて，**踊念仏**や念仏の札を配るなどのくふうを凝らしながら教えを広めた。時宗は地方武士や庶民の間に広まった。

❺ 日蓮宗（法華宗）…日蓮は法華経だけが仏の真実の教えであるとし，「南無妙法蓮華経」と題目を唱えることで人も国も救われると説いた。また，日蓮はほかの宗派を激しく非難したため，弾圧を受けた。日蓮宗は主に，都市の商工業者や関東の武士の間に広まった。

❻ 禅　宗…宋に渡って禅宗を学んで帰国した栄西と道元によって日本に伝えられた。**座禅**によって自分の力で悟りを開く自力本願の教えは厳しい修行を重視するため，武士の気風によく合い，栄西の開いた臨済宗は幕府の保護を受け，幕府の有力者などが信仰した。道元の開いた曹洞宗は北陸地方を中心に地方武士の間に広まった。

❼ 旧仏教…天台宗や真言宗などの旧仏教も朝廷や幕府のために祈とうなどを行い，まだ強大な勢力を保っていた。

> **📄 史料**
>
> **悪人正機説**
> 善人なおもって往生をとぐ
> いわんや悪人をや
> （善人でさえ救われるのだから，悪人はなおさら救われる。）
> （唯円『歎異抄』）

↑ 踊念仏

> 永平寺は曹洞宗の大本山である。

↑ 永平寺での修行僧の座禅

第2編 歴史

第1章 歴史の流れと地域の歴史

第2章 古代までの日本

第3章 中世の日本

第4章 近世の日本

第5章 近代日本のあゆみと国際関係

第6章 2つの世界大戦と日本

第7章 現代の日本と世界

HighClass

旧仏教は権力と結びつき，荘園領主として民衆から税を取り立てる存在であったことから，民衆の救済を目的とする新仏教に弾圧を加えた。しかし，旧仏教の中からも**華厳宗**の**高弁（明恵）**や**法相宗**の**貞慶（解脱）**のように旧仏教の立て直しに力を尽くした僧もいた。

6 元の襲来と鎌倉幕府の滅亡 ★★★

1 ユーラシア大陸に生まれた巨大帝国

〜モンゴル民族がアジアを制す〜

❶ **モンゴル帝国の建国**…13世紀初め、モンゴル高原の遊牧民族から**チンギス=ハン**が現れ、民族を統一した。モンゴル民族は急速に勢力を拡大し、中央アジアから南ロシアにまたがる広大な**モンゴル帝国**をつくり上げた。モンゴル帝国はのちに分裂したが、交通路の整備を進めたことから、東西の文化や貿易の交流が活発化し、中国で発達した火薬や木版印刷などの技術がヨーロッパに伝わった。

↑ モンゴル帝国の広がり

❷ **元の建国**…チンギス=ハンの孫のフビライ=ハンは5代皇帝となったのち、都を大都(現在の北京)に移し、国号を元と改めた。フビライは領土の拡大を目ざし、漢民族の国である南宋を滅ぼして中国全土を支配する計画を進めながら、朝鮮半島の高麗や東南アジア諸国にも次々と兵を派遣し、これらの国を支配下に置いた。

📄 **史料**

フビライの国書

わたしが皇帝になって、日本は一度も使いを寄こしてこない。…今後は友好な関係を築こう。武力を用いるような状況はどちらにとっても好ましくはない。　(一部要約)

↑ フビライ=ハン

2 元 寇

〜御家人は戦う!〜

❶ **朝貢要求**…フビライは高麗を従えたのち、日本も従えようと使者を何度も送ってきたが、8代執権北条時宗はこの要求を拒否し、西日本の御家人たちに防備を命じた。

❷ **文永の役**…1274年、元・高麗の約3万の兵を乗せた約900隻の船が高麗を出発し、途中、対馬や壱岐などを襲い、博多湾に上陸した。集団戦法や火器の「てつはう」などを使う元軍に対し、幕府軍は一騎打ち戦法で立ち向かったが非常に苦戦し、大宰府まで退却を余儀なくされた(文永の役)。日本の軍勢は苦戦したが、元の力を日本に見せつける目的だったことや、元と高麗の対立もあり、元軍は撤退した。

↑ 元・高麗軍の進路

Episode イタリア人**マルコ=ポーロ**はフビライに仕え、元の各地を旅行した。帰国後、マルコ=ポーロはイタリア内の戦いで捕虜となり、獄中で著した『**世界の記述(東方見聞録)**』では、日本のことを"黄金の国・ジパング"と紹介している。

元軍の集団戦法

てつはう

御家人の一騎打ち戦法

↑「蒙古襲来絵詞」(文永の役)

❸ **幕府の対策**…北条時宗は，２度目の襲来に備えて御家人らに博多湾沿いに**防塁(石塁)**を築かせ，九州北部を御家人に警備させる**異国警固番役**を設けた。

❹ **弘安の役**…1281年，すでに南宋を滅ぼしたフビライは２度目の日本遠征軍として，元・高麗軍４万と南宋の水軍10万の２つのルートで襲来してきた。元・高麗軍が先に博多湾に着いたが，防塁と御家人の奮戦に上陸をはばまれた。南宋軍と合流し，総攻撃をかけようとしたとき，激しい暴風雨に襲われて壊滅的な打撃を受け，撤退を余儀なくされた(弘安の役)。

↑「蒙古襲来絵詞」(弘安の役)

↑ 防塁(石塁)

3 元寇後の世界と日本

~高まる幕府への不信感~

❶ **元寇後のアジア**…フビライは３度目の日本遠征を考えていたが，モンゴル民族の支配に対する漢民族の抵抗や東南アジア支配地域の抵抗運動などで中止に追い込まれ，最終的にフビライの死によって日本への遠征計画は実行されなかった。

❷ **元寇後の幕府**…３度目の襲来に備えて異国警固番役が続けられたため，御家人に負担が重くのしかかった。

🔍 **Person**

竹崎季長
〈1246～？年〉

肥後国(熊本県)の御家人。文永の役では目立った活躍もできず，恩賞を与えられなかったが，自ら鎌倉に出向いて幕府に直訴し，地頭の職を得た。弘安の役では非常に活躍し，多くの恩賞を得たと伝えられている。「蒙古襲来絵詞」は竹崎季長が自らの活躍を後世に残すために描かせたもので，元寇のようすを伝える貴重な史料となっている。

↑ 幕府に直訴する竹崎季長

第2編 歴史

第1章 歴史の流れと地域の歴史

第2章 古代までの日本

第3章 中世の日本

第4章 近世の日本

第5章 近代日本のあゆみと国際関係

第6章 2つの世界大戦と日本

第7章 現代の日本と世界

💬 Episode　8代執権**北条時宗**は文永の役ののち，戦いで亡くなった人を弔うために鎌倉での円覚寺建立を発願した。円覚寺が完成したのは弘安の役が終わったあとで，円覚寺には亡くなった日本の武士だけでなく，元や高麗の兵士も平等に供養されている。

北条時宗は元に対する方策を独断で決めることが多く，北条氏にさらに権力が集中するようになった。戦功をあげた御家人たちへの恩賞が不十分であったために，御家人たちの幕府への不信感が高まった。

❸ 御家人の窮乏…分割相続によって領地が細分化され，収入が減少したうえ，貨幣経済が浸透していたため，御家人のこれまでの自給自足の生活は成り立たなくなっていた。さらに元寇で大きな負担を強いられたこともあり，領地を質入れしたり，売却する御家人があとを絶たなかった。

❹ 永仁の徳政令…1297年，幕府は御家人に対し，土地の売却を禁止するとともに，御家人が売却して20年未満の土地を御家人に無償で返還することを求める永仁の徳政令を出した。徳政令は御家人の救済を目的としていたが，効果は一時的だったうえ，高利貸しはこの後，御家人に金を貸さなくなったため，御家人はさらに困窮し，幕府への不満をさらに募らせた。

4 鎌倉幕府の滅亡

～新しい武士勢力の登場～

❶ 新たな勢力の出現…経済が発展していた近畿地方を中心に，幕府や荘園領主に従わない悪党と呼ばれる新興勢力の武士が現れ，武力を使って年貢を奪ったり，関所を設けて通行料を徴収したりするなどの手段で勢力を伸ばした。

❷ 幕府の滅亡…朝廷に政治の実権を取り戻したいと考えていた後醍醐天皇は，河内(大阪府)で勢力を伸ばしていた悪党の楠木正成らを味方につけ，討幕計画を立てたが失敗し，隠岐(島根県)に流された。その後も，幕府に不満をもつ武士たちが次々に挙兵し，後醍醐天皇も隠岐を脱出した。幕府がこの動きを制圧するために京都に差し向けた有力御家人の足利尊氏は天皇方に寝返り，六波羅探題を攻撃し，これを滅ぼした。一方，関東では，有力御家人の新田義貞が鎌倉に攻め込み，北条高時以下の北条氏一族を滅ぼした。こうして1333年，鎌倉幕府は滅亡した。

📄 史料

永仁の徳政令

一，質券売買地のこと
所領を質入れして流したり，売買したりすることは，御家人が落ちぶれる原因となるので，一切やめよ。以前売買した土地は，元の持ち主のものとする。
一，これからは，金の貸し借りの訴えは一切取り上げない。

（一部要約）

🔍 Person

楠木正成

〈？～1336年〉

河内の悪党。赤坂城・千早城で幕府軍と戦い，諸国の武士の挙兵を促した。戦功によって建武政権下で重く用いられた。足利尊氏に湊川の戦いで敗れた。

入試Info　鎌倉時代におこった承久の乱と元寇について，戦乱の内容と戦後の幕府の御家人に対する恩賞などについて，対比しながらまとめておこう。

第2編 歴史

第1章 歴史の流れと地域の歴史

第2章 古代までの日本

第3章 中世の日本

第4章 近世の日本

第5章 近代日本のあゆみと国際関係

第6章 二つの世界大戦と日本

第7章 現代の日本と世界

2 武家政治の展開と社会の変動

🖋 Point
① 東アジア諸国と日本のかかわりを理解しよう。
② 応仁の乱以降の社会の大きな変化をまとめよう。
③ 禅宗が室町文化に与えた影響を理解しよう。

1 南北朝の動乱と室町幕府 ★★☆

1 建武の新政

〜新政への期待と失望〜

❶ **建武の新政の始まり**…1334年，後醍醐天皇は元号を建武と改め，天皇を中心とした新しい政治を始めた（建武の新政）。政権は公家と武家が連携する形で始まった。

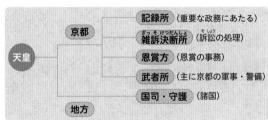

↑ 建武の新政のしくみ

↑ 後醍醐天皇

📄 **史料**

二条河原落書

此比都ニハヤル物
夜討 強盗 謀綸旨
召人 早馬 虚騒動
生頸 還俗 自由出家
俄大名 迷者
安堵 恩賞 虚軍
本領ハナルゝ訴訟人
文書入タル細葛
追従 讒人 禅律僧
下剋上スル成出者…

（一部抜粋）

京都の二条河原に掲げられた政権批判の落書きである。

❷ **新政への失望**…後醍醐天皇は武家政治を否定し，公家を重んじる政治を強行した。恩賞が公家に厚く，武士には薄かったうえ，大内裏を造営するために重税を課したことで，諸国の武士は武家政治の復活を望むようになり，地方武士の反乱が各地でおこった。

2 南北朝の動乱

〜2つの朝廷，2人の天皇〜

❶ **建武の新政の終わり**…建武の新政に失望した武士たちの動きを見た足利尊氏が武士の政権の復活を呼びかけ兵を挙げると，諸国の武士が尊氏のもとに結集した。1336年，尊氏は新田義貞を破って京都を占領し，建武の新政はわずか2年半で失敗に終わった。

HighClass　天皇家では，後嵯峨天皇のあと，後深草天皇（兄），亀山天皇（弟）が相次いで即位した。この後，後深草天皇の血統である**持明院統**と亀山天皇の血統である**大覚寺統**は皇位を巡って対立した。南朝の**後醍醐天皇**は大覚寺統，足利尊氏が立てた**光明天皇**は持明院統である。

❷ 2つの朝廷と新しい幕府…足利尊氏の京都制圧後，後醍醐天皇は光明天皇に天皇の位を譲り，逃れた吉野（奈良県）に新たに朝廷を開いて，自らが正統の天皇であると主張した。京都の朝廷（北朝）に対し，吉野の朝廷（南朝）が出現し，約60年間，南北朝の対立が続いた。この期間を南北朝時代という。1338年に尊氏は北朝から征夷大将軍に任じられたが，1392年に3代将軍足利義満が南北朝を統一するまで，不安定な状態が続いた。

3 室町幕府の成立

~守護は大名に成長~

❶ 室町幕府の開府…1336年，足利尊氏は武家政権としての政治方針を示す建武式目を制定し，1338年に征夷大将軍に任じられて京都に幕府を開いた。のちに足利義満が室町に「花の御所」を造営し，そこで政治を行うようになった。このことから，足利氏の幕府を室町幕府といい，この幕府が続いた約240年間を室町時代という。

❷ 守護大名の成長…国ごとに置かれた守護はそれまで税を取り立てる権限がなかったが，南北朝の動乱に乗じ，荘園や公領の年貢の半分を得る権限を幕府から認められ，これを国内の武士に分け与えて家臣とし，一国を支配する守護大名に成長した。将軍を補佐する管領には斯波氏・畠山氏・細川氏（三管領），侍所長官には山名氏・京極氏・赤松氏・一色氏（四職）と，有力守護大名が交代でその任についた。義満の死後，将軍の権威は弱まり，強力な幕府支配は行われなかった。

参考　吉　野

吉野は奈良県南部，紀伊半島に位置する山岳地帯で，皇室とは関係が深く，歴代の天皇や貴族がこの地を訪れている。また，修験道（山岳信仰）のさかんな地でもある。

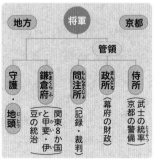

↑ 室町幕府のしくみ

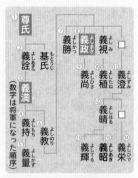

↑ 足利氏系図

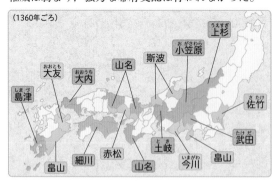

↑ 主な守護大名の領地

Episode　天皇の位を継承する際に引き継がれるのが「三種の神器」と呼ばれる銅剣・銅鏡・勾玉である。後醍醐天皇は光明天皇に位を譲る際に三種の神器を渡したが，その三種の神器は偽物で，本物は自分が所持しているとして，自分が正統の天皇であると主張した。

第2編 歴史

第1章 歴史の流れと地域の歴史

第2章 古代までの日本

第3章 中世の日本

第4章 近世の日本

第5章 近代日本のあゆみと国際関係

第6章 2つの世界大戦と日本

第7章 現代の日本と世界

4 足利義満

〜室町幕府最盛期の治世〜

❶ **南北朝の統一**…「花の御所」を造営し，「室町殿」と呼ばれた**3代将軍**足利義満は，南朝と北朝の天皇が交互に皇位に就くことを条件に，勢力の衰えてきた南朝に対して北朝との統一を呼びかけた。**1392年**，南朝の天皇が京都に戻り，北朝の天皇に譲位する形で南北朝は統一されたが，交互に皇位に就く約束が守られることはなかった。

❷ **権力の拡大**…義満は将軍権力の確立を目ざし，軍事力の整備も進め，有力守護大名の統制にも乗り出した。朝廷の内部にも勢力を広げ，1394年に将軍職を子の義持に譲り，武士として平清盛に次いで2人目の**太政大臣**に任ぜられ，政治の実権を握り続けた。

❸ **経済政策**…朝廷と幕府が並び立つ京都において，義満は朝廷が保持していたさまざまな権限を幕府の管轄下に置いた。京都は商業都市として繁栄していたが，そこで活動する商工業者から営業税を徴収し，交通の要所には**関所**を置いて通行料を徴収した。さらに，**明**と正式に国交を結んで**日明貿易（勘合貿易）**を始め，巨額の富を得た。文化にも関心が深く，京都の北山に金閣を造営し，能を大成した観阿弥・世阿弥父子を保護した。

↑ 花の御所

↑ 足利義満

日明貿易（勘合貿易）で大量に輸入された。

↑ 明銭（永楽通宝）

zoomup　金　閣→ p.308
　　　　　　能→ p.306

2 東アジアとの交流 ★★☆

1 倭寇の出現

〜海賊が現れる〜

国同士の正式な貿易ではなく，民衆による貿易が活発になり，西日本の漁民や武士たちが朝鮮や中国との貿易を担うようになった。南北朝の動乱のころになると，彼らの中から貿易の強要や略奪を行う者が現れ，人々から倭寇と呼ばれて恐れられた。倭寇は対馬・壱岐（長崎県）などを根拠地とした。朝鮮半島での略奪行為が激しく，高麗が衰えた一因となった。

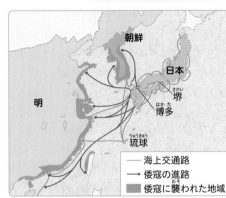

—— 海上交通路
→ 倭寇の進路
■ 倭寇に襲われた地域

↑ 倭寇の活動範囲と海上交通

入試Info

関所は時代によってその役割が異なっている。古代は農民や謀反人の逃亡を防ぐため，中世は通行料の徴収のため，近世は江戸の治安維持をはじめ軍事上の必要性から設置された。時代ごとの背景も含め，その役割を整理しておこう。

2 明の建国と貿易

～朝貢貿易は巨利をもたらす～

❶ **明の建国**…モンゴル民族の元の支配に苦しんだ**漢民族**が反乱をおこし，1368年に**朱元璋**が明を建国した。その後，元を追い払い，全国統一を完成した。明は民間の貿易を禁じ，国が行う**朝貢貿易**以外は認めなかった。

❷ **日明貿易**…明は，室町幕府が倭寇を取り締まることを条件に貿易を行うこととした。足利義満は「**日本国王臣源**」と名乗り，朝貢形式での貿易を行った。明から交付された**勘合**という合札を用い，正式の貿易船であることを照合したことから，この貿易を勘合貿易という。日本は主に銅・硫黄・刀剣などを輸出し，明から**銅銭・生糸・絹織物**などを輸入した。勘合船は十数回派遣され，応仁の乱後，幕府が衰えてくると，堺商人と結んだ細川氏や博多商人と結んだ大内氏らの守護大名が貿易の実権を握った。

3 朝鮮の建国と貿易

～朝鮮の独立と文化の発展～

❶ **高麗から朝鮮へ**…元の属国となっていた**高麗**も倭寇による被害が大きく，国内は混乱が続いていた。高麗王は，倭寇撃退などの戦功をあげていた**李成桂**に，遼東半島に進出してきた明軍の討伐を命じた。しかし，漢民族の王朝である明こそが正統な君主であると考えていた李成桂は王の命令に逆らってクーデターをおこし，1392年，新たに朝鮮を建国した。朝鮮では，朱子学が統治の理念として重視された。また，独自の**ハングル**という文字がつくられ，金属活字を使用して書物が印刷されるなど独自の文化が発達した。

❷ **日本と朝鮮の貿易**…明と同様に，朝鮮も日本に倭寇の取り締まりと貿易を求めてきた。朝鮮は貿易相手を幕府に限らなかったため，西日本の守護大名や有力武士たちは競って朝鮮に使いを送った。そこで朝鮮は貿易の統制を図り，貿易相手を**対馬**の**宗氏**に限定し，3つの港を開港した。日本は主に銅や硫黄を輸出し，朝鮮から**綿織物**や仏教の経典，陶磁器などを輸入した。

Words 朝貢貿易

中国が周辺諸国を属国と見なし，相手国がささげるみつぎ物に対して高価な品物を返礼として与えるという形式での貿易。滞在費や輸送費は主人である中国が恩恵としてすべて負担したため，その利益は非常に大きかった。

明から交付された勘合（左半分）を日本が持参。明にある原簿（右半分）とつき合わせる。

二分割する。

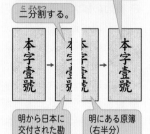

| 本字壹號 | → | 本字壹號 | → | 本字壹號 |

明から日本に交付された勘合（左半分）

明にある原簿（右半分）

⬆ 勘 合

参考 ハングル

朝鮮では漢字こそ唯一の文字だとして，独自の文字がなかった。15世紀，第4代朝鮮国王は，朝鮮独自の文字づくりを推し進め，反対意見に対し，これは民衆に発音を教える記号（訓民正音）だと押し切った。こうして生まれたハングルはやがて民族意識の高まりとともに広く使用されるようになった。

⬆ ハングル

短文記述対策！

Q 明は日本と貿易を行うにあたって，日本に勘合と呼ばれる合札を与えている。その理由を簡潔に述べなさい。

A 正式の貿易船であることを証明するため。（倭寇と区別するため。）

4　琉球王国の成立と貿易

～中継貿易の拠点として繁栄～

❶ **琉球王国の成立**…琉球は，按司と呼ばれる有力者たちが城（グスク）を拠点に勢力を争っていたが，14世紀には連合して北山・中山・南山の3つの王国が成立し，それぞれ明と朝貢関係にあった。15世紀初め，中山王の**尚巴志**が北山と南山を滅ぼして琉球を統一し，首里を都とする琉球王国を建国した。

中国の城の影響が強い。

⬆ 首里城（2019年，正殿などが焼失）

❷ **中継貿易**…琉球王国は，明との朝貢貿易以外に，日本・朝鮮・東南アジアの国々ともさかんに貿易を行い，那覇港には日本の刀剣，東南アジアの香辛料など多くの特産品が集まった。琉球王国はそれらを明に献上し，明からその返礼として与えられた生糸や絹織物を他国に転売するという中継貿易で繁栄した。

刀剣など：日本産
生糸など：中国産
香木など：東南アジア産

⬆ アジア諸国の貿易

5　アイヌの人々との交易

～アイヌの人々と和人の交易と衝突～

❶ **アイヌ民族の生活**…蝦夷地（北海道）に住む**アイヌ民族**は狩猟や漁によって生活していた。樺太（サハリン）や沿海州（極東ロシア）とも交易を行い，明に朝貢として毛皮の献上もしており，その活動範囲は広かった。

❷ **和人との交易**…14世紀，日本海交易の拠点である津軽（青森県）の**十三湊**に本拠を置いていた安藤氏が蝦夷地のアイヌの人々とも交易を行うようになった。15世紀には和人（日本人）は津軽海峡を渡り，渡島半島南部に館を建てた。安藤氏の支配下にあった和人たちは，アイヌの人々に不利な交易を行い，しばしばアイヌの人々と衝突した。1457年，アイヌの人々は首長**コシャマイン**を指導者として立ち上がり，和人の館を襲撃した。コシャマインらの蜂起を鎮圧した武将の子孫は江戸時代には**松前氏**と名乗り，蝦夷地を支配した。

花沢館　茂別館　箱館（函館）
志苔館
大館
十三湊

○ 道南十二館

⬆ 和人の館の分布と十三湊

Episode

琉球王国の首里城正殿に掛けられていた**万国津梁の鐘**には「琉球国は朝鮮の文化を一手に集め，中国と日本の間に位置する理想郷だ。船を架け橋にして貿易を行い，国に宝物が満ちている」と，海洋国家としての自信と誇りが記されている。

第2編　歴史

第1章　歴史の流れと地域の歴史

第2章　古代までの日本

第3章　中世の日本

第4章　近世の日本

第5章　近代日本のあゆみと国際関係

第6章　2つの世界大戦と日本

第7章　現代の日本と世界

3 民衆の成長と戦国大名 ★★★

1 室町時代の産業発展

～力をつける民衆～

zoomup 二毛作・牛馬耕 → p.291

❶ 農業…鎌倉時代に近畿地方に普及した二毛作や牛馬耕はさらに各地に広まった。また，草木灰以外に人や牛馬のふん尿が肥料として広く使われるようにな

↑ 室町時代の特産物

ったことで，収穫量は増大した。紀州みかん，宇治茶などの特産物が栽培され，商品として各地に流通するようになった。また，朝鮮から伝わった綿花の栽培が三河(愛知県)や河内(大阪府)で始められた。

❷ 手工業…大名の保護のもとで手工業が発達し，職人の種類も増えた。絹織物の西陣織(京都府)や博多織(福岡県)，陶磁器の瀬戸焼(愛知県)など，各地で特産品が生産されるようになった。特に刀剣は国内だけでなく，輸出用として需要が大きく，備前(岡山県)や美濃(岐阜県)などで大量につくられた。

❸ 商業…農業や手工業の発達により，定期市の開催地が増えるとともに開催日も月3回(三斎市)から月6回(六斎市)へと大幅に増えた。都市では常設の小売店がつくられるようになった。手工業者や商人は同業者組合である座を結成し，寺社や公家に労役奉仕や銭を納めるかわりに商品の製造や販売の独占権を獲得し，大きな利益を得た。

❹ 流通業…鎌倉時代に現れた陸上輸送の馬借・車借は農村の副業から専業化して活発に活動し，問(問丸)は港町で水運業とともに商品の保管や売却を行った。交通の要地には都市が形成され，幕府や寺社，公家が関所を設けて通行料(津料・関銭)を徴収した。

❺ 貨幣の流通…鎌倉時代に宋銭が使われるようになったが，室町時代に入ると大量の明銭が流通した。貨幣の流通は土倉・酒屋などの高利貸しの出現を促した。

参考 「七十一番職人歌合」

歌合は公家の遊びだが，当時台頭してきた職人や商人の姿とその会話も書き込まれており，当時の庶民のようすを知るための貴重な史料となっている。下の図は薪や柴を頭に載せて京の町を売り歩く大原女の姿。

↑ 馬借

HighClass 室町時代，貨幣経済が発達したが，中国から輸入される宋銭・明銭だけではまったく需要を満たさず，粗悪な私鋳銭(偽造貨幣)も多く出回った。そこで，良銭と悪銭をより分ける撰銭が横行したが，流通の妨げとなったため，幕府はたびたびこれを禁止する撰銭令を出した。

2 都市と農村

~農民の団結と進む自治~

❶ **村の自治**…近畿地方を中心に，戦乱に対する自衛のために，村に濠を巡らせるなどの対策を取るようになった。村の有力者を中心にした自治組織を**惣**（惣村）といい，寺や神社で**寄合**を開き，話し合いによって村の運営を行った。入会地（村共用の山野地）の利用などについて，村人自らが守るべき**掟**（村掟）を定め，掟の違反者に対しては罰則を設けた。年貢を領主に納めることや用水の管理なども村単位で行った。

❷ **土一揆**…団結を強めた村人たちは，不法を働く荘官の免職や，天災がおこったときには年貢の減免を求めるなどした。要求が聞き入れられないときは，強硬に訴える**強訴**や，全員で耕作を放棄し，逃亡する**逃散**などの実力行使に出ることもあった。中でも支配者たちが大きな衝撃を受けたのは，1428年におこった正長の土一揆で，近江坂本の馬借が徳政を求めて蜂起したのをきっかけに，京都周辺の農民が酒屋や土倉を襲って借金証文を破り捨て，幕府に徳政令を出すよう要求した。この後，毎年のように各地で徳政を求める土一揆がおこり，幕府も徳政令を乱発するようになった。

❸ **自治都市の登場**…政治の中心地であった奈良・京都・鎌倉以外に，室町時代に商工業が発展したことによって，貿易で繁栄する**港町**，大きな寺社の参拝客で繁栄する**門前町**などが新たに出現し，**京都や堺**（大阪府），**博多**（福岡県）など，自治を行う都市も現れた。京都では富裕な商工業者であった**町衆**が，応仁の乱で焼け野原になった町を復興させるとともに，乱で中断していた**祇園祭**を復活させた。堺では，有力商人の中から代表者（会合衆）を選び，合議制で町の運営を行い，町の防衛のために武士を雇っていた。

> 📄 **史料**
>
> **近江今堀郷の村掟**
>
> 一，寄合の開始の連絡を二度行っても出席しなかった者は五十文の罰金を科す。
>
> 一，森林の苗木を切った者は五百文の罰金を科す。
>
> 一，よそ者は身元保証人がなければ，村内に住まわせてはならない。　（一部要約）

碑文には「正長元年（1428年）より前の借金は帳消しにする」という意味の文が刻まれている。

↑ 正長の土一揆の碑文が刻まれた石（左）と碑文（右）

↑ 祇園祭

入試Info　室町時代～戦国時代にかけて，**土一揆・国一揆・一向一揆**がおこっている。それぞれの一揆の特徴と代表的な一揆を整理しておこう。なお，江戸時代の一揆は**百姓一揆**と称され，この時代の一揆とは異なることも確認しておこう。

第2編 歴史

第1章 歴史の流れと地域の歴史

第2章 古代までの日本

第3章 中世の日本

第4章 近世の日本

第5章 近代日本のあゆみと国際関係

第6章 2つの世界大戦と日本

第7章 現代の日本と世界

3 応仁の乱

～11年間続いた争乱～

❶ 乱の原因…6代将軍足利義教が赤松氏に暗殺されたのち，守護大名の間で勢力争いがおこっていた。**8代将軍足利義政**のあと継ぎを巡って管領の**細川勝元**と四職の1人である**山名持豊（宗全）**の対立が深刻化し，そこに管領家である畠山氏や斯波氏の家督争いも加わり，**1467年**に京都を中心に勢力を二分する戦乱（応仁の乱）がおこった。

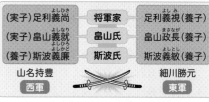

	将軍家	
（実子）足利義尚		足利義視（養子）
（実子）畠山義就	畠山氏	畠山政長（養子）
（養子）斯波義廉	斯波氏	斯波義敏（養子）
山名持豊 **西軍**	⚔	細川勝元 **東軍**

↑ 応仁の乱開始時の対立関係

> のちに義尚は東軍，義視は西軍についた。

❷ 乱の長期化…守護大名の大半が細川方の東軍，山名方の西軍のいずれかに属して戦い，主戦場の京都だけでなく，戦火は全国に拡大した。応仁の乱では，**足軽**による放火や略奪が横行した。細川勝元と山名持豊が相次いで亡くなったあとも戦いは続き，和議が結ばれるまでに約11年間を要した。この間，京都は焼け野原となり，これまで衰えつつあった幕府の権威はまったく失われた。

↑ 足軽による略奪のようす

❸ 乱の影響…領国へ戻った守護大名に対し，一族やその家臣の中から大名にとってかわろうとする者が現れた。実力があれば身分が下の者でも上の者に打ち勝って地位を奪う**下剋上**の風潮が広がった。また，都の公家たちは戦火を避けて地方の大名の元へ身を寄せたので，都の文化が地方に広まった。

Words 足軽

足軽は武士団には属さない臨時に雇われた兵で，応仁の乱では，その機動力で活躍した反面，自らの利益のために放火や略奪を繰り返した。戦国時代になると重要性が高まり，訓練された兵団へと成長した。

❹ 武士と農民による自治の広まり…幕府の力が衰える中，地方武士（**国人**）や農民が守護大名を排して自治を目ざす一揆を各地でおこした。

▶ **山城国一揆**（1485～93年）…山城（京都府南部）の国人と農民が守護大名の畠山氏を追放し，以後8年間自治を行った。

▶ **加賀の一向一揆**（1488～1580年）…加賀（石川県）で，**浄土真宗（一向宗）**の信仰で強く結びついた国人と農民が守護大名の富樫氏を倒し，以後約100年間，自治を行った。

↑ 一向一揆の旗

Episode 6代将軍**足利義教**はくじ引きによって将軍となった。義教は父・義満の政治を理想とし，政治改革に取り組んだが，暴君の側面をもっており，ささいなことで数多くの人が処罰を受けた。その恐怖政治のため，義教は赤松氏によって暗殺された。

4 戦国大名の登場

〜約100年間の戦国時代へ〜

❶ **戦国時代**…応仁の乱後，室町幕府の支配地域は京都周辺に限られ，各地に領国内の武士を家臣として従え，独自に領国と領民を支配する戦国大名が現れた。領国支配の拡大を目ざし，各地で戦乱が繰り広げられた15世紀末からの約100年間を戦国時代という。

❷ **戦国大名の領国支配**…戦国大名は戦いに勝ち抜き，領国を安定させる必要があったため，富国強兵策を次々に打ち出した。

▶ **強力な家臣団の編成**…従来からの家臣団に新しく国人や地侍を組み込んだ。

▶ **領国の統制**…分国法（家法）を制定し，喧嘩両成敗などを定めた。

▶ **城下町の形成**…商工業者を保護し，経済の発展を図った。

▶ **鉱山開発**…佐渡（上杉氏）・甲斐（武田氏）・伊豆（北条氏）の金山，石見（大内→尼子→毛利氏）の銀山などが開発された。

📄 史料

分国法の例
朝倉氏「朝倉孝景条々」

一，当家の城以外，領内に城を築くことは禁ずる。有力武士は皆，一乗谷に引っ越し，それぞれの領地には代官だけを置くように。

今川氏「今川仮名目録」

一，今川家の家臣が，自分勝手に他国より嫁や婿を取ること，他国に娘を嫁に出すことは，今後，禁止とする。

武田氏「甲州法度之次第」

一，けんかをした者はいかなる理由によるものでも処罰する。

一，許可を得ずに他国に贈り物や手紙を送ることは一切禁止する。

（それぞれ一部要約）

▲毛利元就　　▲浅井長政（滋賀県立安土城考古博物館所蔵）　　▲上杉謙信　　▲北条早雲

龍造寺　毛利　尼子　山名　朝倉　浅井　秋田　最上　南部　上杉　伊達　武田　佐竹

島津　大友　長宗我部　三好　織田　今川　北条

▲島津貴久　　▲大友宗麟　　▲今川義元　　▲武田信玄

守護大名から戦国大名になった者（1560年ごろ）

⬆ 戦国大名の分布図

第**2**編 歴 史

第1章 歴史の流れと地域の歴史

第2章 古代までの日本

第3章 中世の日本

第4章 近世の日本

第5章 近代日本のあゆみと国際関係

第6章 2つの世界大戦と日本

第7章 現代の日本と世界

HighClass

武田信玄が支配する釜無川と御勅使川の合流地点は水害が頻発する地域だった。信玄は御勅使川の水を大きな岩にぶつけて勢いを弱め，あらかじめ切れ目を入れた不連続の堤をつくり，遊水池に水を導くことで堤防の決壊を防いだ。この堤は「信玄堤」と呼ばれている。

④ 室町時代の文化 ★★★

1 室町時代の仏教

～民衆の一向宗，幕府の臨済宗～

❶ 浄土真宗(一向宗)…浄土真宗本山の本願寺が延暦寺によって破壊されたため，蓮如が北陸地方などで布教を行い，多くの門徒を得て一大教団に成長した。その門徒たちが中心となって，加賀(石川県)などで一向一揆がおこり，加賀は「百姓の持ちたる国」といわれた。

❷ 日蓮宗(法華宗)…日親が京都の富裕な商工業者などに教えを広めた。

❸ 臨済宗…鎌倉幕府に次いで，室町幕府でも保護を受けて大いに発展し，夢窓疎石や一休宗純などの僧が現れた。足利義満は中国にならった**五山の制**を確定した。また，五山の禅僧の間では，漢詩文をつくったり朱子学を研究したりするのがさかんで，五山文学といわれた。

zoomup 加賀の一向一揆
→ p.304

Words 五山の制
中国の皇帝がインドの故事にならって5つの寺に保護を与えたことを参考にし，臨済宗の寺を格付けした制度。南禅寺を別格とし，天龍寺・相国寺・建仁寺・東福寺・万寿寺の順。ほかに鎌倉五山も定められている。

2 北山文化

～公家文化と武家文化の融合～

❶ 特 色…幕府が京都に置かれ，将軍や有力守護大名が京都に住んでいたことから，彼らは進んで公家の文化を吸収し，公家と武家の文化がとけ合った簡素で深みのある文化が生まれた。足利義満が京都の北山に建てた金閣にその特徴が最もよく表れており，義満の時代の文化を北山文化という。

❷ 建 築…足利義満が北山山荘に建てた金閣は，一層は寝殿造，二層は寝殿造と書院造，三層は禅宗様の様式でつくられている。北山山荘は義満の死後，鹿苑寺となった。

❸ 舞台芸能…平安時代から神社の祭りなどで人々が楽しんでいた田楽や猿楽が発達し，義満の保護を受けた観阿弥・世阿弥父子によって，洗練された芸術性の高い能が大成された。世阿弥は能の理論書『風姿花伝(花伝書)』を著した。

田植えをする女たち
田楽を舞う男たち
↑ 田植えと田楽

↑ 現在の能

HighClass 南北朝時代には，公家の立場から源平の争乱～鎌倉幕府の滅亡までを記した『増鏡』，南朝の立場から皇位の正統性を説いた北畠親房の『神皇正統記』，北朝の立場から足利氏の政権確立を記した『梅松論』などの歴史書が記されている。

3 東山文化

〜禅宗の影響が色濃い文化〜

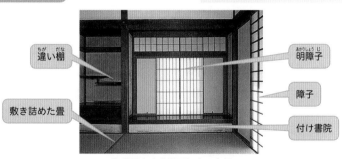

違い棚

明障子

障子

敷き詰めた畳

付け書院

↑ 慈照寺東求堂同仁斎の内部

❶ 特　色…禅宗の影響が強くなった15世紀末には，武士を担い手とする簡素で気品ある文化が誕生した。足利義政が京都の東山に建てた銀閣にその特徴が最もよく表れており，義政の時代の文化を東山文化という。

❷ 建　築…足利義政が東山山荘に建てた銀閣は，一層が書院造，二層が禅宗様の様式でつくられている。掛け軸や生け花を飾る床の間をもち，畳を敷き詰めた書院造は現代の和風建築の原点といえるもので，義政の書斎として用いられた東求堂同仁斎はその代表例である。東山山荘は義政の死後，慈照寺となった。

❸ 庭　園…禅宗寺院には石と白砂で山や水を表現する枯山水の技法の石庭がつくられた。代表的な庭に天龍寺や龍安寺の庭がある。庭園づくりの名手の多くは河原者と呼ばれる差別を受けていた人々だった。

❹ 絵　画…墨の濃淡で自然や人物を描く水墨画は，鎌倉時代に禅宗とともに日本に伝わり，北山文化のころには五山僧の明兆・如拙などによって基礎が築かれた。その後，明で水墨画を学んだ雪舟が日本的な水墨画様式を大成した。また，狩野正信・元信父子は水墨画に伝統的な大和絵の技法を融合させ，狩野派をおこした。

❺ 茶の湯・生け花…いずれもこの時期に基礎がつくられた。茶の湯では豪華な道具を排して，簡素さを重んじるわび茶が生まれ，仏前に供えられていた花は床の間に飾って鑑賞するようになった。

Person

雪　舟
〈1420 〜 1506年〉
京都の相国寺で禅の修行を積みながら画法を学んだ。山口に移り，守護大名大内氏の保護を受けた。中国(明)に渡り，本格的な水墨画に触れた。帰国後，各地で活発に創作活動を行った。

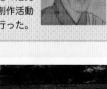
↑ 石庭(龍安寺)

↑「天橋立図」(雪舟)

HighClass
当時，けがれに触れる仕事やけがれを浄める仕事につく人々は，「河原者」として厳しい差別にさらされていた。河原者の1人である善阿弥はその優れた庭造りの才能を将軍足利義政に高く評価され，厚遇された。

第2編 歴史

第1章 歴史の流れと地域の歴史

第2章 古代までの日本

第3章 中世の日本

第4章 近世の日本

第5章 近代日本のあゆみと国際関係

第6章 2つの世界大戦と日本

第7章 現代の日本と世界

4　民衆の文化

〜民衆の成長は文化に波及〜

❶ **特　色**…産業の発達と下剋上の風潮は民衆の成長を促し，民衆による文化が発達した。現在の日本の生活様式はこの時代に始まったものが多く見られる。

❷ **連　歌**…和歌の上の句と下の句を人々が次々に詠み継いでいく形式の連歌は，応仁の乱のころに宗祇によって確立された。本来は貴族の遊びだったが，寄合での楽しみとして広く行われるようになった。連歌から，のちに俳句が派生した。

❸ **御伽草子**…『一寸法師』や『物くさ太郎』など，庶民を主人公に，明るい夢を描いた絵入りの物語である御伽草子が人々の人気を集めた。

❹ **狂　言**…能の合い間に演じられた狂言は，日常会話のせりふが用いられた風刺性の強い喜劇で，民衆にもてはやされた。

❺ **生活様式**…衣服は麻が中心だったが，木綿も用いられるようになった。節分や七夕などの年中行事や盆踊りなどが各地で行われるようになった。

参考　足利学校

15世紀前半，現在の栃木県に関東管領の上杉憲実が再興した学校で，全国から武士や禅僧が集まった。儒学などの教育が行われ，「坂東の大学」と呼ばれた。

zoomup 俳　句→p.340

↑ 現在の狂言

Close Up　比べてみよう！　金閣と銀閣

金閣は義満晩年の邸宅北山殿内の舎利殿の通称

↑ 金 閣

	金閣		銀閣
文化	北山文化		東山文化
建築者	足利義満		足利義政
寺院	鹿苑寺		慈照寺
様式	一層：寝殿造 二層：寝殿造と書院造 三層：禅宗様		一層：書院造 二層：禅宗様

銀閣は義政晩年の別荘東山殿内の観音殿の通称

↑ 銀 閣

いずれも世界文化遺産「古都京都の文化財」の構成資産である。金閣は二層と三層が金箔で覆われているが，銀閣に銀箔は貼られておらず，二層が黒の漆塗である。いずれも国宝に指定されていたが，金閣は，戦後，放火で焼失したために国宝指定は取り消されている。現在の金閣は1955年に再建されたものである。

短文記述対策！

Q　室町時代後期，地方に急速に文化が普及した理由を簡潔に述べなさい。
A　応仁の乱で荒廃した京都を逃れ，公家などが地方の大名を頼って地方に下り，その地で文化を広めたから。

第2編 歴史

第1章 歴史の流れと地域の歴史

第2章 古代までの日本

第3章 中世の日本

第4章 近世の日本

第5章 近代日本のあゆみと国際関係

第6章 2つの世界大戦と日本

第7章 現代の日本と世界

p.286 1 1086年，白河天皇は退位し，上皇という自由な立場で（　　　）を始めた。 | 1 院政

p.287 2 1167年，（　　　）は武士として初めて太政大臣の位についた。 | 2 平清盛

p.289 3 1221年，後鳥羽上皇は政治の実権を取り戻そうと（　　　）をおこした。 | 3 承久の乱

p.289 4 3 のあと，鎌倉幕府は朝廷や西国の御家人を監視するために京都に（　　　）を置いた。 | 4 六波羅探題

p.289 5 1232年，北条泰時は初の武家法である（　　　）を制定した。 | 5 御成敗式目（貞永式目）

p.293 6 （　　　）を開いた親鸞は，悪人正機説を説いた。 | 6 浄土真宗（一向宗）

p.293 7 栄西や道元は中国（宋）から（　　　）を伝えた。 | 7 禅宗

p.294 8 13世紀後半，元のフビライ＝ハンが朝貢を要求してきたが，8代執権（　　　）は要求を拒否した。 | 8 北条時宗

p.296 9 1297年，困窮した御家人を救済するため，幕府は（　　　）を出したが，さらに経済は混乱した。 | 9 （永仁の）徳政令

p.297 10 鎌倉幕府の滅亡後，（　　　）は建武の新政を行ったが，わずか2年半で失敗した。 | 10 後醍醐天皇

p.299 11 1392年，3代将軍（　　　）は南北朝の統一に成功した。 | 11 足利義満

p.300 12 11 が中国と行った貿易では，倭寇と区別するため，（　　　）という合札を用いた。 | 12 勘合

p.301 13 15世紀初め，尚巴志が（　　　）を建国した。 | 13 琉球王国

p.302 14 室町時代，商工業者は同業者組合である（　　　）を結成し，生産や販売の独占権を獲得した。 | 14 座

p.304 15 1467年，将軍のあと継ぎ争いなどを巡って京都で（　　　）がおこった。 | 15 応仁の乱

p.304 16 15 のあと，身分の下の者が上の者にとってかわる（　　　）の風潮が広まった。 | 16 下剋上

p.305 17 16 の風潮の中，独自に領国と領民を支配する（　　　）が出現した。 | 17 戦国大名

p.305 18 17 は領国を治めるために独自の（　　　）を制定した。 | 18 分国法（家法）

p.306 19 11 の保護を受けた観阿弥・世阿弥父子が（　　　）を大成した。 | 19 能

p.307 20 （　　　）は京都の東山に銀閣を建てた。 | 20 足利義政

p.307 21 銀閣と同じ敷地にある東求堂同仁斎は（　　　）という建築様式の代表的な例である。 | 21 書院造

p.307 22 （　　　）は日本的な水墨画様式を大成した。 | 22 雪舟

04 第4章 近世の日本

START!

安土桃山時代と江戸時代の約300年間を近世と呼んでいます。江戸時代に入ると、公家勢力は幕府によって統制され、身分制度を土台にした強力な武家政権が成立しました。その中で産業が発達し、やがて町人たちが武士をしのぐ経済力をもちはじめました。

"織田信長"
寺社や室町幕府などの旧勢力を一掃し、武力による天下統一を目ざしました。

"豊臣秀吉"
太閤検地や刀狩によって、兵農分離を進め、近世社会の土台を築きました。

"徳川家康"
全国の大名を従え、江戸に幕府を開きました。江戸幕府は約260年も続きました。

"鎖国"
江戸幕府はキリスト教を禁止し，外交と貿易を独占しました。しかし，4つの窓口を通してオランダ・中国・朝鮮・琉球・蝦夷地とつながっていました。

☑ Learning Contents

1. ヨーロッパ人の来航と全国統一
2. 幕藩体制の成立と鎖国
3. 産業の発達と元禄文化
4. 幕府政治の移り変わり

"町人"
商人は株仲間をつくって営業を独占し，大名をしのぐ財力をもつ両替商も現れました。町人たちは人形浄瑠璃や浮世絵を楽しみました。

第2編 歴史

第1章 歴史の流れと地域の歴史

第2章 古代までの日本

第3章 中世の日本

第4章 近世の日本

第5章 近代日本のあゆみと国際関係

第6章 2つの世界大戦と日本

第7章 現代の日本と世界

近世の日本

時代	中　世		近　世		
	室町時代	戦国時代	安土桃山時代	江戸時代	

日本の主なできごと

年	できごと
一五四三	鉄砲の伝来
一五四九	キリスト教の伝来
一五七三	室町幕府の滅亡
一五七五	長篠の戦い
一五七七	安土城下に楽市令を出す
一五八二	本能寺の変
〃	太閤検地（〜九八）
一五八七	バテレン追放令
一五八八	刀狩令
一五九〇	豊臣秀吉が全国を統一する
一五九二	文禄の役（〜九三）
一五九七	慶長の役（〜九八）
一六〇〇	関ヶ原の戦い
一六〇三	徳川家康が征夷大将軍になる
一六一五	豊臣氏の滅亡
〃	武家諸法度の制定
一六二四	スペイン船の来航禁止
一六三五	日本人の海外渡航の禁止
一六三七	参勤交代の制度化
〃	島原・天草一揆（〜三八）
一六三九	ポルトガル船の来航禁止
一六四一	オランダ商館の出島への移設
一六六九	シャクシャインの戦い

●南蛮貿易がさかんになる

●朱印船貿易がさかんになる

●鎖国が完成

日本の文化

桃山文化

建築：天守のある城…安土城，姫路城，大阪城
絵画：装飾画「唐獅子図屏風」（狩野永徳）
芸能：かぶき踊り（出雲の阿国）
その他：わび茶（千利休）
南蛮文化：天文学，医学，活版印刷術，ローマ字，ヨーロッパ風の衣服など

世界の主なできごと

年	できごと
一五一七	ルターの宗教改革
一五一九	マゼランの艦隊が世界周航に出発（〜二二）
一五二六	インドでムガル帝国が成立
一五三四	イエズス会の創設
一五五八	イギリスでエリザベス1世即位
一五八一	オランダがスペインから独立
一五八八	イギリスがスペイン無敵艦隊を破る
一六〇〇	イギリスが東インド会社設立
一六四二	イギリスでピューリタン革命（〜四九）
一六四四	清が中国を統一

●絶対王政の国家が現れる

中国	明	清
朝鮮	朝　鮮	
欧米	近　世	

近世

江戸時代

年	できごと
一八四一	水野忠邦の天保の改革（〜四三）
一八三七	モリソン号事件
〃	大塩平八郎の乱
一八三三	天保のききん（〜三六）
一八二五	異国船打払令
一八〇八	フェートン号事件
一七九二	ラクスマンが根室に来航
一七八七	松平定信の寛政の改革（〜九三）
一七八二	天明のききん（〜八七）
一七六七	田沼意次の政治（〜八六）
一七四二	公事方御定書が完成
一七一六	徳川吉宗の享保の改革（〜四五）
一七〇九	新井白石の政治（〜一六）
一六八五	生類憐みの令

●商業の発達
●農業技術の発達
●問屋制家内工業
●百姓一揆・打ちこわしの増加
●工場制手工業

江戸時代の文化

《元禄文化》文学：浮世草子（井原西鶴），俳諧（松尾芭蕉）
人形浄瑠璃などの脚本（近松門左衛門）
美術：装飾画（尾形光琳），浮世絵（菱川師宣）
《化政文化》文学：滑稽本（十返舎一九）
浮世絵：喜多川歌麿・葛飾北斎・歌川広重

江戸時代の学問

朱子学：幕府の正学
蘭学：『解体新書』（杉田玄白ら）
日本地図（伊能忠敬）
国学：『古事記伝』（本居宣長）

年	できごと
一八四八	フランスで二月革命
一八四二	南京条約
一八四〇	アヘン戦争（〜四二）
一八三〇	フランスで七月革命
一八二五	イギリスで鉄道開通
一八一四	ウィーン会議（〜一五）
一八〇四	フランスでナポレオンが皇帝になる
一七八九	フランス革命、人権宣言
一七七六	アメリカ独立宣言
一七七五	アメリカ独立戦争（〜八三）
一七六二	ルソー『社会契約論』
一七四八	モンテスキュー『法の精神』
一六八九	イギリスで権利（の）章典
一六八八	イギリスで名誉革命
一六八二	ベルサイユ宮殿の完成
一六六一	フランスでルイ14世即位

●イギリスで産業革命が始まる

清

朝鮮

近世　　　近代

1 ヨーロッパ人の来航と全国統一

Point
① 大航海時代が日本に及ぼした影響を理解しよう。
② 織田信長の天下統一過程を整理しよう。
③ 豊臣秀吉が兵農分離のために行った政策をまとめよう。

1 キリスト教世界とイスラム教世界 入試重要度 ★☆☆

1 中世のヨーロッパ

〜権力をふるう教皇〜

　4世紀後半，**ゲルマン人**がローマ帝国領内に大移動を開始し，その混乱の中でローマ帝国は東西に分裂した。コンスタンティノープルを首都とする**ビザンツ帝国（東ローマ帝国）**は15世紀にオスマン帝国に滅ぼされるまで約1000年間も続いたが，西ローマ帝国は476年に滅亡し，そのあとにゲルマン人が治める国がいくつもできた。それらの国の中では，**フランク王国**が有力となり，8世紀には西ヨーロッパを支配した。しかし，9世紀に入ると衰え，やがて3つの国に分裂し，現在のフランス・イタリア・ドイツのもとができた。11世紀中ごろ，キリスト教は，ビザンツ帝国と結びついた**ギリシャ正教会**と西ヨーロッパの**カトリック教会**に分裂し，カトリック教会はローマ教皇（法王）を中心に，人々に大きな影響を与えた。

2 イスラム世界の発展

〜交流する東西文化〜

❶ **イスラム世界**…7世紀の初め，ムハンマドはアラビア半島の統一を実現し，その後，イスラム勢力は，8世紀中ごろにはインドから北アフリカ・スペインに至る地域を支配し，中国（唐）やヨーロッパと境を接する大帝国（**イスラム帝国**）を築いた。

zoomup ローマ帝国→ p.248

Words ローマ教皇（法王）
カトリック教会の最高位の聖職。地上でのキリストの代理とされる。バチカン市国の元首でもある。2020年現在のローマ教皇は第266代にあたる。ローマ教皇は枢機卿と呼ばれる要職の人々の選挙によって選ばれる。

参考 封建制度
中世のころ，ヨーロッパの国々では，国王・諸侯・騎士は土地を仲立ちとする主従関係で結ばれていた。この主従関係は，契約を通じて互いに義務を負うものであった。このようなしくみを封建制度といい，9世紀ごろからしだいに整いはじめ，15世紀ごろまで続いた。

↑ イスラム世界の拡大（8世紀中ごろ）

Episode 11世紀，聖職叙任権を巡ってローマ教皇と対立していた神聖ローマ帝国の王ハインリヒ4世は，教皇から破門を言い渡されたため，教皇が滞在していたカノッサ城の門の前で雪の中を3日間立ち尽くし，ようやく許しを得た（カノッサの屈辱）。それほど教皇の権力は絶大だった。

❷ **イスラム商人の活躍**…イスラム商人は，インド洋から南シナ海にかけての海路を利用して，入手したアジアの香辛料などをヨーロッパにもたらすなど中継貿易を独占した。バグダッドは国際都市として栄えた。

❸ **イスラム文化**…ギリシャやインド，中国の文明を取り入れた文化が発達し，特に数学や天文学が発展した。

　▶**文　学**…イスラム世界各地の説話が『アラビアン−ナイト』にまとめられた。

　▶**数　学**…インドで生まれたゼロの概念を用い，アラビア数字をつくり出した。

　▶**天文学**…ギリシャやインドの影響を受け，正確な時刻や方位を知る研究が行われ，聖地への礼拝などに活用された。

　▶**その他**…中国から伝わった紙の製法や羅針盤・火薬・印刷術などを改良した。

⬆ イスラムの天文学者たち

3 十字軍

〜エルサレムを取り戻せ！〜

❶ **十字軍の遠征**…中世のヨーロッパでは，キリスト教の聖地である**エルサレム**への巡礼をカトリック教会が奨励していた。しかし，11世紀末，エルサレムがイスラム勢力に占領されたため，ローマ教皇はヨーロッパ各地の王に聖地奪還の**十字軍**の派遣を呼びかけた。この後，約200年間にわたり断続的に十字軍は派遣されたが，聖地を奪還することはできなかった。

❷ **十字軍の影響**…十字軍を呼びかけたローマ教皇の権威は衰え，遠征に参加した諸侯や騎士も多くの費用を使い力を失った。その一方，都市の大商人と手を結んだ国王は勢力を伸ばした。十字軍の遠征によって貿易がさかんになり，ドイツやイタリアなどに新しい都市が栄えた。中でも，十字軍の通路にあたったイタリアのベネチアやジェノバなどは，ヨーロッパだけでなく東方との貿易も行い，国際的な都市として栄えた。

⬆ 十字軍の遠征

十字軍開始時の宗教分布
▨ カトリック
▨ 正教会
▨ イスラム教

十字軍の主な進路
← 第1回　--- 第2回
--- 第3回　--- 第4回

参考 エルサレム

ユダヤ教の神聖な祈りの場である「嘆きの壁」，キリスト教を開いたイエスの墓があるとされる「聖墳墓教会」，イスラム教を開いたムハンマドが天に昇ったとされる「岩のドーム」という3つの宗教の聖地があり，現在も争いが絶えない土地である。

Episode
イスラム世界と中国は海と陸のシルクロードで結ばれ，密接なつながりがあった。イスラム世界にとって高度な文明が栄える中国は異質な世界で，『アラビアン−ナイト』の中の「アラジンと魔法のランプ」などいくつかの物語は中国を舞台としている。

② ヨーロッパの発展と海外進出 ★★☆

1 ルネサンス

~古典文化の復活~

14世紀ごろ，イタリアではベネチアやジェノバなどの都市が栄えた。豊かな富を蓄えたこれらの都市に住む市民は，教会の教えや封建的なしきたりにとらわれない人間らしい生き方を求めようとする気風を高めていた。この人間性尊重の動きは，人間のありのままの感情を尊ぶギリシャ・ローマ文化を見直し，復興することから始まったのでルネサンス(文芸復興)という。ルネサンスはイタリアの諸都市から始まり，ヨーロッパ各地に広がった。

❶ 美　術…レオナルド=ダ=ヴィンチが「モナ=リザ」，ミケランジェロが「ダビデ像」などの作品を残した。

❷ 文　学…ダンテが『神曲』をイタリアの方言で著した。

❸ 天文学…地球を宇宙の中心とする天動説に対し，**コペルニクス**は太陽を中心として地球がその周りを回っているとする**地動説**を唱え，**ガリレイ**は天体望遠鏡を改良して観測し，地動説を確認した。

❹ その他…火薬や羅針盤が改良されて実用化された。グーテンベルクは活版印刷術を発明した。

2 宗教改革

~聖書に帰れ！~

❶ **カトリック教会の腐敗**…カトリック教会は，十字軍の失敗で権威が低下し，財政難に苦しんでいた。16世紀，ローマ教皇は大聖堂修築の資金を集めるため，教会が**免罪符**(贖宥状)を売り出すことを認めた。

❷ **ルターやカルバンの批判**…ドイツ人のルターは1517年，免罪符の販売に反対して95か条の論題を発表し，「聖書だけが信仰のよりどころである」と主張した。ルターは教皇から破門されたが，人々に支持され，その主張は北ヨーロッパ諸国に広まった。スイスではフランス人のカルバンが「人は神の救いを信じて，職業に励むべきである」と説き，商工業者に支持された。これらの動きを宗教改革といい，彼らの主張を支持した

↑「モナ=リザ」

↑「ダビデ像」

参考 技術の発達

火薬を使用する武器の改良によって戦法が変化し，騎士の力が衰えた。羅針盤の改良は遠方への航海を可能にした。また，活版印刷術は新しい思想や知識，聖書の普及に役立った。

Words 免罪符

教皇が発行する罪を免じる証書。この証書を買う＝教会に献金することが「善行」となり，罪からまぬかれるとされた。

↑ 免罪符の販売

Episode

レオナルド=ダ=ヴィンチはあらゆる分野で才能を発揮した「万能の人」で，絵画や彫刻のみならず，建築学・解剖学・天文学・地理学・物理学などあらゆる分野で業績を残した。軍事技術者や土木技術者として働いていたこともある。

人々を**プロテスタント**(抗議する者)と呼ぶ。

❸ **カトリック教会の改革**…カトリック教会でも改革が進められ，その中心となった**イエズス会**は勢力の立て直しのため，アジアやアメリカ大陸に宣教師を送った。

3 大航海時代

〜海を渡ってアジアへ〜

❶ **動　機**…アジアの**香辛料**や絹織物などはイスラム商人とイタリア商人を経由してヨーロッパに入るため，非常に高価だった。そのためヨーロッパ人は，海を渡って直接アジアに行き，香辛料や絹織物を手に入れようと考えはじめた。このころ羅針盤が実用化されており，遠洋航路に出ることも可能になっていた。

❷ **新航路の開拓**…**スペイン**と**ポルトガル**が先駆けとなって，**大航海時代**が始まった。

▶**コロンブス**…イタリア人のコロンブスは，地球球体説を信じ，スペイン女王の援助のもとにインドを目ざして大西洋を西へと進んだ。そして，1492年にカリブ海の**西インド諸島**に到達した。

▶**バスコ゠ダ゠ガマ**…ポルトガル人のバスコ゠ダ゠ガマは，ポルトガル王に**インド航路の開拓**を命じられ，アフリカ大陸沿岸を航行し，喜望峰を回って，1498年にインドの西海岸のカリカットに到達した。

▶**マゼラン**…ポルトガル人のマゼランは，スペイン王から，ポルトガルが独占している東廻りのアジアへの航路とは別の西廻り航路の開拓を命じられた。彼の船団は大西洋を横断して南アメリカ大陸の南端を回り，太平洋に出た。マゼランはフィリピンで先住民に殺されたが，1522年にその部下がスペインに帰りつき，世界一周が達成された。

4 ヨーロッパ諸国の世界進出

〜貿易の拠点と植民地の開拓〜

❶ **ポルトガル**…インドのゴアや東南アジアのマラッカを拠点に香辛料を中心とする貿易で大きな利益をあげた。その後，中国にも進出してマカオを根拠地とし，日本にも鉄砲を伝えた。

参考　香辛料

ヨーロッパでは，香辛料は肉や魚の臭みをとるだけではなく，防腐作用もあると考えられていた。熱帯地域でしか生育しない香辛料は高値で取り引きされた。

⬆こしょう

🔍 Person

コロンブス
〈1451 〜 1506年〉

イタリアの航海者。コロンブスは4度大西洋を渡っているが，亡くなるまで自分がアジアに渡ったと考えていた。植民地計画は不調に終わり，スペイン国王の信頼を失い，失意のうちに亡くなった。

⬆マカオの聖ポール天主堂跡

第**2**編 歴史

第1章 歴史の流れと地域の歴史

第2章 古代までの日本

第3章 中世の日本

第4章 近世の日本

第5章 近代日本のあゆみと国際関係

第6章 二つの世界大戦と日本

第7章 現代の日本と世界

HighClass　**大航海時代**の幕を開けたのはポルトガルの**エンリケ航海王子**といわれている。王子は，アフリカ沿岸を南下すると世界の果てがあるという迷信を打破しようと航海者を支援し，サハラ砂漠の南端までの航路を確立させた。しかし近年，その評価が分かれる人物でもある。

❷ **スペイン**…スペインは，南アメリカ大陸の**インカ帝国**や北アメリカ大陸の**アステカ王国**を征服して植民地とし，現地で銀の鉱山やさとうきびの栽培を行うプランテーション(大農園)を経営し，大きな利益をあげた。鉱山やプランテーションでは当初，先住民を強制労働させたが，労働力が不足すると，アフリカから黒人奴隷を連れてきた。また，フィリピンを占領してマニラを根拠地にアジア貿易に乗り出した。

❸ **オランダ**…オランダは，16世紀後半にスペインから独立し，17世紀ごろからヨーロッパの金融の中心となった。**東インド会社**を設立し，ジャワのバタビア(現在のジャカルタ)や日本の平戸(長崎県)に商館を置いてアジア貿易にも進出した。

↑ インカ帝国の遺跡マチュピチュ

参考 太陽の沈まぬ国

スペインは一時，ポルトガルとその植民地も支配下に置いたことから，常に領土のどこかで太陽が昇っているという意味で，「太陽の沈まぬ国」と呼ばれた。

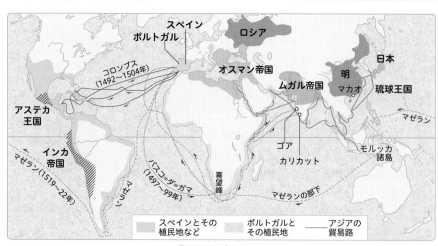
↑ 16世紀ごろの世界

Close Up 奴隷貿易

　アメリカ大陸では当初，先住民を鉱山などで働かせていた。しかし，重労働や栄養不足，ヨーロッパ人がもち込んだ伝染病に対して免疫がなかったことなどから先住民が激減したため，かわりの労働力として16〜19世紀にわたって1000万人以上のアフリカの黒人が奴隷としてアメリカ大陸に送られた。19世紀初め，欧米諸国で奴隷貿易禁止運動が高まり，奴隷貿易は行われなくなったが，奴隷制度は19世紀後半まで残り，制度撤廃後もかつての奴隷やその子孫に対する厳しい差別が残る国は多かった。

入試Info　上の地図を参考に，新航路を開拓した3人の人物(コロンブス，バスコ=ダ=ガマ，マゼラン)，彼らを援助した国をまとめ，その国がその後，開拓した航路を利用してどの地域で植民地政策や貿易を展開したのかまとめておこう。

3 ヨーロッパ人の来航 ★★★

1 鉄砲の伝来

～戦国時代の戦術が変わる～

1543年，暴風雨にあい，種子島に漂着した中国船に乗っていたポルトガル人から，領主の種子島時堯が鉄砲（火縄銃）を２丁買い，家臣にその使用法や製法を学ばせた。鉄砲の製法は堺（大阪府）や国友（滋賀県）などに伝わり，刀鍛冶によって大量生産された。鉄砲の普及は戦法を一変させ，築城法にも変化をもたらした。

2 キリスト教の伝来

～ザビエル，日本上陸～

1549年，イエズス会の宣教師フランシスコ=ザビエルが日本にキリスト教を布教するために鹿児島に上陸した。彼は平戸（長崎県），山口，府内（大分県）などで，２年余り布教活動を行った。ザビエル以降も宣教師が次々に来日し，大名の許可を得て布教活動を行った。宣教師は布教とともに人々のために病院や孤児院などを建設したため，信者（キリシタン）は増えていった。キリスト教に改宗する戦国大名も現れ（キリシタン大名），そのうち大友宗麟・大村純忠・有馬晴信は1582年，４人の少年をローマ教皇のもとに派遣した（天正遣欧使節）。

3 スペイン・ポルトガルとの貿易

～ヨーロッパ文明との出会い～

❶ 特　色…鉄砲伝来以降，ポルトガル人やスペイン人が平戸や長崎などに来航した。当時，日本ではスペイン人・ポルトガル人を「南蛮人」と呼び，南蛮人との貿易を南蛮貿易といった。

❷ 貿易品…輸入品の中心は中国産の生糸や絹織物で，ヨーロッパの鉄砲や時計，ガラス製品などももたらされた。日本からは銀や刀剣，漆器などを輸出した。日本と中国の勘合貿易が途絶えていたため，南蛮船は両国の産物を仲介することで大きな利益をあげた。

Q Person

フランシスコ=ザビエル
〈1506 ～ 1552年〉

スペイン人の宣教師。イエズス会創設メンバーの１人。日本以外にもインドや東南アジアで布教活動を行った。中国での布教を目ざしたが病に倒れ，亡くなった。

Why キリシタン大名が九州に多い理由

南蛮貿易とキリスト教の布教は一体化していたため，キリスト教に改宗することで，領内の港に南蛮船を呼び，貿易による利益を得ようとしたから。

⬆ 南蛮船と南蛮人

Episode 天正遣欧使節が帰国すると，すでに豊臣秀吉がバテレン追放令を出していた。キリスト教に対する取り締まりが厳しくなる中で千々石ミゲルはキリスト教を捨て，伊東マンショは病死し，原マルチノはマカオに追放され，中浦ジュリアンは長崎で処刑された。

第2編 歴史

第1章 歴史の流れと地域の歴史

第2章 古代までの日本

第3章 中世の日本

第4章 近世の日本

第5章 近代日本のあゆみと国際関係

第6章 2つの世界大戦と日本

第7章 現代の日本と世界

④ 織田信長の統一事業 ★★☆

1 織田信長という人物

～天下布武を目ざして～

織田家は尾張（愛知県）の守護代の家臣であったが，守護代を滅ぼして尾張を統一した戦国大名である。織田信長は「**天下布武**」の印判を用い，武力で天下を統一する意思を明らかにしていた。

↑ 織田信長

↑ 天下布武の印判

2 天下統一への道

～旧勢力の打破～

❶ **桶狭間の戦い**…信長は1560年，大軍を率いて尾張に侵入してきた駿河（静岡県）の戦国大名**今川義元**を少数の軍勢で破り，これを討ち取った（桶狭間の戦い）。そののち，信長の勢力は急速に伸びた。

❷ **室町幕府の滅亡**…信長は1568年，**足利義昭**を奉じて京都に入り，義昭を室町幕府の第15代将軍とした。信長は自身が幕府体制に組み込まれることを避け，朝廷を支援した。信長に権限を奪われることを懸念した足利義昭は近江（滋賀県）の浅井長政や越前（福井県）の朝倉義景に接近したが，信長は1570年に姉川の戦いで浅井・朝倉の軍勢を打ち破り，**1573年**，京都から義昭を追放して，室町幕府を滅ぼした。

❸ **長篠の戦い**…1575年，甲斐（山梨県）や信濃（長野県）を支配していた戦国大名**武田勝頼**との長篠の戦いで，織田信長と徳川家康の連合軍は，**大量の鉄砲**を用いた足軽鉄砲隊による集団戦法をとり，騎馬隊の突進を防ぐための**馬防柵**や堀を設けて武田氏の騎馬隊を打ち破った。

参考 足軽鉄砲隊
鉄砲が戦闘で使用されはじめると，それまでの戦で活躍した騎馬武者は標的として狙われやすくなったため，集団戦法が戦術の中心となった。集団戦法は大量の兵力を必要とするうえ，重い鉄砲や道具をもたねばならなかったため，具足は大量生産しやすい簡単なものに変化した。

↑ 鉄砲足軽

馬防柵

武田の騎馬隊

↑ 長篠の戦い

足軽鉄砲隊

堀

Episode

長篠の戦いで信長は鉄砲を3000挺用意し，鉄砲隊を3列に並べて一斉射撃を次々に繰り広げる三段撃ちを行ったというのが通説だったが，近年では三段撃ちは不可能なうえ，鉄砲の数はもっと少なかったとされている。しかし，鉄砲の大量使用はこの後の戦術を大きく変えた。

3 宗教政策

~逆らうものは神仏といえども~

❶ **延暦寺の焼き討ち**…比叡山の延暦寺は多くの荘園をもつ一大勢力で，姉川の戦いでは信長と対立していた浅井・朝倉方に加担していた。軍事拠点としても重要な位置にあったことから，1571年，信長は**延暦寺を焼き討ち**にし，これを無力化した。

❷ **石山本願寺との戦い**…このころ，各地で**浄土真宗**(一向宗)の信者を中心とした農民勢力による**一向一揆**が信長の支配に反抗していた。浄土真宗の本山である大阪の**石山本願寺**が各地の信者に信長と戦うことを呼びかけ，約11年間戦いが続いた。この戦いが終結したのは1580年のことで，石山本願寺は講和の直後に燃え落ち，跡地に豊臣秀吉が大阪城を築いた。

❸ **キリスト教の保護**…信長はキリスト教の布教活動を支援し，京都や安土に教会堂(南蛮寺)を建てることを許した。

4 経済政策

~安土を本拠地として~

❶ **安土城の築城**…信長は1576年，琵琶湖東岸に5層7階の壮大な天守をもつ平山城の安土城を築き，天下統一の本拠地とした。

❷ **城下町の経済政策**…それまで流通の障害となっていた関所を撤廃するとともに，座を廃止し，安土城下ではだれでも自由に商売を行うことを許す**楽市・楽座**の政策をとり，経済の発展を図った。

❸ **自治都市・堺の支配**…経済力をもっていた堺に高額の軍資金を要求したが，堺がこの要求を拒否したため，武力を用いて屈服させ，直轄地とした。

5 本能寺の変

~天下統一半ばの死~

近畿・東海・北陸地方を支配下に置いた信長は，中国地方の毛利氏を攻めるために出陣する途中，1582年，京都の本能寺で家臣の**明智光秀**に襲われて自害した(本能寺の変)。

zoomup 一向一揆→ p.306

Why 信長がキリスト教を保護した理由

仏教勢力に対抗するため，また，キリスト教を保護することによって南蛮貿易を有利に進めるため。

安土城は本能寺の変後に焼失し，現在は石垣と礎石だけが残っている。

(安土城郭資料館 復元模型 内藤昌復元©)

↑ 安土城(復元模型)

📄 史料

楽市令

安土城下の町中に対する定め

一，この安土の町は楽市としたので，さまざまな座は廃止し，税や労役はすべて免除する。

一，街道を行き来する商人は，必ずこの町に宿をとるようにせよ。 (一部要約)

入試Info

織田信長の天下統一事業は並べ替え問題で出題されやすい。信長について年表形式でまとめておくとよい。また，戦乱がおこった場所や安土城の場所なども合わせて略地図をつくって位置関係を確認しておこう。

第2編 歴史

第1章 歴史の流れと地域の歴史

第2章 古代までの日本

第3章 中世の日本

第4章 近世の日本

第5章 近代日本のあゆみと国際関係

第6章 2つの世界大戦と日本

第7章 現代の日本と世界

5 豊臣秀吉の統一事業 ★★★

1 豊臣秀吉という人物

〜これぞ下剋上〜

豊臣秀吉は尾張（愛知県）の農民（地侍）の家に生まれ，織田信長に仕えた。当初，木下藤吉郎と名乗ったが，のちに羽柴姓に改めた。豊臣姓は，1586年に天皇から授けられたものである。

2 天下統一の完成

〜信長の後継者の座を勝ち取る〜

秀吉は，毛利氏を倒すため備中高松城（岡山県）を囲んでいたが，本能寺の変の知らせを聞くと毛利氏と和議を結び，直ちに京都に引き返した。山崎の戦いで明智光秀を倒したのち柴田勝家を打ち破って，信長の後継者の地位を獲得した。石山本願寺跡に大阪城を築いて本拠地とし，朝廷の権威を積極的に利用して1585年に関白，翌1586年に太政大臣となった。全国に停戦を命じ，九州を統一しようとしていた島津氏を1587年に征討，さらに，1590年には小田原（神奈川県）の北条氏を攻め滅ぼし，東北地方の大名も服従させ，全国統一を完成した。その間，1588年には，京都に聚楽第を建てて天皇を迎え，その席上で諸大名に天皇と豊臣家への忠誠を誓わせた。

↑ 豊臣秀吉

参考 北条氏

秀吉が滅ぼした北条氏は，戦国大名の北条早雲を祖とする一族で，鎌倉幕府の執権であった北条氏とは遠い血縁関係はあるものの直系ではないため，「後北条氏」と呼ばれる。

参考 安土桃山時代

天下統一の拠点として信長は安土に，秀吉は京都の伏見（のちに桃山）に城を築いたことにちなんで，この時代を安土桃山時代という。

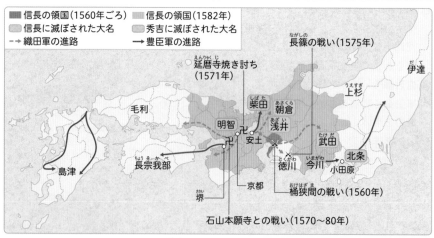

| ■ 信長の領国（1560年ごろ）　■ 信長の領国（1582年）
| ▨ 信長に滅ぼされた大名　　▨ 秀吉に滅ぼされた大名
| → 織田軍の進路　　　　　　→ 豊臣軍の進路

延暦寺焼き討ち（1571年）
長篠の戦い（1575年）
伊達
上杉
毛利
柴田
朝倉
明智
安土
浅井
武田
島津
長宗我部
徳川
今川
北条
堺
京都
小田原
石山本願寺との戦い（1570〜80年）
桶狭間の戦い（1560年）

↑ 信長・秀吉の全国統一

Episode

本能寺の変がおこったとき，徳川家康は京都や堺を遊覧中，柴田勝家は越中（富山県）を攻略中だった。家康や勝家が領国に戻って軍勢を整えている間に，秀吉は備中高松城攻めの軍勢を引き連れて京都に急いで戻り，明智光秀を倒した。これが後継者争いを有利なものとした。

3 秀吉の統一政策

~兵農分離を行い，身分制社会へ~

❶ **太閤検地**…1582年から，秀吉は太閤検地を始めた。

▶**検地の実施**

- ●**ものさしとますを統一し，全国同じ基準で検地を行った（太閤検地）。**
- ●家臣を検地奉行として派遣し，田畑の広さや等級を調べさせ，予想収穫高を**石高**で表した。
- ●村ごとに，田畑を耕作する百姓を年貢負担者として検地帳に記入した。

▶**結　果**

- ●百姓は土地を耕作する権利を保障されるかわりに，年貢を納める義務を負った。
- ●武士の領地も石高で表され，武士は石高に応じた軍役が義務づけられた。
- ●荘園領主がもっていた土地に対する権利は否定され，荘園制は完全に崩壊した。

❷ **刀　狩**…1588年，秀吉は刀狩令を出し，京都の方広寺大仏殿のくぎやかすがいの材料にするためと称して，百姓から刀ややり，鉄砲などを差し出させた。

❸ **兵農分離**…1591年，秀吉は身分統制令を出し，武士が百姓や町人になること，百姓が田畑を捨てて町人になること，武士が主人を変えることを禁止した。検地や刀狩，さらに身分統制令によって武士と農民を区別する兵農分離が進み，身分制社会の土台が完成した。

4 秀吉の経済基盤

~富を独占~

秀吉は，大名たちに領地を与えるとともに，約200万石の直轄地を領有した。さらに京都・大阪・堺・長崎などの重要都市も直接支配した。また，佐渡金山（新潟県）・石見銀山（島根県）・生野銀山（兵庫県）などの主要鉱山を独占するとともに，大名の領有する金山や銀山からも税を取った。**天正大判**などの貨幣を鋳造したが，流通通貨の発行には至らなかった。

江戸時代の検地のようす。太閤検地もこのように行われたと考えられる。

↑検　地

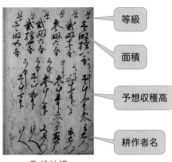

- 等級
- 面積
- 予想収穫高
- 耕作者名

↑検地帳

第**2**編
歴　史

第1章
歴史の流れと地域の歴史

第2章
古代までの日本

第3章
中世の日本

第4章
近世の日本

第5章
近代日本のあゆみと国際関係

第6章
2つの世界大戦と日本

第7章
現代の日本と世界

📖 **史料**

刀狩令

一，諸国の百姓が刀，脇差，弓，やり，鉄砲，そのほかの武具をもつことはかたく禁止する。不必要な武具をもち，年貢を納めずに一揆を企てたり，領主に対して無礼なことを行う者は処罰する。

一，百姓は農具をもち，耕作に専念していれば，子々孫々長く続くであろう。

（一部要約）

短文記述対策！

Q 豊臣秀吉が刀狩令を出した目的を簡潔に述べなさい。

A 百姓による一揆を防ぐとともに，耕作に専念させるため。

5 秀吉の宗教政策

～宣教師を追放～

　当初，秀吉はキリスト教の布教を認めていたが，1587年，島津征討で九州に行った際に，キリシタン大名が長崎を教会に寄進したことを知り，キリスト教が全国統一の障害になると考え，宣教師の国外追放を命じた（バテレン追放令）。しかし，南蛮貿易はそのまま認めたため，キリスト教の禁止は徹底せず，キリスト教徒は増え続けた。

6 秀吉の対外政策

～征服欲は海外へ向く～

① **東南アジアとの貿易**…秀吉は長崎での南蛮貿易を継続しながら，支配下にある長崎や堺，京都の豪商らが東南アジアに出向いて貿易を行うことを奨励した。また，貿易船の安全を図るために，倭寇の取り締まりを行い，フィリピンや台湾に服属を求める手紙を送った。

② **朝鮮侵略**…秀吉は全国統一後，明を征服しようと考え，朝鮮に協力を求めたが拒否された。そのため，1592年，肥前（佐賀県）の名護屋に本陣を置き，大軍を朝鮮に送った。当初，日本軍は漢城（現在のソウル）や平壌を占領したが，朝鮮民衆の抵抗や明の援軍，**李舜臣**が率いる朝鮮水軍の活躍などでしだいに戦況は不利になり，いったん講和の交渉に入った（文禄の役）。しかし，講和交渉は不調に終わり，秀吉は1597年に再び軍勢を朝鮮に送った。日本軍は苦戦し，翌年に秀吉が死亡したため，全軍が引きあげた（慶長の役）。これらの戦乱で朝鮮は荒れ果て，多くの一般人が犠牲となった。また，日本に連行された朝鮮の陶工などもいた。日本の大名もばく大な出費に苦しみ，豊臣家は没落を早めた。

🔍 Person

李舜臣
〈1545 ～ 1598年〉

朝鮮の武将。**文禄の役**で，**亀甲船**を駆使して日本水軍を撃破し，制海権を握った。**慶長の役**でも活躍したが，1598年，撤退する日本軍との戦いで戦死した。

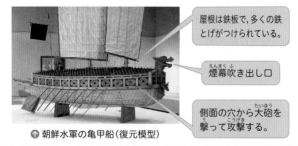

◆ 朝鮮侵略の進路

　義兵の抵抗がおきた地域
　×　主な戦場
　─　文禄の役
　─　慶長の役

明　会寧　三水　咸興　平壌　朝鮮　漢城　釜山　名護屋　日本

屋根は鉄板で，多くの鉄とげがつけられている。

煙幕吹き出し口

側面の穴から大砲を撃って攻撃する。

◆ 朝鮮水軍の亀甲船（復元模型）

Episode　**豊臣秀吉**は，甥の**秀次**を養子にして関白職を譲っていたが，57歳で**秀頼**が誕生すると，秀次から関白職を奪い，謀反の疑いをかけて切腹させた。秀吉が病で亡くなったとき，秀頼はわずか5歳で，実権はしだいに徳川家康が掌握していった。

6 桃山文化 ★★☆

1 特色

～戦国時代を勝ち抜いた者の文化～

織田信長・豊臣秀吉の時代には，戦国大名や豪商たちの気風を反映した豪華で雄大な文化が生まれた。この文化を桃山文化といい，仏教の影響がほとんど見られないのも特徴である。また，この時代には，南蛮貿易によってもち込まれたヨーロッパ文化の影響も見られる。

2 建築・絵画

～スケールの大きさで勝負～

❶ 建築…天守のある城郭建築は，戦国大名の権威を示すもので，世界文化遺産に登録されている姫路城は当時の姿を今に伝えている。この時代，城郭は軍事施設としての機能と城主の館・政治の場としての機能をあわせもつ平山城や平城へと変化した。当時，信長の築いた安土城や秀吉の築いた伏見城・大阪城は天下人の威勢を示し，ひときわ豪華なものであった。

❷ 絵画…城の中のふすまや屏風を飾る絵画（障壁画）では，狩野派の絵師たちが大胆な構図と豊かな色彩で数々の作品を残した。特に，狩野永徳の描いた「唐獅子図屏風」や「洛中洛外図屏風」はその代表といえる。

⬆「唐獅子図屏風」

3 茶の湯

～権力者の茶会とわび茶～

❶ 権力者の茶…大名や豪商の交流の場として茶会が催され，秀吉は組み立て式の黄金の茶室をつくり，北野の大茶会や朝鮮出兵で出陣した際の名護屋城などでも茶会を催した。茶道具は大名の恩賞となったり，高値で取り引きされたりした。

参考 姫路城

築城されたのは南北朝時代だが，交通の要所にあったため改築が繰り返された。現在の姫路城は，関ヶ原の戦いのあとに池田輝政によって大規模改築されたものである。

> 美しい白壁から，白鷺城とも呼ばれる。

⬆ 姫路城

第2編 歴史

第1章 歴史の流れと地域の歴史

第2章 古代までの日本

第3章 中世の日本

第4章 近世の日本

第5章 近代日本のあゆみと国際関係

第6章 2つの世界大戦と日本

第7章 現代の日本と世界

Words 北野の大茶会

1587年に秀吉が京都の北野天満宮境内で催した茶会。千利休ら高名な茶人を中心に，貧富の差なく，だれでも参加できる大茶会であった。

HighClass 豊臣秀吉は京都に聚楽第という豪華な城を築き，九州征伐後に聚楽第に居を移した。関白職を甥の秀次に譲ったあとは秀次が城主となったが，秀次が謀反人として処罰されたのち，秀吉は聚楽第を完全に破却したため，現在では全容がわかっていない。

❷ わび茶…堺(大阪府)の豪商千利休は、禅宗の影響を受け、内面の精神性を重んじる**わび茶**を完成させた。

❸ 陶磁器…茶道具として茶わんや茶入れ、水差しなどの製作がさかんになった。朝鮮から連れてこられた陶工たちによって、**有田焼**(佐賀県)・**萩焼**(山口県)・**薩摩焼**(鹿児島県)などの陶磁器がつくられた。

4 庶民の娯楽とくらし

～今、このときを楽しむ～

戦乱が続く中、人々の間には、現実の生活を楽しむ風潮が広がった。琉球(沖縄県)から伝わった**三線**をもとにして**三味線**がつくられ、三味線とともに物語が語られる**浄瑠璃**が人気を集め、やがて浄瑠璃にあわせて人形が芝居を行う**人形浄瑠璃**が現れた。また、**出雲の阿国**という女性が京都で始めた**かぶき踊り**も民衆の人気を集めた。衣服は通気性の良い**木綿**の人気が高まり、染めやすいことから色鮮やかな**小袖**が女性の衣服として広まった。

出雲の阿国

老若男女、さまざまな階層の民衆が見物している。

↑ かぶき踊り

5 南蛮文化

～ヨーロッパへのあこがれ～

南蛮貿易によって、医学・天文学・航海術などの学問がもたらされ、宣教師たちはキリスト教の布教のために活版印刷術によってローマ字表記の聖書などを作成した(**キリシタン版**)。また、ヨーロッパの衣服が流行し、時計・眼鏡・望遠鏡・地球儀なども伝えられるなど、南蛮文化が広がった。今では日本語化した、パン・カステラ・カルタなどはポルトガル語が語源である。

Person

千利休
〈1522 ～ 1591年〉

堺の商人。極限までむだを省いた**わび茶**を完成し、「茶聖」ともいわれる。信長・秀吉に仕えたが、のちに秀吉の怒りを買い、切腹を命じられた。

参考 三味線

中国の三弦が琉球に伝わって三線となり、日本に伝わった。和楽器の中では新しい楽器といえる。撥を使って演奏し、歌舞伎や浄瑠璃の伴奏に使われる。伴奏内容によって使用する種類が異なる。

NIFON NO
COTOBA TO

↑ キリシタン版
『平家物語』

HighClass 有田焼は、朝鮮侵略で肥前(佐賀県)の領主鍋島直茂が連れ帰った朝鮮人陶工**李参平**が創始した磁器で、**伊万里焼**ともいう。江戸時代にはオランダを通じて東南アジアやヨーロッパに輸出された。ヨーロッパの王侯・貴族の人気を集め、ヨーロッパの製陶技術に影響を与えた。

第2編　歴史

第1章　歴史の流れと地域の歴史

第2章　古代までの日本

第3章　中世の日本

第4章　近世の日本

第5章　近代日本のあゆみと国際関係

第6章　2つの世界大戦と日本

第7章　現代の日本と世界

2 ▶ 幕藩体制の成立と鎖国

Point
① 江戸幕府が大名統制のためにとった政策を理解しよう。
② 江戸幕府の鎖国政策の内容を理解し，その流れを把握しよう。
③ 江戸幕府の外交の「4つの窓口」を整理しよう。

1 江戸幕府の成立としくみ ★★☆

1 徳川家康という人物

〜新しい武家政権をつくる〜

徳川家康は三河(愛知県)の国人松平家の出身で，幼少時は織田・今川氏の人質としてくらした。桶狭間の戦いで今川義元が敗死したのを機に織田信長と同盟し，東海地方で勢力を伸ばした。信長の死後は豊臣秀吉に服従したが，北条氏が滅んだのち秀吉によって東海地方から関東地方へ領地を移された。秀吉の死後，家康は勢力を拡大させ，豊臣政権を守ろうとした石田三成らを1600年に関ヶ原の戦いで破り，1603年，征夷大将軍に任じられて江戸幕府を開いた。江戸に幕府が置かれた260年余りを江戸時代という。1605年，家康は将軍職を子の秀忠に譲り，幕府が世襲制であることを世に示したが，政治の実権は握り続けた。そして，一大名に転落したとはいえ，まだ豊臣家の影響力を残していた豊臣秀頼を1615年に滅ぼし(**大阪の陣**)，江戸幕府の基盤を安定させた。

↑ 徳川家康

Words 関ヶ原の戦い

秀吉の死後，家康の勢力が拡大したことから，1600年，豊臣政権を守ろうとした石田三成ら西軍が，徳川家康ら東軍と戦って敗れた戦い。この結果，秀頼は一大名の地位に転落し，家康は征夷大将軍への道を開いた。このことから「**天下分け目の戦い**」と呼ばれる。

2 江戸幕府のしくみ

〜強力な支配体制づくり〜

❶ **幕府の経済基盤**…幕府の直轄地(幕領)と幕臣の領地(旗本領)を合わせると，全国の石高の約4分の1を占めた。京都・大阪・長崎などの重要都市や佐渡金山・石見銀山・生野銀山など全国の主な鉱山も幕府の直轄地とした。貨幣の鋳造権や貿易・外交の権限も独占し，これらからの収入・財力が幕府財政の支えとなった。

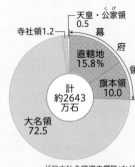

寺社領1.2
天皇・公家領 0.5
幕府領
直轄地 15.8%
旗本領 10.0
大名領 72.5
計 約2643万石

(「日本社会経済史概説」など)
↑ 領地の割合

Episode

豊臣秀頼は家康の勧めで地震によって倒壊した方広寺を再建した。その際に新たにつくった鐘に刻まれた「国家安康君臣豊楽」という文字を，家康は自身の名を2つに割ることで徳川を呪い，豊臣の繁栄を祈っているものだといいがかりをつけ，豊臣氏と戦う口実にした。

❷幕府の軍事基盤…1万石未満の領地を与えられた将軍直属の家臣を**旗本・御家人**といい，江戸に住むことが義務づけられていた。その数は俗に「旗本八万騎」といわれ，圧倒的な軍事力だった。旗本は直接将軍に会うことができたが，御家人はできなかった。

3 幕藩体制の成立

〜幕府と大名による支配体制〜

❶**幕藩体制**…将軍から1万石以上の領地を与えられた武士を大名という。大名の領地とその支配機構を藩といい，江戸幕府は大名が領地で独自の政治を行うことを認めた。幕府と藩がそれぞれ土地と人民を支配する江戸時代の政治体制を幕藩体制という。

❷**大　名**…徳川氏との関係に基づき，大名を3つに分けた。

▶**親　藩**…徳川氏の一族。中でも尾張・水戸・紀伊の徳川家は**御三家**と呼ばれた。

▶**譜代大名**…関ヶ原の戦い以前から徳川氏の家臣であった大名。石高は少ないが，重要地に配置され，幕府の要職につく者が多かった。

▶**外様大名**…関ヶ原の戦いの前後に徳川氏に従った大名。石高は多いが，江戸から遠い地域に配置され，幕府の要職にはつけなかった。

↑ 江戸幕府のしくみ

参考 江戸幕府の機構

将軍が任命した複数の**老中**が幕府の政務を取りまとめ，**若年寄**がこれを補佐し，**寺社奉行・町奉行・勘定奉行の三奉行**が政務を分担した。臨時の最高職として**大老**が置かれた。これらの役職には譜代大名や旗本が任命され，外様大名が役職につくことはほとんどなかった。地方には，**京都所司代**，**大阪城代**，重要地に**遠国奉行**が置かれた。

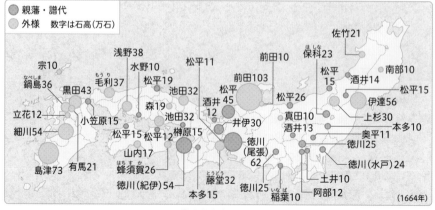

↑ 主な大名の配置

(1664年)

HighClass

幕府政治を統括する**老中**は4〜5人が任じられ，月に1名が政務を担当した。重要事項については合議して事にあたった。のちに財政を担当する老中首座が老中の筆頭として政治を担当するようになった。

4 大名や朝廷の統制

〜幕府への反抗は許さず！〜

❶ **大名の統制**…1615年，幕府は**武家諸法度**という法令を制定し，これに反した大名は**改易**や**転封**などの厳罰を受けた。1635年，3代将軍**徳川家光**は参勤交代の制度と大船の建造禁止などをこの法令に追加した。

❷ **朝廷の統制**…京都の治安を維持し，朝廷や公家を監視するために**京都所司代**を置いた。さらに，1615年に**禁中並公家諸法度**を制定した。この法度は皇室や公家のあり方について規定したもので，天皇が政治にかかわることを禁じた。

史料

武家諸法度

一，学問と武芸に励むこと。

一，城を修理するときは，必ず幕府に届けること。新たに城を築くことは禁止する。

一，幕府の許可なく結婚してはならない。(1615年。一部要約)

Words 改易，転封

● **改 易**…藩を取りつぶし領地を取り上げること。

● **転 封**…領地を替えること。

Close Up　　**参勤交代**

　幕府は大名の将軍への臣従を示す制度として，大名を1年おきに江戸に滞在させ，大名の妻子を江戸に住まわせる**参勤交代**の制度を定めた。大名の多くは3〜4月に江戸と領地の間を移動し，常に約半数の大名が江戸に滞在していた。老中や若年寄などの幕府の重職を務める大名は江戸を動かなかった。領地と江戸を往復する費用は藩財政の負担となったが，江戸屋敷の維持費用は藩財政のおよそ3分の1を占め，より大きな負担となった。

　領地と江戸の往復にかかる旅費が藩財政の負担となったにもかかわらず，家の格を競って，大名行列は華美になっていった。**外様大名**は，石高が多く遠方に配置されている者が多かったために，藩の負担は非常に重かった。百万石の外様大名・加賀藩の大名行列は総勢で約2000人だったことが1827年の記録に残っている。

　32万石の譜代大名・鳥取藩の1859年の記録では，鳥取から江戸への日程は21泊22日，総行程180里（約720km），1日の平均移動距離は8.2里（約32.8km）となっており，費用をおさえるため，かなりの強行軍であったといえる。整然としたきらびやかな大名行列は，江戸に入るときや城下町を通るときだけだったといわれている。

大名の駕籠

▲会津藩の大名行列

短文記述対策！

Q 参勤交代制度の内容と，この制度が藩の財政に与えた影響を簡潔に述べなさい。

A 大名に領地と江戸を1年おきに往復させる制度で，江戸屋敷の維持費用や往復の大名行列の費用が藩の財政を圧迫した。

第 1 章 歴史の流れと地域の歴史

第 2 章 古代までの日本

第 3 章 中世の日本

第 4 章 近世の日本

第 5 章 近代日本のあゆみと国際関係

第 6 章 2つの世界大戦と日本

第 7 章 現代の日本と世界

② 江戸時代の社会のしくみ ★☆☆

1 武 士

～支配階級として～

　武士は支配者身分として，城下町に住んだ。主君に仕え，軍事にかかわる義務を負い，幕府や藩から石高に応じた領地や米を与えられた。また，特権として名字と帯刀が許された。武士の間でも格式の差が厳しく設けられ，身分や家柄に応じて住居や衣服などが決められていた。家が重視され，家を継ぐ長男が大切にされた。

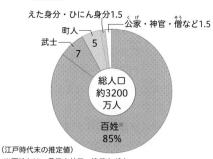

えた身分・ひにん身分1.5
公家・神官・僧など1.5
町人　5
武士　7

総人口
約3200
万人

百姓※
85%

（江戸時代末の推定値）

※百姓とは，農業や林業・漁業などを
　担った人々で，多くは農民である。（「近世日本の人口構造」）

⬆ 江戸時代の身分別の人口の割合

2 百 姓

～年貢納入で社会を支える～

❶ **百姓の役割**…全人口の大部分を占める百姓が納める年貢米が封建社会を支えていた。年貢は検地による石高に基づいて決められ，幕府や藩によってその割合は異なっていた。収穫の4割が年貢の場合を四公六民，収穫の半分が年貢の場合を五公五民という。

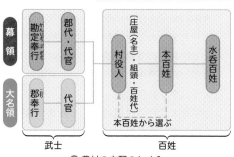

幕領｜勘定奉行｜郡代・代官
大名領｜郡奉行｜代官

庄屋（名主）・組頭・百姓代｜村役人
本百姓から選ぶ

本百姓
水呑百姓

武士　　　百姓

⬆ 農村の支配のしくみ

❷ **農村支配のしくみ**…百姓は，田畑を所有して年貢を納める義務をもつ本百姓と，土地をもたない水呑百姓に区別され，有力な本百姓が庄屋（名主）・組頭・百姓代などの村役人となった。村役人は村の自治にあたり，年貢を徴収して幕府や藩に納めた。幕府や藩は年貢を確実に徴収するために，本百姓に五人組をつくらせ，犯罪がおきないように互いに監視させるとともに，年貢の納入に共同責任を負わせた。また，衣食住など細部にわたって百姓の生活を規制し，ぜいたくをさせないようにした。年貢を負担する本百姓の減少を防いで年貢を確保することを目的に，田畑永代売買禁止令や分地制限令を出したが，ほとんど守られることはなかった。

📃 史料

百姓の生活の心得

一，朝は早く起きて草を刈り，昼は田畑の耕作をし，晩には縄をない，俵を編み，それぞれの仕事に励め。

一，酒や茶を買って飲んではならない。

一，百姓の衣服は，麻と木綿に限る。

一，雑穀を食べ，米はむやみに食べないようにせよ。

（一部要約）

Episode　武士の特権として「切捨御免」（庶民が武士に向かって無礼を働いた場合，切り捨てても罪に問われない）が知られているが，無制限に許されたのではなく，目撃者などの証拠の提出が必要で，正当性が証明できなければ，自分が処罰の対象となった。

第2編 歴史

第1章 歴史の流れと地域の歴史

第2章 古代までの日本

第3章 中世の日本

第4章 近世の日本

第5章 近代日本のあゆみと国際関係

第6章 2つの世界大戦と日本

第7章 現代の日本と世界

3 町　人

~軽い税負担~

❶ 町人の役割…職人と商人の多くは城下町などに住み，町人と呼ばれた。城下町では，武士や町人などの身分ごとに，住む場所が明確に分けられた。城下町の面積の大半を武士の居住地が占め，町人は業種や職種によって住む場所が区分されていた。町人は営業税を幕府や藩に納めたが，百姓に比べて負担は軽かった。

❷ 町人支配のしくみ…町人には，土地や家を所有する地主・家持とそれらをもたない借家人・奉公人などの区別があり，有力な地主・家持が名主（町名主）・町年寄などの町役人となって，町奉行の監督のもとで町の自治にあたった。多くの借家人は地代や店賃を地主・家持に支払うだけで税や労役の負担はなかったが，町の運営に参加する資格はもたなかった。

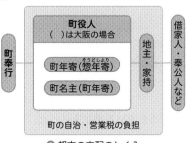

町役人
（　）は大阪の場合

町年寄（惣年寄）

町名主（町年寄）

町奉行

借家人・奉公人など

地主・家持

町の自治・営業税の負担

⬆ 都市の支配のしくみ

❸ 商人・職人間の上下関係…町人にも主人と使用人の間には主従関係があり，大きな商家には番頭・手代・丁稚，職人には親方・弟子などの序列があった。

4 厳しい身分制度

~差別が生まれる~

❶ 女　性…女性の地位を男性より低く見なす男尊女卑の風潮が強かった。女性は幼少のときは父親に従い，嫁いでからは夫に従い，老いてからは息子に従うものとされ，特に武家では，女性は「家」を絶やさないために，子どもを生むことが役目とされた。

❷ えた身分・ひにん身分…えた身分の人々の多くは農業を行うかたわら，死んだ牛馬の解体，皮革の加工，竹細工，犯罪者の逮捕や刑の執行などの仕事にあたり，ひにん身分の人々は町や村の治安維持のための役人の下働きや芸能などで生活していた。これらの人々は，社会で必要な仕事についていたにもかかわらず，幕府や藩から住む場所や服装に至るまで生活全般に渡って厳しい制限を受けたため，彼らに対する人々の差別意識はいっそう強まったといえる。

江戸時代の女子教育の教訓書。妻は夫に絶対服従することなどが書かれている。

⬆ 『女大学』

Episode　商家の丁稚は10歳くらいから奉公に上がった。住み込みで食事や衣類は支給されたが，給料はなく，盆と正月にこづかいが渡された。丁稚は従業員養成期間で，5年の期間でいったん退職となり，再勤務を許された者だけが手代となった。

③ 鎖国と対外関係 ★★★

1 日本人の海外進出

～東南アジアへ乗り出す～

❶ **家康の外交政策**…徳川家康は，豊臣秀吉の朝鮮侵略によって険悪になった中国・朝鮮との外交関係の回復を図った。対馬藩の宗氏の仲立ちによって，朝鮮との国交は回復したが，中国との国交は回復しなかった。

❷ **朱印船貿易**…秀吉のころから活発化した東南アジアとの貿易の振興を図り，商人に海外渡航を許可する朱印状を与えるとともに，シャム（タイ）・安南（ベトナム）・ルソン（フィリピン）など東南アジア各地に貿易船の保護を求める書状を送った。幕府は貿易を統制下に置き，朱印状を与えた商人に貿易で得た利益の一部を納めさせた。東南アジアからは中国産の生糸や絹織物，東南アジアの象牙や染料，砂糖などが輸入され，日本からは銀・銅・刀剣などが輸出された。

❸ **日本町**…東南アジア各地に進出した日本人が多く集まって住んだところに日本町ができた。日本町では自治が行われ，日本との貿易を独占した。移住した日本人の中には，**山田長政**のようにシャムの国王に重く用いられた人物もいた。

━ 朱印船の航路
● 日本町のある地
● 日本人の住む地
■ スペイン領（17世紀前半）
■ オランダ領

長崎・鹿児島・薩摩（ニンポー）・明・高山国（台湾）・アユタヤ・バンコク・シャム・トンキン・マカオ・ツーラン・フェフォ・ルソン・マニラ・プノンペン・安南・ディラオ・サンミゲル・カンボジア・ピニャルー・ミンダナオ島・リゴル・マラッカ・スマトラ島・ボルネオ島・セレベス島・バタビア・マカッサル・ジャワ島

↑ 日本人の海外進出

2 オランダ船・イギリス船の来航

～プロテスタントの国々がやってきた～

1600年，オランダ船リーフデ号が豊後（大分県）に漂着した。徳川家康は，その船の乗組員のオランダ人ヤン＝ヨーステンとイギリス人ウィリアム＝アダムズ（三浦按針）を外交・貿易の顧問とし，ポルトガルの貿易独占をおさえるため，オランダ・イギリスに有利な条件で貿易を許した。しかし，イギリスはオランダとの競争に敗れ，また，インドの経営に力を注ぐために，まもなく日本から撤退した。

🔍 Person

山田長政
〈？～ 1630年〉

駿河（静岡県）出身。朱印船でシャム（タイ）に渡り，アユタヤの日本町の長となった。国王に信頼され，シャムの役人となったが，王室内の争いに巻き込まれて毒殺された。幕府の鎖国政策のため，アユタヤの日本町はしだいに衰え，18世紀の初めに消滅した。

HighClass

家康は京都の商人田中勝介をスペイン領ノビスパン（メキシコ）に送り，通商を求めたが不調に終わった。また，仙台藩主伊達政宗は支倉常長をスペインに送り，通商条約を結ぼうとした。しかし，出発後まもなく幕府のキリスト教弾圧が始まり，目的は実現できなかった。

③ 禁教と貿易統制

~キリスト教への弾圧が始まる~

❶ **家康のキリスト教政策**…徳川家康は当初，キリスト教を黙認し，貿易も奨励したためにキリスト教徒（キリシタン）が増加した。しかし，キリスト教の布教を通じてスペイン・ポルトガルの日本侵略を招く恐れがあったことや，神への信仰を第一とするキリスト教の教えが幕府の考えに反していることなどから，1612年に幕領，翌1613年に全国に禁教令を出し，キリスト教を禁止した。

❷ **貿易統制**…幕府がキリスト教の禁教を徹底させるためには，日本人の海外渡航や外国船の来航・貿易にも統制を加える必要があった。また，幕府は西国大名が貿易によって富を蓄え，強い勢力をもつことを恐れた。このため，鎖国を行うことで，外国との貿易を幕府の統制のもとに置いて管理しようとした。

❸ **鎖国へのあゆみ**…2代将軍徳川秀忠は1616年，中国船以外の外国船の来航を**平戸・長崎**に制限した。3代将軍徳川家光は1624年にスペイン船の来航を禁止し，さらに1635年，朱印船貿易を停止し，日本人の海外渡航と帰国を禁止して，外国船の来航を長崎・平戸に限定した。

④ 島原・天草一揆

~立ち上がるキリシタン~

　かつてキリシタン大名が治めていた島原（長崎県）や天草（熊本県）には多くのキリシタンがいたが，新しく治めることになった大名はキリシタンを弾圧し，重い年貢を取り立てた。そのため，**1637年**，約3万7000人の農民が，16歳の少年**天草四郎（益田時貞）**を大将に一揆をおこした（島原・天草一揆）。幕府は九州の諸藩に攻撃させたが鎮圧できなかったため，老中が率いる12万余りの大軍を差し向け，翌年ようやくこの一揆を鎮圧した。

年	できごと
1543	鉄砲の伝来
1549	キリスト教の伝来
1587	バテレン追放令
1601	朱印船貿易の開始
1607	朝鮮と国交回復
1609	オランダとの貿易を許可
1611	中国商人に長崎での貿易を許可
1612	幕領に禁教令
1613	イギリスとの通商を許可
	全国に禁教令
1614	宣教師らを国外に追放
1616	中国船以外の外国船の来航を平戸・長崎に制限
1622	長崎でキリシタンの大量処刑
1623	イギリスが平戸の商館を閉鎖
1624	スペイン船の来航禁止
1629	絵踏の開始
1635	朱印船貿易の停止
	日本人の海外渡航と帰国の禁止
	外国船の来航を長崎・平戸に限定
1636	ポルトガル人を出島に移す
1637	島原・天草一揆（~38年）
1639	ポルトガル船の来航禁止
1640	宗門改を強化
1641	オランダ商館を出島に移転

⤴ 鎖国へのあゆみ

第2編 歴史

第1章 歴史の流れと地域の歴史

第2章 古代までの日本

第3章 中世の日本

第4章 近世の日本

第5章 近代日本のあゆみと国際関係

第6章 2つの世界大戦と日本

第7章 現代の日本と世界

🔍 **Person**

天草四郎（益田時貞）
〈1623 ？ ~ 1638年〉
キリシタン大名小西行長の家臣の子。キリシタンの間で救世主として神格化されていた。旧原城に90日間籠城の末，敗死した。

入試Info　鎖国関連の問題は出題されやすい。鎖国までのできごとを上記のような年表を使って流れを把握するとともに，**鎖国体制のもとでの「4つの窓口」**について，その内容を詳しく整理しておこう。

5 鎖国の完成

～外交・貿易の独占～

❶ 禁教の徹底…島原・天草一揆のあと，幕府はキリスト教信者を見つけ出すため，役人の前でイエスやマリアの像(踏絵)を踏ませる絵踏を強化し，キリスト教徒を摘発するための密告を奨励した。また，宗門改を実施し，人々をいずれかの仏教の宗派に所属させ，寺院に仏教徒であることを証明させた(寺請制度)。

❷ 鎖国…島原・天草一揆のあと，1639年にポルトガル船の来航を禁止して，長崎の出島のポルトガル商館を閉鎖した。その後，1641年には平戸にあったオランダ商館を長崎の出島に移し，長崎奉行の監視下に置いた。また，中国の私貿易船の来航も長崎に限定した。このような，幕府による禁教・貿易統制・外交独占の体制を鎖国と呼ぶ。

役人　絵を踏む。　順番を待つ家族

台帳に判を押す。

↑ 絵踏のようす

6 幕府の対外政策

～開かれた4つの窓口～

❶ 長崎での貿易…オランダとは長崎の出島で貿易を行った。幕府はオランダ船が入港するたびに海外の状況を記した「オランダ風説書」を商館長に提出させ，これによって世界情勢をある程度知ることができた。中国では17世紀前半に明が滅んで清が建国され，以降は清の私貿易船が長崎に来航するようになった。密貿易が増加したため，長崎郊外に唐人屋敷を建設し，中国人の居住地区を制限した。オランダからは織物類・砂糖・薬などを，中国からは生糸・絹織物などを輸入した。日本からは銀・銅などを輸出した。

❷ 朝鮮と対馬藩…豊臣秀吉の朝鮮侵略以降，朝鮮との国交は断絶していたが，17世紀初頭に対馬藩(長崎県)の宗氏の尽力で国交が回復した。朝鮮からは，将軍の代がわりごとに祝賀の使節(朝鮮通信使)が日本に派遣されるようになった。通信使の一行は300～500人で，各地で文化交流をしながら江戸に入った。

Why オランダ船が来航禁止にならなかった理由

スペイン・ポルトガルは海外布教に熱心なカトリックの国だったが，当時のオランダはプロテスタントの国で海外布教を行っていなかったから。

Words 出島

長崎港内につくられた人工の島。オランダ人は自由な外出を禁止され，日本人の出入りも役人などに限られた。

↑ 出島

↑ 江戸を訪れる朝鮮通信使

Episode

江戸時代中期の儒学者雨森芳洲は対馬藩に仕え，外交・貿易を担って朝鮮に渡り，釜山の倭館に滞在して朝鮮語を学び，朝鮮側の日本語辞典の編集に協力した。朝鮮通信使にも随行し，互いの習慣や文化を学び，尊重することを外交の基本理念とし，善隣外交に尽くした。

幕府は国交回復の仲立ちをした対馬藩に対して朝鮮との貿易の独占権を認めたため，対馬藩は年に1度，貿易船を朝鮮に派遣した。朝鮮の釜山には日本人の居留地である倭館が置かれ，朝鮮からは**生糸・木綿・朝鮮人参**などを輸入し，日本は銀・銅などを輸出した。

❸ **琉球王国と薩摩藩**…琉球王国は17世紀初めに**薩摩藩**(鹿児島県)の島津氏に征服されたが，幕府は琉球王国を異国と見なした。琉球王国は中国(明のちには清)にも服属し，**朝貢貿易**を行っており，中国の文物や情報は幕府や薩摩藩にとっても有益であったため，中国との朝貢は続けられた。薩摩藩は琉球王国を中継地とした貿易で利益を得るとともに，特産物の黒砂糖を納めることを琉球王国に義務づけた。

また，琉球国王は幕府から使節の派遣を強制され，将軍がかわるたびに就任を祝う**慶賀使**を，琉球国王がかわるたびに即位を感謝する**謝恩使**を江戸に派遣した。

❹ **アイヌ民族と松前藩**…**松前藩**(北海道)の領地は渡島半島の和人地に限られており，**蝦夷地**は稲作が不可能だったため，幕府は松前氏にアイヌの人々との交易の独占権を認めた。それまでアイヌの人々は漁業と狩猟で得た海産物や毛皮などを渡島半島だけでなく，東北地方や千島列島，樺太(サハリン)，中国東北部などにも運び，交易を行っていた。しかし，松前氏はアイヌの人々が自由に交易をすることを禁じ，米・綿布などを高い値段で売りつけ，鮭や昆布・毛皮などを安く買い取るなど，不利な条件で交易を行うようになった。アイヌの人々はこれに不満をもち，自由な交易を求めて，1669年にアイヌの首長シャクシャインを中心に約2000人が戦いをおこした。しかし，松前藩は武力でこれをおさえ，シャクシャインを殺して乱を鎮圧した。その結果，松前藩のアイヌ社会に対する支配はいっそう強化され，アイヌの人々はしだいに和人の支配下に従属させられていった。

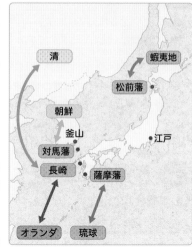

↑ **4つの窓口**

zoomup 琉球王国→ p.301

参考 黒砂糖

黒砂糖の原料はさとうきびで，薩摩藩は領内の奄美大島にもさとうきびの栽培を命じ，財源とした。

zoomup アイヌ民族→ p.301

オムシャとはアイヌ語で「あいさつ」を意味する。もともとは交易に訪れた人をもてなす儀式だったが，松前藩ができてからはアイヌの人々を支配するための儀式となった。

↑ **オムシャのようす**

短文記述対策！

Q 薩摩藩が琉球王国に対して，中国にも服属することを認めた理由を簡潔に述べなさい。

A 琉球王国が中国と朝貢貿易を行うことで，中国の優れた文物を手に入れることができるため。

第2編 歴史

第1章 歴史の流れと地域の歴史

第2章 古代までの日本

第3章 中世の日本

第4章 近世の日本

第5章 近代日本のあゆみと国際関係

第6章 2つの世界大戦と日本

第7章 現代の日本と世界

3 産業の発達と元禄文化

Point
① 江戸時代の産業の発達を理解しよう。
② 江戸時代の交通・都市の発達を理解しよう。
③ 上方の町人の文化である元禄文化の特色を整理しよう。

1 産業の発達 ★☆☆

1 農業技術の進歩

〜武士と百姓の二人三脚〜

❶ **新田開発**…幕府や藩は新田開発を推し進め，治水やかんがい工事に取り組んだ。九州の有明海や岡山の児島湾などでは大規模干拓が行われ，豊臣秀吉のころ約160万haだった耕地面積は，江戸時代中期には約300万haに増えた。

❷ **技術の進歩**…農具が改良されて作業効率が上がり，干鰯・油かすなどの金銭を払って購入する肥料（金肥）を利用することで生産性も向上した。農業技術は，宮崎安貞の著した『農業全書』などによって全国的に普及した。

❸ **商品作物の栽培**…商品として売ることを目的とした作物（**商品作物**）が，各地で特産物として生産されるようになった。特に庶民の衣料の中心となった木綿の原料の綿，油の原料となる菜種の栽培が各地で広がった。

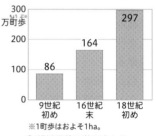

300
万町歩

297
164
86

9世紀初め | 16世紀末 | 18世紀初め
※1町歩はおよそ1ha。

↑ 耕地面積の移り変わり

脱穀
千歯こき

田おこし
備中ぐわ

選別
唐箕

↑ さまざまな農具

Words 干鰯
いわしやにしんを干して乾かし固めた肥料で，即効性があった。江戸時代になり，輸送業が発達したこと，肥料が必要な特産物の栽培がさかんになったことによって，広く普及した。

2 その他の産業

〜漁業や林業，鉱業も発達〜

❶ **漁　業**…麻糸の網が普及し，九十九里浜では大規模ないわし漁が行われた。いわしは干鰯に加工され，綿花栽培のさかんな近畿や東海地方に出荷された。紀伊（和歌山県）や土佐（高知県）では捕鯨やかつお漁，赤穂（兵庫県）などの瀬戸内地方では製塩業がさかんになった。

↑ 綿の実

短文記述対策！

Q. 幕府や藩が新田開発を推し進めた理由を簡潔に述べなさい。
A. 耕地面積が拡大することで全体の収穫量が増え，幕府や藩に納められる年貢米が増えるから。

❷ 林　業…人口が集中する江戸や大阪などの大都市で建築用材の需要が高まり，全国で森林伐採が進んだが，森林資源の枯渇と災害発生が深刻化し，尾張藩（愛知県）や秋田藩のように，森林保全の規制を強化しながら林業を発達させたところもあった。

❸ 鉱　業…採掘や精錬技術が進歩し，佐渡金山（新潟県）・石見銀山（島根県）・生野銀山（兵庫県）・足尾銅山（栃木県）・別子銅山（愛媛県）などで採掘された金・銀・銅は貨幣の材料にされたり，輸出品などに使われた。

2 交通・都市の発達 ★★☆

1 交通の発達

〜物資輸送で船が活躍〜

❶ 陸上輸送…大名の参勤交代のために，江戸日本橋を起点とする五街道や脇街道が整備された。街道には宿場が設けられ，公用のための馬や人足を用意していたが，不足した場合は近くの村に助郷役を課した。宿場には大名や幕府の役人が泊まる**本陣・脇本陣**や一般の人が泊まる旅籠や茶屋，商店などが立ち並ぶようになり，**宿場町**として発達した。街道の要所には**関所**が置かれ，人々の通行や荷物を監視した。また，手紙や荷物を運ぶ**飛脚**が街道を行き来した。

第**2**編 歴史

第1章 歴史の流れと地域の歴史

第2章 古代までの日本

第3章 中世の日本

第4章 近世の日本

第5章 近代日本のあゆみと国際関係

第6章 2つの世界大戦と日本

第7章 現代の日本と世界

Words 石見銀山
島根県にある**石見銀山**は，大内氏や毛利氏が争奪戦を繰り広げ，豊臣秀吉の支配を経て，江戸幕府の直轄地となった。江戸時代前期には世界の銀の産出量の約3分の1を産出していたと推測されている。当時，世界的に有名な銀山だった。

Words 五街道
江戸時代の主要な陸上交通路。江戸日本橋を起点とする**東海道・中山道・奥州道中・甲州道中・日光道中**をいう。

参考 助郷役
街道沿いの村に課されたもので，石高に応じて馬や人を提供した。人馬を提供できないときは，金銭を納めなければならなかった。

Why 交通の要所に関所を置いた理由
江戸に流入する武器を取り締まり，江戸屋敷に人質として置かれた大名の妻が領国に脱出するのを防ぐため（「入鉄砲に出女」）。

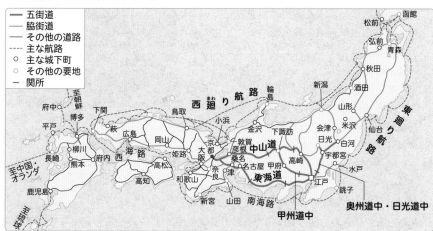

↑ 江戸時代の都市と交通

Episode

飛脚の値段は距離とスピードで決められた。江戸〜大阪間を運ぶ最も早い「仕立便」は3日で届けて現在の値段で約40万円。「並便」は10日間で届けるが，空きがあればそのときに運ぶという形なので実際には約1か月かかって，現在の値段で300〜600円だった。

❷ **水上輸送**…大量の物資輸送には船が用いられた。

▶**南海路(江戸〜大阪間)**…近畿地方の物資を江戸に運んだ。木綿・菜種油・しょう油などの日用品は**菱垣廻船**，酒は**樽廻船**が運搬した。

▶**西廻り航路・東廻り航路**…東北・北陸地方の年貢米を大阪や江戸に運ぶために，**河村瑞賢**によって西廻り航路や東廻り航路が開かれた。西廻り航路は日本海から関門海峡を通過し，瀬戸内海を通って大阪へ，東廻り航路は日本海から津軽海峡を経て太平洋を南下して江戸へ到達した。西廻り航路は冬に日本海が荒れるのを除けば比較的安全に航行できたため東廻り航路より多く利用され，**北前船**が活躍した。

2 都市の発達

〜にぎやかに栄える三都〜

❶ **江　戸**…江戸は「将軍のおひざもと」と呼ばれ，政治の中心地であった。江戸には旗本・御家人が住み，さらに参勤交代の大名と家臣，江戸詰の家臣などもおり，人口の約半分は武士であったと考えられている。これらの多数の消費者をめあてに商人や職人が居住して，18世紀初めには人口が100万人を超え，当時の世界最大級の都市であった。

❷ **大　阪**…大阪は「天下の台所」と呼ばれ，商業の中心地であった。水運が発達していたため，諸藩が年貢米や特産物を販売するための蔵屋敷を置いていた。堂島の米市場は最大の米市場だった。

❸ **京　都**…古くからの都で，学問・文化の中心地であった。**西陣織**や**清水焼**などの高度な技術を必要とする手工業が発達した。

❹ **その他の都市**…各藩の大名の居城を中心とした**城下町**，街道沿いに整備された**宿場町**のほか，東照宮のある日光，善光寺のある長野，伊勢神宮のある山田などの**門前町**，米の積み出し港の酒田，貿易港の長崎などの**港町**が栄えた。

Words 樽廻船

灘(兵庫県)・伏見(京都府)・池田(大阪府)などでつくられた酒を江戸に運んだ。酒は腐りやすいため，菱垣廻船より短い日数で江戸まで運んだ。

🔍 **Person**

河村瑞賢
〈1618 〜 1699年〉

江戸の商人。1657年に江戸でおこった明暦の大火の際，木曽の材木を買い占めて富を得た。幕府の命令で西廻り・東廻り航路の開拓や淀川の治水工事を行い，その功績を評価され，旗本に取り立てられた。

Words 北前船

西廻り航路で活躍。船主が北陸や蝦夷地で海産物などを仕入れて，瀬戸内・大阪で売りさばき，瀬戸内・大阪で塩や酒などを仕入れて北陸・東北で売りさばいて大きな利益を得た。

蔵屋敷

西廻り航路の船

菱垣廻船

↑ にぎわう大阪の港

参考 酒　田

山形県の庄内平野を流れる最上川河口に位置し，北前船の寄港地として栄えた。最上川の舟運で運ばれた米や紅花が北前船に積み込まれ，江戸や大阪に運ばれた。

HighClass 西廻り航路が開かれる以前は，東北・北陸の米は船で敦賀や小浜(福井県)に運ばれ，そこから陸送し，琵琶湖で船に積み替えて淀川を下った。距離は短いが，積み替えにかかる労力と時間を考えると，瀬戸内海を通る西廻り航路の方が輸送費も安く，大量に運ぶことができた。

③ 商業の繁栄 ★★☆

1 年貢米と商人

～商人が藩財政を握る～

諸藩は大阪や江戸などに置いた蔵屋敷に年貢米や領内の特産物などを送り，時期を見て販売し，藩の財源とした。蔵屋敷の商品は蔵物と呼ばれ，その管理と販売は当初，藩の蔵役人が行っていたが，江戸時代中期ごろから商人（蔵元）があたるようになり，販売手数料で巨額の富を得た。販売代金は別の商人（掛屋）が国元と領国に送金した。蔵元と掛屋を兼任する商人も多く，幕府や藩財政が苦しくなると資金の調達も行い，勢力をふるった。

2 商人の成長

～商人の分業化と営業の独占～

商人は問屋・仲買・小売などの区別ができて分業化が進んだ。問屋や仲買などの商人たちは株仲間という同業者組合を組織し，営業の独占を図った。幕府や藩は税を納めることを条件に株仲間の結成を許した。

3 貨幣と金融

～江戸の金遣い，大阪の銀遣い～

❶ 貨幣の鋳造…幕府は江戸や京都の金座・銀座で金貨や銀貨，各地の銭座で銅貨（寛永通宝）を鋳造し，全国に流通させた。これによって，これまで流通していた明銭は使われなくなった。

❷ 両替商の登場…金貨は金額の単位で表し，銀貨は重量で表していたため，両替は面倒だったうえ，金や銀の含有量などで貨幣価値が変動した。また，江戸では主に金貨，大阪では主に銀貨が流通していたため，東西の取り引きには金銀の両替が必要であった。これを利用したのが両替商で，蔵元や掛屋がこれを営むことも多かった。江戸の三井や大阪の鴻池などのように，大名をしのぐ財力をもつ両替商も現れた。

❸ 藩　札…諸藩は藩内だけで流通する紙幣（藩札）を発行し，貨幣不足を補い，財政難を解消しようとした。

船から直接，米俵が運び込まれている。

↑ 大阪の蔵屋敷

参考　問屋，仲買，小売
問屋とは卸売業者のことで各地から商品を仕入れて仲買や小売に売り，仲買は問屋と小売の中間にあって，問屋から商品を買って小売に売り，小売は一般の人々に商品を売った。

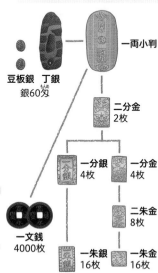

一両小判

豆板銀　丁銀
銀60匁

二分金
2枚

一分銀　一分金
4枚　4枚

一文銭
4000枚

二朱金
8枚

一朱銀　一朱金
16枚　16枚

↑ 三貨の両替比率

Episode

三井家の祖である三井高利は京都と江戸に越後屋呉服店を開業し，「現金掛け値なし」の薄利多売で大成功し，その売り上げは1日1000両ともいわれた。高利はその後，両替商として幕府の御用商人となり，巨額の富を残した。三井家は明治以降さらに成長し，財閥となった。

第2編 歴史

第1章 歴史の流れと地域の歴史

第2章 古代までの日本

第3章 中世の日本

第4章 近世の日本

第5章 近代日本のあゆみと国際関係

第6章 2つの世界大戦と日本

第7章 現代の日本と世界

4 元禄文化と学問 ★★☆

1 元禄文化の特色

～上方の町人が担う文化～

17世紀末〜18世紀初め，**上方**（京都・大阪）の町人を担い手とする，明るく活気のある文化が栄えた。当時の元号から，この文化を**元禄文化**という。

2 文芸

～浮世を楽しむ～

❶ **俳諧（俳句）**…連歌の第一句を独立させた俳諧を**松尾芭蕉**が芸術の域にまで高めた。全国を旅して広く俳諧の素材を選び，紀行文の『**奥の細道**』などを残した。俳諧は町人や裕福な百姓にも広まった。

❷ **浮世草子**…大阪の町人出身の**井原西鶴**は，室町時代の御伽草子の流れをくむ，浮世草子と呼ばれる小説を書いた。浮世草子は，町人の生活や欲望などをありのままに描き，町人文学として広く愛読された。西鶴の主な作品には，『**世間胸算用**』，『**日本永代蔵**』などがある。

❸ **人形浄瑠璃や歌舞伎の脚本**…京都近くの武士の出身である**近松門左衛門**は，現実におこった事件などを題材に，義理と人情の板ばさみに悩む男女の姿を『**曽根崎心中**』や『**心中天網島**』など，人形浄瑠璃の脚本にし，人々の人気を集めた。また，歌舞伎の脚本も残している。

❹ **舞台芸能**…芝居小屋は人々の娯楽の1つだった。三味線の伴奏での浄瑠璃語りに合わせて人形を操る人形浄瑠璃は，近松門左衛門の脚本を**竹本義太夫**が語って人気を集めた。かぶき踊りが発展して誕生した歌舞伎では近松門左衛門の脚本が人気を集め，上方に坂田藤十郎，江戸に市川団十郎などの名優が出た。

参考 芭蕉が詠んだ俳句（『奥の細道』）

五月雨を 集めて早し 最上川
（山形県）

夏草や 兵どもが 夢の跡
（岩手県）

荒海や 佐渡に横たふ 天の川
（新潟県）

Why 浮世草子が人気となった理由

寺子屋で読み・書きを習う人が増えたり，貸本屋が現れたりしたため。

1体の人形を3人で操る。

↑ 現在の人形浄瑠璃

舞台　二階席　花道

↑ 歌舞伎のようす

入試Info 江戸時代前期の**元禄文化**と後期の**化政文化**は，ともに町人を担い手とする文化であるが趣が異なる。2つの文化を対比する表を作成し，活躍した人物や主な作品などを混同しないように整理しておくことが大切である。

3 美術・工芸

〜華やかに大胆に〜

❶ 装飾画…俵屋宗達が「風神雷神図屏風」のような大胆な構図の装飾画を始め、尾形光琳が「燕子花図屏風」などの斬新な感覚の作品を完成させ、琳派と呼ばれる流派をつくり上げた。光琳は工芸品の製作でも優れた才能を発揮し、「八橋蒔絵螺鈿硯箱」などの傑作を残した。

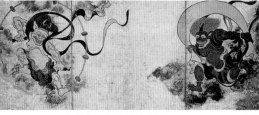

↑「風神雷神図屏風」(俵屋宗達)

❷ 浮世絵…高級感あふれる装飾画に対して、町人の風俗を描く浮世絵を菱川師宣が始め、美しい色彩で「見返り美人図」などを描き、人々の人気を集めた。

↑「八橋蒔絵螺鈿硯箱」
(尾形光琳)

4 学問と思想

〜身分制社会を支える朱子学〜

❶ 朱子学…儒学の一派である朱子学は、身分秩序を重んじ、「忠孝」を尊んだため、封建社会の身分制度を維持するために、幕府や藩にとって都合の良い学問であった。徳川家康は朱子学者林羅山を重く用い、その後、5代将軍徳川綱吉は孔子を祭った湯島聖堂のそばに林家の私塾を移し、幕府の教学の中心とした。

❷ その他…江戸時代にはさまざまな学問が発達した。

▶ 歴史学…水戸藩では徳川光圀の命令で全国から学者を集めて『大日本史』を編纂した。

▶ 数　学…関孝和が日本独自の数学である和算の研究に優れた業績を残した。また、商業が発達した江戸時代は、数学に興味をもつ人々が多く、和算は大きなブームとなった。

▶ 農　学…宮崎安貞が体験や見聞をもとに農業の心得や技術などについて体系的にまとめた『農業全書』を著し、農業技術の普及に大きな役割を果たした。

▶ 暦　学…渋川春海(安井算哲)は天体を観測し、中国との間に経度差があるために時差が発生することを発見し、自ら暦を作成した。

色鮮やかな
小袖

↑「見返り美人図」
(菱川師宣)

参考　和　算

関孝和は縦書きの筆算式代数学や、円の面積や円弧の長さを求める円理を樹立した。

HighClass　儒学には、朱子学以外に明の王陽明が始めた陽明学もある。現実を批判し、「知行合一(行動を伴わない知識は未完成である)」を説いたこの学問は、日本では中江藤樹によって始められた。19世紀に大阪で乱をおこした大塩平八郎も陽明学者である。

第2編 歴史

第1章 歴史の流れと地域の歴史

第2章 古代までの日本

第3章 中世の日本

第4章 近世の日本

第5章 近代日本のあゆみと国際関係

第6章 2つの世界大戦と日本

第7章 現代の日本と世界

4 ▶ 幕府政治の移り変わり

Point
① 江戸時代の三大改革についてまとめよう。
② 江戸時代後期の化政文化の特色を整理しよう。
③ 幕府や藩が財政難になっていく状況を理解しよう。

1 幕府政治の動き ★★★

1 武断政治から文治政治へ

～泰平の世がやってきた～

　3代将軍徳川家光のころまでは，政治の基礎が十分に固まっていなかったため，将軍の命令や武家諸法度に反した大名に対して改易や転封などの厳しい処分を行うなど，大名たちを武力で威圧する**武断政治**が行われた。しかし，多くの大名を処分したことで仕える場所を失った武士（浪人）が多数生まれ，不満をもった浪人が反乱をおこすなど社会不安も広がった。

　4代将軍徳川家綱のころになると幕府の基礎も確立したため，幕府は政治の方針を転換し，学問を重んじる**文治政治**を進めるようになった。

2 綱吉の政治

～儒学を重んじる～

❶ **学問の奨励**…5代将軍徳川綱吉は身分秩序を重んじる**朱子学**を重視し，学問の拠点として，孔子をまつる**湯島聖堂**を建立した。

❷ **生類憐みの令**…1685年以来，綱吉は極端な動物愛護令である生類憐みの令をしばしば出し，厳しくこれを実行させた。綱吉は特に犬を大事にしたことから，「**犬公方**」と呼ばれた。

❸ **貨幣の改鋳**…幕府財政が悪化していたことから，綱吉は質を落とした貨幣を大量に発行して，これを切り抜けようとした。しかし，貨幣価値が下がり，物価が上昇して，経済は混乱した。

Q Person

徳川綱吉
〈1646 ～ 1709年〉

　5代将軍。徳川家光の四男で，将軍就任後，積極的な改革に乗り出した。治世の前期は善政と評価されている。徳川綱吉の治世を**元禄時代**と呼ぶ。経済が発達し，上方では**元禄文化**が栄えた。

参考　生類憐みの令

人々を苦しめる悪法とされていたが，近年，殺生を禁じるこの法令は，戦国時代までに培われた命を軽く見る価値観を否定するものだと再評価されつつある。

参考　貨幣改鋳

慶長小判の金の含有率が約84％であったのに対し，**元禄小判**の金の含有率は約57％しかなく，その差益（出目）を幕府の利益とした。元禄時代には経済が発展し，貨幣の流通量が増大したが，長崎貿易での金銀流出もあって，貨幣量が不足していたことも貨幣改鋳の理由の1つといわれている。

Episode

綱吉は特に犬を大事にし，飼い犬については毛色・性別・飼い主などを記載した犬の戸籍もつくらせ，現在の東京都中野区の広大な土地に犬小屋をつくらせた。多いときには10万頭の犬が収容されていたが，この犬小屋は綱吉の死後，すぐに廃止された。

3 正徳の治

～儒学者新井白石の改革～

徳川綱吉のあと，6代将軍徳川家宣と7代将軍徳川家継に仕えた儒学者の新井白石による政治改革（正徳の治）が行われた。白石は貨幣の質を元に戻して物価の上昇をおさえ，長崎貿易を制限する**海舶互市新例**（**長崎新令**）を出して金・銀の海外流出を防ぎ，一定の成果をあげた。また，将軍の権威を高めるために，朝鮮との国書に「日本国王」号を用い，朝鮮通信使の待遇を簡素化した。

4 享保の改革

～8代将軍徳川吉宗の改革～

❶ **基本方針**…8代将軍**徳川吉宗**は幕府財政を再建するために，ぜいたくを禁じ，質素・倹約を旨とした享保の改革（1716～45年）を行った。

❷ **新田開発と年貢**…年貢米を増やすために，新田開発を積極的に進めるとともに，これまでの検見法から**定免法**に変更した。吉宗は米価の安定に努めたことから「米将軍」と呼ばれた。

❸ **上米の制**…参勤交代の江戸滞在期間を半年にするかわりに，石高1万石につき100石の米を幕府に差し出させる**上米の制**を定めた。

❹ **足高の制**…有能な人物が，家柄が低いために要職につけないことがあったため，その役職についている期間だけ石高を加増する**足高の制**を定め，有能な人材を確保し，人件費を節約した。

❺ **公事方御定書**…裁判を公正なものとするため，1742年に公事方御定書という裁判の基準となる法令を定めた。

❻ **目安箱**…庶民の意見を広く聞き入れるために目安箱を設置した。これにより，防火対策として**町火消**が設置されたり，貧しい人々のための無料医療施設である**小石川養生所**が設立されたりした。

❼ **ききん対策**…ききんに備えるため，**青木昆陽**に，やせた土地でも育つ甘藷（さつまいも）の栽培の研究をさせた。

❽ **蘭　学**…キリスト教に関係のない漢訳洋書の輸入を許可し，蘭学発展の端緒を開いた。

---

zoomup 朝鮮通信使→ p.334

Words　検見法，定免法

● **検見法**…作物のでき具合を見て予想収穫量を算出し，年貢量を決める方法。

● **定免法**…豊作・凶作に関係なく過去数年の平均値から年貢量を決める方法。

🔍 **Person**

徳川吉宗
〈1684～1751年〉

8代将軍。家康以来の直系が絶え，御三家の1つである紀伊（和歌山県）藩主であった吉宗が将軍となった。自身の生活も質素で，家康・綱吉を尊敬していた。破綻していた幕府財政は一時もち直したが，重い年貢に農民は反発し，各地で**百姓一揆**がおこった。

📄 **史料**

公事方御定書

一，人を殺し盗みをした者は，市中を引き回しのうえ，獄門に処す。

一，関所を通らずに山を越えたり，ひそかに関所を通ったりした者はその場ではりつけにする。

一，領主に対し一揆をおこし，集団で村から逃げ出したときは，指導者は死刑，名主は追放する。（一部要約）

大岡忠相らが編纂した。

HighClass 商業の発展によって，商取引に関するトラブルも多発し，江戸町奉行所で行われる裁判の9割以上が金銭トラブルに関するものとなっていた。吉宗は1719年に**相対済し令**を出し，金銭に関する裁判は受けつけず，当事者同士で解決させようとしたが，大きな反発を招いた。

第**2**編　歴　史

第1章　歴史の流れと地域の歴史

第2章　古代までの日本

第3章　中世の日本

第4章　近世の日本

第5章　近代日本のあゆみと国際関係

第6章　2つの世界大戦と日本

第7章　現代の日本と世界

② 社会の変化 ★★☆

1 農村の変化

～広がる貧富の差～

18世紀になると，**商品作物**の栽培がさかんになり，**干鰯**や**油かす**などの肥料や農具を貨幣で買うことが多くなった。農民の中には栽培に成功して大きな利益を得る者が現れたが，その反面，借金返済のために土地を手放す者も多く出た。豊かな者は地主となり，土地を手放した者は小作人となるか，都市への出かせぎで生活を維持しなければならなくなった。農村内部の貧富の差は拡大し，対立も生まれた。

(単位：％)

年	小農 5石以下	中農 5〜20石	大農 20〜50石	大地主 50石以上
1607	15.2	72.7	9.1	3.0
1657	17.2	65.5	11.5	5.8
1730	43.1	48.3	0	8.6
1841	60.9	26.1	10.8	2.2

(「日本資本主義発達史」)

↑ 河内国(大阪府)下小坂村の農民の割合

zoomup 商品作物，干鰯，油かす→ p.336
資本主義→ p.365

2 新しい生産様式

～貨幣経済の浸透～

❶ **問屋制家内工業**…農村では，商品作物を自分たちで製品に加工する家内工業がおこった。

18世紀になると，商人や富裕な地主が，農民に資金や原料，織機などの道具を貸し与えて製品を生産させ，できた製品を安く買い取る**問屋制家内工業**が出現した。

機を織る。

布を買いにきた問屋

↑ 問屋制家内工業

❷ **工場制手工業**…19世紀に入ると，大商人や地主がいろいろな道具を備えつけた工場を建設し，多くの農民や職人を労働者として雇い，製品を生産させる**工場制手工業(マニュファクチュア)**が現れた。この方式は分業と協業によって生産能率が上がり，資本を出す者と働く者がはっきり分かれて，**資本主義**の先駆けといえるものであった。このような生産方式は，**西陣**(京都府)・**桐生**(群馬県)・**足利**(栃木県)の絹織物業や**尾張**(愛知県)の綿織物業で急速に広がった。

機を織る。

糸を繰る。

糸を運ぶ。

↑ 工場制手工業

Episode

ききんを引きおこす原因の１つに火山の噴火がある。江戸時代には，1707年の富士山，1783年の浅間山，1792年の雲仙岳の噴火をはじめ，記録に残るだけで180回を超す噴火があった。大量の火山灰は田畑の生産力を低下させ，藩の対応の差は諸藩の経済格差を拡大させた。

3 百姓一揆と打ちこわし

〜たび重なるききんと重い年貢〜

❶ ききん…江戸時代は寒冷期にあたっており，ききんの多くは冷害によるもので，特に東日本の被害が大きかった。しかし，ききんは自然災害だけが原因ではなく，藩が財政難で年貢米の多くを売却してしまい，備蓄米が不足したことや，百姓が病虫害や冷害に弱くても収穫量の多い品種を選んだことなど，人為的な側面も大きかった。さらに，江戸時代後期には都市に出かせぎに行く農民が増えたため，荒れた農地も増えており，ききんはさらに深刻になった。

❷ 百姓一揆と打ちこわし…領主に対し，農民が集団で要求を掲げて直接行動を行うことを百姓一揆という。ききんの際の年貢減免以外にも，不正を行う役人を辞めさせることや商品作物を自由に売買することなどが要求として掲げられた。その一方，都市では米を買い占める商人に対し，貧しい人々が打ちこわしを行った。享保のききんのときには江戸で，天明のききんのときには江戸・京都・大阪などで，大規模な打ちこわしが発生した。

❸ 代表的な一揆

▶**武左衛門一揆**…1793年，吉田藩(愛媛県)で，特産品である紙を藩が専売制にして安く買い上げたことに対し，百姓の武左衛門が中心となって一揆をおこした。武左衛門は処刑されたが，紙の自由販売は認められた。

▶**渋染一揆**…1855年，岡山藩が出した倹約令の中のえた身分に対する差別的な内容(衣服を新調する際には無紋とし，渋染か藍染に限るなど)に反発して，えた身分の人々が一揆をおこした。その結果，藩はこれらの人々に対する規制することができなくなったが，一揆の指導者の中には獄死した者もいた。

参考 江戸時代の三大ききん
● 享保のききん…1732年，西日本を中心におこった冷夏と害虫の異常発生による凶作。
● 天明のききん…1782〜87年，東北・北陸地方でおこった冷害や浅間山の噴火などによる凶作。
● 天保のききん…1833〜36年におこった，全国的な長雨・洪水・冷害による凶作。
いずれも数万人に上る餓死者を出したといわれる。

Why 連判状が円形に書かれている理由
一揆の首謀者がだれなのかわからないようにするため。

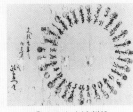

↑ からかさ連判状

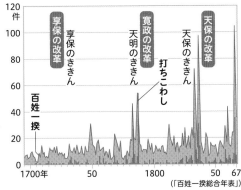

↑ 百姓一揆と打ちこわしの発生件数
(「百姓一揆総合年表」)

百姓一揆は，江戸時代初期は要求を通すために村全体で耕作を放棄して逃げ出す「**逃散**」，前期には村の代表者が領主に直訴する「**代表越訴型一揆**」，中期には広い地域の百姓が団結する「**惣百姓一揆**」，末期には体制変革を要求する「**世直し一揆**」へと変化していった。

第2編 歴史

第1章 歴史の流れと地域の歴史

第2章 古代までの日本

第3章 中世の日本

第4章 近世の日本

第5章 近代日本のあゆみと国際関係

第6章 2つの世界大戦と日本

第7章 現代の日本と世界

③ 田沼意次の政治と寛政の改革 ★★★

1 田沼の政治

〜商人の経済力を利用する〜

❶ **基本方針**…旗本だった**田沼意次**は，9代将軍徳川家重に取り立てられて大名となり，10代将軍徳川家治によって側用人，**老中**に抜擢された。意次は，これまでの年貢だけに頼る財政をやめ，発展してきた商品経済や流通に着目し，商人の経済力を利用して幕府の財政を立て直そうとした。

❷ **株仲間の奨励**…商工業者が同業者組合である株仲間を結成することを奨励し，営業の独占権を認めるかわりに営業税（**運上**）や株仲間の札を与える際に上納金（冥加）を納めさせた。

❸ **専売制の実施**…銅・真鍮・朝鮮人参などを幕府の専売制とし，これらを扱う商人を指定して，その利益から税を取った。

❹ **長崎貿易の振興**…**長崎貿易**をさかんにし，さらに金銀を輸入するために，銅や**俵物**（高級中華食材である干しあわび・いりこ〈なまこの腸をぬき，ゆでて干したもの〉・ふかひれ）の輸出を積極的に行うことで，貿易を黒字に転換させようとした。

❺ **新田開発**…江戸や大阪の商人の資金を活用して，下総（千葉県）の**印旛沼・手賀沼の干拓工事**に着手し，新田開発を行うことで年貢の増収を図ろうとしたが，利根川で洪水がおこって失敗した。

❻ **蝦夷地の開拓**…蝦夷地に**最上徳内**らを調査隊として送り，アイヌの人々との交易や鉱山開発，ロシアとの交易の可能性を探った。

❼ **失　脚**…田沼意次の経済政策によって，産業はいっそう発達し，文化や芸術も発展した。しかし，特権を求めてわいろが横行したことへの批判や，東北地方の冷害による深刻な凶作や**浅間山の噴火**による**天明のききん**に対して適切な対応策を取らず，百姓一揆や打ちこわしが激増したことに対して批判がおこり，田沼意次は失脚した。

↑ 田沼意次

> 俵物の計量をしているようすが見える。

↑ 長崎貿易

📄 史料

わいろ政治を皮肉った川柳

役人の　子はにぎにぎを
よく覚え

意味：わいろを握ることに慣れている役人の子どもは，さすがにそれを覚えるのが早いことだ。

HighClass
ロシアの南下政策に警告を発し，ロシアとの公式の貿易を主張した仙台藩（宮城県）の医師工藤平助が書いた『**赤蝦夷風説考**』に注目した田沼意次は，2度にわたって調査隊を蝦夷に派遣した。調査隊の一員であった**最上徳内**は千島列島にも渡り，ロシア人と接触した。

第**2**編　歴　史

第1章　歴史の流れと地域の歴史

第2章　古代までの日本

第3章　中世の日本

第4章　近世の日本

第5章　近代日本のあゆみと国際関係

第6章　2つの世界大戦と日本

第7章　現代の日本と世界

2 寛政の改革

〜老中松平定信の改革〜

❶ **基本方針**…田沼意次の失脚後，白河藩（福島県）の松平定信が天明のききんの際に迅速な対応で領民を守った功績を評価され，田沼の政策を批判していた大名・旗本らの支持を受けて**老中**になった。定信は8代将軍徳川吉宗の孫にあたり，吉宗の享保の改革を手本としながら，ぜいたくを禁じ，質素・倹約を旨とした寛政の改革（1787〜93年）を行った。

❷ **囲米の制**…凶作やききんに備えるために，大名に対して1万石につき50石の米を5年間蓄えるように命じ，村ごとに社倉を建てさせ，農民にも米を貯蔵させる**囲米の制**を実施した。

❸ **倹約令**…朝廷や大名から百姓・町人に至るまで厳しい倹約を要求した。

❹ **棄捐令**…借金に苦しむ旗本や御家人を救済するために，札差などの商人からの借金を帳消しにする**棄捐令**を出した。

❺ **旧里帰農令**…人口が流出し，荒廃した農地が増えて年貢米が減少している状況を打開するために，都市に出かせぎに出ている百姓に旅費や補助金を与えて，農村に帰した。

❻ **人足寄場**…江戸の治安維持のために，浮浪者や軽犯罪を犯して行くところのない者を収容し，職業技術を学ばせる更生施設（**人足寄場**）を，隅田川河口を埋め立てた石川島につくった。

❼ **朱子学の奨励**…朱子学の振興を図り，湯島に幕府の学問所として昌平坂学問所をつくり，朱子学以外の学問を教えることを禁じた（**寛政異学の禁**）。

❽ **失　脚**…厳しい倹約は経済の発展を阻害し，棄捐令は旗本たちを一時的に救ったが，札差らが金を貸さなくなり，かえって経済の混乱を招いた。海の防衛を説く『海国兵談』を著した**林子平**を処罰するなど，人々が政治の批判を行うことを禁じ，出版物の内容の取り締まりも行った。厳しい改革に民衆は反発し，定信は6年余りで失脚した。

↑ 松平定信

📖 史料

寛政の改革を皮肉った狂歌

白河の　清きに魚の　すみかねて　元の濁りの　田沼恋しき

裏の意味：白河藩の大名だった松平定信は清廉潔白だが，窮屈すぎる。以前のわいろ政治を行っていた田沼意次の時代が懐かしい。

Words 札差

旗本や御家人の扶持米（給与として与えられる米）を金にかえた商人。扶持米を担当に，旗本・御家人に金を貸す金融業も行った。

↑ 昌平坂学問所の授業風景

参考 『海国兵談』

林子平はこの本で，島国の日本が外国を撃退するには海軍を充実させ，沿岸に砲台を建設すべきと説き，江戸が海上から攻撃を受ける可能性を指摘した。

短文記述対策！

Q 昌平坂学問所では朱子学以外の学問を教えることを禁じられていた。幕府が朱子学を重んじた理由を簡潔に述べなさい。

A 身分秩序を重んじる朱子学は，封建社会の身分制度を維持するのに都合が良かったから。

4 新しい学問・思想 ★★☆

1 国学

～日本古来の精神を学ぶ～

　元禄時代に日本の古典を見直そうという動きがおこり，『万葉集』などの研究が始まった。18世紀後半には，仏教や儒教が入って来る前の日本人の考え方を明らかにしようとする学問（国学）に発展し，本居宣長が『古事記』の注釈書である『古事記伝』を著して国学を大成した。また，本居宣長の影響を受けた平田篤胤が日本古来の神道を尊ぶ復古神道を形成した。国学は天皇を尊ぶ考えと結びつき，幕末の尊王攘夷運動に影響を与えた。

2 蘭学

～洋書の輸入解禁～

❶ **蘭学の始まり**…鎖国によってヨーロッパの知識や技術を学ぶことは困難になったが，長崎の出島が西洋文化の窓口となっていた。徳川吉宗はキリスト教に関係のない漢訳洋書の輸入を認めるとともに，ききん対策として甘藷（さつまいも）の研究を命じた儒学者の青木昆陽にオランダ語の習得も命じた。これらのことをきっかけに，蘭学が発達するようになった。

❷ **西洋医学**…18世紀後半，中津藩（大分県）の藩医前野良沢や小浜藩（福井県）の藩医杉田玄白らが協力して，オランダ語に訳されたドイツの人体解剖書『ターヘル-アナトミア』を翻訳し，『解体新書』と名づけて出版した。玄白はこのときの苦労を『蘭学事始』に詳しく書いた。『解体新書』の出版後，蘭学は大きく進歩した。

❸ **天文学・測量学**…このころ，ニュートンの万有引力の法則やコペルニクスの地動説などが紹介された。また，西洋の知識は測量術を進歩させた。下総（千葉県）佐原の商人伊能忠敬は50歳で隠居したのち，江戸に出て測量学を学んだ。その後，幕府の命令で全国を測量し，正確な日本地図（「大日本沿海輿地全図」）をつくった。

❹ **その他**…平賀源内はエレキテル（摩擦発電機）や寒暖計をつくり，人々を驚かせた。

🔍 Person

本居宣長
〈1730 ～ 1801年〉

伊勢（三重県）松阪の医師。約35年間『古事記』を研究し，44巻からなる『古事記伝』を著した。

Words 『解体新書』

『ターヘル-アナトミア』を手に，刑場での死体の解剖を見学に来ていた前野良沢や杉田玄白が，本の内容の正確さに驚き，翻訳した本。前野良沢が中心となって翻訳したが，辞書もないままの翻訳は困難を極めた。

↑『解体新書』の扉

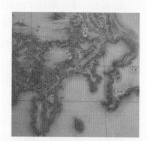

↑「大日本沿海輿地全図」

入試Info　江戸時代は学問の発達した時代でもある。朱子学（林羅山）・陽明学（中江藤樹）・国学（本居宣長）・蘭学（青木昆陽・前野良沢・杉田玄白）など，それぞれの学問の特色と学者の著作などを整理しておこう。

第2編　歴史

第1章　歴史の流れと地域の歴史

第2章　古代までの日本

第3章　中世の日本

第4章　近世の日本

第5章　近代日本のあゆみと国際関係

第6章　2つの世界大戦と日本

第7章　現代の日本と世界

3 新しい思想

～封建制を批判する～

八戸(青森県)の医師安藤昌益は，人々が平等に農業を行う，差別のない社会を理想として『自然真営道』を著し，仙台(宮城県)藩士の林子平は海防の必要性を説く軍事書『海国兵談』を著すなど，18世紀の中ごろから，幕府政治を批判する思想も現れてきた。

4 教　育

～それぞれの階層の教育機関～

❶ 藩　校…幕府が昌平坂学問所を置くなど，学問を推進したので，諸藩も藩士の教育のための藩校を設置した。主な藩校としては，萩(山口県)の明倫館，薩摩(鹿児島県)の造士館，水戸(茨城県)の弘道館などがある。

❷ 私　塾…民間の学者による教育機関で，優秀な人材を多数輩出した。蘭学塾では大阪に緒方洪庵が開いた適塾，長崎にシーボルトが開いた鳴滝塾などがある。萩(山口県)の松下村塾では吉田松陰が弟子の教育にあたり，幕末から明治維新に活躍した多くの人材を輩出した。

❸ 寺子屋…寺子屋は庶民の初等教育機関で，主に「読み・書き・そろばん」が教えられた。都市部で始まった寺子屋は地方にも広がり，当時，日本で文字を読める人の割合(識字率)は，世界的にも高い水準にあった。

5 化政文化と民衆のくらし ★★☆

1 化政文化の特色

～日々を楽しむ庶民文化～

19世紀初めの文化・文政時代，江戸を中心とした，庶民を担い手とする化政文化が発達した。このころ，幕府政治は行き詰まりを見せ，政治批判やぜいたく品などの取り締まりが厳しくなっていた。そのような風潮の中で発達した化政文化は，風刺や皮肉に富んだ享楽的な文化であった。

参考　シーボルト事件

オランダ商館つきのドイツ人医師シーボルトは，長崎に鳴滝塾を開き，日本の医師に西洋医学を教えた。帰国の際に，国外へのもち出しを禁じられている伊能忠敬がつくった日本地図をもち出そうとし，それが発覚したため，シーボルトは国外追放，門人たちの多くが重い処罰を受けた。

一斉授業ではなく，個人ごとに与えられた課題に取り組んだ。

↑ 寺子屋のようす

浮世絵が庶民に愛好された。喜多川歌麿は美人画，東洲斎写楽は役者絵で優れた作品を残した。

↑「ポッピンを吹く女」(喜多川歌麿)

↑「三世大谷鬼次の奴江戸兵衛」(東洲斎写楽)

HighClass

萩にあった松下村塾は吉田松陰の叔父がおこした私塾で，身分の隔てなく塾生を受け入れていた。安政の大獄で刑死した松陰が教育した期間はごく短かったが，倒幕論者であった松陰の教えを受けた高杉晋作・伊藤博文・山県有朋ら多くの門弟が幕末～明治維新に活躍した。

2 化政文化

~滑稽や皮肉が好まれる~

❶ 文 学…貸本屋が発達し，滑稽本では十返舎一九の『東海道中膝栗毛』，読本では曲亭（滝沢）馬琴の『南総里見八犬伝』，怪異小説では上田秋成の『雨月物語』などが人気を集めた。また，幕府批判や世の中を皮肉るような内容を，和歌の形式で詠んだ狂歌，俳句の形式で詠んだ川柳が流行し，俳諧では，風景を絵のように表現した与謝蕪村や人間味あふれる句を詠んだ小林一茶が出た。

❷ 絵 画…文人画や写生画など，さまざまな画風が生まれたが，庶民の人気を集めたのは浮世絵で，鈴木春信が錦絵と呼ばれる多色刷りの版画を始めた。

3 地方の生活文化

~旅がレジャーになった~

　交通網の整備とともに，庶民も旅を楽しむようになった。旅行手形も用意せずに集団で伊勢神宮に参詣するおかげ参りは周期的に爆発的な流行を見せ，沿道の裕福な人々は参詣者に対して食事や旅費を施した。

Words 滑稽本

庶民の生活をおもしろく書いた小説。

参考 『東海道中膝栗毛』

弥次郎兵衛と喜多八の2人の旅行の奇行や失敗を，滑稽な対話で書いている。

Words 読 本

文章中心で物語風に書かれた長編小説。歴史や伝説を題材にしたものが多い。

参考 『南総里見八犬伝』

八房という名まえの犬から生まれた8人の侍が，下総（千葉県）の里見家を再興するという物語。

zoomup 浮世絵→ p.341

Close Up 浮世絵

　菱川師宣が始めた浮世絵は，絵師・彫師・摺師が分業する多色刷りの木版画（錦絵）として飛躍的な発展を遂げた。安価な浮世絵は気軽な庶民の楽しみとなり，喜多川歌麿は美人画，東洲斎写楽は役者絵を得意とした。葛飾北斎は「富嶽三十六景」で富士山を，歌川広重は「東海道五十三次」で街道沿いの宿場町を描き，それぞれ人気を博した。これらの風景画は，旅行ブームがおこっていたこの時代にガイドブックとしての役割も果たした。また，浮世絵はのちに，ゴッホやモネなどのヨーロッパの印象派の画家たちにも大きな影響を与え，やがてヨーロッパにジャポニスムと呼ばれる日本趣味が流行した。

↑「富嶽三十六景」（葛飾北斎）

↑「東海道五十三次」（歌川広重）

短文記述対策！

Q 庶民が簡単に手に入れることができるほど浮世絵が安価だった理由を簡潔に述べなさい。

A 錦絵は木版画で，大量に印刷することが可能だったから。

⑥ 天保の改革と諸藩の改革 ★★☆

1 外国船の出現

～日本に迫りくる欧米諸国～

❶ 蝦夷地…1792年にロシアのラクスマンが漂流民の大黒屋光太夫を送り届けるとともに通商を求めて根室に来航した。次いでレザノフが長崎に来航したが，幕府は鎖国政策を理由にロシアとの通商を拒否した。ロシアの進出に危機感を抱いた幕府は蝦夷地や千島を最上徳内や近藤重蔵に調査させ，その後，さらに間宮林蔵に樺太（サハリン）を調査させた。伊能忠敬から測量術を学んだ間宮林蔵は樺太が島であることを確認した。

最上徳内	—— （1786年）
最上徳内・近藤重蔵	—— （1798～99年）
近藤重蔵	‥‥‥（1807年）
間宮林蔵	‥‥‥（1808年）
	—— （1808～09年）

⬆ 北方の探検

❷ 対外政策の変化…1808年，イギリス船が長崎港に侵入するフェートン号事件をおこしたことなどから，幕府は1825年に異国船打払令を出した。1837年，通商を要求して来航したアメリカ船を異国船打払令によって撃退したモリソン号事件がおこり，これを批判した蘭学者の高野長英や渡辺崋山を幕府は厳しく処罰した（蛮社の獄）。しかし，アヘン戦争で清がイギリスに敗北したことを知ると，1842年に異国船打払令をやめて薪水給与令を出し，必要な燃料や水，食料などを外国船に与えて退去してもらうよう，方針を転換した。

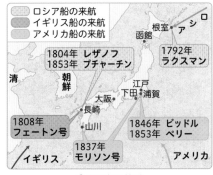

ロシア船の来航
イギリス船の来航
アメリカ船の来航

1804年　レザノフ 1853年　プチャーチン	1792年 ラクスマン
1808年 フェートン号	1846年　ビッドル 1853年　ペリー
1837年 モリソン号	

⬆ 外国船の接近

2 大塩の乱

～元幕府の役人が立ち上がる～

　1830年代，凶作が続き，天保のききんが全国を襲った。餓死する者が続出し，各地で百姓一揆や打ちこわしがおこった。1837年，元大阪町奉行所の与力で陽明学者の大塩平八郎は大阪でも餓死者が出ているにもかかわらず，大阪の米を江戸に回送するよう命令を出した幕府に対して憤り，挙兵した（大塩の乱）。乱は半日でしずめられたが，幕領で幕府の元役人が公然と乱をおこしたことで，幕府や諸藩に大きな衝撃を与えた。

Words 異国船打払令

理由の有無にかかわらず，日本に近づくオランダ・清以外の外国船に対して砲撃を加えて撃退し，上陸する外国人は逮捕することを命じた法令。

zoomup アヘン戦争→ p.369

⬆ 大塩平八郎

HighClass

ラクスマンが日本に送り届けた**大黒屋光太夫**は伊勢（三重県）出身の船頭で，乗っていた江戸への廻船が嵐にあい，アリューシャン列島まで漂流したところ，ロシア人に救助された。ロシア語を習得し，エカチェリーナ2世にも謁見した光太夫の見聞は，蘭学者に影響を与えた。

第2編 歴史

第1章 歴史の流れと地域の歴史

第2章 古代までの日本

第3章 中世の日本

第4章 近世の日本

第5章 近代日本のあゆみと国際関係

第6章 2つの世界大戦と日本

第7章 現代の日本と世界

3 天保の改革

〜老中水野忠邦の改革〜

❶ **基本方針**…老中水野忠邦（ろうじゅうみずのただくに）は，享保（きょうほう）の改革・寛政（かんせい）の改革を手本とし，ぜいたくを厳しく禁じ，質素・倹約（けんやく）を旨（むね）とした天保（てんぽう）の改革（1841〜43年）を行った。

❷ **倹約令**…非常に厳しい内容の倹約令で，庶民（しょみん）の衣食住（かぶき）を規制し，歌舞伎や小説などの娯楽（ごらく）を弾圧（だんあつ）した。

❸ **株仲間（かぶなかま）の解散**…物価高（げんきょう）の元凶は株仲間であるとして，株仲間の解散を命じた。

❹ **人返しの法**…農民が江戸（えど）に出かせぎに来るのを禁じ，江戸に出てきた農民を強制的に村に帰らせた。

❺ **上知令（じょうちれい）（あげちれい）**…江戸・大阪周辺の大名や旗本（はたもと）の領地を幕府の直轄地（ちょっかつち）にしようと上知令を出した。

❻ **外交政策**…アヘン戦争の結果を受けて，薪水給与令（しんすいきゅうよれい）を出すとともに，防衛のための軍事力増強を目ざした。

❼ **失　脚（しっきゃく）**…厳しい倹約令は庶民の反感を買ったうえ，物価は高騰（こうとう）を続けた。さらに，上知令に関係する大名らの反対にあい，天保の改革は2年余りで失敗に終わった。

⬆ 水野忠邦

参考 上知令

生産性の高い江戸・大阪周辺の土地を直轄地とすることで，幕府の財政を豊かにするとともに，領地替えによって幕府の権威（けんい）を再認識（にんしき）させようとしたが，大名などの反対にあった。水野が失脚したことで，さらに幕府の権威は失墜（しっつい）した。

4 諸藩の改革

〜幕府に対抗する雄藩が育つ〜

❶ **薩摩藩（さつまはん）（鹿児島県）**…家老の調所広郷（ずしょひろさと）が商人からのばく大な借金（ごういん）を強引に整理するとともに，奄美（あまみ）の特産物で，さとうきびを原料につくられる**黒砂糖の専売制**を強化したり，琉球（りゅうきゅう）を利用した密貿易を行うなどして藩財政の立て直しに成功した。さらに，西洋式の工場を建設し，西洋式の武器も購入（こうにゅう）して軍事力の強化を図った。

❷ **長州藩（ちょうしゅうはん）（山口県）**…藩士の村田清風（むらたせいふう）が商人からのばく大な借金を強引に整理するとともに，紙や蝋（ろう）の専売制を改正した。さらに関門海峡（かんもんかいきょう）で海運業を始めることで利益をあげ，藩財政の立て直しに成功した。

❸ **肥前藩（ひぜん）（佐賀県）**…藩主鍋島直正（なべしまなおまさ）は，陶磁器（とうじき）（有田焼（ありたやき））の専売を進めて藩の財源とした。直正は海防の必要性を感じ，長崎に近い島々に砲台（ほうだい）を設置し，強力な鉄製の大砲をつくるために，日本初の**反射炉（はんしゃろ）**（反射熱で金属を溶（と）かして精錬（せいれん）する炉）を建造した。

参考 雄藩（ゆうはん）

雄藩とは，本来，石高（こくだか）の大きい藩や鉱山を所有する藩などの富裕（ゆう）な藩を指すが，幕末には，財政再建に成功し，幕府に対抗（たいこう）できるほどに発言力を増した藩を指すようになった。

⬆ 反射炉（佐賀県）

入試Info　江戸時代の三大改革（享保の改革・寛政の改革・天保の改革）と老中田沼意次（たぬまおきつぐ）の改革について，取り組んだ人物・時期・具体的な政治や経済政策などを比較した表を作成し，各改革の区別（ひかく）ができるようにしておこう。

第2編 歴史

第1章 歴史の流れと地域の歴史

第2章 古代までの日本

第3章 中世の日本

第4章 近世の日本

第5章 近代日本のあゆみと国際関係

第6章 2つの世界大戦と日本

第7章 現代の日本と世界

p.316 **1** 十字軍の影響で，ギリシャ・ローマ文化への関心が高まり，自由で生き生きとした文化が花開いたことを（　　　）という。

1 ルネサンス（文芸復興）

p.316 **2** ルターやカルバンがローマ教皇を批判し，（　　　）を始めた。

2 宗教改革

p.317 **3** 1492年，（　　　）は西インド諸島に到達した。

3 コロンブス

p.319 **4** 長崎や平戸で行われたポルトガル人やスペイン人との貿易を（　　　）という。

4 南蛮貿易

p.320 **5** 1575年，織田信長は（　　　）で大量の鉄砲を効果的に使った。

5 長篠の戦い

p.323 **6** 豊臣秀吉はものさしとますを統一し，1582年から全国に渡って（　　　）を行った。

6 太閤検地

p.328 **7** 江戸幕府は大名を親藩・譜代大名・（　　　）に区別して統制した。

7 外様大名

p.329 **8** 1615年，江戸幕府は大名統制のために（　　　）を制定した。

8 武家諸法度

p.329 **9** 徳川家光は**8**において，大名が領地と江戸を1年おきに往復することを義務づけた（　　　）の制度を追加した。

9 参勤交代

p.332 **10** 徳川家康は東南アジアとの（　　　）を奨励し，東南アジアには日本町ができた。

10 朱印船貿易

p.333 **11** 1637年，九州地方でキリシタンを中心に（　　　）がおこった。

11 島原・天草一揆

p.334 **12** 江戸幕府による禁教や貿易統制・外交独占の体制を（　　　）という。

12 鎖国

p.334 **13** （　　　）藩の仲立ちによって，朝鮮との国交が回復し，将軍の代がわりごとに（　　　）が派遣されるようになった。

13 対馬，朝鮮通信使

p.338 **14** 諸藩は年貢米を換金するために，大阪に（　　　）を置いた。

14 蔵屋敷

p.340 **15** （　　　）は『曽根崎心中』などの人形浄瑠璃の脚本を著した。

15 近松門左衛門

p.342 **16** 5代将軍徳川綱吉は，身分秩序を重んじる（　　　）を重視した。

16 朱子学

p.343 **17** 8代将軍徳川吉宗は（　　　）の改革を行った。

17 享保

p.344 **18** 19世紀に入ると，作業場に働き手を集め，分業によって生産を行う（　　　）のしくみが現れた。

18 工場制手工業（マニュファクチュア）

p.346 **19** 老中田沼意次は，同業者組合である（　　　）の結成を奨励した。

19 株仲間

p.347 **20** 老中（　　　）は寛政の改革に取り組んだが，失脚した。

20 松平定信

p.348 **21** （　　　）は『古事記伝』を著し，国学を大成した。

21 本居宣長

p.348 **22** 杉田玄白らはオランダ語の解剖書を翻訳し，（　　　）を出版した。

22 『解体新書』

p.348 **23** （　　　）は全国を測量し，正確な日本地図を作成した。

23 伊能忠敬

p.350 **24** 民衆の間では町人の風俗や風景を描いた木版画の（　　　）が人気を集めた。

24 浮世絵（錦絵）

p.351 **25** 1837年，大阪で元幕府の役人（　　　）が乱をおこした。

25 大塩平八郎

Level 2

●次の略系図と表から読み取れることの説明として最も適切なものを，あとのア〜エから１つ選び，記号で答えなさい。【東京学芸大附高】

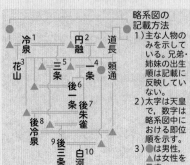

略系図の記載方法
1）主な人物のみを示している。兄弟・姉妹の出生順は記載に反映していない。
2）太字は天皇で，数字は略系図中における即位順を示す。
3）●は男性，▲は女性を示す。

藤原道長・頼通が摂政・関白等に在任していた時期の天皇

	摂政・関白等	摂政・関白等の時期の天皇
藤原道長	内覧※	一条，三条
	摂政	後一条
藤原頼通	摂政	後一条
	関白	後一条，後朱雀，後冷泉

※内覧：天皇と太政官がやり取りする文書を事前に内見する者で，関白に準じる職務とされた。

ア 花山天皇の異母兄弟には皇位についた者がいたが，その天皇は藤原氏出身の女性をきさきとはせず，子孫に皇位を継承した者はいない。

イ 藤原道長が内覧を務めていた時期の天皇は，いずれも母が道長の姉妹で，道長の娘をきさきに迎えている。

ウ 後三条天皇の祖母には父が藤原氏の男性である者はいないが，後三条天皇自身は藤原道長の孫をきさきに迎え，その子が皇位を継承している。

エ 藤原頼通が摂政や関白を務めていた時期の天皇は，いずれも母が頼通の姉妹だが，頼通の娘をきさきに迎えた者はいない。

▶ **Key Point**

系図の縦線は親子関係，横線は兄弟姉妹関係，二重線は婚姻関係を表す。

▶ **Solution**

ア 花山天皇の異母兄弟には三条天皇がおり，三条天皇は藤原道長の娘をきさきにしており，孫に後三条天皇がいる。

イ 藤原道長が内覧を務めていた時期の天皇は，上の表から一条天皇と三条天皇であることがわかる。

ウ 後三条天皇の祖母は２人とも藤原道長の娘である。

エ 藤原頼通が摂政や関白を務めていた時期の天皇は，上の表から後一条天皇と後朱雀天皇，後冷泉天皇であることがわかる。後冷泉天皇は頼通の娘をきさきにしている。

解答
イ

難関入試対策 記述問題 第1～4章

Level **2**

第**2**編 歴史

●江戸時代について，次の問いに答えなさい。

【広島大附高一改】

❶ 右の表は，1714年の大阪における諸商品の移入高・移出高を，当時の史料によって，それぞれ多い方から順に表したものである。移入品目の干鰯（ほしか）が，移入品目の中で上位を占めているのはなぜか。移出品目から考えて，その理由を述べなさい。

	移入品目	移出品目
第1位	米	菜種油
第2位	菜種	縞木綿（しまもめん）
第3位	材木	長崎下り銅
第4位	干鰯	白木綿

（「流通史Ⅰ」山川出版社 所収の表より作成）
移入高・移出高はいずれも銀換算（ぎんかんさん）
縞木綿・白木綿はいずれも綿織物の一種

❷ 江戸時代の後半になると，各藩の改革（かくはん）が進められる中で，特定の産品が藩の財政立て直しに使われている例が見られる。それは，どのようにして利益を生み出したか。薩摩藩（さつま）について，産品の名を示して，10字以上20字以内で答えなさい。

▶ Key Point

❶ 18世紀初期（きんき）の近畿地方は農業の先進地域であると同時に問屋制家内工業（といや・とんや）が発達していることに着目する。

❷ 薩摩藩で生産される「特定の産品」を考える。

▶ Solution

❶ 移出品目に綿織物が2品目あることに注目する。江戸時代，人々の衣服の中心は麻（あさ）織物から綿織物に移っており，「天下の台所」と呼ばれた大阪では商人の資本力と労働力が豊富であったため，早い段階から問屋制家内工業による綿織物業が発達していた。原料となる綿は換金性（さいばい）が高かったが，その栽培に大量の肥料を必要とした。

❷ 薩摩藩は琉球王国（りゅうきゅう）との密貿易でも利益をあげていたが，密貿易の品々は「特定の産品」にあてはまらない。江戸時代後期，諸藩は特産物の専売制を強化している。薩摩藩は亜熱帯性気候の薩南諸島（あ・さつなん）を領有していることから答えを導き出したい。

▶ Key Word

❶ 「綿」「肥料」

❷ 「砂糖」「専売」

解答例

❶ 綿の栽培を行う際の肥料として用いられたから。

❷ さとうきびを原料に黒砂糖を専売制にした。（20字）

ここからスタート！ 第2編 歴 史

第 5 章 近代日本のあゆみと国際関係

START!

開国後に結ばれた不平等条約の改正は明治政府にとって大きな課題で，日本は短期間での近代化を迫られました。明治政府は欧米の政治制度や文化を取り入れ，天皇を中心とする強力な中央集権国家をつくっていきました。そして，日清・日露戦争に勝利した日本は列強の仲間入りを果たしました。

"大政奉還"
倒幕の動きが高まる中，徳川慶喜は政治の実権を朝廷に返還し，武士の時代は終わりを告げました。

"富国強兵"
明治政府は欧米諸国と肩を並べる国になろうと富国強兵をスローガンに徴兵令を公布し，地租改正や殖産興業などにも取り組みました。

"ペリー"
アメリカ大統領の国書を携えて来航しました。江戸幕府に開国を強く迫り，日米和親条約を結ばせました。

地券

"大日本帝国憲法"
大日本帝国憲法が発布され，帝国議会も開設されました。日本は東アジア初の立憲国家となりました。

☑ Learning Contents

"日清戦争・日露戦争"
朝鮮・満州への進出を狙い，2度の対外戦争を行いました。その後，韓国を併合し，朝鮮総督府を置いて植民地支配を行いました。

"伊藤博文"
明治政府の中心人物として活躍しました。大日本帝国憲法の草案をつくり，初代内閣総理大臣，初代韓国統監などを務めました。

第2編 歴史

第1章 歴史の流れと地域の歴史

第2章 古代までの日本

第3章 中世の日本

第4章 近世の日本

第5章 近代日本のあゆみと国際関係

第6章 2つの世界大戦と日本

第7章 現代の日本と世界

近代日本のあゆみと国際関係

時代

近世		近代	
江戸時代		明治時代	

日本の主なできごと

年	できごと
一八五三	ペリーが浦賀に来航
一八五四	日米和親条約
一八五八	日米修好通商条約
〃	安政の大獄（〜五九）
一八六〇	桜田門外の変
一八六三	薩英戦争
一八六四	第一次長州征討
〃	四国艦隊下関砲撃事件
一八六六	第二次長州征討
〃	薩長同盟
一八六七	大政奉還
〃	王政復古の大号令
一八六八	戊辰戦争（〜六九）
〃	五箇条の御誓文
一八六九	版籍奉還
〃	開拓使の設置
一八七一	廃藩置県
〃	日清修好条規
〃	「解放令」
一八七二	岩倉使節団（〜七三）
〃	学制
〃	富岡製糸場が開業
一八七三	徴兵令
〃	地租改正

● 尊王攘夷運動が高まる
● 明治維新が始まる
● 薩長を中心に倒幕運動が進む
● 富国強兵を目ざす

日本の文化

文明開化
近代思想：『学問のすゝめ』（福沢諭吉），『民約訳解』（中江兆民）
衣食住：洋服，牛鍋，れんが造りの洋館，ガス灯
交通：鉄道の開通（新橋〜横浜），馬車，人力車
通信：郵便制度（前島密），電信
その他：太陰暦から太陽暦へ，七曜制の導入

世界の主なできごと

年	できごと
一八五一	太平天国の乱（〜六四）
一八五三	クリミア戦争（〜五六）
一八五七	インド大反乱（〜五九）
一八五八	インドのムガル帝国滅亡
一八六一	ロシアで農奴解放令
〃	イタリア王国の成立
〃	アメリカで南北戦争（〜六五）
一八六二	ビスマルクがプロイセンの首相になる
一八六三	リンカンの奴隷解放宣言
一八六六	プロイセンとオーストリアの戦争
一八六七	マルクス『資本論』
一八六九	スエズ運河開通
一八七〇	プロイセンとフランスの戦争（〜七一）
一八七一	ドイツ帝国の成立

中国	清
朝鮮	朝鮮
欧米	近代

近代

明治時代

一九一一 関税自主権の完全回復
一九一〇 韓国併合
〃 大逆事件
一九〇五 ポーツマス条約
一九〇四 日露戦争(〜〇五)
一九〇二 日英同盟
一九〇一 八幡製鉄所が開業
一九〇〇 三国干渉
一八九五 下関条約
〃 日清戦争(〜九五)
一八九四 領事裁判権の撤廃
一八九一 足尾銅山鉱毒事件を告発
〃 第一回帝国議会
一八九〇 教育勅語発布
一八八九 大日本帝国憲法発布
一八八六 ノルマントン号事件
一八八五 内閣制度
一八八四 秩父事件
一八八一 国会開設の勅諭
一八七九 琉球処分
一八七七 西南戦争
一八七六 日朝修好条規
一八七五 樺太・千島交換条約
一八七四 民撰議院設立の建白書
一八七三 明治六年の政変

●自由民権運動がさかんになる
●産業革命(重工業)
●不平等条約改正の世論が高まる
●産業革命(軽工業)

明治時代の文化

芸術：日本画(横山大観)，洋画(黒田清輝)，音楽(滝廉太郎)
文学：小説(夏目漱石・森鷗外・樋口一葉)
　　　短歌(与謝野晶子・石川啄木)，俳句(正岡子規)
自然科学：医学(北里柴三郎・志賀潔・野口英世)
教育：1907年，小学校就学率が97％に達する。高等教育や女子教育の拡充が図られる。

一九一二 中華民国の成立
一九一一 中国で辛亥革命(〜一二)
一九〇七 三国協商の結成
一九〇〇 中国で義和団事件(〜〇一)
一八九七 朝鮮が大韓帝国に 国名変更
一八九四 朝鮮で甲午農民戦争
一八八七 フランス領インドシナの成立
一八八六 イギリスのビルマ併合
一八八四 清仏戦争(〜八五)
一八八二 三国同盟の結成
一八七七 イギリス領インド帝国の成立

●帝国主義が拡大する
●日本のアジア侵略
●欧米列強の中国分割が進む

清		
朝鮮	大韓帝国	(日本領)
近代		現代

第2編 歴史

第1章 歴史の流れと地域の歴史
第2章 古代までの日本
第3章 中世の日本
第4章 近世の日本
第5章 近代日本のあゆみと国際関係
第6章 2つの世界大戦と日本
第7章 現代の日本と世界

1 欧米諸国のアジア進出と日本の開国

Point

❶ 欧米諸国でおこった市民革命をそれぞれ整理しよう。

❷ 産業革命による社会の変化を理解しよう。

❸ 開国から江戸幕府滅亡までの経緯をまとめよう。

1 欧米諸国の市民革命 ★★☆　入試重要度

1 絶対王政

～国王による専制支配～

❶ **イギリス**…イギリスでは，16世紀前半，国王がイギリス国教会を成立させ，ローマ教会から独立した。16世紀後半には，女王**エリザベス1世**が絶対王政を完成させ，スペインの無敵艦隊を破って，制海権を獲得した。1600年には，独占的な貿易会社である**東インド会社**を設立して東洋貿易に乗り出し，新大陸のアメリカにも植民地を開いた。

❷ **フランス**…フランスでは，17世紀後半から**ルイ14世**が全盛期を築き，パリ郊外に**ベルサイユ宮殿**をつくり，華やかな宮廷生活を送った。

❸ **プロイセン**…プロイセンでは，18世紀にフリードリヒ2世によって絶対王政が完成した。

❹ **ロシア**…ロシアでは，17世紀末に即位したピョートル1世の時代に絶対王政の基礎が確立し，18世紀後半，エカチェリーナ2世の時代に全盛期を迎えた。

2 イギリスの市民革命

～2度の革命で議会政治が確立する～

❶ **革命前**…17世紀，工場制手工業（マニュファクチュア）によって経済力をつけ，議会に進出した地主や商工業者は**ピューリタン（清教徒）**が多かった。イギリス国教会を信仰する国王チャールズ1世は，ピューリタンを弾圧するとともに，議会を無視して重税を課した。

Words 絶対王政

王の地位と権力は神が与えたものであるから，人民はこれに服従しなければならないという**王権神授説**に基づき，政治権力のすべてを握る支配体制のこと。

参考 無敵艦隊

スペイン全盛期（16世紀後半）の強力な艦隊だが，1588年のアルマダの海戦でイギリス軍に大敗した。

↑ ベルサイユ宮殿

Words 市民革命

商工業者を中心とする市民階級が，古い身分制を打破し，人間の自由や平等を求めて絶対王政を倒した変革。

Words ピューリタン（清教徒）

イギリス国教会の改革を求める，カルバン派のプロテスタントを指す。

Episode エリザベス1世の父である**ヘンリ8世**は妻との離婚をローマ教皇に訴えたが，聞き入れられず，自らが教会の最高位となる**イギリス国教会**をつくり，カトリック教会から独立した。ヘンリ8世は6度結婚し，妻のうちの2人（1人はエリザベス1世の母）を処刑している。

❷ **ピューリタン革命(清教徒革命)**…1642年，地主や商工業者を中心とする議会派は，**クロムウェル**を指導者に軍を組織し，国王軍との戦いを始めた。議会派は国王軍を破り，1649年，国王チャールズ１世を処刑して共和政を樹立した。これをピューリタン革命という。この結果，クロムウェルは政治の実権を握ったが，その政治は厳しい軍事独裁であったため，しだいに議会の信頼を失い，彼の死後，イギリスは再び王政に戻った。

❸ **名誉革命**…国王が再び議会を無視して専制政治を行ったため，**1688年**，議会は国王ジェームズ２世を追放し，国王の娘メアリとその夫であるオレンジ公ウィリアムをオランダから新しい国王として迎えた。流血なく革命を達成できたため，これを名誉革命と呼ぶ。**1689年**，２人は議会が提出した文書を権利(の)章典として公布し，立憲君主政と議会政治が確立した。

3 アメリカ独立戦争

~代表なくして課税なし~

❶ **移民の上陸**…イギリスの絶対王政の時代，迫害されたピューリタンの一部は，信仰の自由を求めて，1620年にメイフラワー号に乗船し，北アメリカの東海岸に渡った。18世紀の中ごろまでに13のイギリスの植民地がつくられ，それぞれの植民地は議会によって住民の自治が行われていた。

❷ **独立戦争前**…繰り返されるフランスとの戦争によって財政難に陥っていたイギリスは，アメリカの13の植民地に対して新しい税を課した。これに対して植民地の人々は，「**代表なくして課税なし**(本国議会に代表者を送っていないのだから，本国政府は植民地に課税する権利はない)」と主張して反発した。また，植民地は本国以外の国と自由に貿易することも許されていなかった。1773年，これに反発した人々が，植民地への茶の独占販売を認められていた東インド会社の船の積み荷の茶を海に投げ捨てる**ボストン茶会事件**をおこした。

Words 共和政，立憲君主政

● **共和政**…国民に国を統治する権利があり，法に基づき政治を行うしくみ。

● **立憲君主政**…君主(国王や皇帝)は存在するが，その権限は議会(法)によって制限され，国民が政治を行うしくみ。

📖 史料

権利(の)章典

第１条 議会の同意なしに，国王の権限によって法律とその効力を停止することは違法である。

第４条 議会の承認なく，国王のために税を課すことは違法である。 (一部要約)

参考 ピルグリム−ファーザーズ

1620年にメイフラワー号でアメリカに渡った102人を指す。現在のマサチューセッツ州プリマスに上陸し，プリマス植民地を築いた。

先住民の扮装をして忍び込んだ人々

↑ ボストン茶会事件

茶の箱

入試Info イギリス・アメリカ・フランスでおこった**市民革命(ピューリタン革命・名誉革命・独立戦争・フランス革命)**を，年代・原因・そのときに出された宣言文・革命の経緯などについて，対比する形でまとめておこう。

右余白(縦書き):

第**2**編 歴史

第１章 歴史の流れと地域の歴史

第２章 古代までの日本

第３章 中世の日本

第４章 近世の日本

第５章 近代日本のあゆみと国際関係

第６章 ２つの世界大戦と日本

第７章 現代の日本と世界

❸ **アメリカ独立戦争**…1775年，イギリス本国と植民地との武力衝突をきっかけにアメリカ独立戦争が始まり，1776年，植民地の代表者がフィラデルフィアに集まり，ジェファーソンらが起草した独立宣言を発表した。ワシントンを最高司令官とする植民地軍は苦戦したが，植民地軍に経済援助を行っていたフランス・スペインが次々に参戦したことから形勢が逆転し，1783年にイギリスとの間に休戦協定が成立した。イギリスはアメリカの独立を承認するとともに，ミシシッピ川以東の地域を割譲した。

❹ **アメリカ合衆国の建国**…1787年，憲法制定会議が開かれ，立法・行政・司法の三権分立などを定めた世界最初の近代憲法である合衆国憲法が制定され，ワシントンが初代大統領となった。独立当初，アメリカ合衆国の領土は東部の13州だけだった。

↑ ワシントン

📖 史料

独立宣言（アメリカ独立宣言）
われわれは，自明の真理として，すべての人は平等につくられ，神から譲ることのできない権利を与えられ，その中に生命・自由及び幸福追求が含まれていることを信ずる。
（一部要約）

---

4 啓蒙思想

～市民革命を支えた理論～

18世紀に入ると**啓蒙思想**が広まり，市民革命を支える理論となった。

▶ **ロック（イギリス）**…著書の『**統治二論**』で抵抗権と社会契約説を唱え，名誉革命を正当化し，アメリカ独立宣言やフランス人権宣言に影響を与えた。

▶ **モンテスキュー（フランス）**…『**法の精神**』を著し，政治権力を立法・行政・司法の３つに分ける**三権分立**を説いた。

▶ **ルソー（フランス）**…著書の『**社会契約論**』で「人は生まれながらにして自由・平等である」と説き，**人民主権**を主張し，フランス革命に大きな影響を与えた。

5 フランス革命

～自由・平等・博愛～

❶ **革命前の状況**…ルイ14世以来のぜいたくな宮廷生活やたび重なるイギリスとの戦争で，財政は行き詰まっていたが，聖職者（第一身分）と貴族（第二身分）は納税の義務が免除されており，国民の９割を占める平民（第三身分）が重税に苦しんでいた。

Words 社会契約説

社会は個人同士の契約で成り立っており，権力者は人々から委託されて権力を握れるようになったのであり，初めから権力をもっていたのではない。権力者が人々の意に反する専制政治を行った場合，人々には委託を取り消す権利があるとする考え方。

第一身分　　第二身分

第三身分

↑ フランス革命前の状況を表した風刺画

入試Info　ロック・モンテスキュー・ルソーは公民分野で基本的人権を学ぶ際にも扱われる（→ p.486）。それぞれの著作とその主張，市民革命に与えた影響などについて，対比する形でまとめておこう。

❷ **フランス革命の勃発**…アメリカ独立戦争への支援で財政がさらに悪化したことから，**1789年**，**ルイ16世**は第一・第二身分にも課税するために**三部会**を開いたが，議決方法を巡って第一・第二身分と第三身分が対立し，第三身分の議員たちは新たに**国民議会**を発足させた。この動きをルイ16世が軍隊によっておさえようとしたため，一部の貴族や民衆が武器をもって立ち上がり，王政を批判した人々が収容されている**バスチーユ牢獄**を襲撃し，これをきっかけにフランス革命が始まった。革命の波はフランス全土に拡大し，国民議会は身分制度の廃止，人民主権，人間の自由と平等などをうたう人権宣言を発表した。

❸ **革命の混迷**…革命の拡大をおそれるオーストリアやプロイセンなどがフランスに軍を派遣し，干渉戦争が始まった。国内では，聖職者や貴族の特権を廃止し，憲法を制定するなど立憲君主政の動きが始まったが，国王一家が国外への逃亡を図って失敗したことは，王政に対する国民の反感を強めた。1792年，新しく成立した議会は王政の廃止と**共和政**の樹立を宣言し，翌年，ルイ16世を処刑した。共和政は抗争の結果，急進派が権力を握り，反対派を次々に処刑する恐怖政治をしいたが，反動がおこり，1794年に恐怖政治は終わりを告げた。かわって総裁政府がつくられたが，政情は安定しなかった。

❹ **ナポレオン時代**…1799年，諸外国を撃退した軍人ナポレオンは総裁政府を倒し，革命の終結を宣言した。1804年，法の下の平等や信教の自由，経済活動の自由などを定めた**ナポレオン法典**を制定し，国民投票によって，皇帝の位についた。ナポレオンがヨーロッパの大部分を支配したことによって，フランス革命の自由・平等の思想が諸民族間に広まっていった。イギリスに対する経済封鎖政策に背いたロシアへの遠征に失敗したことを契機に，ナポレオンは力を失った。

❺ **ウィーン体制**…ナポレオン失脚後，ヨーロッパ諸国はフランス革命前の秩序や支配体制に戻すことで合意したが，人権思想はヨーロッパ諸国に定着していった。

⬆ バスチーユ牢獄の襲撃

📖 史料

人権宣言（フランス人権宣言）
第1条　人は生まれながらに自由かつ平等な権利をもつ。
第3条　あらゆる主権の原理は国民の中にある。
第11条　思想と言論の自由は，人のもつ最も貴重な権利の1つである。（一部要約）

⬆ ナポレオン

参考 ウィーン会議

フランス革命とナポレオンによる一連の戦争後のヨーロッパの秩序を旧来の支配体制に戻すために，1814〜15年に開かれた会議。国境線を巡る各国の利害が対立し，「会議は踊る，されど進まず」という状態が続いたが，ナポレオンが幽閉されていたエルバ島を脱出して再び政権を握った（百日天下）ことで，各国の妥協が成立した。なお，ナポレオンはその後ワーテルローの戦いに敗れ，セントヘレナ島に流された。

Episode　1812年，**ナポレオン**はロシア遠征を行い，9月末にモスクワ制圧に成功した。しかし，モスクワの町はロシア軍によって放火されて焼け野原になっており，ナポレオン軍は食料や馬の飼料を手に入れることができず，ロシアの厳しい冬の寒さの中，軍は壊滅状態になった。

第2編　歴史

第1章 歴史の流れと地域の歴史

第2章 古代までの日本

第3章 中世の日本

第4章 近世の日本

第5章 近代日本のあゆみと国際関係

第6章 2つの世界大戦と日本

第7章 現代の日本と世界

② 産業革命と近代社会の成立 ★★☆

1 イギリスの産業革命

〜動力が世界を変える〜

❶ 綿織物工業…イギリスでは古くから毛織物工業がさかんであったが，東インド会社を通じてもたらされるインド産の綿織物の需要が高まったことから，綿織物の国内生産が進められるようになった。安価なインド産の綿織物に対抗するためには，大量生産が可能になる技術革新が必要で，機械の改良や発明が行われるようになった。動力として水力が利用されるようになり，生産量も大幅に増えた。1769年，ワットが蒸気機関の改良に成功し，動力として蒸気機関が利用されるようになると，工場の立地条件に制約がなくなり，作業効率も向上し，生産量はよりいっそう増えた。工場制手工業(マニュファクチュア)から**工場制機械工業**へと生産形態は進化し，**綿織物はイギリスの主要輸出品となった。機械の改良や発明による工業の発展と，それに伴う社会や経済のしくみが大きく変化したことを産業革命と呼ぶ。

↑ 蒸気機関を利用した紡績工場

参考 世界の工場

世界で最も早く産業革命を達成したイギリスは，広大な植民地をもち，工業製品を大量に世界各地に輸出したことから「**世界の工場**」と呼ばれた。

❷ 交通革命…蒸気機関の熱源として石炭の需要が高まった。産業革命によって工業生産が増加すると，大量の生産品や燃料・原料を輸送することが必要となり，交通機関の改良が進められた。19世紀初めにはアメリカ人のフルトンが**蒸気船**を発明し，次いでイギリス人のスチーブンソンが**蒸気機関車**を実用化した。1825年には内陸の炭鉱と石炭を船に積み込む川辺の町を結ぶ世界最初の鉄道が開通し，その後，鉄道網は急速に整備されていった。また，鉄道の敷設や機械の製造において鉄鋼の需要が高まり，**製鉄業**も発展した。

内部のパイプを通る水で水蒸気をつくる。

石炭をボイラーに投入する。

↑ ストックトン・ダーリントン間の鉄道のようす

HighClass 19世紀前半，手工業者たちは産業革命が進むことで，自分たちが失業するのではないかと危機感を抱き，機械を破壊する**ラッダイト運動**をおこした。指導者は処刑されたが，やがてこの運動は労働条件の向上や，婦人や少年労働者の保護などの運動に変化していった。

2 産業革命の結果

~新たな階級の誕生~

❶ 資本主義の成立…産業革命の結果，富裕な人々が工場や機械などの生産手段を所有する**資本家**となり，**労働者**を雇い，利益を追求して自由に生産活動を行うという新しい経済のしくみ（資本主義）が社会に広がっていった。

❷ 社会問題の発生…機械の使用で，これまでのような熟練した技術の必要性が低下し，**女性**や**子ども**も労働者として雇われるようになった。資本家は多くの利潤を得るために，彼らを**低賃金**で**長時間**働かせたので，労働者との対立がおこった。仕事を求めて多くの人口が都市に流入し，スラムと呼ばれる**劣悪な環境**の地域も現れてきた。また，工場から出る工場廃水やばい煙によって，河川の水は汚れ，大気汚染も進んだ。

狭い坑道の中をはいつくばって石炭のトロッコを引く児童労働者

滑車を回して児童労働者たちを引き上げる労働者

垂直の坑道から引き上げてもらう児童労働者

石炭の入ったおけ

⬆ 炭鉱の児童労働者のようす（1844年ごろ）

❸ 労働運動と社会主義…劣悪な環境で働く労働者たちは，労働条件の改善を求めて**労働組合**を結成し，**労働運動**をおこした。その結果，イギリスでは1833年，女子・児童の労働を制限する**工場法**が制定された。

　19世紀半ばには，ドイツの**マルクス**が，労働者の貧しさの原因は資本家が工場などの生産手段を所有しているからであり，生産手段を社会で共有すれば平等な社会が実現するという社会主義の考え方を説いた。マルクスはその著書『**資本論**』やエンゲルスとの共著『**共産党宣言**』で，資本主義の矛盾を明らかにし，社会主義の実現のためには，労働運動が大きな役割をもつことを強調した。

📄 史料

工場で働く子どもの証言

問：朝の何時に工場に行き，何時に仕事が終わるのか。

答：朝の3時に工場に行き，仕事が終わるのは夜の10時から10時半です。

問：休憩時間はどのくらいあるのか。

答：朝食に15分，昼食に30分，飲み物をとる時間が15分です。　（一部要約）

参考 『国富論（諸国民の富）』

イギリスのアダム＝スミスは『国富論（諸国民の富）』を著し，富のみなもとは人間の労働にあるとし，個人の自由な経済活動によって国の富を増やすことができると説いた。

🔍 Person

マルクス
〈1818～1883年〉

ドイツの経済学者・哲学者・社会主義者。社会主義や労働運動を理論的に体系づけた。貧困の中でも著作を続け，労働者のために生涯をささげた。

Episode ロンドンを流れるテムズ川は下水や工場廃水によってひどく汚染され，悪臭のために河岸にある議事堂で議会が開けないこともあったという。また，川の水は飲料水でもあったため，コレラなどの伝染病も広がった。一方で，公衆衛生という考え方も芽生えはじめた。

第2編 歴史

第1章 歴史の流れと地域の歴史

第2章 古代までの日本

第3章 中世の日本

第4章 近世の日本

第5章 近代日本のあゆみと国際関係

第6章 2つの世界大戦と日本

第7章 現代の日本と世界

3 アメリカ合衆国の成長

～領土拡大と南北の対立～

❶ **西部開拓**…独立当初，東部13州しかなかったアメリカはヨーロッパから多くの移民を受け入れ，フランスやスペインから領土を購入したり，メキシコと戦って領土を獲得するのと並行して，先住民を強制移住させながら，西部開拓を進めた。19世紀半ばには太平洋岸にまで達し，ほぼ今のアメリカ本国にあたる地域を領土とした。

⬆ アメリカ合衆国の領土の拡大

❷ **南北戦争の背景**…アメリカ北部と南部では産業構造が大きく異なり，貿易体制や奴隷制などを巡って，北部と南部が大きく対立した。

▶ **北部の立場**…商工業が発展しはじめており，生産される工業製品の競争力を保つために，輸入品に高関税をかける**保護貿易**を求めた。また，人道主義の立場から**奴隷制に反対**する人が多かった。

▶ **南部の立場**…綿花生産が主要産業で，綿花栽培は黒人奴隷を労働力としていたため，**奴隷制の維持**を主張した。また，綿花を主にイギリスに輸出していたため，イギリスに準じる**自由貿易**を求めた。

北部		南部
商工業	経済	大農場
資本家	中心勢力	大農場主
保護貿易	貿易	自由貿易
反対	奴隷制	賛成

⬆ 南北戦争での北部と南部の主張

🔍 Person

リンカン
〈1809 ～ 1865年〉

アメリカ第16代大統領（在任1861～1865年）。開拓農民の家に育ち，独学で州議会議員，弁護士となり，その後，共和党から大統領候補に指名された。南北戦争中に**奴隷解放宣言**を出し，南北戦争末期に南部支持者に暗殺された。アメリカ合衆国大統領の中で最も偉大な人物と評されることが多い。

❸ **南北戦争**…奴隷制反対の立場をとるリンカンが大統領に当選すると，南部の州は次々にアメリカ合衆国からの脱退を宣言した。しかし，政府は脱退を認めず，**1861年**，国を二分する南北戦争が始まった。戦争中の**1863年**にリンカンは奴隷解放宣言を出し，その後のゲティスバーグの戦いは南北戦争で最大の激戦となった。また，ゲティスバーグの戦いでの戦没者の式典でリンカンは「**人民の，人民による，人民のための政治**」を民衆に訴える演説を行った。多数の戦死者を出しつつ，南北戦争は1865年まで約4年間続いた。

❹ **南北戦争後のアメリカ**…南北戦争は北部の勝利で終わった。以後，アメリカでは大陸横断鉄道も開通して近代的な産業が著しく進展し，それに伴って民主主義と資本主義も順調に発展した。戦後，憲法は修正され，奴隷身分は消滅したが，黒人差別は根強く残った。

HighClass　南北戦争後，南部の州では交通機関や学校，病院などの公共機関，レストランなどで，白人と有色人種を分離することを合法とする「**ジム＝クロウ法**」が制定され，人種差別が容認されていた。人種差別の解消を求める公民権運動がおこったのは1950 ～ 60年代になってからである。

4 ヨーロッパ諸国の成長

～近代化への取り組み～

❶ **イギリス**…いち早く産業革命を達成したイギリスでは19世紀前期に資本家，19世紀中期に都市労働者，19世紀後期に農民や鉱山労働者に選挙権が与（あた）えられた。

❷ **ロシア**…ロシアでは農奴制（のうど）が存続し，近代化が遅（おく）れていた。19世紀に入ると，積極的な**南下政策**をとってオスマン帝国（ていこく）（トルコ）と戦争になり，ロシアの南下を牽制（けんせい）するイギリス・フランスとも戦争になったが敗れた（**クリミア戦争**）。皇帝アレクサンドル2世は近代化の必要性を痛感し，1861年に**農奴解放令**を出した。

❸ **ドイツ**…中世以来，多くの小国に分かれていたドイツでは，1862年に**プロイセン王国**の首相（しゅしょう）になったビスマルクが軍備を増強し，「**鉄血宰相**（てっけつさいしょう）」と呼ばれた。1871年，プロイセン国王を皇帝とする**ドイツ帝国**が成立した。

❹ **フランス**…王政が復活していたフランスでは，国王が貴族を保護して議会に圧力をかけたため，1830年にパリ市民が暴動をおこし，国王を退けて新しい国王を位につけた（**七月革命**）。その後フランスでは，国王が大資本家や大銀行家を優遇（ゆうぐう）する政治を行ったため，1848年に再び革命がおこり，第二共和政が成立した（**二月革命**）。第二共和政のもとで，世界で最初の，**成年男子の普通選挙**（ふつう）（じっし）が実施された。

参考 チャーチスト運動

イギリスでは1832年に選挙法が改正されたが，労働者や農民の大部分には選挙権が与えられなかった。そのため，労働者を中心として，普通選挙を求める運動（**チャーチスト運動**）が再び高まった。

↑ 19世紀中ごろのヨーロッパ

参考 イタリアの動き

統一国家の実現が遅れていたが，サルディニア王国が中心となって国家の統一を進め，1861年に**イタリア王国**が成立した。

Close Up 万国博覧会（ばんこく）と日本

1851年，イギリスの首都ロンドンで第1回**万国博覧会**が開かれた。この博覧会はイギリスの技術力を示すために開かれたもので，主会場である総ガラス張りの巨大水晶宮（きょだいすい）（しょうきゅう）（クリスタルパレス）は観客を驚（おどろ）かせ，入場者数は600万人を超えた。万国博覧会に日本が初めて参加したのは1867年のパリ万博で，江戸幕府（えど）・薩摩藩（さつまはん）・肥前藩（ひぜん）が出展し，閉会直後に日本では大政奉還（たいせいほうかん）が行われた。日本では1940年に東京オリンピックとともに万国博覧会の開催（かいさい）が計画されたが，日中戦争の激化により中止となり，初めて開催されたのは1970年の大阪での万国博覧会であった。

HighClass ロシアが南下政策をとった主な目的は，広大な領土を有していたものの，高緯度（こうい）（ど）に位置しており，港湾（こうわん）は冬季（とうき）（こお）に凍ってしまうため，不凍港（ふとうこう）を必要としたからである。

③ 欧米諸国のアジア侵略 ★★☆

1 イギリスのアジア侵略

～巨大市場を求めて～

産業革命によって近代工業が発展したヨーロッパ諸国は，原料を手に入れ，大量に生産された工業製品を売りつけるために，積極的にアジアへの進出に乗り出した。その急先鋒はイギリスであった。

ムガル帝国時代に建設された王妃の墓

2 ムガル帝国とイギリス

～綿工業はインドからイギリスへ～

❶ **ムガル帝国**…16世紀前半，インドでは**ムガル帝国**がイスラム教徒によって建国され，17世紀には綿織物業を中心に手工業も発達した。しかし，18世紀になるとイスラム教徒とヒンドゥー教徒の対立が激しくなり，ムガル帝国は衰えはじめた。

↑ タージ-マハル

❷ **イギリスのインド進出**…イギリスは1600年に東インド会社を設立し，ボンベイ（現在のムンバイ）やカルカッタ（現在のコルカタ）などの港町を拠点にアジア貿易を行っていた。18世紀，ムガル帝国の衰えに乗じ，イギリスはフランスとのインドの覇権争い（プラッシーの戦い）に勝利して，インド支配を確立した。産業革命の進行とともに，それまでインドの綿製品を輸入していたイギリスは，大量生産した安価な綿織物をインドに輸出し，原料の綿花をインドから安価に輸入するようになった。その結果，インドの綿工業は急激に衰え，それに携わっていた多くの人が仕事を失った。

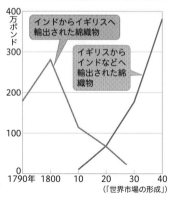

インドからイギリスへ輸出された綿織物

イギリスからインドなどへ輸出された綿織物

400万ポンド

300

200

100

0

1790年 1800 10 20 30 40

（「世界市場の形成」）

↑ インドとイギリスの綿織物の流れ

❸ **インド大反乱**…1857年，イギリスの支配に不満をもった，東インド会社に雇われていたインド人兵士がインド大反乱（シパーヒーの乱）をおこすと，反乱はインド全土に拡大した。イギリスは2年がかりで反乱を鎮圧し，ムガル帝国を滅ぼすとともに東インド会社を解散し，1877年，**インド帝国**を建国した。インド帝国の皇帝にはイギリスの**ビクトリア女王**が即位し，これによってインドはイギリスの植民地となった。

↑ ビクトリア女王

Episode インド大反乱のきっかけの1つが，イギリス軍の銃の弾薬の包みに塗られた牛や豚の脂だったといわれる。包みは口で破るのだが，牛を神聖な動物として殺生を禁じる**ヒンドゥー教**，豚を口にすることを戒律で禁じる**イスラム教**の教義に反する行為だったのである。

3 清と列強

~朝貢貿易から自由貿易へ~

❶ 清…清は満州民族の王朝で，明の滅亡後に首都を北京に移し，中国全土を支配した。宋や明の文化を受け継ぎ，絹織物や綿織物，陶磁器などの生産もさかんで，商工業が発達していた。17世紀後半～18世紀に最も栄えた。

❷ アヘン戦争の背景…イギリスは清から茶や絹を輸入していたが，清は18世紀半ばから，欧米諸国との貿易を広州1港に限定していた。このため，イギリスの清に対する綿布などの輸出が伸びず，イギリスは常に貿易赤字に苦しみ，支払うための大量の銀が清に流れ，国内の銀が不足する状況となった。イギリスはこれを解消するため，本国でつくった綿織物をインドに輸出し，インドで麻薬のアヘンを栽培させてひそかに清に輸出し，清から茶や絹を輸入する三角貿易を行った。この結果，清の銀がインドを経由してイギリスに流出するようになり，イギリスは貿易黒字に転換した。

❸ アヘン戦争…中国人の間にアヘンを吸う習慣が広まると，インド産のアヘンがイギリス商人によって大量に中国へ運び込まれた。清は銀の流出で財政難に陥り，アヘンの害毒も広がったため，アヘンの密輸を禁止してイギリス商船を取り締まったが，効果はなかった。清の役人が広州でイギリス商人のアヘンを焼き捨てると，イギリスは自国の貿易の保護を口実に，**1840年**，清に戦争をしかけた（アヘン戦争）。イギリスは圧倒的な軍事力で勝利し，1842年に**南京条約**を結んだ。

❹ 南京条約…この条約によって，イギリスは清から賠償金や**香港**（1997年に中国に返還された）を手に入れるとともに，広州・上海・厦門など5港の開港，公行の廃止，自由貿易などを認めさせた。1843年には，イギリスの領事裁判権を認め，清に関税自主権がない不平等条約を結ばせた。さらに，フランス・アメリカも，同じような条約を清に結ばせた。

第**2**編 歴史

第1章 歴史の流れと地域の歴史

第2章 古代までの日本

第3章 中世の日本

第4章 近世の日本

第5章 近代日本のあゆみと国際関係

第6章 2つの世界大戦と日本

第7章 現代の日本と世界

> **Words** 満州民族
> 中国東北部に起源をもつ，古くは女真族ともいわれたツングース系民族。

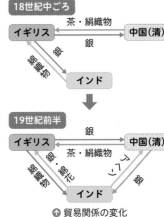

↑ 貿易関係の変化

18世紀中ごろ

イギリス　—茶・絹織物→　中国（清）
　　　←銀—
綿織物　　　銀
　　インド

19世紀前半

イギリス　←銀—　中国（清）
茶・絹織物
綿織物　銀・綿花　アヘン　銀
　　　インド

↑ アヘン戦争

砲撃を受け炎上する清の帆船

イギリスの軍艦

> **Words** 公行
> 清の時代，広州で特許を得て貿易にあたった商人。

zoomup 領事裁判権，関税自主権→ p.372

入試Info　**三角貿易**としては，17～18世紀にヨーロッパ・アフリカ・アメリカの間で行われた銃・奴隷・砂糖などの貿易，19世紀にイギリス・インド・中国（清）の間で行われた綿織物・アヘン・茶や絹などの貿易がある。対比させて，整理しておこう。

❺ **太平天国の乱**…アヘン戦争後，ヨーロッパの工業製品が清に流入し，清の国内産業が圧迫された。また，ばく大な賠償金の支払いのために重税が課されたこともあり，人々のくらしはいっそう苦しくなった。**洪秀全**は「滅満興漢」を唱え，1851年に反乱をおこして太平天国を建国し（太平天国の乱），1853年には南京を首都とした。太平天国では，農民に土地を平等に分け，税を軽減するなど，理想社会を目ざしたが，清政府が組織した洋式の軍備とヨーロッパ人の傭兵などによる常勝軍によって1864年に滅ぼされた。

❻ **アロー戦争（第二次アヘン戦争）**…太平天国の乱の最中の1856年，イギリス船籍のアロー号が清の役人に取り調べられ，中国人船員が海賊の疑いで捕らえられるという事件がおこった。イギリスはこれを口実にして，フランス人宣教師殺害事件で清に抗議していたフランスを誘い，清と戦争を始めた（**アロー戦争**）。清は再び敗れ，1858年に天津条約，1860年に北京条約が結ばれ，清はイギリス・フランスに賠償金を支払うとともに，天津などの港を開き，イギリスに九龍半島の一部を譲渡し，キリスト教の布教の自由も認めることになった。

4 ヨーロッパ諸国のアジア侵略

〜進むアジアの植民地化〜

❶ **フランス**…インドシナ半島に進出し，ベトナム・カンボジア・ラオスを合わせて，**フランス領インドシナ連邦**を形成した。

❷ **オランダ**…スマトラ島やジャワ島にあったイスラム教国を征服し，インドネシア全域を支配下に置き，**オランダ領東インド**を形成した。

❸ **イギリス**…マレー半島のマラッカやシンガポールを植民地とし，また，ビルマ（ミャンマー）をインド帝国に併合した。

❹ **ロシア**…清の衰えにつけ込み，極東に進出すると同時に，中央アジアに侵攻し，インド洋への南下を模索した。

↑ ヨーロッパ諸国のアジア侵略

Words 滅満興漢

満州民族の国家である清を滅ぼし，新たに漢民族の国をつくり上げようというスローガン。

Person

洪秀全
〈1814 〜 1864年〉

中国の革命家。キリスト教を信仰し，自分は神の子であり，世界を救う使命を帯びているとして，拝上帝会を組織し，布教活動を行った。理想社会の実現を目ざし，太平天国を建国したが，内紛が激しくなり，地方の義勇軍や外国勢力とも衝突し，敗れて自害した（病死説もある）。

短文記述対策

Q アヘン戦争での清の敗北が日本に与えた影響について簡潔に述べなさい。
A 幕府はそれまでの異国船打払令を停止し，外国船に対して薪や水，食料などを与えて退去させる薪水給与令を定めた。

④ 日本の開国と江戸幕府の滅亡 ★★★

1 アメリカの開国要求

〜鎖国から開国へ〜

❶ **アメリカ船の来航**…1837年に来航したモリソン号など，アメリカは日本に対して通商を求めて来航したことがあるが，日本はこれを拒否していた。

❷ **アメリカの開港要求の背景**…太平洋側の西海岸まで領土を拡大したアメリカは，太平洋を横断して中国との貿易に力を入れるようになった。また，北太平洋での捕鯨も活発化しており，商船や捕鯨船の燃料や食料，水の補給をする港を求めていた。

❸ **ペリーの来航**…1853年，アメリカ東インド艦隊司令長官のペリーはフィルモア大統領の開国を求める国書を携え，4隻の軍艦を率いて浦賀(神奈川県)に現れた。幕府は長崎が外交の窓口であることを伝えたが，ペリーは強引に浦賀にとどまり，強い態度で国書を幕府に受け取らせた。幕府は翌年に返事をすると約束して，日本を去らせた。

❹ **幕府の対応**…老中阿部正弘は幕府と大名，朝廷が1つになって難局を乗り越えようと，アメリカ大統領の国書について，朝廷に報告したうえ，先例を破って，諸大名や幕臣から意見を募った。その結果，これまで禁中並公家諸法度によって政治的権能を奪われていた朝廷が政治の場に登場し，その権威を高めるとともに，諸大名の発言権も強まることとなった。

❺ **日米和親条約**…1854年，幕府は再び来航したペリーの圧力に屈して，日米和親条約を結んだ。その内容は次のとおりである。

▶下田(静岡県)と函館(北海道)の2港を開く。

▶下田にアメリカの領事を置く。

▶アメリカ船に対し，燃料や水，食料などを供給する。

▶アメリカに最恵国待遇を与える。

　次いで，**イギリス・ロシア・オランダ**とも同じような内容の和親条約を結んだ。こうして鎖国政策は崩れ，日本は開国することになった。

参考 アメリカ船の来航

1846年にビッドルが通商を求めて浦賀に来航したが，幕府は鎖国を理由にこれを拒否した。

🔍 Person

ペリー
〈1794 〜 1858年〉

アメリカ東インド艦隊司令長官。アメリカ海軍で蒸気船を主力とする強化策を行い，「蒸気船海軍の父」と呼ばれている。奴隷の帰国事業にも力を尽くした。帰国後，著書の中で「日本人は学ぶ意欲が旺盛で，学んだものを使いこなす。開国すれば，日本はすぐに欧米諸国と同レベルに到達するだろう」と述べている。

📋 史料

ペリー来航を詠んだ狂歌

泰平の眠りをさます上喜撰
たった四杯で夜も眠れず

※上喜撰…上等なお茶

裏の意味：蒸気船がたった4隻来ただけで，国内は落ち着かず，眠れない状況だ。

Words 最恵国待遇

通商条約において，関税や航海などについて，最も良い待遇の国と同等の待遇を自動的に適用すること。

Episode

ペリーと幕府の交渉は互いにオランダ語の通訳を介して行われた。14歳のとき遭難してアメリカの捕鯨船に救助され，10年間のアメリカ滞在ののちに帰国したジョン万次郎だけが日本で唯一英語が堪能だったが，スパイ容疑をかけられ，直接通訳することができなかった。

第2編 歴史

第1章 歴史の流れと地域の歴史

第2章 古代までの日本

第3章 中世の日本

第4章 近世の日本

第5章 近代日本のあゆみと国際関係

第6章 2つの世界大戦と日本

第7章 現代の日本と世界

2 アメリカの通商要求

～不平等条約の締結～

❶ **アメリカ総領事ハリスの交渉**…下田に着任した**ハリス**は通商条約を結ぶ交渉を始めた。幕府は朝廷の許可を得ることで通商条約に反対する勢力をおさえようとしたが，朝廷は通商条約の調印を認めなかった。1858年，アロー戦争で清が天津を制圧されたことを利用し，ハリスは強い姿勢で通商条約の締結を迫った。

zoomup アロー戦争 → p.370

❷ **日米修好通商条約**…1858年，**大老**の井伊直弼は反対派をおさえ，朝廷の許可を得ないまま，**日米修好通商条約**を結んだ。その内容は次のとおりである。
　▶函館・神奈川(横浜)・長崎・新潟・兵庫(神戸)の5港を開港し，下田は閉鎖する。
　▶外国人居留地での自由貿易を認める。
　▶**領事裁判権**(治外法権)を認め，日本には**関税自主権**がないものとする。
　　次いで，**オランダ・ロシア・イギリス・フランス**とも同じような内容の条約を結んだ(**安政の五か国条約**)。

Words 領事裁判権，関税自主権
- **領事裁判権**…外国人が罪を犯した場合，その国の法律に基づいてその国の領事が裁判を行うこと。
- **関税自主権**…商品にかける関税の税率を自主的に決めることができる権利。

3 開国の影響

～混乱する経済～

　最大の貿易港は**横浜港**，最大の貿易相手国は**イギリス**だった。主な輸入品は**毛織物**や**綿織物**などの繊維製品だが，鉄砲や軍艦などの武器の輸入も積極的に行われた。主な輸出品は**生糸**や**茶**であったが，生産が輸出に追いつかず，品不足で値上がりしたうえ，商人が買い占めや売り惜しみをしたため，米など一般の物価も急上昇した。

　当時の日本では，金と銀の交換比率が金1に対し銀5であったが，外国では金1に対し銀15であったため，外国商人は日本に銀を持ち込んで金と両替するだけで，3倍の金を入手することができ，日本から大量の金が流出した。幕府は金の流出を防ぐために質を落とした貨幣をつくったが，これがさらなる物価上昇を引きおこした。

　西陣(京都府)などの絹織物業者は生糸の品不足から生産が圧迫され，また，安価な輸入綿織物は三河(愛知県)などの綿織物業に大きな打撃を与えた。

Why アメリカが最大の貿易相手国でない理由

日本の開国直後に，アメリカ国内で**南北戦争**がおこり，アジア進出が中断したから。

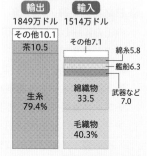

1865年

輸出	輸入
1849万ドル	1514万ドル

輸出：その他10.1／茶10.5／生糸79.4%

輸入：その他7.1／綿糸5.8／艦船6.3／武器など7.0／綿織物33.5／毛織物40.3%

(「図説日本文化史大系」)
↑ 幕末の貿易

HighClass

ペリー来航直後から，幕府は海の防備に力を入れはじめた。武家諸法度に定められた大船建造禁止を解除し，長崎に航海術などを学ばせる**海軍伝習所**を開設した。江戸湾には砲台(台場)を築いて防衛にあたった。諸藩も大砲製造，軍艦購入など軍備増強に力を入れた。

4 尊王攘夷の高まり

〜幕府の権威の失墜〜

❶ **尊王攘夷運動**…朝廷の許可を得ずに通商条約を結んだことや，その後の経済の混乱などから幕府への批判が高まり，天皇を尊ぶ**尊王論**と，外国を排除しようという**攘夷論**が結びつき，尊王攘夷運動へと進んでいった。

❷ **安政の大獄**…13代将軍徳川家定に子どもがいなかったため，家定のあと継ぎを巡って，水戸(茨城県)藩主徳川斉昭の子で一橋家の徳川慶喜を推す薩摩藩(鹿児島県)や土佐藩(高知県)などの外様大名と，紀伊(和歌山県)藩主徳川慶福(のちの家茂)を推す譜代大名との間に対立が生まれた。大老の井伊直弼は朝廷の許可を得ないまま通商条約に調印するとともに，徳川慶福を将軍のあと継ぎとし，幕府を批判する大名や公家などを厳しく取り締まり，100名以上を処罰した(安政の大獄)。

❸ **桜田門外の変**…1860年，井伊直弼は江戸城への登城途中で安政の大獄に反発した水戸藩の元藩士らの襲撃を受け，暗殺された(桜田門外の変)。この事件によって幕府の権威は失墜し，尊王攘夷運動はますますさかんになった。

❹ **公武合体策**…井伊直弼の暗殺後，幕府は朝廷を利用して権威の回復を図ろうと，孝明天皇の妹・和宮を14代将軍徳川家茂の夫人に迎えた。これを**公武合体策**という。

5 高まる倒幕の気運

〜攘夷の失敗の末に〜

❶ **薩英戦争**…1862年，生麦村(神奈川県横浜市)で，薩摩藩の行列の前を馬で横切ったイギリス人を薩摩藩士が殺傷した**生麦事件**をきっかけに，翌年，鹿児島湾で**薩英戦争**が繰り広げられた。この戦争で薩摩藩は大きな被害を受け，攘夷が不可能なことを知るとともにイギリスとのつながりが生まれ，西郷隆盛や大久保利通らの下級武士が政治の実権を握るようになった。

↑ 井伊直弼

参考 **安政の大獄**

水戸藩の前藩主・徳川斉昭は蟄居，一橋家当主の徳川慶喜は謹慎，越前藩の橋本左内や長州藩の吉田松陰らは処刑された。

↑ 桜田門外の変

井伊直弼の乗った駕籠

当時の東海道の道幅がわかる。

↑ 当時の生麦村

入試Info 1858年の**日米修好通商条約**締結から1867年の**大政奉還**まで，貿易が始められてからわずか10年で江戸幕府は滅亡している。その間におこったできごとを時系列に沿って整理しておくことが大切である。

❷ 四国艦隊下関砲撃事件…1863年，急進的な攘夷運動を行っていた長州藩（山口県）は下関に砲台を築き，関門海峡を通過する外国船に対し，砲撃を加えていた。しかし翌年，イギリス・フランス・アメリカ・オランダの四国連合艦隊に下関を砲撃され，下関砲台を占領された（**四国艦隊下関砲撃事件**）。これらの戦いを通して，長州藩は攘夷が不可能なことを知った。

⬆ 下関砲台を占領した連合艦隊兵士

❸ 第一次長州征討…当初，尊王攘夷を主張していた長州藩は，公武合体を支持する会津藩（福島県）や薩摩藩と対立し，京都に攻め上ったが敗走した（禁門の変または蛤御門の変）。幕府は，禁門の変の罪を問うために，諸藩の兵を集め長州征討にあたらせた（**第一次長州征討**）。四国艦隊の砲撃も受けていた長州藩では尊王攘夷派が実権を失い，いったんは幕府に屈服したが，**高杉晋作**や桂小五郎（のちの木戸孝允）らが藩の主導権を握り，高杉晋作は**奇兵隊**を組織し，軍事力の強化を図った。

❹ 薩長同盟…薩摩藩と長州藩の間柄は決して良好とはいえなかったが，1866年に土佐藩出身の**坂本龍馬**・中岡慎太郎らの仲立ちによって，**薩摩藩の西郷隆盛と長州藩の木戸孝允**らが薩長同盟を結び，互いに協力して幕府を倒すことを約束した。

❺ 第二次長州征討…1866年，長州藩の体制の変化に，幕府は再び長州藩を討つよう諸藩に命令を下したが，薩長同盟のもと，薩摩藩は長州藩がイギリス商人から武器を購入するのを仲介し，ひそかに長州藩を支援した。幕府側は敗北を続け，14代将軍家茂の死を契機に停戦したが，幕府の威信はさらに低下した。

❻ 世直し一揆…民衆の幕府への不満は高まり，借金の帳消しや物価の安定，地主からの土地の返還などを求める**世直し一揆**や大規模な打ちこわしが多発した。1867年には，東海・近畿地方などで，伊勢神宮のお札が天から降ってきたとして，「**ええじゃないか**」と熱狂的に踊る騒ぎがおこった。

参考　奇兵隊
藩士だけではなく，広く農民・町人からも参加者を募り，藩から武器や給与を支給され，近代的な軍事訓練を行った。

Person
坂本龍馬
〈1835～1867年〉

土佐藩士。土佐藩を脱藩したのち，**勝海舟**の門下生として航海術を学んだ。長崎で私設海軍と貿易会社を兼ねた亀山社中（のちの**海援隊**）を組織した。「船中八策」を起草し，その中で新政府構想を8か条にわたって提唱している。大政奉還目前に京都で暗殺された。

HighClass イギリスが薩摩藩・長州藩を支援したのに対し，フランスは幕府に対して財政的・軍事的援助をした。江戸幕府と朝廷側勢力との対立に列強同士の対立がからむことで，欧米列強の内政介入の危険性が高まった。

6 江戸幕府の滅亡

~武家政治の終わり~

①大政奉還…公武合体の立場をとって，倒幕に反対していた孝明天皇が亡くなり，1867年に明治天皇が即位した。一方，薩摩藩・長州藩，公家の三条実美・岩倉具視らは倒幕を目ざす動きを活発化させた。このありさまを見た15代将軍徳川慶喜は，前土佐藩主山内豊信の進言に従い，**1867年**10月14日，政権を朝廷に返還することを申し出た（大政奉還）。これには朝廷のもとで大名会議によって政治を行い，徳川家の政治力を維持しようというねらいがあった。しかし，12月9日に朝廷は王政復古の大号令を出し，天皇を中心とする新政府の樹立を宣言し，徳川慶喜に官職や領地を朝廷に返上するように命じた。

②戊辰戦争…新政府が慶喜を政権に加えなかったことに反発した旧幕府軍は**鳥羽・伏見の戦い**（京都府）をおこし，戊辰戦争が始まった。鳥羽・伏見の戦いで勝利した新政府軍は各地で旧幕府軍を打ち破り，**江戸無血開城**に成功した。その後も会津藩をはじめとする東北諸藩は奥羽越列藩同盟を結成し，抵抗を続けたが，1869年の函館の**五稜郭**での戦いを最後に戊辰戦争は終結し，新政府軍による国内統一が達成された。

徳川慶喜

↑ 京都の二条城での大政奉還の宣言

第2編 歴史

第1章 歴史の流れと地域の歴史

第2章 古代までの日本

第3章 中世の日本

第4章 近世の日本

第5章 近代日本のあゆみと国際関係

第6章 2つの世界大戦と日本

第7章 現代の日本と世界

| Words | 五稜郭 |
江戸時代末期に幕府が防衛のために函館に築城した初の西洋式城郭。江戸城開城時に武器の引き渡しを拒んだ榎本武揚がこの城を，戊辰戦争の最終戦である函館戦争の拠点とした。

↑ 五稜郭

Close Up 江戸無血開城

　江戸城の新政府への引き渡し交渉には新政府側は**西郷隆盛**，旧幕府側は**勝海舟**が臨んだ。両陣営ともに江戸での決戦を主張する勢力がいた。新政府側が提示した条件は徳川家に対して厳しい内容であったが，勝の回答はその条件をのむものではなかった。しかし，勝は西郷に内戦の拡大が国家の独立を危うくすることを説き，武力衝突の回避に成功した。勝・西郷ともに国の独立を守り，欧米諸国による日本の植民地化を回避する姿勢があった結果といえる。

西郷隆盛　勝海舟
↑ 江戸無血開城の会談

Episode

鎖国から開国に外交政策が転じたのち，江戸幕府は**榎本武揚**や**西周**，薩摩藩は**五代友厚**や**森有礼**，長州藩は**井上馨**や**伊藤博文**など，有能な若い人材を次々に欧米に留学させた。彼らの見聞は明治時代の新しい国づくりの大きな牽引力となった。

2▶ 明治政府の成立と諸改革の展開

① 明治維新 ★★☆

1 五箇条の御誓文

〜明治政府の政治方針〜

江戸幕府にかわって成立した新政府は，日本を近代国家にするためにさまざまな改革を行った。これらの改革に伴う社会の変化を明治維新という。

旧幕府軍と新政府軍の戊辰戦争が続く中で新政府は，1868年3月，新しい政治の方針として，会議で物事を決めることや知識を世界に求めることなどを，天皇が神に誓うという形で発表した。これを五箇条の御誓文という。また，国民に対しては五榜の掲示を出してキリスト教を禁止するなど，江戸幕府とかわらない政策を示した。そして，同年には江戸を東京，元号を明治と改めた。人々は新しい政治を「御一新」と呼んで期待した。

2 廃藩置県

〜中央集権国家建設へ〜

新政府は，中央政府が日本各地を直接支配する中央集権国家の建設を目ざした。幕府はなくなったが大名が支配する藩は残っていたため，新政府は1869年，薩摩・長州・土佐・肥前の4藩主に土地（版）と人民（籍）を天皇に返上させて，全国の大名もこれにならわせた（版籍奉還）。しかし，旧藩主は知藩事としてそのまま藩の政治を行い，旧家臣と領民との封建的関係もそのままであった。そこで，新政府は1871年には藩を廃止して府県を置き，知藩事は東京居住を命じられ，知藩事にかわって政府から任命・派遣された府知事・県令（のちに県知事）

史料

五箇条の御誓文
一，広ク会議ヲ興シ万機公論ニ決スベシ
一，上下心ヲ一ニシテ盛ニ経綸ヲ行ウベシ
一，官武一途庶民ニ至ル迄，各其志ヲ遂ゲ，人心ヲシテ倦マザラシメコトヲ要ス
一，旧来ノ陋習ヲ破リ，天地ノ公道ニ基クベシ
一，智識ヲ世界ニ求メ，大ニ皇基ヲ振起スベシ

参考 キリスト教

キリスト教は五榜の掲示で禁止されていたが，国内外から強い批判を受けたため，1873年に信仰を黙認した。

参考 一世一元の制

明治時代の元号から，天皇一代の間には元号を変えないとする一世一元の制となった。

Why 廃藩置県が実現した理由

多くの藩が借金などで財政的に苦しかったのを新政府が肩がわりしたことと，欧米諸国に対抗するためには中央集権体制が必要だという考えが藩主の間にも広まっていたため。

Episode　廃藩置県の制度は1888年に1道3府43県となり，ほぼ現在のような形となった。3府とは東京府・京都府・大阪府のこと。1889年から1943年までは東京市が存在し，1943年に東京府から東京都となった。東京市は現在の東京都区部（23区）にあたる。

が農民から年貢(税)を集め，政治を行うという廃藩置県を行った。この結果，中央政府による中央集権国家の基礎が完成した。この政府は，倒幕の中心であった薩摩・長州・土佐・肥前の4藩の出身者が政権の中心を占めて政治を行ったことから，藩閥政治と呼ばれた。

↑ 新政府のしくみ

> 廃藩置県と同時期に決定された。

3 四民平等

～身分制度のない世の中～

新政府は，国民を1つにまとめるため封建的な身分制度を改め，天皇の一族を皇族，旧藩主と公家を華族，武士を士族，百姓(農民)・町人(商工業者)を平民とした。皇族と華族の特権は残されたが，士族と平民の間には法的な身分上の差別がなくなり，四民平等となった。国民はだれもが名字を名のり，職業を自由に選ぶことができるようになり，結婚の自由が認められ，刑罰も身分による差別がなくなった。

1871年に出された布告(いわゆる「解放令」)によって，えた身分・ひにん身分がなくなった。しかし，これらの人々は，それまで認められていた職業上の権利を失い，居住・就職・結婚などの面で不合理な差別を受け続けた。

廃藩置県後も，新政府は華族や士族に米を支給していたが(秩禄)，これが政府にとって大きな負担であったため，一時金を支給し，さらに公債証書を与えて秩禄を廃止した(秩禄処分)。一部の士族はこれを資金に生活できたが，多くの者は公債の利子だけでは生活することができず，職業に就かねばならなかった。慣れない商業に失敗して苦しむ者も多く(「士族の商法」)，士族たちは新政府に不満を抱くようになった。

華族・士族5.6　僧・旧神官0.9

総人口3313.2万人

平民93.5%

(1872年)　(「近代日本経済史要覧」)

↑ 新しい身分別の人口割合

Words 秩禄処分

新政府が華族や士族に支給していた米(家禄)と，王政復古に功績のあった者に与えていた米や現金(賞典禄)を合わせて秩禄と呼び，公債証書(一定の現金がもらえる詔書)を与えるかわりに，それらを支給することを廃止したこと。

↑ 士族の商法

> 新政府に不満をもちながらも，平民を見下している士族を皮肉って描かれた。

短文記述対策！

Q 藩閥政治とはどのような政治か簡潔に述べなさい。

A 江戸幕府を倒す際に中心的役割を担った，薩摩・長州・土佐・肥前の4藩出身者が政府の要職を独占して行った政治。

第2編 歴史

第1章 歴史の流れと地域の歴史

第2章 古代までの日本

第3章 中世の日本

第4章 近世の日本

第5章 近代日本のあゆみと国際関係

第6章 2つの世界大戦と日本

第7章 現代の日本と世界

② 富国強兵と文明開化 ★★★

1 近代国家建設

～欧米列強に対抗するために～

政府は，近代国家を建設して欧米列強に対抗するために，経済を活性化させて近代産業をおこす（殖産興業）ことで国を富ませ（富国），その富をもとに強力な軍事組織をつくる（強兵）という富国強兵政策を進めた。そのために，税制度，兵制度，教育制度で改革を進めた。

2 地租改正

～安定した税金制度～

明治初期までの政府の主な財源は，諸藩から引き継いだ，主に米による年貢であった。しかし，藩により税率が異なり，収穫高が豊作や凶作によって増減して不安定であったため，政府の財政は安定せず，予算を立てて仕事を進めるのが困難であった。そこで政府は財政の安定を図るため，1873年から地租改正を実施した。その内容は，全国の土地を調べてその価格（地価）を定め，土地所有者に地券を与えて所有権を認め，土地所有者に地価の3％を地租として現金で納めさせるものであった。この結果，毎年一定の収入が見込まれ，予算を立てて政治を行うのに好都合となった。

しかし，地租の金額は，江戸時代の年貢による収入を下回らないように設定されたため，地租改正によって負担が軽くなると期待していた農民の負担は江戸時代とほとんど変わらず，農民たちは各地で地租改正反対一揆をおこした。政府の政策に不満をもつ士族の動きと農民の動きが結びつくことを恐れた政府は，1877年，地租を2.5％に引き下げた。

参考 3％の地租

ある農民は，地価が約50円と算出され，3％を地租として約1円50銭支払った。これは，この農民の収穫した米の代金約5円の30％という高額な支払いとなった。江戸時代の年貢による収入を下回らないように地価や地租3％が設定されたことに注意しよう。
1877年に2.5％に下がった際には，「竹槍でどんとつき出す二分五厘」とうたわれた。

参考 小作料

農地を借りた農民が，主に支払う米や現金など。小作料が米などの物納から金納（現金）になったのは，太平洋戦争後の農地改革以降である。

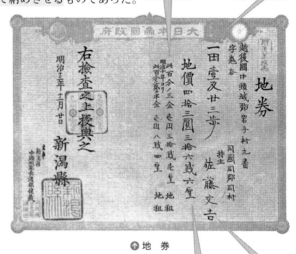

↑ 地券

地租の額　土地の面積　地価　土地所有者

入試Info

地租改正の語句の記述，目的，そして内容の「土地所有者に地券を与え，地価の3％を地租として，土地所有者に現金で納めさせる制度」を文章で記述させる出題などが多い。地租改正反対一揆がおこった理由とともに，地租改正の内容を理解，整理しておこう。

その一方，土地所有者は，小作人から高い小作料を米で受け取り，その受け取った米を売って地租を納めたため，米価の値上がり時には大きな利益を得ることとなり，土地を買い取ってますます大きな土地所有者（大地主）となり，小作人との貧富の差が大きくなった。

3 徴兵制

～近代的軍隊組織の結成～

統一された軍隊組織による「強兵」を目ざした政府は，1873年に徴兵令を出し，士族，平民の区別なく，満20歳以上のすべての男子に3年間の兵役の義務を課した。しかし，役人や官立学校の学生，一家の主人やあと継ぎ，代人料270円を納めた者などは兵役が免除されるなど多くの免除規定があり，実際に兵役についたのは農家の貴重な労働力である二男や三男であったため農家には大きな負担となり，**徴兵反対一揆**がおこった。士族は徴兵制により戦いの特権が奪われ，のちには帯刀の禁止や秩禄処分などにより特権が完全になくなり，生活にも苦しむようになった。こうして，士族たちの間には政府へ不満を募らせる者が多くなった。

↑ 主な農民一揆

■ 大きな農民一揆がおこった地域

新政反対 1871年
旧藩主留任要求 1871年
徴兵反対 1873年
新政反対 1873年
租税減免要求 1870年
徴兵反対 1873年
徴兵反対 1873年
地租改正反対 1876年
租税返還要求 1874年

政府の収入
- 総額
- 地租

総額に占める地租の割合

↑ 政府の収入の移り変わり
（「明治以降本邦主要経済統計」）

商工業が発展するにつれ，地租の割合は減っている。

📄 **史料**

徴兵告諭

…人間たるもの，身も心もさげて国に報いなければならない。欧米人はこれを血税という。人間の生きた血で，国に奉仕するという意味である。…全国の男子で二十歳になった者は，すべて兵籍に編入し，国家の危急に備えるべきである。
（一部要約）

1872年に出された。史料中の「血税」を「生血を外国に売る」と誤解されたこともあって，徴兵反対一揆（血税一揆）が全国でおこった。

zoomup 秩禄処分→ p.377

第2編 歴史

第1章 歴史の流れと地域の歴史

第2章 古代までの日本

第3章 中世の日本

第4章 近世の日本

第5章 近代日本のあゆみと国際関係

第6章 2つの世界大戦と日本

第7章 現代の日本と世界

HighClass **徴兵制**による軍隊の創設は，長州藩出身の**大村益次郎**によって立案された。大村益次郎が暗殺されたのちは，同じく長州藩出身でのちに内閣総理大臣になる**山県有朋**が中心となって実現させた。

4 学制

～教育制度の実施～

　政府は国民の知識を高め人材を養成するために，**1872年に学制を定め**，満6歳以上の男女に小学校での義務教育を受けさせることとした。しかし，授業料や学校の建設費用が国民の負担となり，農家の労働力である子どもの就学への反対もあり，就学率はなかなか上がらなかった。1875年に男子の就学率が50%を超え，女子は家事の担い手として教育不要との考えから就学率は男子の半分以下にとどまった。

　また，政府は1877年，江戸幕府が開設した開成学校と東京医学校を統合して東京大学を創設するなど，高等教育機関の建設を図り，多くの外国人教師を雇うとともに，留学生を欧米に派遣し，欧米の新しい技術や科学を学ばせた。

5 殖産興業

～富国強兵を進めるために～

　殖産興業とは，明治政府が掲げた近代産業育成のための政策であり，多くの分野で発展が見られた。地租改正で得た資金がもととなり，外国から機械を輸入して工場を建設し，外国人技術者を招いた。

❶ **官営模範工場**…重要な輸出品の生糸を生産するために**1872年**，官営模範工場として群馬県に**富岡製糸場**が建設された。ここでは，フランスの機械を利用し，フランス人技師の指導のもと，蒸気力を利用した大規模な生産を行った。紡績工場や軍事工場などの官営模範工場もつくられた。

❷ **貨幣制度**…1871年に新貨条例を公布し，円・銭・厘の10進法による新貨幣制度をつくった。

❸ **銀行制度**…政府の援助によって銀行が発達し，国立銀行条例に基づく民間銀行がつくられた。1882年には，中央銀行である**日本銀行**が設立された。

❹ **鉄　道**…外国から資金を借り，イギリスから技師を招いて，1872年，**新橋**（東京）〜**横浜**間に初めて鉄道が開通し，1874年には大阪〜神戸間にも鉄道が開通した。

Words 学　制

明治政府が1872年に定めた近代的な学校制度。フランスの制度にならい，大学区・中学区・小学区を設けた。

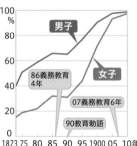

↑ 小学校の就学率の変化

Words 官営模範工場

明治政府が**殖産興業**政策の実現のためにつくった直営の工場。富国強兵のために軍事工場が多かったが，製鉄所や製糸工場，紡績工場などもつくられた。

↑ 富岡製糸場

Person

渋沢栄一
〈1840〜1931年〉

実業家。富岡製糸場や1882年に設立された，当時の最新，最大の紡績会社である**大阪紡績会社**の設立など近代産業の発展に尽くした。

Episode **お雇い外国人**として，動物学者で大森貝塚を発見した**モース**，教育家で札幌農学校を創設した**クラーク**，美術史家の**フェノロサ**らがいる。クラークの月給は300円で現在の約120万円，最下級のお雇い職工でも月給70ドルで，日本人職工の10倍以上の給料をもらっていた。

❺ 電信・電話…1869年に東京～横浜間に電信が開通，1890年に東京～横浜間と両市内で電話交換が始まった。

❻ 郵便制度…1871年，前島密の努力によって西洋式の郵便制度が始まった。

6　文明開化

～西洋風の流行～

1870年代から，西洋の生活様式や思想を取り入れる風潮が流行した。これを文明開化という。

「ざんぎり頭をたたいてみれば，文明開化の音がする」といわれたように，ざんぎり頭に帽子，洋服姿に銀時計というスタイルが流行した。東京などの大都会を中心に，あんどんがランプ・ガス灯にかわり，駕籠にかわって人力車・馬車などが走り，自転車が使われ，れんが造りの洋風建築が立ち並ぶなど，街の風景が一変した。

暦も従来の太陰暦にかわって太陽暦が採用され，1年は365日，1日は24時間となった。七曜制も採用されて日曜日が休日となり，祝祭日が定められた。

食べ物も西洋風のものが流行した。仏教の影響などにより食べる習慣のほとんどなかった牛肉が食べられるようになり，牛乳やバター，ビールなどの飲食が流行した。新聞や雑誌の創刊も多くなり，1870年には『横浜毎日新聞』，1872年には『東京日日新聞』が創刊された。

欧米の自由や平等の思想も紹介され，福沢諭吉は『学問のすゝめ』で「天は人の上に人をつくらず，人の下に人をつくらず」と著して人間の平等を説き，中江兆民はルソーの『社会契約論』を訳して『民約訳解』を著し，人は生まれながらに自由で平等であると説いた。宗教においてはキリスト教が黙認され，また，仏教よりも神道が重要視され，神道の国教化が行われ，仏教を排除する動きがおこった。

これらの文明開化の生活は，主に都市に住む人々に限られ，農漁村では今までどおりの生活が続けられ，その変化は遅かった。また，欧米の物・風習が良いとされたため，日本に古くから伝わる文物が軽視され，仏像など貴重な遺産が失われることとなった。

↑ 文明開化のようす

ざんぎり頭の男性が牛鍋（すき焼き）を食べている。

↑ 牛鍋を食べる男性

🔍 Person

福沢諭吉

〈1834～1901年〉

思想家・教育家。大阪の適塾で緒方洪庵に学び，幕末には勝海舟の指揮する咸臨丸に乗ってアメリカへ渡った。1858年，江戸で蘭学塾（現慶應義塾大学）を開いた。『学問のすゝめ』は発行部数300万部を超える大ベストセラーとなった。

HighClass　江戸時代までは，仏と神は本来同じであるとする**神仏習合**の考えであったが，明治時代になり政府は，神道を重視する**神仏分離令**を出した。その結果，仏教への抑圧・破壊運動（**廃仏毀釈**）がおこった。全国で寺院や仏像などの破壊が行われ，仏教界は大きな打撃を受けた。

第2編 歴史

第1章 歴史の流れと地域の歴史

第2章 古代までの日本

第3章 中世の日本

第4章 近世の日本

第5章 近代日本のあゆみと国際関係

第6章 2つの世界大戦と日本

第7章 現代の日本と世界

③ 明治初期の外交 ★★☆

1 岩倉使節団

～不平等条約改正を目ざして～

　幕末に結ばれた不平等条約の改正のため，1871年，岩倉具視を全権大使，木戸孝允，大久保利通，伊藤博文，山口尚芳の4名を副使とする岩倉使節団が欧米に派遣された。しかし，最初の訪問地のアメリカで，法の未整備などが理由で交渉に失敗したことから重点目的を，政治制度や社会のしくみ，産業などの視察に変更した。ヨーロッパを含め，2年近くの視察で欧米の情勢を見た使節団は，日本の政治や産業の遅れを実感し，帰国後，日本の国力の充実を図ることが必要であるとして，近代化を進めることとなった。

↑ 岩倉使節団

左から木戸孝允，山口尚芳，岩倉具視，伊藤博文，大久保利通

2 蝦夷地・琉球政策，各国との外交

～日本の領土範囲の画定～

❶ **蝦夷地**…政府は1869年，蝦夷地を**北海道**と改め，開拓を進めるための役所として開拓使を置き，開拓とロシアへの警備を目的に，失業した士族の一部を**屯田兵**として送った。しかし，開拓が進む中で，先住民のアイヌの人々の伝統や文化を破壊し，彼らを日本人として扱う**同化政策**が行われた。

❷ **琉　球**…琉球王国は江戸時代，薩摩藩に服属するとともに，清にも朝貢していた。政府は日本の領土の一部にするため，1872年に**琉球藩**を置き，1879年には琉球藩を廃止して**沖縄県**を設置した（**琉球処分**）。沖縄県の人々にも，日本人として扱う同化政策が行われた。

❸ **中　国**…清との間で，**1871年**に**日清修好条規**を結んだ。これは，互いに開港し，領事裁判権を認め合うもので，日本が最初に結んだ対等な条約であった。

❹ **ロシア**…幕末に結ばれたロシアとの条約で，樺太（サハリン）は日本人とロシア人の両国人の雑居地，千島列島は択捉島以南が日本領，ウルップ島以北がロシア領と決められたが，**1875年の樺太・千島交換条約**で，樺太がロシア領，千島列島が日本領となった。

🔍 Person

津田梅子
〈1864～1929年〉

明治・大正時代の女子教育家。7歳で岩倉使節団の一行に加わったアメリカ留学生の1人。数度にわたりアメリカに留学，女子教育に力を注ぎ，1900年に**女子英学塾**（現津田塾大学）を設立した。

Words　同化政策

ある国が，支配地域に自国と同様の制度や文化を根づかせ，一体化させようとする政策。その結果，その地域の文化などは破壊されることになる。

HighClass　政府はアイヌの人々の保護を名目に，1899年に**北海道旧土人保護法**を制定したが，実質は日本への同化を進める法律だった。1997年に同法は廃止され，アイヌの人々の人権保護のため**アイヌ文化振興法**が，2019年にアイヌの人々を先住民族と明記した**アイヌ民族支援法**が制定された。

❺ **朝　鮮**…政府は朝鮮との国交を求めたが，鎖国中の朝鮮が応じなかったため，1873年には武力で朝鮮に開国を迫る征韓論が西郷隆盛や板垣退助らによって唱えられた。しかし，欧米視察から帰国した**大久保利通**らが反対したため政府は分裂し，西郷や板垣らは政府を去った（**明治六年の政変**）。その後も政府が交渉を続ける中，1875年に**江華島事件**がおこり，**1876年**には朝鮮に対して日朝修好条規を結ばせた。その主な内容は，日本の無関税と領事裁判権を認めさせるものであり，朝鮮にとって不平等な条約であった。

❻ **小笠原諸島**…小笠原諸島は帰属が明確ではなかったが，政府が1876年に日本の領土であることを各国に通告し，アメリカ・イギリスともこれに異議を唱えなかったので，日本領と画定した。

↑ 明治初期の外交と国境の画定

| Words | 江華島事件 |

1875年，日本の軍艦が朝鮮の江華島付近で挑発を行い，朝鮮との戦闘に発展した事件。

Close Up　領土を巡る問題の経緯

●**北方領土**…北海道の北東に位置する国後島・歯舞群島・色丹島・択捉島の４島を指す。19世紀までに江戸幕府の支配が及び，1855年に締結された日露和親条約で日本の領土と確認された。だが，1945年にソ連軍が占領して以降，ソ連が不法占拠し，現在はロシアが占拠を続けている。

●**竹　島**…島根県隠岐諸島の北西に位置する。江戸時代初期から鳥取藩の町人があわび漁などを行い，17世紀半ばには日本は竹島の領有権を確立していた。1905年に日本政府は島根県への編入を閣議決定した。1951年のサンフランシスコ平和条約で日本が放棄した地域に竹島は含まれていなかったが，1952年，竹島の領有権の主張を退けられた韓国の李承晩大統領が一方的に公海上に境界線を設定し，1954年からは警備隊を常駐させ，不法占拠を続けている。

●**尖閣諸島**…沖縄県の西に位置する。日本は1885年から現地調査を行い，清などの支配が及んでいないことを慎重に確認したうえで，1895年に沖縄県への編入を閣議決定した。だが，周辺の海底に石油資源埋蔵の可能性が指摘されると，1970年代から中国や台湾が領有権を主張しはじめた。しかし，尖閣諸島に対する日本の実効支配は現在まで続いており，解決すべき領土問題は存在しない。

↑ 北方領土・竹島・尖閣諸島

入試Info　1875年の**樺太・千島交換条約**では，樺太（サハリン）はロシア領，千島列島は日本領となったが，日露戦争後の**ポーツマス条約**（1905年）では，樺太の南半分も日本領となった。国境線が変わったことに注意しよう。

第２編　歴　史

第１章 歴史の流れと地域の歴史

第２章 古代までの日本

第３章 中世の日本

第４章 近世の日本

第５章 近代日本のあゆみと国際関係

第６章 ２つの世界大戦と日本

第７章 現代の日本と世界

3 立憲政治の始まりと国際社会とのかかわり

Point
① 自由民権運動の始まりから憲法制定，国会開設までの過程を理解しよう。
② 江戸時代末期に結ばれた不平等条約の改正の過程と時期をおさえよう。
③ 日清戦争・日露戦争の原因と結果，講和条約の内容をおさえよう。

1 自由民権運動 ★★★

1 西南戦争

〜政府への不満が爆発〜

　政府への不満が高まる中，西郷隆盛や板垣退助らにより，武力で朝鮮を開国させようという征韓論が主張され，不平士族らに支持された。しかし，征韓論が退けられ，西郷隆盛，板垣退助らが政府を去ると，1874年に江藤新平がおこした佐賀の乱をはじめ，不平士族による反乱が各地でおこった。1877年におこった，西郷隆盛を中心とした士族の最大の反乱である西南戦争が徴兵制によってつくられた近代的な政府軍により制圧されると，武力による士族の反乱は終わり，反政府運動は言論によって展開されるようになった。

2 自由民権運動の展開

〜国会開設を求めて〜

　一方で，板垣退助は，藩閥政治を批判し，1874年に民撰議院設立の建白書を政府に提出して，国民の政治参加を求め，国民の代表者による国会の開設を求める自由民権運動を始めた。この後，板垣退助は郷里の高知に帰って立志社をつくり，さらに大阪で愛国社を結成して運動を進めた。当初，不平士族が中心であったこの運動は，やがて地方の有力農民や都会の人々の間にも広まっていった。これに対して政府は，徐々に国会開設に取り組む方針を決め，三権分立の形を整えたり，民意を政治に反映させたりする一方で，新聞紙条例や集会条例を出して，自由民権運動を厳しく取り締まった。

↑ 士族の反乱

zoomup 藩閥政治→ p.377

Words　自由民権運動
民撰議院設立の建白書の提出をきっかけに始まった，藩閥政治の打破，国会開設などを求めた運動。

↑ 言論弾圧の風刺画

Episode　東京の上野公園に立つ西郷隆盛の銅像の制作者は高村光雲。西郷隆盛本人とはっきりとわかる写真などが残っていない中で制作したため，銅像の除幕式でその顔を見た隆盛の妻は「こんなの主人の顔とは違う！」といったという。

しかし，各地の自由民権運動を進める団体は合流して，1880年に大阪で**国会期成同盟**をつくった。翌年，**開拓使官有物払い下げ事件**がおこり，政府批判が激しくなると，政府は払い下げを中止し，この事件に反対していた**大隈重信**を政府から追い出したうえで，10年後の1890年に国会を開くことを約束した（国会開設の勅諭）。このため，各地で憲法草案がつくられ，**中江兆民**や**植木枝盛**らが自由民権運動に影響を与えた。

3 政党の結成

～国会開設へ向けて～

国会の開設が約束されると，1881年に**板垣退助**を党首とする**自由党**が，1882年には**大隈重信**を党首とする**立憲改進党**が結成された。自由党は，フランス流の民権思想の影響を受けた急進的な政党であり，現状に不満をもつ士族や農民の支持を得た。立憲改進党は，イギリス流の立憲政治を手本とする穏やかな政党であり，資本家や地主，学者たちの支持を得た。

自由民権運動が進む中で，1881年ごろから政府は，財政不足を解消するために財政の引き締めと増税策をとったため，農村は深刻な不景気に見舞われた。このため，困窮した農民は自由党の一部の党員と結びつき，各地で反政府的な暴力行動をおこした。1884年には埼玉県の秩父地方で，借金に苦しむ農民たち

> 東京都の民家で発見された憲法草案

が**困民党**を結成し，借金の返済延期や減税などを求めて郡の役所や金貸しなどを襲う**秩父事件**をおこした。政府は警察だけでなく，軍隊も出動してこれを鎮めた。

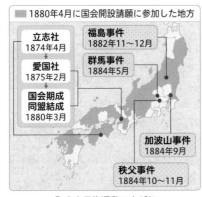

- 立志社 1874年4月
- 愛国社 1875年2月
- 国会期成同盟結成 1880年3月
- ■ 1880年4月に国会開設請願に参加した地方
- 福島事件 1882年11～12月
- 群馬事件 1884年5月
- 加波山事件 1884年9月
- 秩父事件 1884年10～11月

↑ 自由民権運動の広がり

第2編 歴史

第1章 歴史の流れと地域の歴史

第2章 古代までの日本

第3章 中世の日本

第4章 近世の日本

第5章 近代日本のあゆみと国際関係

第6章 2つの世界大戦と日本

第7章 現代の日本と世界

HighClass　大隈重信と板垣退助は1898年に**憲政党**を結成し，陸海軍大臣以外のすべての大臣を憲政党員で占める日本初の政党内閣（**隈板内閣**）を実現した。ただし2人とも選挙で選ばれたのではないので，1918年に成立した，衆議院議員である**原敬**の初の本格的な政党内閣とは区別する。

② 大日本帝国憲法の制定と議会の開設 ★★★

1 憲法制定へ向けて

〜政府の憲法制定への道〜

　政府は自由民権運動への弾圧を続けたため，運動は急速に衰えていった。

　一方，国会の開設を約束した政府は，憲法制定の準備のため，1882年，伊藤博文らをヨーロッパに派遣した。伊藤らは各国の憲法を調べ，君主権の強い**ドイツ（プロイセン）**の憲法が日本の国情に適していると考え，この憲法をもとに草案をつくった。国民に秘密のうちにつくられた草案は，天皇の政治上の相談にあずかる最高機関としてできた**枢密院**で審議された。

　その一方で政府の組織や政治制度の整備も進められた。1884年には**華族令**が定められ，華族に特権を与え，将来に貴族院議員を選ぶためのもとをつくった。**1885年には太政官制を廃止して内閣制度を定め，伊藤博文が初代内閣総理大臣となった。各省大臣はほとんど薩摩・長州の出身者で占められた。

2 大日本帝国憲法の制定

〜立憲政治の始まり〜

　枢密院で審議された憲法の草案は，**1889年2月11日**，天皇が国民に与えるという形式で発布された（**欽定憲法**）。これが**大日本帝国憲法**（**明治憲法**）で，1947年5月3日に**日本国憲法**が施行されるまで，日本の政治の根本となった。大日本帝国憲法には次のような特色がある。

❶ **天皇主権**…神聖不可侵で，万世一系の天皇が統治権をもつ**元首**として，日本を統治すると定められた。議会の力は弱く，立法・行政・司法のすべてが天皇を助けるという形であり，政府は天皇に対して責任を負い，議会や国民に対しては責任を負わなかった。

❷ **天皇の統帥権**…統帥権（軍隊を支配下に置き，率いる権限）は天皇にあり，政府も議会もそれに対して口出しはできなかった（**統帥権の独立**）。

Person

伊藤博文
〈1841 〜 1909年〉

長州藩（山口県）出身の政治家。初代内閣総理大臣。内閣制度，大日本帝国憲法の制定などに尽力した。韓国統監府の初代統監となったが，1909年に暗殺された。

史料

大日本帝国憲法

第1条　大日本帝国ハ万世一系ノ天皇之ヲ統治ス

第3条　天皇ハ神聖ニシテ侵スベカラズ

第4条　天皇ハ国ノ元首ニシテ統治権ヲ総攬シ…

第20条　日本臣民ハ法律ノ定ムル所ニ従イ兵役ノ義務ヲ有ス

第29条　日本臣民ハ法律ノ範囲内ニ於テ言論著作印行集会及結社ノ自由ヲ有ス

（一部抜粋）

↑ 大日本帝国憲法下の国家のしくみ

入試Info

征韓論→民撰議院設立の建白書→国会期成同盟→国会開設の勅諭→自由党の結成→立憲改進党の結成→内閣制度→大日本帝国憲法の発布→第1回衆議院議員総選挙→第1回帝国議会という流れは，並べかえ問題としてよく出題される。

❸ 帝国議会…帝国議会は貴族院と衆議院の二院で構成され，貴族院は皇族や華族，多額納税者の代表と天皇の任命した者からなった。衆議院は，選挙で選ばれた議員からなった。

❹ 国民の権利…国民は天皇の「臣民」とされた。言論・出版の自由はある程度保障されたが，法律によって制限することができた。

❺ 東アジア初の近代憲法…大日本帝国憲法は，東アジアで最初に制定された憲法で，日本は東アジアで最初の，憲法をもとにして政治を行う立憲国家となった。

　大日本帝国憲法の発布に続き，**民法や商法**も公布され，法律が整っていった。また，大日本帝国憲法によって天皇の権威を絶対化した政府は，**忠君愛国**の精神を養うために**1890年**に教育勅語を定め，日本の教育の根本方針とした。

3 帝国議会の開設と政党

〜国会の始まり〜

　1890年，衆議院議員を選ぶ総選挙が行われ，第1回帝国議会が開かれた。衆議院議員の選挙権は，直接国税を**15円以上納める満25歳以上の男子**のみだったため，投票できたのは地主や裕福な市民に限られ，全国民に占める割合は，わずか1.1%（約45万人）に過ぎなかった。

　総選挙の結果，藩閥政府を支持する政党（**吏党**）に対して，立憲自由党（自由党の後身）や立憲改進党など反政府の政党（**民党**）が議席の過半数を占めた。しかし，薩摩・長州出身者が多数を占める内閣が続き，議会で多数を占める政党による内閣は組織されなかった。

　第1回帝国議会が始まると，政府は軍備拡張を，民党側は地租の軽減を主張し，予算案を巡って厳しく対立した。そのため衆議院を解散させた政府は，第2回総選挙時には選挙への激しい干渉を行ったが，選挙の結果，民党の優位が続き，その後も対立が続いた。

　1900年には伊藤博文が**立憲政友会**をつくったが，このころの政党は国民の真の代表ではなく，一部の資本家や地主に支えられた組織であった。

参考 アジア初の立憲国家

1876年にトルコが立憲国家となったが，1年余りで憲法は停止された。

Words 民法

家族関係，相続などを定めた法律。明治時代の民法は，「家」を重視し，戸主（一家の主人）に大きな権限があった。女性には男性と同じ相続権などの権利が認められていなかった。

参考 衆議院議員選挙

当時の直接国税とは地租と所得税を指す。なお，衆議院議員に立候補できたのは，直接国税を15円以上納める満30歳以上の男子のみであった。

警官が投票するようすを見ている。

↑ 当時の衆議院議員選挙の風刺画

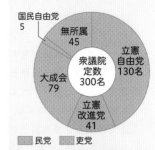

↑ 第1回衆議院議員総選挙の結果

- 国民自由党 5
- 無所属 45
- 立憲自由党 130名
- 大成会 79
- 衆議院定数 300名
- 立憲改進党 41
- 民党
- 吏党

第2編 歴史

第1章 歴史の流れと地域の歴史

第2章 古代までの日本

第3章 中世の日本

第4章 近世の日本

第5章 近代日本のあゆみと国際関係

第6章 2つの世界大戦と日本

第7章 現代の日本と世界

短文記述対策！

Q 第1回衆議院議員総選挙時の有権者の条件を簡潔に述べなさい。

A 直接国税を15円以上納める満25歳以上の男子。

③ 条約改正のあゆみ ★★★

1 不平等条約の改正へ

～条約改正に向けて始動～

江戸幕府が1858年にアメリカと結んだ**日米修好通商条約**は，日本に関税自主権がなく，アメリカに領事裁判権（治外法権）を認めるという，日本にとって不平等な条約であった。その後，各国と結んだ条約も不平等なものであり，条約の改正は，近代国家として欧米諸国と対等な地位を得るうえで，明治政府にとって最も重要な課題であった。政府は，条約の改正を目ざし，1871年に**岩倉具視**を全権大使とする**岩倉使節団**を欧米に派遣したが，交渉は失敗した。

2 難航する条約改正交渉

～条約改正のための努力～

外務卿（大臣）の**井上馨**は極端な欧化政策をとり，**鹿鳴館**で舞踏会を開いて欧米諸国の関心を引こうとした。そして，外国人を日本の裁判官に任用することなどを内容とした改正案で交渉を行ったが，政府の内外で反発がおこり失敗した。その後，外務大臣となった**大隈重信**も，大審院（最高裁判所）への外国人裁判官の任用を認めることで改正交渉を進めようとしたが，国内の反対で失敗した。

鏡の前は日本人，鏡の中は…

↑ 鹿鳴館での舞踏会の風刺画

zoomup 岩倉使節団→ p.382

Words 鹿鳴館
1883年，東京に建てられた西洋式建築の国際社交場。政府はここに来日中の外交官を招き，舞踏会を催した。

Words 欧化政策
不平等条約の改正を目ざしてとられた西洋化政策。

Close Up　**大津事件―守られた司法権の独立**

　大隈重信のあと外務大臣となった青木周蔵は，イギリスとの改正交渉にあたり，イギリスの同意をほぼ得ていた。そのような状況の中，1891年，ウラジオストクのシベリア鉄道起工式に向かう途中のロシア皇太子ニコライが日本を訪問した。当時，日本はロシアへの警戒感を強めており，一行が滋賀県の大津に赴いた際，警備中の巡査津田三蔵が皇太子を切りつけるという事件がおこった。ロシアの報復を恐れた政府は，津田を死刑にするように裁判官に要求したが，大審院長の児島惟謙は政府の要求に屈せず司法権の独立を守り，法律の規定どおり殺人未遂罪の適用を主張して，犯人を無期徒刑にした。このため，かえって外国から日本の法律に対する運用の正しさを称賛されたという。この事件の責任をとって青木周蔵が外務大臣を辞任したため，イギリスとの間で成功しかけていた条約改正交渉は失敗に終わった。

Episode　鹿鳴館の「鹿鳴」とは中国の書物に由来する，「来客をもてなす」の意味。当時の日本人は，西洋料理の食べ方，ダンスのしかたも知らず四苦八苦した。フランスの新聞記者のビゴーは，舞踏会の風刺画を描き，日本の外面だけの欧化政策の「滑稽さ」を見抜いていた。

③ ノルマントン号事件

〜領事裁判の悲劇〜

1886年，イギリス船のノルマントン号が和歌山県沖で沈没した際，イギリス人船長と船員はボートで脱出したが，日本人乗客25名全員が水死した。船長は領事裁判権（治外法権）によるイギリス領事の裁判で無罪となった。しかし，日本国内では非難がわき上がり，再度のイギリス領事による裁判の結果，船長に刑務所への収容3か月の判決が下ったものの，賠償金の支払いはなかった。この事件をきっかけに，日本国内で領事裁判権の撤廃を求める声がいっそう高まった。

海の中に漂う人々は日本人

↑ ノルマントン号事件の風刺画

④ 条約改正の成功

〜領事裁判権の撤廃，関税自主権の完全回復〜

❶ **日本国内の整備**…大日本帝国憲法が制定され，また，さまざまな法律が整い，議会政治も行われるようになってきたため，欧米諸国は日本の近代国家としての信用を高めていった。

❷ **ロシアへの警戒**…イギリスは，シベリア鉄道を建設し，東アジアへ勢力を伸ばそうとしているロシアを警戒していた。一方，ロシアへ対抗する勢力として，イギリスは，国力を強めている日本と友好関係を築きたいと考えていた。

❸ **領事裁判権（治外法権）の撤廃に成功**…1894年，日清戦争の直前に外務大臣の陸奥宗光がイギリスと**日英通商航海条約**を結んで，**領事裁判権（治外法権）の撤廃**に成功した。その後，日清戦争で日本が勝利したことも影響し，ほかの国々とも同じような条約を結んだ。

❹ **関税自主権の完全回復に成功**…1904年に始まった日露戦争に勝利した日本は，その国際的地位を向上させた。1911年には外務大臣の小村寿太郎により，アメリカとの間で，日本の**関税自主権を完全回復**する日米通商航海条約が結ばれた。続いて，ほかの国々とも改正条約を結び，日本は欧米と対等な地位を得た。

🔍 **Person**

陸奥宗光
〈1844 〜 1897年〉

紀州藩（和歌山県）出身の政治家・外交官。伊藤博文内閣の外務大臣として，イギリスとの間で1894年に**日英通商航海条約**を結び，**領事裁判権（治外法権）の撤廃**に成功した。

小村寿太郎
〈1855 〜 1911年〉

飫肥藩（宮崎県）出身の外交官。桂太郎内閣の外務大臣として，1902年に**日英同盟**を結んだ。1911年には，アメリカとの間で日米通商航海条約を結び，**関税自主権の完全回復**に成功した。

第2編 歴史

第1章 歴史の流れと地域の歴史

第2章 古代までの日本

第3章 中世の日本

第4章 近世の日本

第5章 近代日本のあゆみと国際関係

第6章 2つの世界大戦と日本

第7章 現代の日本と世界

入試Info　**ノルマントン号事件**について，おこった時期やその影響，内容が問われる。また，**領事裁判権の撤廃**と**関税自主権の完全回復**について，それぞれの時期と相手国，それに成功した外務大臣名が問われ，人名は記述させることも多いので正確に書けるようにしておこう。

④ 日清戦争 ★★★

zoomup 産業革命→ p.364

1 帝国主義

～欧米による植民地獲得政策～

　19世紀の後半，欧米の列強は産業革命をほぼ達成し，大きな資本を蓄え，近代工業が発展を遂げた。資本主義も発展し，経済的にも大きな力をもつようになった。その結果，これらの国々は，原料供給地・商品の市場・資本の投下先を求めてアジア・アフリカ・太平洋などの諸地域に進出し，さらに大きな利益を得ようと考えた。これらの地域は，安い原料を買い上げ，製品を売る市場として最適であった。

　このように資本主義の発達した国が，軍事力により植民地を獲得するため海外へ進出していった。こうした動きを帝国主義という。

20世紀初期

日本

シャム（タイ）
エチオピア

リベリア

□ ドイツの植民地
□ アメリカの植民地
■ イギリスの植民地
■ フランスの植民地
□ その他の列強の植民地

↑ 列強のアジア・アフリカ分割

> アフリカで植民地支配をまぬかれたのは，エチオピアとリベリア，東南アジアではシャム（タイ）のみであった。

2 朝鮮の情勢

～征韓論後の朝鮮政策～

　征韓論は退けられたが，1875年の江華島事件をきっかけに，翌1876年，日本は朝鮮に不利な日朝修好条規を結ばせて，朝鮮を開国させた。

　開国後の朝鮮の内政に日本が干渉すると，朝鮮を属国と考えていた清と対立するようになった。

　朝鮮国内では，開国による経済の不安定，重税などのため，人々の政府への反発が強まっていた。政府内でも，日本の指導のもとで近代化，政治改革を目ざす勢力と，清に頼って現状を維持しようとする勢力が対立し，たびたび政争を繰り返した。そして，1884年には朝鮮政府内において，日本の援助のもと，政府を倒そうとするクーデターがおこった（甲申事変）が，清軍の介入のため失敗し，日本と清との関係が悪化した。このため，日本と清は協議し，両国とも朝鮮から撤兵すること，今後の出兵時には互いに通知することなどを取り決めた条約を結んだことで，両国の武力衝突は回避された。

> イギリスのケープ植民地の首相セシル＝ローズ。植民地の拡大のためにライフル銃を肩に背負い，両手で電信線をもっている。

↑ アフリカをまたぐ巨人

zoomup 江華島事件→ p.383

HighClass
福沢諭吉は「脱亜論」を1885年に発表した。外国のアジアへの勢力拡張に対して，日本は近代化が進まないアジアの近隣諸国を見捨て，日本が独自に列強の一員となり，清や朝鮮に対しては武力で接するべきと説いた。

3 甲午農民戦争

~日清戦争のきっかけ~

1894年，朝鮮で民間宗教をもとにした**東学**という宗教を信仰する農民を中心に，減税，政治改革，日本や欧米人の排除を目ざす**甲午農民戦争**（東学党の乱）がおこった。朝鮮政府は，これをおさえるために清に軍隊の派遣を求めた。これを受けて，清は朝鮮へ出兵するとともに日本に通知し，日本も朝鮮へ軍隊を送った。両国軍によりこの反乱は制圧されたが，朝鮮の支配権を巡って日清両国間に緊張が高まった。このころ，イギリスとの間で日英通商航海条約が締結され，イギリスの友好的な態度を背景に，1894年8月，日本は清に宣戦を布告し，日清戦争が始まった。

4 日清戦争

~アジアの大国との戦争~

❶ **日清戦争**…富国強兵の旗印のもとに，戦争準備に万全を期していた日本は，陸軍が朝鮮全土を占領して満州（中国東北部）に攻め込み，海軍は黄海で清の艦隊を破り，日清戦争に勝利した。

❷ **下関条約**…1895年，日本と清は下関（山口県）で講和会議を開き，**下関条約**を結んだ。この講和会議には，日本側は**伊藤博文**首相・**陸奥宗光**外務大臣が，清側は**李鴻章**が全権として出席した。

> 朝鮮という魚を釣ろうとする日本（左）と清（右），中央に，魚を奪おうとするロシアがいる。

↑ 日清戦争のころの風刺画

参考 清の敗北

「眠れる獅子」として欧米諸国に恐れられていた清は，日清戦争で当然，日本に勝つものと思われていた。その清が敗れた理由として，①清国内の改革の遅れ，②政治的対立，③専制政治などがあげられる。清軍の司令官の李鴻章は，自らの権力基盤である軍事力の温存を図ることを考え，また，宮廷の実力者の西太后は建物の改築工事に国費を使い続けるなど国内がまとまっていなかった。

日清戦争の戦場は主に朝鮮や遼東半島であった。

↑ 日清戦争

日清戦争のときの軍隊用食料として缶詰が急速に普及した。価格が高かったため，民間用として普及しはじめるのは1923年の関東大震災以降である。いわしの缶詰が最初につくられ，その後にさけの缶詰がつくられた。現在では，富士山頂の空気の缶詰もあるとか。

第**2**編 歴史

第1章 歴史の流れと地域の歴史

第2章 古代までの日本

第3章 中世の日本

第4章 近世の日本

第5章 近代日本のあゆみと国際関係

第6章 2つの世界大戦と日本

第7章 現代の日本と世界

下関条約の内容は次のとおりである。

▶清は朝鮮が独立国であることを認める。
▶清は遼東半島と澎湖諸島・台湾を日本に譲る。
▶清は賠償金2億両（当時の日本円で約3億1000万円）を日本に支払う。
▶清は新たに沙市・重慶・蘇州・杭州の4港を開く。

5 三国干渉

～ロシアの南下政策～

　下関条約が結ばれると，シベリア方面から中国東北部への進出を狙っていたロシアは，**フランス・ドイツを誘**い，日本に対して，下関条約で獲得した遼東半島を清に返還するように要求してきた（三国干渉）。この3国に対抗する力のなかった日本は，その要求を受け入れ，代償として3000万両（当時の日本円で約4500万円）を受け取った。国民の間では，ロシアへの敵対心が高まり，「**臥薪嘗胆**」の標語をもとに，いつかはこの恨みを晴らそうという気持ちを強め，政府もロシアの南下に備え，清から得た賠償金などをもとに軍備の増強に力を入れた。

6 列強の中国分割

～進む中国の植民地化～

　清の弱体ぶりがわかると，列強は相次いで租借地を獲得し，鉄道の敷設権や鉱山の開発権などを清から奪い取った。

　ロシアは，日本が返還した遼東半島の旅順と大連を手に入れ，鉄道の敷設権も手に入れて，満州（中国東北部）へ進出した。アヘン戦争後の南京条約で香港を手に入れていたイギリスは九龍半島や威海衛を，ドイツは膠州湾を租借地とするなど，中国は半植民地の状態となっていった。

　フィリピンを植民地としたもののアジアへの進出が遅れていたアメリカが，清に対する機会均等を主張し，中国進出への姿勢を見せはじめた。

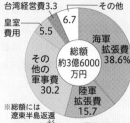

参考 賠償金2億両

当時の日本円の約3億1000万円は，日本の国家予算の約3倍といわれる。なお，近年の日本の国家予算は約100兆円である。

台湾経営費3.3　その他 6.7
皇室費用 5.5
海軍拡張費 38.6%
総額約3億6000万円
その他の軍事費 30.2
陸軍拡張費 15.7

※総額には遼東半島返還分と利子を含む。　（「明治財政史」）

↑ 下関条約の賠償金の使い道

Words 臥薪嘗胆

薪の上に寝，苦い肝をなめて，つらい思いを忘れないという復讐の気持ちを保つこと。

Words 租借地

条約によって他国に貸与された地域。イギリスがもっていた香港は1997年に中国に返還された。

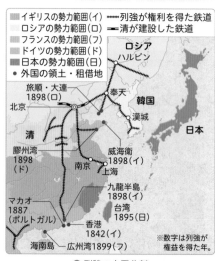

■イギリスの勢力範囲（イ）　┅┅列強が権利を得た鉄道
□ロシアの勢力範囲（ロ）　━清が建設した鉄道
■フランスの勢力範囲（フ）
■ドイツの勢力範囲（ド）
■日本の勢力範囲（日）
●外国の領土・租借地

ロシア
ハルビン
旅順・大連 1898（ロ）
奉天
北京
韓国
漢城
清
日本
膠州湾 1898（ド）
威海衛 1898（イ）
南京
上海
九龍半島 1898（イ）
台湾 1895（日）
マカオ 1887（ポルトガル）
香港 1842（イ）
海南島　広州湾1899（フ）

※数字は列強が権益を得た年

↑ 列強の中国分割

短文記述対策！

Q 三国干渉とは何か，簡潔に述べなさい。
A ロシア・フランス・ドイツの3か国が，日本が下関条約で得た遼東半島を清へ返還するように求めてきたできごと。

5 日露戦争と東アジア ★★★

1 義和団事件

~清国内の排外運動~

　欧米列強の中国侵略が進むと，中国に大量の外国製品が流入し，国内の手工業や家内工業は大きな痛手を受け，多くの失業者が出た。このため，中国人の対外感情は急激に悪化していった。

　1899年，山東省で**義和団**と呼ばれる団体が中心となって，「**扶清滅洋**」をスローガンに，外国人を武力で排除する運動がおこった。この運動は急速に中国北部に広まり，1900年には義和団が北京の外国公使館を包囲・攻撃した。義和団の鎮圧にあたっていた清政府は，運動が盛り上がるのを見て義和団とともに外国勢力を排除する政策に転向し，各国に宣戦布告を行った。

　これに対して，日本・ロシアを主力とする8か国の連合軍は，北京を占領して清政府を降伏させ，義和団も制圧した。翌年，清政府は，日本や欧米諸国への賠償金の支払いと，外国軍隊の北京駐留を認めさせられた。これら一連のできごとを義和団事件という。

↑ 義和団事件に出兵した8か国の兵士

左から，イギリス，アメリカ，ロシア，イギリス領インド，ドイツ，フランス，オーストリア，イタリア，日本の兵士

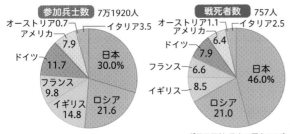

参加兵士数 7万1920人
- オーストリア0.7
- イタリア3.5
- アメリカ 7.9
- ドイツ 11.7
- フランス 9.8
- イギリス 14.8
- ロシア 21.6
- 日本 30.0%

戦死者数 757人
- オーストリア1.1
- イタリア2.5
- アメリカ 6.4
- ドイツ 7.9
- フランス 6.6
- イギリス 8.5
- ロシア 21.0
- 日本 46.0%

（「朝日百科 日本の歴史」104）

↑ 義和団事件における参加兵士数と戦死者数

Words 扶清滅洋

義和団がスローガンとしたことばで，清を扶けて西洋を討ち滅ぼす，という意味。

参考 北清事変

義和団が「扶清滅洋」を唱えて蜂起したできごとを義和団事件とし，その後の1900年の北京の外国公使館の包囲・攻撃，清政府の各国への宣戦布告，8か国の連合軍による制圧までのできごとを北清事変とすることもある。

参考 北京議定書

1901年に清政府が，義和団事件を制圧した各国と結んだもの。賠償金総額は4億5000万両に及んだ。

HighClass
日清戦争後の朝鮮政府は，日本の勢力から逃れようとロシアへの接近を図り，ロシアも軍事顧問などを朝鮮へ派遣していた。日本人が朝鮮の王宮に侵入し，王妃を殺害する事件もおこり，反日運動が高まっていた。国号を**大韓帝国**と改めた後も，ロシアの影響力は強かった。

第2編 歴史

第1章 歴史の流れと地域の歴史

第2章 古代までの日本

第3章 中世の日本

第4章 近世の日本

第5章 近代日本のあゆみと国際関係

第6章 2つの世界大戦と日本

第7章 現代の日本と世界

2 日英同盟

～対ロシア南下政策～

　義和団事件後も，ロシアは満州を占領し続け，**大韓帝国**(1897年に朝鮮から改称)にも進出を図った。こうしたロシアの動きは，日清戦争後，朝鮮半島から満州に進出しようとしていた日本との対立を深めた。

　日本がロシアと対立を深める中，ロシアの**南下政策**により，自国の中国での権益が脅かされていたイギリスは，権益の確保のために日本の軍事力を利用しようと考えた。ロシアに対して共通の利害をもつ日本とイギリスは1902年に日英同盟を結び，協力してロシアの進出に対抗することになった。アメリカもこの同盟を支持したため，日本とロシアの対立は，さらに深刻化した。

Words 南下政策

ロシアがとった領土拡大政策の1つ。不凍港の獲得を目ざし，バルカン半島，中央アジア，東アジアへ進出しようとした。

イギリス人が日本人に「君，早く栗を取ってきたまえ。ロシアが食べてしまうよ」といっている。後ろからはアメリカがのぞいている。

↑ 日英同盟の風刺画

3 日露戦争

～世界一の陸軍国との戦争～

❶ **日本国内の動き**…日本政府は，ロシアとの交渉を続けながらも戦争準備を進めた。国内では，社会主義者の**幸徳秋水**やキリスト教徒の**内村鑑三**らが開戦に反対したが，新聞などで開戦論が主張されると，世論はしだいに開戦論へと傾いていった。

❷ **日露戦争**…1904年，日本はロシアに宣戦を布告し，日露戦争が始まった。戦闘は満州を中心に行われ，日本は苦戦を強いられながらも各地で勝利を収め，また，**日本海海戦**では**東郷平八郎**を司令長官とする連合艦隊がロシアのバルチック艦隊を破り，勝利を得た。しかし，日本は武器や兵力，その他の物資も不足して国力を使い果たし，また，ロシアも皇帝の政治への不満から国民による革命運動が激化し，両国とも戦争継続が困難な状況となっていた。

❸ **終戦へ**…アメリカは，日本・ロシアのどちらかが完全な勝利を収めれば，その国のアジアでの支配力が伸び，その結果，アメリカの中国進出が難しくなると考えていた。日本海海戦で日本が勝利したのち，両国とも戦争継続が困難となったのを見たアメリカの**セオドア=**

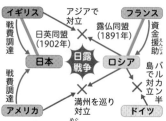

↑ 日露を巡る列強の対立

参考 与謝野晶子

歌人。主戦論に疑問を投じ，日露戦争で出征中の弟の身を案じ，「君死にたまふことなかれ」という詩を雑誌『明星』に掲載した。

史料

君死にたまふことなかれ
あゝをとうとよ君を泣く
君死にたまふことなかれ
末に生れし君なれば
親のなさけはまさりしも
親は刃をにぎらせて
人を殺せとをしへしや…

（一部抜粋）

入試Info ロシアの南下政策，日本とイギリスの**日英同盟**，戦争への疑問を表明した**与謝野晶子**などがよく問われる。また，日本が日英同盟を結んだ理由を記述させる出題も見られる。

ローズベルト大統領の仲介で，1905年，ア
（ルーズベルト）
メリカのポーツマスで講和会議が開かれ，ポー
ツマス条約が結ばれた。

❹ **ポーツマス条約**…日本側は外務大臣の**小村寿
太郎**が，ロシア側はウィッテが全権として講
和会議に出席し，ポーツマス条約が結ばれた。
その内容は次のとおりである。

▶ロシアは，韓国における日本の優越権を認
める。

▶北緯50度以南の樺太（サハリン）を日本に
譲る。

▶旅順・大連のある遼東半島の租借権，満
州の長春以南の鉄道の権利（のちの**南満
州鉄道**）とその付属鉱山の採掘権を日本
に譲る。

▶沿海州・カムチャツカ半島沿岸の漁業権
を日本に与える。

▶日露両国は満州から軍隊を引きあげる。
しかし，ロシアから日本への賠償金の支
払いはなかった。

❺ **日比谷焼き打ち事件**…ロシアとの戦争で日
本は多くの戦死者を出し，国民も戦費をま
かなうための重税に耐えていたが，国民は政府から，
戦争中の勝利は知らされていたものの，戦争継続能力
の程度については知らされていなかった。ポーツマス
条約の結果，得られた権益が小さく，また賠償金が得
られなかったために，国民は激しい不満をもった。東
京では，警察署や交番，講和を支持した新聞社を襲い，
放火するなどの日比谷焼き打ち事件がおこった。

❻ **日露戦争後の日本**…ロシアに勝利した日本は，世界の
国々からも国際的な地位を認められることとなり，
1911年には，アメリカとの間で**関税自主権の完全回復**
を達成し，半世紀にわたる条約改正の事業は一応終了
した。また，国民の間には，日本は欧米諸国と並ぶ国
であるという意識が生まれ，ほかのアジア諸国を軽視
するような意識が強まった。

↑ 日露戦争

↑ ポーツマス条約で日本が得た利権

Why ロシアが賠償金を支払
わなかった理由
ロシアは戦闘能力は残っている
として賠償金の支払いを拒否し
た。それに対して日本は，賠償
金を求め続けると，そのために
講和ができなくなると考えた。
日本に戦争継続能力はなかった
ため，賠償金のかわりに樺太の
南半分を得ることで講和を成立
させた。

zoomup 関税自主権の完全
回復→ p.389

第2編 歴史

第1章 歴史の流れと地域の歴史

第2章 古代までの日本

第3章 中世の日本

第4章 近世の日本

第5章 近代日本のあゆみと国際関係

第6章 ２つの世界大戦と日本

第7章 現代の日本と世界

短文記述
対策！

Q 日比谷焼き打ち事件がおこった理由を簡潔に述べなさい。
A 日露戦争で勝利したにもかかわらず，その後のポーツマス条約でロシアから賠償金を得
られなかったから。

4 日露戦争の世界への影響

～アジア・アフリカ諸国に与えた影響～

　アジアの小国である日本が，ヨーロッパの大国であるロシアに勝利した日露戦争は，日本の国際的地位を上げるとともに，植民地支配を受けていたアジア・アフリカの諸国に近代化や独立への希望や自信を与え，欧米諸国に対する抵抗運動，独立運動を勇気づけるものとなった。

5 韓国併合

～日本の植民地へ～

　日露戦争中から韓国の植民地化を狙う日本は，韓国政府内に日本人を送り込んで外交に介入した。ポーツマス条約で，ロシアから韓国での優越権を認められた日本は，1905年に韓国の外交権を奪って保護国とし，漢城（現在のソウル）に統監府を置き，伊藤博文が初代統監に就任した。1907年には皇帝を退位させ，内政権を奪い，軍隊も解散させた。

　これに対して，韓国人の強い抵抗があり，義兵運動も高まったが，日本は軍隊を出してこれを制圧した。

　1909年，韓国の植民地化政策を進めていた伊藤博文が満州のハルビン駅で韓国人の安重根に暗殺されると，日本は翌1910年に韓国併合を行い，韓国の国名を朝鮮と改め，それまで首都だった漢城の名称も京城に改め，新たに朝鮮総督府を置いて，武力での植民地支配を開始した。

　日本の植民地となった朝鮮の学校では，朝鮮の歴史や文化の授業が制限され，かわりに日本史や日本語の教育が行われ，朝鮮の子どもを日本人として教育していこうとする同化政策が進められた。また，朝鮮総督府は，課税のために土地を調査し，所有権が不明との理由で朝鮮人から多くの農地や山林などを没収し，日本人や日本企業に払い下げた。このため，土地を奪われた朝鮮の農民の中には，仕事を求めて満州や日本へ移住せざるを得ない者が現れた。日本による朝鮮の植民地支配は，日本が第二次世界大戦に敗北する1945年まで続いた。

参考　日本の満州進出

日本は，ポーツマス条約によって得た旅順・大連などの租借地を関東州とし，1906年には旅順に関東州を統治する関東都督府を設置した。また，半官半民の南満州鉄道株式会社（満鉄）を設立し，鉄道や周辺の炭鉱・製鉄所を経営させ，満州へ勢力を拡大していった。一方で，満州への経済進出を図っていたアメリカと対立するようになった。

Words　義兵運動

農民と解散させられた元兵士らによる抗日武装の抵抗運動。

史料

韓国併合を詠んだ歌

小早川　加藤，小西が
世にあらば　今宵の月を
いかに見るらむ
（寺内正毅：初代朝鮮総督）

地図の上　朝鮮国に黒々と
墨を塗りつつ　秋風を聴く
（石川啄木：歌人）

寺内正毅は，豊臣秀吉の朝鮮出兵で出陣した3人の武将の名をあげて韓国併合を喜び，石川啄木は韓国併合を嘆いている。

（「朝鮮における初等教科書の推移」）

↑ 小学校での全学年合計の授業時間数（1週間）

HighClass　1907年に韓国皇帝は，オランダのハーグで開かれた万国平和会議に密使を送り，日本の韓国への侵略を訴えたが聞き入れられなかった（ハーグ密使事件）。日本はこの事件をきっかけに韓国皇帝を退位させ，韓国での内政権を支配するようになっていった。

6 辛亥革命

~清から中華民国へ~

義和団事件後の中国では，2つの大きな動きが見られた。1つは清朝自らが改革を行おうとする動きであり，もう1つは，満州民族の清朝を倒して漢民族の国を建てようとする革命運動であった。革命運動の推進者は，外国のようすを知り，国外から中国国内を見る目をもった華僑や留学生であった。

革命運動の失敗により日本に逃れていた孫文は，1905年，東京で革命団体を結集して**中国同盟会**を結成し，「**民族主義・民権主義・民生主義**」の三民主義を唱えて，革命運動を中国国外から指導した。

1911年，四川省で大規模な反政府の暴動がおこると，長江中流にある武昌（現在の武漢）でも軍隊が蜂起し，これをきっかけで各地で清からの独立の宣言が相次ぎ，翌1912年，帰国していた孫文を**臨時大総統**とし，南京を首都とする**中華民国**が建国された。同年，清朝の実力者である**袁世凱**は，清朝を倒すかわりに，孫文から臨時大総統の地位を譲り受けることを条件に孫文と手を結び，清朝の皇帝の**溥儀**を退位させ，清朝を滅ぼした。この一連のできごとを辛亥革命という。

清朝を滅ぼした袁世凱は，孫文から臨時大総統の地位を譲り受け，その後，首都を北京に移し，革命勢力をおさえて独裁政治を行ったため，各地で革命運動派による反対運動がおこった。袁世凱の死後，中国各地で**軍閥**が勢力を伸ばし，各地がばらばらに支配される状態となった。

Q Person

孫文
〈1866～1925年〉

中国革命の指導者で，「国父」と称される。少年時代にハワイに留学し，民主主義に接した。早くから革命運動を行ったが，一時日本に逃れ，東京で革命運動を指導し，辛亥革命を成功させた。1919年の中国での**五・四運動**で大衆とともに戦うことの重要さに目ざめ，同年，大衆政党である**中国国民党**を結成した。1925年に「革命いまだならず，同志すべからく努力すべし」という遺言を残して病没した。

Words 軍閥

自らが支配する軍団をもち，一定地域を支配している権力者。

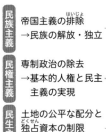

民族主義	帝国主義の排除 →民族の解放・独立		
民権主義	専制政治の除去 →基本的人権と民主主義の実現	三民主義	辛亥革命
民生主義	土地の公平な配分と独占資本の制限 →民衆の生活の安定		

→ 辛亥革命：アジア最初の共和政　中華民国の建国　清朝が滅ぶ

⬆ 三民主義と辛亥革命

■ 革命が発生した省　清側にもつかず
■ 革命に応じた省　革命にも応じない省
■ 革命後も清のままの省　革命後，離脱した省

⬆ 辛亥革命の広がり

Episode

清の時代の男性の髪型は三つ編み。頭髪の一部を残してそり落とし，残りの頭髪を長く伸ばして，編んで後ろに垂らした。この髪型を**辮髪**といい，満州民族の清は漢民族にもこの髪型を強制し，清滅亡まで続いた。今日でも，清の時代を扱ったドラマや映画に出てくる。

4 産業革命と近代文化の形成

1 近代産業の発展 ★☆☆

1 殖産興業と民間産業の発達

～財閥の成長～

　政府は，近代国家建設のため，外国から機械を輸入し，外国人技師を招き，近代工場を建設するなど殖産興業を推し進めた。民間には近代工場を建設するだけの資金力がなかったため，政府自身が，群馬県の富岡製糸場をはじめとする，製糸・紡績などの**官営模範工場**を経営した。

　やがて民間の産業がおこってきたことや，官営事業の赤字解消のため，政府は，軍需工場と交通業以外の官営工場を民間に払い下げて，民間産業の保護・育成を図る方針に変更し，1880年以降，政府が巨額の費用を投じて建設した官営の工場や鉱山などを，民間に払い下げていった。払い下げを受けたのは，**三井・三菱・住友・安田**などの薩摩・長州と関係の深い資本家であった。彼らは，政府の保護を受けて工場や鉱山の近代化を図り，金融や貿易などさまざまな分野に進出した。資本主義の中心的な存在となり，財閥に成長していった。

2 市場の必要性

～植民地の獲得の必要性～

　政府は，富国強兵を目ざし，軍需産業を中心に工業の近代化を図ったが，そのための費用は地租によって賄われた。このため農民の負担する租税は重く，そのうえ農作物の価格が下がると，農民の生活はいっそう苦しくな

長崎造船所・三池炭鉱・高島炭鉱・端島炭鉱（長崎県。軍艦島として有名）・八幡製鉄所は，その他の施設とともに，2015年に「明治日本の産業革命遺産」として世界文化遺産に登録された。

※数字は払い下げられた年。
院内銀山→古河（1885）
佐渡金山→三菱（1896）
長崎造船所→三菱（1887）
富岡製糸場→三井（1893）
生野銀山→三菱（1896）
足尾銅山→古河（1877）
深川セメント製造所→浅野総一郎（1884）
三池炭鉱→佐々木八郎（1888）→三井（1889）
高島炭鉱→後藤象二郎（1874）→三菱（1881）

⬆ 官営工場の払い下げ

Words 財閥

家族や一族が出資した会社が，さまざまな分野の会社を支配していった独占的企業集団。明治政府と深い関係をもち，官営事業の払い下げを受けた。

Episode 三菱の基礎を築いたのは，土佐藩（高知県）出身の**岩崎弥太郎**。坂本龍馬は同藩，同時代。「お互いに，会社をつくるぜよ」と話し合ったかどうか…。三菱のマークの「スリーダイヤ」は，岩崎家の家紋と，土佐藩主の家紋を合体したものである。

った。没落した農民の多くは工場労働者となったが，賃金は安く，生活水準も低かった。日本の近代的な工場生産は急速に進んだが，農民・労働者を中心とした一般国民の生活水準は低く，購買力も小さかった。そのため，政府や資本家は工業製品の市場を海外に求め，朝鮮や中国に目が向けられた。

3 産業革命

～工場制機械工業の進展～

近代産業の形成のためには，動力・機械の発明や改良によって**工場制機械工業**を日本の工業の柱とする産業革命が必要であった。日本は，まず軽工業，次いで重工業という2つの段階を経て近代産業を発展させていった。

日清戦争前後の1880年代から1890年代にかけて，製糸業・紡績業などの**軽工業**が発達した。生糸は主にアメリカへ輸出され，日露戦争前後に日本は，世界最大の生糸輸出国となった。紡績業は，**大阪紡績会社**などの大規模な工場が設立され，生産力が向上した。綿糸は日清戦争後，朝鮮や清を市場として独占することができ，輸出量が大きく伸びた。

日清戦争後には，鉄道建設や軍備拡張のために鉄鋼の需要が高まり，**日露戦争前後**の1900年代には主として鉄鋼業・造船業などの**重工業**が発達した。日清戦争の賠償金をもとに，福岡県八幡（福岡県北九州市）に建設された官営の八幡製鉄所は，1901年に操業を開始し，日本の重工業発展の基礎となった。

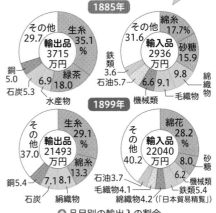

綿糸は輸入品から輸出品へ変わった。

1885年

輸出品 3715万円：生糸 35.1%，緑茶 18.0，水産物，石炭 5.3，銅 5.0，その他 29.7，6.9

輸入品 2936万円：綿糸 17.7%，砂糖 15.9，綿織物 9.8，毛織物，機械類 9.1，石油 5.7，鉄類 3.6，6.6，その他 31.6

1899年

輸出品 21493万円：生糸 29.1%，綿糸 13.3，絹織物，石炭，銅 5.4，その他 37.0，7.1，8.1

輸入品 22040万円：綿花 28.2%，砂糖 8.0，機械類 6.2，鉄類 5.4，綿織物 4.2，毛織物 4.1，石油 3.7，その他 40.2（「日本貿易精覧」）

⤴ 品目別の輸出入の割合

地元の筑豊炭田の石炭と中国から輸入した鉄鉱石を使用した。

⤴ 八幡製鉄所

殖産興業
（官営模範工場・洋式機械輸入・外国人技師）

官営事業払い下げ・民間産業の発展

産業革命の進展
軽工業中心（製糸業・紡績業など）・蒸気を動力源

八幡製鉄所

賠償金

産業革命の完成
重工業中心（鉄鋼業・造船業など）・電力を動力源

鉄道国有法

日清戦争

日露戦争

⤴ 殖産興業から産業革命へ

HighClass

紡績業によりつくられた綿糸は，1890年には生産量が輸入量を上回り，日清戦争後の1897年には輸出量が輸入量を上回った。綿糸の原料となる綿花を中国・インドなどから輸入するための費用は，**製糸業**によりつくられた生糸の輸出で得たお金であった。

第2編 歴史

第1章 歴史の流れと地域の歴史

第2章 古代までの日本

第3章 中世の日本

第4章 近世の日本

第5章 近代日本のあゆみと国際関係

第6章 2つの世界大戦と日本

第7章 現代の日本と世界

2 社会の動き ★☆☆

1 労働問題

～資本主義の問題～

　産業革命により近代工業が発展したが，国民の大多数は農村で貧しい生活をしていた。貧困で農村での生活が困難になった農民の中には，都市に出て工場労働者となる者も多かった。重工業や運輸，鉱山では男子労働者が中心だったが，日本の産業の中心である製糸・紡績工場に雇われた労働者の大半は，農家の苦しい家計を助けるために出かせぎで働く若い女性（工女）であった。その生活は悲惨であり，労働者を守る法律がなかったため，不満がある者は解雇されることもあった。

　1886年には工場労働者は男女合わせて約7万人であったが，1900年には約39万人，1909年には約81万人に増加した。労働者の間には，劣悪な労働条件を改善するために，労働者が団結して資本家と交渉し，待遇改善や賃金の引き上げを勝ち取ろうとする気運がおこってきた。こうして，日清戦争後には**労働組合**が結成されはじめ，**労働争議**が各地でおこった。

　政府は労働者の運動を取り締まる一方，1911年には**工場法**を制定したが，内容の不十分なものであった。

2 農村問題

～貧しい農民～

　資本主義の発達により，農村でも，肥料など生活に必要なものを現金で購入するようになった。それとともに，借金の返済のために農地を売り，**小作人**に転落する農家が増え，二男・三男や女子などは工場労働者として都市へ出かせぎに行くようになった。

　小作人が地主に納める小作料は米などの現物であったが，地主が納める地租は，決まった金額を現金で納めた。そのため，米価が上昇すると地主の利益が増え，その利益でますます多くの農地を買い取って大地主となったり，資本家となったりした。その結果，農村での貧富の差が大きくなっていった。

低賃金で長時間労働を強いられた。

⤒ 製糸工場の女性労働者の1日

Words 労働争議，工場法

● **労働争議**…労働者が使用者に対して，労働条件の改善，賃金の引き上げなどを求めて話し合い，要求の実現のために業務を停止する**ストライキ**などを行うこと。

● **工場法**…労働者の保護を目的とした日本初の法律。12歳未満の就業禁止，12時間労働制，月2回の休日などを定めたが，小工場には適用されないなど不十分な内容のものであった。

Why 工場法が定められた理由
健康を損なうと，男子労働者は，兵士として不向きとなり，女子労働者は健康な子どもを産むことができなくなるため。

zoomup 資本主義→ p.365

HighClass 横山源之助は『日本之下層社会』を1899年に刊行し，当時の労働者のようすについて，「夜間の仕事が12時に終わるのは珍しくない。食事は，麦が60％に米が40％交じったものを食べ，寝室は豚小屋のようだ」と記している。

3 社会主義運動

〜貧しい工場労働者の救済〜

　資本主義の発展は，製糸・紡績工場の女子労働者を中心に，劣悪な労働環境で，低賃金・長時間労働を強いられる労働者を生み出した。また，農村でも，小作料に苦しむ多くの小作農を生み出した。都市の労働者や生活に苦しむ農民は，生活や地位の向上を目ざし，団結して**労働運動**や**小作争議**をおこすようになった。

　このような中で，土地や工場を，個人ではなく社会全体で共有し，平等な社会をつくろうとする社会主義の考えに基づく**社会主義運動**がおこってきた。

　政府はこの動きに対して，1900年に**治安警察法**を制定して取り締まりに乗り出したが，社会主義の新聞や雑誌が発行されるなど，社会主義運動はしだいに本格化していった。

　1910年，**幸徳秋水**とその仲間の26名が，天皇の暗殺を企てたという理由で逮捕され，翌1911年に幸徳秋水を含む12名が処刑される**大逆事件**がおこった。この事件以降，政府の取り締まりはいっそう厳しくなり，社会主義運動は一時まったく衰え，「冬の時代」と呼ばれた。

Words 治安警察法

1900年に制定された労働運動や農民運動，政治運動を弾圧するための法律。

参考 労働運動と社会主義

1897年
　労働組合期成会の結成
　（労働組合の結成が進む）
1901年
　社会民主党の結成
　（日本初の社会主義政党）
1903年
　平民社の結成
　（社会主義を紹介する『平民新聞』を発行）
1906年
　日本社会党の結成
　（政府公認）

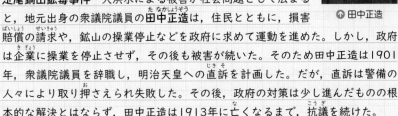

Close Up　日本の公害問題の原点─足尾銅山鉱毒事件

●**公害の発生**…近代工業の発達に伴い，公害問題が発生した。栃木県の足尾銅山では，1880年ごろから鉱毒が**渡良瀬川**に流出し，魚が死んだり，農作物や山林が枯れたりするなどの被害がおこっていた。そして，1896年の大洪水により，流域一帯の住民に大きな被害を与える事件がおこった。

●**足尾銅山鉱毒事件**…大洪水による被害が社会問題として広まると，地元出身の衆議院議員の**田中正造**は，住民とともに，損害賠償の請求や，鉱山の操業停止などを政府に求めて運動を進めた。しかし，政府は企業に操業を停止させず，その後も被害が続いた。そのため田中正造は1901年，衆議院議員を辞職し，明治天皇への直訴を計画した。だが，直訴は警備の人々により取り押さえられ失敗した。その後，政府の対策は少し進んだものの根本的な解決とはならず，田中正造は1913年に亡くなるまで，抗議を続けた。

↑ 田中正造

入試Info

大逆事件と**幸徳秋水**，**足尾銅山鉱毒事件**と**田中正造**は，明治時代の社会の動きとして注意が必要。大逆事件の名称とその時期，田中正造の名と鉱毒事件のおこった場所などを問う出題が見られる。

右側縦書き：

第2編 歴史

第1章 歴史の流れと地域の歴史

第2章 古代までの日本

第3章 中世の日本

第4章 近世の日本

第5章 近代日本のあゆみと国際関係

第6章 2つの世界大戦と日本

第7章 現代の日本と世界

③ 新しい学問・近代文化の形成 ★☆☆

1 自然科学

～世界的な発明・発見～

❶ **自然科学の発達**…明治時代，大学などの研究機関の整備，欧米の高度な科学技術の導入，外国人教師の採用などにより自然科学は著しい発展を遂げ，世界的な発明・発見が相次いだ。

❷ **医学**…北里柴三郎が**破傷風**の血清療法を発見して伝染病研究所を創設し，**志賀潔**が赤痢菌を発見した。また，**野口英世**が黄熱病を研究した。

❸ **化学**…**高峰譲吉**がアドレナリン・タカジアスターゼを創製し，**鈴木梅太郎**がオリザニン（ビタミンB_1）の抽出に成功した。

❹ **天文学**…**木村栄**が地球の緯度変化を研究し，地軸変動の新方式「Z項」を発見した。

❺ **物理学**…**長岡半太郎**が，原子構造の研究において新しい理論を発表した。**大森房吉**は，地震計を発明した。

2 教育の普及

～義務教育制度へ～

❶ **学校制度**…政府の近代国家建設の目標のもと，1872年にフランスの制度をもとに学制が発布された。就学率は学制発布当初は低かったものの，その後，義務教育期間の4年間の確定と授業料の廃止，義務教育期間の6年への延長などを経て，明治時代の末期には100%近くになった。また，国が教科書内容を記述した**国定教科書**が使用されはじめた。

❷ **教育勅語**…1890年，学校教育と国民の道徳の基本方針を示し，**忠君愛国**の精神を養うために教育勅語が発布された。

❸ **高等教育の整備**…1886年，東京大学が帝国大学と改称され，その後，各地に帝国大学が設立された。

❹ **民間の教育機関**…**福沢諭吉**が慶應義塾（現慶應義塾大学），**新島襄**が同志社英学校（現同志社大学），**大隈重信**が東京専門学校（現早稲田大学）を設立した。

Ｑ Person

北里柴三郎
〈1852 ～ 1931年〉

細菌学者。ドイツに留学し，コレラ菌や結核菌を発見したコッホのもとで学んだ。破傷風の血清療法を発見し，帰国後，福沢諭吉の支援を受けて伝染病研究所を設立した。

野口英世
〈1876 ～ 1928年〉

細菌学者。伝染病研究所で北里柴三郎に学んだ後，アメリカへ渡り，細菌学の研究を始めた。アメリカのロックフェラー研究所で梅毒の研究を行った。その後，アフリカのガーナで黄熱病の研究中に自らも感染し，現地で死亡した。

zoomup 学 制 → p.380

参考 帝国大学

高級官僚の育成機関として設立された。東京帝国大学（1897年，帝国大学より改称）以外に，京都帝国大学（1897年設立），東北帝国大学（1907年設立），九州帝国大学（1910年設立），北海道帝国大学（1918年設立），大阪帝国大学（1931年設立），名古屋帝国大学（1939年設立）などがある。

Episode 『震える舌』は三木卓が1975年に発表した小説で，映画にもなった。泥んこ遊びをきっかけに破傷風に冒されてしまった少女と，少女を看病する両親がしだいに追い詰められていくようすを描いた作品である。

3 信教の自由

～キリスト教の許可～

　キリスト教に対して，政府ははじめ，江戸幕府と同じように禁止していたが，欧米諸国からの抗議もあり，条約改正への悪影響も考えて，1873年には信仰や布教を黙認するようになった。その結果，海外からキリスト教各派の宣教師や学者が来日して布教に努め，やがて，大日本帝国憲法も信教の自由を認めたため，キリスト教は公認された。**新島襄**や**内村鑑三**のように，キリスト教による人道主義を説く者も現れた。

4 文学

～さまざまな主張～

❶ **写実主義文学**…**坪内逍遙**は『小説神髄』を発表して，小説は宗教や道徳から離れ，人生，世の中の姿をありのままに描くべきであるという写実主義を唱えた。その影響を受けた**二葉亭四迷**は口語体で『浮雲』を書き，言文一致の表現を実践し，写実主義に始まる近代文学の道を開いた。

❷ **ロマン主義文学**…日清戦争のころ，自己の感情を自由に表現しようとするロマン主義文学がさかんになった。**幸田露伴**は『五重塔』で理想を求める名人気質を描き，ロマン主義の先駆となった。**樋口一葉**は，『たけくらべ』で女性の運命を描き，**森鷗外**は『舞姫』で留学生の恋愛と離別をロマン的に描いた。

❸ **自然主義文学**…日露戦争の前後のころから，美しい面ばかりでなく，醜い面もえぐり出し，人生の真実をありのままに描き出そうとする自然主義文学がさかんになった。**島崎藤村**は『破戒』で部落差別に生きる人を描いた。自然主義が主流となる一方で，**夏目漱石**は『吾輩は猫である』や『坊っちゃん』など，鋭い風刺をユーモアに包んだ作品を書き，人生の理想を描こうと努めた。

❹ **詩　歌**…**与謝野晶子**は『みだれ髪』で情熱的な短歌を発表した。また，**正岡子規**は俳句の革新に乗り出し，**石川啄木**は『一握の砂』で農民や労働者の苦しさや悲しみをうたった。

第2編 歴史

第1章 歴史の流れと地域の歴史

第2章 古代までの日本

第3章 中世の日本

第4章 近世の日本

第5章 近代日本のあゆみと国際関係

第6章 2つの世界大戦と日本

第7章 現代の日本と世界

作家	主な作品
坪内逍遙	『小説神髄』
二葉亭四迷	『浮雲』
尾崎紅葉	『金色夜叉』『多情多恨』
幸田露伴	『五重塔』
樋口一葉	『たけくらべ』『にごりえ』
森鷗外	『舞姫』『即興詩人』
島崎藤村	『破戒』『若菜集』
石川啄木	『一握の砂』
国木田独歩	『武蔵野』
田山花袋	『蒲団』『田舎教師』
徳冨蘆花	『不如帰』『自然と人生』
与謝野晶子	『みだれ髪』
夏目漱石	『吾輩は猫である』『草枕』

⬆ 主な作家と作品

Words 言文一致

　話しことばに近い形で文章にしようとすること。それまでは，文語で書かれるのが普通であった。『浮雲』では，
「また始まッた，ヘン跳馬じゃあるまいし，万古に品々も五月蠅い」
「だって人間は品格が第一ですワ」
「ヘンそんなにお人柄なら，煮込みのおでんなんぞを喰たいといわないがいい」
のように記されており，今日の口語体のもととなった。

Episode　夏目漱石の小説『吾輩は猫である』は，「吾輩は猫である。名前はまだ無い。」の書き出しで有名だが，そのモデルとなったのは夏目家に住みついた捨て猫だった。その猫は生涯名前がなく，漱石は「ねこ」と呼んでいたという。

5 芸 術

～日本風と西洋風～

❶ 日本画…文明開化のころ，政府は欧米の文化を積極的に取り入れた。そのため，欧米の文化が優れている，良いものであるという風潮が広がり，日本の文化，伝統の良さが軽視されるようになった。その結果，日本の伝統的美術も一時衰退した。しかし，アメリカ人のフェノロサにより，伝統的な日本美術の価値が再発見され，岡倉天心によって日本画の復興が進められた。岡倉天心は，「悲母観音」を描いた狩野芳崖や「竜虎図」を描いた橋本雅邦らとともに東京美術学校の設立に努力し，若い美術家を養成した。当時，海外で日本の伝統美術の評価が高く，政府がその保護を図ったことから，写実的な新しい日本画の復興が始まった。彼らに次いで，横山大観・菱田春草・下村観山などの優れた日本画家が現れ，日本画の基礎が完成した。

❷ 洋 画…フランスから帰国した黒田清輝が印象派の画風を紹介し，「湖畔」や「読書」を描いた。

❸ 彫 刻…「老猿」をつくった高村光雲，「女」をつくった荻原守衛らが有名である。

❹ 音 楽…西洋音楽の輸入で，音楽界も一変した。1880年ごろから，学校教育に西洋風の唱歌が採用されてさかんになり，陸海軍の軍楽隊にも西洋音楽が取り入れられた。1887年には東京音楽学校が設立され，そこで学んだ滝廉太郎は，「荒城の月」や「花」などの優れた名曲を残した。

↑「悲母観音」(狩野芳崖)

↑「読書」(黒田清輝)

↑「老猿」(高村光雲)

↑「女」(荻原守衛)

参考 ゴッホと浮世絵

欧米の文化は日本に影響を与えたが，逆のケースもあった。オランダのゴッホは，浮世絵の影響を受けた画家で，日本から輸出された陶磁器の包み紙となっていた浮世絵を集めた。歌川広重の絵をまねた油絵を描いたり，「タンギー爺さん」の背景に浮世絵を描いたりもしている。

Episode

「ドレミファソラシド」の起源は，聖ヨハネをたたえる聖歌。「あなたの僕たちが，弦をなで，あなたのすばらしい行いを和やかな気持ちでたたえられるよう，彼らの罪を清めてください。聖ヨハネよ」という歌詞の最初の音が順番に高くなっていくので，音階名として採用したという。

第2編 歴史

第1章 歴史の流れと地域の歴史

第2章 古代までの日本

第3章 中世の日本

第4章 近世の日本

第5章 近代日本のあゆみと国際関係

第6章 2つの世界大戦と日本

第7章 現代の日本と世界

p.363 **1** 1789年，バスチーユ牢獄（ろうごく）の襲撃（しゅうげき）で始まったのは（　　　）革命である。

1 フランス

p.366 **2** （　　　）は，アメリカの南北戦争中に奴隷（どれい）解放宣言を出した。

2 リンカン

p.371 **3** 1854年，アメリカのペリーと幕府の間で（　　　）条約が結ばれた。

3 日米和親

p.372 **4** 安政の五か国条約は，日本には（　　　）がないなど，不平等な内容のものであった。

4 関税自主権（かんぜいじしゅけん）

p.375 **5** 1867年，第15代将軍徳川慶喜（とくがわよしのぶ）は，政権を朝廷（ちょうてい）に返す（　　　）を行った。

5 大政奉還（たいせいほうかん）

p.378 **6** 1873年，土地所有者に地価の3％を現金で納めさせる（　　　）が行われた。

6 地租改正（ちそかいせい）

p.379 **7** 1873年，満20歳（さい）以上の男子に兵役（へいえき）の義務を課す（　　　）が出された。

7 徴兵令（ちょうへいれい）

p.380 **8** 1872年，官営模範（もはん）工場として群馬県に，生糸（きいと）をつくる右図の（　　　）が設立された。

8 富岡製糸場（とみおか）

p.384 **9** 1874年，（　　　）は民撰（みんせん）議院設立の建白書を政府に提出した。

9 板垣退助（いたがきたいすけ）

p.386 **10** 1889年，ドイツ憲法をもとにした（　　　）が発布された。

10 大日本帝国憲法（ていこく）

p.389 **11** 1894年，外務大臣の（　　　）が，領事裁判権（りょうじさいばんけん）の撤廃（てっぱい）に成功した。

11 陸奥宗光（むつむねみつ）

p.391 **12** 1895年，日清（にっしん）戦争に勝利した日本は，戦後，清との間に結ばれた（　　　）で賠償金などを手に入れた。

12 下関条約（しものせき）

p.392 **13** ロシア・フランス・ドイツが日本に対して，**12**で獲得（かくとく）した遼東（りょうとう）半島（リアオトン）を清に返すように迫（せま）ったことを（　　　）という。

13 三国干渉（かんしょう）

p.396 **14** 1910年に日本が，韓国（かんこく）（大韓帝国）を日本の植民地としたことを（　　　）という。

14 韓国併合（へいごう）

p.396 **15** **14**に際し，日本政府は，植民地支配のために（　　　）を設置した。

15 朝鮮総督府（ちょうせんそうとくふ）

p.397 **16** （　　　）は三民主義を唱えて，中国の革命運動を指導した。

16 孫文（そんぶん（スンウェン））

p.399 **17** 1901年，日清戦争の賠償金をもとに建設された（　　　）が操業を開始した。

17 八幡製鉄所（やはた）

p.401 **18** 足尾（あしお）銅山鉱毒事件に際し，衆議院議員の（　　　）が抗議活動を行った。

18 田中正造（たなかしょうぞう）

第6章 2つの世界大戦と日本

START!

大正時代を迎えた日本は，第一次世界大戦をきっかけに一流国家へと発展していきました。その後，アメリカ発の世界恐慌で不況となった日本は，満州侵略を通して国家の生き残りを目ざし，アメリカなど連合国軍と戦いましたが，原爆投下などによりポツダム宣言を受諾し，敗戦国となりました。

"第一次世界大戦"
列強が植民地獲得に乗り出す帝国主義政策が広がっていく中，三国同盟と三国協商のそれぞれの国が対立し，第一次世界大戦を引きおこしました。

"新しい兵器の登場"
大戦では，戦車・飛行機・潜水艦・毒ガス・機関銃など新しい兵器が使用され，それ以前の戦争とは比べものにならないほどの死傷者が出ました。

"大正デモクラシー"
国民の政治への関心の高まりから，民主主義を求める動きが拡大していきました。また，都市部では大衆文化が広がりました。

"世界恐慌"
ニューヨークのウォール街で発生した株価の大暴落をきっかけに，世界中の経済が大混乱に陥りました。

"第二次世界大戦"
国土や植民地が少なく，資源や市場に恵まれないイタリア・ドイツ・日本は国家の利益を優先させていった結果，イギリス・フランス・アメリカなどとの対立を深めました。再びおこった大戦は世界中に多大な被害をもたらしました。

"ポツダム宣言の受諾"
アメリカによる広島・長崎への原爆投下などにより，日本はポツダム宣言を受諾し，敗戦国となりました。

第2編 歴史

第1章 歴史の流れと地域の歴史
第2章 古代までの日本
第3章 中世の日本
第4章 近世の日本
第5章 近代日本のあゆみと国際関係
第6章 2つの世界大戦と日本
第7章 現代の日本と世界

２つの世界大戦と日本

時代	近代
	大正時代

日本の主なできごと

年	できごと
一九一二	第一次護憲運動
一九一四	第一次世界大戦に参戦
一九一五	中国に二十一か条の要求を出す
一九一八	シベリア出兵（〜二二）
〃	米騒動
〃	原敬内閣成立
一九二〇	国際連盟に加盟
一九二二	全国水平社結成
一九二三	関東大震災
一九二四	第二次護憲運動
一九二五	普通選挙法
〃	治安維持法

●本格的な政党内閣の開始

●労働争議・小作争議がさかんになる

日本の文化

大正時代の文化
思想：吉野作造の民本主義（1916年）
文学：芥川龍之介（『羅生門』），志賀直哉（『暗夜行路』）
　　　プロレタリア文学
その他：ラジオ放送（1925年），活動写真（無声映画），円本
　　　女性の社会進出（バスガール，電話交換手，タイピスト）

世界の主なできごと

年	できごと
一九一二	中華民国の成立
一九一四	第一次世界大戦（〜一八）
一九一七	ロシア革命
〃	第一次世界大戦にアメリカ参戦
一九一九	三・一独立運動
〃	ガンディーの運動
〃	五・四運動
〃	ベルサイユ条約
一九二〇	国際連盟発足
一九二一	ワシントン会議（〜二二）
〃	イタリアにファシスト政権成立
一九二二	ソビエト社会主義共和国連邦の成立

●植民地からの独立の動き

●世界平和を目ざす動き

中国	中華民国
朝鮮	（日本領）
欧米	近代　／　現代

第2編 歴史

第1章 歴史の流れと地域の歴史
第2章 古代までの日本
第3章 中世の日本
第4章 近世の日本
第5章 近代日本のあゆみと国際関係
第6章 2つの世界大戦と日本
第7章 現代の日本と世界

近代／昭和時代

年	できごと
一九二七	金融恐慌
一九三一 〃	柳条湖事件（リッウヤウコ事件）
一九三一	満州事変
一九三二	満州国建国
一九三二 〃	五・一五事件
一九三三	国際連盟脱退
一九三六	二・二六事件
一九三七 〃	盧溝橋事件
一九三七	日中戦争（～四五）
一九三八	国家総動員法
一九四〇	日独伊三国同盟
一九四一 〃	大政翼賛会の発足
一九四一	日ソ中立条約
一九四一 〃	太平洋戦争（～四五）
一九四二	ミッドウェー海戦
一九四五	広島・長崎に原子爆弾投下
〃	ポツダム宣言受諾

●不景気が深刻化
●政党政治が終わる
●軍部が政治に力をおよぼしていく
●戦時体制の世の中へ

昭和初期の文化
文学：小林多喜二（『蟹工船』），川端康成（『伊豆の踊子』『雪国』）

年	できごと
一九二八	パリ不戦条約
一九二九	世界恐慌
一九三〇	ロンドン海軍軍縮会議
一九三三	ドイツにナチス政権成立
一九三三 〃	アメリカでニューディール政策
一九三七	中国で抗日民族統一戦線
一九三九	独ソ不可侵条約
一九三九 〃	第二次世界大戦（～四五）
一九四一	大西洋憲章
一九四三	イタリア降伏
一九四五	ヤルタ会談
〃	ドイツ降伏
〃	ポツダム会談

●世界へ不景気が広まる
●全世界規模での戦争が始まる

中華民国
（日本領）
現代

1 ▶ 第一次世界大戦と日本

Point
❶ 第一次世界大戦の原因と結果を理解しよう。
❷ 日本と第一次世界大戦の関係，日本への影響を理解しよう。
❸ 戦後の世界協調の動きとアジアの動きを知ろう。

1 第一次世界大戦と日本の参戦 入試重要度 ★★☆

1 第一次世界大戦の背景

~三国同盟vs三国協商，民族の対立~

❶ **帝国主義**…19世紀後半，資本主義が発展した欧米諸国は，軍事力により植民地獲得に乗り出す**帝国主義**政策をとっていた。

❷ **三国同盟と三国協商**…帝国主義政策に遅れたドイツは，**3B政策**をとり，オーストリア，イタリアと三国同盟を結び，西アジア方面に勢力を伸ばそうとした。一方，植民地を広げ，**3C政策**をとるイギリスは，日露戦争に敗れたロシアとの関係を改善し，ロシア，フランスと三国協商を結び，三国同盟と対立した。

❸ **バルカン半島**…バルカン半島では，オスマン帝国（トルコ）の勢力が弱まったため，諸民族の独立運動が高まった。セルビアは，同じスラブ民族で南下を図るロシアの援助で，独立運動を進めた。また，ロシアの南下に対してオーストリアは，同じゲルマン民族のドイツの援助を得て，半島への勢力を伸ばそうとした。このため半島は，いつ戦争がおこるかわからないという危険な状況から「ヨーロッパの火薬庫」と呼ばれた。

2 第一次世界大戦

~新兵器を使った戦争~

❶ **大戦の開始**…1914年，バルカン半島にあるボスニアの**サラエボ**で，セルビアの青年により，**オーストリア皇太子夫妻が暗殺される事件がおこっ**

↑ 3B政策と3C政策

Words 3B政策，3C政策

● **3B政策**…ドイツの帝国主義政策。ベルリン，ビザンティウム（イスタンブールの旧名），バグダッドを鉄道で結び，西アジアの支配を目ざした。
● **3C政策**…イギリスの帝国主義政策。カルカッタ，カイロ，ケープタウンを結ぶ地域の支配を目ざした。

↑ 三国協商と三国同盟

HighClass ロシアを中心に，スラブ民族の勢力を拡大しようとする考え方を**パン（汎）＝スラブ主義**，ドイツを中心に，ゲルマン民族の勢力を拡大しようとする考え方を**パン（汎）＝ゲルマン主義**といい，2つの考え方の対立が，第一次世界大戦の原因の1つとなった。

た(サラエボ事件)。オーストリアがセルビアに宣戦すると，ドイツとオーストリア，オスマン帝国を中心とする同盟国と，セルビアを支援するロシア，イギリス，フランスを中心とする連合国(協商国)との間で第一次世界大戦が始まった。領土問題でオーストリアと対立していたイタリアは，翌年に連合国側で参戦した。

凡例
- 1917年の同盟国軍の前線
- 連合国側
- 同盟国側

大西洋　イギリス　ロシア　ドイツ　サラエボ事件(1914年6月28日)　ポルトガル　スペイン　フランス　オーストリア=ハンガリー　ルーマニア　ブルガリア　黒海　イタリア　地中海　ギリシャ　オスマン帝国(トルコ)　セルビア　バルカン半島

↑ 第一次世界大戦中のヨーロッパ

❷ **日本の参戦**…日本は**日英同盟**を理由に，ドイツに宣戦布告し，連合国側で参戦した。これにより，戦争はアジア・太平洋地域まで拡大した。

❸ **新兵器と総力戦**…大戦では，**戦車・飛行機・潜水艦・毒ガス・機関銃**などの新兵器が使用され，死傷者が増大した。そのため，ヨーロッパ各国は，軍需品の生産を中心に，国民・資源・技術などを総動員する総力戦となった。

　総力戦には多くの女性や労働者，植民地の人々の労働力や兵力も提供されたため，大戦後にはそれらの人々の要求を無視することが困難となった。

❹ **アメリカの参戦**…大戦が始まっても中立の立場をとっていたが，ドイツの潜水艦による攻撃が繰り返されたため，1917年に連合国側で参戦した。

❺ **大戦の終結**…アメリカの参戦によって連合国側が優勢となった。また，ロシア革命後に成立したソビエト政権がドイツと講和し，戦線から離脱した。さらにはドイツ国内でも革命がおこって帝政が倒れ，成立した新政府は，連合国側と休戦し，**1918年**に大戦が終わった。

Words 総力戦

戦争時に武力だけでなく，国のすべての力を結集集して戦うこと。第一次世界大戦から始まり，日本では太平洋戦争で強く唱えられた。

参考 アメリカの参戦

アメリカは，第一次世界大戦が始まると，アメリカ大陸とヨーロッパの相互不干渉の考え方をもとに中立の立場をとっていた。しかし，イギリス客船ルシタニア号が1915年にドイツ潜水艦の攻撃で沈没し，アメリカ人乗客が100人以上死亡した。その後もドイツは，潜水艦による中立国を含む船舶への無差別の攻撃を続けたため，1917年にアメリカは，連合国側で参戦することとなった。

 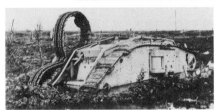

↑ 第一次世界大戦で使用された新兵器の飛行機(左)と戦車(右)

Episode　ベートーベンの「第九」やお菓子の「バウムクーヘン」などを伝えたのは，第一次世界大戦で日本の捕虜となったドイツ人だった。この戦争で日本は，中国のドイツの根拠地を攻撃し，捕虜を日本に連れ帰ってきた。日本の捕虜への扱いは人道的なものだったといわれている。

第2編　歴史

第1章　歴史の流れと地域の歴史

第2章　古代までの日本

第3章　中世の日本

第4章　近世の日本

第5章　近代日本のあゆみと国際関係

第6章　2つの世界大戦と日本

第7章　現代の日本と世界

③ ロシア革命とソビエト連邦の成立

～世界初の社会主義国家の誕生～

❶ **革命の開始**…第一次世界大戦が続くと，ロシア国内では食料不足や物価上昇，死傷者の増加など，大戦への不満が増大していった。**1917年**，首都ペトログラード(現在のサンクトペテルブルク)で，「パンと平和」を求める労働者や兵士らの反乱がおこり，各地に代表会議(**ソビエト**)が設立された。事態を収拾できなくなった皇帝ニコライ2世が退位し，臨時政府が成立した。

❷ **革命の進展**…臨時政府は戦争を継続したため，レーニンの指導のもとで革命が続き，史上初の社会主義政府である**ソビエト政府**が成立した(ロシア革命)。

❸ **ソビエト政府**…ドイツとの間で，単独で講和条約を結び，戦争を終結させた。そして，労働者と農民の利益を優先させることを政策の基本とし，土地や工場を国有にして，土地を農民に分配した。

❹ **ソ連建国**…社会主義の影響の拡大を恐れるイギリス，フランス，アメリカ，日本は，**1918年**にロシア革命に干渉するために，シベリアに軍隊を送った(シベリア出兵)。しかし，この干渉戦争に勝ったソビエト政府は，**1922年**に，世界初の社会主義国家であるソビエト社会主義共和国連邦(ソ連)を建国した。

④ 第一次世界大戦中の日本と米騒動

～好景気となった日本～

❶ **第一次世界大戦参戦の意図**…ヨーロッパ諸国が戦争のため，中国への影響力が弱まるのを見た日本は，大戦をきっかけに中国などへ勢力を伸ばすことを目ざし，1914年に大戦に参戦した。そして，中国のドイツ租借地や太平洋にあるドイツ領の南洋諸島を占領した。

❷ **中国への要求**…辛亥革命後で混乱した状態が続く，袁世凱が率いる**中華民国政府**に対して，日本は**1915年**に二十一か条の要求を突きつけ，その大部分を強引に認めさせた。その内容は，**ドイツ**がもっていた**山東省**の権益を日本が引き継ぐことや，日本が日露戦争で獲得した旅順・大連などの租借期限の延長などであった。

Person

レーニン

〈1870 ～ 1924年〉

ロシア革命の指導者。1917年の三月革命後におこった，十一月革命を指導した。

↑ 演説するレーニン

---

zoomup 社会主義→ p.365

参考 共産主義

社会主義がさらに発展し，生産手段をすべて共有し，あらゆる面で平等で，階級もない社会の実現を目ざす思想。

📋 史料

二十一か条の要求

一，中国政府は山東省におけるドイツの権益を日本に譲ること。

一，日本の南満州および東部内蒙古における優越性を認めること。

一，日本の旅順・大連の租借の期限，南満州鉄道の権益期限を99か年延長する。

(一部要約)

大隈重信内閣が提出した。

zoomup 辛亥革命→ p.397

入試Info

二十一か条の要求の史料を示し，「この史料の時期」を問うもの，「山東省」のある山東半島や，その対岸の遼東半島の先端にある旅順や大連を問うもの，「ドイツ」を空欄補充で答えさせる問題など，いろいろな形で問われる。

❸ **大戦景気**…日本は，ヨーロッパなどへ向けての輸出が増加し，**重化学工業**も発展し，好景気となった（**大戦景気**）。また，成金と呼ばれる大金持ちも生まれた。

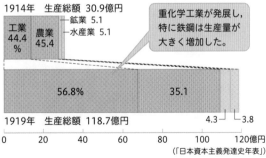

1914年　生産総額　30.9億円

重化学工業が発展し，特に鉄鋼は生産量が大きく増加した。

1919年　生産総額　118.7億円

↑ 工業生産額と農業生産額の変化 （「日本資本主義発達史年表」）

❹ **米騒動**…大戦による好景気と輸出の増加によって，物価上昇が続く中，**1918年**にシベリア出兵が始まると，出兵を見こした商人による米の買い占めや売り惜しみから，さらに米価が上昇した。富山県の漁村の主婦らが米の安売りを求める騒動（**越中女房一揆**）をおこすと，これが新聞によって各地に伝えられ，米の安売りを求める騒動は全国に広がった（**米騒動**）。**寺内正毅**内閣は軍隊を出してこの騒動を鎮圧したが，責任をとって総辞職した。

Words　**成金**

大戦景気によって急に大金持ちとなった者。

↑ 成　金

玄関が暗いので，成金が百円札を燃やして靴を探させている。

↑ 米騒動

Close Up　　**第一次世界大戦による日本の好景気と工業の発展**

1　ヨーロッパが戦場となったため日本は，被害をほとんど受けなかった。

2　ヨーロッパの連合国へ軍需品などを輸出した。

3　軍需品の生産・輸送のため，鉄鋼業，造船業，海運業が発展した。

4　ヨーロッパ各国が世界市場を省みる余裕がない間に，中国市場を独占した。

5　好景気にわくアメリカへの生糸の輸出が増加した。

6　ドイツからの薬品や肥料の輸入が途絶え，国内で化学工業がおこった。

第一次世界大戦

輸出

輸入

↑ 大戦前後の貿易額の移り変わり （「明治以降本邦主要経済統計」）

短文記述対策！

Ｑ　米騒動がおこった原因を簡潔に述べなさい。

Ａ　シベリア出兵を見こした商人が，米を買い占めたり，売り惜しんだりして，米価が上昇したため。

第 2 編　歴　史

第 1 章　歴史の流れと地域の歴史

第 2 章　古代までの日本

第 3 章　中世の日本

第 4 章　近世の日本

第 5 章　近代日本のあゆみと国際関係

第 6 章　2 つの世界大戦と日本

第 7 章　現代の日本と世界

② 国際協調とアジアの民族運動 ★★★

1 国際平和への努力

~第一次世界大戦後の世界~

❶ **パリ講和会議**…ドイツが1918年に降伏し，第一次世界大戦が終わると，翌**1919年**にフランスのパリで講和会議が開かれた。会議は，アメリカの**ウィルソン大統領**が提唱した**民族自決**，軍備縮小などの提案（「**十四か条の平和原則**」）に従って進められ，パリ郊外にあるベルサイユ宮殿では，敗戦国ドイツと連合国との間でベルサイユ条約が結ばれた。その内容は，ドイツは領土の一部と植民地のすべてを失い，軍備の制限や巨額の賠償金の支払いを課せられるなど，ドイツにとってきわめて厳しいものであった。

↑ ベルサイユ条約の調印式

❷ **国際連盟の設立**…パリ講和会議ではウィルソン大統領の提案に基づき，国際平和機構の設立が決定され，**1920年**に世界初の国際的な平和を守るための組織として国際連盟が成立した。本部をスイスのジュネーブに置き，日本は，イギリス・フランス・イタリアとともに**常任理事国**に選ばれ，事務局次長に**新渡戸稲造**が就任するなど国際的な地位を高めた。しかし，アメリカは議会が反対して加盟せず，ドイツやソ連は当初は加盟を許されなかった。また，全会一致の議決方法のため議事がはかどらず，紛争解決の手段も経済制裁のみで武力制裁ができなかった。このため，のちの国際紛争の解決には，期待されたほどの力を発揮できなかった。

❸ **国際協調**…軍備縮小などの話し合いが進み，1921年から翌年にかけて**ワシントン会議**が開かれた。会議では，太平洋における米・英・仏・日の権益を互いに尊重する四か国条約が結ばれ，日英同盟は解消された。また，中国の独立と領土の保全，及び各国の中国への機会均等を約束した**九か国条約**，列強の海軍力を制限する**ワシントン海軍軍縮条約**が結ばれた。

Why 初めのころドイツ，ソ連が国際連盟に加盟できなかった理由

国際連盟は第一次世界大戦の戦勝国中心の組織であったため，敗戦国のドイツは加盟できず（1926年加盟），ソ連は社会主義国のため加盟できなかった（1934年加盟）。

参考 戦勝国イタリア

イタリアは政策の違いから第一次世界大戦初期は中立の立場をとり，1915年に連合国側の一員として参戦した。

Words 九か国条約，ワシントン海軍軍縮条約

- **九か国条約**…米・英・仏・日・伊・オランダ・ベルギー・ポルトガル・中国により1922年に調印された条約。これにより二十一か条の要求の一部は取り消された。
- **ワシントン海軍軍縮条約**…海軍の主力艦の保有比率を米：英：日：仏：伊＝5：5：3：1.67：1.67に定めた条約。1922年に調印された。

入試Info **ベルサイユ条約**の名称や**ウィルソン大統領**が記述問題としてよく出題される。また，**国際連盟**の特色とアメリカの不参加を問うもの，ワシントン会議が開かれた時期や四か国条約による日英同盟の解消などが問われる。

　1928年には**パリ不戦条約**が結ばれ，戦争を国際紛争の解決手段としないことが宣言された。また，1930年には**ロンドン海軍軍縮条約**が結ばれ，補助艦の保有比率が定められた。

2　欧米諸国の変化

〜アメリカの繁栄〜

❶ **アメリカの発展**…第一次世界大戦で直接の被害を受けず，大戦中に連合国側に物資や資金を提供していたアメリカは，工業・農業生産が飛躍的に拡大した。大戦終了後には，その経済力は世界市場を支配し，ニューヨークの**ウォール街**は世界経済の中心地となった。この繁栄により，国際的発信力を増したアメリカは，国際連盟には加盟しなかったが，軍縮会議やドイツの再建で指導的な役割を果たすようになった。

❷ **ドイツの再建**…敗戦国のドイツでは，1919年に男女普通選挙や国民が人間らしく生きる権利(社会権)，労働者の団結権の保障などを明記した**ワイマール憲法**が制定され，国家の再建が目ざされた。しかし，経済的には巨額の賠償金を課せられ，フランスにルール工業地域を占領されていたため，工業生産力は低下していた。そのため，著しい物価上昇(インフレーション)に苦しんだが，アメリカの支援もあって経済を立て直し，国際連盟への加盟(1926年)も認められ，国際的地位を回復していった。

❸ **東ヨーロッパ諸国の独立**…ウィルソン大統領の民族自決の考えに基づき，ポーランド，ハンガリー，チェコスロバキアなどが独立を果たしたが，アジア・アフリカ諸国の独立は認められなかった。

❹ **大衆の時代**…ヨーロッパでは，大戦中に活躍した労働者や女性の権利が認められるようになった。1918年，イギリスで30歳以上の女性に選挙権が与えられるなど，各国で女性参政権運動がさかんに行われた。

　アメリカでは，都市に住む大衆はラジオを聞き，自動車に乗り，映画を見るという新しい生活が始まり，やがてヨーロッパや日本にも広まった。

Words　ロンドン海軍軍縮条約
巡洋艦・潜水艦などの補助艦の割合を米：英：日=10：10：7と定めた条約。日本の軍部の一部には反対する者もあったが，日本政府はこれをおさえて条約に調印した。

自動車が大量生産されるようになったアメリカでは，一家に1台というマイカー時代も到来した。

↑ アメリカの自動車工場

経済が破綻したドイツでは，1兆倍に値上がりした商品もあり，紙幣の価値がなくなり，紙くずと同じようになってしまった。

↑ 紙幣で遊ぶ子どもたち

Episode 第一次世界大戦後のアメリカでは，自動車のほか，電気冷蔵庫，オーブン，飲み物のコカ・コーラもはやった。ミッキーマウスが1928年に登場し，今日もニューヨークの象徴であるエンパイアステートビル(高さ約450 m)の建設は1930年に始まった。

3 アジアの民族運動

〜民族自決を求めて〜

❶ **中国の反帝国主義運動**…第一次世界大戦中の1915年，日本が突きつけた二十一か条の要求を中国政府は，やむなく受け入れた。中国の国民は，日本の強引なやり方に反発し，激しい排日運動を繰り広げた。

パリ講和会議で，中国政府の代表は，二十一か条の要求の破棄や山東省のドイツ権益の返還を訴えたが，認められなかった。そのため，**1919年5月4日**，北京大学の学生がこれに抗議するデモをおこした。このデモをきっかけに排日・反政府運動が全国に広まった（**五・四運動**）ため，中国政府も講和条約の調印を拒否せざるをえなかった。

五・四運動をきっかけに，**孫文**は**中国国民党（国民党）**を結成して大衆運動を進め，軍閥や帝国主義諸国と対決する姿勢を示した。1921年に**中国共産党**が結成されると，国民党は，1924年に共産党と連合して（**第一次国共合作**）その勢力を拡大させ，民族の独立と国内の統一を目ざした。

❷ **朝鮮の独立運動**…1910年の韓国併合以来，日本の植民地であった朝鮮では，**1919年3月1日**，京城（現在のソウル）で知識人や学生たちが日本からの独立を宣言する文章を発表した。これをきっかけに，人々の間で「独立万歳」を叫ぶ運動がおこり，朝鮮全土に広がった（**三・一独立運動**）。

日本は，軍隊を使ってこの運動を弾圧したが収まらず，朝鮮総督府は支配政策を緩める姿勢を示した。その後，朝鮮では近代化を進める動きが活発となり，独立運動も続けられた。

❸ **インドの独立運動**…第一次世界大戦中，イギリスは大戦後に自治を与える約束をして，インドから物資や兵士を提供させた。しかし，戦争が終わると，イギリスはその約束を守らないばかりか，インドの民族運動を弾圧する政策をとった。そのためインドの民衆は，**非暴力・不服従**を唱えるガンディーの指導のもとに，さらに完全な自治を要求する運動を推し進めた。

↑ 五・四運動

参考 山東省権益の返還

日本は，ベルサイユ条約で山東省の権益をドイツから引き継いだが，1922年，ワシントン会議で結ばれた九か国条約の結果，中国に返還した。

zoomup 軍　閥→ p.397

zoomup 韓国併合→ p.396

🔍 Person

柳宗悦
〈1889〜1961年〉

文芸評論家。朝鮮美術に着目し，朝鮮民族美術館をソウルに設立した。三・一独立運動では，朝鮮の人々の立場から考えることの必要性を説いた。

ガンディー
〈1869〜1948年〉

インドの思想家・政治指導者。非暴力・不服従を唱え，イギリスからの独立運動を進めた。

HighClass

中国の反帝国主義運動の背景には，1915年ごろから始まった新中国の建設を目ざす文学革命がある。魯迅は口語体で『阿Q正伝』や『狂人日記』を著し，中国に古くから残る封建制度や儒教思想，家族制度を批判し，近代化の必要性を説いた。

2 ▶ 大正デモクラシーと文化

第 1 章
歴史の流れと
地域の歴史

第 2 章
古代までの日本

第 3 章
中世の日本

第 4 章
近世の日本

第 5 章
近代日本のあゆみ
と国際関係

第 6 章
2つの
世界大戦と日本

第 7 章
現代の
日本と世界

Point
① 大正デモクラシーがどのように展開したのか理解しよう。
② 労働運動や女性解放運動などの社会運動が高まった背景を理解しよう。
③ 都市の大衆を担い手とする文化が登場したことを理解しよう。

1 大正デモクラシー ★★☆

1 護憲運動

~藩閥政治の打破~

　大日本帝国憲法が発布され，帝国議会が開かれても，政治の実権は少数の藩閥勢力や官僚に握られていたため，政党や議会の発言権はきわめて弱かった。このころ商工業が発展して資本家が力を増し，また，中等・高等教育が普及して大学生や知識人が増えてくると，政治への関心が高まり，政治への世論の批判も強くなった。

　そのような状況の中で，1912年，西園寺公望内閣が倒れると，藩閥出身の桂太郎が首相となって3度目の内閣を組織し，議会を無視して政治を進めた。このため，**尾崎行雄・犬養毅**らが「**憲政擁護**」を掲げて，立憲政治を守る運動をおこした（**第一次護憲運動**）。この運動は全国に広まり，翌年，桂内閣は倒れた。

2 大正デモクラシー

~自由と民主主義を求めて~

　第一次護憲運動をきっかけに，政党の出身者の考えを取り入れる政治が進んだ。一方，世界では，第一次世界大戦で国民や資源を総動員する総力戦だったこともあって，大戦中から**民主主義（デモクラシー）**を求める動きが広まっていた。

　政治への関心が高まる日本もこの影響を受け，自由主義と民主主義を求める風潮が高まった。大正時代のこの風潮を**大正デモクラシー**と呼ぶ。

Words 護憲運動
立憲政治（憲法に基づく政治）の擁護，政党内閣の確立などを求めた運動。1912～13年と1924年におきた。**第一次護憲運動**のスローガンは「憲政擁護」と「閥族（藩閥と陸軍出身者）打破」であった。

Person
尾崎行雄
〈1858 ～ 1954年〉
犬養毅とともに**第一次護憲運動**の中心となって活躍，第二次世界大戦中や戦後も活躍し衆議院議員に25回当選した。「憲政の神様」と呼ばれた。

桂内閣の退陣を要求して数万人の民衆が国会議事堂を取り囲んだ。

⬆ 国会議事堂を取り囲む人々

HighClass 議会を停止するなどした桂内閣に対し，数万人の国民が国会議事堂を取り囲み，内閣の退陣を要求した。1912年12月に発足した桂内閣はわずか50日余りで倒れた。これを**大正政変**と呼び，国民の動きが政治に大きな影響を与えたできごととして重要である。

　政治学者の吉野作造は、天皇主権の憲法体制のもとでの民衆の政治参加を主張して、普通選挙と政党政治の必要性を説いた（民本主義）。また、憲法学者の美濃部達吉は、国家そのものが主権の主体であり、天皇は国家の最高機関として憲法に従って統治を行うものと説き（天皇機関説）、政党内閣を支持した。2人の主張は、大正デモクラシーの理念となった。

3 政党政治の実現

~政党による国民中心の政治~

　1918年、米騒動の責任をとって寺内正毅内閣が倒れると、当時、衆議院で多数を占めていた立憲政友会の総裁で、衆議院議員の原敬が内閣総理大臣となり、陸軍・海軍・外務の3大臣以外の閣僚を、すべて立憲政友会党員が占める、初の本格的な政党内閣を組織した。

　原内閣のあと、再び軍人や官僚の内閣が続いた。各政党は、元老らの推薦による内閣ではなく、議会における多数党で内閣を組織するのが「憲政の常道」であるとして、1924年に第二次護憲運動をおこした。この結果、同年に憲政会総裁の加藤高明を首相とする内閣が成立した。この後、1932年に五・一五事件で犬養毅内閣が倒れるまでの約8年間にわたり、「憲政の常道」による政党内閣が続いた。

　1925年に加藤内閣は、それまであった選挙権の納税条件を撤廃し、満25歳以上のすべての男子に選挙権を与える普通選挙法を成立させた。これにより有権者数は、それまでの約4倍（全人口の約20%）になり、国民の意見が広く政治に反映される道をつけることになった。しかし、女子には選挙権が与えられなかった。

　一方で、同じく1925年に加藤内閣は、普通選挙法の制定と同時に、国体（天皇が統治する国家体制）の変革や、私有財産制度を否定する共産主義を取り締まることを目的に治安維持法を制定した。のちにその対象は社会運動全体へと拡大された。

Q Person

原 敬
〈1856~1921年〉

政治家。初の本格的な政党内閣を組織した。平民出身のため「平民宰相」として期待されたが、普通選挙には反対するなどしたため反感が高まり、東京駅で暗殺された。

zoomup 米騒動→ p.413

Words 普通選挙, 政党内閣

- 普通選挙…納税額や学歴などに関係なく、一定の年齢に達したすべての国民によって行われる選挙のこと。
- 政党内閣…議会で多数を占める政党が組織する内閣。

参考 元老

非公式な天皇の最高顧問で、内閣総理大臣などの要職を歴任し、政治の第一線から退いた者がなった。重要政策の決定に大きな影響力をもった。

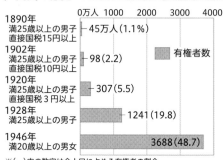

	0万人	1000	2000	3000	4000
1890年 満25歳以上の男子 直接国税15円以上	45万人(1.1%)				
1902年 満25歳以上の男子 直接国税10円以上	98(2.2)				
1920年 満25歳以上の男子 直接国税3円以上	307(5.5)				
1928年 満25歳以上の男子		1241(19.8)			
1946年 満20歳以上の男女				3688(48.7)	

有権者数

※（ ）内の数字は全人口に占める有権者の割合。

（「日本統計年鑑」など）

↑ 有権者数の増加

短文記述対策！

Q 1928年に有権者数が急激に増えた理由を簡潔に述べなさい。
A 1925年に普通選挙法が制定され、満25歳以上のすべての男子に選挙権が与えられたため。

② 社会運動の高まり ★☆☆

1 戦後不況と社会運動

～社会運動の活発化～

第一次世界大戦が終わると，日本では急速に需要が減少し，輸出が停滞して，拡大を続けていた工業生産はたちまち過剰に陥った。ヨーロッパ諸国では産業が復興し，輸出を回復させると，1919年には日本の貿易は再び輸入超過に戻り，1920年ごろから会社の倒産，失業者が増えはじめ，社会不安が高まった。

↑ 第1回メーデー

このような社会不安の中，1910年の大逆事件以降，勢いが衰えていた社会主義運動や労働運動は，ロシア革命や米騒動，欧米の労働運動の影響を受けて活発となった。

第一次世界大戦中，重工業の発展により工場労働者の数が増加し，労働組合の運動がさかんになった。1912年に労働者の地位向上を目ざして結成されていた友愛会は全国的な組織へと発展し，1920年には日本初のメーデーを主催し，1921年には労働組合の全国組織である日本労働総同盟と改称した。労働者は，賃金の引き上げや地位の向上を求めて，ストライキなどの労働争議を継続して行った。

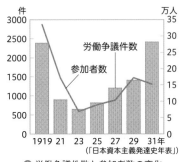
↑ 労働争議件数と参加者数の変化
（「日本資本主義発達史年表」）

農村では，好景気で高騰した小作料の減免を求める農民が，大規模な小作争議をおこすようになった。1922年には，小作人の全国組織である日本農民組合が設立され，小作争議を指導した。

1922年には，共産主義の影響を受けた日本共産党が非合法のうちに結成され，のちには，合法的な無産政党も結成され，政治活動を行った。

2 部落解放運動

～差別の解消を求めて～

1871年の「解放令」以後も，被差別部落の人たちへの差別は，就職，住居，結婚など多くの面で，根強く残っていた。被差別部落の人たちは，社会運動の高まりの中で，自ら人間としての当然の権利と平等を獲得し，差別から

---

zoomup 大逆事件→ p.401

Words メーデー，ストライキ
- メーデー…毎年5月(May)1日に行われる労働者の祭典。
- ストライキ…労働条件の向上，その他の目的を実現するために，労働者が業務を停止する行為。

参考 無産政党
無産階級（資産のない労働者や貧しい農民）の利益を代表する政党で，1926年に結成された労働農民党や日本労農党などがある。

zoomup 「解放令」→ p.377

第2編 歴史

第1章 歴史の流れと地域の歴史

第2章 古代までの日本

第3章 中世の日本

第4章 近世の日本

第5章 近代日本のあゆみと国際関係

第6章 2つの世界大戦と日本

第7章 現代の日本と世界

Episode

1921年に米価を調整するために制定された米穀法は，1942年に食糧管理法へと引き継がれ，同法に基づく米穀通帳をもっていないと米を買えなくなった。太平洋戦争後，通帳がなくても米を買えるようになっていったが，制度が廃止されたのは1982年になってからである。

の解放を目ざす部落解放運動を行った。1922年には，京都で全国水平社が結成され，運動は全国に広がっていった。

3　女性解放運動

~男女平等を求めて~

　女性差別からの解放，女性の地位向上を目ざした平塚らいてうは，1911年に文学者団体の青鞜社を結成した。青鞜社の女性は，初期は世の中に好意的に受け入れられたが，のちには，自由結婚などの主張に対して，日本の伝統に反するとして批判が高まった。さらに，平塚らいてうは市川房枝らとともに1920年に新婦人協会を結成し，女性の参政権獲得，男女同権，女子高等教育の拡充，母性の保護などを主張して解放運動を展開した。その結果，1922年に治安警察法が改正され，女性の政治演説会への参加が認められるようになった。

4　関東大震災

~大地震とその影響~

　1923年9月1日，午前11時58分，関東地方でマグニチュード7.9の大地震がおこった。激震による家屋の倒壊や，昼食準備のための火を使用する時間帯であったことから，東京や横浜などの都市地域では大火災が発生し，工場地帯は壊滅状態となった（関東大震災）。社会は混乱し，朝鮮人が「井戸に毒を投げ入れた」などの流言が飛び交い，朝鮮人だけでなく，多くの中国人，労働運動家，社会主義者が自警団を組織した住民らによって殺された。経済も大混乱に陥り，1927年には銀行や会社が倒産・休業する金融恐慌がおこった。その結果，預金を集中させた三井，三菱，住友，安田，第一の五大銀行が，財閥として産業界を支配していった。

5　アイヌ民族の解放

~政府に対抗するアイヌの人々~

　差別に苦しむアイヌの人々は，1930年に北海道アイヌ協会を設立して，政府の進める同化政策に対抗し，社会的地位の向上や，文化の保存を目的に活動を始めた。

↑ 全国水平社青年同盟で演説する山田少年

史料
水平社宣言
みんなで団結しよう。…水平社は，こうして生まれた。人の世に熱あれ，人間に光あれ。
（一部要約）

Person
平塚らいてう
〈1886~1971年〉
女性運動家。青鞜社を創立し，婦人文芸誌『青鞜』を発行。第二次世界大戦後は平和運動にも力を注いだ。
市川房枝
〈1893~1981年〉
女性運動家。平塚らいてうらとともに新婦人協会を設立。第二次世界大戦後は参議院議員として活躍した。

史料
青鞜社の宣言
元始，女性は実に太陽であった。真正の人であった。今，女性は月である。他に依って生き，他の光によって輝く，病人のやうな蒼白い顔の月である。…
（一部抜粋）

zoomup 治安警察法→ p.401
金融恐慌→ p.425
財閥→ p.398
同化政策→ p.382

入試Info　全国水平社，青鞜社，新婦人協会の各名称や設立の時期，設立にかかわった人物名などが出題される。また，「水平社宣言」と「青鞜社の宣言」は史料としてもよく出題されるので，確認しておこう。

③ 新しい文化と生活 ★☆☆

1 文学と思想

～新傾向の文学～

　個人主義を尊重した白樺派が現れて，志賀直哉らが優れた作品を多く発表した。次いで，現実の矛盾を描く芥川龍之介らの新思潮派と呼ばれる作家が現れた。社会主義運動の高まりによって，労働者や農民の目線で資本主義社会の矛盾を描く小林多喜二らのプロレタリア文学も生まれた。また，西田幾多郎は独自の哲学を打ち立てた。

2 芸　術

～新傾向の芸術～

❶ 演　劇…明治時代におこった新劇は，小山内薫らの築地小劇場が中心となって知識人の間に広まった。

❷ 音　楽…西洋風の童謡がつくられ，洋楽が普及し，山田耕筰らの作曲家が現れた。山田耕筰は，日本初の交響楽団を結成した。また，宮城道雄が邦楽で活躍した。

❸ 美　術…日本画では横山大観，洋画では，安井曽太郎，梅原龍三郎，岸田劉生らが活躍した。

3 近代文化の大衆化

～ラジオの登場～

　欧米文化の流入による生活の近代化は，主に都市に見られ，農漁村には，古い生活様式が根強く残っていた。

　都市には鉄筋コンクリートの高層建築が出現し，デパート（百貨店）がつくられ，食堂や喫茶店も登場した。路面電車や自動車が走り，男性に続いて女性にも洋服が普及し，洋装でおしゃれをした若者たちは当時，モダンボーイ（モボ），モダンガール（モガ）と呼ばれた。また，郊外には，洋間を設けた文化住宅が建てられた。

　1925年にはラジオ放送が始まり，発行部数が100万部を超える新聞のほか，週刊誌や1冊1円の文学全集（円本）が発行された。映画製作も行われ，最初は無声の活動写真で弁士の説明がついたが，のちには音声の出る映画（トーキー）が上映された。また，野球などのスポーツが普及し，日本もオリンピックに参加するようになった。

第2編　歴史

第1章　歴史の流れと地域の歴史

第2章　古代までの日本

第3章　中世の日本

第4章　近世の日本

第5章　近代日本のあゆみと国際関係

第6章　2つの世界大戦と日本

第7章　現代の日本と世界

参考 大正時代～昭和時代初期の主な人物と作品

● 文学・思想
志賀直哉…『暗夜行路』
芥川龍之介…『羅生門』，『鼻』
小林多喜二…『蟹工船』
川端康成…『伊豆の踊子』『雪国』
西田幾多郎…『善の研究』

● 芸術
山田耕筰…「この道」
横山大観…「無我」「生々流転」
岸田劉生…「麗子像」

↑「無我」（横山大観）

参考 職業婦人

都市では女性の社会進出が進み，バスガールや電話交換手，タイピストなどの新しい仕事に就く女性も現れて，職業婦人と呼ばれた。

↑ ラジオ放送の始まり

Episode 大正時代，ちゃぶ台が普及し，ちゃぶ台を囲んで，一家が団らんして食事を楽しむようになった。ちなみにちゃぶ台とは，食事などのときに使う，短い足のついた台のこと。テーブルを使って，椅子に座る方式ではない。

3 第二次世界大戦と日本

1 世界恐慌と全体主義 ★★★

1 世界恐慌の発生

~急激な世界経済の不況~

第一次世界大戦後の1925年ごろになると，大戦により落ち込んでいたイギリス・フランス・ドイツなどヨーロッパ諸国の工業生産力が回復し，商品が世界全体で余るようになった。アメリカでは，ヨーロッパへの輸出が減少したことに加え，国内の消費も伸び悩み，生産過剰となった。

このような状況のもと，**1929年**，**ニューヨーク・ウォール街**の株式市場で，突然，株価が大暴落し，商品の売買の激減で多くの会社・銀行が倒産した。これにより，失業者の数が激増し，そのため，ますます工業製品や農産物が売れなくなるという悪循環がおこり，社会不安も高まった。

世界の多くの国々は，アメリカから資金を借り，アメリカとさかんに貿易を行っていたが，アメリカの経済が急激に崩壊（**恐慌**）したため，この恐慌は，ソ連を除く世界各国へ広がった（**世界恐慌**）。

↑ 経済恐慌のしくみ

商品売買の減少 → 会社倒産数の増加

悪循環

買う力の減少 ← 失業者数の増加

参考 暗黒の木曜日

世界恐慌のきっかけとなった日のことで，ニューヨークのウォール街で株の大暴落がおこった10月24日が木曜日であったことからこの名がついた。

2 ニューディール政策

~世界恐慌へのアメリカの対応~

アメリカでは，1932年に大統領選挙で当選したフランクリン=ローズベルトが翌年大統領に就任すると，景気回復のために，ニューディール（「新規まき直し」の意味）政策と呼ばれる経済政策を断行した。

Person

フランクリン=ローズベルト

〈1882 ~ 1945年〉

アメリカ第32代大統領（在任1933 ~ 1945年）。ニューディール政策を実施した。第二次世界大戦が勃発したこともあり，4選を果たし，歴代大統領の中で最も長くその地位にあった。4期目の初期に病死した。

Episode **フランクリン=ローズベルト**は，1921年に小児麻痺にかかり，車椅子の生活を余儀なくされた。そのため，大統領時代の写真は，ほとんどが座った状態である。なお，日露戦争のポーツマス条約の仲介をした第26代大統領の**セオドア=ローズベルト**とは親戚関係にあった。

ニューディール政策は，国内の産業に対して強力な統制を行い，生産の制限や価格の調整を行って産業の回復を図るとともに，労働者の権利を強めて賃金を引き上げることで購買力を高めようというものである。また，農業面でも，農産物の生産量を制限し，価格の安定化を図った。最も効果的であったのが，ＴＶＡ(テネシー川流域開発公社)などの大規模公共事業で失業者を救済したことである。

3 ブロック経済

～世界恐慌へのイギリス・フランスの対応～

イギリスでは世界恐慌に対して，保守党と労働党は協力して挙国一致内閣を組織し，従来の自由貿易をやめて，保護貿易へと転換する政策を行った。すなわち，外国製品に対する関税を高くして輸入を減らし，カナダ・オーストラリア・ニュージーランド・南アフリカ連邦(現在の南アフリカ共和国)などの自治領やインドなどの植民地との貿易を増やすことで流通を活発にするものであった。このような排他的な経済政策をブロック経済といい，植民地の多いフランスも同様の政策を行った。

4 五か年計画

～世界恐慌の影響を受けなかったソ連～

ソ連では，レーニンの死後に指導者となったスターリンを指導者とする共産党が独裁体制をしき，共産主義化を目ざした。スターリンは，1928年から「第1次**五か年計画**」と呼ばれる，国家が生産量など経済を全面的に統制する計画経済を掲げ，重工業中心の工業化と，農業の集団化を進めていた。そのため，世界恐慌により資本主義諸国が大混乱に陥っていたときも，ソ連はその影響を受けず，1933年からは第2次五か年計画により，さらに国力を伸ばすことに成功し，アメリカに次ぐ工業国となった。

しかし，スターリンを批判する人々や反体制派の人々に対しては徹底した弾圧を行い，シベリアへの追放や強制移住，処刑を行うなどした。

Words ニューディール政策

1933年からアメリカの**フランクリン=ローズベルト大統領**が行った世界恐慌の克服政策。ＴＶＡ(テネシー川流域開発公社)を設立し，大がかりな公共事業をさかんに行った。失業者を労働者として雇い入れ，テネシー川にダムを建設して洪水を防ぎ，水力発電所や農業用水路をつくる工事が進められた。

Words ブロック経済

本国と植民地など，特別な関税制度で結びつけた地域をブロックといい，他国を貿易などの関係において締め出そうとする政策。

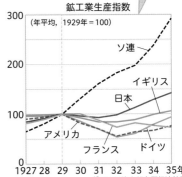

アメリカの落ち込みが大きく，ソ連は生産が順調に伸びている。

鉱工業生産指数
(年平均，1929年＝100)
ソ連
イギリス
日本
アメリカ
フランス　ドイツ
1927 28　29　30　31　32　33　34　35年
「明治以降本邦主要経済統計」

↑ 主要国の鉱工業生産

第1章　歴史の流れと地域の歴史

第2章　古代までの日本

第3章　中世の日本

第4章　近世の日本

第5章　近代日本のあゆみと国際関係

第6章　2つの世界大戦と日本

第7章　現代の日本と世界

短文記述対策！

Q ブロック経済とはどのような政策か，簡潔に述べなさい。
A 自国と自国の植民地や自治領などの関係の深い地域との貿易を増やし，その他の国々の商品には高い関税をかけて輸入を減らそうとする保護貿易政策。

5 全体主義（ファシズム）

～世界恐慌へのイタリア・ドイツの対応～

❶ 「もてる国」と「もたざる国」…国土が広いか，多くの植民地をもち，資源や市場に恵まれたアメリカ・イギリス・フランスなどの「もてる国」は，恐慌を切り抜ける対策が立てられた。しかし，それらに恵まれないイタリア・ドイツ・日本などの「もたざる国」は，国家の利益を優先し，個人の自由や民主主義を認めない**全体主義（ファシズム）**で恐慌を切り抜けようとした。

❷ **イタリアのファシズム**…イタリアは第一次世界大戦の戦勝国であったが，経済の回復が遅れていた。そのような状況の中，資本家・地主・軍人などの支持を得た**ムッソリーニ**が**ファシスト党**を率いて1922年に政権を握ると，議会政治を否定し，ファシスト党の一党独裁体制を打ち立てた。世界恐慌の影響が及ぶと，対外侵略を図って1935年に**エチオピア**を侵略し，翌1936年に併合した。1937年には国際連盟を脱退した。

❸ **ドイツのファシズム**…巨額の賠償金を抱えていたドイツは，国民の努力とアメリカの投資により，復興に向かっていた。しかし，世界恐慌によりアメリカの資本が引き上げられ，イギリスやフランスのブロック経済により，ドイツの経済は急速に破綻した。このため，失業者が増加し，社会不安が増大した。

　こうした中で，**ナチス**（国民社会主義ドイツ労働者党）を率いる**ヒトラー**は，「ドイツ民族の優秀性」「ベルサイユ体制の打破」というスローガンのもと，農民や都市の中産階級の保護を中心とした社会主義的な政策を訴えた。その後，ナチスは資本家や軍部の支持も得て勢力を伸ばし，1932年の総選挙で議会の第1党となり，翌1933年には**ヒトラー内閣**を成立させた。同年，ナチスによる一党独裁の確立，国際連盟の脱退，ワイマール憲法の停止を行い，1935年にはベルサイユ条約を破棄して再軍備を行い，軍事大国へとあゆみはじめた。また，秘密警察（ゲシュタポ）の監視によって国民の自由を奪い，ドイツ民族国家の再建を目ざし，ユダヤ人の迫害や虐殺を行った。

🔍 Person

ヒトラー
〈1889 ～ 1945年〉

ドイツの独裁政治家。1921年に**ナチス**の党首となり，1933年にドイツの首相となった。第二次世界大戦を引きおこし，敗戦の直前に自殺した。

参考 ヒトラーの政策

- **全権委任法の成立**…ワイマール憲法の「国家緊急権」を利用し，民族と国家の困難を除去するため政府に立法権を与える法案を1933年に成立させた。これにより独裁体制を合法化した。
- **アウトバーンの建設**…自動車道（アウトバーン）の建設などの公共事業を行うことで雇用を増やし，国民の支持を集めた。

Why ユダヤ人虐殺の理由

ヒトラーは，ドイツ民族の優秀さを強調し，そのドイツ民族が失業などで苦しむのは，劣等な民族であるユダヤ人が利益を独占しているためと考え，第二次世界大戦中には600万人近くのユダヤ人が強制収容所に送られ，虐殺された。

HighClass 内戦の続くスペインでは，1936年に人民戦線内閣が成立したが，**フランコ将軍**の率いる反乱軍がファシズムのドイツ，イタリアの援助を受けて1939年に内戦に勝利し，独裁政治を行った。この独裁政治は，1975年にフランコが死亡するまで続いた。

② 日本の中国侵略 ★★★

❶ 日本社会の混乱

〜恐慌と経済・政治の混乱〜

❶ 金融恐慌の発生…日本では，第一次世界大戦後の不景気が続く中，1923年の関東大震災により経済に大打撃を受け，不景気を解消できない状況が続いていた。1927年には，大臣の失言から，多くの人々が預金を銀行から引き出そうとしたため，銀行の休業や倒産が相次ぐ金融恐慌がおこり，さらに多くの会社や工場がつぶれた。

❷ 昭和恐慌の発生…さらに1930年には，世界恐慌の影響が日本にも押し寄せ，日本は不景気のどん底に落ち込んだ（**昭和恐慌**）。会社や工場の倒産はさらに増加し，人員整理が行われて都市には失業者があふれ，労働運動が増加した。工業製品が国内で売れなくなり，海外へ極端に安い価格で売りさばかれ（**ダンピング**），外国から批判を受けた。

　農村では，恐慌の影響で消費が減ったアメリカ向けの生糸の輸出が激減したため，生糸のもととなる繭の価格が暴落した。そのため，農家の副業として行われ，貴重な収入源であった養蚕業が大打撃を受けた。1930年には米が豊作となったため，米価が大きく下落した。翌1931年には，一転して東北地方や北海道で冷害により大凶作となり，東北地方を中心に農家の生活は困窮状態となった。そのため，借金のための女性の「**身売り**」や，弁当を学校に持参できない「**欠食児童**」が増え，社会問題となった。

❸ 財閥の発展と政党…恐慌により会社や工場の倒産が続く中，三井・三菱・住友・安田などの**財閥**はつぶれかかった企業や銀行を吸収してますます巨大になり，利益の独占を図った。政党は，政治活動に財閥の援助を受けることが多かったため，国民全体の利益よりも，財閥や資本家の利益を優先するようになった。そのため国民は，財閥や財閥と結びついた政党や政治家に対して，不満をもつようになった。

第**2**編　歴史

第1章　歴史の流れと地域の歴史

第2章　古代までの日本

第3章　中世の日本

第4章　近世の日本

第5章　近代日本のあゆみと国際関係

第6章　2つの世界大戦と日本

第7章　現代の日本と世界

Words　金融恐慌，昭和恐慌

● **金融恐慌**…1927年におこった銀行の休業や倒産による経済の混乱。当時の大蔵大臣（現在の財務大臣）が，つぶれていない銀行を，「つぶれた」と失言したことをきっかけに，多くの預金者が預金を引き出そうとする**取り付け騒ぎ**がおこり，多くの銀行が休業に追い込まれた。

● **昭和恐慌**…世界恐慌の影響を受けて，1930年におこった恐慌。1930年に金輸出解禁（代金支払いのために金での支払いを認める制度）を行ったため，金の大量国外流出を招き，そこへ世界恐慌の影響が押し寄せたため，日本経済は深刻な打撃を受けることとなった。

Words　ダンピング

商品を，自国内での販売価格よりも安く，海外で販売すること。

大凶作により農村でも米が不足し，大根などをかじって飢えをしのぐようすが見られた。

🔼 大根をかじる子どもたち

HighClass　**昭和恐慌**により，都会へ出かせぎに行っていた農村出身の労働者は失業し，農村へ帰らざるをえなくなった。しかし，その農村も米の豊作によって米価が下落する豊作貧乏や，大凶作により生活は困窮状態であった（**農業恐慌**）。

❹ 政党政治への逆風…立憲民政党の**浜口雄幸**内閣は，世界恐慌がおこった際に財政緊縮政策をとっていたため，景気はさらに悪化した。また，政権を巡って立憲政友会と立憲民政党が激しく対立し，政党政治への批判が強まった。このころ，個人より国家の利益を優先する国家主義が国民の間に広まった。

欧米列強では，軍縮，国際協調を求める気運が高まり，1930年に開かれた**ロンドン海軍軍縮会議**では，軍艦の保有量を制限する条約が結ばれた。しかし，軍縮に反対していた海軍の一部や国家主義者は条約調印を，天皇の統帥権を侵すものであると強く批判した。同年，条約調印を行った浜口雄幸首相が狙撃される事件がおこり，翌年に内閣は総辞職した。

浜口首相は金輸出解禁や協調外交を行ったが，1930年に東京駅で青年にピストルで撃たれ，翌年の内閣総辞職後に死亡した。

↑ 狙撃された浜口雄幸首相

2 満州事変と日本の国際連盟の脱退

〜対中国外交政策〜

❶ 中国国内のようす…中国で軍閥による勢力争いが続く中，**孫文**の死後にあとを継いだ中国国民党の**蔣介石**は，北方の軍閥を倒して中国を統一するために国民革命軍を組織して**北伐**を開始し，**南京**に国民政府を立てた。満州（中国東北部）における日本の権益を守ろうとした日本政府は，満州軍閥の**張作霖**を支援したが，張作霖が国民革命軍に敗れると，満州にいた**関東軍**は，直接満州を支配することを目ざし，1928年に張作霖を爆殺した。

❷ 満州事変…張作霖の子の**張学良**が，日本に対抗するため国民政府側につくと，満州を「**日本の生命線**」と考えていた軍部は，協調外交政策をとる日本政府を批判し，満州の重要性を国民に宣伝した。

1931年9月，関東軍は**奉天**（現在の瀋陽）郊外の**柳条湖**で南満州鉄道の線路を爆破し，これを中国軍のしわざとした（柳条湖事件）。これをきっかけに，関東軍は軍事行動を始め，翌年には満州の全土を占領した（**満州事変**）。関東軍の軍事行動に対して日本政府は不拡大方針を発表したが，国民やマスコミは軍事行動を支持した。

zoomup **ロンドン海軍軍縮条約**→p.415
軍　閥→p.397

→ 日本軍の進路

ソ連
満州国
モンゴル
奉天
北京
朝鮮
中華民国
日本

柳条湖事件
関東軍が南満州鉄道の線路を爆破，満州事変の口火となった。

↑ 満州事変

Words 関東軍
1919年に満州に設置された日本の陸軍部隊。遼東半島南部（関東州）と南満州鉄道の警備が主な任務であった。

入試Info

満州事変のきっかけとなった**柳条湖事件**がおこった場所，満州事変のおこった年代やその後の満州国建国などに注意が必要。また，**ワシントン会議**と**ロンドン海軍軍縮会議**で結ばれた条約を混同しないように注意しよう。

❸ **満州国建国**…1932年，関東軍は清朝最後の皇帝溥儀を立てて満州国をつくり，中国から分離させた。満州に住む中国人のための国家といいながら，関東軍がとどまり，日本人が政治や経済を支配し，日本から多くの農民などが開拓のために送り込まれた。そのため，中国の人々の対日感情は悪化し，国民政府は日本の侵略であると国際連盟に訴えた。国際連盟は，直ちにリットンを団長とする調査団を現地へ派遣した。

↑ 国際連盟のリットン調査団

❹ **国際連盟脱退**…リットン調査団は，日本の軍事行動は不当であり，満州国が中国人の自発的な民族独立運動でつくられたとは認められない，と報告した。1933年の国際連盟の総会で，日本による満州国承認の取り消しと日本軍の撤退を求める勧告案が採択されると，松岡洋右ら日本代表団はこれを不服として，同年，日本は国際連盟からの脱退を通告した。

↑ 国際連盟脱退を報じる新聞

3 日本国内での軍部の台頭

～軍国主義への道～

❶ **五・一五事件**…1932年5月15日，満州国建国に反対した犬養毅首相は，海軍青年将校らによって首相官邸で暗殺された（五・一五事件）。彼らの行動は，私利私欲に走り，社会不安を招いた政治家・政党・政府・財閥を倒し，軍中心の内閣をつくろうとするものであった。この事件を境に，政党内閣の時代は終わりを告げ，軍人や官僚による内閣がつくられるようになった。

❷ **二・二六事件**…1936年2月26日，軍部政権の樹立を目ざす陸軍の一部の青年将校が約1400名の兵士を率いて，陸軍に好意的でないと思われた政治家らを襲い，大臣らを殺傷した。そして，国会や官庁，新聞社など東京の中心部を4日間にわたって占拠した（二・二六事件）が，天皇の指示もあり，反乱軍として鎮圧された。

❸ **軍国主義の進展**…これらの事件を通して，軍部の政治に対する発言力は著しく高まり，議会と政党は軍部の顔色をうかがうようになった。満州事変以来，軍需産業が発展して景気が回復したため，軍部の方針を支持する人々が増え，軍国主義が広まった。

Q Person

犬養毅
〈1855～1932年〉

政治家。明治時代は立憲改進党の創設に参加し，大正時代は護憲運動の中心として活躍した。第1回衆議院選挙から42年間衆議院議員として議席を保った。1931年に内閣を組織したが，翌年の五・一五事件で暗殺された。

赤坂山王下を進む反乱部隊
↑ 二・二六事件

第2編 歴史
第1章 歴史の流れと地域の歴史
第2章 古代までの日本
第3章 中世の日本
第4章 近世の日本
第5章 近代日本のあゆみと国際関係
第6章 2つの世界大戦と日本
第7章 現代の日本と世界

短文記述対策！

Q 犬養毅首相が暗殺された五・一五事件は，どのような意義をもつのか，簡潔に述べなさい。
A 政党内閣が終わり，その後は軍部が政権を担うことが多くなった。

4 日中戦争

~中国との1937～45年までの戦争へ~

❶ **中国国内の内戦**…中国では，国民政府（中国国民党）と中国共産党との内戦が続いていたが，日本軍の侵略に対し，蔣介石（チャンチェシー）の率いる国民政府は共産党の呼びかけに応じ，毛沢東（マオツォトン）の率いる共産党との戦闘を停止した。

❷ **日中戦争の開始**…**1937年**7月，北京郊外の盧溝橋（ルーコウチアオ）で日中両軍が武力衝突し（**盧溝橋事件**），これをきっかけに両国間の本格的な戦争（**日中戦争**）が始まった。これに対し，中国の国民政府は共産党と1937年9月に第二次国共合作を行い，**抗日民族統一戦線**を形成し，日本軍との戦闘のために協力することになった。

❸ **戦争の長期化**…近衛文麿内閣は当初不拡大方針を掲げていたが，日本軍は南へと戦線を広げ，1937年末には首都の南京を占領した。この際，女性や子どもを含む多数の中国人を殺害し，諸外国から非難を浴びた（**南京事件**）。南京を追われた国民政府は首都を重慶に移し，物資の支援路（援蔣ルート）を通じてアメリカ・イギリスなどの支援を得て抗戦を続け，戦争は長期化した。

↑ 日中戦争

5 戦時体制の強化

~総力戦に向かう国民生活~

　長引く戦争に対して政府は，軍事費を増やし，**1938年**には議会の承認なしに，国民や物資を動員できる**国家総動員法**を定めた。また，「挙国一致」体制をつくるために政党は解散させられ，**1940年**設立の**大政翼賛会**に組み込まれた。労働組合も解散させられ，各工場・職場で**産業報国会**が結成され，1940年には全国組織の**大日本産業報国会**がつくられた。労働運動は弾圧され，新聞やラジオ放送も検閲され，国民は正確な情報を得ることが難しくなっていった。

　戦争が長引く中，国民生活への統制も強められた。食料や衣料などの日用品が不足すると，米や衣料品は**配給制**や**切符制**となった。町内会などの下には**隣組**がつくられた。1941年に小学校は**国民学校**と改称され，戦時体制を支援する国民を育てるため，軍国主義教育が進められた。

↑ 節約を訴える当時のようす

Words　大政翼賛会

1940年につくられた，国民生活を統制し，戦争に協力させるための組織。大政とは天皇の政治，翼賛とは協力し，助けるという意味である。

Words　配給制，切符制

● 配給制…戦争により不足する日用品を，政府が必要度に応じて国民に配分する制度。

● 切符制…消費者に決められた点数の切符を配布しておき，その切符と交換して指定された品目一定量の購入を認めるもの。

入試Info

盧溝橋事件のおこった場所，日中戦争，日中戦争に対する日本国内の動き（**国家総動員法**や**大政翼賛会**）などの重要事項の内容や順序がよく問われる。満州事変後の日本の国際連盟の脱退や，**五・一五事件**，**二・二六事件**なども同様の観点から問われることが多い。

③ 第二次世界大戦と太平洋戦争 ★★★

1 第二次世界大戦の開始

~ 6年間に及ぶ世界戦争 ~

❶ **ドイツの侵攻**…ヒトラーに率いられたドイツは，1939年3月，チェコスロバキアの西部を併合したのち，それまで対立していたソ連と**独ソ不可侵条約**を結んだ。同年9月，ドイツがポーランドに侵攻すると，ポーランドを援助する条約を結んでいたイギリス・フランスはドイツに宣戦を布告して，第二次世界大戦が始まった。

❷ **戦争の長期化**…ドイツ軍は，1940年，デンマーク・ノルウェー・オランダ・ベルギーに侵攻してフランスにも進撃し，パリを占領した。イギリスではチャーチルが首相となり抗戦に努めたため，ドイツ軍もイギリス本土上陸を断念し，戦争は長期化した。ムッソリーニの率いるイタリアは，1936年にドイツとベルリン–ローマ枢軸と呼ばれる協力関係を結んで接近し，戦況がドイツに有利に進んでいるのを見て，1940年にドイツ側で参戦した。

❸ **ドイツの占領地域**…ドイツは占領地域で，ユダヤ人の弾圧を徹底して行った。ユダヤ人をアウシュビッツなどの強制収容所に送り込み，強制労働や殺害を繰り返した。一方，ドイツの占領に対する武力での抵抗運動（**レジスタンス**）が，ヨーロッパ各地でおこった。

❹ **日本のドイツ・イタリアとの接近**…1933年に国際連盟を脱退し，国際的に孤立していた日本は，同じように軍備を拡張し，領土の拡張を狙っていたドイツ・イタリアと，1937年に共産主義の世界侵略を防ぐために**日独伊防共協定**を結んだ。日中戦争の長期化により石油などの物資を獲得しようと南方への侵略を企てていた日本は，1940年にフランスがドイツに降伏したのを機に，フランス領インドシナ北部（現在のベトナム北部）へ進出し，同年，ドイツ・イタリアと**日独伊三国同盟**を結んだ。そのため，イギリスやアメリカなどとの対立をさらに深めた。

ドイツ本国
第二次世界大戦前に併合した地域

↑ ドイツの領土拡大

Why 独ソ不可侵条約が結ばれた理由

イギリス・フランスと対立するドイツは，西部へ戦力などを集中させる必要があり，東方のソ連とは友好関係を保っておく必要があったから。またソ連は，東方では満州を巡って日本と緊張関係にあったため，西方での安全を確保しようとしたから。

Words 枢軸

「活動の中心」という意味。ドイツ・イタリア，そしてのちに日本が，新世界形成の「枢軸国」として，アメリカなどの連合国軍と対立するようになった。

参考 アンネ＝フランク

ユダヤ人の彼女は，ナチスから逃れる生活を日記に書き残したが，収容所に送られ，1945年に15歳で亡くなった。

参考 杉原千畝

リトアニアでの外交官時代，ナチスの迫害を逃れて脱出しようとするユダヤ人に日本通過ビザ（査証）を発行し，約6000人の命を救った。

HighClass 1941年8月，アメリカ大統領**フランクリン＝ローズベルト**とイギリス首相**チャーチル**が大西洋上で会談し，第二次世界大戦と戦後の平和機構設立などの方針を示した**大西洋憲章**を発表した。翌年に26か国が調印して連合国が誕生し，枢軸国との戦争と位置づけられた。

2 日本とアメリカの交渉

〜戦争を避けるために〜

❶ ＡＢＣＤ包囲網…アメリカは，日本に対して中国やインドシナから撤退することを要求し，軍需物資などの輸出を制限した。しかし，日本はさらに南進を続けるために1941年4月に日ソ中立条約を結んで北方の不安をなくし，7月にフランス領インドシナ南部へも進出した。これに対してアメリカは，石油をはじめとする軍需物資の日本への全面禁輸に踏み切り，東南アジアに植民地をもつイギリス・オランダ，及び中国とＡＢＣＤ包囲網による経済封鎖を行った。

❷ 日米交渉の決裂…ＡＢＣＤ包囲網に対抗するためにはアメリカなどとの戦争以外に手段はないと軍部が考える中，近衛文麿内閣は，アメリカへ大使を送り，平和的解決に努めた。しかし，東条英機陸軍大臣らの強硬意見で条件が折り合わず，近衛内閣は総辞職した。次いで東条英機が首相になると，交渉を続けながらも戦争の準備を進めた。

3 太平洋戦争の開始

〜3年9か月に及ぶ戦争〜

❶ 開　戦…アメリカが，日本に対して中国とフランス領インドシナからの全面撤兵などを要求すると，東条英機内閣はアメリカ・イギリスとの開戦を決定した。1941年12月8日，日本陸軍がイギリス領マレー半島に上陸する一方，日本海軍はハワイの真珠湾を奇襲攻撃した。日本はアメリカ・イギリスに宣戦布告して，太平洋戦争が始まった。

↑ ＡＢＣＤ包囲網

↑ 太平洋戦争で日本軍が戦った地域

Words　日ソ中立条約

1941年4月，日本とソ連との間で結ばれた条約。互いに領土の尊重・不可侵・中立を約束した。日本は南進するために，ソ連はドイツのバルカン半島進出に備えるために結んだ。

Ⓠ Person

東条英機
〈1884〜1948年〉

軍人・政治家。太平洋戦争開始時の首相。戦後の極東国際軍事裁判（東京裁判）で重要戦争犯罪人（Ａ級戦犯）として裁かれ，絞首刑となった。

Words　太平洋戦争

1941年12月8日から1945年8月14日のポツダム宣言受諾決定，8月15日の終戦まで続く戦争。当時は「大東亜共栄圏」を建設するという目的から，「大東亜戦争」と呼ばれた。

Episode
「ニイタカヤマノボレ　ヒトフタマルハチ」は，12月8日にハワイのアメリカ軍の真珠湾基地への攻撃を命じる暗号電文，「トラ　トラ　トラ」は，真珠湾の奇襲後に「ワレ奇襲ニ成功セリ」の意味を伝えたモールス信号。『トラ・トラ・トラ』という題名のアメリカ映画がある。

日本と三国同盟を結んでいたドイツ・イタリアもアメリカに宣戦布告をしたため，戦争はヨーロッパ・アジア・太平洋に及ぶ全世界に拡大した。日本軍は，開戦から半年ほどで，フィリピン・マレー半島からオランダ領東インド（現在のインドネシア）に侵攻し，東南アジア全域をほぼ占領し，**大東亜共栄圏**の建設を唱えた。

❷ **日本の占領政策**…東南アジアの占領地域では，強制的に戦争に必要な資源や農作物が日本軍により使用され，現地住民が労働力として動員された。しかし，日本軍は，反抗する人々を弾圧したため，抗日の動きが各地でおこった。

❸ **朝鮮支配の強化**…戦争が長引くと，多くの朝鮮人を鉱山や工場などで強制的に重労働に従事させたり，志願兵として日本軍の一員とし，戦争に動員したりした。また，朝鮮人の日本人への**同化政策**を進め，日本語の使用の強制や，神社参拝，姓名を日本式に改めさせる**創氏改名**などの**皇民化政策**が進められた。

❹ **アメリカの反攻**…真珠湾攻撃後，アメリカは，工業生産力の総力をあげて航空機などの軍需物資の生産にあたった。そして，大量の物資をつぎ込んで反撃にあたり，1942年6月の**ミッドウェー海戦**で日本海軍に大打撃を与えた。その後もアメリカ軍は，西太平洋上の戦略地点を次々と日本軍から奪い，1944年7月にサイパン島を占領すると，同島を基地として日本本土への**空襲**を行った。空襲の目標は軍需工場から，焼夷弾を使っての都市攻撃へと変わっていった。

❺ **戦時下の国内の生活**…徴兵により働き手が不足したため，中学生や女学生，未婚の女性が軍需工場に動員され（**勤労動員**），戦局の悪化に伴い，大学生も戦場へとかり出された（**学徒出陣**）。空襲が激しくなると，都市の小学生は農村に疎開した（**集団疎開・学童疎開**）。また，軍需物資の生産が優先され，鍋や寺の鐘などが供出させられ，国民生活はさらに苦しくなった。新聞やラジオの情報も統制が進み，政府が許可した情報のみ発表された。不都合な情報は発表が不許可となり，国民は正確な情報を知ることがいっそう困難となった。

第2編 歴史

第1章　歴史の流れと地域の歴史

第2章　古代までの日本

第3章　中世の日本

第4章　近世の日本

第5章　近代日本のあゆみと国際関係

第6章　2つの世界大戦と日本

第7章　現代の日本と世界

Words 大東亜共栄圏

中国・東南アジアから欧米の植民地支配を排除し，日本を中心とした共存共栄を唱えたスローガン。しかし，これは日本が中国や朝鮮・東南アジアへの侵略を正当化しようとする名目にすぎなかった。

参考 東京大空襲

1945年3月10日，アメリカ軍のB29爆撃機約300機による無差別攻撃が行われ，約10万人が死亡した。

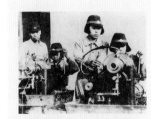

↑ 勤労動員で働く女学生

↑ 集団疎開

Episode サイパン島の戦いで，アメリカ軍に追い詰められた多くの日本人が，「万歳」と叫びながら，島の断崖から身を投げた。占領したアメリカ軍は，この岬を「バンザイ-クリフ」と呼んだ。2005年には，当時の天皇・皇后両陛下も慰霊のために，同地を訪問された。

4 第二次世界大戦の終結

～イタリア・ドイツの敗戦～

❶ **独ソ戦とイタリア**…ドイツがバルカン半島へ侵攻したため，ソ連は警戒感を深めた。1941年6月，ドイツは独ソ不可侵条約を破り，ソ連領内に侵入したが，1942年8月からのスターリングラードの戦いで大敗し，退却した。イタリアは，1943年9月に無条件降伏した。

❷ **ドイツの降伏**…1944年6月，連合国軍はフランスのノルマンディーに上陸し，8月にはパリをドイツの占領から解放した。1945年5月，ソ連軍がドイツの首都ベルリンを占領すると，まもなくドイツも無条件降伏し，ヨーロッパでの戦争は終結した。

5 太平洋戦争の終結

～1945年8月15日～

❶ **連合国軍の侵攻**…1945年3月，沖縄にアメリカ軍が上陸し，約3か月間の激戦の末これを占領した（**沖縄戦**）。この戦いで，沖縄県民の12万人以上が死亡した。

❷ **ポツダム宣言**…1945年7月，アメリカ・イギリス・ソ連の代表がベルリン郊外のポツダムで会談し，日本の無条件降伏や民主主義などを求めるポツダム宣言を，アメリカ・イギリス・中国の名で発表した。

❸ **原爆投下**…ポツダム宣言を巡り，政府で議論が続く中，アメリカは**1945年8月6日に広島，9日に長崎**に，史上初の核兵器である原子爆弾を投下した。両市で原爆投下後5年以内に合計約34万人以上が死亡した。8月8日には，ソ連が日ソ中立条約を破って日本に宣戦を布告し，満州などに侵攻した。このため，政府は軍部の反対を抑え，昭和天皇の裁断でポツダム宣言を8月14日に受諾し，連合国側に通告した。

❹ **日本の降伏**…1945年8月15日，昭和天皇は，終戦の詔書を，ラジオ放送を通じて，軍隊と国民に発表した（**玉音放送**）。これにより，日本軍に対して戦闘行為の中止が命じられた。そして，1945年9月2日，東京湾のアメリカ戦艦ミズーリ号上で降伏文書の調印が行われ，正式に太平洋戦争が終結した。

参考 **ヤルタ協定**

1945年2月，黒海に面したクリム半島のヤルタで，**フランクリン=ローズベルト**（米）・**チャーチル**（英）・**スターリン**（ソ）が会談し（**ヤルタ会談**），ドイツの戦後処理，ソ連の対日参戦などが取り決められた（**ヤルタ協定**）。

↑ 原爆ドーム

📖 史料

ポツダム宣言

6 …平和，安全，正義の新秩序が生まれることを要求する。…

7 …日本に新秩序が建設されるまで，連合国が日本を占領する。

8 …日本国の主権は，本州，北海道，九州，四国と，連合国が決める諸小島に限る。

9 日本国軍隊は完全に武装解除させる。…　（一部要約）

ポツダム宣言は，1945年7月，**トルーマン**（米）・**チャーチル**（のちアトリー〈英〉）・**スターリン**（ソ）がポツダムで会談し，ソ連にかわり中国を入れた3か国の名で発表された。

HighClass **東条英機内閣**は，1944年のサイパン島陥落で責任を取り総辞職した。その後，**小磯国昭内閣**が成立し，戦局の立て直しを図ったが失敗して総辞職，1945年4月に**鈴木貫太郎内閣**が戦争終結を目的に成立し，終戦を果たして総辞職した。

第2編 歴史

第1章 歴史の流れと地域の歴史

第2章 古代までの日本

第3章 中世の日本

第4章 近世の日本

第5章 近代日本のあゆみと国際関係

第6章 2つの世界大戦と日本

第7章 現代の日本と世界

p.410 **1** 右図のうち，ドイツを中心として結成されたのは（　　）である。

p.410 **2** 民族の対立や列強の対立から，バルカン半島は，「ヨーロッパの（　　）」と呼ばれた。

イギリス — フランス — ロシア

ドイツ — イタリア — オーストリア

p.411 **3** 1914年，（　　）事件をきっかけに，第一次世界大戦が始まった。

p.412 **4** 1917年，（　　）の指導のもとで革命が続き，史上初の社会主義政府であるソビエト政府が成立した。

p.414 **5** 1919年，フランスのパリで，ドイツと連合国との講和条約である（　　）が結ばれた。

p.414 **6** 1920年，スイスに国際平和機構の（　　）が設立された。

p.416 **7** 1919年，中国で排日運動の（　　）がおこった。

p.418 **8** 大正時代，（　　）は普通選挙などを求める民本主義を説いた。

p.418 **9** 1925年，満25歳以上のすべての男子に選挙権を与える（　　）が制定された。

p.418 **10** **9**と同時に，共産主義などを取り締まるために（　　）が制定された。

p.422 **11** 1929年，アメリカの不況が世界へ広まり，（　　）と呼ばれた。

p.422 **12** アメリカ大統領のフランクリン=ローズベルト（ルーズベルト）は，景気回復のために（　　）政策を実施した。

p.423 **13** イギリスやフランスは，不況を乗り切るために，植民地や自治領との結びつきを強める（　　）と呼ばれる政策を実施した。

p.424 **14** ドイツでは，1933年にナチスの（　　）が政権をとった。

p.426 **15** 1931年，柳条湖（リウティアオフー）事件をきっかけに（　　）がおこった。

p.427 **16** 1932年，犬養毅首相を暗殺する（　　）がおこった。

p.427 **17** 1936年，陸軍の青年将校らが東京の国会議事堂などを占拠する（　　）がおこった。

p.428 **18** 1937年，盧溝橋（ルーコウチアオ）事件をきっかけに（　　）がおこった。

p.429 **19** 1939年，ドイツのポーランド侵攻によって（　　）が始まった。

p.429 **20** 1940年，日本はドイツ，イタリアと（　　）を結んだ。

p.430 **21** 1941年，真珠湾奇襲により（　　）が始まった。

p.432 **22** 1945年，日本は（　　）を受諾し，連合国軍に降伏した。

1 三国同盟

2 火薬庫

3 サラエボ

4 レーニン

5 ベルサイユ条約

6 国際連盟

7 五・四運動

8 吉野作造

9 普通選挙法

10 治安維持法

11 世界恐慌

12 ニューディール

13 ブロック経済

14 ヒトラー

15 満州事変

16 五・一五事件

17 二・二六事件

18 日中戦争

19 第二次世界大戦

20 日独伊三国同盟

21 太平洋戦争

22 ポツダム宣言

第 7 章 現代の日本と世界

START!

日本は，太平洋戦争の終結後，ＧＨＱの指令のもとで民主化を進めました。国際連合が成立しましたが，東西両陣営の冷戦がおこりました。冷戦は終わりましたが，現在も世界各地で地域紛争やテロなどがおこっています。また，今日，地球温暖化などの環境問題に対しては，国際協力の必要性が増しています。

"民主化政策"
終戦後，日本はマッカーサーを最高司令官とするGHQの指令のもと，民主化が進められていきました。また，日本国憲法が制定され，民主国家として再出発を果たしました。

日本國憲法公布記念

"国際連合の設立"
世界平和の実現を目ざし，アメリカのニューヨークに本部を置く国際連合が設立されました。

"日本，独立を回復"
サンフランシスコ平和条約に調印し，日本は48か国との講和を果たし，独立を回復しました。

☑ Learning Contents

1. 日本の再建と国際社会への復帰
2. 世界の動きと日本の課題

"冷戦(冷たい戦争)"
第二次世界大戦後，アメリカを中心とする資本主義陣営と，ソ連を中心とする社会主義陣営の対立が深まり，両陣営は軍事力増強を続けました。両陣営の対立は直接戦火を交えなかったため，冷戦(冷たい戦争)と呼ばれました。

トイレットペーパー
全部売り切れ
ました。

"石油危機(オイルショック)"
ユダヤ人国家のイスラエルと周辺のアラブ諸国との間でおこった第四次中東戦争をきっかけに，石油価格が高騰し，世界経済は混乱に陥りました。

"日本の課題"
日本はPKOなどを通して世界各国と協力し，唯一の被爆国として世界に向けて平和の尊さを訴え，世界平和の実現に貢献することが求められています。また，国際社会が抱える諸問題の解決に向けての役割を果たし，持続可能な社会を築いていくことも必要です。

現代の日本と世界

時代	現代
	昭和時代

年	日本の主なできごと
一九四五	太平洋戦争の終結
一九四六	日本国憲法の公布
一九四七	日本国憲法の施行
一九五一	サンフランシスコ平和条約
〃	日米安全保障条約
一九五四	自衛隊発足
一九五六	日ソ共同宣言
〃	日本の国際連合加盟
一九六〇	日米新安全保障条約
一九六五	日韓基本条約

●GHQによる民主化

●55年体制
●高度経済成長
●公害問題の発生と深刻化

日本の文化

昭和時代（戦後）の文化

湯川秀樹：日本人初のノーベル物理学賞受賞（1949年）

テレビ放送開始（1953年）

三種の神器（1950年代後半）：白黒テレビ・電気冷蔵庫・電気洗濯機

東海道新幹線開通・東京オリンピック・パラリンピック（1964年）

3C（1960年代後半〜）：カー（自動車）・クーラー・カラーテレビ

年	世界の主なできごと
一九四五	第二次世界大戦の終結
〃	国際連合発足
一九四七	インドの独立
一九四九	北大西洋条約機構の成立
〃	中華人民共和国の成立
一九五〇	朝鮮戦争の勃発
一九五五	アジア・アフリカ会議
一九六〇	「アフリカの年」
一九六二	キューバ危機
一九六三	部分的核実験停止条約
一九六五	ベトナム戦争の激化

●冷戦が始まる

中国	中華民国	中華人民共和国（台湾）
朝鮮		朝鮮民主主義人民共和国 / 大韓民国
欧米	現代	

現代

昭和時代	平成時代	令和時代

日本（上段）

- 一九六八　小笠原諸島の日本復帰
- 一九七二　沖縄の日本復帰
- 〃　日中共同声明
- 一九七三　石油危機
- 一九七八　日中平和友好条約
- 一九九二　国連平和維持活動（PKO）協力法成立
- 一九九五　阪神・淡路大震災
- 一九九七　地球温暖化防止京都会議
- 二〇〇二　日朝首脳会談
- 二〇〇四　自衛隊のイラク派遣
- 二〇一一　東日本大震災
- 二〇一六　満十八歳以上に選挙権
- 二〇一九　令和元年
- 二〇二〇　新型コロナウイルス感染症の感染拡大

●バブル経済(1980年代後半～1990年代初頭)
●消費税3％(1989年)→5％(1997年)→8％(2014年)→10％(2019年)

日本万国博覧会(大阪，1970年)
法隆寺などが日本初の世界文化遺産に登録(1993年)
長野オリンピック・パラリンピック(1998年)
日韓共催サッカーワールドカップ(2002年)
首里城の正殿などが焼失(2019年)
東京オリンピック・パラリンピック(2021年)

世界（下段）

- 一九六七　ヨーロッパ共同体（EC）発足
- 一九六八　核拡散防止条約
- 一九七三　第四次中東戦争
- 一九八〇　イラン・イラク戦争(～八八)
- 一九八七　中距離核戦力（INF）全廃条約締結
- 一九八九　ベルリンの壁崩壊
- 〃　マルタ会談
- 一九九〇　東西ドイツ統一
- 一九九一　湾岸戦争
- 〃　ソ連解体
- 一九九三　ヨーロッパ連合（EU）発足
- 一九九六　包括的核実験禁止条約
- 一九九七　香港の中国返還
- 二〇〇一　アメリカ同時多発テロ
- 二〇〇二　ユーロの流通開始
- 二〇〇三　イラク戦争
- 二〇〇八　世界金融危機
- 二〇一五　パリ協定合意
- 二〇二〇　イギリスがEUから離脱

中華人民共和国
(台湾)
朝鮮民主主義人民共和国
大韓民国

現　代

第2編 歴史

第1章 歴史の流れと地域の歴史
第2章 古代までの日本
第3章 中世の日本
第4章 近世の日本
第5章 近代日本のあゆみと国際関係
第6章 2つの世界大戦と日本
第7章 現代の日本と世界

1 日本の再建と国際社会への復帰

1 連合国軍の占領 入試重要度 ★☆☆

1 戦後の日本

〜困窮する日本〜

❶ **軍隊の撤退**…ポツダム宣言により，日本の主権が及ぶ範囲は北海道・本州・四国・九州とその周辺の島々に限られ，日本は，植民地支配していた朝鮮や台湾，侵攻していた東南アジアの諸地域から軍隊を撤退させた。また，それらの地域や満州にいた民間人も多くが日本に戻ってきた。

❷ **日本の島々の占領**…日本の領土であった沖縄・奄美群島・小笠原諸島はアメリカ軍が占領し，統治した。また，北方領土はソ連軍により不法に占領された。

❸ **国民生活**…町には空襲により家や財産をなくした人も多く，バラック小屋で生活する者もいた。海外から軍人や民間人が帰国したため人口が急増し，物資不足から物価が急上昇した。食料不足は特に深刻で，人々は闇市で高額の食料を買ったり，**買い出し列車**に乗って農村に食料を求めに行ったりした。

2 連合国軍の進駐

〜日本の占領政策の開始〜

ポツダム宣言を受諾して降伏した日本に対して，アメリカ軍を主力とした占領が開始された。マッカーサーを最高司令官とする**連合国軍最高司令官総司令部（GHQ）**が東京に設置され，その指令により日本政府が政策を実行するという**間接統治**の方法がとられた。GHQの政策の方針は，日本の**非軍事化**と**民主化**であった。

農村へ米やいもなどの食料を求めて列車に乗る人々。配給がないため，闇市で商品を買う人々も多かった。

↑買い出し列車

Person

マッカーサー
〈1880〜1964年〉

アメリカの軍人。アメリカ極東軍司令官として対日戦を指揮。終戦後，**連合国軍最高司令官**として日本の占領統治を行った。

3 日本の非軍事化

～日本軍の解体と天皇～

GHQは日本の軍国主義を改めるため，軍隊の武装解除を命じ，海外にいた軍人たちは日本への帰還が命じられ，日本軍は解体された。また，戦争の計画や実行の中心となった疑いのある軍人や政治家（戦争犯罪容疑者）は逮捕され，軍事裁判の準備が進められた。

GHQは天皇制の廃止による日本国内の混乱を避け，天皇制を占領に利用しようとする立場から，天皇を戦争犯罪容疑者としなかった。1946年1月1日，昭和天皇は「人間宣言」を発表し，天皇が神であるという考え方を否定した。

同年1月には，戦争中に要職にあった人々が公職から追放され（公職追放），5月から始まった極東国際軍事裁判（東京裁判）では，太平洋戦争開始時の首相であった東条英機ら戦争犯罪容疑者の裁判が行われ，東条らが死刑となった。

⬆ 極東国際軍事裁判

> 「平和に対する罪」を犯したという理由により，A級戦犯として起訴された28名のうち，25名が有罪判決を受け，東条英機を含む7名が絞首刑となった。通常の戦争犯罪容疑者（B級戦犯・C級戦犯）は，関係する国々でそれぞれ裁判を受け，約1000名が死刑判決を受けた。

2 日本の民主化政策 ★★★

1 マッカーサーの指令

～五大改革指令～

民主化は，マッカーサーが口頭で，婦人参政権の実施，労働組合の結成の奨励，教育の自由化，秘密警察などの廃止，経済の民主化の5つの指令（五大改革指令）を出し，これをもとにさまざまな民主化が進められた。

2 社会の民主化

～自由・平等の広まり～

❶ 政治の民主化…1925年に制定された治安維持法や，思想や言論を取り締まってきた特別高等警察（特高）が廃止され，国民に政治活動の自由が認められ，言論・思想の自由も認められた。結社の自由も認められ，戦争中に活動を停止させられていた政党は，社会主義や共産主義などを主張する政党を含めて復活し，活動を再開した。

参考 GHQが行った主な民主化政策

- 日本軍の解体
- 政治犯の釈放
- 治安維持法の廃止
- 言論・信教・結社の自由
- 公職追放
- 労働組合の育成
- 政党の復活
- 女性の参政権
- 戦争犯罪人の処罰
- 財閥の解体
- 農地改革
- 教育の民主化

zoomup 治安維持法→ p.418

第2編 歴史

第1章 歴史の流れと地域の歴史

第2章 古代までの日本

第3章 中世の日本

第4章 近世の日本

第5章 近代日本のあゆみと国際関係

第6章 2つの世界大戦と日本

第7章 現代の日本と世界

HighClass 極東国際軍事裁判では，ドイツで行われた裁判と同様に，これまで戦争犯罪とはされなかった「平和に対する罪」「人道に対する罪」が裁かれた。そのため判決を巡って11人の裁判官の間に対立があり，インドのパルらが反対意見を述べている。

❷ **婦人参政権の実現**…1925年に成立した普通選挙法以来，選挙権は，満25歳以上の男子にしかなかったが，選挙法が1945年に改正され，満20歳以上の男女が選挙権を得た。その結果，年齢のみが選挙権の条件である，実質的な男女全員による**普通選挙**がようやく実現した。また，満30歳以上の男子にしか認められていなかった衆議院議員の被選挙権は満25歳以上の男女に拡大された。1946年に戦後最初の衆議院議員総選挙が行われ，39名の女性議員が当選した。

↑ 投票する女性

❸ **労働組合の復活**…1945年に**労働組合法**が制定されると，労働組合の結成が急速に進み，全国的な組織がつくられた。賃金の引き上げなどを要求する労働運動も活発になり，1946年には**メーデー**が復活した。また，同年には労使間の争いを解決するための**労働関係調整法**，翌1947年には，労働条件の最低基準を定めた**労働基準法**が制定された。

↑ 初めての女性国会議員

zoomup メーデー→ p.419
全国水平社→ p.420
北海道アイヌ協会
→ p.420

❹ **自由を求めて**…全国水平社の流れを受け継いで部落解放運動が進められ，北海道アイヌ協会も活動を再開した。

3 農地改革

～農村の小作人対策～

　明治時代以来，日本の近代化が遅れた原因の１つに，地主・小作制度があった。GHQは，封建的な寄生地主制が対外侵略の一因になったと考え，これを改める農地改革の指令を出した。

　これは，自作農を増やすために，一定の面積を超える小作地をもつ地主から，超えた分の小作地を政府が強制的に買い上げ，小作人に安く売り渡すものであった。この結果，多くの自作農が生まれ，小作農は減少した。しかし，山林・原野などには手がつけられなかったため，山林地主などはそのまま温存されることとなった。

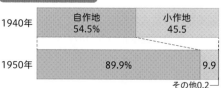

自作地と小作地の割合

1940年	自作地 54.5%	小作地 45.5
1950年	89.9%	9.9

その他0.2

自作・小作の農家の割合

1940年	自作 31.1%	自小作※ 42.1	小作 26.8
1950年	61.9%	32.4	5.1

その他0.6

※自小作は，農家の耕地面積のうち，自己所有の耕地が10%以上，90%未満。　（「完結昭和国勢総覧」など）

↑ 農地改革による変化

短文記述
対策！

Q 農地改革の目的と，その内容を簡潔に述べなさい。

A 自作農を増やすため，政府が地主から小作地を強制的に買い上げ，小作人に安く売り渡したこと。

❹ 財閥解体

～戦争に協力した財閥の解散～

　GHQは，財閥が戦争を推し進めた協力者であったという考えから，1945年，三井・三菱・住友・安田などの財閥に対して解散を命じた（財閥解体）。財閥が所有していた株式は政府が譲り受け，一般に売却された。さらに，1947年には大資本家の利益独占を防ぐために**独占禁止法**が制定された。また，市場支配力の強い大企業の分割が図られたが，銀行はその対象とならなかったため，財閥系の銀行は金融界での独占的地位を保ち続けた。

三大財閥の占有度（資本金の割合）

	三井系	三菱系	住友系	その他
金融業	13.9%	13.1	5.4	67.6
海運業	18.1%	40.3	0.7	40.9
窯業	20.1%	4.7 / 3.6		71.6
機械工業	13.9%	20.1	10.6	55.4

（1946年）　　　　　　　（「財閥」）

❺ 教育の民主化

～新憲法に基づいた教育制度～

　1947年，教育勅語にかわり，民主主義教育を目ざす教育基本法が制定され，教育を受ける機会の均等・男女共学・義務教育の6年から9年への延長が明示された。6・3・3・4制度の学校制度を規定した**学校教育法**も1947年に制定された。地方の実情に即した教育のために，1948年に各都道府県・市（区）町村に**教育委員会**が設けられた。

❸ 日本国憲法 ★★★

❶ 新憲法の制定

～民主的な憲法の誕生～

　日本が民主主義国家に生まれ変わるためには，大日本帝国憲法を改正し，より民主的な新憲法を制定する必要があった。そこでGHQは，1945年，日本政府に対して憲法の改正を指示した。しかし，日本政府がつくった憲法改正案は，天皇の統治権を認めるなど，大日本帝国憲法と大差がなく，保守的な内容であった。そのためGHQは，日本の民間の憲法草案も参照し，マッカーサーの意見を取り入れた英文の憲法草案を作成し，日本政府に示した。日本政府は，これに基づいて作成した改正案を帝国議会に提出し，改正という形式で可決され，日本国憲法として，**1946年11月3日**に公布され，**1947年5月3日**から施行された。

zoomup 教育勅語→ p.387

　文部省（現在の文部科学省）が中学生向けに作成した憲法の教科書の挿絵

「あたらしい憲法のはなし」の挿絵

zoomup 大日本帝国憲法
→ p.386

参考　**日本国憲法の草案**
マッカーサーの意見を取り入れたマッカーサー草案をもとに，帝国議会（衆議院・貴族院）で修正・追加が行われた。草案では，一院制とされた国会を二院制に変更し，戦争の放棄について語句を修正し（第9条），国民の生存権（第25条）や文民規定（第66条）の追加が行われた。

第1章　歴史の流れと地域の歴史

第2章　古代までの日本

第3章　中世の日本

第4章　近世の日本

第5章　近代日本のあゆみと国際関係

第6章　2つの世界大戦と日本

第7章　現代の日本と世界

Episode　マッカーサー草案の作成にかかわったのは25人で，憲法の専門家は1人もいなかったが，約1週間でつくられた。男女同権の条文を入れるのに取り組んだのは，日本に住んだことのあるアメリカ人女性の当時22歳のベアテ＝シロタ。2012年に89歳で亡くなった。

2 新憲法の特色

～三大原則～

❶ 国民主権…主権とは，政治を決定する最高権力のことで，大日本帝国憲法では天皇にあるとされたが，日本国憲法では国民にあるとされ，天皇は日本国及び日本国民統合の象徴となった。また，国民が選挙した議員で構成される国会（衆議院と参議院）が国権の最高機関となった。

↑ 日本国憲法公布の祝賀会

❷ 基本的人権の尊重…基本的人権とは，人が生まれながらにしてもっている基本的な権利のことをいう。日本国憲法では，侵すことのできない永久の権利として保障している。

❸ 平和主義…過去の戦争に対する反省から，戦争を永久に放棄して，あらゆる国際紛争解決のための戦力をもたないことを，前文と第9条で規定した。

zoomup 三大原則 → p.491

参考 民法の改正

大日本帝国憲法下での旧民法は，家を中心とした男性優位を規定し，長男にのみ相続権を認めていたが，改正後の新民法では，男女平等に基づき，女性にも相続権を認めた。

3 新憲法に基づいた法律の制定・改正

～民主主義を目ざして～

民主主義の基盤として地方自治と住民の権利が重んじられ，1947年に地方自治法が公布され，日本国憲法と同時に施行された。これによって，知事や市長などと議会議員は，住民の直接選挙によって選ばれることとなった。

個人の尊厳と男女平等の原則に基づいて，民法が改正され，封建的な「家」の制度は廃止され，新しい家族制度が定められた。刑法も改正され，皇族などに対する不敬な行為によって問われる不敬罪などが廃止された。

参考 戦後復興期の文化

物不足に苦しむ生活の中で，歌謡曲や映画が人々を元気づけた。歌謡界では美空ひばりが人気となり，映画監督の黒澤明の作品は海外でも高く評価された。また，湯川秀樹の日本人初のノーベル物理学賞受賞(1949年)は人々に自信を与えた。

日本国憲法		大日本帝国憲法
1946年11月3日公布 1947年5月3日施行	成立	1889年2月11日発布 1890年11月29日施行
国民	主権者	天皇
象徴	天皇の地位	元首
侵すことのできない永久の権利	基本的人権	法律で制限
衆議院・参議院	国会	衆議院・貴族院
第8章（第92条～第95条）で規定	地方自治	規定なし

↑ 日本国憲法と大日本帝国憲法の比較

入試Info

公民分野と関連するが，日本国憲法の成立や三大原則に関する事項はよく出題される。また，戦後の民主化政策（婦人参政権，農地改革，財閥解体など）についても内容をしっかり整理，確認しておこう。

④ 冷戦とアジア・アフリカ諸国の独立 ★★☆

1 国際連合

～世界平和を守る組織～

❶ **国際連合の成立**…第二次世界大戦中の1941年に発表された大西洋憲章をもとに作成された**国際連合憲章（国連憲章）**が，1945年4月からの**サンフランシスコ会議**で採択された。同年10月，51か国の加盟で，アメリカのニューヨークに本部を置く**国際連合（国連）**が成立した。

❷ **国際連合の目的・特色**…国際連合は，世界平和の確立と，さまざまな問題に対する経済的・文化的・人道的な国際協力を目的としている。国際連合の中心機関は安全保障理事会で，**アメリカ・イギリス・フランス・ソ連・中国**が五大国として常任理事国となり，重要問題については，このうちの1国でも反対（**拒否権**の行使）があれば，決議できないしくみとなっている。

↑ 国際連合本部

zoomup **大西洋憲章**→ p.429

国際連合		国際連盟
1945年	設立年	1920年
ニューヨーク（アメリカ）	本部	ジュネーブ（スイス）
193か国（2020年現在）	加盟国数	発足時42か国
多数決制（安全保障理事会では常任理事国が拒否権をもつ）	議決方法	全会一致制
アメリカ・イギリス・フランス・ソ連・中国	常任理事国（設立時）	イギリス・フランス・イタリア・日本
経済制裁・武力制裁	制裁方法	経済制裁

↑ 国際連合と国際連盟

2 冷戦（冷たい戦争）

～東西の対立～

❶ **米ソの対立**…アメリカとソ連は，第二次世界大戦中は，ファシズム打倒の立場から協力した。しかし，戦後，社会主義のソ連が東ヨーロッパ諸国を援助し，資本主義のアメリカが西ヨーロッパ諸国を援助するようになった。そのため，**ソ連を中心とする社会主義の東側陣営**と，**アメリカを中心とする資本主義の西側陣営**の対立が深まった（**東西対立**）。

Words 冷戦（冷たい戦争）
1947年ごろから使われたCold Warの日本語訳用語。武力を使った実際の戦争である「熱い戦争（Hot War）」に対して，直接戦火を交えない国際的な緊張状態のことをいう。

Episode

国際連合はUnited Nationsと表記される。Unitedは「連合した」，Nationsは「国々」なので，United Nationsは「連合国」となり，「国際連合（International Union）」とはならない。日本が1956年に国際連合に加盟するときに，この日本語訳が考えられたという。

第2編 歴史

第1章 歴史の流れと地域の歴史

第2章 古代までの日本

第3章 中世の日本

第4章 近世の日本

第5章 近代日本のあゆみと国際関係

第6章 2つの世界大戦と日本

第7章 現代の日本と世界

❷ **2つの軍事同盟と冷戦**…1949年，アメリカを中心に西側諸国が軍事同盟の**北大西洋条約機構（NATO）**を結成すると，ソ連は，1955に東側諸国との間に軍事同盟の**ワルシャワ条約機構**を結成した。その後も東西両陣営では，核兵器を含め軍事力の増強が続き，世界大戦がおこりかねない状況となった（**冷戦**〈冷たい戦争〉）。

また，敗戦国ドイツは，1948年のベルリン封鎖を経て，1949年にドイツ連邦共和国（西ドイツ）とドイツ民主共和国（東ドイツ）に分裂して独立した。

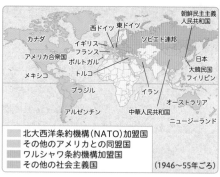
⬆ 冷戦中の2つの世界

③ 中華人民共和国の成立

〜中華民国から中華人民共和国へ〜

中華民国は，日本軍との戦いでの勝利や，不平等条約の改正などにより国際連合で五大国の一員となった。しかし，国民政府と共産党の内戦は続き，**蒋介石**の率いる国民政府はアメリカの支援を受けていたが，しだいに劣勢となり，**台湾**へ逃れた。内戦に勝った共産党は，**1949年，毛沢東**を主席とする**中華人民共和国（中国）**を建国し，北京を首都として社会主義国家の建設を進めた。

④ 朝鮮戦争

〜南北朝鮮の成立と対立〜

朝鮮半島は，戦後，日本の植民地支配から解放されたが，**北緯38度線**を境に，北はソ連，南はアメリカに占領された。1948年に南側が**大韓民国（韓国）**，北側が**朝鮮民主主義人民共和国（北朝鮮）**として独立したが，アメリカとソ連の両軍が撤退してからも両国の対立が続いた。**1950年**，北朝鮮軍が韓国に侵攻して**朝鮮戦争**が始まり，アメリカ軍を主力とする国連軍が韓国を支援すると，その後，中国の義勇軍が参戦し，北朝鮮を支援した。1953年に休戦したが，今日も国家は分裂したままで，北緯38度線上にある**板門店**近辺では，両国の軍隊が警戒活動を続けている。

Words ベルリン封鎖

1948年，西側の政策に対し，ソ連が東ベルリンから西ベルリンへの交通を封鎖したできごと。敗戦国のドイツは，米・英・仏が占領管理する西側と，ソ連が占領管理する東側に分かれていた。1961年には，西ベルリンを取り囲むような壁（**ベルリンの壁**）の建設が始まった。

参考 国際連合と中国

国際連合が成立した直後の1945年から1971年までは**中華民国**が，1971年以降は**中華人民共和国**が国際連合の五大国としての地位を得ている。

⬆ 朝鮮戦争

HighClass

北朝鮮の韓国への侵攻に対して，国際連合で**安全保障理事会**が開かれたが，この会議にソ連は出席していなかった。そのためソ連の**拒否権**が行使されることもなく，米・英・仏・中（中華民国）の出席，可決により北朝鮮に対して，国連軍の派遣が決定された。

5 アジア・アフリカ諸国の独立

～植民地からの解放～

植民地支配を行ってきた国々が第二次世界大戦で国力を弱め，また，世界で民族自決の考えから独立運動がさかんになった結果，多くの独立国家が生まれた。

アジアでは，インドなどが独立を果たした。フランスの植民地であったインドシナ（現在のベトナム・ラオス・カンボジア）では，8年間のインドシナ戦争の結果，フランスは敗北し，撤退した。アフリカでも独立する国が相次ぎ，1960年は一挙に17か国が独立し，「アフリカの年」といわれた。

アフリカ諸国の独立地図：
モロッコ、チュニジア、アルジェリア、リビア、エジプト、エリトリア、モーリタニア、マリ、ニジェール、チャド、スーダン、ジブチ、ギニア、シエラレオネ、リベリア、コートジボワール、ガーナ、ナイジェリア、カメルーン、中央アフリカ、南スーダン、エチオピア、ソマリア、ウガンダ、ケニア、コンゴ民主共和国、タンザニア、コンゴ共和国、ガボン、アンゴラ、ザンビア、ナミビア、ボツワナ、ジンバブエ、モザンビーク、マダガスカル、南アフリカ共和国

※国名は主なもののみ。
- 1945年以前の独立国
- 1946～60年の独立国
- 1961年以降の独立国
- 未独立国

⬆ アフリカ諸国の独立

5 日本の独立 ★★★

1 占領政策の転換

～日本を西側陣営へ～

冷戦の激化に伴い，アメリカは日本の占領政策の中心を，非軍事化から，経済復興を重視し，アジアにおける社会主義勢力に対抗する西側陣営の一員にする方針に転換した。日本の工業生産力を高めるために，財閥解体の対象となる巨大企業の数を減らし，独占禁止法の大企業に対する方針を緩める一方で，労働運動はおさえられた。

参考 政策転換の内容

公務員の争議行為を禁止するなど労働運動をおさえ，共産党員やその同調者を官公庁・新聞社・放送局などから追放した。その一方で，公職を追放されていた政治家や軍人，実業家などの公職復帰を認めた。

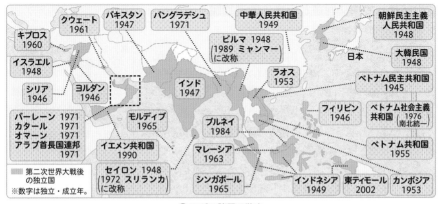

アジア諸国の独立地図：
キプロス 1960、クウェート 1961、パキスタン 1947、バングラデシュ 1971、中華人民共和国 1949、朝鮮民主主義人民共和国 1948、イスラエル 1948、ビルマ 1948（1989 ミャンマーに改称）、日本、大韓民国 1948、シリア 1946、ヨルダン 1946、インド 1947、ラオス 1953、ベトナム民主共和国 1945、バーレーン 1971、カタール 1971、オマーン 1971、アラブ首長国連邦 1971、モルディブ 1965、ブルネイ 1984、フィリピン 1946、ベトナム社会主義共和国 1976（南北統一）、イエメン共和国 1990、マレーシア 1963、ベトナム共和国 1955、セイロン 1948（1972 スリランカに改称）、シンガポール 1965、インドネシア 1949、東ティモール 2002、カンボジア 1953

- 第二次世界大戦後の独立国
※数字は独立・成立年。

⬆ アジア諸国の独立

Episode

第二次世界大戦前，アフリカには4つの独立国しかなかった。そのうちの1つであるリベリアは，アメリカでの奴隷状態から解放され，帰国した人々が中心となり，リベリア（「自由」の意味）と名づけ，国家建設を進めた。国旗はアメリカの国旗とデザインが似ている。

第2編 歴史

第1章 歴史の流れと地域の歴史

第2章 古代までの日本

第3章 中世の日本

第4章 近世の日本

第5章 近代日本のあゆみと国際関係

第6章 2つの世界大戦と日本

第7章 現代の日本と世界

2 サンフランシスコ平和条約と日米安全保障条約

～日本の独立へ～

　1949年に中華人民共和国が成立し，翌1950年に朝鮮戦争がおこると，アメリカは日本との講和を急ぎ，**1951年にサンフランシスコ講和会議**を開いた。この会議で吉田茂内閣は，条約内容に反対するソ連・ポーランド・チェコスロバキアを除く，アメリカなど48か国とサンフランシスコ平和条約に調印した。この結果，日本は朝鮮の独立を認め，台湾・千島列島・南樺太(サハリン)などを放棄して，アメリカによる沖縄や奄美群島，小笠原諸島などの統治を認めた。条約は翌年に発効してGHQによる占領が終わり，日本は独立を回復した。また，平和条約調印と同日，日米安全保障条約が結ばれ，日本を守るためとして，引き続きアメリカ軍が日本に駐留することが決められた。

吉田茂首相が署名している。

↑ サンフランシスコ平和条約の調印

3 自衛隊の発足

～日本の自衛のために～

　1950年に朝鮮戦争がおこると，日本駐留のアメリカ軍が朝鮮半島に派遣された。そのため，手薄となる日本国内の治安維持のため，GHQの指示により1950年に**警察予備隊**が発足した。警備予備隊は1952年には**保安隊**と改称され，**1954年**には防衛庁の新設とともに自衛隊となり，しだいに装備が強化されていった。

4 ソ連との国交回復と日本の国連加盟

～国際社会への復帰～

　ソ連との間では，北方領土問題が解決しなかったため，平和条約は結ばれず，国交の回復もなかったが，**1956年，鳩山一郎内閣**によって，戦争状態の終了，国交回復を中心とする日ソ共同宣言が調印された。この結果，同年，それまで日本の国際連合加盟に反対していたソ連が拒否権を行使しなかったため，日本は加盟を果たし，国際社会に復帰した。しかし，ソ連のあとを引き継いだロシアとの平和条約は，北方領土問題が未解決のため，今日に至るまで結ばれていない。

参考 サンフランシスコ講和会議の国々

- 出席したが調印しなかった国
　ソ連・ポーランド・チェコスロバキア
- 招待されたが出席しなかった国
　インド・ビルマ(ミャンマー)・ユーゴスラビア
- 招待されなかった国
　中華人民共和国・中華民国

史料

サンフランシスコ平和条約

第1条　(b)連合国は，日本国とその領海に対する日本国民の完全な主権を承認する。

第2条　(a)日本国は，朝鮮の独立を承認し…すべての権利を放棄する。

(b)日本国は，台湾と澎湖諸島に対するすべての権利を放棄する。

(c)日本国は，千島列島とポーツマス条約で得た樺太に対するすべての権利を放棄する。

(一部要約)

入試Info

1951年の吉田茂内閣による**サンフランシスコ平和条約**と**日米安全保障条約**の調印，**朝鮮戦争**に伴う警察予備隊→保安隊→**自衛隊**の変遷，1956年の鳩山一郎内閣による**日ソ共同宣言**の調印と日本の**国際連合加盟**は特に重要である。

2 ▶ 世界の動きと日本の課題

Point
❶ 冷戦下での第三世界の台頭と，世界のようすを理解しよう。
❷ 戦後の日本の経済復興や，高度経済成長のようすをとらえよう。
❸ 冷戦後の紛争，地球環境問題などの課題を知ろう。

1 世界の多極化 ★☆☆

1 第三世界の台頭

~米・ソに属さない勢力~

　冷戦の影響が世界に広がる中，植民地支配された歴史をもつアジア・アフリカの国々は，反植民地主義，平和共存への道をあゆみはじめた。

　1954年には，中国の**周恩来**首相とインドの**ネルー**首相が会談し，**平和五原則**を発表した。国のしくみや立場を超えた世界平和のためのこの呼びかけは，アジア・アフリカ諸国に大きな反響を呼びおこした。**1955年**には，インドネシアの**バンドン**で，アジア・アフリカ29か国の代表が集まり，**アジア・アフリカ会議（バンドン会議）**が開かれた。この会議では，平和五原則をもとに相互協力などを加えた**平和十原則**が発表された。

　このようなアジア・アフリカ諸国は，アメリカ・ソ連を中心とする2つの勢力のどちらにも属さず，**第三世界**と呼ばれた。

2 アジアの動き

~各地の戦争・対立~

❶ **中東問題（パレスチナ紛争）**…1948年，ユダヤ人がパレスチナ地方に共和制国家のイスラエルを建国した。しかし，以前からこの地域に住んでいたアラブ人の多くが住む場所を失うことになり，彼らを支援するエジプトなどのアラブ諸国とイスラエルとの間で紛争がおこった（第一次中東戦争，1948年）。特に，1973年におこった**第四次中東戦争**では，サウジアラビアなどがつく

Words 平和五原則

1954年に中国の周恩来首相とインドのネルー首相が会談して発表した，領土・主権の尊重，相互不可侵，内政不干渉，平等互恵，平和的共存の五原則。

■ 国連分割案の割り当て
■ 第一次中東戦争で獲得
■ 第三次中東戦争で占領
（1948〜49，67年）

↑ イスラエルの占領地

Episode アラブとイスラエルの対立は，紀元前1000年ごろのイスラエル王国が成立したころに始まるといわれる。今日も，アメリカが支援し，エルサレムを首都とする**イスラエル**（ユダヤ教徒）と**パレスチナ自治政府**（アラブ民族・イスラム教徒）の対立が続いている。

第2章 古代までの日本
第3章 中世の日本
第4章 近世の日本
第5章 近代日本のあゆみと国際関係
第6章 二つの世界大戦と日本
第7章 現代の日本と世界

447

るアラブ石油輸出国機構（OAPEC）がイスラエル支援国に対して原油の輸出停止や制限を行い，また**石油輸出国機構（OPEC）**が原油価格の大幅な引き上げを行ったため，日本など原油を輸入に頼っている国々に石油危機（オイルショック）をもたらした。また，パレスチナのアラブ人は，パレスチナ解放機構（PLO）を組織し，イスラエルとの戦闘を続けた。

❷ **ベトナム戦争**…フランスが，ベトナム民主共和国とのインドシナ戦争に負けて撤退すると，その後，アメリカは南部にベトナム共和国（南ベトナム）を建て，北部のベトナム民主共和国（北ベトナム）と対立した。南ベトナム解放民族戦線が北ベトナムの支援を受けて結成され，南ベトナム政府との間で戦闘がおこると，アメリカ軍は軍事介入を行い，1965年から北ベトナムへの無差別爆撃を開始し（北爆），**ベトナム戦争**が激化した。ソ連・中国の援助を受けた北ベトナムや解放戦線と，アメリカ軍の戦争は長期化したが，1973年に和平協定が成立し，アメリカ軍は撤退した。

❸ **中国国内の動き**…1966年，毛沢東は資本主義復活の動きを排除しようと**文化大革命**をおこし，資本主義化の推進者を追放した。しかし，1970年代後半に毛沢東らが死亡すると，人民公社が解体され，経済特区を設けて外国資本や技術を導入するなどの経済改革が進められた。また，1971年に台湾にかわって国際連合の中国代表権を獲得し，安全保障理事会の五大国として認められた。

3 ヨーロッパの動き

～経済統合とソ連の脅威～

❶ **西ヨーロッパの経済統合**…アメリカの支援を受けて復興が進んだ西ヨーロッパ諸国では，1958年に**ヨーロッパ経済共同体（EEC）**，1960年に**ヨーロッパ自由貿易連合（EFTA）**がつくられた。EECは，1967年にはほかの機関と合体して**ヨーロッパ共同体（EC）**に発展した。その後，加盟国を増やしたECは，1992年に，通貨統合や共通の外交・安全保障，欧州議会の権限強化をう

川の水につかりながら逃げている親子

⤴ ベトナム戦争で逃げる親子

参考 **ベトナム戦争**

北爆以降，アメリカ軍は解放戦線のゲリラ戦に苦しみ，ゲリラと一般人の区別がつかないため，一般人を村ごと焼却したり，ゲリラの潜むジャングルに枯葉剤（猛毒のダイオキシンを含む）をまき，森林を消滅させたりした。若い米兵のベトナムでの多数の戦死，逃げ惑うベトナムの人々の姿が世界中に報道され，反米・反戦運動がおこり，アメリカ軍は撤退せざるを得なくなった。1975年に北ベトナム軍と解放戦線がサイゴン（ホーチミン）を解放し，1976年に南北ベトナムは**ベトナム社会主義共和国**として統一された。

参考 **ヨーロッパ自由貿易連合（EFTA）**

EECに対抗して，イギリス・スイス・ノルウェーなど7か国で結成された。イギリスなどが脱退したため，現在はスイス・ノルウェーなど4か国で構成されている。

HighClass

フランスと西ドイツ（現在のドイツ）の国境地帯の石炭と鉄鉱石を巡り，両国の衝突が絶えなかった。1952年，共同管理のため**ヨーロッパ石炭鉄鋼共同体（ECSC）**が両国とベルギー・オランダ・ルクセンブルク・イタリアの6か国でつくられ，これが**EC**のもととなった。

たった**マーストリヒト条約**を採択し，1993年にヨーロッパ連合（EU）となった。

❷ **東ヨーロッパの反ソ運動**…ソ連のスターリンによる独裁体制の影響を受けた東ヨーロッパ諸国では，言論や経済活動の自由が制限されていた。スターリンの死後，東ヨーロッパ諸国で反ソ暴動がおこり，1968年にはチェコスロバキア（現在のチェコとスロバキア）で自由化と民主化の動きが広がった（**プラハの春**）。これに対して，ソ連軍やワルシャワ条約機構軍がチェコスロバキアに軍事介入し，改革の動きを弾圧した。

4 緊張緩和（デタント）の動き

～米・ソ対立の緩和～

❶ **キューバ危機**…革命により社会主義国となったキューバに，ソ連は1962年，ミサイル基地建設を始めた。これを知ったアメリカはミサイルの撤去を求めてキューバの海上封鎖を宣言した。そのため，米・ソ間の核ミサイル発射による核戦争の危機が高まった（**キューバ危機**）。しかし，ソ連の**フルシチョフ首相**と，アメリカの**ケネディ大統領**との交渉により戦争の危機は回避された。その後，米・ソ間に直通電話（ホットライン）が引かれ，**緊張緩和（デタント）**の時代を迎えた。

❷ **核軍縮への動き**…アメリカに次いで，ソ連も原子爆弾の開発に成功し，1950年代には，米・ソはさらに強い破壊力をもつ水素爆弾の製造を始めた。

　　米・ソに続き，イギリス・フランス・中国も核兵器（原子爆弾・水素爆弾）の保有国となり，核兵器による人類滅亡の危機が増大した。

　　緊張緩和の動きにより，**1963年に部分的核実験停止条約**，**1968年に核拡散防止条約**が結ばれた。しかし，1974年にインドが6番目の核兵器保有国となり，核拡散への不安が急速に高まった。そのため，核兵器の廃絶を求める運動が世界中に広がり，1987年には米・ソ間で**中距離核戦力（INF）全廃条約**が結ばれて核軍縮が進み，冷戦の終結後には，**戦略兵器削減条約（START）**も結ばれた。

zoomup ヨーロッパ連合（EU）
→ p.73, 454, 618

> キューバにミサイルを運ぶソ連船をアメリカ軍機が上空から監視している。

↑ キューバ危機

Words 部分的核実験停止条約，核拡散防止条約

● **部分的核実験停止条約**…略称は**PTBT**。1963年に米・英・ソの3か国の調印により始まった，地下以外の核実験を禁止した条約。

● **核拡散防止条約**…略称は**NPT**。1968年に国連総会で採択された，米・英・仏・中・ソの5か国のみに核保有を認める条約。1995年に無期限に延長された。

Words 中距離核戦力（INF）全廃条約

1987年に米・ソ間で結ばれた，射程距離500〜5500kmの核ミサイルなどの廃棄を定めた条約。2019年に失効した。

Why 核兵器保有国が増える理由

核兵器をもつことで相手を威嚇でき，相手からの攻撃を防ぐことができるという**核抑止論**の考えに基づく。

第**2**編 歴史

第1章 歴史の流れと地域の歴史

第2章 古代までの日本

第3章 中世の日本

第4章 近世の日本

第5章 近代日本のあゆみと国際関係

第6章 2つの世界大戦と日本

第7章 現代の日本と世界

入試Info キューバ危機の時期や，部分的核実験停止条約，核拡散防止条約，中距離核戦力（INF）全廃条約の順序が出題される。核軍縮に関しては，1996年の**包括的核実験禁止条約（CTBT）**もよく出る事項なので注意が必要。

② 日本の高度経済成長と国民生活の変化 ★★☆

1 日本経済の復興と発展

~豊かな国民生活へ~

❶ 経済の復興…1950年に朝鮮戦争がおこると，日本を占領統治していたアメリカ軍は，国連軍として出動するために，日本本土や沖縄の米軍基地を使用するとともに，大量の軍需物資を日本に注文した。このため，日本は好景気(特需景気)となり，復興が早まった。

❷ 高度経済成長…1950年代半ばには，日本の経済はほぼ戦前の水準にまで回復した。1950年代後半からは，実質経済成長率が年平均で10％程度という急激な経済成長(高度経済成長)時代に入った。1956年には，「もはや戦後ではない」といわれるまでになり，1960年に閣議決定された池田勇人内閣の所得倍増計画が，経済成長を推進した。1968年には，国民総生産(GNP)が，資本主義国の中ではアメリカに次いで第2位となった。

❸ 国民生活の変化…高度経済成長期には国民の所得は増え，技術革新が進んだこともあり，生活が大きく変化した。1953年にテレビ放送が始まり，1950年代半ば以降，白黒テレビ・電気洗濯機・電気冷蔵庫の「三種の神器」と呼ばれる家庭電化製品が普及した。1960年代後半から70年代にかけては，自動車(カー)・カラーテレビ・クーラー

Words 所得倍増計画
1960年に池田勇人内閣が掲げたスローガン。10年間で国民所得を2倍にすることを目標とした。

zoomup 国民総生産(GNP)
→ p.581

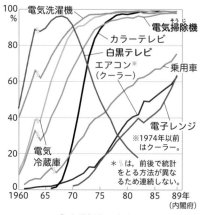

↑ 家電製品の広まり

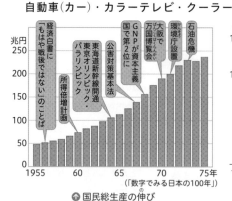

↑ 国民総生産の伸び

↑ 日本の実質経済成長率

Episode テレビ放送が始まっても，高額だったため各家庭にテレビはなく，不特定多数の人々が集まる場所にテレビ(街頭テレビ)が置かれた。人々は，プロレスラーの力道山の活躍に熱狂した。1954年には映画で「ゴジラ」が出現した。

（エアコン）の「3C」と呼ばれる製品が普及し，消費を美徳と考える，大量消費社会が到来した。

1964年の**東京オリンピック・パラリンピック**の開催に合わせて，東京～新大阪間に**東海道新幹線**が開通した。また，自動車の普及に合わせて，1965年には名神高速道路が開通したのをはじめ，全国に高速鉄道網・高速道路網の建設が進んだ。

↑ 東京オリンピックの開会式

第2編 歴史

第1章 歴史の流れと地域の歴史

第2章 古代までの日本

第3章 中世の日本

第4章 近世の日本

第5章 近代日本のあゆみと国際関係

第6章 2つの世界大戦と日本

第7章 現代の日本と世界

2 高度経済成長のひずみ

～悪化する国民生活～

❶ 社会の変化…重化学工業の発展によって労働力が農村から都市へ移動し，農林水産業は後退して農村の**過疎化**を生んだ。農業は機械化が進んだが，兼業農家が増え，専業農家は激減した。大都市では人口の**過密化**が進み，土地価格の上昇，住宅不足，ごみ問題，自動車の騒音や交通渋滞などの問題が発生した。

❷ 公害問題…工場からの廃液による河川や海洋の汚染，工場の排出ガスに含まれる亜硫酸ガスなどによる大気汚染，騒音，振動，廃棄物汚染などにより，自然や人間に悪影響を及ぼす公害が各地でおこった。しかし，政府や企業は経済発展を優先したため，対策はなかなか進まなかった。1960年代に入ると，公害に対しての人々の関心が高まり，反対運動もさかんになり，政府は1967年に**公害対策基本法**（1993年より**環境基本法**へ移行）を制定し，1971年には公害問題に対処するために**環境庁**（2001年より**環境省**）を発足させた。

1970年代，水俣病・四日市ぜんそく・イタイイタイ病・新潟水俣病の，**四大公害訴訟**ではすべて患者側が勝訴し，国・地方公共団体や企業の責任が問われた。

参考 **高度経済成長期**

● **エネルギー資源**…1960年代には，エネルギー資源の中心が石炭から石油へと変わる**エネルギー革命**がおこり，太平洋沿岸部に石油化学コンビナートがつくられた。

● **女性の社会進出**…家庭電化製品の普及により，女性の家事労働時間が軽減され，社会（職場）への進出が進んだ。

● **食生活の変化**…インスタント食品・外食産業が発達し，肉類の消費などが増え，食生活の洋風化が進んだ。そのため，米の消費量が減り，1970年からは**減反政策**が始まった（減反政策は2018年度に廃止）。

zoomup **四大公害訴訟**
→ p.596

● 水質汚濁　■ 大気汚染

水俣病　熊本県・鹿児島県八代海沿岸地域

イタイイタイ病　富山県神通川下流域

新潟水俣病　新潟県阿賀野川下流域

四日市ぜんそく　三重県四日市市

↑ 四大公害病の発生地域

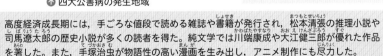
HighClass　高度経済成長期には，手ごろな値段で読める雑誌や書籍が発行され，松本清張の推理小説や司馬遼太郎の歴史小説が多くの読者を得た。純文学では川端康成や大江健三郎が優れた作品を著した。また，手塚治虫が物語性の高い漫画を生み出し，アニメ制作にも尽力した。

❸ 石油危機（オイルショック）…1973年，ユダヤ人の国家イスラエルと，周辺のアラブ諸国との間で**第四次中東戦争**がおこった。アラブ諸国は，イスラエルを支援するアメリカなどに対して打撃を与えるため，石油の産出量の減産や，石油価格の値上げを行った。このため世界的な経済の混乱がおこり（石油危機〈オイルショック〉），日本の高度経済成長は終わった。

石油危機の際，トイレットペーパーがなくなるといううわさから，人々はトイレットペーパーを買おうとスーパーなどに殺到した。

⤴ **トイレットペーパーを買う人々**

3 1950年代後半〜70年代の日本の政治と外交

〜国内の政治と外交関係〜

❶ **自民党の政治**…吉田茂内閣を継いだ鳩山一郎内閣のときの1955年，**自由民主党（自民党）**が誕生した。自民党は，国会の議席の3分の2近くを占め，3分の1近くの議席を占める野党第一党の日本社会党（社会党）との間で，自民党優位の政治体制（**55年体制**）が始まった。

❷ **近隣諸国との関係**…日本政府は，東アジア・東南アジア諸国との関係修復を進めた。**1965年**には**佐藤栄作内閣**が韓国と**日韓基本条約**を結び，韓国政府を朝鮮半島における唯一の合法的な政府とし，国交を正常化した。中国とは，**1972年**に**田中角栄内閣**が**日中共同声明**を発表して国交を正常化した。さらに，1978年には**福田赳夫内閣**が**日中平和友好条約**を結んだ。ソ連（現在のロシア）とは，1956年に鳩山一郎内閣が**日ソ共同宣言**を調印したが，北方領土問題が未解決のため，現在も平和条約は結ばれていない。

❸ **日米関係**…1951年に結ばれた日米安全保障条約を改定した**日米新安全保障条約**が，1960年に**岸信介内閣**によって結ばれた。また，岸信介内閣，池田勇人内閣のあとを継いだ**佐藤栄作内閣**のとき，戦後アメリカの管理下に置かれていた**小笠原諸島**が1968年に日本へ返還された。また，同内閣は，沖縄返還交渉の過程で，核兵器を「もたず，つくらず，もち込ませず」という**非核三原則**を方針とし，**1972年**に沖縄の日本返還を実現させた。しかし，沖縄には広大なアメリカ軍基地が残ったままであったことから，基地反対運動がおこり，今なお，日米間の重要な政治・外交問題となっている。

参考 **第五福竜丸事件**

1954年，太平洋で操業中の**第五福竜丸**が，アメリカが行った太平洋のビキニ環礁での水爆実験により「死の灰」を浴びた事件。帰国後，乗組員1名が死亡した。この事件をきっかけに原水爆禁止運動が盛り上がり，1955年に広島で第1回原水爆禁止世界大会が開催された。

Words 日米新安全保障条約

日本において，日米いずれかが武力攻撃を受けた場合，自衛隊と在日米軍が共同で行動することなどを決めた条約。日本が戦争に巻き込まれる可能性が生じるとして，大規模な反対運動がおこった（**安保闘争**）。岸信介内閣は強行採決により国会の承認を得たが，条約の発効後に総辞職した。

石油危機などの問題に対処するため，1975年にフランスのランブイエで第1回**サミット**が開催され，以後，毎年開催されている。日・米・英・仏・独・伊・カナダのほか，第3回からはEC（現在のEU）委員長も参加。1998年に名称が先進国首脳会議から**主要国首脳会議**に変更された。

3 世界の変化と日本の課題 ★☆☆

1 冷戦の終結

〜ソ連の崩壊〜

　ソ連は1979年，アフガニスタンの親ソ政権を支援するためにアフガニスタンへ武力介入したが，軍事費の増大などにより国力低下が著しかった。1985年に共産党書記長に就任した**ゴルバチョフ**は，政治・経済の改革などを進め，打開を図った。しかし，ソ連の改革は進まず，東欧諸国では民主化要求が強まった結果，社会主義政府が次々と倒れ，民主化を目ざす政権が生まれた。1989年，東ドイツで共産党政権が崩壊したのを契機に**ベルリンの壁**が崩され，東西ベルリンの通行が自由となった。こうした中，地中海のマルタ島でソ連のゴルバチョフ書記長とアメリカのブッシュ大統領が会談し（**マルタ会談**），冷戦の終結を宣言した。1990年には西ドイツが東ドイツを吸収する形で東西ドイツが統一された。また，東欧諸国の民主化の波がソ連邦内にも波及し，1991年には，ソ連の一員であるバルト三国が独立したのに続き，主要構成国であるロシア連邦が中心となって**独立国家共同体（CIS）**を結成したため，**ソ連は解体**した。

2 冷戦後の世界

〜多発する紛争・テロ〜

　冷戦終結後，世界の一体化（グローバル化）が進み，各国が協力する動きが活発となった。しかし，冷戦中の緊張関係の中では押さえつけられていた，民族や宗教，領土を巡る多くの地域紛争が各地でおこるようになった。

❶ **中国の動き**…1970年代からは著しい経済成長を実現した。しかし，1989年の**天安門事件**や，その後の，チベット民族やウイグル民族の独立を巡る問題，南沙諸島での軍事基地の建設，**尖閣諸島**の領有権主張などさまざまな問題を抱えている。2010年には国内総生産（GDP）で日本を抜き，世界第2位となった。

❷ **朝鮮半島の動き**…1991年，韓国と北朝鮮は同時に国連に加盟し，2000年には南北首脳会談が実現した。2002

参考 ゴルバチョフの政治
ゴルバチョフは，**ペレストロイカ**（政治・経済改革）と**グラスノスチ**（情報公開）を実行し，共産党の一党支配体制の廃止，自由化を進めた。また，支援に失敗したアフガニスタンからは撤兵し，アメリカとの接近を図った。

↑ ベルリンの壁崩壊

↑ マルタ会談

zoomup バルト三国→p.87

Words 天安門事件
1989年，中国の首都北京にある天安門広場で，民主化を要求していた多数の学生・市民らを，中国政府が戦車などを含む軍事力で武力弾圧し，多数の死傷者が出た事件。中国政府は，人権抑圧として国際社会から批判を浴び，経済制裁を受けた。

入試Info 1989年のベルリンの壁の崩壊とマルタ会談による冷戦終結，1990年の東西ドイツの統一，1991年のソ連の解体は，その前後のできごとと合わせてよく問われる。特に，ソ連が解体したので，ベルリンの壁の崩壊や東西ドイツの統一がおこったのではないことに注意。

年には，北朝鮮と日本との間で**日朝首脳会談**が開催され，拉致されていた5人の日本人の帰国が実現したが，国交正常化には至っていない。韓国と日本との間には，韓国が不法占拠する**竹島**問題などがある。

❸ **アジアの経済成長**…1980年代に入り，香港・台湾・シンガポール・韓国などのアジア**NIES**（新興工業経済地域）と呼ばれる国・地域の経済成長が著しくなった。また，1967年に東南アジア諸国連合（**ASEAN**）が発足した。

❹ **ヨーロッパの統合**…1993年，**ヨーロッパ連合**（**EU**）が発足し，2002年には単一通貨**ユーロ**の流通が始まった。しかし，今日，難民の流入や加盟国間の経済格差など，さまざまな問題を抱えている。

❺ **アメリカの動き**…1991年に**湾岸戦争**でイラクを攻撃し，2001年には国内で**同時多発テロ**がおこった。これに対し，アメリカ政府はアフガニスタンを攻撃した。2003年に**イラク戦争**を行い，2008年には金融機関の破綻から世界金融危機を引きおこした。

❻ **ロシアの動き**

経済発展によりサミット参加国となったが，2014年のクリミア併合によりサミットへの参加が停止された。日本との間に，**北方領土**を巡る領土問題を抱えている。

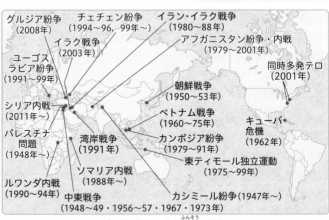

⬆ 世界各地の主な紛争・戦争

グルジア紛争（2008年）
チェチェン紛争（1994〜96，99年〜）
イラン・イラク戦争（1980〜88年）
イラク戦争（2003年）
ユーゴスラビア紛争（1991〜99年）
アフガニスタン紛争・内戦（1979〜2001年）
同時多発テロ（2001年）
シリア内戦（2011年〜）
朝鮮戦争（1950〜53年）
ベトナム戦争（1960〜75年）
キューバ危機（1962年）
パレスチナ問題（1948年〜）
湾岸戦争（1991年）
カンボジア紛争（1979〜91年）
ソマリア内戦（1988年〜）
東ティモール独立運動（1975〜99年）
ルワンダ内戦（1990〜94年）
中東戦争（1948〜49・1956〜57・1967・1973年）
カシミール紛争（1947年〜）

3 1980 〜 2010年代の日本

〜安定成長下の日本〜

❶ **経済の動き**…1973年の石油危機で日本の高度経済成長は終わったが，省エネルギー化などで不況を乗り切った。1980年代には，日本の自動車や半導体の輸出を巡って，アメリカなどとの間で貿易摩擦が生じた。1980

Words 湾岸戦争

1990年にイラクがクウェートに侵攻したため，1991年にアメリカ軍を中心とする多国籍軍がイラク軍と戦った戦争。イラクの敗北で停戦した。

Words 同時多発テロ

2001年9月11日，ニューヨークのビルなどに，テロリストに乗っ取られた旅客機が激突し，多数の死傷者が出たテロ事件。アメリカ政府は，テロの首謀者の引き渡しをアフガニスタンに要求したが拒否されたため，アフガニスタンを攻撃した。

参考 イラク戦争

イラクが大量破壊兵器を所有している疑いから，2003年にアメリカ軍がイギリス軍とともにイラクを攻撃し，フセイン政権を倒した。

Words 世界金融危機

2008年，アメリカの大手金融機関のリーマン-ブラザーズが経営破綻した（**リーマン-ショック**）ことをきっかけにおこった，世界的な不況。

Episode

ウクライナの領土からロシアの領土になり，現在も混乱が続く**クリム（クリミア）半島**は，保養地として人気がある場所。**クリミア戦争**では，**ナイチンゲール**が1854年から戦地に趣き，看護婦（看護師）として活躍した。半島南部のヤルタでは，1945年に**ヤルタ会談**が行われた。

年代末には，日本国内の土地・株の価格が異常に値上がり，好景気となるバブル経済となったが，1990年代初期に崩壊し，長期にわたる**平成不況**に陥った。不況克服のための規制緩和や郵政事業の民営化などの「構造改革」が行われた。

❷ **政治の動き**…汚職事件で政治不信が続く中，1993年の選挙で自民党の議席が過半数を割り，非自民・非共産党の連立内閣が成立し，55年体制が終わった。その後，自民党，民主党と政権がかわり，2012年の選挙で自民党が圧勝し，政権を取り戻した。1992年には，国連平和維持活動協力法（PKO協力法）が成立し，紛争地域への自衛隊の派遣が始まった。

❸ **震災国日本**…1995年には**阪神・淡路大震災**が，2011年には**東日本大震災**がおこった。東日本大震災では，約2万人の死者・行方不明者を出し，地震による津波のため福島第一原子力発電所で深刻な事故がおこった。

4 持続可能な社会を目ざして

〜これからの日本〜

グローバル化の進む今日，多くの人やモノ，情報が行き交うため，自国のことだけでなく，他国との**国際交流**や**国際理解**を深め合うことが必要となっている。

日本国内には，アメリカやブラジルをはじめ，多くの外国人が居住している。アイヌの人々や在日韓国・朝鮮人も含めて，宗教や文化の違いを認め，偏見や差別をなくし，相互に理解し合うことが必要である。

また，二酸化炭素の排出量を減らし，**地球温暖化**を防止するためには，世界各国の協力が必要である。日本では，貧困・飢餓をなくし，世界平和を実現するために，**政府開発援助（ODA）**や**非政府組織（NGO）**，**国際協力機構（JICA）**を窓口とした**青年海外協力隊**の派遣も行っている。また，唯一の核被爆国として，核兵器の削減，廃絶に向けて，世界各国と協力していかなければならない。日本を含めて世界各国は，「今」の世界平和だけでなく，「これから」の世界平和を目ざして，協力し合うことの必要性が増している。

↑ 阪神・淡路大震災

↑ 東日本大震災

年	できごと
1953	テレビ放送開始
1964	東海道新幹線開業
	東京オリンピック・パラリンピック
1970	大阪万国博覧会
1972	札幌冬季オリンピック
1988	青函トンネル・瀬戸大橋の開通
1994	関西国際空港開港
1998	長野冬季オリンピック
2002	日韓共催サッカーワールドカップ
2013	富士山が世界文化遺産に登録
2019	アイヌ民族支援法の制定
2021	東京オリンピック・パラリンピック
2025	日本国際博覧会（大阪・関西万博）（予定）

↑ 現代日本文化の主な動き

zoomup 政府開発援助　→ p.628

非政府組織→ p.629

核兵器→ p.619

第2編 歴史

第1章　歴史の流れと地域の歴史

第2章　古代までの日本

第3章　中世の日本

第4章　近世の日本

第5章　近代日本のあゆみと国際関係

第6章　2つの世界大戦と日本

第7章　現代の日本と世界

Episode　1995年におこった阪神・淡路大震災では，全国各地からボランティア活動を希望する多くの人々が被災地に集まった。被災者のために支援活動が行われ，災害ボランティアが社会に定着するきっかけとなった。のちに同年は「ボランティア元年」と呼ばれるようになった。

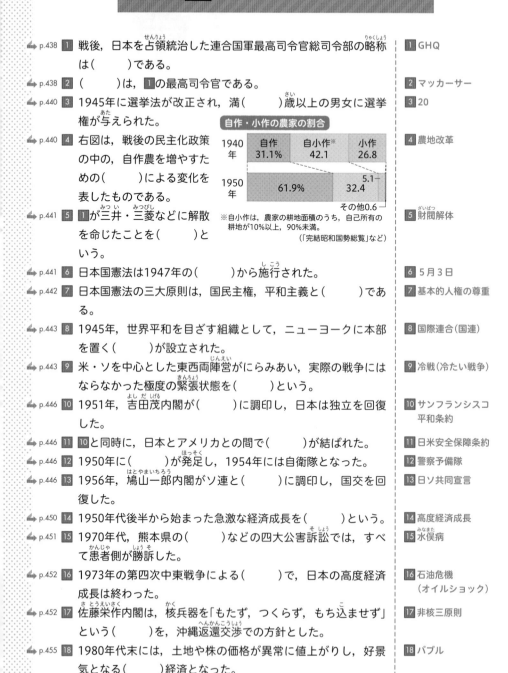

→ p.438	**1** 戦後，日本を占領統治した連合国軍最高司令官総司令部の略称は（　　　）である。	**1** GHQ
→ p.438	**2** （　　　）は，**1**の最高司令官である。	**2** マッカーサー
→ p.440	**3** 1945年に選挙法が改正され，満（　　　）歳以上の男女に選挙権が与えられた。	**3** 20
→ p.440	**4** 右図は，戦後の民主化政策の中の，自作農を増やすための（　　　）による変化を表したものである。	**4** 農地改革
→ p.441	**5** **1**が三井・三菱などに解散を命じたことを（　　　）という。	**5** 財閥解体
→ p.441	**6** 日本国憲法は1947年の（　　　）から施行された。	**6** 5月3日
→ p.442	**7** 日本国憲法の三大原則は，国民主権，平和主義と（　　　）である。	**7** 基本的人権の尊重
→ p.443	**8** 1945年，世界平和を目ざす組織として，ニューヨークに本部を置く（　　　）が設立された。	**8** 国際連合（国連）
→ p.443	**9** 米・ソを中心とした東西両陣営がにらみあい，実際の戦争にはならなかった極度の緊張状態を（　　　）という。	**9** 冷戦（冷たい戦争）
→ p.446	**10** 1951年，吉田茂内閣が（　　　）に調印し，日本は独立を回復した。	**10** サンフランシスコ平和条約
→ p.446	**11** **10**と同時に，日本とアメリカとの間で（　　　）が結ばれた。	**11** 日米安全保障条約
→ p.446	**12** 1950年に（　　　）が発足し，1954年には自衛隊となった。	**12** 警察予備隊
→ p.446	**13** 1956年，鳩山一郎内閣がソ連と（　　　）に調印し，国交を回復した。	**13** 日ソ共同宣言
→ p.450	**14** 1950年代後半から始まった急激な経済成長を（　　　）という。	**14** 高度経済成長
→ p.451	**15** 1970年代，熊本県の（　　　）などの四大公害訴訟では，すべて患者側が勝訴した。	**15** 水俣病
→ p.452	**16** 1973年の第四次中東戦争による（　　　）で，日本の高度経済成長は終わった。	**16** 石油危機（オイルショック）
→ p.452	**17** 佐藤栄作内閣は，核兵器を「もたず，つくらず，もち込ませず」という（　　　）を，沖縄返還交渉での方針とした。	**17** 非核三原則
→ p.455	**18** 1980年代末には，土地や株の価格が異常に値上がりし，好景気となる（　　　）経済となった。	**18** バブル

自作・小作の農家の割合

	自作	自小作※	小作
1940年	31.1%	42.1	26.8
1950年	61.9%	32.4	5.1

その他0.6

※自小作は，農家の耕地面積のうち，自己所有の耕地が10%以上，90%未満。
（「完結昭和国勢総覧」など）

難関入試対策 **思考力問題** 第5〜7章 Level 2

●次の図は，第二次世界大戦の対戦国である，日本，アメリカ，イギリス，フランス，ドイツ，イタリア，ソ連(ロシア)の関係を示している。このうちアメリカにあてはまるものを記号で答えなさい。　【大阪教育大附高(平野)】

── 第二次世界大戦の連合国と枢軸国

…… 国際連盟の常任理事国(発足当時)

赤文字 三国干渉を行った国

▶ Key Point

❶1939年から始まった第二次世界大戦の，連合国とその対戦相手であった枢軸国，❷1920年に発足した国際連盟の常任理事国，❸日清戦争後の1895年に，日本に対して三国干渉を行った国を理解できているかが重要となる。

▶ Solution

❶ 連合国…アメリカ，イギリス，フランス，ソ連(ロシア)，中国など。
　　枢軸国…ドイツ，イタリア，日本。
❷ 常任理事国…第一次世界大戦の戦勝国のイギリス，フランス，イタリア，日本。
❸ 三国干渉を行った国…ロシア，ドイツ，フランス。

　以上から，アメリカは，国際連盟の常任理事国ではない。これは，アメリカ大統領のウィルソンの提案で国際連盟が発足したものの，議会が反対したため，アメリカは国際連盟に参加しなかったためである。また，三国干渉を行った国でもない。このことから，アメリカの記号が明らかになる。

　なお，左の▨▨は4か国であることから連合国であり，Aはイギリス，Bはフランス，Dはロシアとなる。

　右の▨▨は3か国であることから枢軸国であり，EとFは，イタリア，日本のいずれか，Gがドイツとなる。

解答
C

難関入試対策 記述問題 第5〜7章

Level **3**

● 下の資料Ａは，イギリスの産業革命期のようすを描（えが）いた絵画である。資料Ｂは，日本の産業革命期を撮影（さつえい）した写真である。次の❶・❷の問いに答えなさい。

【大阪教育大附高（池田）一改】

❶ ２つの資料には，労働者が見られる。労働者以外の２つの資料から見られる類（るい）似点を２つ答えなさい。

❷ **資料Ｂ**のように，当時の日本の製糸工場や紡績（ぼうせき）工場で働いていたのは主に若い女性であった。なぜ，彼女ら（かのじょら）がこうした工場で働くことになったかを説明しなさい。（1880年代は政府のデフレ政策によって農産物価格が下落していたことを踏（ふ）まえて説明しなさい。）

資料Ａ

資料Ｂ

▶Key Point

❶ 産業革命の内容を思い出したうえで資料を見る。

❷ 1873年には，地租（ちそ）改正が行われている。地租改正と農民の生活を考える。

▶Solution

❶ 産業革命は，蒸気機関を利用した大型機械で製品を大量生産し，資本主義社会を生み出した。これと関連することがらを，労働者以外で，２つの資料から読み取る。

❷ 地租改正により，地価の３％を土地所有者が現金で，地租として政府へ納めることとなった。地価は，物価の下落であるデフレとなってもほぼ変化しないため，地租も変化しない。農産物価格が下落すると，現金収入が減る。現金を得るために，どのようなことをしたかを考える。

解答例

❶ ・機械を使っている。　・大量に生産を行っている。

❷ デフレで現金収入が減ったにもかかわらず，地価の３％を現金で納めなければならないので，農地を売り払（はら）って現金を得た者がおり，また，そのような農家の若い娘（むすめ）の中には，現金を得るために労働者となった者もいたため。

3

第3編　公民

ここからスタート！ 第3編 公 民

第1章 現代社会とわたしたちの生活

START!

第二次世界大戦後，日本は急速な発展を遂げました。近年では，情報化がより進み，少子高齢化も引き続き問題となっています。また，日本と海外の間で人の行き来も活発になっており，日本の伝統文化を理解するだけでなく，他国の文化を理解することも大事になっています。

"現代社会のようす"
少子高齢化，情報化，グローバル化は，わたしたちの生活や社会にどのような影響を与えているのでしょうか。

"グローバル化と文化"
日本の文化が海外に受け入れられています。日本の文化のうち海外で人気となっているものにはどのようなものがあるでしょうか。

家族

☑ Learning Contents

1. 現代社会のようす
2. わたしたちの生活と文化
3. 現代社会の見方や考え方

"社会集団"
わたしたちは1人で生きていく
ことはできません。どのような
社会集団とかかわりをもって生
きているのでしょうか。

地域

学校

球技大会

バレーボール　VS　サッカー

サッカーがよいと
思う人は挙手してください

"対立と合意"
ある問題について，異なる意見どうしが対立したとき，その問題についてどのように
解決していけばよいのか考えてみましょう。

第3編 公民

第1章 現代社会と
わたしたちの生活

第2章 わたしたちの生活
と民主政治

第3章 わたしたちの生活
と経済

第4章 国際社会と
わたしたち

1 現代社会のようす

1 現代日本の発展 入試重要度 ★☆☆

1 高度経済成長

〜急速な経済成長〜

❶ **高度経済成長**…1950年代後半から1970年代の初めにかけて，日本の経済は大きく発展した。これを**高度経済成長**という。

❷ **工業製品の普及**…高度経済成長とともに人々の所得も増え，「**三種の神器**」と呼ばれた白黒テレビ・電気冷蔵庫・電気洗濯機が1950年代後半から各家庭に普及していった。次いでカラーテレビ・乗用車・クーラー（「**3C**」または「**新三種の神器**」と呼ばれる）などが各家庭に普及していった。

❸ **大量消費社会**…これらの電化製品の普及は，わたしたちの生活を快適なものにした。また，家事の時間が短縮されたことで女性の社会進出が推し進められ，大量消費社会ももたらされた。

❹ **公害の発生**…高度経済成長の中で重化学工業化が進み，日本各地で**公害**が発生するようになった。

❺ **都市部・農山村部の変化**…都市部では**過密化**，農山村部や離島では**過疎化**が進み，都市部では**核家族**が増えていった。

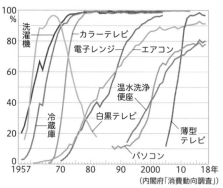

↑ 電化製品普及率

（内閣府「消費動向調査」）

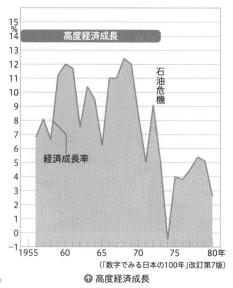

↑ 高度経済成長

（「数字でみる日本の100年」改訂第7版）

Episode 高度経済成長期の1964年10月1日，世界初の高速鉄道，**東海道新幹線**が開通した。直後の10月10日にはアジア初となる**東京オリンピック・パラリンピック**を開催するなど，日本は戦後の著しい復興ぶりを世界に示した。

第**3**編　公　民

第１章　現代社会と
　　　　わたしたちの
　　　　生活

第２章　わたしたちの生活
　　　　と民主政治

第３章　わたしたちの生活
　　　　と経済

第４章　国際社会と
　　　　わたしたち

2 低成長時代

～高度経済成長の終焉～

　第四次中東戦争の影響で，1973年に石油価格が大幅に値上がりした。この**石油危機（オイルショック）**を契機に，日本の高度経済成長は終わった。しかし，産業構造や工業製品を省エネルギー型に切りかえることで，日本は低い成長率ながら安定した経済成長を続けるようになった。ところが，1980年代後半から株や土地の価格が急激に値上がりし（**バブル経済**），それが1990年代初めに暴落すると，企業や銀行の経営が行き詰まり，失業者の増加や消費の低迷で深刻な不況に陥った（**平成不況**）。

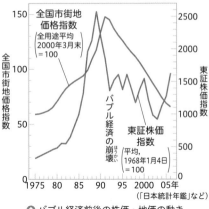

バブル経済前後の株価・地価の動き

3 職業や余暇生活の多様化

～産業構造の変化，モノよりもソフトを重視～

❶ **第三次産業の進展**…戦後，**産業構造の高度化**により，産業別就業者人口割合と産業別国民所得割合は，農業を中心とする第一次産業の割合が低下し，第二次産業・第三次産業の割合が増加した。近年は，情報化や**経済のサービス化**（産業活動において，企画・情報処理・販売などの役割が増えること）などによって，**第三次産業**が中心になっている。

❷ **経済のソフト化**…石油危機を境に消費者の「モノ離れ」が進み，レジャーや文化・教養を中心に全体としてサービス志向が強まっていった。このような現象を**経済のソフト化**ともいい，生産されたモノ（ハード）よりもサービス・情報・知識などのソフトが重視される。

❸ **余暇の増大**…豊かな社会は，余暇の増大ももたらした。労働時間は年々，減少傾向にあり，その分，余った生活時間で**ボランティア活動**や地域の「町おこし」に参加する人が出てきた。また，高齢社会において，余暇を「生涯学習」に費やす動きも見られる。

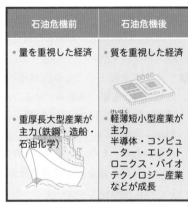

戦後の日本の経済の変化

zoomup　産業構造の高度化
→ p.599

HighClass　1973年の**石油危機**は，世界経済に大きな打撃を与えた。日本も物価の高騰に苦しみ，翌1974年には，経済成長率が戦後初めてマイナス（−1.2％）となった。

② 少子高齢化 ★★★

1 少子高齢化

～低下する出生率～

❶ **少子化と高齢化**…日本は総人口に占める子どもの割合が減り，高齢者の占める割合が増える少子高齢社会となっている。2019年10月現在で年少人口（0～14歳）が1521万人，**老年人口**（65歳以上）が3589万人で，総人口に占める割合はそれぞれ12.1%，**28.4%**になっている。

　日本の人口は2008年の1億2808万人をピークに減少に転じており，現在のペースで人口が減っていくと少子高齢化はさらに進んでいくと見られる。現在の人口1億2648万人（2020年）が2053年には1億人を下回り，65歳以上の高齢者の割合が約38%を占めると予想されている。

❷ **少子化の原因**…子どもの数が減り続けているのは，**合計特殊出生率**が下がっているためである。その背景には仕事と育児の両立が困難なことや，未婚率の増加，晩婚化（平均初婚年齢が高くなっていく傾向）などがある。また，保育士や保育所の不足により，都心部などでは**待機児童**（保育所に入所を申請しているのに，入所できない児童のこと）の問題が発生している。このような出産・育児環境の不備なども，少子化の原因の1つとなっている。

❸ **老年人口の増加**…少子化の一方で，医療技術の進歩や食生活・栄養状態の改善などによって**平均寿命**が延びた。老年人口は今後も増え続け，2025年には3676万人，総人口に占める割合が30%になると予想されている。若者と高齢者の数のバランスが崩れていることは深刻な問題で，2050年には1.2人で高齢者1人を支える計算になる。**現役世代の負担**は増える一方である。

年	総人口（万人）	年齢別人口（%）		
		0～14歳	15～64歳	65歳以上
2015	12709	12.6	60.7	26.6
2020	12532	12.0	59.1	28.9
2030	11913	11.1	57.7	31.2
2040	11092	10.8	53.9	35.3
2050	10192	10.6	51.8	37.7
2060	9284	10.2	51.6	38.1
2065	8808	10.2	51.4	38.4

※年齢別人口の割合は合計が100%になるように調整していない。
（中位推計）　　　　　（国立社会保障・人口問題研究所）

⬆ 将来の人口と年齢別人口の割合

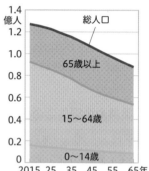

⬆ 将来の人口の推移予測

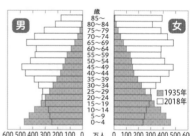

⬆ 日本の年齢別人口

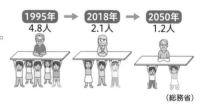

⬆ 生産年齢人口の負担（対高齢者）

HighClass　**合計特殊出生率**は1人の女性が生涯に生むと見込まれる子どもの数を示す指標。15歳から49歳までの女性を年齢別に分け，その出生率の統計を人口指標とする。日本の人口を維持できる水準（人口置換水準）は2.07とされ，現在はこの水準を大きく下回っている。

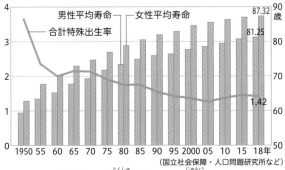

↑ 日本の合計特殊出生率と平均寿命の推移 (国立社会保障・人口問題研究所など)

2 少子高齢社会の課題

～労働力不足，社会保障制度の崩壊～

　少子化の進行は，総人口の減少につながり，労働力の不足を招く。その結果，国が集める税金の額が減少して社会保障のための財源が不足し，社会保障制度が崩壊することなどが心配されている。さらに，高齢化が進行すると，年金や医療費などの社会保障費が増え，生産年齢人口(15～64歳)の負担がますます重くなると予想されている。

3 少子高齢社会の対策

～解決のための取り組みとは？～

❶ **少子化への対策**…日本は，次世代育成支援対策推進法(2014年に改正して期間を延長)と少子化社会対策基本法を制定して，少子化対策の方向性を示すとともに，少子化対策の具体的な内容と目標を「子ども・子育て応援プラン」として掲げた。また，育児・介護休業法を制定し，仕事と育児・介護が両立できる社会づくりも進めている。

❷ **少子化社会対策基本法**…少子化の進行を食い止めるため，子どもを生みやすくする環境，子育てがしやすい社会の実現を目ざすことを目的として，2003年に少子化社会対策基本法が制定された。

❸ **高齢者への対策**…年金保険・介護保険など**社会保障制度**の整備とともに，公共交通機関や公共施設の**バリアフリー**化などを進めている。

---

zoomup 育児・介護休業法
→ p.573

Words バリアフリー

障がい物(バリア)のない状態のこと。生活していくうえでのバリアをなくして，障がい者や高齢者が安心してくらせる環境をつくっていこうという考え方。実際には，階段にスロープをつける，駅にエレベーターを設置するなどの整備が行われている。障がい者や高齢者が交通機関や施設をより安全・便利に利用できるよう，2006年に**バリアフリー新法**が制定された。バリアフリーが障がい者や高齢者など，一部の人を対象としているのに対し，ユニバーサルデザイン(→ p.502)はすべての人を対象としている。

参考 幼児教育・保育の無償化

2019年10月から幼児教育・保育の無償化が実施された。幼稚園・保育園・認定こども園・就学前障がい児の発達支援などを利用する3～5歳までのすべての子どもたち，住民税非課税世帯の0～2歳までの子どもたちが無償化の対象となっている。

入試Info 少子化(合計特殊出生率の低下)の原因や，少子高齢社会の課題などは入試に出題されやすいので，しっかり内容を確認しておきたい。また，少子化対策として**少子化社会対策基本法**，育児・介護休業法の2つの法律も重要なので，必ず覚えておこう。

3 情報化 ★★☆

1 情報社会

～情報社会の特徴とは？～

　現代社会は，脱工業化社会といわれ，モノ以上に情報が重要な価値を占め，情報そのものが大きな位置を占めるようになっている。このような社会を情報社会という。

↑ 日本における携帯電話の加入者数の推移
(2020/21年版「日本国勢図会」など)

2 情報社会の進展

～情報社会進展の背景には？～

❶ **インターネットの普及**…1990年代半ばから，高性能なパソコンや携帯電話が普及し，情報通信網の高速・大容量化も進んだ。これらの**情報通信技術(ICT)**に支えられてインターネットの利用者が急増した。

❷ **インターネット社会**…世界中のコンピューターをつなぐネットワークである**インターネット**は，その利用者数を急増させ，日本では１億84万人もの人に利用されている(2016年９月末現在)。ホームページの閲覧や電子メールのやりとりなどに多く使われ，商品の購入やチケットの予約，音楽のダウンロードなどにも利用されている。インターネットは生産者と消費者を効率的に結びつけることから，わたしたちの生活に着実に変化をもたらしている。また，インターネット上のブログ，SNS，動画共有サイトなどを通して，流行や世論をつくることも可能になってきている。

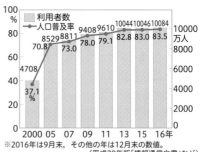

↑ 日本のインターネット利用者数と普及率の推移
※2016年は9月末，その他の年は12月末の数値。
(平成29年版「情報通信白書」など)

❸ **IoTの普及**…IoTとは，Internet of Things(モノのインターネットとも呼ばれる)の頭文字をとったもので，自動車や家電など，身の回りのさまざまな「モノ」がインターネットにつながるしくみのことである。IoTの技術を使ったスマート家電(スマートフォンを使って遠隔操作などができる家電)が登場するなど，わたしたちの日常生活にも変化をもたらしている。

❹ **人工知能(AI)の開発**…人工知能とは，学習・推論・

Words SNS(ソーシャル-ネットワーキング-サービス)
会員制のウェブサイトで職業・趣味・写真・文章などを公開し，会員どうしで交流できる機能を提供するサービス。

Episode　インターネットの原型(起源)は，ARPANETと呼ばれるパケット交換方式のネットワークである。ARPANETは，Advanced Research Projects Agency Networkの略で，1969年にアメリカ国防総省の高等研究計画局(ARPA)が導入した。

判断などの人間の知的な活動を，コンピューターに代行させる技術のことで，AI（Artificial Intelligence）とも呼ばれる。人工知能（AI）の開発は古くから行われていたが，ディープラーニング（深層学習）の発明と，ビッグデータ（大容量のデジタルデータ）の普及などにより，日常生活にも身近なものになりつつある。

3 情報社会の課題

~情報格差の発生，個人情報の流出~

情報社会では，多くの情報の中から適切な情報を収集・選択し，活用する能力（**情報リテラシー**）を身につけることが重要である。その一方で，情報ツールを使いこなせるかどうかで，所得格差や就職の機会均等に障害が生じる**デジタルデバイド**（**情報格差**）が表面化しており，特に世代間でのインターネットの利用者数の差は著しくなっている。また，**個人情報**や組織の内部情報が流出する事件が絶えず，社会問題になっている。企業などが個人情報を電子データとして扱うようになり，流出は大規模化している。

↑ インターネットを利用した犯罪の検挙件数
（2020/21年版「日本国勢図会」など）

4 防災分野における情報化

~危機が発生した際に~

❶ **Jアラート（全国瞬時警報システム）**…弾道ミサイルの発射や緊急地震速報，津波警報，気象警報などの緊急情報を瞬時に住民に伝達するシステムである。人工衛星などを通じて各地方公共団体に送信し，市（区）町村防災行政無線を自動起動する。

❷ **Lアラート（災害情報共有システム）**…災害時に各地方公共団体が発表する避難勧告などの情報を集約し，テレビやインターネットなどを通じて一斉に伝えるシステムである。

❸ **その他**…スマートフォンアプリの活用（防災アプリの導入），施設内のデジタルサイネージによる避難誘導，自動起動ラジオの導入などが，多くの地方公共団体で進められている。

Words 個人情報

氏名，住所，生年月日，性別，公的な番号など特定の個人を識別できる情報。

参考 情報モラル（情報倫理）

情報社会で必要とされる，個人情報の取り扱いなどに対する道徳やモラルを情報モラル（情報倫理）という。

Words デジタルサイネージ

液晶ディスプレイやLEDなどを利用した電子看板。情報伝達の媒体として，駅や百貨店，病院などで幅広く使われている。

Episode **デジタルデバイド**とは，所得，年齢，環境の違いなどによって生じる情報格差のこと。また，このような国内の情報格差だけではなく，先進国と発展途上国のように，国家間における格差も深刻になっている。

第3編 公民

第1章 現代社会とわたしたちの生活

第2章 と民主政治の生活

第3章 と経済わたしたちの生活

第4章 国際社会とわたしたち

4 グローバル化 ★★☆

1 グローバル化の進展

～グローバル化する世界～

❶ **グローバル化の進展**…日本では，外国の製品や農水産物が多く流通し，町で外国人を見かけるのも珍しくなくなった。一方，世界各地の観光地には，日本人の旅行客があふれ，都市の目立つところには，日本の企業の広告が並び，外国の人々の間では，日本の工業製品が多数使われている。現在，国境を越えたヒト・モノ・カネ・情報・サービスなどの動きが活発化し，地球規模での世界の一体化が進んでいる。このような現象をグローバル化（グローバリゼーション）という。グローバル化とは，世界各地を結ぶ情報通信・運輸・交通手段が急速に発達したため，地球上の空間的・時間的距離が縮小し，各国の間で資本（カネ）・商品（モノ）・サービスのみならず，人・情報・文化・技術などの相互交流が強まる現象ともいえる。

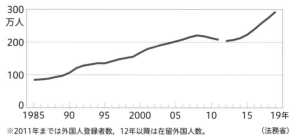

↑ 外国人人口の動き

※2011年までは外国人登録者数，12年以降は在留外国人数。（法務省）

↑ 日本の海外進出企業（全産業）

(2020年版「データブック オブ・ザ・ワールド」)

❷ **グローバル化の背景**…グローバル化が進んだ背景には，貿易の拡大，企業の多国籍化，資金移動の増大など世界経済の一体化が進み，世界的競争がいっそう激化したという流れがある。

❸ **グローバル化の影響**

▶ **経済格差の拡大**…グローバル化により恩恵を受ける人と取り残された人との間で経済格差が拡大している。

▶ **不景気の拡大**…経済のグローバル化により，各国の景気の連動性が高まり，

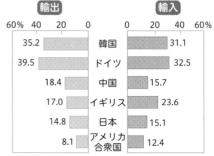

↑ 主な国の貿易依存度

(2018年)　(2020/21年版「日本国勢図会」)

	輸出		輸入	
韓国	35.2		31.1	
ドイツ	39.5		32.5	
中国	18.4		15.7	
イギリス	17.0		23.6	
日本	14.8		15.1	
アメリカ合衆国	8.1		12.4	

Episode **グローバル−スタンダード**ということばがある。これは，それまでまちまちであった基準を国際的に標準化したものである。その例としては，交通信号機が緑・黄・赤の３色となっていることなどがあげられる。

第3編 公民

第1章 現代社会と
わたしたちの生活

第2章 わたしたちの生活
と民主政治

第3章 わたしたちの生活
と経済

第4章 国際社会と
わたしたち

ある大国の経済不振(不景気)が世界各国に影響を及ぼすことがある。

▶**感染症の拡大**…2020年に世界中で猛威を振るった新型コロナウイルス感染症のように，感染症の世界的な大流行(パンデミック)を引きおこすことがある。

▶**国際協力**…地球環境問題や感染症対策，紛争など地球規模の課題に各国が協力して取り組む必要がある。

2 国際競争と国際分業

~一体化する世界~

❶ **国際競争**…**国際競争**とは，国内で生産された商品と他国から輸入した商品，もしくは他国から輸入した商品どうしを比較して，どちらが安くて品質の良いものを提供できるかという競争のことをいう。

❷ **国際分業**…**国際分業**とは，各国が他国に比べて有利に生産することのできる商品をつくり，競争力のない商品については他国から輸入することをいう。

❸ **多国籍企業**…**多国籍企業**とは，複数の国家に生産や販売のための現地法人をもち，世界的規模で活動する企業のことをいう。近年は，中国や東南アジアなどに拠点をもつ日本の多国籍企業が増えている。

3 多文化共生社会

~異文化理解が大切~

異なった文化をもつ人々が，互いにそれぞれの文化を認め合い，尊重(**異文化理解**)しながら生活していく社会を多文化共生社会という。オーストラリアやカナダが多文化主義政策を国の方針として掲げるなど，多文化共生社会の実現に向けて積極的に取り組んでいる。

日本もグローバル化の進展により，在留外国人や訪日外国人観光客の数が年々増加しており，多文化共生社会の実現に向けた取り組みが求められている。

⬆ ベトナムの日本企業の工場

⬆ 観光中の訪日外国人

	フィリピン	ブラジル	ネパール 3.3

| 293.3 万人 | 中国 27.7% | 韓国 15.2 | ベトナム 14.0 | 9.6 | 7.2 | その他 23.0 |

(2019年末現在)　　　　　　　　　　　(2020/21年版「日本国勢図会」)

⬆ 国籍別在留外国人の割合

HighClass 国際分業には**水平的分業**と**垂直的分業**の2種類がある。水平的分業は，先進国どうしで工業製品の貿易を行うこと，垂直的分業は，先進国と発展途上国との間で，工業製品と一次産品(農産物など)の貿易を行うことをいう(→ p.154)。

2 わたしたちの生活と文化

🖐 Point

❶ 文化の意味や，文化が生活の中で果たしている役割について理解しよう。

❷ 日本の伝統文化を巡る課題や，異文化に接する際にどのような姿勢が必要か考えよう。

① 生活と文化 ★☆☆

1 文化の意味

～文化は生活を豊かにする～

「文化」と聞いて，あなたはどんなことを思い浮かべるだろうか。文化祭の運営に携わる人を文化委員と呼んでいるかもしれない。この場合の「文化」は，「知性・教養」という意味が近い。そうすると，学問はもちろんのこと，文学作品や美術品，工芸品や音楽なども，当然，「文化」である。ただし，ここでいう「文化」とは，もっと広い意味をもつ。人間がよりよい生活を営むために，ときには自然に働きかけながら，人間にふさわしい，より優れたものを物質的・精神的両面に形成すること，及びその成果を「文化」という。したがって，衣食住をはじめ，言語や宗教，政治や経済，わたしたちが身につけてきた生活の仕方とそのルール，ものの見方や感じ方まで，文化に含められることもある。

⬆ 文化祭のようす

② 代表的な文化とその役割 ★★☆

1 科　学

～生活の向上を担う～

人間の生活にかかわる，あらゆるできごとについて，観察や実験などを通じて実証され，体系づけられた知識，また，個別に専門的な分野に分かれている学問をまとめて科学と呼ぶ。化学・物理学・生物学・地学など，自然現象を研究対象とする自然科学のほか，文学・歴史学・

⬆ 2019年にノーベル化学賞を受賞した吉野彰さん

HighClass

文化は人間の営みそのものともいえるので，当然，負の側面もある。宗教上の価値観の違いから民族紛争がしばしばおこっている。文化の違いを排除するのではなく，認め合うことが大切である。また，科学技術の進歩は生活を豊かにする一方，大量破壊兵器を生み出した。

哲学・心理学など，人間文化を研究対象とする**人文科学**，政治学・法律学・経済学・社会学など，社会現象を研究対象とする**社会科学**がある。わたしたちの生活の向上は，科学の成果によって実現されている面が大きい。

2 芸　術

〜心理的な満足の源〜

　ある決まった素材や特定の技術を用いて，主に視覚・聴覚を通して心理的満足を生み出す人間の活動，また，それらによってつくられたものを芸術という。絵画・彫刻・建築などの空間芸術，音楽・文学などの時間芸術，映画・演劇・舞踊などの総合芸術がある。科学が新しいほど優れているのに対し，芸術の価値は古今を問わない。さまざまな芸術作品に触れることで，感動や希望，勇気など，精神的な豊かさを得ることができる。

3 宗　教

〜人間が生きるうえでのよりどころ〜

　神，または世の中の悪い部分から切り離された絶対者，神聖なものに対する信仰とそれに関する体系を宗教という。自然を崇拝する原始宗教，ある決まった民族が信仰する民族宗教，民族や地域を超えて世界中で信仰されている世界宗教などがある。世界の**三大宗教はキリスト教・イスラム教・仏教**であり，それぞれの中で宗派が分かれている。宗教的な信仰によって，人間は生きていくうえでのよりどころを得て，人生のさまざまな問題から生じる緊張や不安を解消し，生きがいや幸福感を感じることができる。

3 日本の伝統文化 ★★☆

1 日本の伝統文化の特徴

〜日本文化の多様性〜

　文化の中でも，長い歴史を通して大切に育まれ，受け継がれてきた有形無形のものを伝統文化と呼ぶ。**能や歌舞伎**など，専門家によって受け継がれてきたものと，日本各地で行われる祭りや，節分，七夕などの**年中行事**，婚礼や葬儀といった**冠婚葬祭**など，庶民によって広く受

被災地の人々とともに復興への思いを繋ぐために開催された。

↑ 東日本大震災の被災者と支援者によって開催されたコンサート

◀ キリスト教

◀ イスラム教

◀ 仏教

↑ 世界三大宗教と祈る人々

zoomup 世界の宗教とその分布→p.49
宗教のおこり
→p.249

zoomup 能→p.306
歌舞伎→p.340

Episode

世界の三大宗教は，信者の数ではなく地域的広がりがあるかどうかで決まっている。**ヒンドゥー教**の信者は約10億2千万人で仏教の信者の2倍ほどいるが，ほとんどがインドに集中しているため，アジアの一地域の宗教（民族宗教）としてとらえられている。

け継がれてきたものがある。また，桜の季節に花見に出かけたり，合格祈願のために神社に絵馬をかけたりする生活の中の習慣や，「もったいない」「おもてなし」といった，ことばに込められた価値観も含まれる。ただし，南北に長い日本列島の北と南に，次のような文化の違いもある。正月に食べる雑煮に入れる餅は，地域によって丸餅だったり角餅だったりする。また，汁や具も，地域によってさまざまである。このように，気候や風土に応じて多様な文化が日本には存在する。

▶**琉球文化**…鹿児島県奄美地方から沖縄県にかけての文化。琉球王国時代に日本，中国，朝鮮，東南アジアなどの文化の影響を受けながら，南洋の風土に適した独自の文化が創造された。世界文化遺産に登録された**首里城跡**などのグスク（城），盆踊りのエイサー，楽器の三線，紅型や芭蕉布，ゴーヤ・紅芋など地域独自の食材を用いた沖縄料理もある。

▶**アイヌ文化**…北海道を中心とした日本列島北部に先住してきた民族の文化。アイヌとはアイヌ語で「人間」を意味する。アイヌの人々は，ユーカラ（口承の叙事詩）やイオマンテ（熊送りの儀礼）など，独自の文化を発展させてきた。アイヌ古式舞踊はユネスコの無形文化遺産に登録されている。国は1997年に**アイヌ文化振興法**を制定し，2019年にはこれにかわって**アイヌ民族支援法**を制定するなどアイヌ文化の保存と継承に努めている。

❹ 文化の継承と創造 ★☆☆

1 文化の保護

～伝統を継承するために～

日本には，国宝や天然記念物を保護する法律が戦前からあった。1950年にはそれらばかりでなく，無形文化財や埋蔵文化財も保護対象に加えた文化財保護法が制定された。この法律は，改正を重ね，近年は少子高齢化や過疎化によって存続が危ぶまれている有形・無形の伝統文化の保存にも努めている。また京都市のように，ビルの高さ制限や景観を損なわない店構えにする条例を定め，歴史的景観の保全に努めているところもある。

1月	初詣
2月	節分
3月	桃の節句（ひなまつり）
4月	花見，花祭り（灌仏会）
5月	端午の節句（こどもの日）
6月	田植え
7月	七夕
8月	お盆
9月	お彼岸（3月にもある）
10月	十三夜
11月	七五三
12月	大晦日

⬆ 主な日本の年中行事

⬆ 七五三

⬆ ゴーヤチャンプルー

⬆ アイヌ古式舞踊

Episode

東日本と西日本では，うどんのだし汁にも違いがある。一般的に，東日本ではかつおのだしが使われ，だし汁の色や味が濃いものが多く，西日本では昆布のだしが使われ，だし汁の色や味が薄いものが多い。

2 グローバル化と文化

～異文化の受け入れへ～

　日本は古来から，外国文化を積極的に受け入れてきた。中国・朝鮮をはじめとするアジア諸国の文化，欧米の文化を，ただ取り入れるだけでなく，日本の風土に合うようにくふうし，独自の文化をつくり上げてきた。それらがまた，外国へ向けて発信され，近年は日本の食文化・アニメ・音楽・ファッションなどが，世界から注目されている。また，クリスマスやハロウィンなどが日本に定着していることからもわかるように，日本人は異文化の受け入れに寛容である。しかし，「郷に入れば郷に従え」ということわざからもわかるように，日本人は他者に同じことを求める，同調圧力の強い面もある。

　2018年には約146万人の外国人労働者が日本で働いたが，出入国管理法の改正で，その数はさらに拡大され，外国人と接する機会も増加していくと予想される。今後，異なる民族の文化を認め，対等な関係で共存を目ざす多文化共生の実現が日本でも求められる。そのためには，**異文化理解**が不可欠で，日本文化だけでなく外国文化を学ぶことも大切である。

↑ 日本のアニメなどの文化を紹介するイベント「ジャパン・エキスポ」（フランス・パリ）

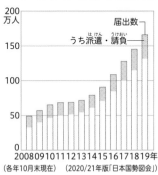

↑ 外国人労働者数の推移
（各年10月末現在）（2020/21年版「日本国勢図会」）

Close Up 日本の世界文化遺産

　1972年のユネスコ総会で「世界遺産条約」が採択された。条約加盟各国が世界的に貴重な自国の文化遺産，自然遺産を報告・登録し，世界遺産基金を設けて遺産を保護することを規定している。2021年現在，日本では20件が世界文化遺産として登録されている。

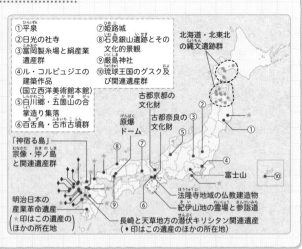

①平泉
②日光の社寺
③富岡製糸場と絹産業遺産群
④ル・コルビュジエの建築作品（国立西洋美術館本館）
⑤白川郷・五箇山の合掌造り集落
⑥百舌鳥・古市古墳群
⑦姫路城
⑧石見銀山遺跡とその文化的景観
⑨厳島神社
⑩琉球王国のグスク及び関連遺産群

北海道・北東北の縄文遺跡群
古都京都の文化財
古都奈良の文化財
原爆ドーム
「神宿る島」宗像・沖ノ島と関連遺産群
富士山
明治日本の産業革命遺産
★印はこの遺産のほかの所在地
法隆寺地域の仏教建造物
紀伊山地の霊場と参詣道
長崎と天草地方の潜伏キリシタン関連遺産
◆印はこの遺産のほかの所在地

短文記述対策！

Q 異文化を理解するうえで，どのような考え方が大切か，簡潔に述べなさい。
A 文化の違いに優劣をつけるのではなく，その歴史や社会的背景を理解し，尊重し合うという考え方。

3 現代社会の見方や考え方

Point

❶ 家族とは何か，そして，そのはたらきにはどのようなものがあるのか理解しよう。

❷ わたしたちの属する地域社会と，そこにある問題について知ろう。

1 わたしたちと家族 ★☆☆

1 家族と家庭

~わたしたちが最初に所属する集団~

❶ **家　族**…愛情や血縁関係によって結ばれた者が共同生活している集団を**家族**という。家族はわたしたちが最初に所属する集団であり，社会集団の中で最も基本となるものである。

❷ **家　庭**…家族が共同生活をしている場を**家庭**という。

2 いろいろな社会集団

~社会生活を送るうえでの単位~

❶ **社会集団**…社会生活の単位となっている人間の集合体を**社会集団**という。家族もその1つであり，学校や職場も身近な社会集団である。人々がこうした社会集団の中で，互いの関係を円滑にするためには，各人は決まり（ルール）を守らなければならない。社会集団は，**慣習・道徳・法律・規則**などの有形無形の決まり（ルール）によって秩序づけられている。また，生活している場も，家庭や近隣などの狭い範囲の社会から，市（区）町村・都道府県などの地域社会や，国家・世界などの広い範囲の社会までいろいろな形態がある。このように，人間はさまざまな社会集団と関係をもって生きているため，**社会的存在**といわれる。

❷ **共同社会と利益社会**…人々の結びつきが，愛情や同情など，人格的になされている社会を**共同社会**（ゲマインシャフト）という。家族・近隣・郷土などがこれにあたる。これに対し，人々の結びつきが特定の目的を

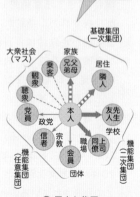

わたしたちは，同時に多くの集団に属して生活している。

↑ 個人と集団

Episode

社会にはルールが不可欠だが，そのルールはそこに属する一人ひとりが尊重されるものでなければならない。そのために**公正**（偏りがない正しい判断）と**効率**（無駄を省いて効果的）という，2つの視点が必要である。

実現するために便宜的になされている社会を**利益社会**（ゲゼルシャフト）という。国家・学校・職場・文化団体などがこれにあたる。

❸ **血縁集団・地縁集団・機能集団**…家族のように血のつながりで自然に結びついている集団を**血縁集団**，村落などのように土地の関係を通して自然に結びついている集団を**地縁集団**という。これらに対して，学校・クラブ・会社・組合・政党・宗教団体などのように，その目的や利害が共通であるところから，人々が人為的に形成している集団を**機能集団**という。現代の社会では機能集団の果たす役割が大きくなっている。

3 家庭の役割

〜家族が生計をともにする場所〜

❶ **経済生活の単位**…家族は，構成員の収入などによって生計を営み，消費生活をともにし，ときには生産を共同して行っている。

❷ **家族の保護**…親子や兄弟姉妹は互いに扶養する義務がある。老人や子ども，病人などの弱者も保護しなければならない。

❸ **家庭教育の場**…ことば遣いや食事の仕方，日常の礼儀作法などを習い覚え，愛情や道徳など人間のあり方を身につける。

❹ **休息の場**…労働や勉学などによる疲労を，休養や栄養摂取によって癒やす。

4 家族の形態

〜構成員から見た分類〜

❶ **核家族**…夫婦のみ，夫婦と未婚の子ども，1人親と子どもからなる家族を**核家族**という。核家族世帯は1人ぐらしの**単独世帯**とともに，特に大都市では増加傾向にある。

❷ **大家族**…2人以上の成人した子どもが，結婚しても親と同居し，1つの家庭をつくっている家族を**大家族**という。同じ家庭内で，おじ・おば・いとこ・おいなどがともに生活する。近年は，少なくなっている。

参考 「社会」ということばの意味

「社」とは，中国古代の周代以後，天子（皇帝）や諸侯が祭った「土地の神」を意味し，社会とは「郷民為社会（近思録＝宋代の朱熹〈朱子〉の著）」とあり，小さな村のことであった。現在は，多様な形態の人間の集団生活や，それらから成り立つ全体的な集団生活を意味する。
①原始社会 先史時代の社会
②古代社会 支配階級・奴隷が発生した社会
③中世社会 封建制度の社会
④近代社会 資本主義が成長した社会

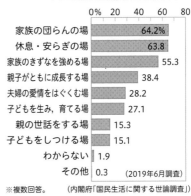
↑ 家庭の役割

↑ 家族形態の変化

HighClass 現在の民法では，婚姻時に夫もしくは妻のどちらの姓を名乗るかを決めなければならない。1996年，**夫婦別姓**を導入する民法改正案が提示されたが，実現には至っていない。両性の本質的平等の観点から，選択的夫婦別姓の導入を求める声が強まっている。

5 改正民法

~平等権を体現する~

戦後の民主化に伴い，1947年に**民法**が改正された。主な改正点は，**個人の尊厳**を守る観点から「家」制度の廃止，家督相続・長子相続制の廃止，**両性の本質的平等**を実現する夫婦平等，直系血族及び兄弟姉妹の相互扶養義務などである。

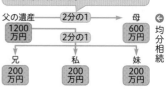

母が2分の1，残りの2分の1を子が平等に分ける。

均分相続

	旧民法（1898年施行）	新民法（1947年改正）
家族の中心	「家」制度。中でも戸主が強い権力をもっていた。	夫婦が中心。夫婦間の権利・義務は平等となった。「家」制度の廃止。
家族員の地位	長男は地位が高く，女性の地位は特に低かった。	男女，長幼の別なく，すべて個人として認められ，平等となった。
相続	家督相続。長男だけが継ぐ長子相続制。	家督相続は廃止。財産の相続は**均分相続制**。
婚姻	戸主の同意が必要であった。	成年に達した男女は，両性の合意で父母の同意なしに結婚できる。
夫権と親権	夫は妻に対して優越。親権も夫（父）だけがもっていた。	夫婦は平等。親権は父母にある。
扶養の義務	主として戸主の責任。	直系血族及び兄弟姉妹は互いに扶養の義務がある。

⬆ 新旧民法の比較

6 親族

~親等の数え方に注意~

親族とは血縁による近親者のことで，その血縁の程度は，自分を中心として数えた**親等**によって示される。親等とは親族間の親しさの度合いを区別する等級で，自分から血のつながりの強い順に1親等・2親等・3親等…となる。親子の関係を直接たどっていける系統を**直系**と呼び，兄弟姉妹から分かれた系統を**傍系**という。また，血のつながっている者を**血族**といい，結婚の相手である配偶者の血族を**姻族**という。現在の民法でいう親族は，配偶者と6親等以内の血族及び3親等以内の姻族を指す。親等は，直系血族（親・子・孫など）は順に上下に数え，傍系（兄弟姉妹・おじ・おば・いとこなど）は，いったん直系にさかのぼって数える。

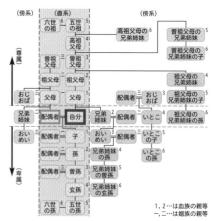

⬆ 親等の関係

1, 2…は血族の親等
一, 二…は姻族の親等

HighClass

2018年に民法が改正され，成年年齢が20歳から**18歳**に引き下げられるとともに，女性の婚姻適齢が16歳から18歳に引き上げられることになった。2022年4月1日に施行される。婚姻できるのは成年のみとなり，父母の同意は不要となる。

② わたしたちと地域社会 ★☆☆

1 地域社会

〜コミュニケーションがとれる社会〜

　わたしたちの家庭や学校や職場は，一定の地域の中にある。人々が共同生活を営んでいる一定の地域の社会集団を**地域社会**という。地域社会とは**コミュニティ**の訳語であり，コミュニケーションが可能な範囲を示している。地域社会は農村や山村・漁村，住宅街・商店街・工場地域・団地などのように，それぞれが特色をもっている。人々は昔から地域社会の中で生活してきており，地域社会では固有の慣習などが人々の間に受け継がれてきた。しかし，近年，都市やその周辺では，こうした地域特有の慣習も薄れてきている。

2 地域社会の変化

〜過疎・過密から生じる問題点〜

❶ **社会背景**…1950年代後半から1970年代の初めにかけて，日本は高度経済成長を遂げ，第二次・第三次産業に就く人口が急激に増加し，工業化の進んだ都市周辺に人口が集中した。その一方，第一次産業に就く人口は減少し，農村では都市に勤めに出る人や出かせぎに行く人が増えた。このようにして，都市の過密化と農山村の**過疎**化が進んでいった。

❷ **大都市の偏在化**…日本では，工業化の進んだ太平洋ベルトに人口が集中したが，その中でも，三大都市圏（東京・京阪神・名古屋）の人口密度は非常に高くなっている。特に，首都の東京には主要な政府機関，企業の本社，大学・研究機関などが集中し，一極集中を緩和するため首都機能の移転が議論されている。

❸ **都市問題の発生**…都市化に伴う急激な人口増加で，地価高騰などによる**住宅問題**，通勤時における交通機関のラッシュや渋滞などの**交通問題**，ごみの処理や日当たりに関する衛生問題，不健全な娯楽による**犯罪問題**，騒音などの**公害問題**など，さまざまな都市問題が発生した。

参考「五福ふれあいまちづくりの会」

1990年に熊本市で地域住民を中心に発足した「五福ふれあいまちづくりの会」は，地域最大の祭りの運営サポートを30年近く行い，明治時代に廃止された地元の伝統的な行事を復活させるなど地域活動の中で活躍している。普段から多くの住民がこの活動に参加していたことで，2016年に発生した熊本地震では，そのコミュニティがうまく機能し，避難所の運営もスムーズに行われた。このことから，日ごろからの地域のつながりが災害時に役立つということが，再認識されることとなった。

zoomup 太平洋ベルト → p.146
三大都市圏 → p.133

参考 都市のスプロール化
都市から郊外にかけての交通網の整備や，都市の人口急増などに伴い，郊外の農地や森林がつぶされ，住宅地が無秩序・無計画に広がっていき，都市基盤の整備が追いつかない状態になっている。

Episode 首都機能の移転には，首都そのものをほかの都市に変更するものと，一部の機関や庁舎を移転するものとがある。前者を行った国に，ドイツ，ブラジルなどがある。エジプトも現在の首都カイロから東約50kmの砂漠の中に，新しい首都を建設して移転する計画が進んでいる。

③ 地域社会の生活 ★☆☆

1 都市の生活

〜自由だが，相互の人情が薄れる〜

都市は人口密度が高く，そこに居住する人々はさまざまな職業に従事している。中でも，工業・建設業・情報通信業・商業・公務・サービス業などに従事している人が多い。今日，都市では，人々が生まれたところに居住しているとは限らず，ほかの土地に移動する機会も多い。また，通勤者は近所の人々よりも職場の人々とのつきあいを重視する傾向がある。さらに，都市の生活は古い習慣にしばられたり，他人の干渉を受けたりすることも少ないため，比較的自由な生活ができる。その反面，孤立しやすく，互いに助け合うという精神に欠けている。そのため，自分本位の生活になって，人々の間に親しいつながりがなくなり，住民相互の人情が薄らいでいく傾向も見られる。

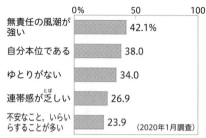

	0%	50	100
無責任の風潮が強い		42.1%	
自分本位である		38.0	
ゆとりがない		34.0	
連帯感が乏しい	26.9		
不安なこと，いらいらすることが多い	23.9		

(2020年1月調査)
※複数回答，上位5位。(内閣府「社会意識に関する世論調査」)

↑ 現在の世相(暗いイメージ面)

2 村落の生活

〜血縁・地縁関係が強い〜

村落(農村・山村・漁村)では農業・林業・漁業などの第一次産業に従事する人が多い。村落では，「ゆい」と呼ばれるような共同の農作業を行ったり，山林や用水路を共同で利用したり，村仕事といわれる道路・用水・治水などの仕事を共同でしたり，冠婚葬祭のときに手伝い合ったりして，村落共同体としての生活を営んできた。

生産の基盤が農地や山林のため，人々の移動は少なく，先祖代々その地に住みつく場合が多い。そのため，村落社会では血縁・地縁関係が強くなって，習わしやしきたりがつくられ，伝統文化が継承されてきた。その反面，血縁・地縁関係にしばられて行動が制約されたり，他地域に対して閉鎖的・排他的になるという側面もあった。しかし，今日では農作業の機械化などで村の連帯・共同意識が薄れ，また，マスコミの影響やインターネットの発達で，村落の人々の生活意識や考えも大きく変わった。

↑ 地域社会の行事

Words　ゆ　い

田植えなどの農作業や屋根のふきかえ，建築や機織りなどの仕事を共同で行う習わしのこと。それには，農家どうしが同じ量の労力を相互扶助(助け合い)の形で交換し合うシステムをとっている。「ゆい」によく似た習わしに，「もやい」や「てつだい」などがある。

入試Info　地域社会については，単独で出題されることはほとんどないが，地方自治に関連して取り扱われることがある。「自分の住んでいる街を調べた」という設定で問題が出されることがあるので，地域社会のありようを把握しておくこと。

4 社会集団の中で生きるわたしたち ★☆☆

1 対立と合意

〜異なる人々がともに生きていく知恵〜

わたしたちは，一人ひとりが自由・平等であり，互いを理解し合わなければならない。しかし，人間にはそれぞれの考えや価値観があり，人と人とが集まる社会では相手と意見が異なってしまい，対立が生じることがある。対立を解決するためには，自分の考えや意見ばかりを主張するのではなく，相手の考えや立場，意見も聞いて，互いが納得できるような解決方法を求めることが大切である。わたしたちは同じ社会集団の中で生きている以上，互いが合意する努力をしなければならない。ただし，話し合いを行っても，意見が食い違って合意できない場合もある。その場合，**多数決**によって決定を行うが，**少数の意見も尊重し**，より多くの人が合意できるように努めなければならない。

2 効率と公正

〜これらの具体的意味は？〜

対立する理由や原因を話し合って合意を目ざそうとするとき，効率と公正が必要になる。

効率とは，一般的に「無駄を省く」という考え方である。例えば，家族で外出をするのに，どこへ行くかで対立しているとする。親は買い物をしたいが子どもは遊びたい，というとき，1つの場所で買い物ができ，また遊ぶ場所もそこにあれば，だれかのために別の場所にわざわざ移動する必要はない。つまり，家族全員が無駄な移動を省くことができる。このように，だれかの満足を減らすこともなく全員が満足できるようにすることを，効率的という。このとき，どこに行くかについて家族全員が公正でなければならない。公正には**手続きの公正**，**機会の公正**，**結果の公正**がある。例えば，行く先を決めるとき，親だけで話し合って決めると，子どもが納得しないかもしれない。話し合いのときに全員がそろっていることが大切になってくる。このように，だれもが参加して決め

参考 対立の例

- 日常生活で，休日に家族と外出する際，どこに行くかで意見が分かれること。
- 社会生活で，ごみ処理施設や火葬場などの建設問題について地域間で対立したりすること。
- 国会や地方議会では，政党間や議員間で対立することもある。

↑ 国会での審議のようす

↑ 提携に合意する日本とアメリカ合衆国の自動車メーカーの代表

HighClass 会社は取り引きをする際に契約書を作成する。**契約**は，当事者どうしの合意があって初めて成立する。結ばれた契約は一般に当事者どうしを拘束し，当事者は契約を履行する義務を負う。契約を履行しなければ，責任を問われることになる（ただし有効な契約の場合のみ）。

たり，話し合いに参加する人を決めたうえで行き先を決めることを，**手続きの公正**という。また，親が子どもの意見を聞かずに一方的に行き先を決めたりすると，同じように子どもは納得するはずがない。このようにだれかが正当な理由もないのに不利益をこうむることがないようにすることを，**機会の公正**という。そして家族全員が納得する妥当な結果になっているかを，**結果の公正**という。このように，特定の人だけに効率がよく，ほかの人が不当に扱われることがないようにするのが，公正である。

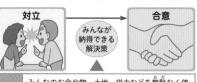

効率	みんなのお金や物，土地，労力などを無駄なく使うようになっているか。
公正	**手続きの公正さ**…みんなが参加して決定するようになっているか。 **機会の公正さ**…機会が不当に制限されていないか。 **結果の公正さ**…結果が不当なものになっていないか。

⬆ 対立と合意，効率と公正

3 決まり

～解決と対立防止の有効な手段～

わたしたちが，他者と社会生活を営むとき，対立がおこるときがある。そのときは合意を目ざせばいいが，その後も同じような対立がおきないとは限らない。そのためには，事前に集団社会の中で決まり（ルール）をつくることが有効である。

わたしたちの日常生活の中にも，家族や友達との約束事，校則や部活動の規則，通学の際の交通ルール，スポーツのルール，会社の規則などの決まりがある。また，国会でつくられる法律や，他国との約束事を文書化した条約もあり，これらも決まりの1つである。種々の決まりは，対立を解決するのに役立つと同時に，対立を未然に防ぐ働きもある。

4 権利，義務，責任

～決まりを守る義務と責任～

決まり（ルール）を作成するときは一方が有利になるような内容になってはいけない。まずは，だれがどのような**権利**をもつのかを考える必要がある。決まりは存在するだけでは何の役にも立たない。わたしたちは，合意された決まりを守る**義務**があり，破ったときには**責任**が生じることを認識しなければならない。

参考　決定の仕方

決まり（ルール）を作成する際に採決する方法として，**全会一致**や**多数決**などの方法がある。全会一致は，採決する人間全員が納得するまで検討することができる。ただし，そのために決定するまでに時間が多くかかってしまう問題点がある。多数決は，一定の時間内で採決をする際に用いられる。この場合は，賛成する人が多い案が採決される。多数決の問題点は，**少数意見が尊重されにくい**ことである。採決の際には，少数意見をできる限り尊重することが重要である。

HighClass **慣習**は地域社会で長年にわたって行われてきた行動様式のこと，**道徳**は人として守るべき社会生活上の基準と，これを実際に表す行為のこと。慣習・道徳には法的な強制力はないが，守らないと社会的信用を失うことがある。

p.462 **1** 1950年代後半から1970年代初めにかけては，日本では経済成長率が年平均で10％を超え，（　　　　）といわれる。

1 高度経済成長

p.462 **2** **1**のころ「（　　　　）」と呼ばれた電気洗濯機・電気冷蔵庫・白黒テレビが各家庭に普及していった。

2 三種の神器

p.462 **3** **2**に次いで，「3C」と呼ばれた（　　　　）・乗用車・クーラーが各家庭に普及していった。

3 カラーテレビ

p.464 **4** 現在の日本は，総人口に占める子どもの割合が減り，高齢者の占める割合が増える（　　　）となっている。

4 少子高齢社会

p.466 **5** 情報がモノ以上に重要視され，大きな位置を占めるようになった社会を（　　　）という。

5 情報社会

p.467 **6** （　　　）とは，適切な情報を収集・選択し，活用していく能力のことをいう。

6 情報リテラシー

p.468 **7** ヒト・モノ・カネ・情報などの動きが活発化し，世界の一体化が進んでいる現象を（　　　）という。

7 グローバル化(グローバリゼーション)

p.471 **8** 文化の中でも，長い歴史を通して大切に育まれ，受け継がれてきた有形無形のものを（　　　）という。

8 伝統文化

p.471 **9** 毎年決まった時期に繰り返し行われてきた行事を（　　　）という。

9 年中行事

p.474 **10** 社会生活の単位となっている人間の集合体を（　　　）という。

10 社会集団

p.475 **11** 家族のように血のつながりで結びついている集団を（　　　）という。

11 血縁集団

p.475 **12** 村落などのように，土地の関係を通して自然に結びついている集団を（　　　）という。

12 地縁集団

p.475 **13** 夫婦のみ，もしくは夫婦と未婚の子ども，1人親と子どもからなる家族を（　　　）という。

13 核家族

p.476 **14** 戦後の民主化に伴い，家族関係などについて定めた（　　　）が1947年に改正された。

14 民法

p.479 **15** あることがらに対して意見や主張が異なり，（　　　）が生じることがある。

15 対立

p.479 **16** ある物事を行う際，「効果的に物事を行う」だけでなく，「無駄を省く」ことでだれの満足も減らすことなく全体の満足を増やすことを（　　　）という。

16 効率

p.479 **17** 物事の決定に際して，一人ひとりを尊重し，偏りがなく判断することを（　　　）という。

17 公正

第2章 わたしたちの生活と民主政治

人権思想の発展を踏まえ，国民主権・平和主義・基本的人権の尊重を掲げる日本国憲法について学習します。また，現在の民主政治の基本である立法・行政・司法の三権を行使するそれぞれの機関（国会・内閣・裁判所）について学習し，最後に最も生活に身近な地方自治のしくみを見ていきます。

"日本国憲法"
日本国憲法の基本原則は何でしょうか。どのような考え方に基づいて制定されたのでしょうか。

"直接民主制と間接民主制"
直接民主制と間接民主制の2つの制度の違いに着目してみましょう。

第3編 公民

第1章 現代社会と
わたしたちの生活

第2章 わたしたちの生活
と民主政治

第3章 わたしたちの生活
と経済

第4章 国際社会と
わたしたち

"衆議院と参議院"
日本の国会は，衆議院と参議院に分かれています。2つに分けるとどのようなメリットがあるのでしょうか。また，デメリットもあるのでしょうか。

"三権分立"
なぜ，権力を立法権・行政権・司法権の3つに分ける必要があるのでしょうか。また，3つの権力はどのような関係にあるのでしょうか。

1 人間の尊重と日本国憲法

1 民主主義と人権のあゆみ ★★☆

入試重要度

1 人間としての尊さ

〜個人の尊重・自由・平等・友愛の精神〜

❶ 個人の尊重…民主主義の根本の精神は，人間を個人として尊重することにある。自分の意見をきちんと主張するとともに，相互の違いを認めながら，それぞれの人権を尊重し合うことが大切である。

❷ 自　由…すべての人々が尊重される社会では，個人の自由が認められなければならない。人間は，だれもが幸福を求め，人間として自由に行動したいと思う。これは人間が生まれながらにしてもっている権利であるが，社会のために役立たせる責任も伴う。自由は，決してわがままと同義ではない。

❸ 平　等…自由と並んで大切なのは，人間の平等である。民主主義が発達するまでは，生まれながらにして身分や性別などによる上下の差別があった。しかし，すべての人間は身分・人種・性の違いなどで差別されるべきではなく，人格は等しく尊重されなければならない。すべての人々に，その知識や才能を伸ばすための等しい機会も与えられるべきだが，それぞれの人の環境や努力などによっても大きく左右される。平等とは，その結果としての社会的地位や待遇まで，まったく同じようにしてしまうことではない。

❹ 友　愛…他人の人格を尊重し，すべての人に対して尊敬と寛容をもつ友愛の精神が，民主主義を支えている。

参考 フランクリン＝ローズベルトの「4つの自由」

アメリカ合衆国第32代大統領フランクリン＝ローズベルトは，1941年の年頭教書で，世界の人類の幸福を実現するための目標として，①言論と表現の自由，②信仰の自由，③欠乏からの自由，④恐怖からの自由の4つを宣言した。

↑ 自由の女神像

Episode 自由・平等・友愛は，フランス共和国の標語となっている。フランス語ではリベルテ・エガリテ・フラテルニテといい，フランス革命時のスローガンの1つであった（ただし，初期のスローガンは，自由・平等・財産）。

2 人間尊重のあゆみ

〜天賦の人権〜

　すべての人間は，生まれながらにして自由・平等であり，個人として尊重され，物質的にも精神的にも幸福な生活を送る権利をもっている。この権利は，人間が人間らしい生活を送るために，絶対に欠くことのできない権利である。この生まれながらにもつ権利(天賦の人権)を尊重するという人権尊重の考え方は，近代民主主義の発展とともに打ち立てられた。アメリカ合衆国の独立宣言やフランスの人権宣言以来，近代の民主主義諸国は，基本的人権の尊重という民主主義の精神に立って今日に至っている。

　日本では大日本帝国憲法の下において，人権の保障という点が十分ではなかった。すべての国民に，自由と平等を保障する民主政治の考え方とその基本的なしくみは，日本国憲法によって初めて確立された。日本国憲法には，「この憲法が日本国民に保障する基本的人権は，人類の多年にわたる自由獲得の努力の成果であって……。」(第97条)と明文化されている。過去の多くの試練を経て，今日，わたしたちに保障されるようになったことを述べている。

3 人の支配と法の支配

〜人が上か，法が上か〜

❶ 絶対王政…絶対王政とは，16〜18世紀のヨーロッパで，国王を中心とした中央集権的な政治体制のことをいう。国王は官僚や常備軍を整えて，貴族や市民をおさえつけていたが，イギリスやフランスでは人権を求める市民による革命(市民革命)により崩壊した。

❷ 王権神授説…王権神授説とは，国王の資格や権力は神から与えられたものであるという説。国民を支配する権力の正当性を示す説で，絶対王政の理論的根拠となっていた。

❸ 人の支配…16世紀ごろのイギリスでは，絶対王政のもとで国王は勝手に法をつくったり，法の効力を停止したり，勝手に課税を繰り返したりしていた。このよう

zoomup 独立宣言→ p.362
人権宣言→ p.363
大日本帝国憲法
　　→ p.386, 490
日本国憲法
　　→ p.441, 491

↑ アメリカ独立宣言の署名

↑ フランス人権宣言

zoomup 絶対王政，市民革命
　　→ p.360

HighClass　天賦の人権(天賦人権)とは，天がすべての人に平等に与えた権利のこと。天賦人権論として，ルソーなどの啓蒙思想家らによって主張された。明治時代初期には日本にも広まり，自由民権運動のイデオロギーとなった。

に国王の意思が最高とされる社会を**人の支配**による社会といい，こうした国王の政治は**専制政治**といわれる。

❹ **法の支配**…これに対して，1628年の**権利の請願**は，課税や逮捕などは法によらなければならないことを国王に署名させたものである。「国王といえども神と法の下（もと）にある」（13世紀のイギリスの法学者ブラクトンのことば）というように，国王を法の下に置き，権力者も法に従わなければならないという考え方を**法の支配**という。

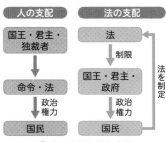

↑ 人の支配と法の支配

4 人権思想の発達

～啓蒙思想の広がりから市民革命へ～

❶ **啓蒙思想**…個人の自由や権利を認めない封建的（ほうけん）な思想や，絶対王政などの独裁制を批判し，**理性**を重視して民衆を解放しようとする考え方を**啓蒙思想**という。17世紀のイギリスから始まり，18世紀にはヨーロッパ各地に広がった。イギリスのロック，フランスのモンテスキュー，ルソーが代表的な啓蒙思想家である。

❷ **社会契約説**…主権（国家の最高意思）は人民にあるとし，市民革命の理念となったのが社会契約説である。国家成立の起源において国家や社会は，自然状態にあった人民の，相互（そうご）の自由・平等な合意による契約によって成立したものと考える。

zoomup ロック，モンテスキュー，ルソー
→ p.362

思想家	ロック（イギリス）	モンテスキュー（フランス）	ルソー（フランス）
著書	『統治二論』	『法の精神』	『社会契約論』
主張	革命権・抵抗権（ていこう）	三権分立	人民主権
影響（えいきょう）など	名誉革命を正当化，アメリカ独立宣言に影響	立法権・行政権・司法権に権力を分立	フランス革命に影響

↑ 代表的な啓蒙思想家

Words 三権分立

権力の濫用（らんよう）を防ぐために，国家権力を行政・司法・立法の３つに分けて，それぞれ独立した機関に担当させること。フランスの**モンテスキュー**が著書『**法の精神**』の中で説いた。

zoomup 三権分立 → p.543

参考 抵抗権

国家権力の不当な行使に対して抵抗する国民の権利。**ロック**が説いた。名誉革命を正当化する理論となった。

入試Info

人の支配と法の支配，王権神授説と社会契約説の意味と違（ちが）いをしっかり説明できるようにしておこう。また，３人の啓蒙思想家（**ロック・モンテスキュー・ルソー**）の，それぞれの出身国や著書，主張を間違えずに覚えよう。

❸ **市民革命**…市民革命とは，17世紀以降，商工業者らを中心とした市民階級が，資本主義の発達の妨げとなっていた絶対王政を倒し，近代の民主政治を生み出すきっかけとなったできごとをいう。これによって，封建的な身分制度が崩壊し，人権を保障する社会の形成が目ざされた。17世紀にイギリスでおこった**ピューリタン革命**と**名誉革命**，18世紀後半におこった**フランス革命**や**アメリカ独立戦争**がその代表的なものである。

▶ **イギリス**…マグナ-カルタ（大憲章。1215年）→ピューリタン革命（1642～49年）→名誉革命（1688年）→権利（の）章典（1689年）で国民の自由と国王に対する議会の優位が確立→18世紀に議院内閣制が成立。

▶ **アメリカ**…アメリカ独立戦争（1775～83年）→アメリカ独立宣言（1776年）→三権分立・連邦制を明記した合衆国憲法を制定（1787年）。

zoomup ピューリタン革命
→ p.361
名誉革命→ p.361
権利（の）章典
→ p.361
フランス革命
→ p.362
アメリカ独立戦争
→ p.361

名称	年	国・機関	主な内容
マグナ-カルタ（大憲章）	1215	イギリス	封建貴族が国王ジョンに，国王のもつ課税権や逮捕権などを制限するように署名を強制。
権利の請願	1628	イギリス	国民の自由と権利を主張するために，国王チャールズ１世に請願書を示し，国王自身に署名させたもの。
人身保護法	1679	イギリス	国王の専政に対して，議会が法律によらない逮捕・裁判を禁じたもの。
権利（の）章典	1689	イギリス	名誉革命を背景に，国王は課税・立法・司法などのすべてについて議会の承認を必要とするというもの。
バージニア権利章典	1776	アメリカ合衆国	独立戦争のとき，人民の天賦不可侵の権利を宣言。
アメリカ独立宣言	1776	アメリカ合衆国	生命・自由・幸福追求の権利を天賦のものとする。革命権を主張。ジェファーソンの起草。
フランス人権宣言	1789	フランス	フランス革命の際に，人間の自由と平等，思想・表現の自由，国民主権，所有権の不可侵などを規定。
ワイマール憲法	1919	ドイツ	すべての国民に生存権を保障。労働者の団結権も保障。当時，世界で最も民主的な憲法といわれた。
世界人権宣言	1948	国際連合	第３回国連総会で採択。人権保障の国際的基準を示し，人権の普及・拡大を促進させた。

⬆ 人権に関する主な宣言など

Episode **フランス革命**の発端となったバスチーユ襲撃事件がおこった日（7月14日）は，革命記念日（パリ祭）となっている。この日には，パリで軍事パレードが行われたり，フランス各地で1日中花火が上げられたりする。

▶**フランス**…フランス革命(1789年)→フランス人権宣言(1789年)で国民主権を宣言→フランス憲法制定(1791年)→1792年に王政が廃止され,共和政が始まる。

❹ **広がる人権思想**…19世紀には,資本主義経済が発展したが,同時に人々の間に貧富の差が広がった。そのため,普通選挙を求める運動や労働運動がさかんに行われ,各国で男性の**普通選挙権**が認められるようになった。さらに20世紀に入ると,国民に対して人間らしい生活を保障する社会権が人権の中に取り入れられるようになった。1919年にドイツで制定された**ワイマール憲法**は世界で初めて社会権を規定した憲法である。第二次世界大戦後には,人権は各国の憲法で保障されるようになり,1948年には国際連合が世界人権宣言を採択するなど,人類の普遍的な価値となっている。

参考 ワイマール憲法
第151条① 経済生活の秩序は,すべての者に人間たるに値する生存を保障する目的をもつ正義の原則に適合しなければならない。この限界内で,個人の経済的自由は確保されなければならない。

zoomup 世界人権宣言
→ p.508

Close Up 日本の啓蒙思想家

幕末から明治時代にかけて,欧米に留学した思想家らにより日本でも啓蒙思想が広まっていった。その影響でおこったのが自由民権運動(旧士族・豪農・農民などによる自由を求める政治活動)である。自由民権運動に影響を与えた代表的な思想家は,福沢諭吉,中村正直,中江兆民,植木枝盛である。

思想家	福沢諭吉	中村正直	中江兆民	植木枝盛
著書	『学問のすゝめ』など	『西国立志編』『自由之理』など	『民約訳解』など	『民権自由論』など
主張や功績	著書『学問のすゝめ』の中で,人間の自由と平等,国家の独立を説いた。また,教育の必要性も説き,蘭学塾である慶應義塾を開設した。	スマイルズの『自助論』,ミルの『自由論』を翻訳した。功利主義思想を主張し,個人の人格の尊厳や個性と自由の重要性を説いた。	フランスに留学し,帰国後に仏学塾を開設した。ルソーの『社会契約論』を翻訳し,『民約訳解』を著した。「東洋のルソー」と呼ばれる。	板垣退助の影響を受けて,自由民権運動に加わった。大日本帝国憲法の制定以前に,民主的な私擬憲法の草案を作成した。

Episode 世界人権宣言が採択された12月10日は「世界人権デー」に定められており,各国で記念行事・式典が行われている。日本でも,法務省と全国人権擁護委員連合会が,12月10日を最終日とする1週間を人権週間と定めている。

② 憲法の種類 ★☆☆

1 憲法とは

> ～国の最高法規～

　憲法は，国の基本法であるとともに，国の**最高法規**でもある。憲法を頂点として，すべての法が位置づけられている。したがって，すべての国民は，これを守らなければならない。

- 国の最高の決まり ← 憲法
- 国会が制定する決まり ← 法律
- 国の行政機関が制定する決まり ← 命令，規則

↑ 法の構成

2 立憲主義

> ～憲法に基づく政治～

　議会で制定された憲法により国家権力を制限し，その憲法に基(もと)づいて，国の政治を行うという考え方を立憲主義という。また，立憲主義を前提とした民主主義による政治のしくみを立憲民主制という。

3 憲法の種類

> ～形式，制定，手続きによる違い～

　憲法にはその形から，**成文憲法**(文章で書き表された憲法典)と**不文憲法**(イギリスのように単一の憲法典をもたない)に分けられる。

　また，制定の手続きから，欽定憲法(きんてい)(君主が制定する憲法)と民定憲法(国民が制定する憲法)に分けられる。

　改正の手続きからは，**硬性憲法**(こうせい)(通常の法律よりも改正の手続きが厳格)と**軟性憲法**(なんせい)(通常の法律と同じような手続きで改正できる)に分けられる。

↑ 大日本帝国憲法原文

形式による分類	成文憲法	大日本帝国(ていこく)憲法 日本国憲法など
	不文憲法	イギリス憲法など
制定形式による分類	欽定憲法	大日本帝国憲法 プロイセン憲法など
	民定憲法	日本国憲法 アメリカ諸州の憲法など
手続きによる分類	硬性憲法	日本国憲法など
	軟性憲法	イギリス憲法など

↑ 憲法の分類と憲法の例

↑ 日本国憲法原書

HighClass

イギリスには単一の憲法典がないため**不文憲法**とされている。ただし，それはイギリスには憲法がないという意味ではない。いくつもの法典があわさってイギリス憲法を形成しているのである。

③ 大日本帝国憲法 ★★☆

1 大日本帝国憲法制定の経緯

～天皇中心の中央集権国家へ～

1881年，10年後に国会を開設することを約束した政府は，憲法制定準備のため，翌年，**伊藤博文**をヨーロッパに派遣して，各国の憲法を調べさせた。伊藤はベルリンやウィーンで講義を受け，自由主義的なイギリスやフランスの憲法を避け，君主権が強いドイツ（プロイセン）の憲法を模範とする方針を固めて帰国した。ヨーロッパ先進国に対抗するため，天皇中心の中央集権国家を築き上げる必要があったからである。伊藤はドイツ人のロエスレルを顧問として，井上毅らと極秘のうちに憲法の起草にあたった。1888年４月に最終案がつくられ，これを枢密院に回して１年近く審議したのち，1889年２月11日，７章76条からなる大日本帝国憲法が発布された。主権は国民に与えられなかったが，身体・信教の自由，言論・集会の自由を法律の範囲内で認めるなど，近代的な立憲国家の体裁が整えられた。

↑ 大日本帝国憲法の発布式

2 大日本帝国憲法の特色

～欽定憲法，天皇が主権者～

▶ 天皇により定められた欽定憲法であった。

▶ 主権は天皇にあり，天皇は神聖不可侵で，国の元首とされた。

▶ 天皇が統治権をもち，議会は天皇の立法権に協賛する機関であり，内閣の各国務大臣は天皇を助ける存在とされ，裁判所は天皇の名の下に裁判を行うとされた。

▶ 陸海軍の指揮命令権は，議会や内閣も関与できない天皇の権限とされた（**統帥権の独立**）。

▶ 国民は**臣民**と呼ばれ，その権利は法律の範囲内で認められた。

▶ 議会は**衆議院**と貴族院で構成され，両院はほぼ同等の権限をもっていた。

▶ **枢密院**が置かれ，大きな力をもった。

参考 貴族院議員
皇族や華族，天皇が任命した者，税金を多く納めた人などが議員となっていた。

Words 枢密院
国の重要な問題について天皇の相談を受ける機関。議長・副議長・顧問官・書記官長・書記で組織された。権限が非常に強く，枢密院の反対のために内閣が総辞職を余儀なくされたこともあった。

Episode 大日本帝国憲法の草案は１度盗まれたことがある。現在の横浜市にあった東屋旅館で，伊藤博文らが草案の編集をしていた際，泥棒に草案の入ったかばんごと持ち去られてしまったのである。幸いなことに，かばんは翌日には見つかり草案も無事だった。

④ 日本国憲法の制定としくみ ★★★

1 日本国憲法制定の過程

〜民主化に向けて〜

❶ **敗戦と民主化政策の実施**…戦後の日本は，ポツダム宣言に基づいて再出発することになった。連合国軍が同宣言によって日本に要求したことは，軍国主義を取り除いて民主主義国家になることであった。1945年8月末，連合国軍が日本に進駐し，日本はその管理下に置かれた。東京に**連合国軍最高司令官総司令部（GHQ）**が置かれ，マッカーサー元帥が最高司令官に就いた。こうしてGHQは，政治・経済・社会・文化のすべての面から民主化政策を実施していった。

❷ **制定の過程**…民主化を進めるためには，天皇主権の大日本帝国憲法を改正し，新しい憲法をつくる必要があった。1945年，GHQから憲法改正の指示があり，翌1946年，政府はGHQの草案をもとに憲法改正草案をつくり，帝国議会に提出した。この改正案は，帝国議会の両院（衆議院と貴族院）で審議され，わずかな修正がなされただけで，両院を通過した。これが現在の日本国憲法である。1946年11月3日に**公布**され，翌1947年5月3日から**施行**された。新しい憲法の精神に基づき，いろいろな法律や制度が改められ，民法では，従来の封建的な家族制度が廃止され，個人の尊厳と**男女同権の原則**に基づいて新しい制度が設けられた。また，公職選挙法によって，女性にも参政権が認められた。地方自治法は，従来の中央集権的な制度を廃止し，**地方自治の原則**に基づく制度をつくり，地方の住民の政治上の権利も著しく拡大された。

参考 ポツダム宣言

1945年7月，トルーマン・チャーチル（のちアトリー）・スターリンの米・英・ソの3首脳がベルリン郊外のポツダムで会談を開き，その結果，米・英・中国の3国の連名によって日本に無条件降伏する共同宣言を発表した。これを**ポツダム宣言**という（のちにソ連も参加した）。主な内容は，次のとおりである。

①日本の軍国主義を除去する。
②連合国軍が日本を占領する。
③日本の領土を本州・北海道・九州・四国及びその周辺の諸小島に限定する。
④日本軍の完全な武装解除。
⑤戦争犯罪人の処罰，反民主主義勢力の復活禁止，基本的人権の尊重。

⬆ 日本国憲法の施行を祝う花電車

2 基本原則

〜国民主権・平和主義・基本的人権の尊重の3つ〜

❶ **国民主権**…主権とは，国の意思を決める最高の力をいう。日本国憲法は，主権が国民にあること（国民主権）を定めている。すなわち，前文で「ここに主権が国民に存することを宣言し」と掲げ，また，第1条は「主権

Episode 憲法が施行された1947年5月3日は，翌年には**憲法記念日**となり，国民の祝日となった。また，憲法が公布された1946年11月3日は，日本国憲法が平和と文化を重視していることから，1948年に**文化の日**と定められ，こちらも国民の祝日となった。

の存する日本国民の総意……」と規定している。さらに，前文は「そもそも国政は，国民の厳粛な信託によるものであつて，その権威は国民に由来し，その権力は国民の代表者がこれを行使し……」として，国民主権のうえに立って，**代議政治**を行うことを明らかにしている。

❷ **平和主義**…日本国憲法では，前文において，「政府の行為によつて再び戦争の惨禍が起ることのないやうにすることを決意し……」と平和主義を掲げ，第9条で次のように具体化している。

▶**戦争の放棄**…国際法上の戦争だけでなく，武力による威嚇やその行使までも放棄する。

▶**戦力の不保持**…戦争放棄の目的を達するために，軍隊その他の戦力をもたない。

▶**交戦権の否認**…国際法において交戦国がもっている権利を否認するもの。事実上戦争放棄を法律上から規定したもの。

❸ **基本的人権の尊重**…日本国憲法の第3章は基本的人権について規定している。この章は最も条文数が多く，規定も詳細に渡っている。

▶**基本的人権の思想**…人間は人間らしい生活をする権利を生まれながらにもっている。この権利はどうしても譲ることのできないものであり，どんな権力もこれを侵すことはできない。日本国憲法もこの考えのうえに立ち，第11条は「この憲法が国民に保障する基本的人権は，侵すことのできない永久の権利として，現在及び将来の国民に与へられる。」と規定している。

▶**基本的人権獲得の歴史**…憲法第97条は「この憲法が日本国民に保障する基本的人権は，人類の多年にわたる自由獲得の努力の成果」であると明記している。このように，基本的人権を保障する人権宣言は，18世紀後半以後，アメリカ合衆国やフランスでおこった自由獲得の戦いがもたらしたものである。1776年の**バージニア権利章典**や**アメリカ独立宣言**，1789年の**フランス人権宣言**などがそれである。

国民（主権者）

国会議員の選挙（代議制）　国民投票制の採用　最高裁判所裁判官の国民審査　首長・地方議会議員の選挙　直接請求権　住民投票

国会　最高裁判所　地方自治　地方自治の特別法

⬆ **国民主権の政治のしくみ**

参考 日本国憲法第9条

● 第9条①
日本国民は，正義と秩序を基調とする国際平和を誠実に希求し，国権の発動たる戦争と，武力による威嚇又は武力の行使は，国際紛争を解決する手段としては，永久にこれを放棄する。

● 第9条②
前項の目的を達するため，陸海空軍その他の戦力は，これを保持しない。国の交戦権は，これを認めない。

zoomup　独立宣言→ p.362
人権宣言→ p.363

入試Info　日本国憲法の三大原則（**国民主権・平和主義・基本的人権の尊重**）と，平和主義の内容（**戦争の放棄・戦力の不保持・交戦権の否認**）は必ず覚えること。平和主義が**第9条**に規定されているということも重要である。

3 憲法改正

~厳しい条件がつけられている憲法の改正~

❶ **憲法は国の最高法規**…憲法は国法のうちで最も高い地位にある。したがって、あらゆる**法律・命令・条例・規則**は、憲法に違反してはならない。日本国憲法も第98条で「この憲法は、国の最高法規であつて、その条規に反する法律、命令、詔勅及び国務に関するその他の行為の全部又は一部は、その効力を有しない。」と定めている。憲法は最高法規であるから、簡単に改正されないように、普通の法令と比べて改正の手続きを厳格にしている。このような憲法を**硬性憲法**という。これに対して、普通の法律と同じ手続きで改正できる憲法を**軟性憲法**という。日本をはじめ、世界の主要国の憲法はほとんどが硬性憲法である。

❷ **憲法改正の手続き**…憲法は国の基本法であり最高法規であるから、軽々しく改正されるべきではない。改正のときには、次の手続きが必要になる。まず、衆議院と参議院のそれぞれにおいて、総議員の3分の2以上の賛成を得たうえで国会が憲法改正の発議をする。それを国民に提示して、国民投票により有効投票の過半数の賛成を得る必要がある（第96条）。国民の承認を得られれば、その後、天皇が国事行為の1つとして、国民の名で憲法改正（新しい憲法）を公布する。

❸ **国民投票法の成立**…2007年、憲法改正に必要な法的手続きを定めた国民投票法が成立し、2010年に施行された。投票権の年齢は**満18歳**以上と定められている。

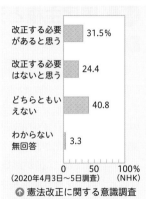

↑ 憲法改正に関する意識調査
（2020年4月3日〜5日調査）（NHK）

改正する必要があると思う	31.5%
改正する必要はないと思う	24.4
どちらともいえない	40.8
わからない無回答	3.3

参考 国民投票法

- 第2条（国民投票の期日）
  国民投票は、国会が憲法改正を発議した日から起算して60日以後180日以内において、国会の議決した期日に行う。
- 第3条（投票権）
  日本国民で年齢満18年以上の者は、国民投票の投票権を有する。

Why 憲法改正において国民投票が行われる理由
憲法は国の最高法規であるので、主権者である国民が直接判断すべきだと考えられているから。

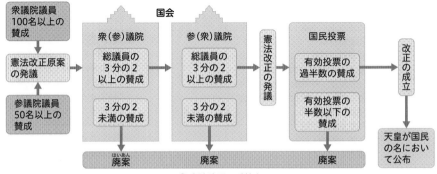

↑ 憲法改正の手続き

短文記述対策！

Q. 憲法改正を成立させるためには、改正の発議のあとにどういうことが必要か簡潔に述べなさい。

A. 国民投票により、（有効投票の）過半数の賛成を得ること。

5 国民主権と天皇の地位 ★★☆

1 国民主権

〜国民が国の政治の最終決定者〜

　国民主権とは，国の政治権力は国民に由来し，政治のあり方の最高・最終の決定権は国民にあるという考え方のことをいう。日本国憲法の三大原則の１つであり，前文や第１条に明記されている。

　日本国憲法は，国民が選挙によって代表者を選び，その代表者が政治を行う**間接民主制**（代議制，議会制民主主義）をとっている。ただし，最高裁判所裁判官の国民審査や憲法改正の国民投票，地方自治における直接請求権など，国民が直接政治に参加する**直接民主制**も一部採用している。

2 象徴としての天皇

〜天皇は日本国と日本国民統合の象徴〜

　日本国憲法の下では，**天皇は日本国と日本国民統合の象徴**とされている。大日本帝国憲法の下では天皇が主権者であったが，日本国憲法では主権は国民にあり，天皇は国の政治には関与しないことになった。したがって，天皇は形式的・儀礼的な国事行為をするだけである。しかもこれはすべて，**内閣の助言と承認**を必要とする。天皇の国事行為には，憲法改正や法律・政令・条約の公布，国会の召集や衆議院の解散，国務大臣の任免の認証などがある（第7条）。

任命 第6条	・内閣総理大臣の任命 ・最高裁判所長官の任命
国事行為 第7条	・憲法改正，法律・政令・条約の公布 ・国会の召集 ・衆議院の解散 ・国会議員の総選挙の公示 ・国務大臣・その他の役人の任免の認証 ・恩赦（罪人を特別に許す）の認証 ・栄典（文化勲章など国民に与える名誉）の授与 ・外交文書の認証 ・外国の大使・公使の接受 ・儀式を行う

⬆ 天皇の任命権と国事行為

日本国憲法第1条
天皇は，日本国の象徴であり日本国民統合の象徴であつて，この地位は，主権の存する日本国民の総意に基く。

大日本帝国憲法第1条
大日本帝国ハ万世一系ノ天皇之ヲ統治ス

大日本帝国憲法第3条
天皇ハ神聖ニシテ侵スヘカラス

日本国憲法第4条
天皇は，この憲法の定める国事に関する行為のみを行ひ，国政に関する権能を有しない。

大日本帝国憲法第4条
天皇ハ国ノ元首ニシテ統治権ヲ総攬シ此ノ憲法ノ条規ニ依リ之ヲ行フ

⬆ 朝見の儀に臨まれる天皇・皇后両陛下

参考 天皇及び皇族の地位

- **戸籍**…戸籍法の適用を受けないため，戸籍も住民票も存在しない。そのかわり，皇族の戸籍簿ともいえる皇統譜に，名前のみが登録される。

- **参政権**…天皇や皇族には戸籍がないため，選挙人名簿に登録されず，選挙権や被選挙権などの参政権はもたない。

Episode

2019年4月30日に平成の天皇陛下が退位され，翌5月1日に今上天皇が即位され，令和に改元した。退位特例法に基づく代替わりで，天皇の退位は憲政史上初めてであり，1817年の光格天皇以来202年ぶりであった。平成の天皇陛下は上皇に，皇后陛下は上皇后になられた。

第
3
編

公

民

第1章

現代社会と
わたしたちの
生活

第2章

わたしたちの生活
と民主政治

第3章

わたしたちの生活
と経済

第4章

国際社会と
わたしたち

Close Up 日本国憲法と大日本帝国憲法の比較

天皇に権力が集中していた大日本帝国憲法と違い，日本国憲法では，主権は国民にある。天皇は日本国及び日本国民統合の象徴であり，その地位は日本国民の総意に基づくと定められた。大日本帝国憲法でも三権分立・代議制・基本的人権の保障などの原則は採用されていたが，すべてが不完全なものであった。

大日本帝国憲法		日本国憲法
1889年2月11日発布 1890年11月29日施行	制定	1946年11月3日公布 1947年5月3日施行
欽定憲法	性格	民定憲法
天皇主権	主権	国民主権
元首・神聖不可侵	天皇の地位	日本国・日本国民統合の象徴
統治権の総攬者	天皇の権限	国事行為のみ
天皇の統帥権	戦争・軍隊	戦争の放棄，戦力の不保持，交戦権の否認
法律の範囲内で「臣民」としての権利を認める，自由権のみ	国民の権利	永久不可侵の基本的人権を保障
兵役・納税	国民の義務	教育・勤労・納税
天皇の協賛機関，公選の衆議院と公選でない貴族院の二院制	国会	国権の最高機関，唯一の立法機関，衆議院と参議院の二院制，両院とも公選
天皇を助けて政治を行う，国務大臣は天皇の行為に対して責任を負う	内閣	議院内閣制(国会に対して責任を負う)
天皇の名の下での裁判	裁判所	司法権の独立
天皇の発議，帝国議会が議決	憲法改正	国会の発議，国民投票

6 平和主義と安全保障 ★★★

1 平和主義

～戦争の放棄・戦力の不保持・交戦権の否認～

平和主義とは，一切の戦争や暴力に反対し，平和(戦争や紛争がない穏やかな状態)を至上の価値または目標として追求する思想や立場のことをいう。平和主義は日本国憲法の三大原則の1つである。憲法前文で平和主義と国際協調主義を宣言し，第9条で**戦争の放棄**，**戦力の不保持**，**交戦権の否認**を明記するなど，平和主義の理念を具体化させている。

参考 日本国憲法前文
日本国民は，恒久の平和を念願し，人間相互の関係を支配する崇高な理想を深く自覚するのであつて，平和を愛する諸国民の公正と信義に信頼して，われらの安全と生存を保持しようと決意した。 (一部)

HighClass

フランス第四共和国憲法(1946年)，イタリア憲法(1947年)，ドイツ基本法(1949年)なども，戦争放棄について定めた条文をもつ憲法である。ただし，これらの憲法は侵略戦争を放棄したものであり，日本国憲法のように戦力の不保持までは定めていない。

2 自衛隊の創設と日米安全保障条約の締結

～警察予備隊から自衛隊へ～

アメリカ合衆国とソ連の対立が激しくなる中，1949年にアジアに社会主義国家の中華人民共和国が建国された。連合国軍総司令部（GHQ）は日本をアジアでの共産主義勢力の広がりをくい止める勢力にしようとして，占領政策を転換しはじめた。1950年，朝鮮戦争が始まると，連合国軍総司令部は，日本の治安を守るという名目で**警察予備隊**の設置を指示した。その後，警察予備隊は1952年に**保安隊**，1954年より自衛隊となった。自衛隊は規模・装備が年々強化され，今日では世界有数の防衛力をもつ。憲法第9条の平和主義に反するのではないかと自衛隊を違憲とする意見に対して，政府は，自衛隊は自衛のための必要最小限の実力であり，憲法は自衛権まで放棄しているのではないという見解を示している。また，日本は，アメリカ合衆国との間に日米安全保障条約を結んで，アメリカ軍の日本駐留を認め，1960年の改定で，他国の日本への攻撃に対して，共同で対処することを定めた。

zoomup 朝鮮戦争→ p.444
警察予備隊，保安隊，自衛隊→ p.446

⬆ 警察予備隊

参考 日本の国防方針

日本の国防の基本方針は，次のとおりである。

①国連の活動を支持しながら国際協調を図る。

②国民生活を安定させ，愛国心を高揚し，国家の安全保障に必要な基盤を確立させる。

③外部からの侵略に対して，日米安全保障条約に基づいて対応する。防衛政策に関しては，非核三原則，専守防衛などを原則とする。

Words 専守防衛

他国へ攻撃をしかけることなく，他国から攻撃を受けた場合のみ武力を行使し，自国を守ること。

年	できごと
1950	朝鮮戦争がおこる／警察予備隊が発足する
1951	**日米安全保障条約**が調印される
1952	警察予備隊が保安隊となる
1954	防衛庁が設置され，**自衛隊**が発足する
1960	**日米安全保障条約**が改定される
1971	国会で**非核三原則**が決議される
1972	沖縄が日本に復帰する
1991	湾岸戦争がおこる／自衛隊が初めて海外に派遣される
1992	**国連平和維持活動協力法（PKO協力法）**が成立する
	自衛隊がカンボジアに派遣される
1999	ガイドライン関連法が成立する
2001	アメリカで同時多発テロ事件がおこる
	テロ対策特別措置法が成立する
2003	イラク戦争がおこる／有事関連三法が成立する
	イラク復興支援特別措置法が成立する
2004	自衛隊がイラクに派遣される
2007	防衛庁が**防衛省**に昇格する
2008	新テロ対策特別措置法が成立する
2009	自衛隊がソマリア沖に派遣される
2015	**安全保障関連法**が成立する

⬆ 日本の防衛に関する年表

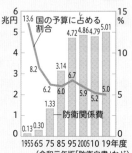

⬆ 日本の防衛関係費の推移

HighClass 米軍の基地使用条件や日本における米軍の法的地位を定めた**日米地位協定**では，在日米軍の駐留経費は原則アメリカ合衆国の負担になっている。しかし，1978年以降はアメリカ政府の求めに応じ，その一部を日本が負担している。これを「思いやり予算」という。

3 自衛隊の組織

～内閣の指揮下にある自衛隊～

　旧陸海軍が天皇の統帥権を強調したのに対し，現憲法下では自衛隊の組織系統は，行政機関である内閣の指揮・監督を受けることになっている。内閣総理大臣の下に文官である防衛大臣が，陸・海・空の自衛隊に対する指揮・命令権をもっており，自衛官の統合幕僚長や陸・海・空の幕僚長は，防衛大臣の補佐役とされる。すなわち，現在の自衛隊は文官優位の原則をとっている。これを文民統制（シビリアンコントロール）という。

4 自衛隊の役割

～主たる任務は日本の防衛～

❶ 防　衛…防衛とは，他国からの侵略などに対し，日本を守ることをいう。自衛隊には防衛出動と治安出動が認められている。

❷ 国際貢献…国際貢献とは世界平和に向けた取り組みのことで，自衛隊は国際連合の平和維持活動（PKO）への参加や，他国軍への後方支援活動などを行っている。

❸ 災害派遣…大規模な災害などの発生に際して，自衛隊は現地に派遣され，救援や救助活動を行っている。

5 集団的自衛権

～安全保障関連法の成立～

　自国と密接な関係にある国が他国から武力攻撃を受けた場合，自国に対する攻撃とみなし，共同して防衛にあたる権利のことを集団的自衛権という。歴代の内閣は，憲法第9条との関係から，集団的自衛権の行使はできないとしてきた。しかし，2014年7月，安倍晋三内閣は閣議決定で従来の憲法上の解釈を変更し，集団的自衛権の行使を容認した。さらに，2015年9月には，集団的自衛権の行使を可能とする**安全保障関連法**を成立させた。これにより，自衛隊の役割はさらに拡大されることとなった。

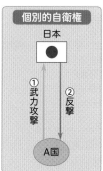
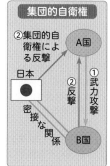

⬆ 個別的自衛権と集団的自衛権

> **Words** 文民統制（シビリアンコントロール）
> 職業軍人ではない文民が軍隊を指揮・統制することで，軍隊の政治への介入から民主政治を守るための制度。

> **参考** 国連平和維持活動協力法（PKO協力法）
> 正式名称は「国際連合平和維持活動等に対する協力に関する法律」。自衛隊を紛争国に派遣する根拠となっている法律である。

> **参考** PKO参加五原則
> ①紛争当事者間の停戦合意があること。
> ②紛争当事者間の同意があること。
> ③中立性を保って活動すること。
> ④上記のいずれかが満たされなくなった場合には，日本の参加部隊は撤収できること。
> ⑤武器の使用は要員の生命等の防護のために必要な最小限度に限られること。

Episode 海上自衛隊では，カレーを週末に食べる習慣がある。明治時代，旧海軍の兵食改革として取り入れられたイギリス式カレーが，そのまま定着したものである。海上自衛隊で消費されるカレールーの年間消費量は，約45 t にもなるという。

7 基本的人権の尊重 ★★☆

1 基本的人権の保障と憲法

〜基本的人権は侵すことのできない永久の権利〜

基本的人権とは，人間が生まれながらにしてもっている権利のことをいう。日本国憲法では，「侵すことのできない永久の権利」（第11条）として，これを保障している。基本的人権の保障の根底には，一人ひとりの人間をかけがえのない存在として扱う個人の尊重という原理とともに，すべての人間を差別なく平等に尊重する法の下の平等の考えがある。

2 基本的人権の体系

〜さまざまな人権の種類〜

日本国憲法が保障している基本的人権には，平等権，自由権，社会権，基本的人権を守るための権利として参政権・請求権がある。

参考 日本国憲法第11条

国民は，すべての基本的人権の享有を妨げられない。この憲法が国民に保障する基本的人権は，侵すことのできない永久の権利として，現在及び将来の国民に与へられる。

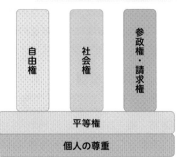

↑ 基本的人権の構成

平等権（法の下の平等を求める権利）	社会権（人間らしい生活を国家に求める権利）
・法の下の平等（第14条） ・両性の本質的平等（第24条）	・生存権（第25条①） ・教育を受ける権利（第26条①） ・勤労の権利（第27条①） ・勤労者の団結権（第28条）
自由権（国家権力でさえ侵せない個人の権利）	**参政権**（国民が政治に参加する権利）
〈精神の自由〉 ・思想及び良心の自由（第19条） ・信教の自由（第20条） ・集会・結社・表現の自由（第21条①） ・通信の秘密（第21条②） ・学問の自由（第23条） 〈身体の自由〉 ・奴隷的拘束及び苦役からの自由（第18条） ・法定手続きの保障（第31条） ・不当な逮捕・抑留・拘禁・侵入・捜索・押収に対する保障（第33〜35条） ・拷問・残虐刑の禁止（第36条） ・刑事被告人の権利（第37条） ・自白強要の禁止（第38条） 〈経済活動の自由〉 ・居住・移転及び職業選択の自由（第22条①） ・外国移住・国籍離脱の自由（第22条②） ・財産権の不可侵（第29条）	・公務員の選定・罷免の権利（第15条①） ・選挙権（第15条③・第44条・第93条②） ・請願権（第16条） ・被選挙権（第44条） ・最高裁判所裁判官の国民審査（第79条②） ・特別法の住民投票の権利（第95条） ・憲法改正の国民投票の権利（第96条①） **請求権**（国民が国や地方公共団体に請求できる権利） ・国家賠償請求権（第17条） ・裁判請求権（第32・37条） ・刑事補償請求権（第40条）

↑ 基本的人権の体系

入試Info 人権保障の基本原則を定めている憲法第11条は非常に大事な条文なので，しっかり覚えておこう。特に「侵すことのできない永久の権利」という部分が重要で，基本的人権が不可侵かつ永久の権利であることを理解しておくこと。

8 自由権 ★★★

1 自由権

～精神の自由・身体の自由・経済活動の自由に分類～

国家からの制約を受けず，自由に活動する権利を自由権という。日本国憲法では，**精神の自由**，**身体の自由**，**経済活動の自由**を保障している。

2 精神の自由

～個人の内面が国家から干渉されない～

❶ **思想及び良心の自由**（第19条）…個人がどのような考えをもち，また，自分の良心に従い，どのような道徳判断をするのも自由である。

❷ **信教の自由**（第20条）…宗教を信仰するかしないか，どの宗教を信仰するかを自由に決めることができる。

❸ **集会・結社・表現の自由**（第21条）…同じ目的をもつ人が集まり，団体をつくり，意見などを発表したりする自由を保障している。また，**検閲も禁止**されている。

❹ **学問の自由**（第23条）…真理の追究に不可欠な学術研究や発表を自由に行うことができる。

3 身体の自由

～正当な理由なく身体を拘束されない～

❶ **奴隷的拘束及び苦役からの自由**（第18条）…犯罪により処罰される場合を除き，苦役に服せられない。

❷ **法定手続きの保障**（第31条）…法律の定める適正な手続きをとらなければ，刑罰を科すことはできない。

❸ **逮捕・拘禁などに対する保障**（第33・34条）…令状による逮捕，抑留・拘禁の制限などを定めている。

4 経済活動の自由

～個人や企業が自由に経済活動を行える～

❶ **居住・移転及び職業選択の自由**（第22条①）…公共の福祉に反しない限り，どこに住み，どこに移動し，どのような職業に就くかを自由に選ぶことができる。

❷ **財産権の不可侵**（第29条）…私有の財産を自由に使ったり，処分したりすることができる。ただし，公共の福祉による制限を受ける場合がある。

参考 政教分離

国や地方公共団体は，宗教上の団体に対していかなる特権も与えてはならないという原則。

参考 愛媛玉ぐし料訴訟

1981～86年にかけて，愛媛県が靖国神社に玉ぐし料などを公費で支出したことを巡る訴訟。憲法第20条に定められた政教分離に違反するとして，住民が当時の知事らを相手に支出した金を県に賠償するように求めた。最高裁判所は，公費からの支出は憲法が禁止した宗教的活動にあたるとして，原告側の請求を認め，当時の知事らに16万6000円を支払うように命じた。

Words 検閲

国が著作物の内容を事前に検査し，不適当と認めるときは，その発表を禁止する行為のこと。

参考 身体の自由

身体の自由はほかにも，
- 住居の不可侵（第35条）
- 拷問及び残虐刑の禁止（第36条）
- 刑事被告人の権利（第37条）
- 黙秘権（第38条）
- 遡及処罰の禁止，一事不再理（第39条）

などがある。

HighClass 憲法第21条は**通信の秘密**も保障しているが，**通信傍受法**（2000年施行）では，薬物・銃器犯罪，組織性が疑われる殺人や放火・詐欺・窃盗などの犯罪捜査に関して，裁判官の令状に基づいて捜査機関が電話やメールを傍受することを認めている。

9 平等権 ★★☆

1 平等権

~だれもが平等に生きる権利~

すべての国民が差別されず平等に扱われる権利を平等権という。平等権は，基本的人権の保障の基礎をなすものである。日本国憲法では「すべて国民は，**個人として尊重される。**」(第13条)と規定している。

2 法の下の平等

~法律上平等~

法の下の平等とは，すべての人間が法的に平等でなければならないという原則のことをいう。日本国憲法では「すべて国民は，**法の下に平等であつて，人種，信条，性別，社会的身分又は門地により，政治的，経済的又は社会的関係において，差別されない。**」(第14条)と規定している。

3 個人の尊厳と両性の本質的平等

~男女の平等~

家庭における個人の価値の尊重と男女の本質的な平等のことを**個人の尊厳と両性の本質的平等**という。日本国憲法では「婚姻は，両性の合意のみに基いて成立し，夫婦が同等の権利を有することを基本として，相互の協力により，維持されなければならない。」「配偶者の選択，財産権，相続，住居の選定，離婚並びに婚姻及び家族に関するその他の事項に関しては，法律は，個人の尊厳と両性の本質的平等に立脚して，制定されなければならない。」(第24条)と規定している。

4 参政権の平等

~普通選挙の保障，選挙人の資格の平等~

日本国憲法では第15条で，成年の男女による普通選挙を保障している。また，国会議員と選挙人の資格について「但し，人種，信条，性別，社会的身分，門地，教育，財産又は収入によつて差別してはならない。」(第44条)と規定し，資格の上で差別することを禁止している。

Words 門地
日本国憲法でいう門地とは，家柄や血統を意味するもの。

参考 貴族の禁止
大日本帝国憲法下では華族(貴族)制度が存在していたが，日本国憲法では「華族その他の貴族の制度は，これを認めない。」(第14条②)としている。

参考 日本国憲法第15条③
公務員の選挙については，成年者による普通選挙を保障する。

 入試Info 法の下の平等(第14条)，個人の尊厳と両性の本質的平等(第24条)は，条文の穴埋め問題がよく出される。特に法の下の平等の条文は非常に大事なので，しっかり覚えておく。

⑩ 共生社会を目ざして ★★☆

1 男女共同参画社会

～男女があらゆる分野で活躍するために～

❶ **ジェンダーを克服する社会へ**…ジェンダーとは，生物学的な男女の性の違いではなく，社会的・文化的に分けられる性別のことをいう。1979年，国連総会で女子差別撤廃条約が採択され，完全な男女平等の実現や家庭や社会における男女の社会的・文化的な役割分担の見直しが求められた。慣習や制度・仕事など社会全般に渡って男女の役割が構築され，男女の違いによる差別や偏見，力の不均衡が生じている。現在，日本を含めて，これらのジェンダーにとらわれず，自分らしい生き方のできる社会をつくり上げていこうとする取り組みが世界的に見られる。

❷ **男女共同参画社会**…日本では，1985年に男女雇用機会均等法が制定され，雇用の面での女性差別が禁止された。また，1999年，男女共同参画社会基本法が施行された。この法律は，男女それぞれの人権が尊重され，慣習による男女の役割や制度をなくし，その人がもつ個性と能力が発揮でき，男女が対等な立場で政治や職場などに参画して，それぞれが責任を担う社会をつくり上げていくことを目ざしたものである。2016年には，女性が社会で活躍しやすい環境をつくることを目的に，女性活躍推進法が施行された。

2 共生社会を目ざして

～平等権の真の実現のために～

日本では国際連合で採択された障害者の権利宣言をもとに，**障害者基本法**をたびたび改正し，社会の**バリアフリー**化を進めている。2013年には差別を禁止するだけでなく，障がい者への合理的配慮を目ざす**障害者差別解消法**が制定された。また，第二次世界大戦前からの大きな問題である**部落差別**の解決のため，地域改善対策特別措置法や人権擁護施策推進法などが制定され，被差別部落出身者の社会的保障に向けて施策が行われてきた。在日

参考 LGBT

Lesbian（女性の同性愛者），Gay（男性の同性愛者），Bisexual（両性愛者），Transgender（心と体の性が一致しない人）の頭文字を取った呼び方。こうした性についての多様性を尊重しようとする考えが広がってきている。

参考 インクルージョン

女性・外国人・障がいのある人・LGBTなど，多様な人々が互いに個性を認め，受け入れ合い，一体となって働く状態のこと。

参考 ヘイトスピーチ

特定の人種や民族，国籍，出身地，宗教などの属性をもつ人への差別をあおったり，排斥したりする言動。これに対し，国は2016年に**ヘイトスピーチ規制法**を制定するなど，不当な差別的言動への対策を行っている。

参考 人権擁護

人権が侵害されないように，また，侵害された場合に被害者の救済を行えるように，法務省には**人権擁護局**，各都道府県には**法務局**，市（区）町村には**人権擁護委員**が置かれている。

HighClass 男女雇用機会均等法が男女の**雇用のみ**を規定した法律であるのに対して，男女共同参画社会基本法は，男女の**社会活動全般**に関して規定している法律，という点に違いがある。さらに，2018年には，政治分野における男女共同参画推進法も制定された。

501

韓国・朝鮮人に対する差別の解消も求められている。アイヌの人々についても，1997年に**アイヌ文化振興法**が制定され，2019年には**アイヌ民族支援法**にかわり，アイヌ民族が先住民族として法的に位置づけられた。このように，アイヌの人々の民族としての誇りを尊重し，その伝統・文化の普及を図ろうとする動きも見られる。今後ともあらゆる差別を乗り越え，平等権の真の実現を目ざす共生社会の確立が求められる。

男女差別への対策	・男女雇用機会均等法(1985年) ・男女共同参画社会基本法(1999年) ・女性活躍推進法(2015年)
民族差別への対策	・アイヌ文化振興法(1997年) ・アイヌ民族支援法(2019年)
部落差別への対策	・同和対策審議会(1960年設置) ・地域改善対策特別措置法(1982年) ・人権擁護施策推進法(1996年) ・部落差別解消推進法(2016年)
障がい者差別への対策	・障害者基本法(1970年) ・障害者差別解消法(2013年)
共生社会への取り組み	・バリアフリー，ユニバーサルデザイン ・ノーマライゼーション ・インクルージョン

↑ さまざまな差別への対策と共生社会への取り組み

⑪ 社会権 ★★★

1 社会権

~人間らしい生活を営むための権利~

❶ **社会権とは**…人間らしい生活を営むための権利を社会権という。第一次世界大戦後の1919年に制定されたドイツの**ワイマール憲法**において，世界で初めて社会権が明記された。

❷ **社会権誕生の背景**…資本主義の発達とともに貧富の差が拡大し，国民の自由と平等が失われるようになってきた。そこで，すべての国民が人間らしい生活を営むための権利として，社会権が認められるようになった。

❸ **社会権の種類**…生存権，教育を受ける権利，勤労の権利，労働基本権からなる。

Words ユニバーサルデザイン
障がいの有無，年齢，性別，国籍などの違いにかかわらず，すべての人が使いやすいように初めから意図してつくられた製品・情報・環境のデザインのこと。

目が不自由な人でもギザギザの印の有無でシャンプーとリンスの区別がつくようにしている。

開け閉めしやすく，回しても手が痛くならないようにくふうされたキャップ。

↑ ユニバーサルデザインの製品

Words ノーマライゼーション
障がいがある人や高齢者を施設に隔離したりするのではなく，地域の中で普通に生活できる社会を築いていこうという考え方。

参考 20世紀的権利(人権)
社会権は20世紀に主張された人権のため，20世紀的権利(人権)ともいわれる。

短文記述対策！

Q 社会権が主張されるようになったのは，資本主義経済の発展に伴い，社会にどのような変化があったからか，簡潔に述べなさい。

A 貧富の差が拡大し，人間らしく生きる国民の権利が侵害されるようになったから。

2 生存権

～人間らしく生きるために～

人間らしい生活を営む権利を生存権という。日本国憲法では「すべて国民は，**健康で文化的な最低限度の生活を営む権利を有する。**」（第25条①）と規定している。同条は国が責任をもって生存権を保障しなければならないと定めているため，国は**生活保護法**を制定し，年金制度や社会保険などの**社会保障制度**を整えている。

3 教育を受ける権利

～義務教育は無償～

日本国憲法では第26条で教育を受ける権利を保障し，**義務教育を無償**とすると定めている。国はこの規定に基づいて**教育基本法**を制定し，教育の目標や理念も定めた。

4 労働者の権利

～勤労の権利と労働基本権～

日本国憲法は，働く意思と能力がある者に勤労の権利を保障している。第27条では，勤労の権利及び義務が規定されている。

また，労働者は使用者に対して弱い立場であるため，第28条では労働基本権（**労働三権**）が規定されている。

❶ **団結権**…労働者が団結して労働組合を結成したり，加入したりする権利のことをいう。

❷ **団体交渉権**…労働組合を通して使用者と労働条件や待遇などについて交渉する権利のことをいう。

❸ **団体行動権**（争議権）…交渉がまとまらない場合，ストライキなどの争議行為を行う権利のことをいう。

5 労働三法

～労働基準法・労働組合法・労働関係調整法の３つ～

労働者の権利を具体的に保障するために，**労働三法**が定められている。

❶ **労働基準法**…労働条件の最低基準などを定めた法律。

❷ **労働組合法**…労働者が労働組合を結成し，使用者と対等に交渉することを助けるための法律。

❸ **労働関係調整法**…労働争議の予防・解決のための法律。

参考 朝日訴訟

肺結核で国立岡山療養所に入所していた朝日茂氏は，生活保護法の適用を受けていたが，実兄から送金を受けるようになったため，生活扶助の支給を打ち切られるなどした。これを不当とした朝日氏は，1957年，生活保護基準が憲法第25条の「健康で文化的な最低限度の生活」を保障していないとして，訴訟をおこした。この裁判は最高裁上告中，朝日氏が死亡したため，結果的には原告の敗訴に終わった。しかし，朝日氏の死後，生活保護基準が見直されるなどの前進が見られ，生存権の具体的保障に大きな役割を果たした訴訟であった。

参考 社会権に関する日本国憲法の主な条文

- 第25条①
  すべて国民は，健康で文化的な最低限度の生活を営む権利を有する。
- 第25条②
  国は，すべての生活部面について，社会福祉，社会保障及び公衆衛生の向上及び増進に努めなければならない。
- 第26条①
  すべて国民は，法律の定めるところにより，その能力に応じて，ひとしく教育を受ける権利を有する。
- 第27条①
  すべて国民は，勤労の権利を有し，義務を負ふ。
- 第28条
  勤労者の団結する権利及び団体交渉その他の団体行動をする権利は，これを保障する。

zoomup 労働基準法→ p.570
労働組合法，労働関係調整法→ p.571

入試Info 　**生存権**（第25条），**教育を受ける権利**（第26条），**勤労の権利**（第27条），**労働三権**（第28条）は，いずれも条文の穴埋め問題などが出題されやすい。また，**労働三権**（団結権・団体交渉権・団体行動権）については，それぞれの権利と意味を混同しないように注意しよう。

⑫ 基本的人権を守るための権利(参政権・請求権) ★★☆

1 基本的人権を守るための権利

〜参政権と請求権〜

国民が直接または間接的に政治に参加する権利を参政権といい，国民の基本的人権が侵害された場合に，その救済を求める権利を請求権という。

2 参政権

〜政治に参加する権利〜

❶ **選挙権**(第15条③・44・93条②)…国会や地方議会の議員，知事や市(区)町村長を投票で選出する権利のことをいう。日本では**満18歳以上**のすべての国民に与えられている。

❷ **被選挙権**(第44条)…国会や地方議会の議員，知事や市(区)町村長の選挙に立候補できる権利のことをいう。

❸ **国民投票権**(第96条①)…国民は，憲法改正の賛否を決める**国民投票**を行う権利をもっている。

❹ **国民審査権**(第79条②)…**最高裁判所裁判官**が適任か不適任かを投票によって審査する権利のことをいう。

❺ **住民投票権**(第95条)…特定の地方公共団体のみに適用される特別法に対して，その地方公共団体の住民は，賛否の投票を行う権利をもっている。

❻ **請願権**(第16条)…国や地方公共団体に対して，損害の救済，公務員の罷免，法律・命令・規則の制定・廃止などについて要望を述べる権利のことをいう。

3 請求権

〜人権の侵害から救済される権利〜

❶ **裁判を受ける権利**(第32条)…だれでも裁判所において公正な**裁判を受ける権利**をもっている。

❷ **国家賠償請求権**(第17条)…公務員の不法行為によって損害を受けたとき，その損害の賠償を国や地方公共団体に請求することができる。

❸ **刑事補償請求権**(第40条)…罪を犯した疑いで抑留・拘禁された後，無罪の判決を受けた場合，国に対してその補償を金銭で請求できる。

参考 公務員の選定と罷免の権利

公務員の選定と罷免の権利も参政権の１つである。憲法では「公務員を選定し，及びこれを罷免することは，国民固有の権利である。」(第15条①)と規定している。

参考 外国人参政権

外国籍の住民に認められる選挙権・被選挙権のこと。ヨーロッパなどでは，一定期間定住して納税義務を果たしている外国人に地方参政権を認めている例がある。日本では，日本国憲法第15条①に「公務員を選定し，及びこれを罷免することは，国民固有の権利である。」と明記されていることなどから，外国人参政権はまだ認められていない。ただし，日本でも外国人参政権を巡る議論は活発化している。

Words 不法行為

法律や規定などに違反して他人の権利を侵害し，損害を発生させる行為。

HighClass 地方公共団体の条例制定による**住民投票**では，投票資格を地方公共団体の裁量で自由に決めることができる。そのため，参政権をもたない18歳未満の住民や，永住外国人に対して投票権を与えている地方公共団体もある。

⑬ 公共の福祉と国民の義務 ★★☆

1 公共の福祉

〜社会全体の利益・幸福〜

　基本的人権の保障を完全なものにするためには，国民が果たさなければならない責任がある。個人の権利は無制限に認められるものではなく，権利を行使する際に，他人の人権を侵害してはならない。憲法は，第12条で，国民が，基本的人権を**不断の努力**によって保持し，基本的人権を濫用せず，公共の福祉のために利用する責任を負うことを定めている。

	公共の福祉による人権の制限の例
表現の自由	・わいせつ文書の禁止(刑法) ・人の名誉を棄損する行為の禁止(刑法) ・選挙運動における一定枚数のはがき以外の文書の頒布の禁止(公職選挙法)
集会・結社の自由	・デモに対する規制(公安条例)
営業の自由	・企業の価格協定などの禁止(独占禁止法) ・無資格者の営業禁止(医師法など)
財産権	・道路や空港など公共の利益のために補償をもとに土地を収用(土地収用法)
居住・移転の自由	・感染症により隔離される場合(感染症新法)
労働基本権	・公務員のストライキの禁止(国家公務員法・地方公務員法)

◯ 公共の福祉による人権の制限の例

2 国民の義務

〜教育・勤労・納税が三大義務〜

　日本国憲法は，国民にさまざまな権利を保障する一方で，国家の一員として果たすべき**国民の義務**を３つ定めている。

❶ **普通教育を受けさせる義務**(第26条②)…国民は，その保護する子女に**普通教育**を受けさせる義務を負う。

❷ **勤労の義務**(第27条①)…国民は，**勤労**の権利を有するとともに，義務を負う。

❸ **納税の義務**(第30条)…国民は，国・地方公共団体に対して，法律で定められた**税金**を納める義務を負う。

入試Info　**公共の福祉**については，上の表のような人権の制限の例と，憲法第12条を確認しておくこと。国民の義務については，日本国憲法は**教育・勤労・納税**の３つを定めているが，勤労は国民の義務であると同時に権利でもあることにも注意しよう。

Words 公共の福祉

社会全体の利益・幸福のことをいう。日本国憲法第12条で規定されているが，第13条，第22条①，第29条②で，公共の福祉ということばが用いられている。

● 第12条
この憲法が国民に保障する自由及び権利は，国民の不断の努力によつて，これを保持しなければならない。又，国民は，これを濫用してはならないのであつて，常に公共の福祉のためにこれを利用する責任を負ふ。

● 第13条
すべて国民は，個人として尊重される。生命，自由及び幸福追求に対する国民の権利については，公共の福祉に反しない限り，立法その他の国政の上で，最大の尊重を必要とする。

● 第22条①
何人も，公共の福祉に反しない限り，居住，移転及び職業選択の自由を有する。

● 第29条②
財産権の内容は，公共の福祉に適合するやうに，法律でこれを定める。

14 これからの人権保障 ★★★

1 新しい人権

～時代の変化により必要となった権利～

日本国憲法には規定されていないが，社会の急激な変化や，人々の人権意識の高まりなどによって主張されるようになった権利を**新しい人権**という。新しい人権には，**環境権**，**知る権利**，**プライバシーの権利**，**自己決定権**などがある。憲法第13条の**幸福追求権**や，憲法第25条の**生存権**を法的根拠としている。

2 環境権

～快適な環境で生活するために～

快適な生活環境を求める権利を**環境権**という。高度経済成長期に現れた環境破壊や，公害の深刻化とともに主張されるようになった。

❶ **環境基本法**…地球的規模の環境問題に対応するために，国の基本的な方針や原則を定めている。1993年，公害対策基本法を発展させて制定された。

❷ **環境影響評価法（環境アセスメント法）**…ダムや大型施設など大規模な工事の前に環境への影響を評価する法律で，1999年に施行された。

3 知る権利

～政治に正しい判断をするために～

主権者である国民が政治に参加するため，国家権力に妨げられず，必要な情報を自由に受け取ることのできる権利を**知る権利**という。言い換えれば，国や地方公共団体に対して，情報の公開を要求することができる権利である。この権利に対応するため，多くの地方公共団体が**情報公開条例**を制定し，情報公開制度を設けることとなった。国も地方公共団体に遅れて，1999年に**情報公開法**を制定し，国民の開示請求権を認めた。国の情報公開制度のしくみは，右図を参考にしてほしい。

zoomup 環境基本法，環境影響評価法→p.597

参考 日照権

環境権の１つで，住宅の日当たりを確保する権利のこと。1976年，建築基準法が改正され，日照権が法的にも認められた。

建物の上階を斜めにして，日照権を確保している。

↑ 日照権に配慮した建物

参考 特定秘密保護法

日本の安全保障に関する重要情報を特定秘密に指定して，情報の漏洩を禁じた法律で，2014年に施行された。国民の知る権利が制限されるとの批判もある。

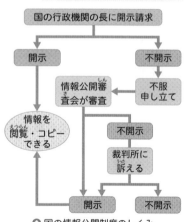

↑ 国の情報公開制度のしくみ

HighClass 科学技術の発展で，生命と人権について課題も生じている。遺伝子を調べ特定の病気にかかる可能性を診断する**遺伝子診断**は差別につながる危険性が指摘されている。まったく同じ個体をもつ細胞をつくる**クローン技術**を人間へ運用することはクローン技術規制法で禁止されている。

4　プライバシーの権利

〜個人情報を守るために〜

　個人の私生活に関する情報を公開されない権利をプライバシーの権利という。マスメディアの発達などによって，個人の情報が，その意思に反して公開されることが増えたため，新しい人権の１つとして主張されるようになった。2005年から，国や行政機関，民間企業に対して，個人情報の適切な取り扱いを求めた**個人情報保護法**が施行された。

5　自己決定権

〜自分の生き方を自分で決めるために〜

　個人の生き方や生活について，国家権力からの干渉や社会の圧力を受けることなく，自由に決定することのできる権利を自己決定権という。

❶ インフォームド−コンセント…医師が患者に対して，診療の目的や方法，副作用などについて十分な説明をしたうえで，患者が治療などの医療行為を自分の責任において選択することをいう。

❷ 尊厳死…回復の見込みのない患者が，人間としての尊厳を保つため，自分の意思で延命のための治療を拒否し，死を迎えることをいう。

❸ 安楽死…尊厳死と同じように，助かる見込みがなく，病気やけがなどの苦痛に苦しむ患者に対して，患者の同意を得た医師が，生命維持装置を外したり，薬物によって死期を早めたりすることをいう。適法化されておらず，慎重な検討が求められている。

❹ 臓器提供意思表示カード…死後の臓器提供の意思を表示するカードで，カードの裏側の項目は，自己決定権を尊重したものとなっている。

> 運転免許証や健康保険証，マイナンバーカードにも臓器提供の意思表示欄がある。

⬆ 臓器提供意思表示カードの表(左)と裏(右)

Words　個人情報保護法

「個人情報の保護に関する法律」の通称。氏名，生年月日，性別，住所など個人を特定できる情報を扱う企業・団体，行政機関などに対し，その情報の適正な取り扱い方法を定めた法律。

参考　忘れられる権利

インターネット上に公開された自分の個人情報を，Googleなどのサーチエンジン，SNS，匿名掲示板などから削除してもらう権利のこと。2014年，欧州司法裁判所が忘れられる権利を認める裁定を行った。しかし，特定の個人情報を削除することは，国民の知る権利を侵害する行為でもあるため，その線引きはきわめて難しい。

参考　肖像権

自分の顔や姿を，みだりに写真・絵画・彫刻などにされたり，使用されたりしない権利。人格権の１つで，侵された個人が，損害賠償を請求する事例も増えている。

Words　臓器移植

病気や事故などで臓器が機能せず，移植以外の治療法が見つからない人に対し，ほかの人の健康な臓器を移植して機能を回復させる医療のこと。

HighClass　2010年に**臓器移植法**が改正施行され，本人の提供の意思が不明でも，家族の承諾で臓器提供ができるようになった。また，年齢制限もなくなり，家族の承諾があれば15歳未満の臓器提供も可能になった。2019年末現在，15歳未満からの脳死臓器提供は27例ある。

6　人権の国際化

～国際的な人権保障～

❶ 世界人権宣言と国際人権規約…2度の世界大戦中にお
こったさまざまな人権侵害から，人権問題は国際的な
課題となった。1948年，国際連合は，「すべての人民
とすべての国とが達成すべき共通の基準」として世界
人権宣言を採択した。しかし，世界人権宣言には法的
拘束力がなく，実効性を欠いたものであった。そこで，
1966年の国連総会で，法的拘束力をもたせた国際人権
規約を採択した。その後も国際連合は，**女子差別撤廃
条約，子ども（児童）の権利条約**など，人権に関するさ
まざまな条約を採択している。また2007年には，先住
民族の権利や先住民族に対する差別の禁止などを明記
した「先住民族の権利に関する国連宣言」を採択した。

名称	年	主な内容
人種差別撤廃条約	1965	人種に対するあらゆる形態の差別を非難し，撤廃することを約束する。
国際人権規約	1966	世界人権宣言とは異なり，法的拘束力をもつ。
女子差別撤廃条約	1979	女性に対するあらゆる形態の差別を撤廃することを約束する。
子どもの権利条約	1989	子どもの人権を保障した条約で，子どもも1人の人間として尊重される。
障害者権利条約	2006	障がいをもつ人々の人権を確保し，その尊厳を守ることを促進する。

⬆ 国際連合で採択された人権に関する主な条約

❷ NGOと人権問題…国際連合と密接な関係をもつ非政
府組織（NGO）でも教育や人権問題などに取り組んで
いる。1961年に発足した**アムネスティ-インターナシ
ョナル**は，思想・信条，人種などを理由に拘束されて
いる人々（良心の囚人と呼ばれる）の無条件の釈放や，
拷問や死刑の廃止などを訴えている。また，1971年に
設立された**国境なき医師団**は医療の面から人権問題に
取り組んでいる。世界各地で，戦争（紛争）や自然災害，
飢餓などに苦しむ人々の医療活動などを行っている。

参考 世界人権宣言

第1条
すべての人間は，生れながらに
して自由であり，かつ，尊厳と
権利とについて平等である。人
間は，理性と良心とを授けられ
ており，互いに同胞の精神をも
って行動しなければならない。

参考 国際人権規約

市民的及び政治的権利に関する
国際規約（B規約）
第9条①
すべての者は，身体の自由及び
安全についての権利を有する。
何人も，恣意的に逮捕され又は
抑留されない。何人も，法律で
定める理由及び手続によらない
限り，その自由を奪われない。

Words 非政府組織（NGO）

平和や環境，人権問題などさま
ざまな分野で国際的に活動して
いる民間の組織。NGOはNon-
Governmental Organization
の略。

Episode **国境なき医師団**は，医療活動以外に証言活動という活動を行っている。これは，医療活動な
どを行っている場所で人権侵害などを発見した場合，それらを国際社会に証言し，解決を訴
えていく活動である。

2 民主政治と政治参加

Point
❶ 政治の役割や民主主義について学ぼう。
❷ 選挙制度のしくみと課題について理解しよう。
❸ 政治と政党，政治と世論のかかわりについて理解しよう。

1 民主主義と政治 ★★☆

1 政治とは何か

~国民の利害を調整する~

❶ 政　治…わたしたち一人ひとりはさまざまな考え方をもっており，意見や利害の対立がしばしばおこる。対立を調整するため，ルールをつくりそれを運用することで社会を成り立たせる役割を果たしているのが政治である。一般に，国や地方公共団体が，人々がくらしやすい社会を目ざして，さまざまなことがらについて決定し，実行することを指す。

❷ 独裁政治…中世ヨーロッパの絶対王政のように，１人または少数の権力者が，すべてのものごとを決める政治を独裁政治という。第一次世界大戦後のドイツでは，ナチスによる独裁政権が誕生した。

❸ 民主主義（デモクラシー）と民主政治…国民が自らの意思にしたがって権力を行使するという政治原理を民主主義（デモクラシー）という。決定と実行によりすべての国民が参加する，民主主義によって行われる政治を民主政治という。

2 直接民主制と間接民主制

~政治参加の方法~

❶ 直接民主制…すべての国民が直接に政治に参加する制度を直接民主制という。民主政治の理想からいえば，主権者である国民のすべてが政治に加わるこの制度は最も望ましい形であるといえる。古代ギリシャの都市

参考　リンカンの演説

アメリカ大統領の**リンカン**の，「government of the people, by the people, for the people」（人民の人民による人民のための政治）ということばは，民主政治の原則を最も簡潔に言い表したもの。1863年，南北戦争の激戦地であったペンシルベニア州ゲティスバーグの記念式典で行った演説の一部である。

住民の挙手によって，ものごとを決めている。

⬆ スイスの直接民主制のようす

Episode　第一次世界大戦後のドイツでは，最も民主的といわれたワイマール憲法の下，選挙によってナチスが政権を獲得した。その指導者のヒトラーは独裁体制を築き，対外侵略やユダヤ人の迫害を行った。民主主義の下でも独裁政治が生まれたという歴史的事実を重く受け止める必要がある。

国家（ポリス）でこの制度が取り入れられていた。現代でも，スイスの一部の州で行われている。

❷ **間接民主制**…近代国家は領域が広く，人口も多い。また，政治の仕事も複雑化し，すべての国民が政治に参加することが困難になってきた。そこで，国民が選挙によって代表者を選び，その代表者が政治を行う制度が広く採用されるようになった。この制度を**間接民主制**という。この代表者による政治は通常，代表者が議会において政治の方針や政策を審議決定する制度をとる。そのため，**代議制**または**議会制民主主義**とも呼ばれている。

3 議会制民主主義の原理

～議会で国民主権を行うルール～

❶ **代表の原理**…選挙によって選ばれた代表者は，選挙区や特定の身分・職業の代表ではなく，全国民の代表である。こうした考え方を**代表の原理**という。代表者は，他者の命令や指図を受けることなく，独立した意思と判断をもち，全国民の立場に立って働くことが求められる。

❷ **審議の原理**…議会は公開の討論を通じて十分に審議を尽くさなければならない。こうした考え方を**審議の原理**という。

❸ **多数決の原理**…意見が分かれ，話し合いによって決着がつかない場合，表決を行い，多数の意見を採用する制度を多数決という。議会での対立の解決法として，多数決によって決定が行われることを**多数決の原理**という。会議に参加する代表者全員に平等な権利を認め，自由な討論を保障しなければならない。その際，少数の意見にも耳を傾け，できるだけ意見の修正を図り，より多くの合意を得られるように調整していく（**少数意見の尊重**）。最終的な決定には少数意見の側も従わなければならないので，討論を通じた合意形成があって初めて，多数決が民主主義の原理として有効になる。なお，思想や表現，信教の自由など，精神の自由に関することは，多数決による決定にはなじまない。

zoomup 都市国家（ポリス）
→ p.248

直接民主制	間接民主制
長所 民意を直接，政治に反映することができる。	**長所** 物事を決めやすく，政治が停滞しない。
短所 政治的な決定を行うことが困難である。	**短所** 民意と政治がかけ離れてしまう可能性がある。

⬆ 直接民主制と間接民主制

参考 多数決

多数決の中にも，過半数を得た方に決める単純多数決や，3分の2や4分の3のように条件をつける特別多数決などの方法がある。

入試Info 　間接民主制とはどのような制度なのか理解しておくこと。また，議会制民主主義の原理の中で，**多数決の原理**とはどのようなしくみか，**少数意見の尊重**ということも踏まえて説明できるようにしておこう。

② 選挙と国民 ★★★

① 選挙制度の歴史

~制限選挙から普通選挙へ~

❶ **選　挙**…国民の代表を選出するのが選挙である。主権者である国民は自らの意思を政治に反映させるために，選挙において投票を行う。選挙は，間接民主制をとる民主主義国家において最も一般的な政治参加のあり方である。

❷ **日本の普通選挙運動**…日本で最初に成立した選挙法（1889年）では，選挙権は直接国税15円以上を納める満25歳以上の男子に限られていた。日本の普通選挙運動は，1892年に大井憲太郎が東洋自由党に普通選挙期成同盟会を設けたのに始まり，その後は労働運動の側から促進された。1902年には初めて普通選挙法案が議会に提出された。1911年には普通選挙法案が衆議院を通過したが，貴族院で否決された。その後，一時衰えていた普通選挙運動は**大正デモクラシー**の風潮に乗って再燃し，多くの国民が参加する運動となった。そして，原敬内閣のときに，選挙権は拡大されたが，野党の提出した普通選挙法案は退けられた。しかし，護憲三派の加藤高明内閣のもとで，1925年に普通選挙法が制定され，1928年に普通選挙による最初の総選挙が行われた。**満25歳以上の男子**はすべて選挙権をもったが，まだ女子にはなかった。

❸ **女子参政権の実現**…近代国家の初期には，女性は能力が低く家庭にとどまるべきであるという，男尊女卑の考えが根強かった。そのため，女性の社会的地位は低く，参政権（選挙権・被選挙権）も認められなかった。ヨーロッパ諸国やアメリカ合衆国では，19世紀の後半から女子参政権を求める運動が展開され，20世紀の前半には多くの国で女子参政権が認められた。日本では第二次世界大戦後

← 期日前投票をする高校生

zoomup **大正デモクラシー** → p.417

普通選挙法 → p.418

国名	男子	女子
フランス	1848年	1944年
アメリカ合衆国	1870年	1920年
イタリア	1912年	1945年
イギリス	1918年	1928年
日本	1925年	1945年
旧ソ連	1936年	1936年
インド	1949年	1949年

↑ 主な国の普通選挙が認められた年

総選挙の年	納税額（直接国税）	年齢・性別	人口に対する有権者の比率
1890	15円以上	満25歳以上の男子	1.13%
1902	10円以上	同上	2.18%
1920	3円以上	同上	5.53%
1928	規定なし	同上	19.82%
1946	同上	満20歳以上の男女	48.68%
2014	同上	同上	82.8%
2017	同上	満18歳以上の男女	83.7%

↑ 日本における選挙権の拡大

Episode　近年の選挙では，若い世代を中心に**投票率の低下**が問題となっている。2017年の衆議院議員選挙の投票率は53.68%，2019年の参議院議員選挙の投票率は48.8%と，2人に1人は棄権している。各地方公共団体では，投票率を上げるためにさまざまな取り組みを行っている。

の1945年12月に連合国軍最高司令官総司令部（GHQ）の指示によって選挙法が改正され，女性に初めて参政権が与えられた。

2 選挙の諸原則

～国民の参政権を保障する～

❶ **普通選挙**…納税額・資産・学歴などに関係なく，一定の年齢に達したすべての国民によって行われる選挙を普通選挙という。これに対して，選挙権が性別・身分・財産資格などによって制限されている選挙を**制限選挙**という。1925年に制定された普通選挙法は男子のみの普通選挙を認めたが，日本国憲法第15条は男女の選挙権を保障している。

❷ **平等選挙**…1人が一票の投票を行う選挙を平等選挙という。選挙権をもつ者の一票の価値は平等であり，日本国憲法第44条は，選挙人の資格を人種・信条・性別・社会的身分・門地（家柄）・教育・財産・収入で差別してはならないと定めている。

❸ **秘密選挙（秘密投票）**…選挙をする際，だれに投票したかの秘密が守られる選挙を秘密選挙といい，日本国憲法第15条によって保障されている。選挙人は，だれを選んだかについて責任を問われず，投票の秘密を保つために，**無記名投票**にしている。

❹ **直接選挙**…国民が議員など被選挙人を直接に選挙することを直接選挙という。日本国憲法第93条には地方公共団体の長と地方議員について直接選挙の規定があり，国会議員については公職選挙法にそれが定められている。これに対して，**間接選挙**は有権者が選挙人を選び，その選挙人が改めて代表を選出する制度である。間接選挙の例には，有権者が選挙人を選ぶ，アメリカ合衆国の大統領選挙などがある。

3 現在の選挙制度

～民意を議会に反映させるくふう～

❶ **公職選挙法**…公職選挙法は1950年に制定された選挙に関する基本法である。国会議員・地方議員・地方公共団体の長はもちろん，ほかの公職の選挙にも適用され

参考 女性解放思想

女性解放思想の始まりは18世紀に見られる。ウォルストンクラフトの『女性の権利の擁護』（1792年），J・Sミルの『女性の解放』（1869年），ベーベルの『婦人と社会主義』（1883年）は，それぞれ人権思想，自由主義，社会主義の立場から女性の解放を説き，その後の女子参政権運動の理論的な支えとなった。

参考 永久選挙人名簿

有権者の戸籍で，1度登録されると終生選挙権の資格をもつ選挙人名簿。満18歳以上で，引き続き3か月以上，市（区）町村の住民基本台帳に登録された者が選挙管理委員会の職権で登録され，死亡や転出などのために抹消されない限り，永久に選挙権をもつしくみ。1966年より行われている。

参考 不平等選挙

平等選挙に対するものとして不平等選挙がある。かつてイギリスやドイツで行われていたことがあるが，現在は行われていない。不平等選挙の例としては複数投票の制度がある。複数投票とは，普通の選挙人には1票を与え，特殊な資格（財産など）をもつ選挙人には2票以上を与える制度である。

参考 公開投票

秘密投票に対するものとして公開投票があるが，これは実際には記名投票のことである。戦時中には，国民の公権である選挙権を秘密のうちに使うのは良くないとして，記名投票を主張する者もいた。

Episode 所定の用紙を用いないもの，公職の候補者でない者の氏名を記載したもの，一投票中に2人以上の公職の候補者の氏名を記載したものなどを無効とすることが，公職選挙法で定められている。

る。1994年の改正では，小選挙区比例代表並立制が衆議院議員選挙に導入された。2000年の改正では，参議院議員選挙の比例代表制が拘束名簿式から非拘束名簿式に変わった。また，2015年の改正で選挙権の年齢が満20歳以上から満18歳以上に引き下げられ，2016年の参議院議員選挙から適用された。

▶選挙管理委員会…公正な選挙が行われるように，国に中央選挙管理会，都道府県・市（区）町村に選挙管理委員会が置かれ，選挙の事務を担当している。

▶選挙運動…選挙での当選のために立候補者が行う一切の運動を選挙運動という。戸別訪問や18歳未満の選挙運動などは公職選挙法で禁止されている。公職選挙法の改正により，2013年からインターネットを利用した選挙運動が解禁された。

▶投票時間・投票方法…特別な事情がある場合を除き，投票所は午前7時に開かれ，午後8時に閉じられる。選挙当日に投票に行けない人のために，投票日よりも前に投票できる期日前投票や，滞在先や指定の病院・施設で投票できる不在者投票の制度がある。郵便やファクシミリでの投票や，海外から投票するしくみの検討・導入も進んでいる。

❷選挙区…一般に，その国の領域をいくつかの選挙区に分け，各選挙区に何名かの定員を定めて選挙が行われる。定員が1名のものを小選挙区制，2名以上のものを大選挙区制という。日本の衆議院議員選挙では長い間，原則として各選挙区から3～5名を選出する選挙区制を採用してきたが，これを特に中選挙区制と呼んでいた。小選挙区制は多数派の議席独占を許す制度であるため政局が安定する一方，死票が増え，少数の意見が反映されにくいという欠点がある。大選挙区制はこの欠点を是正する，少数派にも議席獲得を可能にする制度であり，これを特に徹底させたものが，党派別の得票数に比例して議席を与える比例代表制である。比例代表制は得票数と議席獲得数がほぼ一致し，国民のさまざまな意見を反映しやすい。その反面，小党が分立しやすく，政局が不安定になるという短所もある。

Words　非拘束名簿式

政党は当選順位を決めずに候補者のリストを提出する。有権者はそのリストの中の候補者名を書いて投票するか，政党名を書いて投票する。候補者名の投票は所属政党への投票と見なして政党の得票と候補者の得票を合計し，各政党の得票数に比例して当選者数を確定した後，候補者名での得票数が多い順に当選者が決まる。
なお，2019年の参議院議員選挙から政党が指定した候補者を優先的に当選させる特定枠の制度が導入された。

参考　特定公務員の選挙運動の禁止

裁判官，検察官，会計検査官，警察官，選挙管理委員会の委員・職員などの選挙運動は公職選挙法で禁止されている。

参考　選挙公営

選挙運動には多額の費用を要するため，立候補者の財力で選挙の公平性が失われることを防ぐ目的で，国や地方公共団体が選挙費用の一部を負担する制度。

Words　死票

選挙で落選した候補者に投票された票。民意を広く反映させるという観点に立てば，死票が多く出るのは好ましくない。

入試Info

選挙制度は入試でよく出題される分野の1つ。日本の現行制度のしくみはもちろん，具体的な数字をあげながら，当選人数や当選者を問う問題も出題される。また，法改正があれば数字（国会議員の定数など）も変わることになるので，最新情報にアップデートしておくこと。

❸ 衆議院議員選挙と参議院議員選挙

▶**衆議院議員選挙**…現在，衆議院議員選挙には，小選挙区と比例代表制を組み合わせた小選挙区比例代表並立制が導入されている。

▶**参議院議員選挙**…現在，参議院議員選挙には，全国を1選挙区とする**比例代表制**と都道府県単位で行われる**選挙区制**を組み合わせた制度が導入されている。

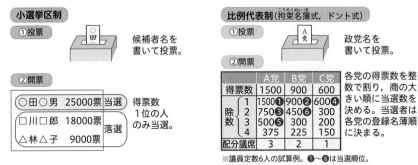

↑ 小選挙区制と比例代表制

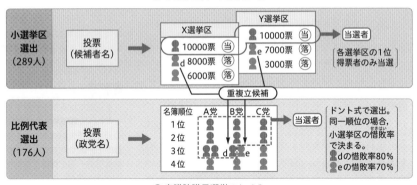

↑ 衆議院議員選挙のしくみ

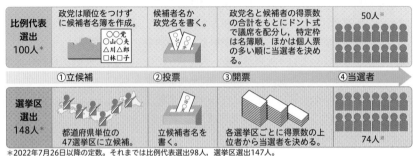

＊2022年7月26日以降の定数。それまでは比例代表選出98人，選挙区選出147人。
※参議院は3年ごとに半数改選。

↑ 参議院議員選挙のしくみ

短文記述
対策！

Ｑ 小選挙区制の特徴を，長所と短所をあげて簡潔に述べなさい。

Ａ 選挙区で1人しか当選しないため，多数派の候補者が当選しやすく政局は安定するが，死票が多くなり，少数意見が反映されにくくなる。

第3編　公民

第1章　現代社会と
わたしたちの生活

第2章　わたしたちの生活
と民主政治

第3章　わたしたちの生活
と経済

第4章　国際社会と
わたしたち

Close Up　一票の格差と最高裁判所の判決

　人口の多い選挙区と，人口の少ない選挙区では，議員1人あたりの有権者数に何倍もの開きがある。議員1人あたりの有権者数が少ない選挙区は「**一票が重い**」，有権者数が多い選挙区は「**一票が軽い**」という。この**一票の格差**に関して，憲法に基づく投票価値の平等原則に反しているという違憲訴訟（いけんそしょう）が相次いでいる。2013年の参議院選挙について最高裁判所は「都道府県を単位として定数を設定する現行制度を速（すみ）やかに見直すべきだ」として，国会に抜本的（ばっぽん）な改正を求めた。判決を受けて国会は，鳥取県と島根県，徳島県と高知県の選挙区を統合する（合区）などの改正公職選挙法を成立させた。選挙区中心の選挙は，一票の格差（かくさ）の問題を常にはらむ。得票数を獲得議席数にきちんと反映できる選挙制度の確立が求められている。

国政選挙実施年	最大格差	判決
1983年衆院選	4.40倍	違憲
1986年衆院選	2.92倍	合憲
1992年参院選	6.59倍	違憲状態
1995年参院選	4.97倍	合憲
1998年参院選	4.98倍	合憲
2001年参院選	5.06倍	合憲
2009年衆院選	2.30倍	違憲状態
2012年衆院選	2.43倍	違憲状態
2013年参院選	4.77倍	違憲状態
2016年参院選	3.08倍	合憲
2017年衆院選	1.98倍	合憲
2019年参院選	3.00倍	合憲

↑ 主な国政選挙違憲訴訟と最高裁判所の判決

③ 民主政治と政党 ★★☆

1 政党のはたらきと政党政治

〜議会政治で重要な役割を果たす団体〜

❶ **政　党**…政治的意見を同じくする人々によって組織され，政権を獲得することを目的に政治活動をする団体を政党という。政党は，その政治的意見を綱領（こうりょう）（根本思想を示すもの）と政策で公示する。選挙のときは，政権をとった際に実現する約束を**マニフェスト**（**政権公約**）として示し，国民の支持を得て国会での議席を獲得し，国民のために政治を行おうとする。

❷ **政党のはたらき**…政党は現代の議会政治において，次のような重要な役割を果たしている。

　▶**世論の形成**…政党は国民の利益を考えて，いろいろな政策を立案する。これを国民に広く知らせ，批判を聞いて修正し，賛同を得ることによって世論（よろん）を形成する。

　▶**選挙における役割**…政党が候補者を公認（こうにん）することにより，候補者の政治的な立場がはっきりして，選挙人は大きなあやまちもなく，候補者を選ぶことができる。

参考　日本の戦前の政党

1874年，板垣退助（いたがきたいすけ）らが結成した愛国公党が日本最初の政党だといわれる。その後，国会開設に向けて，1881年に**自由党**，1882年には**立憲改進党**が生まれた。1898年に自由党と進歩党（立憲改進党を中心に少数派政党が加わり結成）は合同して憲政党をつくり，大隈重信内閣（おおくまししげのぶ）（隈板内閣（わいはん））を誕生させた。政党の党首を首班とする内閣の最初のものである。1925年の加藤高明内閣（たかあき）から1932年に犬養毅（いぬかいつよし）内閣（たお）が倒れるまでは**政党政治**が続き，立憲政友会と憲政会（立憲民政党）の二大政党が交互に政権を担当した。これを「**憲政の常道**」と呼んだ。

Words　マニフェスト

有権者に政党の具体的な政策の数値目標や実施時期（じっし）などを明示して，その実現を約束したもの。

短文記述
対策！

Q 一票の価値の問題について，小選挙区制のしくみに触（ふ）れながら簡潔に述べなさい。

A 小選挙区制は1つの選挙区から1名だけが当選するしくみなので，選挙区ごとの有権者数の違（ちが）いによって，一票の価値に格差が生まれるという問題。

政党	綱領
自由民主党	新しい憲法の制定，持続可能な社会保障制度の確立
公明党	生命・生活・生存を尊重する人間主義の実現
立憲民主党	立憲主義と熟議の重視。多様性の尊重と共生社会の創造
日本維新の会	自立する個人，自立する地域，自立する国家の実現
日本共産党	日本の真の独立の確保と政治・経済・社会の民主主義的な改革
国民民主党	公正・公平・透明なルールのもと，多様な価値観や生き方を認め合う社会の実現
社会民主党	「平和・自由・平等・共生」という理念の実現

(2020年11月現在)

⬆ 主な政党の綱領・理念(抜粋)

▶議会における役割…多数の議員が政党としてまとまって活動することによって，議会の運営は円滑になる。一般に多数の議席を占めた政党の党首が内閣を組織してその政策を実施する。政権を担当する政党を与党という。これに対して政権を担当しない政党を野党という。野党は政府の政策を批判し，失政があればその責任を追及する。政党が議会を通じて政権を握り，その政策を実現する政治を政党政治という。

❸ 二党制(二大政党制)と多党制…2つの大政党が政権獲得を競争し合う政党政治の形態を二党制(二大政党制)という。アメリカ合衆国の共和党と民主党，イギリスの保守党と労働党などがこれにあたる。これに対して，3つ以上の政党が存在する状態を多党制という。1つの政党だけでは過半数の議席を得られなかった場合には，複数の政党が政策協定を結んで連立政権(連立内閣)を組織することがある。

2 政党の組織と資金

～「政治とカネ」に透明性を確保する～

❶ 政党の組織…議員の組織と一般党員の組織に分かれる。まず，党務の全般にわたって権限をもつ党幹部の会合

参考 政党と民主政治

イギリスの政治学者ブライスは「自由な大国であって，政党のない国は存在しないし，だれも政党なしに代議政治が運用されるといった者はいない」と述べ，政党と民主政治の関係を蒸気機関車とエンジンの関係に例えた。

参考 政党要件

政治団体が政党と認められるための条件を政党要件といい，次の①・②のいずれかを満たす必要がある。①国会議員が5人以上所属する。②直近の総選挙，参議院選挙のいずれかで得票率2％以上を獲得している。

参考 日本の政党政治

自由民主党(自民党)は1955年に結成されて以降，1993年に非自民・非共産党の8党派による連立政権の誕生まで，ほぼ単独で政権を担当した。これを55年体制という。翌1994年に自民党が政権に復帰した後，自民党を中心とする連立政権が続いたが，2009年の総選挙で民主党が多くの議席を得て，民主党中心の連立政権にかわる政権交代がおこった。だが，2012年の総選挙では，自民党が多数の議席を獲得し，再び公明党との連立政権が誕生した。

参考 一国一党制

長期安定型で強力な政治を推進できるが，独裁政治に陥る危険性をもつ。中国や北朝鮮など社会主義国に見られる。

入試Info

日本の主な政党名と，政権に参加している与党名は，時事問題で問われることがある。政党交付金制度が始まってから，交付金目当てとも思える政党の離合集散が激しくなっているので，特に選挙前と年末には新しい政党が誕生しやすい。

（保守政党では総務会，革新政党では中央委員会など）があり，議員総会が開催される。最高幹部として総裁（代表・党首・委員長など）が置かれ，さらに，政策立案のための委員会（政務調査会，政策審議会）などが設けられ，幹部会の有力者が幹事長（書記局長）として，党資金，その他党務全般の指揮・統制にあたる。全国にいる一般党員は地方支部ごとに統一され，地方支部は党本部の統制を受ける。党本部には女性局・青年局などの各局が設けられている。

❷ 政党の資金…政党が政治活動をするには多額の資金が必要である。資金集めに際して，それを提供した企業や団体から不当な影響を受けないようにする必要がある。そのため，**政治資金規正法**が1948年に制定され，1994年に大改正が行われた。一方，政治には一定の資金が必要との考えから，1994年に**政党助成法**が制定され，各政党に**政党交付金**が支払われている。

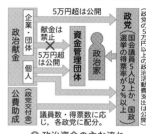

↑ 政治資金の主な流れ

Words 政党交付金

1994年に成立した**政党助成法**に基づき，国民1人あたり250円，総額320億円を，申請のあった各政党に配分する制度。政党要件を満たす政党が対象である。

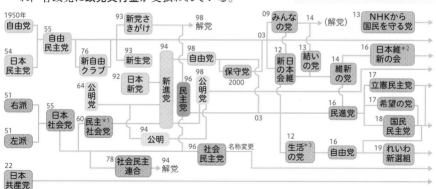

＊1 1969年に「民社党」に改称。　　＊2 2015年結成の「おおさか維新の会」より改称。
＊3 2014年に「生活の党と山本太郎となかまたち」に改称。

（2020年11月現在）

↑ 戦後の主な政党の移り変わり

4 民主政治と世論 ★★☆

1 世論と政治

〜民主政治に欠かせない〜

❶ 世論とそのはたらき…政治の諸問題に対して，国民は要望を含むさまざまな意見をもっている。これらの意見や要望は，いろいろな機会を通じて発表され，やがてそれらが人々の多数に支持され，国民に共有された

参考 世論調査

世論の動きを知るために，主としてマスメディアによって行われる調査を**世論調査**という。同じテーマの調査でも質問項目や設定の違いなどにより，マスメディアによって調査結果が異なることがある。

HighClass

「民主主義のコスト」として，政治家個人への企業団体献金を廃止するかわりに導入されたのが**政党交付金**である。しかし，その原資は税金である。政党の支持不支持にかかわらず強制的に献金させられ，「思想及び良心の自由」に反するという観点から，受け取りを申請しない政党もある。

第3編 公民

第1章 現代社会とわたしたちの生活

第2章 わたしたちの生活と民主政治

第3章 わたしたちの生活と経済

第4章 国際社会とわたしたち

意見となった場合に，これを世論という。世論は民主政治にとっては重要なはたらきをする。民主政治が世論政治ともいわれるように，政党は，国民の世論を無視して政治を行うことはできない。そこで政党は，世論を取り入れた政策を実行することを公約として国民に掲げる。

❷ **世論とマスメディア**…世論を形づくるうえで，新聞やテレビ・ラジオ・雑誌などの**マスメディア**の果たす役割は大きい。わたしたち国民の大部分がマスメディアから提供される情報をもとに，政治や経済・社会の諸問題について意見をもつ。このため，マスメディアは**第四の権力**といわれる。しかし，マスメディアの流す情報は常に公正とは限らない。世論を動かそうと意図的に偏った情報が流される場合がある。また，選挙予測報道のように国民の投票行動に影響を与える情報もある。マスメディアの提供する情報には，大きな力があり，わたしたちもその取り扱いには，十分気をつけなくてはならない。だれでも手軽に発信者になれるインターネットの情報には，エビデンス（根拠）の乏しいものもあり，よりいっそうの注意が必要である。正しい世論に基づく政治の実現のために，わたしたちは信頼できる情報は何かを判断して活用する力（**メディアリテラシー**）を養い，マスメディアのあり方を監視するという態度が望まれる。

2 世論のあらわれ

～国民の意思表示の方法～

民主政治において，世論を政治に反映させる方法として，選挙という方法がとられる。しかし，選挙はたびたび行われるものではない。そこで，国民は許された範囲内での政治行動をおこし，政府や政党などに意思表示をすることがある。国や地方公共団体に主張や要求を直接訴える請願や陳情，署名運動や示威行動（デモ），利益集団による政党や官庁への働きかけ，マスメディアやインターネット，SNS（ソーシャル-ネットワーキング-サービス）を通じた意思表明などである。

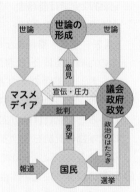

↑ 世論の形成

Episode

近年は若い世代を中心に，新聞離れ・テレビ離れが進んでおり，**インターネット**が世論形成に大きな役割を果たすようになってきている。だれでも情報発信ができ，膨大な情報を一瞬で検索できるインターネットを政治に生かしていくことが今後，不可欠になっていくだろう。

3 国民主権と国会

Point
① 国会の地位としくみを理解しよう。
② 国会の種類とその運営の仕方について理解しよう。
③ 国会の仕事にはどのようなものがあるのか知ろう。

1 国会の地位としくみ ★★★

1 国会の地位

~国会で決めたことは国民の意思である~

❶ **国権の最高機関**…国会は主権者である国民から直接選ばれた代表者によって組織されている。したがって，国会は国民の意思を最もよく代表しているものと考えられる。つまり，国会の決定は国民の意思とみなすことができる。そのため，国会は国権の最高機関であると日本国憲法に定められている。

❷ **唯一の立法機関**…国会は国で唯一の立法機関である。国会だけが，国民の権利や義務を定めた法律を制定することができる。国会以外の機関が法律をつくることはできない。

> 日本国憲法第41条
> 国会は，国権の最高機関であつて，国の唯一の立法機関である。

2 国会のしくみ

~二院制で慎重に審議する~

❶ **二院制**…日本の国会は衆議院と参議院の，2つの議院で構成される**二院制**（両院制）を採用している。一院制と比較して，幅広く国民の意思を反映させることができ，議案を両院で審議することから，慎重に審議できるという長所がある。その長所を生かすために，それぞれの議員の選出方法，任期，定数などに違いをもたせている。しかし，国会の決定は両院の同じ議決が必

Words 国権の最高機関

国家のもつ3つの権力のうち，立法権をもつ国会が，行政権をもつ内閣，司法権をもつ裁判所よりも上位にくるということ。ただし，国会がすべてに優越するという意味ではない。

↑ 国会議事堂

参考 大日本帝国憲法下の二院制

戦前の帝国議会では，**衆議院**と**貴族院**の二院制であった。貴族院は皇族・華族・高額納税者らで構成されていた。

HighClass 二院制を採用している国は多いが，各国それぞれに特徴がある。例えば，アメリカ合衆国では人口に関係なく各州から2人ずつ代表を選んだ**上院**と，人口の比率に応じて各州に議席配分される**下院**からなっている。二院のあり方に違いをもたせている国は少なくない。

要となるため，審議に時間がかかり，両院の議員の多数派が異なる場合は決定ができないという短所もある。また，小選挙区制が中心の衆議院では与党が多数の議席を獲得しやすく，行き過ぎが生じやすい。その抑制が参議院に求められる役割でもあるが，両院で与党が過半数を占める場合は，二院制の長所が薄れる。

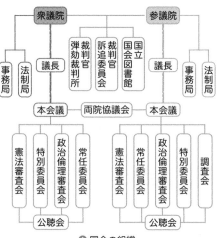

↑ 国会の組織

❷ 衆議院…定数は465人。小選挙区と全国11ブロックの比例代表より選出される。任期は4年で，解散することがある。解散は，内閣が必要と認めた場合と，内閣不信任決議案が可決されたときに内閣が総辞職をしなかった場合におこる。満25歳以上で立候補することができる。ふつう，衆議院で多数を占めた政党の党首が内閣総理大臣に指名される。

❸ 参議院…定数は248人。都道府県単位の選挙区と全国1ブロックの比例代表より選出される。任期は6年で，**3年ごとに半数が改選**され，解散がない。立候補できる年齢は満30歳以上で，衆議院よりも高くなっている。長期的・総合的な調査を行う目的で，調査会という機関が設けられている。

zoomup 衆議院の解散　→ p.526

参考 良識の府
参議院は「**良識の府**」と呼ばれる。解散がなく，衆議院より任期が長いことなどから，より公平な議論ができるとされるためである。

衆議院		参議院
465人	議員数	248人※1
4年 （解散あり）	任期	6年 （解散なし，3年ごとに半数を改選）
満18歳以上	選挙権	満18歳以上
満25歳以上	被選挙権	満30歳以上
小選挙区比例代表並立制 比例代表選出　176人 小選挙区選出　289人	選挙区	比例代表選出※2　100人 選挙区選出　148人

※1 公職選挙法の改正により，それまでの242人から2019年の選挙で245人，2022年の選挙で248人と3人（比例代表2人，選挙区1人）ずつ増員。
※2 参議院の比例代表は，候補者名・政党名のいずれでも投票できる非拘束名簿式（一部は拘束名簿式）を採用している。
↑ 衆議院と参議院の比較

Episode　参議院の中央広間には，議会政治の功労者である板垣退助・大隈重信・伊藤博文の銅像が建てられている。だが，もう1つ，銅像のない台座が置かれている。これには，4人目を選べなかったという説や，「政治に完成はない」ということの象徴ではないかという説がある。

② 国会の種類と運営 ★★☆

1 国会の種類

〜3種類プラス1〜

❶ **常会(通常国会)**…常会(通常国会)は，毎年1月中に召集され，次年度の予算審議が議題の中心となる。会期は150日間であるが，両議院一致の議決によって，1回限り延長することができる。

❷ **臨時会(臨時国会)**…臨時会(臨時国会)は，内閣が必要と認めたとき，または，いずれかの議院の総議員の4分の1以上の要求があったときに召集される国会。

❸ **特別会(特別国会)**…特別会(特別国会)は，衆議院解散後の総選挙の日から30日以内に召集される国会。内閣総理大臣の指名が議題の中心となる。

❹ **参議院の緊急集会**…参議院の緊急集会は，衆議院の解散中に緊急の問題が生じ，内閣が必要と認めたときに召集される。緊急集会で参議院がとった措置はすべて臨時的であり，次の国会の開会後10日以内に衆議院の同意がないときは無効になる。

2 国会の運営

〜法に基づいて十分な審議を行う〜

国会の最終的な意思決定は**本会議**でなされるが，実質的な審議は各院に設置されている**常任委員会**や**特別委員会**で行われる。委員会で審議された議案が本会議に提出され，審議・討論を経て採決が行われる。

❶ **本会議**…各議院の議員全員が出席する会議を**本会議**という。定足数は総議員の3分の1以上となっている。審議される議案の決定は，本会議の採決によって行われる。原則として公開されることになっているが，出席議員の3分の2以上の賛成で議決したときは非公開の秘密会にすることができる。また，出席議員の5分の1以上の要求がある場合，各議員の表決，つまり，本会議の議決についてだれが賛成し，だれが反対したかを会議録に記載しなければならない(日本国憲法第57条)。

Words　会 期

国会が活動している期間。国会の会期は国会法に定められており，常会の会期は150日と決められている。臨時会と特別会の会期は両議院一致の議決によってその開催ごとに決められる。会期の延長や会期中の休会についても同様である。なお，臨時会と特別会は2回まで会期を延長することができる。

参考　閉会と休会

国会の会期が終了することを**閉会**という。また，会期中に国会が活動を一時的に休むことを**休会**という。なお，衆議院が解散された場合，参議院は自動的に閉会となる。

↑ 衆議院本会議のようす

入試Info　**国会の種類とその特徴**は必ず覚えておくこと。特に狙われやすいのは「**数字**」。常会の会期日数，臨時会の召集に必要な議員数の割合，特別会は総選挙後，何日以内に召集されるかなど，ほかの数字と混同しないように注意する。

右側欄外縦書き：第3編 公民／第1章 現代社会とわたしたちの生活／第2章 わたしたちの生活と民主政治／第3章 わたしたちの生活と経済／第4章 国際社会とわたしたち

❷ **常任委員会**…各院に設置された10〜50人程度の委員で構成された委員会を**常任委員会**という。国会での審議を慎重かつ効率的に行うことが目的である。国会議員はいずれかの常任委員会に所属しなければならない。各院17ずつの常任委員会があるが，衆議院と参議院で構成が少し異なる。定足数は委員の２分の１以上である。

❸ **特別委員会**…会期ごとに，国会の議決によって設置される委員会を**特別委員会**という。大規模な自然災害が発生したときなどに，その対策について集中的に審議するために設置される。

❹ **公聴会**…委員会で，特に重要な案件や国民の関心の高い案件について審査している場合，その利害関係のある人や専門的な知識をもつ人を招いて意見を聞くことがある。これを公聴会という。予算審議や，重要な歳入に関する法案では必ず公聴会を開かなければならない。

> 国会法第51条②
> 総予算及び重要な歳入法案については，前項の公聴会を開かなければならない。

❺ **閉会中審査**…議案の審議は国会の会期中になされることが原則で，審議しきれなかった議案は廃案になる。しかし，各院の議決によって引き続き審議することが認められることもある。こうした，国会の閉会中に行われる委員会の質疑のことを**閉会中審査**という。議案の審査のほかに，委員会の担当分野で政府見解を正す必要がある場合にも開かれることがある。

❻ **定足数**…会議が成立するために必要となる出席議員数を**定足数**という。本会議では総議員の３分の１以上，委員会では全委員の２分の１以上の出席が必要である。定足数に満たない場合，会議が成立せず散会となる。

❼ **表　決**…審議された議案に対して可否の意思表示をすることを**表決**という。原則として出席議員の過半数で決定する。可否同数の場合は議長が決定する。表決には多数決を用いるが，その過程で少数意見に十分配慮しなければならない。

参考 各院の常任委員会

衆議院	参議院
内閣	内閣
総務	総務
法務	法務
外務	外交防衛
財務金融	財政金融
文部科学	文教科学
厚生労働	厚生労働
農林水産	農林水産
経済産業	経済産業
国土交通	国土交通
環境	環境
安全保障	国家基本政策
国家基本政策	予算
予算	決算
決算行政監視	行政監視
議院運営	議院運営
懲罰	懲罰

参考 憲法に定められた特別な場合の表決

● **出席議員の３分の２以上の賛成が必要な場合**…①議員の資格剥奪，②議員の除名，③秘密会の決定，④参議院で否決した法律案の衆議院での再可決。

● **総議員の３分の２以上の賛成が必要な場合**…憲法改正の発議。

参考 表決の方法

● 議長が異議の有無を諮り，異議がないときは可決とする。
● 起立により表決する。
● 記名投票により表決する。賛成は白票，反対は青票を使う。
● 押しボタンにより表決する。参議院にのみ採用。

Episode　国会中継を見ていると，参議院本会議では議場の半数近い席が空席になっていることがわかる。これは，戦前の議席が460あった貴族院のときの施設をそのまま使用しているためである。欠席者が多くいるわけではない。

3 国会の仕事とはたらき ★★★

1 国会の仕事

～立法をはじめ，国に関するあらゆることを決める～

❶ **法律の制定**…国会の最も大切な仕事は，法律を制定すること，すなわち立法である。法律案（法案）が議員や内閣から提出されると，右図のような手続きを経て法律となり，公布される。法律案は衆議院，参議院のどちらが先に審議してもよい。両院の議決が一致しないときは必要に応じて**両院協議会**が開かれ，議決のすり合わせが行われる。それでも一致しないときは，もう１度，衆議院の本会議にかけて，**出席議員の３分の２以上の多数で再び可決すれば，法律は成立する。**

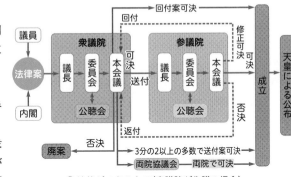

↑ 法律ができるまで（衆議院が先議の場合）

zoomup 両院協議会→p.526
衆議院の優越 →p.525

❷ **予算の議決**…国民が納めた税金などの国の歳入をもとに，今後１年間の歳出をどのような使い道で行っていくかという見積もりを**予算**という。予算は内閣から衆議院に提出される（予算の先議権）。予算が議決されないと政治に支障が出てくる。そのため，衆議院で可決されれば，参議院で可決されなくても成立するしくみになっている（**衆議院の優越**）。

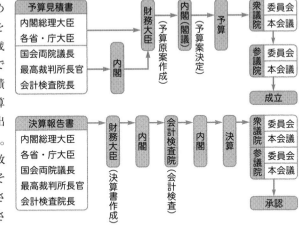

↑ 予算の成立と決算の承認

❸ **決算の承認**…前年の予算がどのように執行されたかを調べることを**決算**という。決算も内閣から国会に提出され，審議と承認を受ける。

Episode 衆議院と参議院で多数派の政党が異なる状況を「**ねじれ国会**」と呼ぶ。この状況になると，予算や重要法案の審議で両院の議決が異なることが多くなり，衆議院の優越や再議決が頻発する。近年では2007〜12年がこの状況であった。

❹ **内閣総理大臣の指名**…国会は国会議員の中から内閣総理大臣を指名する。衆議院と参議院で指名が異なる場合は両院協議会が開かれる。それでも一致しないときは，衆議院の指名が優先される。衆議院の指名後，10日以内に参議院が指名しなかったときも同様である。

❺ **内閣不信任の決議**…内閣が信任できず，行政を任せることができないと判断した場合，衆議院は内閣不信任の決議をすることができる。内閣不信任決議案が可決されると，内閣は10日以内に衆議院を解散するか，または総辞職しなければならない。

❻ **条約の承認**…内閣が締結した条約は，事前または事後に国会の承認を得る必要がある。

❼ **国政調査権**…衆議院と参議院に与えられている，国の政治に関して調査することができる権限を国政調査権という。国会に証人を呼んで証言を求めたり，記録の提出を要求したりすることができる。

❽ **弾劾裁判所の設置**…裁判官が不正を行ったり，職務を怠ったりした場合，その処分を判定する裁判を弾劾裁判という。両院から7人ずつ選出された裁判員による弾劾裁判所によって裁判が行われる。審理にかかわった裁判員の3分の2以上が罷免に賛成したときは，その裁判官を罷免できる。裁判官を弾劾裁判所に訴えるのは，両議院で選ばれた各10人の議員で構成される裁判官訴追委員会である。

❾ **憲法改正の発議**…国会は，衆議院と参議院それぞれの総議員の3分の2以上の賛成で憲法の改正を発議することができる。

2 国会議員の地位と特権

～国民の代表者を守るための権利～

　国会議員は全国民の代表者である。特定の地域や業界の代表者ではない。国民全体の代表者として国会で十分な活動ができるように，その身分が憲法で保障されている。

　国会議員の地位を保障するために，国会議員には特権が与えられ，自由な活動が保障されている。これは，政治権力の濫用によって議員の活動が不当に制限されることを防ぐためである。

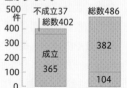

↑ 国政調査権による証人喚問

入試Info　国会の仕事はすべて入試頻出の分野である。法律が制定される過程を問う問題や，衆議院と参議院の関係を問う問題などが，時事問題とからめて出題されることもある。最近の政治に関するニュースにも耳を傾けておこう。

❶ **不逮捕特権**…国会議員は国会の会期中には逮捕されない（院外の現行犯を除く）。逮捕の必要があるときには，議員の属する院の許可を得なければならない。また，会期前に逮捕された議員は，その議院の要求があれば，会期中は釈放される。

❷ **発言・表決に対する不問**…国会議員は院内で行った演説・討論や表決について，院外でその責任を問われることはない。ただし，国会議員としてふさわしくない言動があった場合，国会の懲罰委員会によって制裁を受ける場合がある。

❸ **給与を受ける特権**…国会議員は国庫から相当額の**歳費**（１年間の手当て）を受ける。そのほか，議員の仕事に必要な経費も与えられる。

参考 国会議員の経済的待遇
- 歳費…月額約130万円
- 期末手当…年額約600万円（年収約2200万円）
- 文書通信交通滞在費…月額100万円
- 立法事務費…月額65万円
- ＪＲ全線運賃無料，航空運賃往復無料（月４回分）
- 議員会館・議員宿舎の提供
- 公設秘書３人分の給与

4 衆議院の優越と解散 ★★★

1 衆議院の優越

~国民の意思を重視するしくみ~

　二院制を採用している国会では，衆議院と参議院が同じ権限をもち，両院の議決が一致して初めて決定となる。そのため，一致しない場合には，国会の決定が遅れ，政治が停滞する危険がある。そこで，いくつかの重要な決定については，衆議院の権限を参議院よりも強くしている。これを衆議院の優越という。衆議院は参議院よりも任期が短く，解散もあるため，国民の意思がより強く反映されると考えられるからである。

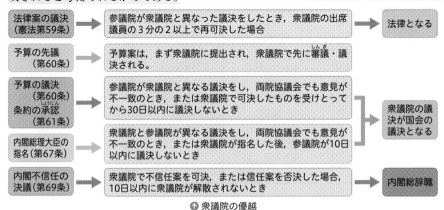

法律案の議決（憲法第59条） →	参議院が衆議院と異なった議決をしたとき，衆議院の出席議員の３分の２以上で再可決した場合 →	法律となる
予算の先議（第60条） →	予算案は，まず衆議院に提出され，衆議院で先に審議・議決される。	
予算の議決（第60条）条約の承認（第61条） →	参議院が衆議院と異なる議決をし，両院協議会でも意見が不一致のとき，または衆議院で可決したものを受けとってから30日以内に議決しないとき →	衆議院の議決が国会の議決となる
内閣総理大臣の指名(第67条) →	衆議院と参議院が異なる議決をし，両院協議会でも意見が不一致のとき，または衆議院が指名した後，参議院が10日以内に議決しないとき →	
内閣不信任の決議(第69条) →	衆議院で不信任案を可決，または信任案を否決した場合，10日以内に衆議院が解散されないとき →	内閣総辞職

⬆ 衆議院の優越

短文記述対策！

Q. 衆議院の優越が認められている理由を簡潔に述べなさい。

A. 衆議院は，参議院と比べて任期が短く，解散もあるため，国民の意思がより強く反映されると考えられるから。

2 両院協議会

~意見の違いを話し合いで解決する原則~

　衆議院と参議院の議決が一致しなかったときに，意見を調整するために開かれる協議会を両院協議会という。法律案については，衆議院の請求があれば開かれる。ただし，予算の議決，条約の承認，内閣総理大臣の指名について，両院の議決が異なった場合は必ず開かなければならない。

3 衆議院の解散

~民意を反映するしくみの1つ~

　日本国憲法第7条の3項は，衆議院の解散を天皇の国事行為と定めている。また，日本国憲法第69条には，「内閣は，衆議院で不信任の決議案を可決し，又は信任の決議案を否決したときは，10日以内に衆議院が解散されない限り，総辞職をしなければならない。」という規定がある。これらを根拠にして，内閣は衆議院を解散する権限があるとされている。実際には，内閣不信任決議にかかわらず，政策について民意を問うとして，衆議院を解散することがほとんどである。衆議院の解散後，**40日以内**に総選挙を行い，選挙の日から**30日以内**に特別会（**特別国会**）が召集される。そこで，内閣は総辞職し，新しい内閣総理大臣が指名される。

両院からそれぞれ10人ずつの代表者が出席し，意見の調整を行う。

↑ 両院協議会のようす

衆議院の解散時には万歳をするのが慣例になっている。

↑ 衆議院の解散

年・月	内閣（次）	解散の呼称	年・月	内閣（次）	解散の呼称
※1948. 12	吉田(2)	なれあい解散	1983. 11	中曽根(1)	田中判決解散
1952. 8	吉田(3)	抜き打ち解散	1986. 6	中曽根(1)	死んだふり解散
※1953. 3	吉田(4)	バカヤロー解散	1990. 1	海部(1)	消費税解散
1955. 1	鳩山(1)	天の声解散	※1993. 6	宮沢(1)	政治改革解散
1958. 4	岸(1)	話し合い解散	1996. 9	橋本(1)	小選挙区解散
1960. 10	池田(1)	安保解散	2000. 6	森(1)	神の国解散
1963. 10	池田(2)	所得倍増解散	2003. 10	小泉(1)	マニフェスト解散
1966. 12	佐藤(1)	黒い霧解散	2005. 8	小泉(2)	郵政解散
1969. 12	佐藤(2)	沖縄解散	2009. 7	麻生(1)	政権選択解散
1972. 11	田中(1)	日中解散	2012. 11	野田(1)	近いうち解散
1979. 9	大平(1)	増税解散	2014. 11	安倍(2)	アベノミクス解散
※1980. 5	大平(2)	ハプニング解散	2017. 9	安倍(3)	国難突破解散

※は内閣不信任決議案可決に伴う解散（→ p.529）。

↑ 戦後の主な衆議院の解散

HighClass　内閣が衆議院を解散する権限をもつという論理は，天皇の**国事行為**が内閣の助言と承認のもとに行われるという憲法第7条から導き出せる。天皇の国事行為である衆議院の解散は，内閣の助言と承認によるものだから，それを決めるのは内閣だということである。

4 ▶ 行政のはたらきと内閣

Point

❶ 内閣の仕事と議院内閣制のしくみについて理解しよう。

❷ 内閣のしくみと行政機関について知ろう。

❸ 行政改革と課題について理解を深めよう。

① 内閣の地位としくみ ★★★

1 内閣の地位

~行政権を担当する機関~

❶ **行政と行政権**…法律の執行や外交関係の処理，公務員の選任・監督，国の治安維持など，国民生活の安定と向上のために行う各種の施策を**行政**という。この行政を実際に行う権限を行政権という。日本国憲法第65条で，「行政権は，内閣に属する。」と規定している。

❷ **内閣の地位**…内閣は行政の最高機関で，内閣総理大臣（**首相**）と国務大臣によって構成される。内閣総理大臣は国会議員の中から国会で指名され，国務大臣は内閣総理大臣によって任命される。内閣総理大臣は内閣を代表し，行政各部を指揮・監督し，国務大臣を罷免する権限ももつ。国務大臣の多くは，各省の最高責任者として行政事務を監督する責任を負う。国務大臣は17人以内で，その過半数は国会議員の中から選ばなければならない。また，内閣総理大臣と国務大臣は**文民**でなければならない。これは，軍が政治の中枢を握って戦争への道を進んだことに対する反省から生まれた原則であるが，憲法の規定上，軍隊をもたない現代の日本では，文民は「現職自衛官以外の者」と解されている。

2 内閣のしくみ

~閣議によって方針を決定~

❶ **閣　議**…内閣総理大臣が主宰する内閣の意思決定会議を閣議という。すべての国務大臣が出席し，国の政治についての方針や重要事項について話し合われる。決

参考　内　閣

中国の明・清の時代に「宰相のいる役所」の意味で使われたのが始まりである。英語の内閣「cabinet」の名称は，17世紀にチャールズ2世が5人の寵臣に重要な国政を任せ，彼らが小部屋(cabinet)に集まって協議したことから生まれた。

Words　行　政

国の政治全体から立法と司法を除いた残りがすべて行政となる。そのため，非常に広い範囲となり，行政権の拡大が懸念される。国全体の行政は内閣が担当するが，地方の行政は都道府県や市(区)町村といった地方公共団体が担う。

参考　国務大臣の人数

内閣法では，国務大臣の人数は14人以内としているが，特別に必要がある場合は3人を限度に増やすことができる。ただし，「復興庁」，「東京オリンピック・パラリンピック競技大会推進本部」が置かれている間は，国務大臣の人数は16人以内で，さらに，特別に必要がある場合は3人を限度に増やすことができる。2020年に発足した菅義偉内閣では，前年に成立した特別措置法に基づき1人増の20人となった。

入試Info　**議院内閣制**についての理解が最重要である。キーワードは「信任」と「責任」。また，内閣不信任決議が可決された場合に内閣がすべきことも説明できるように，議院内閣制のしくみをよく理解しておくこと。

定は全会一致を原則としている。会議は非公開で行われる。

❷ **内閣総理大臣の権限**…内閣総理大臣は内閣の首長である。内閣を統率し，代表する地位にあるため，国会やその他の国家機関に対して，いくつかの強い権限が与えられている。

⬆ 閣議のようす

> ・国務大臣の任免
> ・内閣を代表して議案を国会に提出
> ・国会へ一般国務・外交関係の報告
> ・行政各部の指揮・監督
> ・在任中の国務大臣の訴追の同意
> ・行政各部の処分，または命令の中止
> ・閣議の主宰
> ・緊急事態の布告
> ・自衛隊の最高指揮監督権

⬆ 内閣総理大臣の主な権限

2 議院内閣制 ★★★

1 議院内閣制の意味

～国会に対する連帯責任～

❶ **議院内閣制**…内閣が国会の信任に基づいて成り立ち，国会に対して連帯して責任を負うしくみを議院内閣制という。行政権と立法権を分離・独立させているアメリカ合衆国などの大統領制とは異なり，日本は内閣を構成する内閣総理大臣と，国務大臣の過半数を国会議員から選ぶことによって，間接的に行政を民意の統制のもとに置くというしくみになっている。国会は国政調査権に基づいて内閣の仕事をチェックする。

❷ **議院内閣制の問題点**…政党政治のもとでは，多数派の長がそのまま内閣総理大臣に指名されやすい。したがって，立法権と行政権の両方を多数派が握ることになり，行政を民主的にコントロールするという本来の目的を果たしにくくなる可能性がある。民意をより正確に反映する選挙制度や，少数意見に配慮する行政のあり方が求められる。

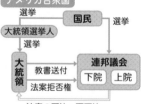
⬆ イギリスの議院内閣制（上）とアメリカ合衆国の大統領制（下）

zoomup 国政調査権→ p.524

短文記述対策！

Q 議院内閣制とはどのようなしくみか，簡潔に述べなさい。

A 内閣が国会の信任に基づいて成り立ち，内閣が国会に対して連帯して責任を負っているというしくみ。

2 議院内閣制のしくみ

〜国会＝国民の信任を得るために〜

❶ **連帯責任**…「内閣は，行政権の行使について，国会に
対し連帯して責任を負ふ。」と日本国憲法第66条で規定
している。合議体である内閣は，統一が保たれている
ことが望ましく，閣議決定は全会一致が原則である。
内閣総理大臣に国務大臣の任免権が与えられているの
は，この一体性を保つためである。

❷ **内閣不信任の決議と衆議院の解散**…国会は，法律をつ
くる立場から，内閣の仕事を調査することができる
（国政調査権）。内閣の政策などが信頼できないと衆議
院が判断したとき，内閣不信任決議案を提出すること
ができる。可決された場合，内閣は**10日以内**に**総辞
職**するか，**衆議院を解散**しなければならない。衆議院が解散した場合でも，総選挙を経て特別会が召集されたときに今までの
内閣は総辞職し，新しい内閣総理大臣が指名される。
国民の代表である国会の信任がなくては，内閣は存続
できないしくみになっている。

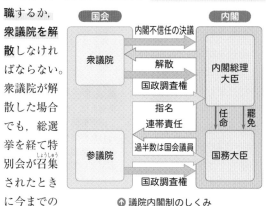

⬆ 議院内閣制のしくみ

第**3**編
公
民

第1章
現代社会と
わたしたちの
生活

第2章
わたしたちの生活
と民主政治

第3章
わたしたちの生活
と経済

第4章
国際社会と
わたしたち

参考 戦後の内閣不信任決議
案が可決された例

第2次 吉田内閣	**なれあい解散** 1948年。野党提出の不信任決議案を可決。
第4次 吉田内閣	**バカヤロー解散** 1953年。内閣総理大臣の「バカヤロー」発言を問題視して不信任決議案を可決。
第2次 大平内閣	**ハプニング解散** 1980年。69人の与党議員の本会議欠席により不信任決議案を可決。
宮沢内閣	**政治改革解散** 1993年。与党議員の一部が賛成に回り不信任決議案を可決。

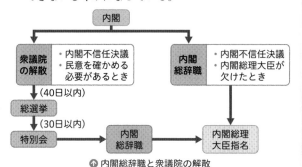

⬆ 内閣総辞職と衆議院の解散

💬 **Episode**　**議院内閣制**のもとでは，衆議院で与党が過半数を占めていることが多い。そのため，野党が
提出する**内閣不信任決議案**は否決されることがほとんどである。なお，参議院では内閣総理
大臣や国務大臣などの責任を問う**問責決議案**が提出されることがある（法的拘束力はない）。

③ 内閣の仕事 ★★★

1 法の支配

〜人ではなく法律による行政〜

　中世ヨーロッパのような**絶対王政**では，少数の権力者が国を支配していた。これを**人の支配**という。これに対し，行政が法律にのっとって行われることを**法の支配**という。憲法は，内閣が法の支配の原理に従って行政を行うものと規定している。

2 内閣の仕事

〜行政のまとめ役〜

❶ **法律の誠実な実行と国務の整理**…国会の意思を実行し，行政事務のすべてを監督し統括する。

❷ **外交関係の処理・条約の締結**…内閣は国を代表して外国との交渉にあたる。これを**外交権**といい，その１つに**条約締結権**がある。ただし，条約を締結するには事前か事後に国会の承認を必要とする。天皇は国事行為の１つとして，条約の批准書の認証を行う。

❸ **官吏に関する事務の掌理**…国家公務員法に従って，国家公務員に関する人事や給与などの事務を行う。

❹ **予算の作成**…予算を作成し，国会に提出する。なお，予算の発案権は内閣だけがもつ権利である。

❺ **政令の制定**…内閣が憲法や法律の規定を実施するために発する命令を**政令**という。政令は範囲が限定され，法律にかわることはできない（行政立法）。

❻ **恩赦の決定**…犯罪者の刑罰の一部または全部を消滅させることを**恩赦**という。大赦・特赦・減刑・刑の執行免除・復権の５種があり，内閣がその決定をする。天皇は国事行為の１つとして，その認証を行う。

❼ **最高裁判所長官の指名と裁判官の任命**…最高裁判所の長たる裁判官は内閣の指名に基づいて天皇が任命する。その他の裁判官は内閣が任命する。

❽ **国事行為に対する助言と承認**…天皇の国事行為は内閣の助言と承認によって行われ，その責任は内閣が負う。

❾ **その他**…国会の召集や衆議院の解散を決定する権限をもつ。

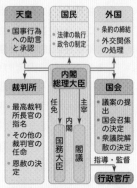

zoomup **絶対王政** → p.360
人の支配，法の支配
→ p.485，486

⇧ 内閣と内閣総理大臣の権限

参考 条約の批准

条約とは，国家間，または国家と国際機関での話し合いで決められた約束を文書にしたものである。条約を締結し，最終的に国家として同意することを**批准**という。

Words 大赦，特赦，復権

● **大赦**…政令の定める犯罪について，有罪判決の効力をなくすこと。また，まだ判決を受けていない者については，公訴権を失わせること。

● **特赦**…有罪判決を受けた特定の者に対して判決の効力をなくすこと。

● **復権**…有罪者が喪失している資格を回復させること。

zoomup **天皇の国事行為**
→ p.494

HighClass

内閣には，国会を召集する権限がある。内閣が必要と認めたときは，**臨時会（臨時国会）**の召集を決定できる。衆議院が解散されると参議院も閉会となるが，緊急の必要性があるときは，参議院に対して**緊急集会**を開くことを求めることができる。

④ 行政のはたらきと行政改革 ★★☆

1 行政機関

〜行政の仕事を分担して実行する〜

❶ **行政機関の役割**…行政の仕事は多くの分野に及んでいるため，府・省・庁・委員会などの機関によって分担され行われている。これらの機関を**行政機関**といい，内閣が監督・統括している。

❷ **国の行政機関の仕事**…国の行政機関の中心となるのは内閣府と11省である。また，この外局としていくつかの庁が置かれている。そのしくみと主な仕事は，次のとおりである。

参考　行政委員会

政治的中立や専門的な知識が必要となる分野について設けられる合議制の行政機関を行政委員会という。内閣や各省の指揮監督を受けない。国家公安委員会や公正取引委員会などがある。

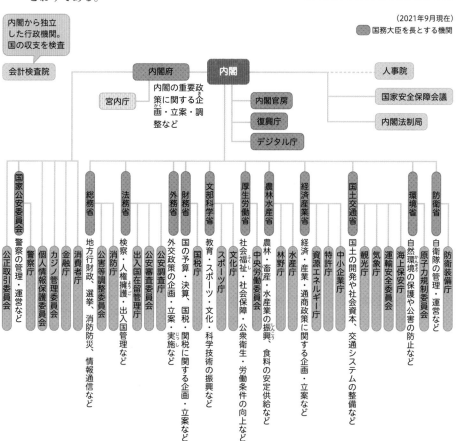

(2021年9月現在)

🔘 国務大臣を長とする機関

↑ 国の行政のしくみ

Episode　内閣のもとにある**内閣官房**は，閣議の内容の整理など，内閣の事務を担う機関である。その長が元号の発表でおなじみになった**内閣官房長官**である。内閣総理大臣を支援する役割をもち，政府の公式見解などを発表する政府報道官としての役割も担っている。

2 行政改革と課題

~行政の民主化を目ざして~

❶ **行政権の拡大**…社会の複雑化・細分化に伴い，現代では行政の仕事は多様化し，産業・経済振興，医療・年金などの社会保障，生活環境の整備や自然環境の保護，食料の管理，教育・文化の向上など，さまざまな分野に及んでいる。その実務を担っているのが，行政機関で働く**公務員**である。

❷ **公務員制度**…国の機関で働く者を**国家公務員**，地方公共団体で働く者を**地方公務員**という。国の政策決定などに大きな影響を与える上級の公務員は**官僚**と呼ばれる。公務員の選定・罷免の権利は国民がもっており，公務員は一部の人々のためではなく国民「**全体の奉仕者**」でなければならない。また，公務員には政治的中立が求められているが，これは，政党の争いなどに影響されて公務の円滑な遂行に支障が出ることを防ぐためである。

　国家公務員の給与や採用試験などは**人事院**で扱う。人事院は人事行政の改善や給与改定などについて，国会と内閣に勧告を行う。地方公務員については，人事委員会（小規模の市町村は公平委員会）がその役割を担っている。

❸ **官僚政治**…専門的知識や専門的能力をもつ官僚が，政治の政策の決定に過度に介入し，政治の実権を握っている体制を**官僚政治**という。行政指導や規制などによって，民間企業・団体や地方公共団体などの保護・統制などを行い，その発展を支援してきた。その一方で，行政機構が優位になる官僚主導の社会へと傾いていった。官僚には営業停止などの行政処分権や規制を許認可する権限があるため，財界・政治家との癒着などの弊害をもたらした。また，行政費用の増大による財政赤字や，民間の自由競争の抑制による市場経済の停滞などの問題を発生させることになった。退職した高級官僚が勤務官庁と関連が深い民間企業や団体の役員・幹部として再就職する**天下り**も，行政の公平性を失わせる要因の1つとして問題になっている。

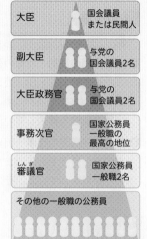

↑ 行政機関の組織例

大臣		国会議員または民間人
副大臣		与党の国会議員2名
大臣政務官		与党の国会議員2名
事務次官		国家公務員一般職の最高の地位
審議官		国家公務員一般職2名
その他の一般職の公務員		

参考　公務員の職階制

職階（職務を，その内容や責任の度合いなどに応じて分類・等級づけしたもの）を定め，それに基づいてすべての公務員を適材適所に配置する人事管理の制度が**職階制**である。各人の能力と能率に応じた給与と人事をこなすために生まれた。

また，公務員には**特別職**と**一般職**がある。国務大臣や地方公共団体の首長などの政治的な職，裁判官や自衛官のように特殊な性質をもっている職，就任するのに公選されることが必要な職などが特別職で，これら以外が一般職になる。一般職は国家公務員法，地方公務員法の適用を受けるが，特別職には適用されない。

Episode

政治家・官僚・財界の癒着が，ときには汚職事件に発展する。戦後最大の汚職事件として，アメリカ合衆国の航空会社が旅客機の売り込みのために，日本の政府高官に工作資金をばらまいたロッキード事件（1976年）があげられる。

❹ 行政組織の再編…官僚主導の弊害が指摘され，今世紀に入り，これを転換していく動きが見られるようになった。行政機関の許認可や行政指導による規定を制度化した**行政手続法**や，国民による官僚の行政のチェックを可能にした**情報公開法**，国家公務員の倫理規定を定めた**国家公務員倫理法**などの制定がその一環である。また，2001年には，1府22省庁あった中央省庁が1府12省庁に再編された。行政機関の横のつながりが薄く，それぞれの機関がほかの機関に関係なく独自に政策を進める**縦割り行政**によって，同じような仕事を複数の機関で同時進行していた状況を改善するためである。省庁再編で新たに設けられた内閣府には首相補佐官が置かれ，各省庁には大臣のほかに複数の副大臣・政務官が置かれるようになった。副大臣，政務官は国会議員であり，官僚主導から政治主導への転換が図られている。

参考　幼保一元化

縦割り行政の弊害は幼児教育の現場でも見られる。就学前の子どもを教育する幼稚園は文部科学省，家庭での保育が難しい子どもを受け入れる保育所は厚生労働省が所管してきた。近年，この問題を解消するため，幼稚園と保育所の機能を統合する「幼保一元化」の動きがあり，2006年には両方の機能をあわせもつ「認定こども園」の制度が始まった。

zoomup 地方分権一括法
→ p.546

第3編 公民

Close Up　行政改革

　肥大化した行政の仕事を整理・縮小し，行政機関のスリム化をめざす改革を**行政改革**という。この中心が**規制緩和**である。行政サービスを削減して民間に移行する民営化によって財政状態を改善するために，行政機関がもっている許認可権を見直し，経済活動の規制を緩めることで，だれもが市場に参入できるようになった。また，1999年には**地方分権一括法**が制定され，国と地方の関係を「上下関係」から「対等・協力関係」へと改められた。国のもつ権限を地方へ移す**地方分権**も進められている。さらに，国が運営していた大学・博物館・病院・研究機関などの事業を**独立行政法人**として省庁から切り離し，公務員数を削減する改革も行われている。国家のはたらきを，社会の秩序を守るための治安維持と国防に限定する「**小さな政府**」か，経済活動に積極的にかかわることで国民生活の安定を図る「**大きな政府**」か，どちらを目ざすにしても，民主主義のもとでは国民が選択するものであるが，「無駄をなくす」ことは「必要な行政をやめる」ことではない。憲法に規定された「健康で文化的な最低限度の生活」を守るために，公正な行政サービスを確保するとともに，行政が効率良く行われることが大切である。

医薬品販売の規制も緩和された。2009年からコンビニエンスストアで一部の薬を販売できるようになった。

⬆ 規制緩和の例

Episode　一般の住宅を旅行者に有料で提供する，いわゆる**民泊**は，宿泊者の安全確保などの懸念から日本では認められていなかった。しかし，規制緩和により2018年に民泊新法が施行され，都道府県などに届け出れば，年間180日を上限に，だれでもどこでも民泊営業が可能になった。

5 司法権の独立と裁判所

Point
① 裁判所の種類と役割を理解しよう。
② 三審制などの裁判のしくみを知ろう。
③ 三権分立の制度と内容をおさえよう。

1 司法権の独立 ★★★

1 司法権の独立

~立法府と行政府に干渉されない~

社会生活においては個人の生命・財産その他の権利が守られ，社会の秩序が保たれることが必要だが，個人の権利が侵され，社会の秩序が乱される事件がしばしばおこる。このような事件に対し，法律を適用して判断（**判決**）を下す仕事が司法であり，司法権は裁判所だけがもつ（憲法第76条）。絶対王政の時代には，司法権は立法権・行政権とともに国王の手に集中しており，不公正な裁判が行われ，国民の権利が侵されていた。民主政治の発展は，裁判所がほかの機関や政治勢力からも干渉されず独立して裁判をするという司法権の独立の原則を生み出した。

2 裁判官の地位の保障

~間違った裁判をしないために~

司法権の独立の原則によって，裁判官は自らの**良心と法**のみに従って裁判をしなければならない（憲法第76条）。これを**裁判官の独立**という。憲法第78・79・80条は，裁判官が国会や内閣，そのほかの権力から干渉されないように，細かく**裁判官の身分保障**を定めている。具体的には，①裁判官は，**弾劾裁判所**や**国民審査**で罷免が決定された場合や，心身の故障のために職務をとることができないと裁判によって決定された場合を除き，罷免されない。②報酬は一般の公務員よりも高く，在任中に減額されることはない。③定年年齢も高い（最高裁判所と簡易裁判所は70歳，それ以外は65歳）。

1891年におこった大津事件の裁判で政府の圧力を退け，司法権の独立を守った大審院長

← 児島惟謙（こじまいけん これかた）

zoomup 大津事件 → p.388

参考 裁判官の法服

裁判官の法服が黒いのは，ほかの色に染まることがない，「公正さを象徴する色」だからである。

← 裁判官の法服

← 裁判官のバッジ

HighClass 日本国憲法第76条３項は「すべて裁判官は，その良心に従ひ独立してその職権を行ひ，この憲法及び法律にのみ拘束される。」と規定し，裁判官がほかのどのような権力からも独立しており，ほかの権力の介入を受けないことを保障している。

3 違憲立法審査権

~法律が憲法に違反してはならない~

　裁判所は，すべての法律や命令，規則，処分などが憲法に違反していないかどうか審査する権限をもつ（憲法第81条）。これを違憲立法審査権（**違憲審査権，法令審査権**）という。日本国憲法は日本国の最高法規であるため，裁判所は憲法に違反している法律や命令などから国民の基本的人権を守る目的がある。特に，**最高裁判所**は最終的に法令などが合憲か違憲かを決定できる**終審裁判所**であり，「憲法の番人」といわれる。ただし，裁判所の審査権は，具体的な訴訟事件が発生してから発動される。

違憲判決 （年月日）	違憲とされた 法律や行為	根拠となる 憲法条文	違憲の理由・判断	判決後の措置
尊属殺重罰規定 違憲判決 （1973.4.4）	刑法第200条（尊属殺の重罰規定）	第14条（法の下の平等）	尊属殺の法定刑が死刑または無期懲役というのは，普通殺人の法定刑に対して著しく不合理な差別的取り扱いであり，違憲。	1995年の刑法改正で同条項を廃止。
薬事法距離制限 違憲判決 （1975.4.30）	薬事法第6条（薬局開設の距離制限）	第22条（職業選択の自由）	薬局開設の許可基準として距離の制限を設けていることは，不良薬品の供給防止という立法的目的から合理的規定とはいえず，違憲。	1975年に同条項を廃止。
愛媛玉ぐし料 違憲判決 （1997.4.2）	愛媛県の公費による靖国神社への玉ぐし料支出	第20条③（政教分離），89条（公の財産）	県の公費支出は，憲法が禁止する公的機関の宗教的活動にあたるとして違憲。	公費の奉納を中止。
在外邦人選挙権 制限違憲判決 （2005.9.14）	在外邦人の選挙権を制限する同法	第15条（普通選挙の保障）	公職選挙法を違憲とし，在外邦人も衆参両議院の選挙権を行使できると確認。	2006年に公職選挙法を改正。
国籍法違憲判決 （2008.6.5）	国籍法第3条（子の日本国籍取得に結婚が必要）	第14条（法の下の平等）	父が子を出生後に認知した場合，両親の結婚がなければ子が日本国籍を取得できない国籍法は違憲。	2008年に国籍法を改正。
砂川政教分離 違憲判決 （2010.1.20）	砂川市による神社への市有地の無償提供	第20条①（政教分離），89条（公の財産）	市内の神社に市有地を無償提供しているのは憲法の政教分離原則に反しており違憲。	市有地を神社に有償貸与。
婚外子相続差別 違憲判決 （2013.9.4）	民法第900条第4号（婚外子の相続規定）	第14条（法の下の平等）	婚外子の相続分は嫡出である子の相続分の2分の1とする規定は，法の下の平等に反し違憲。	2013年に民法を改正。
再婚禁止期間訴訟違憲判決 （2015.12.16）	民法第733条1項（再婚禁止期間を設ける）	第14条（法の下の平等），第24条（個人の尊厳と両性の本質的平等）	女性は離婚や結婚取り消しから6か月を経なければ再婚できないのは法の下の平等に反し違憲。	2016年に民法を改正。

↑ 最高裁判所の違憲判決の例

HighClass 2015年に違憲判決が出された再婚禁止期間訴訟について，それまで女性は離婚届を出した後，6か月間は再婚ができなかった。最高裁判所は，妊娠した子の父を推定するのに100日間の再婚禁止期間を設けることは合理性があるが，それを超える部分について違憲とした。

② 裁判所の種類と三審制 ★★★

1 裁判所の種類

〜事件によって裁判所が違う〜

裁判所は，最高裁判所と下級裁判所の2つに大きく分けられる。

❶ **最高裁判所**…最も上級の裁判所で，日本の**終審裁判所**である。最高裁判所長官と14人の裁判官からなり，東京にある。長官は**内閣が指名**し，**天皇が任命**する。その他の裁判官は**内閣が任命**し，天皇が認証する。最高裁判所の裁判官は，国民審査で適格か不適格かを国民に判断され，**不適格**の票が**過半数**に達すると**罷免**される。また，**上告**や**特別抗告**についての裁判，違憲立法の最終審査，裁判の手続きなどに関する規則の制定，裁判所の人事などを行う。

❷ **下級裁判所**…下級裁判所の裁判官は，最高裁判所の指名した者の名簿によって，内閣が任命する。

▶ **高等裁判所**…東京・大阪・名古屋・広島・福岡・仙台・札幌・高松にある。刑事裁判で地方裁判所や家庭裁判所，簡易裁判所から控訴された事件について，第二審の裁判を受けもつ。民事裁判では，地方裁判所，家庭裁判所からの第二審，または簡易裁判所から始まった裁判の第三審を受けもつ。

⬆ 高等裁判所の所在地

▶ **地方裁判所**…各都府県に1か所，北海道に4か所ある。主に第一審と，民事裁判における簡易裁判所の判決に対する控訴審の裁判を受けもつ。

▶ **家庭裁判所**…地方裁判所のあるところに置かれ，離婚問題などの家庭内の争い（**家事事件**）の調停・審判，**少年事件**の審判などを受けもつ。審理は原則として

HighClass **知的財産高等裁判所**は，特許権など知的財産に関する事件を取り扱う裁判所で，2005年4月に東京高等裁判所の特別な支部として設けられた。専門的な事件処理に対応するため，独自の権限が認められるなど，高等裁判所のほかの支部よりも独立性が高い。

第**3**編
公
民

第1章
現代社会と
わたしたちの生活

第2章
と民主政治
わたしたちの生活

第3章
と経済
わたしたちの生活

第4章
国際社会と
わたしたち

非公開で行う。

▶**簡易裁判所**…全国に438か所あり，請求価額が140万円以下の民事裁判，罰金以下の罪にあたる刑事裁判など，軽い民事・刑事事件の第一審裁判を行う。簡易裁判所から始まる民事裁判では，第二審は地方裁判所，第三審は高等裁判所になる。

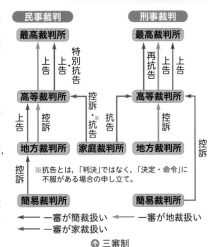

↑ 全裁判所が受け付けた事件の内訳

少年事件 1.8
刑事事件 25.9
民事事件 42.9%
家事事件 29.4
362.2万件
(2018年)
(2020/21年版「日本国勢図会」)

2　三審制

~同じ事件は原則3回まで~

裁判を慎重かつ公正に行うため，同じ事件について原則として3回まで裁判を受けることができる。これを三審制という。裁判の結果に不服な場合，上位の裁判所へ訴えることができ，これを**上訴**という。第一審から第二審に上訴することを控訴，第二審から第三審に上訴することを上告という。

❶ **刑事裁判の場合**…地方裁判所，家庭裁判所，簡易裁判所で行われた第一審の判決に対して不服がある場合，第二審の高等裁判所に控訴することができる。第二審の判決も不服であれば，第三審の最高裁判所に上告することができる。

❷ **民事裁判の場合**…地方裁判所，家庭裁判所の第一審の判決に不服であれば，第二審の高等裁判所へ控訴，さらに第二審の判決にも不服であれば第三審の最高裁判所に上告することができる。ただし簡易裁判所から始まった民事裁判のみ，第二審は地方裁判所になり，第三審は高等裁判所になる。

❸ **例外的な上訴**…日本は三審制を原則としているが，刑事裁判のうち，内乱罪などは，第一審が高等裁判所になっているため二審制である。また，民事裁判で高等裁判所が第三審として行った判決に対し，憲法違反であることを理由に，最高裁判所へ上訴する特別上告や，民事裁判で当事者間の合意により，控訴を省略してただちに上告する飛躍上告(刑事裁判では跳躍上告)なども認められている。

↑ 三審制

HighClass 三審制の長所は，同一の事件について3回まで裁判をすることができるため，裁判を慎重かつ公正に行うことができ，裁判の誤り(冤罪など)を防止できることである。その一方，最終判決までに時間がかかるという批判がある。

3 裁判のしくみと人権の尊重 ★★☆

1 裁判のしくみ

～刑事裁判・民事裁判～

裁判には，刑事裁判と民事裁判がある。大日本帝国憲法の下では軍事裁判，皇室裁判も存在したが，現在は廃止されている。

❶ 刑事裁判…他人の生命・名誉・財産の権利を侵し，社会の秩序を乱した者を調べて，法律の定める刑罰を科す裁判である。**検察官**は犯罪を犯した疑いのある者（**被疑者**）を裁判所に起訴する。この起訴された者を被告人といい，被告人は有罪判決があるまでは無罪と推定される。裁判官は，検察官や被告人，被告人の弁護人それぞれの主張を聞き，証拠に基づいて判断し，法律に照らして，有罪・無罪の判決を下す。有罪の場合は，罪に相当する刑罰を言い渡すが，刑の執行を猶予することもある。

❷ 民事裁判…金銭の貸借や相続，土地や家屋を巡るもめごとなど，私益に関する争いを解決する裁判である。民事裁判では訴えた者を原告，訴えられた者を被告という。裁判所は証人や証拠を調べたうえで判決を下すが，刑事裁判とは違い，刑罰を科すことはできない。判決が決まると，当事者はそれを実行しなければならない。当事者が実行しなければ，裁判所は強制的に実行させる強い力をもっている。これを**強制執行**という。また，民事裁判は私益に関する争いなので，当事者間の話し合いで解決すれば，裁判所は判決を下す必要はない。この解決の方法を**和解**という。裁判官と第三者を交えて争いを解決する方法もあり，これを**調停**という。

▶行政裁判…国や地方公共団体などの**行政機関**が法律に定めてあることと違ったことをして，国民に損害を与えた場合（例えば，税金の不当な取り立て）に，国民は国や地方公共団体を訴えて裁判を請求できる。行政裁判は民事裁判に準じているので，訴えた者を**原告**，訴えられた者を**被告**（行政裁判では行政機関）という。

重大事件の第一審では裁判員も加わる。

↑ 刑事裁判の法廷

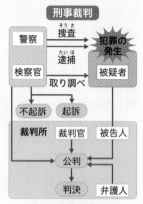

↑ 刑事裁判の手続き

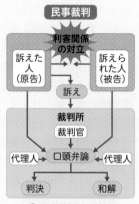

↑ 民事裁判の手続き

Episode 軍事裁判は軍法会議とも呼ばれ，主に軍人に対する裁判である。日本陸軍・日本海軍ともに軍事裁判は存在したが，自衛隊には軍事裁判は存在せず，一般の裁判所で裁判を行う。皇室裁判は皇族間の民事訴訟を裁判するものであったが，大日本帝国憲法下では1度もなかった。

2 検察官

～法廷で被告人を追い込む～

犯罪が発生した場合，被疑者の追跡・捜査・逮捕は警察官が行う。警察官が被疑者を逮捕した後，起訴・不起訴は検察官が行う。

❶ **検察官**…検察官は法務省の行政官であり，国家公務員である。法務大臣の指揮・監督を受ける。検察官は刑事裁判において，**公益**を代表して被疑者を調べて，起訴するかどうかを決定する。起訴した後は，裁判で証拠を示し，事件の内容を明らかにして被告人の処罰を求める。また，確定した刑の執行を監督する。検察官は裁判官のような独立性はないが，検察官による起訴・不起訴が政治的圧力に屈して裁判の公正を崩すことのないように，検察官の身分も強く保障されている。

❷ **検察審査会**…検察官が被疑者を起訴しなかった場合（**不起訴処分**），そのよしあしを判断する組織である。選挙権のある国民の中から，くじで11人の**検察審査員**が選ばれる。犯罪の被害者や，犯罪を告発した人たちの申し出で審査が始められる。検察審査会で**不起訴不当**（不起訴はおかしい）もしくは**起訴相当**（起訴するべきだ）と議決がされると，検察官はその事件について再検討しなければならない。

3 弁護人

～被告人の味方～

普通の人が裁判の当事者になった場合，細かい法律についての知識はほとんどない。そこで，当事者や関係者・官公署の委嘱によって，訴訟に関する行為やその他の法律事務を扱う**弁護人**（弁護士）が利益を守ってくれる。このため弁護士は国家資格をもつ法律の専門家でなければならない。弁護士は民事裁判では**訴訟代理人**として，依頼者のために相手方と争い，刑事裁判では**弁護人**として，被告人の味方となって検察官と相対する。被告人が経済的理由などで弁護人をつけられない場合は，裁判所は**国選弁護人**（国の費用で選任する弁護人）をつけなければならない。

Words 警察官

警察の責務を遂行する国家公務員および地方公務員。警視総監・警視監・警視長・警視正・警視・警部・警部補・巡査部長・巡査の9階級に分かれる。

参考 検察庁

検察官の属している役所が検察庁で，裁判所の種類に応じて，最高検察庁（最高裁判所），高等検察庁（高等裁判所），地方検察庁（地方・家庭裁判所），区検察庁（簡易裁判所）に分かれている。

参考 検察審査会

2009年までは検察審査会の議決には拘束力がなかった。このため，起訴するかどうかは検察官に任され，起訴されないことも少なくはなかった。しかし，**司法制度改革**の一環として，2009年に検察審査会法が改正され，検察審査会の議決に拘束力が付与され，同じ事件に対して起訴相当が2度出された場合，被疑者は裁判所が指定した弁護士によって**強制起訴**されるようになった。

↑ 検察官のバッジ

↑ 弁護士のバッジ

Episode 司法試験に合格して弁護士になると胸に弁護士バッジをつけることができる。弁護士バッジには，外側に「ひまわり」，中央に「はかり」がデザインされている。「ひまわり」は正義と自由，「はかり」は公正と平等を追い求めることを表している。

4 刑事裁判と人権の尊重

～人権侵害は許されない～

日本国憲法には，裁判が公正に行われ，人権が不当に侵されないように，いくつかの決まりが設けられている。例えば，国民の目から隠れて秘密に裁判が行われないように，特別の場合を除いてすべて**公開**の法廷で行われる。また，抑留や拘禁された後，無罪の判決を受けたときには，それまでに受けた損害の補償を国に請求することができる（**刑事補償請求権**）。同時に次のような原則もある。

❶ 捜査・逮捕段階での人権保障

▶**令状主義**…警察官や検察官が住居内の捜索，逮捕などをする場合は，裁判官・裁判所の発行する令状が必要であり，令状がなければ逮捕や勾留はできない。ただし，現行犯の逮捕は例外である。

▶**黙秘権**…被疑者は取り調べの際に，自分に不利な供述をしなくてもよい権利（黙秘権）をもつ。

▶**拷問の禁止**…公務員による拷問や残虐な刑は，絶対に禁止されている。また，強制による自白は証拠とならない。

▶**取り調べの可視化**…2019年から裁判員裁判対象事件及び検察の独自捜査事件について，逮捕・勾留下の被疑者の取り調べの開始から終了に至るまで，全過程の録音・録画が義務づけられた。

❷ 裁判段階での人権保障

▶**裁判を受ける権利**…だれでも裁判を受ける権利が保障されている。また，裁判は公開が原則である。

▶**弁護人を依頼する権利**…私費，または国費で弁護人を頼むことができる。

▶**証拠裁判主義**…被告人の自白だけでは犯罪にならず，犯罪事実があったという具体的な証拠がなければ罪に問われない。「疑わしきは罰せず」や「疑わしきは被告人の利益に」といわれることもある。

▶**推定無罪の原則**…被告人の生命・財産・身体の自由に直接影響のある刑事裁判において，被告人は有罪判決を受けるまでは無罪と推定される。

第31条	法定手続きの保障，罪刑法定主義
第32条	裁判を受ける権利
第33条	令状主義
第36条	拷問及び残虐刑の禁止
第37条	公開裁判を受ける権利，弁護人を依頼する権利
第38条	黙秘権，自白の証拠能力
第40条	刑事補償を請求する権利

⬆ 憲法で保障されている裁判に関する国民の主な権利

Words 罪刑法定主義

どのような行為が犯罪で，その犯罪をしたことでどのような刑罰を与えるかは事前に法律で定めておかなくてはならないという原則。日本国憲法第31条・第39条などに規定されている。

参考 公開裁判の原則

政治犯罪，出版に関する犯罪，国民の自由や権利が問題となる事件の裁判は，必ず公開されなければならない。日本国憲法第82条に規定されている。

死刑	生命を奪う
懲役	刑務所に収容・監禁して労働させる（無期か有期（1か月以上20年未満））
禁固・拘留	刑務所に収容・監禁（禁固は無期か有期（1か月以上20年未満），拘留は1日以上30日未満）
罰金・科料	罰金は1万円以上，科料は1000円以上1万円未満を払う

⬆ 主な刑罰の種類

検察事務官という役職がある。検察事務官は検察官と一緒に事件を調査したり，罰金を納めさせるなどの仕事をする。検察事務官になるには，国家公務員試験及び面接試験で合格しなければならない。その後に試験を受け，合格すれば検察官になることも可能である。

5　司法権の独立と裁判所

第**3**編　公　民

第1章　現代社会とわたしたちの生活

第2章　わたしたちの生活と民主政治

第3章　わたしたちの生活と経済

第4章　国際社会とわたしたち

4 司法制度改革と裁判員制度 ★★★

1 司法の課題

～日本の裁判の問題点～

❶ 冤罪…無実の者が罪に問われることを冤罪という。冤罪の救済手段として再審制度が設けられている。

❷ 再審制度…判決が確定されるとその刑に服さなければならない。しかし，第三審の後でも新しい証拠が出るなどして裁判に重大な誤りがあると疑われる場合は判決を取り消し，裁判をやり直すことができる。これを再審制度という。

❸ 日本の裁判の問題点…日本の裁判は時間と費用がかかる，弁護士をはじめ法律関係者の数がほかの先進国より少ないなどの問題点が指摘されてきた。

	日本		アメリカ合衆国	
	人	人口10万あたり(人)	人	人口10万あたり(人)
裁判官	3881	3.07	3万2536	9.94
検察官	2756	2.18	3万3169	10.14
弁護士	4万1155	32.55	125万7732	384.43

⬆ 法律関係者の人口比較

日本は裁判官と検察官が2019年度の定員，弁護士は2019年4月1日現在。アメリカ合衆国は連邦と州の合計。裁判官は連邦が2019年現在，州が2010年現在，検察官は連邦が2010年現在，州が2007年現在，弁護士は2017年現在。　(2020/21年版「日本国勢図会」)

※現在の三豊市。

事件名	請求人	年	場所	罪状	原判決	再審決定時期	結果
免田事件	免田栄	1948年	熊本県人吉市	強盗殺人	死刑	1979年9月再審開始決定	1983年7月，無罪判決
財田川事件	谷口繁義	1950年	香川県財田村※	強盗殺人	死刑	1979年6月再審開始決定	1984年3月，無罪判決
足利事件	菅家利和	1990年	栃木県足利市	殺人	無期懲役	2009年6月再審開始決定	2010年3月，無罪判決

⬆ 再審(裁判のやり直し)と無罪判決の主な例

2 司法制度改革

～裁判を身近なものに～

日本では，国民に身近で利用しやすい司法の実現を目ざして司法制度改革が進められてきた。2004年には法曹人口の拡大を目的に法科大学院(ロースクール)が設けられた。また，だれもが身近に法律相談を受けられるように日本司法支援センター(法テラス)が設置された。2009年5月からは裁判員制度が始まった。

また，犯罪事件の被害者や家族などが刑事裁判に参加する被害者参加制度も取り入れられている。近年では取り調べの可視化や，捜査に協力した見返りに罪を軽くする司法取引も導入されている。

> **Words** 法科大学院(ロースクール)
>
> 裁判官・検察官・弁護士など法曹の養成を目的とする専門職大学院。2004年度におよそ70の法科大学院が発足した。だが，司法試験の難易度は高く，修了者の7～8割の合格を想定していたが，平均は2～3割程度になっている。また，大学院によって合格者の差が大きく，その結果から入学者が定員割れすることもあり，募集を停止した法科大学院も存在する。

 HighClass 裁判員に選ばれると仕事を休まなければならないが，労働基準法第7条で裁判員制度に必要な休みをとることが認められている。また，裁判員として仕事を休んだことを理由に，職場を解雇されることなどは裁判員法第100条で禁止されている。

3　裁判員制度

～国民にもっと裁判を知ってもらうために～

❶ **裁判員制度とは**…2004年5月，国民に裁判の審理（公判）への参加を義務づけた裁判員法が成立し，2009年5月から裁判員制度が始まった。これは満20歳以上の有権者の中から無作為にくじで選ばれた国民が裁判員として，**重大な刑事事件の裁判審理（第一審）**に参加し，裁判官とともに有罪・無罪の決定や量刑判断をするものである。

❷ **裁判員の選定**…裁判員は，選挙人名簿から無作為抽出により作成された候補者名簿の中から，事件ごとに抽選で選出され，呼び出される。候補者が，正当な理由なく出頭しないと，10万円以下の過料に処せられる。

❸ **裁判員の仕事**…裁判員が参加する裁判は，刑事事件でも地方裁判所で行われる第一審のうち，死刑または無期の懲役・禁固の罪などが想定される重大な事件のみである。原則として**裁判官3人，裁判員6人**の合議体と呼ばれる集まりで，被告人が有罪か無罪か，有罪ならばどのような刑にするべきかを議論（評議）し，決定する（評決）。全員一致の意見が得られない場合は，多数決によって評決する。有罪となるためには，裁判官，裁判員のそれぞれ1人以上を含む過半数の賛成が必要となる。評決が決まると，裁判長が法廷で判決を宣告し，裁判員の仕事は終わりとなる。迅速でわかりやすい審理のため，**公判前整理手続き**が必ず行われ，また，公判はできる限り連続して開かれることになっている。

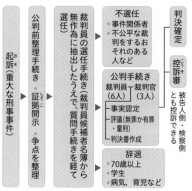

↑ 裁判員制度

Why 裁判員制度が導入された理由

国民が裁判に参加することで国民の視点や感覚が裁判の内容に反映される。その結果，裁判が身近なものになり，国民の司法に対する理解・信頼が深まると期待されるから。

Words 公判前整理手続き

刑事裁判の迅速な審理を進めるために2005年に導入された制度。判決までのスケジュールを事前に決めておき，裁判員にとって最もわかりやすい資料作成などを検討する。

↑ 裁判員裁判の公判のようす（模擬裁判）

↑ 評議のようす

HighClass　アメリカ合衆国・イギリスは有罪かどうかの判断を**陪審員**のみが行い，裁判官は法律問題と量刑の判断を行う**陪審制度**を導入している。また，ドイツ・フランス・イタリアなどでは裁判官と**参審員**が有罪の認定や量刑のほか法律問題についても判断を行う**参審制度**を導入している。

⑤ 三権分立 ★★★

1 三権分立の思想と制度

～権力の濫用を防ぐ～

❶ 思　想…国家の権力が特定の機関に集中すると，濫用されやすく，国民の自由や権利が侵されやすい。そこで，権力をいくつかに分立させ，相互にほかの権力の行き過ぎをおさえるというしくみが提唱された。イギリスの**ロック**は，国家権力を立法と行政・外交に分けて立法を最高の権力とし，フランスの**モンテスキュー**はロックの考えを発展させ，権力の分立を明確化した。モンテスキューは当時のフランスの絶対王政に反対し，自著『法の精神』(1748年)の中で，国家権力を立法・行政・司法に三分し，それぞれ独立の機関に担当させ，三権が相互に抑制し合って均衡を保つことが必要だと述べた。これを三権分立という。

❷ 制　度…モンテスキューの三権分立の思想はアメリカ合衆国の独立とともに，合衆国憲法の中に明文化された。また，1789年のフランスの人権宣言が，権力分立をもたない社会に憲法はないと宣言(第16条)してから，多くの国の憲法で，立法権は議会に，行政権は君主・大統領または内閣に，司法権は裁判所に所属させる制度が一般的になった。なお，アメリカ合衆国のように行政に属する大統領が議会(立法)に議席をもつことを許されず厳格に三権分立が行われている国(大統領制)と，イギリスのように行政(内閣)を立法(議会)の信任の下に置く国(議院内閣制)とがある。

2 国会・内閣・裁判所の関係

～互いを抑制するしくみ～

　日本は，憲法でイギリス型の議院内閣制をとり入れ，三権分立を確立しているが，一方ではアメリカ合衆国の違憲立法審査権の制度も取り入れており，特色のある三権分立制となっている。ただし，**抑制**と**均衡**の基本的な考えは同じであり，国会(立法)・内閣(行政)・裁判所(司法)の三者の関係は，次のようになっている。

zoomup ロック，モンテスキュー→ p.486

参考 モンテスキュー『法の精神』

同一人，または同一の執政官団体において立法権と執行権が結合されると，自由はまったく存在しない。なぜなら，同じ君主あるいは同一の元老院が暴政的な法律をつくり，暴政的にそれを執行するおそれがありうるからである。

裁判権が立法権や執行権と分離されていないときも，自由はやはり存在しない。もしそれが立法権と結合されれば，公民の生命と自由に関する権力は恣意的となろう。なぜなら，裁判役が立法者となるからである。もしこの権力が執行権と結合されれば，裁判役は圧制者の力をもちうることになろう。　(一部要約)

HighClass アメリカ大統領は，国民の選挙で選出されるので，議会には議席がない。大統領は，**教書**を議会に送って法律の制定を要請する権限や，議会が議決した法律案への署名を拒否する**拒否権**をもつ(ただし，上下両院が3分の2以上の多数で再可決すれば法律案は成立)。

❶ 国会(立法)と内閣(行政)の関係

▶国会の内閣に対する権限

- 国会は内閣総理大臣を指名する。(憲法第67条)
- 衆議院は内閣不信任の決議を行うことができる。
  (憲法第69条)
- 両議院は国政調査権をもつ。(憲法第62条)

▶内閣の国会に対する権限

- 内閣は衆議院に対して解散権をもつ。
  (憲法第7条・第69条)
- 内閣の助言と承認により, 天皇は国事行為として国会を召集する。(憲法第7条)

❷ 国会(立法)と裁判所(司法)の関係

▶国会の裁判所に対する権限

- 国会は裁判官の弾劾裁判を行う。(憲法第64条)

▶裁判所の国会に対する権限

- 裁判所は法律に対して**違憲立法審査権**をもつ。
  (憲法第81条)

❸ 裁判所(司法)と内閣(行政)の関係

▶裁判所の内閣に対する権限

- 裁判所は内閣のつくる命令に対して審査権をもつ。また, 行政処分が違憲でないか審査する。
  (憲法第81条)

▶内閣の裁判所に対する権限

- 内閣は最高裁判所長官を指名し, その他の裁判官を任命する。(憲法第6条・第79条・第80条)

参考 国民と三権分立

主権者である国民は国会に対しては選挙をし, 内閣に対しては世論で, 裁判所に対しては国民審査をすることで三権分立にかかわっている。

↑ 国民審査の投票用紙

zoomup 違憲立法審査権
→ p.535

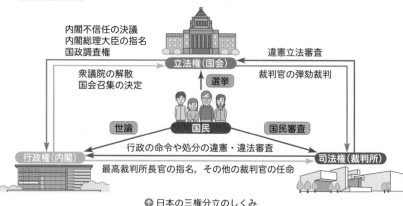

内閣不信任の決議
内閣総理大臣の指名
国政調査権

違憲立法審査

立法権(国会)

衆議院の解散
国会召集の決定

選挙

裁判官の弾劾裁判

世論

国民

国民審査

行政権(内閣)

行政の命令や処分の違憲・違法審査

司法権(裁判所)

最高裁判所長官の指名, その他の裁判官の任命

↑ 日本の三権分立のしくみ

短文記述
対策!

❓ 三権分立をとっている理由を簡潔に述べなさい。

🅰 権力が1か所に集中しないように, 立法・行政・司法の3つの権力に分け, それぞれ抑制し合い, 均衡を保つため。

6 ▶ 地方自治

Point
❶ 地方公共団体のしくみをおさえよう。
❷ 地方財政の歳入と歳出を知ろう。
❸ 地方自治における住民の権利を理解しよう。

1 地方自治のしくみ ★★★

1 地方自治と民主政治

~民主主義の学校~

　地方自治とは，本来，一定の地域の住民が，その地域の政治を住民自身の意思によって自主的に行うことを指す。しかし，**地方公共団体（地方自治体）**が国家から一定範囲の**自治権**を与えられて，その地域の実情に合わせて行う政治という意味で使われることが多い。地方公共団体の自治権は憲法や法律に違反してはならず，国家は地方の自治権を侵してはならない。地方自治を尊重しない国は，民主政治も発達していないといえる。地方自治は，身近な問題を解決する民主主義の実践の場であり，地方自治を通して民主政治のあり方を学びとることができる。その意味で地方自治は「民主主義の学校」といわれる。

年	できごと
1871	廃藩置県
1878	三新法の公布（郡区町村編制法・府県会規則・地方税規則）
1879	最初の東京府会
1888	市制・町村制公布
1890	府県制・郡制公布
1943	東京都制実施
1947	地方自治法公布
	内務省廃止
1960	自治省発足
1994	中核市制度制定
1995	地方分権推進法制定
1999	地方分権一括法制定
2001	総務省発足
2005	平成の大合併が進む
2007	地方分権改革推進法施行
2011	「国と地方の協議の場」の開催開始
2013	地方分権改革推進本部の設置

⬆ 地方自治と地方分権の主なあゆみ

2 現在の地方自治

~進む地方分権~

　第二次世界大戦後の日本の民主化に伴い，官僚による支配が強かった地方自治制度は大幅に民主化された。1947年に地方自治法が日本国憲法と同時に施行され，それまで地方自治を制御していた4大自治法（東京都制・道府県制・市制・町村制）は廃止された。日本国憲法第92条で「地方公共団体の組織及び運営に関する事項は，地方自治の本旨に基いて，法律でこれを定める。」としている。**地方自治の本旨**とは，地方公共団体が国から独立した機関であること（**団体自治**）と，地域社会の政治は住

参考 民主主義の学校
「地方自治は民主主義の学校」と述べたのは，イギリスの政治学者のブライスである。

Words 地方自治法
地方公共団体の組織や運営に関する基本的事項を規定した法律。

HighClass 地方公共団体は**普通地方公共団体**と**特別地方公共団体**に分けられる。特別地方公共団体の代表的なものに**特別区**がある。これは地方公共団体の資格を与えられた区であり，市などと共通する面が多い。東京都の23区がこれに該当する。

民自らが行うこと(住民自治)をいう。これらをもとに地方自治法は制定されたが、それには2つの要点が見られる。第1は、中央政府の拘束の排除である。大日本帝国憲法下で行われていた、中央から地方への官吏派遣や予算強制などの監督規定が廃止された。第2は、自治権の強化である。地方公共団体の首長(都道府県知事・市〈区〉町村長)は住民による直接選挙で選ばれ、また、地方議会の権限を拡大し、住民にいろいろな**直接請求権**を認めた。このように地方公共団体は固有の権限をもち、地方政府としての自主・独立性が憲法と法律で保障されたが、実際は国の下請け機関としての傾向が強かった。そこで、地方が国と対等の立場で仕事を行えるように、1999年に**地方分権一括法**が制定された。制定以降は国の仕事の多くが地方公共団体に任されることになり、現在でも地方分権は進んでいる。

Words　地方分権一括法

それまで国と地方公共団体の関係が「上下関係」であったものを、「対等・協力関係」に改めた法律。2000年4月に施行された。正式名称は「地方分権の推進を図るための関係法律の整備等に関する法律」。

↑ 地方議会のようす

3 議決機関(地方議会)

〜条例の制定、予算の議決など〜

❶ **議　会**…地方公共団体には、議決機関として議会があり、議会には**都道府県議会**と**市(区)町村議会**がある(例:神奈川県議会、横浜市議会など)。地方議会はすべて**一院制**である。

❷ **議　員**…都道府県議会議員や市(区)町村議会議員は、それぞれの地方公共団体の住民による直接選挙によって選ばれる。被選挙権は**満25歳以上**の日本国民で、3か月以上その立候補する選挙区内に住んでいる者である。任期は**4年**だが、議会の**解散**や住民による**解職請求(リコール)**によって、任期終了前に地位を失うことがある。

❸ **会　期**…議会には毎年開かれる定例会と、必要に応じて開かれる臨時会がある。会期については、それぞれの議会が定めることになっている。

❹ **仕　事**…地方議会の主な仕事は、条例の制定・改廃、**予算の議決**、決算の承認、行政事務全般の監視、地方税などの徴収の決定、住民からの請願の受理などである。

	選挙権	被選挙権
市(区)町村長	満18歳以上	満25歳以上
都道府県知事	満18歳以上	満30歳以上
都道府県・市(区)町村議会議員	満18歳以上	満25歳以上

↑ 住民の選挙権・被選挙権

Words　条例

適用範囲をその地域内に限られる法。地方議会が法律の範囲内で制定することができる。

Episode　朝ごはんをしっかり食べることで健康の増進と長寿を目ざす「朝ごはん条例」(青森県鶴田町)や、人生をトライアスロンに例え、100歳になった人を表彰する「人生トライアスロン金メダル基金条例」(福岡県大牟田市)など、ユニークな条例を制定する地方公共団体もある。

4 執行機関（首長）

～都道府県知事と市（区）町村長～

　地方議会での議決を執行するのが**首長**，すなわち，都道府県知事や市（区）町村長である。首長は住民の直接選挙で選ばれる。被選挙権は，都道府県知事が満30歳以上，市（区）町村長が満25歳以上で，任期はいずれも**4年**である。執行補助機関として，知事の下に副知事，市（区）町村長の下に副市（区）町村長が置かれる。首長以外の執行機関として，多くの**行政委員会**と委員が設置されている。

5 議会と首長の関係

～対等で互いにけん制する～

　地方議会議員と首長はともに住民の直接選挙で選ばれ（**二元代表制**），地方議会と首長は対等の立場にある。一方に権力が偏らず，相互に抑制し均衡が保たれるよう，地方議会と首長を相互に独立させるしくみになっている。

❶ 独立した関係…首長は地方議会の議員を兼ねることができない。そのため，地方議会は議場に首長の出席を要求することができる（首長は地方議会の要求がないときは議場に出席できない）。

❷ 均衡を図る関係

　▶**首長の再議要求**…首長は，条例の制定・改廃や予算の議決に対して異議がある場合には，10日以内に拒否権を行使し，地方議会に再議を要求することができる。しかし，地方議会で出席議員の3分の2以上の賛成で再議決されると，議決は確定する。

　▶**首長の専決処分**…首長は，地方議会の不成立・開会不能・招集不能の場合や，地方議会が議決すべきことを議決しない場合，自分の判断で処理することができる。

　▶**地方議会の不信任決議**…地方議会は首長の不信任を決議することができる。この場合，首長は10日以内に地方議会を**解散**できるが，解散しないときや解散後初めて招集された地方議会で再び不信任の議決があったときには**失職**する。

参考　首長の主な任務
首長は執行機関の最高責任者として，次のような仕事をする。
- 地方議会を招集し，地方議会に議案・予算・条例案を提出する。
- 地方公共団体の事務について管理・執行する。
- 地方公共団体の職員について指揮・監督する。

参考　行政委員会
行政委員会は，ある程度首長から独立して仕事をしている。行政委員会と委員には，教育に従事する公務員（教職員）の人事，学校の設置，教育内容の指導と助言などを行う**教育委員会**，選挙に関する仕事をする**選挙管理委員会**，警察の仕事を管理する公安委員会，地方公共団体の事務（金銭の出し入れなど）を監査する**監査委員**などがある。

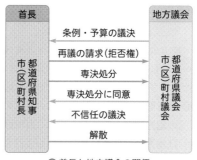

❶ 首長と地方議会の関係

監査委員は，市の行政が地方自治の本旨に基づいてなされているか，などを監査する。住民からの監査請求に対応するため，地方公共団体に必ず置かれている。気をつけなければいけないのは，監査委員会ではなく監査委員であること。

② 地方公共団体の仕事と地方財政 ★★☆

① 地方公共団体の仕事

～自治事務と法定受託事務～

地方公共団体は，住民の生活に密着した多くの仕事をしている。その仕事には，地方公共団体の自己決定に基づいて行われる**自治事務**と，国が行うべき仕事を，利便性や効率性から地方公共団体が国にかわって行う**法定受託事務**がある。自治事務には，住民の生活に直接関係する学校や図書館の運営，上下水道やごみ処理場の整備，道路や河川の整備，警察や消防，福祉や子育て支援などのほか，都市計画の決定や病院・薬局の開設許可などがある。法定受託事務には，国政選挙の事務やパスポートの交付，国道の管理などがある。以前は，国から地方公共団体に委任されていた事務（**機関委任事務**）は，地方公共団体を国の指揮・監督下に置き，地方自治を後退させていたことから問題となっていたが，2000年4月の**地方分権一括法**の施行で廃止された。

> **Words** 機関委任事務
>
> 国の指揮・監督の下で，首長やその他の機関に対し法律，または，これに基づく政令によって委任された事務。国政選挙，河川の維持管理，住民登録などがあった。地方分権一括法の施行で廃止され，地方公共団体の裁量の下で行える**自治事務**と，法令により国の仕事が委託される**法定受託事務**に整理された。

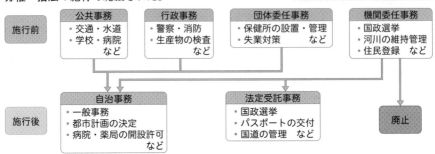

↑ 地方分権一括法施行による地方公共団体の仕事の変化

② 地方財政

～地方公共団体の経済活動～

地方公共団体の収入（歳入）と支出（歳出）を**地方財政**という。都道府県と市（区）町村は住民の日常生活に密着したさまざまな行政サービスのために支出している。

❶ **地方財政の収入**…地方財政の歳入の中心は，**自主財源**の**地方税**である。しかし，これでは不十分なので，国は地方公共団体に対し，国が委託した仕事に対しては，**国庫支出金**を支払い，また，地方公共団体の実情に応

> **参考** ふるさと納税
>
> 出身地や応援したい地方公共団体に対する寄付制度。都市部に偏る財源を地方に移すことを目的に，2008年に始まった。一定額の税金の免除や，地域の特産品などの返礼品を受けられる。寄付を集めるための過度な返礼品が問題となり，2019年6月から返礼品に条件を課す新制度に移行した。

入試Info　地方公共団体の仕事が選択問題で出題されやすい。消防，警察，道路や上下水道の整備，教育サービスなどの正しい選択肢の中に「郵便事業」が含まれていることがある。郵便局は各地域にあるので勘違いしやすいが，民営化され，現在は私企業なので不正解。

第**3**編

公　民

第１章
現代社会と
わたしたちの生活

第２章
わたしたちの生活
と民主政治

第３章
わたしたちの生活
と経済

第４章
国際社会と
わたしたち

じて**地方交付税交付金**を支給している。これらは地方公共団体の重要な財源(**依存財源**)となっている。財政規模の大きい地方公共団体は，十分な公共サービスの提供や社会資本の整備などを行うことができるが，財政規模の小さい地方公共団体では，十分に行うことができない。この問題を解消するため，国は地方税収入の少ない地方公共団体に対しては多く，地方税収入の多い地方公共団体には少なく地方交付税交付金を支給し，地方公共団体間の財政上の格差を是正している。

地方財政の自主性を高めるため，国は地方財政の立て直しや地方分権に取り組んできた。2004年度から地方に税源を移譲する一方，地方交付税交付金や国庫支出金を削減するといった**三位一体の改革**が進められたのがその一例である。

▶**地方税**…地方税には，都道府県が集める都道府県税(都道府県民税など)と市(区)町村が集める市(区)町村税(市〈区〉町村民税など)がある。

▶**地方交付税交付金**…地方交付税交付金とは，地方公共団体間の地方税収入の格差をなくすため，国から地方公共団体に配分される資金である。使い道は指定されていない。自主財源が多い東京都は交付を受けていない。

▶**国庫支出金**…国庫支出金とは，国が使い道を指定して地方公共団体に支出する資金である。

▶**地方債**…地方債とは，地方公共団体が建設事業などの資金を得るために借り入れる金である。

❷ **地方財政の支出**…地方財政の支出は，民生費・教育費・土木費・公債費の割合が多く，全体の約69％(2017年度)を占める。近年の傾向としては，土木費の割合が減り，民生費・公債費の割合が増えてきている。民生費が高い伸びを示しているのは，少子高齢社会に対する対策費用が増大しているからである。

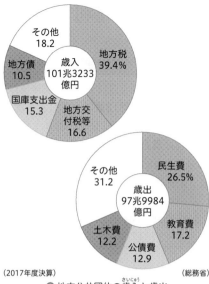

(2017年度決算)

(総務省)

↑ 地方公共団体の歳入と歳出

Words **自主財源，依存財源**
- **自主財源**…地方公共団体の歳入のうち，地方税など，国に依存せずに自主的に集め，自由に使うことができる収入。
- **依存財源**…地方交付税交付金や国庫支出金など，地方公共団体の財源不足を補うために国から支給される財源。

Words **三位一体の改革**
2001年に発足した小泉純一郎内閣が掲げた「聖域なき構造改革」の一環。地方の独立性を高めるため，①国庫支出金の削減，②国から地方公共団体への税源移譲，③地方交付税の見直しの３点を同時に行う行政改革のこと。国と地方の財政配分の見直しを進めたが，財源の移譲が不十分であり，地方債の発行を増やす地方公共団体も多く，十分な成果をあげられなかったとの意見もある。

短文記述対策！

Q 国から地方公共団体に支給される補助金を２つ，その特徴に触れながら簡潔に述べなさい。

A 国から使い道が指定されている国庫支出金と，使い道が指定されていない地方交付税交付金。

③ 住民の権利 ★★★

1 参政権

～地方の政治に参加する～

　地方公共団体の首長や議員の**選挙権**は2015年の改正で，満20歳以上から**満18歳以上**に引き下げられた（2016年6月施行）。**被選挙権**は従来どおり，議員・市（区）町村長の場合は**満25歳以上**，知事は**満30歳以上**である。いずれも日本国民で，選挙権と議員の被選挙権は当該選挙区に3か月以上居住という条件がつく。

↑ 地方議会選挙の開票のようす

2 直接請求権

～条例の制定・改廃などを求めることができる～

　住民は，地方公共団体に次のようなことがらについて，直接に請求することができる。その場合，住民（有権者）の一定数以上の署名が必要である。

❶ **条例の制定・改廃の請求**…有権者総数の50分の1以上の署名があった場合，条例の制定や改廃を請求することができる。首長に提出し，議会が決定する。**国民発案（住民発案，イニシアティブ）**ともいう。

❷ **監査請求**…有権者総数の50分の1以上で監査委員に請求し，監査委員の監査が行われる。

❸ **解職請求**…地方議会議員，首長，副知事，副市（区）町村長，主要な職員などについて，解職を請求することができる。議員と首長の解職請求は，有権者の3分の1以上の署名を集めると選挙管理委員会へ請求することができる。その後に行われる住民投票で過半数の賛成があれば解職される。副知事や副市（区）町村長，主要な職員の解職請求は，有権者の3分の1以上の署名を集めたうえで首長へ請求する。議会の定数の3分の2以上が出席し，その4分の3以上が賛成すれば解職される。**リコール**ともいう。

❹ **解散請求**…地方議会の解散を請求することができる。議員・首長のリコールの場合と同じ手続きによる。

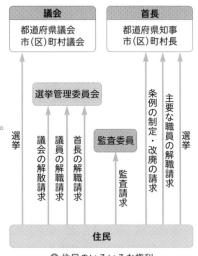

↑ 住民のいろいろな権利

> **Why** 地方の政治で直接請求権が認められている理由
> 条例の制定・改廃など，地域住民の意思を強く反映させ，住民自治を実現するため。

HighClass 国が特定の地方公共団体にだけ適用される**特別法**をつくる場合，その地方公共団体の**住民投票**で過半数の同意を得なければならない。1949年，広島市で初めてこの特別法のための住民投票が実施され，過半数の賛成を得たため，広島平和記念都市建設法が公布・施行された。

請求の種類	必要な署名数	請求先	請求後
条例の制定・改廃	有権者の50分の1以上	首長	議会で採決し，結果を発表。
監査	有権者の50分の1以上	監査委員	監査を実行し，結果を発表。
首長・議員の解職	有権者の3分の1以上※	選挙管理委員会	住民投票を行い，過半数の同意で解職。
議会の解散	有権者の3分の1以上※	選挙管理委員会	住民投票を行い，過半数の同意で解散。
その他の職員の解職	有権者の3分の1以上※	首長	議会の定数の3分の2以上が出席し，その4分の3以上が賛成すれば解職。

※有権者数が40万人を超える場合は，必要署名数が緩和される。

⬆ 住民による直接請求

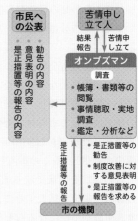

⬆ 主な住民投票

・新潟県巻町（原子力発電所）
・滋賀県豊郷町（小学校校舎建て替え）
・大阪市（大阪市解体，特別区設置，法的拘束力あり）
・山口県岩国市（アメリカ空母艦載機移転）
・宮城県白石市（産業廃棄物処理場）
・新潟県刈羽村（プルサーマル計画）
・沖縄県名護市（アメリカ軍基地）
・千葉県海上町（産業廃棄物処理場）
・徳島県徳島市（吉野川可動堰）
・沖縄県（アメリカ軍基地）
※地方公共団体は当時の名称。

3 住民投票

~住民の意思を地方政治に届ける~

　一定の地域にだけ適用される**特別法**には，その地方公共団体の住民投票（**レファレンダム**）で過半数の同意を得ることが必要である。近年では，1996年に行われた新潟県巻町（現新潟市）の原子力発電所建設の是非を問う住民投票以来，公共事業や市町村合併，政策の是非など，住民の意思表示を判断するために，**条例による住民投票**をする地方公共団体も増えてきた。この条例による住民投票は法的拘束力がなく，また，議会制民主主義を損ねるという否定的な意見もある。しかし，住民の声を地方政治に反映させる手段として広く認識されている。

4 オンブズマン（オンブズパーソン）制度

~政治や行政を市民がチェック~

　オンブズマン（オンブズパーソン）制度とは，地方公共団体の行政に対する苦情を受けつけ，中立的な立場から調査する**オンブズマン**を置いて，市政を監視する制度である。スウェーデンに始まったこの制度は，日本では1990年に川崎市で初めて導入され，その後も各地の地方公共団体で取り入れられた。国際的な組織として国際オンブズマン協会があり，オンブズマンの概念や制度の普及・発展を目的として1978年に設立された。

参考 非営利組織（NPO）

非営利で社会活動に取り組む民間団体。教育・文化・医療・福祉・環境・災害復旧など，さまざまな分野で活動している。オンブズマン活動をしているNPOもある。NPOを支援するため1998年に**特定非営利活動促進法（NPO法）**が制定され，NPOによるボランティア活動が活発化した。行政と**協働**して活動に取り組むNPOも増えている。

```
市民への公表 ← 勧告の内容／意見表明の内容／是正措置等の報告の内容

苦情申し立て人
  ↓ 苦情申し立て
  ↑ 結果報告

オンブズマン
  調査
  ・帳簿・書類等の閲覧
  ・事情聴取・実地調査
  ・鑑定・分析など

  ↓ 是正措置等の勧告
  ↓ 制度改善に対する意見表明
  ↓ 是正措置等の報告を求める
  ↑ 是正措置等の報告

市の機関
```

⬆ オンブズマン制度（川崎市）

Episode

住民が地域の問題を解決するために政府・地方公共団体・企業などに対して行う抗議や交渉などを**住民運動**という。地域の住民たちで自主的に結成された**自治会（町内会）**は，生活していくうえで発生する多種多様な問題を解決するため，さまざまな活動に取り組んでいる。

4 地方自治の課題と改革 ★☆☆

1 地方公共団体の課題

～財源確保が最重要～

　多くの地方公共団体は自主財源である地方税が十分ではなく，財源を国からの地方交付税や国庫支出金などに依存している。特に国庫支出金の配分を通して地方公共団体が国に従属する傾向が見られ，地方自治を損なう要因となっている。地方公共団体が地域の実情に合った政治を推し進めていくためには，国税と地方税の配分を見直して，地方公共団体が自由に使える財源を増やしていくことが必要となっている。また，2009年から施行された**自治体財政健全化法**は地方公共団体の財政破綻を未然に防ぐことを目的に制定された。財政を健全化しながら，福祉の充実や行政サービスの向上をどのように図っていくかが重要な課題になっている。

2 地方公共団体の改革

～広域行政と市町村合併～

　高度経済成長期，交通や道路，上下水道，公害の規制，ごみ処理などの面で，地方公共団体の枠を越えて広域的な行政を行う必要性が生じた。1969年より広域市町村圏づくりが進められ，1994年からは都道府県・市町村の多様な組み合わせの行政が可能な**広域連合**が法制化された。

　また，地方分権の推進，高齢化による福祉サービスの増大，住民サービスの多様化，生活圏の広域化などにより，1つの地方公共団体がこれらの要求・変化に対応することが困難になってきた。そこで，政府は1990年代半ばから法律を整備し，段階的に市町村合併を進めた。その結果，各地で市町村の合併が相次ぎ，1999年3月末に3232あった市町村は2010年3月末には1727になった（**平成の大合併**）。多くの市町村は，環境問題や少子高齢化などの課題を広域で取り組むために合併したが，一方，合併して規模が拡大することで住民の声が届きにくくなり，生活が不便になるなどの理由から，合併しなかった市町村もあった。

Words 自治体財政健全化法
2007年3月に北海道夕張市が財政破綻したことをきっかけに法制化が急がれ，同年6月に制定，2009年から施行。毎年，地方公共団体に財政状況を公表させ，基準よりも財政状態が悪い地方公共団体については早期改善を義務づけた。

参考 町おこし・村おこし
過疎地域などで地域の活性化のために，住民らが行うイベントや運動，自治体の政策のこと。地域の資源や技術を利用した独自の特産品をつくることによって新たな産業をおこしたり，観光名所でのイベント，祭りの復興など，多種多様なものがある。

Words 広域連合
複数の地方公共団体が協力し，広域にわたって行政サービスを行うことを目的として設置する組織。1994年の地方自治法の改正によって新たな制度として導入された。都道府県と市町村にまたがる広域連合，人口30万人以上の中核都市，人口20万人以上の特例市が制度化された（2015年，特例市は制度としては廃止された）。

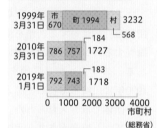

↑ 市町村数の推移

自主財源である地方税が歳入の3割程度しか集まらず，歳出を国からの国庫支出金と地方交付税交付金，また借金である地方債に頼っている状態を「**三割自治**」という。かつて地方公共団体の権限や財政力の弱さを表すことばとして使われた。

☑ 重点Check

p.486 **1** フランスの啓蒙思想家モンテスキューは『法の精神』を著し，その中で（　　　）の必要性を説いた。

p.487 **2** 名誉革命の翌年，国王が課税・立法などについて，議会の承認を必要とすると規定した（　　　）が定められた。

p.492 **3** 人間が生まれながらにもっている，だれも侵すことができない永久の権利を（　　　）という。

p.494 **4** 天皇が内閣の助言と承認のもとに行う，形式的・儀礼的な行為を（　　　）という。

p.499 **5** **3**のうち，国家から不当な干渉を受けず，個人が自由に行動することができる権利を（　　　）という。

p.501 **6** 男女が対等な立場で活躍できる社会を築くことを目的として，1999年に（　　　）が制定された。

p.502 **7** 人間らしい生活を営むための権利を（　　　）といい，20世紀になってから確立された。

p.505 **8** 社会全体の利益・幸福のことを（　　　）という。

p.507 **9** 医師が患者に対して，診療の目的や方法，副作用などについて十分な説明をしたうえで，患者・家族の同意を得るべきだとする考えのことを（　　　）という。

p.512 **10** 納税額・資産などに関係なく，一定の年齢に達したすべての国民によって行われる選挙を（　　　）という。

p.513 **11** 政党の得票率に応じて議席を配分する選挙制度を（　　　）という。

p.521 **12** 毎年1月中に召集され，予算審議が中心となる国会を（　　　）という。

p.524 **13** 不正を行ったり，職務を怠ったりした裁判官に対して，その処分を判定する裁判を（　　　）という。

p.526 **14** 衆議院，参議院の意見が一致しないときに，意見を調整するために（　　　）が開かれる。

p.528 **15** 内閣が国会の信任に基づいてつくられ，国会に対して連帯して責任を負うしくみを（　　　）という。

p.542 **16** 満20歳以上の有権者の中からくじで選ばれた人が裁判員となり，裁判官とともに裁判をする（　　　）が2009年から始まった。

p.546 **17** 地方議会は，その地域内だけに適用される（　　　）を，法律の範囲内で制定することができる。

1 三権分立

2 権利（の）章典

3 基本的人権

4 国事行為

5 自由権

6 男女共同参画社会基本法

7 社会権

8 公共の福祉

9 インフォームド－コンセント

10 普通選挙

11 比例代表制

12 常会（通常国会）

13 弾劾裁判

14 両院協議会

15 議院内閣制

16 裁判員制度

17 条　例

●右の表は，ある弁護士グループが，憲法違反と判断する基準の1つとした統計であり，A～Eには北海道と鳥取県が含まれている。この表を参考にして，下の資料の X にあてはまる数字を，あとのア～オから1つ選び，記号で答えなさい。

【筑波大附高一改】

表 第23回参議院議員通常選挙における都道府県別定数及び有権者数

	定数	選挙当日の有権者数
A	2	約4599000人
B	5	約10777000人
C	4	約7117000人
D	1	約482000人
E	1	約685000人

(財務省)

資料
この参院選で，定数1人あたりの有権者数を計算すると，最も多い北海道は，最も少ない鳥取県の約 X 倍となっている。

ア 3.15　　イ 4.47　　ウ 4.77　　エ 6.58　　オ 9.54

▶ **Key Point**

　一票の格差のもととなる「定数1人あたりの有権者数」＝選挙当日の有権者数÷定数の式にあてはめて計算する。定数1のDとEは式にあてはめる必要はない。

▶ **Solution**

　Aは4599000人÷2＝2299500人。　Bは10777000人÷5＝2155400人。　Cは7117000人÷4＝1779250人と計算する。
「定数1人あたりの有権者数」が最も多いAの2299500人を最も少ないDの482000人で割れば，答えを導き出すことができる。
（式）2299500÷482000≒4.77人

　2017年の衆議院議員選挙で最も多くの得票があったのは神奈川15区の候補者で，約16万票で当選した。一方，13万6000票近く得票のあった北海道5区の候補者は落選した。また，全国規模で見てみると6万票ほどで当選している候補者も少なくない。当選するか否かは投票率や候補者の人数も関係するが，選挙区によって有権者数が大きく異なることが「一票の格差」を生み出している。

解答

ウ

●下の表は，衆議院議員総選挙における20歳代・30歳代の投票率を最近の5回分について示したものである。これを見てみると，20歳代の投票率は，一貫して30歳代より低いということがわかる。20歳代と30歳代の投票率の違いの原因として，どのようなことが考えられるか80字程度で答えなさい。

【大阪星光学院高一改】

衆議院議員総選挙における年代別投票率の推移（％）

	平成17年	平成21年	平成24年	平成26年	平成29年
20歳代	46.20	49.45	37.89	32.58	33.85
30歳代	59.79	63.87	50.10	42.09	44.75

▶Key Point

一般的に20歳代・30歳代の人々が，どのような生活環境に置かれているかを考える。字数に80字程度という制限があり，それほど多くないので，世代間の比較のみの答えになるよう意識する。

▶Solution

一般的に20歳代前半は学生の身分である人が多く，娯楽や自分の興味のあるものに対する関心が高い傾向にあり，また，20歳代中ごろから後半にかけては仕事を身につけるために集中しなければならない時期であるため，自分のことに精一杯になっている人が多いと考えられる。そのうえ20歳代は，30歳代と比べ経験が少なく，生活の中で危機感を感じる機会も少ないと考えられ，投票率が上がらないと推測できる。

一方，30歳代になると結婚や出産などを経験する人が多くなり，仕事も20歳代よりは少し余裕が出てくる時期だと考えられる。実際に出産・育児などにかかわる場面が出てきて，それらに関する政策を意識するようになり，選挙で投票する人も増加すると推測できる。

なお，2015年の公職選挙法の改正により選挙権年齢が満20歳以上から満18歳以上に引き下げられた。この改正によって，若い世代が自分自身の将来と社会を見据え，国の政治のあり方を決める選挙で一票を投じ，自分たちの意見を積極的に政治に反映していくことが期待されている。

解答例

20歳代は，経験の少なさから生活の中で危機感を抱く機会も少ないため政治への関心が薄い。一方，30歳代は結婚や出産などの経験により政治への意識が高まり，関心が高まる年代だから。（85字）

第3章 わたしたちの生活と経済

START!

経済とは，わたしたちが豊かなくらしをするために必要なしくみです。現代の社会では，家計・企業・政府（地方公共団体）が密接に結びつきながら，経済は循環しています。この章では，わたしたちのくらしを支える経済について，そのしくみやはたらきを学習します。

"家計の所得"
家計に入る収入を所得といいます。所得にはどのような種類があるのでしょうか。

給与

財産

事業

"株式会社"
株式会社はどのようなしくみになっているのでしょうか。株主総会では何を行っているのでしょうか。

"需要と供給"
台風の後に野菜の価格が高騰することがあります。なぜ，このようなことがおこるのでしょうか。

☑ Learning Contents

1. 生活と経済
2. 生産のしくみと労働
3. 市場経済のしくみと金融
4. 財政と国民の福祉

98円→298円

トマト1コ
298円

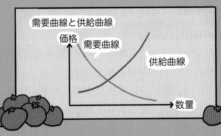
需要曲線と供給曲線

価格　需要曲線

供給曲線

数量

生活保護

健康保険証

＋
おくすり

"社会保障"
人間らしい生活を送るために，日本にはどのようなしくみがあり，何によって支えられているのでしょうか。

1 生活と経済

Point

① 家計・消費生活とは何かを理解しよう。

② 消費者の権利と責任について知ろう。

③ 商品が消費者に届くまでの流れを理解しよう。

1 家計と消費生活　入試重要度 ★★☆

1 家 計

~家庭の経済活動~

財やサービスという商品の生産・流通・消費などにかかわる人々の営みやそれを支える社会のしくみを経済という。家庭では家族の中のだれかが生産に参加して収入を得、そこから必要な財やサービスを買い消費生活をしている。家庭の収入と支出を通して家庭を維持することを家計という。経済の主体は家計だけではなく、企業と政府がある（経済の三主体）。

2 家計の収入

~収入と所得~

収入は生産活動を行うことで得る報酬である。その収入から経費を差し引いた残りを所得という。家計の所得には次のようなものがある。

① 給与所得…労働を提供することで得られる所得。賃金・給料などがこれにあたる。勤労所得とも呼ばれる。

② 財産所得…土地・家屋・資金などの財産を提供したり、運用したりすることで得られる所得。地代・家賃・利子・配当などがこれにあたる。

③ 事業所得…労働と財産を使って得られる所得。自営の農家や個人商店主・開業医・弁護士などの所得がこれにあたる。給与所得と財産所得のミックス型で、個人業主所得とも呼ばれる。

④ 移転所得…恩給・年金などのように、個人の生産とは関係ない国や公的機関から移転される所得である。

収入	支出
実収入｛ 世帯主の勤め先からの収入 53万6305円 / その他 4万9844円	実支出｛ 消費支出 32万3853円 / 10万9504円
実収入以外の収入｛ 預貯金の引き出しや借入金など 44万6909円 / 繰入金 8万1786円	実支出以外の支出｛ 非消費支出（税金・社会保険料など）｛ 預貯金や保険の掛け金、借入金の返済など 61万4769円 / 繰越金 6万6718円

収入総額 111万4844円　支出総額 111万4844円

(2019年)(勤労者世帯の1か月平均)

(総務省「家計調査年報」)

⬆ 勤労者世帯の1か月の収入と支出

参考 財とサービス

商品のうち、食料品や衣類のように形のあるものを財、医療や教育のように形のないものをサービスという。ここでのサービスは無料という意味ではない。

参考 希少性

財やサービスの量が、人間の欲求を満たすためには不足している状態を、希少性があるという。例えば、ダイヤモンドは資源量が少ないため、希少性が高く、価格は高くなる。一方、豊富に存在する空気は、希少性が低く、価格はつかない。このように、財・サービスの経済的価値は、それらの希少性に依存するという考えを希少性の原理という。

入試Info 家計に関しては、所得の種類や支出の内容を問う問題が出題されている。また、家計・企業・政府との関係を模式図で問う出題例も見られる。名称だけでなく、それぞれの具体的な内容を理解しておく。

3　家計の支出

~消費と貯蓄・支払い方法~

❶ **家計の支出**…家計の支出は，実支出と実支出以外の支出に分けられる。

❷ **実支出**

▶ **消費支出**…消費生活に必要な財・サービスを買うために支払う費用を消費支出という。食費，住居費，交通・通信費，教養娯楽費などがこれにあたる。

▶ **非消費支出**…税金・社会保険料の支払いなどを**非消費支出**という。

❸ **実支出以外の支出**…代表的なものに貯蓄がある。将来に備えて消費に回さずに蓄えておくものである。**銀行預金**のほか，株式・国債などの有価証券の購入，生命保険・損害保険などの**保険料**の支払いなどがある。

❹ **支払いの方法**…支出は当然，支払いを伴う。現金による支払いが一般的だが，現金を使わない**キャッシュレス決済**が普及しつつある。

▶ **クレジットカード**…カード会社が発行したクレジットカードを提示し，伝票にサインすることで商品を購入できる。代金支払いはカード会社が代行し，後にカード所有者の銀行預金からカード会社が回収する。スーパーマーケットやコンビニエンスストアなど，サインなしで使用できる小売店も増えている。

▶ **電子マネー**…ICカードや携帯電話を用いて貨幣価値を情報化したもの。カードやスマートフォンを専用端末にかざすだけで支払いが完了する。交通系ICカードや，携帯電話会社が提供する支払いシステムなどがある。

❺ **支払い方法の多様化と注意点**…支払い方法の多様化は生活を便利にする。その反面，現金を介さないことから買いすぎ，使いすぎにつながるという側面もある。所得の範囲内に支出を収めることが大切である。

参考　可処分所得

所得から非消費支出を差し引いた残りの額を可処分所得という。「家計が自由に処分することができる所得」という意味である。

参考　エンゲルの法則

ドイツの統計学者エンゲルは，家計調査を行った結果，「高収入の家計ほど，食料費が消費支出のうちに占める割合が低い」ことを発見した。これを**エンゲルの法則**という。消費支出の中で食料費が占める割合を百分比（％）で表したものを**エンゲル係数**と呼び，以下の式で示される。

$$\frac{食料費}{消費支出} \times 100$$

のちに，収入が増えるにつれて，①住居費，特に家賃が支出総額に占める割合は減少する（シュワーベの法則），②被服，はき物費，教養娯楽費の割合は増える，などの法則が加えられた。

上段:実収入 下段:消費支出	食料	住居	交通・通信	教育	教養娯楽 交際費	その他
I 32.7万円 23.1万円	26.3%	10.2	15.1	3.1	8.0 5.5	31.8
II 45.3万円 27.3万円	25.4%	6.8	16.9	4.4	9.2 5.3	32.0
III 54.3万円 30.7万円	25.0%	5.6	17.9	4.8	10.0 4.9	31.8
IV 65.0万円 35.7万円	23.3%	4.5	17.8	6.6	10.2 5.3	32.3
V 95.7万円 45.1万円	21.6%	4.6	16.6	7.8	10.9 5.7	32.8

※2人以上勤労者世帯。1世帯あたり1か月平均の消費支出の割合。I～Vは，年間の実収入の低い世帯から高い世帯へ順に並べて単純に5等分したもの。（2019年）　　（2020/21年版「日本国勢図会」）

⬆ 年間収入階級別による消費支出の割合

Episode 政府が「キャッシュレス決済」を推奨したことがある。2019年10月の消費税増税から9か月間，対象店舗で**クレジットカード**や**電子マネー**を使って買い物をすると，最大で5％の割引きやポイント還元がなされるという増税時の経済政策が実施された。

② 消費者の権利と責任 ★★☆

1 消費者の権利と責任

～4つの権利から6つの権利へ～

経済活動において，何をどれだけ購入するのか，わたしたち消費者が自分の意志と判断で自由に商品(財・サービス)を購入できるという考え方を**消費者主権**という。1962年，アメリカ合衆国の**ケネディ大統領**は消費者の権利として，①安全を求める権利(健康・生命に危険な商品販売からの保護など)，②知らされる権利(不正な情報，広告などの商慣習からの保護など)，③選ぶ権利(自分の納得のいく品質・価格での入手など)，④意見を反映させる権利(政府の消費者保護と公正迅速な取り扱いの保障など)の4つを唱えた(**消費者の4つの権利**)。日本では，2004年に成立した**消費者基本法**の中で，消費者の権利として，①安全の確保，②選択の機会の確保，③必要な情報の提供，④教育の機会の提供，⑤消費者の意見の反映，⑥消費者被害の救済の6つがあげられている。

2 消費者問題と消費者保護

～消費者を守るために～

❶ **消費者被害の現状**…欠陥商品，不当表示，有害な食品・薬品，悪徳商法などによる被害が頻発している。企業が営利主義，利潤優先活動のために，商品の安全性を高める努力を怠ったことが背景にある。また，インターネットの普及によって販売方法や代金の支払い方法が多様になるにつれ，**マルチ商法やアポイントメントセールス，ネガティブ－オプション(送りつけ商法)**などの悪徳商法が増えたことも原因としてあげられる。

❷ **消費者基本法**…1968年に制定された**消費者保護基本法**が2004年に消費者基本法に改正され，消費者は「権利

参考 国際消費者機構

消費者問題の解決のための国際協力を目的とする国際的組織で，1960年に設立された。国際連合の経済社会理事会などの国際機関で活動を行っている。3年ごとに世界消費者大会と呼ばれる総会を開催している。

Words 悪徳商法

- **マルチ商法**…商品購入者が商品を販売しながら会員を勧誘するとリベート(支払い代金の一部)が得られるしくみ。新たな購入者を勧誘し続けることで販売網を拡大していく。
- **アポイントメントセールス** 電子メールなどを使った誘い文句で喫茶店などに呼び出し商品購入の契約を結ばせる。
- **ネガティブ－オプション(送りつけ商法)**…注文していない商品を販売者が勝手に送りつけ，売買契約を迫る。

法律(制定年)	目的や内容
独占禁止法 (1947年)	カルテルの規制，不公正な取り引きで会社を合併することの禁止。
食品衛生法 (1947年)	飲食に起因する衛生上の危害の発生の防止，添加物規制。
薬事法 (1960年)	医薬品，化粧品，医療器具などに関する規制。
特定商取引に関する法律 (2000年)	訪問販売・通信販売・マルチ商法での被害から消費者を守るための法律。
消費者基本法 (2004年)	消費者の権利の尊重を明記し，消費者の自立を支援。事業者の責務や消費者団体の役割などに触れている。
食品表示法 (2013年)	食品衛生法・JAS法・健康増進法の3法の食品の表示に関する規定を整理・統合。消費者・事業者双方にとってわかりやすい表示制度の実現が可能となった。

⬆ 消費者保護に関係する主な法律

入試Info ケネディ大統領が提唱した**消費者の4つの権利**と，その権利を保障するための法律である**製造物責任法(PL法)**は必ずセットで覚えておくこと。入試でも定期テストでもよく問われるところである。

をもつ自立した立場」と位置づけられた。消費者被害(ひがい)を未然に防ぎ，企業の責任を問いやすくした。

❸ **製造物責任法(PL法)**…消費者が買った製品の欠陥(けっかん)が原因で身体や財産に被害を受けた場合，製造者は過失(うむ)の有無にかかわらず，被害者に対して損害賠償(ばいしょう)の責任を負わなければならないとする**製造物責任法(PL法)**が，1995年に施行(しこう)された。

❹ **クーリング−オフ**…訪問販売(はんばい)や割賦(かっぷ)販売などで，購入(こうにゅう)契約(けいやく)を結んだ消費者が，一定期間(訪問・割賦販売では8日間，マルチ商法では20日間)内なら，書面によって無条件で契約を取り消すことができる制度を**クーリング−オフ**という。ただし，下着など一度使用した商品やカタログで選んだ商品，現金で一括(いっかつ)購入した3000円未満の商品などには適用されない。

❺ **消費者契約法**…虚偽(きょぎ)の説明など，不適切な勧誘(かんゆう)による契約から消費者を守る法律を**消費者契約法**という。2001年に施行された。消費者の誤認(ごにん)や虚偽の説明による契約が対象で，だまされたと気づいてから6か月以内ならば消費者は契約を取り消せる。ただし，契約時から5年を経過すると取り消すことができない。

❻ **消費者運動**…消費者の保護・救済などを目的に行われる社会的な運動を**消費者運動**という。消費者団体や市民団体が，不良商品の告発や商品テストなどを行っている。主な団体に日本生活協同組合連合会，全国消費者団体連絡会(れんらく)，主婦連合会などがある。

❼ **苦情処理体制の整備**…消費生活に関する情報収集，調査研究を行う**国民生活センター**のほか，地方公共団体には**消費生活センター**が設けられている。

❽ **消費者庁**…2009年，国は分散されていた消費者行政を統合して消費者庁を設置した。消費者の視点から政策全般(ぜんぱん)を監視(かんし)し，消費者保護の動きを強めている。

走行中のトラックから火が出て，運転手がやけどを負う。

炎上(えんじょう)の原因がエンジンの欠陥と証明される。

メーカーが運転手に賠償する。
⬆ 製造物責任法が適用される例

契約を解除したいときは，このような書類を相手方に送る。送るときは配達証明付きの内容証明郵便にする。そうすることで，郵便局が郵便物の内容や，相手方が郵便物を受け取った日付などを証明してくれる。

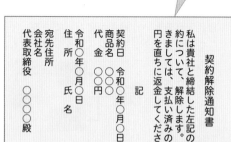

⬆ クーリング−オフの通知書の例

契約解除通知書

私は貴社と締結した左記の契約について，解除します。つきましては支払い済みの○○円を直ちに返金してください。

記

契約日　令和○年○月○日
商品名　○○○
代金　○○円

令和○年○月○日
住所
宛先住所
会社名
代表取締役　○○○殿

HighClass　消費者契約法が重視しているのは，**契約**である。消費者における契約とは**商品やサービスを購入すること**を指す。どのような内容の契約をどう結ぶのかは，基本的に自由である。これを**契約自由の原則**という。口頭の合意だけで契約が成立することもあり，消費者は契約に責任を負う。

③ 商業と流通 ★☆☆

1 流通の意味

～生産者と消費者をつなぐ～

❶ **商業とは**…商品を生産する生産者と，その商品を消費する消費者との間を結ぶ業種を商業と呼ぶ。この中心を担うのが**流通業**である。

❷ **流通とは**…商品が生産者から多くの人の手を経て，消費者に届くまでの流れを流通という。商品を直接，消費者に販売する**小売業**，生産者から仕入れた商品を小売業者に販売する**卸売業**，商品を運搬する運送業，商品を保管する倉庫業などをまとめて流通業という。

2 商品の流通

～商品が消費者に届くまで～

❶ **流通の役割**…生産者が自らつくった商品を，必要としている消費者に直接届けることは難しい。そこで，卸売業者に商品を売る。卸売業者は，その商品がよく売れている小売業者に商品を売り，小売業者は消費者に商品を届ける。生産者と消費者を結びつけ，商品を全国に拡散させることが流通の役割の１つである。同時に，その商品がどこの地域，どういう消費者に必要とされているかという情報も，流通を通じて生産者に伝わる。

❷ **流通の改革**…これまでの流通は，複数の卸売業者が介在していたため，多くの手間・費用がかかっていた。そこで，大型の量販店などでは，**流通の合理化**を図るため，生産者から大量の商品を直接仕入れるという動きが広がっている。インターネットを利用したオンライン－ショッピングも直接生産者から仕入れているところが多い。いずれも流通経路の短縮や保管費用の削減につながっている。

POS（販売時点情報管理）システムは，商品の販売状況をコンピューターでチェックし，在庫や商品の搬入・製造などを管理するシステムである。

↑ POS（販売時点情報管理）システム

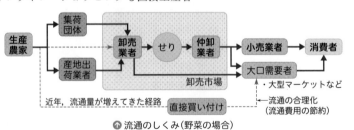

↑ 流通のしくみ（野菜の場合）

2 生産のしくみと労働

Point
❶ 生産のしくみについて学ぼう。
❷ 企業の種類や株式会社のしくみを理解しよう。
❸ 労働者の権利や変化する労働環境について知ろう。

1 生産のしくみ ★★☆

1 生産要素

〜土地・資本・労働力の3つの要素〜

❶ 生　産…わたしたちの日常生活には商品(財やサービス)があふれ，それらを消費しながら生活が成り立っている。商品をつくり出すことを生産という。

❷ 生産のしくみ…生産を行うには，まず，工場や店など生産を行うための土地が必要になる。また，原材料や機械などを購入するための資金(資本)，さらに働く人(労働力)も不可欠である。この生産に必要な土地・資本・労働力を生産要素(生産の三要素)という。企業はできる限り多くの利潤を得ようと，生産物の販売で回収した資本を再投資して，生産を繰り返す(再生産)。このとき，利潤の一部を工場や機械の増設などにあてて生産規模の拡大を図ることを拡大再生産という。また，回収された資金だけを投資に回し，同一規模で再生することを単純再生産という。

↑ 生産要素(生産の三要素)

↑ 再生産のしくみ

2 資本主義経済

〜私有財産制と経済活動の自由が特色〜

生産手段をもつ資本家が労働者を雇い，利潤を得ることを目的に商品を生産する経済体制を資本主義経済という。生産手段を個人で所有する私有財産制や自由競争などが原則となる。

参考 社会主義経済
生産手段を国有として，生産は国の計画のもとで行われる経済体制。生産手段の私有は認められない。現在，この体制をとっている国は少数である。

HighClass
土地・資本・労働力を生産要素(生産の三要素)というが，近年は知的資源も新しい生産要素として重要視されている。知的資源とは知恵や技術力，人的ネットワークなど目に見えない資源のことで，特許や著作権なども含まれる。

2 企業の種類と株式会社 ★★★

1 企業とは

〜生産要素を結びつけて生産を行う組織〜

土地・労働力・資本という生産要素を使って生産を行う組織を企業という。企業（私企業）は，利潤を得ることを最大の目的としている。

企業を新たにつくることを起業という。2006年の新会社法（会社法の改正）の施行により，資本金の最低額が撤廃された。それにより，資本力のない若者による起業も増えた。

2 企業の種類

〜公企業・私企業・公私合同企業など〜

❶ **公企業と私企業**…企業には，民間人によって利潤の追求を目的に営まれる私企業と，国や地方公共団体などが利潤の追求を目的とせず公共の利益のために出資・運営する公企業がある。

❷ **公私合同企業**…国や地方公共団体と民間の企業が共同出資して設立した企業を**公私合同企業**（第三セクター）という。

❸ **個人企業**…個人が出資して経営する小規模な企業。農家・個人商店・町工場に多い。

❹ **法人企業**…多数の人が出資・経営する企業。組合企業と会社企業がある。

▶**組合企業**…組合員の共同出資でつくられ，組合員のために事業を行う企業。農業協同組合などがこれにあたる。

▶**会社企業**…多くの人々から資本を集めるためにつくられている企業。**株式会社**・合名会社・合資会社・合同会社に分けられる。

参考 **減価償却（げんかしょうきゃく）**

生産を行う場合に流動資本（原材料・賃金などに投じられたもの）は全部が生産費の中に含まれるが，固定資本（機械・設備などに投じられたもの）は消耗された部分だけが生産費の中に含められて，少しずつ回収されていく。これを**減価償却**という。

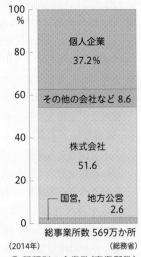

⬆ 種類別の企業数（事業所数）の割合

私企業	法人企業	会社企業	**株式会社**	1人以上の有限責任社員が出資者
			合名会社	1人以上の無限責任社員が出資者
		組合企業	**合資会社**	無限責任社員・有限責任社員各1人以上が出資者
		農業協同組合など	**合同会社**	1人以上の有限責任社員が出資者
	個人企業			農家や個人商店など
公私合同企業				NTT，JT，日本銀行，日本赤十字社など
公企業	地方公営企業			バス，上下水道，ガスなど
	独立行政法人			国立印刷局，造幣局，国立科学博物館など
	特殊法人			日本年金機構，日本放送協会（NHK）など
	国営企業			（該当なし）

⬆ 企業の種類

入試Info

私企業と**公企業**の目的の違いに注意しよう。私企業は「利潤」の追求を目的とした企業，一方で，公企業は「公共の利益」のために経営されている企業である。また，私企業と公企業の種類も上の図でしっかり確認しておこう。

3 会社企業

〜複数の人が出資〜

　会社企業の長所は，多くの人（出資者）から資本を集めることができることと，さまざまな業務を分業できることである。そのため，今日では，ほとんどの事業が会社企業によって営まれている。

❶ **合名会社**…出資者全員が**無限責任社員**であり，全社員が会社の経営にあたる。巨額の資本を集めるにはあまり適さない。

❷ **合資会社**…出資者は**無限責任社員**と**有限責任社員**からなる。かつては会社の経営には無限責任社員があたるとされていたが，2006年の新会社法施行後は有限責任社員も経営にあたることができるようになった。合名会社と同様に小規模な会社に適する。

❸ **合同会社**…合同会社は，新会社法の施行で新設された会社。出資者全員が有限責任社員で，株式会社と違い，出資金の比率に関係なく，会社の意思決定方法や利益分配を自由に決定できる。

4 株式会社

〜株式を発行，広く一般から資金集め〜

　株式会社は，その資本を少額の株式（株券）に分けて発行し，株式の引受人（株主）を広く集めて組織した企業である。株主は株式の引受額内の責任しかなく，所有する株式数に応じて会社が得た利益を配当として受け取る。また，株主総会で会社の方針を決める権利をもつ。株式は証券会社などを通じて，**証券取引所**（法律上の名称は金融商品取引所）などで自由に売買できる。

❶ **株主総会**…株式会社の最高機関で，経営の基本方針の決定・取締役の選任などを行う。株式1単元につき1議決権があるので，株式を多く所有する株主の意向が強くなる。

❷ **取締役会**…株式会社の執行機関で，株主総会で選任された取締役で構成。株主総会の決議を執行し，会社の業務を経営する。

Words 無限責任，有限責任

● **無限責任**…会社に大きな損失が生じ，会社の資本だけで損失を賄いきれないとき，自分の全財産まで出して責任を負うこと。合名会社の出資者や合資会社の出資者の一部は，無限責任社員である。

● **有限責任**…会社の損失に対して，自分の出資額内で責任を負うこと。株式会社の株主や合資会社の出資者の一部は，有限責任社員である。

参考 有限会社

過去に有限会社法によって設立が認められていた会社企業の1つ。2006年，新会社法の施行により有限会社法は廃止され，新設することができなくなった。

Words 株式

株主のもち分を表す有価証券（株券）。自由に売買することができる。2009年から電子化された。株式の売買が行われる市場を**株式市場**といい，通常は東京証券取引所など，**証券取引所**が開設されている市場のことを指す。

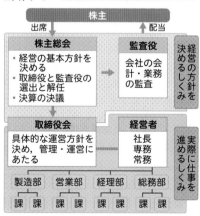

↑ 株式会社のしくみ

Episode　創業してからの年数が浅く，企業としての評価額が10億ドル以上で，株式を証券取引所に上場していないベンチャー企業（→ p.568）を，ギリシャ神話に登場する額に一本の角をもつ伝説上の生き物に例えて，ユニコーンと呼ぶことがある。

❸ **監査役**…株主総会で選ばれ，取締役の職務執行を監査する。監査には，会計監査と業務監査(取締役が法令や会社の規則を遵守しているかどうかを監査)がある。

❹ **株主会社の利点**…今日の大企業は，ほとんどすべてが株式会社である。その主な理由は，㋐多額の資金を集めるのに適している。㋑出資者が有限責任である。㋒出資者は株式を売り渡すことによって自由に脱退できる。㋓出資者は有能な人を選んで経営を任せられる，など。これらを**資本と経営の分離**という。

5 企業の集中と独占の形成

〜カルテル・トラスト・コンツェルン〜

資本主義の発達とともに，小さな企業が大企業に成長するだけでなく，1つ1つ独立していた企業が経営や組織を統合するということも見られる。これを企業の集中という。統合することで競争を減らし，無駄な宣伝などの費用も少なくできる。また，資本の力が大きくなるので市場を独占し，より多くの利潤を確保できるようになる。市場独占の形態には次のようなものがある。

❶ **カルテル(企業連合)**…同種の企業が独立を保ったまま，協定を結ぶこと。商品の生産量や販売価格・販売地域などについて協定を結ぶことにより，不利な競争を避けることができる。価格について結ばれた協定を特に**価格カルテル**という。

❷ **トラスト(企業合同)**…同種の複数の企業が独立性を捨て，1つの大企業に合同すること。合同には合併・買収などがあるが，どれもカルテルより強い結合である。合同により資本が増すため，同じ業種の他企業を圧迫しやすい。

❸ **コンツェルン(企業連携)**…親会社が株式保有を通じて多くの子会社を支配し，広い産業部門を結合して利益を図ろうとすること。企業の集中のことをいう。各企業は独立しているように見えるが，中心となる**親会社**(持ち株会社)が，多くの**子会社・孫会社**を支配するしくみがつくられる。

参考 株価の変動

株式の値段である株価は，「買い手>売り手」の場合は上がり，「売り手>買い手」の場合は下がる。商品の価格と同じように，株価も市場での買い手(需要)と売り手(供給)の関係で決まる(→ p.574)。

参考 社債

株式会社は，株券のほかに，社債を発行して資金を集めることができる(新会社法施行後はすべての会社で可能)。社債は，会社の利潤と無関係に，定率の利子をつけ，期限がくれば払い戻すものである。

Why 大規模な事業を行う企業が株式会社の形をとっている理由

多くの資本を集めるのに有利だから。

↑ 企業の集中

HighClass カルテル(企業連合)がさらに発展すると，それぞれの協定を厳重にするために共同で販売会社を設立し，生産の割り当てや利益の分配をするようになる。この独占形態を**シンジケート**という。

6 独占の弊害

～独占の弊害防止のための独占禁止法～

巨大企業は優秀な技術を取り入れ，大資本を用いて良い商品を安い費用で大量に生産するため，商品価格を引き下げられるという利点がある。しかし，巨大企業が市場を独占的に支配し，不公正な競争を行った場合には，さまざまな弊害が生じる。独占企業は生産量を制限したり，商品の価格を不当に上げたりして大きな利潤を得るようになり，買い手はそのため不利益を被る。日本では，このような独占の弊害を防止するために，独占禁止法が制定されている。市場の独占行為や不公正な取り引きを禁止するとともに，企業の自由競争を維持し，市場経済を民主的に発展させ，消費者の利益を守ることが目的である。この法律の運用には，公正取引委員会があたっている。

7 今日の独占

～独占の進行～

独占（寡占）の進行は，現代経済における1つの特色である。日本では，右のグラフを見てもわかるように，生産の集中度が高い商品も見られ，少数の企業が市場の大部分をおさえている。そのため，製品の品質があまり違わず，各企業のイメージの方が消費行動を左右しやすい。そのため企業は，広告やサービスの向上に力を入れ，小さなモデルチェンジを繰り返したり，デザインに変化をもたせたりしている。こうした競争を非価格競争という。

8 日本の中小企業

～中小企業の役割と問題～

❶ 多い中小企業…日本の企業全体に占める中小企業の割合は非常に高い。製造業で見ると，企業数の99.7％，従業者数の約69％，売上高の約44％を中小企業が占めている。中小企業は，日用雑貨や機械部品の製造，限られた地域でのサービス，小規模な建設といった分野での事業が多い。しかし，大企業に劣らず，日本経済で大きな役割を果たしている。

> **参考** 独占禁止法適用除外の例
>
> 公益上さまざまな規制が行われ，その一環として独占を認めているものがある。鉄道・電気・ガスなどで，独占禁止法は適用されない。ほかにも以下は適用が除外されている。
>
> - 著作権・特許権・商標権などの保護のために認めているもの。
> - 中小企業や消費者の相互扶助のために認める組合行為。理美容組合・農業協同組合・消費生活協同組合など。
> - 再販売価格維持契約が認められているもの。書籍，雑誌，新聞，レコード盤，音楽用CDの著作物など。

乗用車※
(2016年)
※軽自動車を含む。

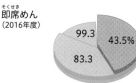

31.8%　58.5　81.1

即席めん
(2016年度)

43.5%　83.3　99.3

携帯電話契約数※
(2016年度)
※格安スマホを除く。

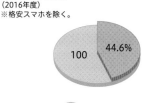

44.6%　100

1位
1～3位
1～5位

(日経産業新聞)

↑ 生産の集中

入試Info 中小企業については，次のページのような大企業と中小企業を比較したグラフが出題されやすい。細かい数字まで覚える必要はないが，中小企業がそれぞれの項目でどれくらいの割合を占めているのか把握しておこう。

❷ 中小企業の諸問題

▶**大企業との格差**…大企業と中小企業の間には，生産性・賃金・資本金・技術面などで大きな格差がある。高度経済成長期，賃金格差は少しずつ縮小の傾向を見せはじめていたが，生産性の面では格差が広がっている。また，労働環境・福利厚生施設などの労働条件の面でも開きがある。このような格差を二重構造という。

▶**大企業からの圧迫**…大企業の下請けをしている中小企業は，好不況の影響を受けやすい。不況の際は，大企業からの注文を減らされたり，下請け単価の値下げを要求されたりする。また，大企業の下請け関係を解消される中小企業も少なくない。製造費用を削減するため，大企業が安い外国の部品を使ったり，従来の系列の枠を外れて，下請け単価の安い中小企業と関係を結び直したりするというケースも見られる。

▶**困難な資金調達**…大企業に比べて生産性が低く，経営の安定性に欠ける中小企業は資金調達が容易でなく，金融機関の貸し渋りに直面することもある。不況になるとこの傾向がさらに強まり，資金繰りがうまくいかず，倒産に追い込まれる中小企業も少なくない。

▶**人材確保と後継者不足**…ITの導入を進める中小企業では，高度な知識・技能をもった技術者の不足が問題となっている。また，後継者の不在で事業の継続が困難になっている中小企業も見られる。

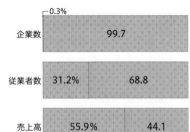

─0.3%

企業数		99.7
従業者数	31.2%	68.8
売上高	55.9%	44.1

大企業　中小企業

(2016年。売上高は2015年)(2020年版「中小企業白書」)

⬆製造業における大企業と中小企業の割合

> **参考 ベンチャー企業**
> 高度な専門知識や新技術をもとに，創造的・冒険的な新規事業をおこした，収益性の高い革新的な中小企業をベンチャー企業という。日本では，ベンチャー企業の発展は経済の活性化につながると期待されており，起業環境の整備が進められている。

> **参考 イノベーション(技術革新)**
> 企業が新しい経営方針や生産・管理の方法などを取り入れることによっておこる大きな変革。近年の，人工知能(AI)によるイノベーションなどは，生産現場だけでなく，社会生活にも大きな影響をもたらしている。

9 企業の社会的責任(CSR)

～ Corporate Social Responsibility ～

企業は従業員や売り上げが増えるにしたがい，社会に与える影響が大きくなっていく。企業は利潤の追求ばかりでなく，社会の一員としてふさわしい行動をとるとともに，その影響力から社会的貢献を果たさなければならない。これを企業の社会的責任(CSR)という。

> **参考 CSR活動の具体的事例**
> ● 公正な経済活動
> ● 法令遵守(コンプライアンス)
> ● 情報公開
> ● 安全な製品・サービスの提供
> ● 従業員の雇用・福利厚生
> ● 環境保全
> ● 社会的貢献

HighClass　企業の社会的責任(CSR)の取り組みの1つに，**メセナ**がある。企業が文化・芸術に対して行う支援活動のことで，具体的には文化イベントやコンサートホールなどへの寄付や美術館・音楽ホールの建設などである。

③ 働くことの意義と労働者の権利 ★★☆

1 働くことの意義

～働くとは何か～

❶ 職業に就く意味…安定した生活を営むためには，労働によって一定の収入を得る必要がある。しかし，働く目的はこれだけではない。職業に就くことは，分業で依存し合っている社会の一翼を担い，共同社会に参加することである。同時に，自分の夢を実現させることや，生きがいや充実感を得ることにもつながる。

❷ 職業選択の自由…わたしたちは，日本国憲法第22条で職業選択の自由が保障されている。職業を選ぶ場合，まず興味があること，それに自分の能力や適性を考えて選ぶことが大切である。

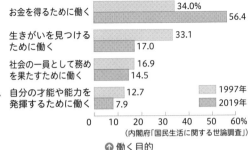

↑ 働く目的

2 労働基本権

～働く人々の権利の保障～

やりがいや充実感をもって働くためには，その前提として，労働者の権利が保障されていなければならない。今日，多くの国で労働者の権利を保護する法律が定められている。日本も第二次世界大戦後，勤労の権利・義務，労働条件の基準，児童酷使の禁止，労働者の労働基本権（労働三権。団結権・団体交渉権・団体行動権〈争議権〉）などが憲法で保障された（憲法第27・28条）。また，労働基本権の理念に基づいて，**労働組合法・労働関係調整法・労働基準法**が制定された。これら3つの法律を労働三法という。

参考 資格を必要とする主な職業
公共の安全と福祉に深い関係をもつ職業に就くには資格が必要である。
国家公務員・教職員・弁護士・公認会計士・測量士・医師・薬剤師・看護師・栄養士・理容師・美容師・電気技術者・税理士・理学療法士など。

zoomup　職業選択の自由
→ p.499
労働基本権→ p.503

↑ 労働者の権利

労働三権（団結権・団体交渉権・団体行動権〈争議権〉）と**労働三法**（労働組合法・労働関係調整法・労働基準法）を混同しないように注意しよう。また，**職業選択の自由**や労働三権は，人権の項目でも学習したので，おさらいしておこう。

3 労働条件の基準

~労働基準法で労働条件の最低基準を規定~

❶ **労働基準法**…労働者が人間らしい生活を営むための要件が満たされていなければならない。労働基準法は労働条件の最低基準を定め，労働条件がそれより下がることを防止し，労働条件の向上を図ることを目的としている。主な内容としては，労働時間を週40時間以内とし，1日8時間労働，週休制を守ることを義務づけている。また，満15歳未満の児童の労働禁止，年少者の危険な業務への就業禁止，女性の産前・産後の保護，寄宿舎内での個人の自由の保障，男女同一賃金の原則，強制労働の禁止・公民権行使の保障なども規定している。

❷ **解雇とリストラ**…使用者が労働者との労働契約を一方的に打ち切ることを**解雇**という。法の一般原則から「解雇は，客観的に合理的な理由を欠き，社会通念上相当であると認められない場合は，その権利を濫用したものとして，無効とする」という判例法理が確立していた。しかし，**リストラクチャリング（リストラ）**の一環で人員整理が増える中，解雇などの雇用ルールも明文化された**労働契約法**が2008年に施行された。一方，働いた時間にかかわらず，仕事の成果・実績などで評価する**裁量労働制**を導入するための要件を緩和する規定も，労働基準法に盛り込まれた。

❸ **労働基準の監督**…労働条件の最低条件を法律で定めても，使用者が守らなければ意味がない。そこで，国は厚生労働省に労働基準局，各都道府県に労働局と全国各地に**労働基準監督署**を設け，そこに**労働基準監督官**を置いて，労働基準が守られているかどうかを監督している。

4 労働組合と労働環境

~労働組合法で労働組合の権限などを規定~

❶ **労働組合**…**労働組合**とは，一人ひとりでは立場の弱い労働者が複数で使用者と**対等**の立場で交渉して，労働条件を有利にするための組織である。労働組合には，

参考 職業の紹介

日本の職業紹介は，長らく**公共職業安定所（ハローワーク）**で行われてきた。しかし，国際的に民間業者による職業紹介が認められてきたことなどから，一部を除いて，1997年より民間の職業紹介が認められるようになった。

参考 年少労働者に対する保護規定

労働基準法は年少労働者を児童（満15歳に到達した日以後の最初の3月31日が終了するまでの者），年少者（満18歳未満の者），未成年者（満20歳未満の者）に区別して保護している。

参考 裁量労働制とフレックスタイム制

実際に働いた時間ではなく，あらかじめ決められた労働時間に基づいて賃金を支払う**裁量労働制**や，労働者が出社・退社の時刻を一定の時間帯の中で自由に決めることができる**フレックスタイム制**を導入する企業が増えている。

参考 労働組合法の主な内容

● 第1条　目的
労働者の地位を向上させること。
使用者との対等な団体交渉。
● 第7条　不当労働行為
労働組合員であることを理由に使用者が労働者に不利益な取り扱いをすること。
労働組合への不加入・脱退を雇用条件にすること。

入試Info　**労働三法**（労働基準法・労働組合法・労働関係調整法）はいずれも大事な法律だが，入試では労働基準法に関する問題が出題されやすい。1日8時間労働や週休制など，法律の内容をしっかり覚えよう。

企業の枠を越えて職業別に組織される職業別労働組合, 産業別に組織される産業別労働組合などがある。日本では, 企業別に組織される企業別労働組合が多い。

❷ **労働組合法**…労働組合法は労働者の団結権や労働協約の締結, 団体交渉など労働組合活動について規定し, 労働三権を具体的に保障している。また, 使用者が労働者の団結権を侵害することを**不当労働行為**として禁止している。

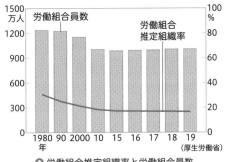

↑ 労働組合推定組織率と労働組合員数

5 労働争議とその解決

～労働関係調整法で予防や解決を促進～

❶ **労働争議**…労働組合は, 組合側と使用者側の主張が対立してまとまらないとき, 労働争議に訴えることがある。

❷ **労働関係調整法**…1946年に労働関係調整法が制定された。これは, 労働争議がおきないように, あらかじめ労使の間を公平に調節したり, 労働争議がおきたとき, 労使双方が納得するようにまとめたりするための法律である。産業の平和を維持し, 経済の興隆に寄与することを目的としている。具体的には, 争議の**斡旋**(労働委員会の斡旋員が労使双方の言い分を聞き, 話し合いの機会をつくり, 争議を当事者間の話し合いによって解決する)・**調停**(調停委員会が調停案をつくり, その受諾をすすめる)・**仲裁**(仲裁委員会が争議の実情を調べて解決条件を定めて仲裁裁定を下す)などの方法や, 争議行為の制限・禁止などが定められている。

❸ **労働委員会**…労働争議を解決するための第三者的な機関として, 国は法律で**労働委員会**を設けている。労働委員会は, 使用者を代表するもの(使用者委員), 労働者を代表するもの(労働者委員), 公益を代表するもの(公益委員)からなり, 各同数で組織されている。

> **参考** 労働争議の種類
>
> ● **ストライキ(同盟罷業)**…労働者がいっせいに作業をやめ, 使用者に不利益を与える方法。
> ● **サボタージュ(同盟怠業)**…生産の能率をわざと落として, 使用者を困らせる方法。
> ● **ボイコット(不買同盟)**…使用者の生産する商品を買わないように呼びかけて使用者に打撃を与える方法。
> ● **ロックアウト(作業所閉鎖)** 使用者がその作業所を閉めて労働者を集団的に閉め出し, 労働者の団結を崩そうとする方法。

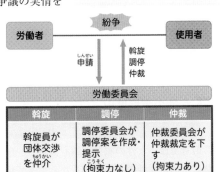

↑ 労働争議の調整

HighClass 国家公務員, 地方公務員, 地方公営企業職員などの公務員は, 公共の福祉のために**団体行動権〈争議権〉**が認められていない。特に警察官, 消防官, 自衛官などは**労働三権〈団結権・団体行動権〈争議権〉・団体交渉権〉**のすべてが認められていない。

4 現代日本の労働と雇用 ★★★

1 労働環境の変化と課題

～従来の雇用制度の崩壊～

❶ **雇用制度の変化**…日本では，定年まで同じ企業で働く**終身雇用制**や，勤続年数に応じて賃金も上昇する**年功序列賃金制**を採用してきた。しかし近年，仕事の成果に応じて賃金を支払う能力給や成果主義，1年単位で給与が支払われる**年俸制**などを導入する企業が増えており，雇用や賃金のあり方が見直されてきている。

❷ **雇用形態の変化**…バブル経済の崩壊（1990年代はじめ）以降，企業は**正規労働者**（正社員）に比べて賃金の安いパートタイム労働者，アルバイト，派遣労働者などの**非正規労働者**（非正社員）を多く雇うようになった。

❸ **近年の労働問題**…長引く不況の影響によって経営の見直しを迫られた企業は，**リストラクチャリング（リストラ）**による人員削減を行った。これにより，**失業者**が増加した。長時間労働（**サービス残業**）による**過労死**などの**労働災害**，フルタイムで働いても貧困から抜け出せない**ワーキングプア**などの解決・改善が求められている。

❹ **労働問題の解決に向けて**…政府は，**ワーク–ライフ–バランス**（仕事と生活の調和を図ること）の実現や，労働の諸問題の解決のため，2018年に**働き方改革関連法**を成立させた。これにより，雇用形態にかかわらず業務内容に応じて賃金を決める**同一労働同一賃金**が適用されることになった。また，一部の企業では，1人あたりの労働時間を減らして，仕事を多くの人で分かち合う**ワークシェアリング**も実施されている。

2 女性の職場進出

～女性差別の禁止，女性保護規定の撤廃～

最近では，女性の職業意識も高まり，雇用者全体に占める女性の割合は高くなってきている。しかし，女性の年齢別労働力を分析してみると，30

参考 外国人労働者の問題

グローバル化により，多くの外国人労働者が日本で働いている。2019年には介護など特定業種での受け入れが拡大した。少子高齢化に伴う労働力不足を補うために必要との意見がある一方，外国人を悪質な労働条件で働かせる，日本人の雇用を奪うなどの可能性も指摘されている。

Words リストラクチャリング（リストラ）

本来は「事業の再構築」という意味だが，不況による人員整理・工場閉鎖などに伴う社員の出向，希望退職，依願退職，解雇を含めた用語。

参考 働き方改革関連法

● **残業時間の上限規制**…月45時間，年360時間を原則とし，違反者には罰則がある。
● **年次有給休暇の取得義務**…年休が10日以上与えられた労働者に，時期を指定して5日は取得させることを義務づけ。
● **不合理な待遇差の禁止**…正規労働者と非正規労働者との間で，不合理な待遇差（基本給や賞与など）を禁止する。

かつてはM字型であったが，近年はM字のカーブが浅くなってきている。

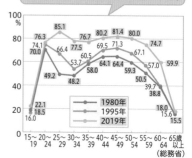

↑ 女性の年齢階級別労働力率

Q 女性の年齢階級別労働力率のグラフから，30代の女性の労働力が落ち込んでいることがわかるが，その理由を簡潔に述べなさい。

A 出産や育児により（一時的に）離職したため。

代は落ち込んでいる。これは多くの女性が出産や育児によって離職したためであり，家庭と仕事の両立の難しさを示している。国は企業の募集・採用・昇進などで女性差別のないように男女雇用機会均等法を制定した。また，男性・女性の双方が働きながら育児・介護のできる育児・介護休業法も制定した。ワークシェアリングが掛け声倒れにならないよう，家庭と仕事が両立できる社会の構築が求められている。

❶ **男女雇用機会均等法**…1985年に制定された。当初は，企業が募集・採用などについて女性差別を行ったとしても罰則規定のない努力義務規定であったため，女性の機会均等は不徹底であった。そのため，1997年に改正され，募集・採用・昇進などにおける女性差別は禁止規定となり，違反した企業が是正勧告に従わない場合は，企業名が公表されるなどの制裁措置が加えられるようになった。また，**セクシュアルハラスメント**に関する規定もこの改正時に設けられた。

❷ **女性保護規定撤廃**…男女雇用機会均等法の改正とともに労働基準法に設けられていた女性の時間外労働や深夜業などの制限，いわゆる女性保護規定が撤廃された。これによって，女性の機会均等が進展するという意見がある一方，女性の男性並みの労働は，家事・育児の多くを女性が負担している現状を見ると，女性を職場から閉め出すことにつながるという批判の声もある。

❸ **育児・介護休業法**…育児や介護を行う労働者が，仕事と家庭生活の両立が図れることを目的に，1995年，**育児・介護休業法**が制定された。育児の場合は最高1歳6か月まで，介護の場合は3か月休業を取ることができる。

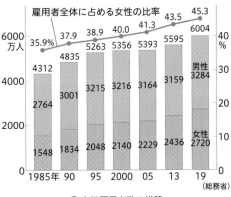

↑ 女性雇用者数の推移

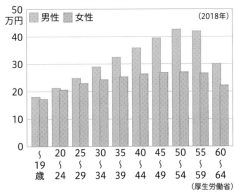

↑ 年齢別の男女間賃金格差

	1997年改正後	2006年改正後
対象	女性労働者	男女労働者
規定	事業主の配慮義務	事業主の措置義務

↑ 男女雇用機会均等法によるセクハラ対策

Words セクシュアルハラスメント（セクハラ）

「性的いやがらせ」という意味。男女を問わず，性的いやがらせによって，仕事上の不利益を与えたり，職場環境を悪化させることに対する世間（社会）の目は厳しい。多くの企業がセクハラ防止に取り組んでいる。

Episode パソコンやタブレット端末などを活用し，自宅や共有オフィスなどで仕事をする勤務形態を**テレワーク**という。Tele（遠く）とwork（働く）を合わせた造語。政府は仕事と育児・介護の両立に役立つという点に加え，2020年には新型コロナウイルス感染防止の観点から，導入を強く推奨した。

3 ▶ 市場経済のしくみと金融

1 市場経済と価格のはたらき ★★★

1 価格の決まり方

〜価格は需要と供給の関係で変動〜

❶ **価格の成り立ち**…商品やサービスが取り引きされると
きには値段がつけられる。この値段を価格という。商
品の生産者は，原材料費や生産にかかる経費や労働者
の賃金に利潤を加えて卸売業者に販売する。これを**生
産者価格**という。卸売業者はこれに経費と利潤を加え
て小売業者に販売する。これを**卸売価格**という。小売
業者もこれに経費と利潤を加え，消費者が商品を購入
する**小売価格**を決める。

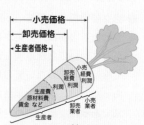
↑ 商品の価格に含まれているもの

❷ **市場価格**…商品やサービスを取り引きする場を市場と
いい，そこで取り引きされる価格を市場価格という。
生産者や流通業者はできるだけ高く売ろうとするが，
消費者はできるだけ安く買おうとする。市場において，
一定の価格で消費者が買おうとする量を需要量という。
価格が高いと買い手の人数も買う量も限られるが，価
格が下がるとそれらは増えるので，需要量を表すグラ
フは右下がりになる。これに対し，市場において，生
産者が一定の価格で売ろうとする量を供給量という。
売り手は高い価格で売ろうとするので，供給量を表す
グラフは右上がりになる。右の図では，価格が4000円
のときにグラフが交わっている。需要量と供給量が30
個で一致している。つまり，買いたい量と売りたい量
が同じになり，商品が売れ残ったり，品切れになった
りしない，ちょうどよい価格(右の図では4000円)に落

供給量が40個のとき，需要
量が20個であれば，下図の
ように価格は5000円から
4000円に下落する。
供給量が20個のとき，需要
量が40個であれば，下図の
ように価格は3000円から
4000円に上昇する。

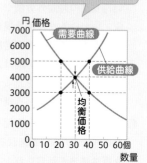
↑ 需要と供給と価格の関係

HighClass 商品やサービスが取り引きされる市場には，財・サービスの取り引きが行われる**商品市場**，
銀行や証券会社などの金融機関が資金の貸借などを行う**金融市場**，株式や公社債などの売買
が行われる**証券市場**，外国通貨を売買する**外国為替市場**などがある。

ちついている。このように，需要量と供給量が一致したときの価格を均衡価格という。

❸ **市場経済**…市場価格は需要量と供給量の関係で変化する。市場において，売り手と買い手の間にはもちろん，高く売りたい売り手どうし，安く買いたい買い手どうしにもそれぞれ競争が発生する。価格が高いと供給量が増え，需要量が減るため売れ残りが発生する。売り手は売れ残りを防ぐために価格を引き下げ，売り切ろうとする。価格が安いと供給量が減り，需要量が増えるため，品切れが発生する。売り手は利益を増やす機会だととらえて価格を引き上げる。このように，市場価格は競争によって均衡価格へ近づくしくみになっている。これを**市場メカニズム**という。市場で財・サービスが自由に取り引きされて価格が決定し，その価格に応じて生産量や購入量が決定していく経済のしくみを市場経済という。市場経済においては，物余りは価格の下落によって解消され，物不足は価格の上昇によって解消されていくしくみになっている。

2 さまざまな価格

〜価格決定の仕方の違いによる分類〜

❶ **独占価格**…市場経済が正しく機能していれば，価格は均衡価格に近づくので，物余りや物不足が生じることはない。市場経済が効率的なしくみであることを意味している。しかし，そのためには，売り手，買い手の自由な競争が前提となる。

　仮に，売り手が１人しかいない場合，売り手は需要の動向を見ながら，利潤が最も大きくなるように価格を決めることができる。このように，ある商品の生産や販売市場が個人，あるいは１つの企業によって支配されている状態を独占といい，その状態で決まる価格を**独占価格**という。現代社会では，売り手が１人であるケースはまれである。しかし，ある商品の生産や販売市場が少数の個人や企業によって支配されている状態は少なくない。これを寡占といい，その状態で決まる価格を**寡占価格**という。携帯電話や乗用車などは有

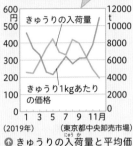

きゅうりの入荷量が多い時期は価格が下がっていることがわかる。

⬆ きゅうりの入荷量と平均価格の変化

参考 コンビニエンスストアの値引き販売

多くの大手コンビニチェーンでは，これまで加盟店の値引き販売を本部が認めていなかった。この事案について，2009年に公正取引委員会は独占禁止法に違反しているとし，排除措置命令を出した。コンビニの本部は消費期限が近づいた弁当やおにぎりなどを，「同じ商品が店舗によって異なる価格で販売されることは好ましくない」として，値引きを実質上，制限していた。しかし，売れ残って廃棄すると，そのコストの85%が店舗側の負担になるため，値引いてでも売り切った方が，損失が少なくてすむ。近年は，ポイント還元を活用することで，廃棄ロスのコスト改善を図る動きも見られる。

短文記述対策!

Q 独占価格の問題点を簡潔に述べなさい。

A 企業は利潤ができるだけ大きくなるように価格を設定するため，消費者は不当に高い価格で商品を購入しなければならなくなる。

力な数社で市場の大半を占めている。また，1つの有力企業がプライス-リーダーとなって価格を決めることも多い。ほかの企業もそれにならって設定する価格を管理価格という。このような独占状態では，競争が不活発になり，市場が正しく機能しなくなるおそれがある。売り手が競争を避けるように話し合って価格を決めると，市場の需給関係にかかわりなく価格が下がらなくなり，消費者にとって不利益となる。そこで，市場の独占や不公正な取り引きを防ぐため，独占禁止法が制定されている。この法律は公正取引委員会によって運用されている。

zoomup 独占禁止法 → p.567
公正取引委員会
→ p.567

❷ **オープン価格**…生産者が小売価格を設定せず，小売店に決定を任せる販売価格を**オープン価格**という。家電製品などの耐久消費財に多く取り入れられている。

❸ **公共料金**…財・サービスがすべて，市場の自由競争によって価格が決められるわけではない。電気・ガス・水道などのライフラインや，公共交通機関，公教育，医療，介護などは，生きるために不可欠である。それらにかかる費用は国民生活に大きな影響を及ぼすため，これらの価格は，国や地方公共団体が管理・決定を行っている。このような価格を公共料金という。

国会や政府が決定するもの	社会保険診療報酬 介護報酬
政府が認可するもの	電気料金・都市ガス料金・鉄道運賃・バス運賃・タクシー運賃・郵便料金(定期刊行物の郵便料金など)
政府に届け出るもの	国内航空運賃・電気通信料金・郵便料金(手紙・はがきの郵便料金など)
地方公共団体が決定するもの	公営水道料金 公立学校授業料 公衆浴場入浴料

⬆ 主な公共料金とその価格の決まり方

ライフラインのうち，電気とガスは地域による独占を認めるかわりに料金を規制してきたが，電気は2016年4月から，ガスは2017年4月から，それぞれ小売全面自由化が実施された。これによって新しい事業者の参入が容易になり，消費者はいろいろな事業者・サービスを選択できるようになった。

このように，すべての財・サービスが市場の自由競争にゆだねられる方が良いとは限らない。公的機関の管理下に置くか，市場に置くかは，経済効率だけから見るのではなく，公平に行き渡るかどうかという観点からも見る必要がある。

Why 公共料金の決定に，政府の認可などを必要とする理由
価格変動が国民の生活に大きな影響を与えるため。

Episode 2018年の水道法の改正で，水道事業の運営権を民間に売却できるようになった。老朽化した水道管の補修などに民間の力を借り，地方公共団体の負担を軽減するのが目的だが，すでに民営化した諸外国では，民間業者による不当な料金値上げが問題視されたことなどから再公営化の動きもある。

② 貨幣と通貨制度 ★☆☆

1 貨幣とそのはたらき

～貨幣とは何か～

❶ 貨幣…貨幣とは，商品の交換の仲立ちをするもの，すなわちお金のことである。

❷ 貨幣のはたらき

▶**価値尺度**…商品の値打ちを金額で表す。

▶**交換手段**…商品交換の仲立ちをする。

▶**支払い方法**…サービス料金や税金などのように一方的な支払いに用いる。

▶**価値貯蔵手段**…貨幣の蓄えは，それと等価の商品の所有と同じ効果がある。

2 通 貨

～現金通貨と預金通貨～

実際に流通し，実際に使われている貨幣を**通貨**といい，**現金通貨**と**預金通貨**がある。

❶ 現金通貨…日本銀行が発行する**日本銀行券**（紙幣）と，政府（財務省）が発行する**硬貨**（補助貨幣）がある。

❷ 預金通貨…企業間の決済に使われる当座預金や電気・ガスなどの料金の支払いに使われる普通預金など，現金通貨と同じように使われているものである。

3 通貨制度

～金本位制度から管理通貨制度へ～

❶ 金本位制度…金がその国の通貨の基準となっている制度を**金本位制度**という。中央銀行から発行される銀行券は，金と交換できる兌換紙幣で，その流通量は中央銀行が保有する金の量が裏づけとなっている。日本でも1897年に確立したが，1931年に停止された。

❷ 管理通貨制度…通貨量をその国の政府と中央銀行で管理する制度を**管理通貨制度**という。中央銀行の金保有量とは関係なしに，通貨が発行できる。銀行券は，金とは交換できない不換紙幣で，景気の状況に応じて通貨量が管理される。現在，世界の多くの国がこの制度を採用している。

	種類	金額	割合
		億円	%
日本銀行券	10000円	1043895	88.7
	5000円	35232	3.0
	2000円	1965	0.2
	1000円	44888	3.8
	合計（その他含む）	1127418	95.8
硬貨	500円	24096	2.0
	100円	11071	0.9
	50円	2247	0.2
	10円	1947	0.2
	5円	533	0.0
	1円	376	0.0
	合計（その他含む）	49536	4.2
	総額	1176954	100.0

（2019年末）　　（2020/21年版「日本国勢図会」）

⬆ 種類別通貨流通高

> 一万円札には実業家の渋沢栄一，五千円札には女子教育家の津田梅子，千円札には細菌学者の北里柴三郎の肖像画が用いられている。

一万円札（表）　一万円札（裏）

五千円札（表）　五千円札（裏）

千円札（表）　千円札（裏）

⬆ 2024年から発行される日本の紙幣

参考 マネーストック

個人や法人が保有する通貨を合計したもの。国や金融機関が保有する通貨は含まれないが，その統計（総量）は日本銀行によって調べられる。

Episode 日本で最初に発行された銀行券は，1885年5月9日に発行された「旧十円券」である。図柄に福の神である大黒天が描かれていたことから「大黒札」とも呼ばれていた。また，この旧十円券は銀兌換券であり，当時は銀貨10枚と交換することができた。

4 信用貨幣

～具体的には小切手・手形など～

　企業の間では，貨幣の代用として，小切手や手形を使っての取り引きもさかんである。これらは信用に基づいて流通するので，**信用貨幣**と呼ばれる。

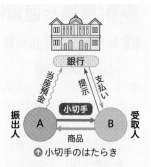

↑ 小切手のはたらき

❶ **小切手**…銀行に**当座預金**をもっている人が，支払いをするとき，銀行から渡された証書(有価証券)を利用して，一定の金額の支払いを銀行に依頼する。この証書(有価証券)を**小切手**という。小切手は現金通貨と同じように流通する。**預金通貨**の一種である。小切手の金額は持参人に支払われるが，不正を防ぐためには，線引小切手(横線小切手)を用いる。

❷ **手　形**…定められた期日に一定の金額を支払うことを約束する証書(有価証券)を**手形**という。手形を受け取った売り手が，期日よりも早く代金を必要とするときは，その手形を銀行で割り引いてもらうこともできる。また，裏書をすることにより，いつでも他人に自由に譲渡できる。

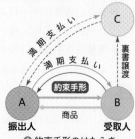

↑ 約束手形のはたらき

　　▶**約束手形**…例えばAがBから商品を仕入れ，その代金を一定の期日に一定の場所で支払うことをAがBに約束した手形である(Aを振出人，Bを受取人という)。

　　▶**為替手形**…A(振出人)がB(受取人)に支払わなければならない金額を自分で支払わないで，指定の期日に，第三者C(支払人)に支払いを委託する手形である。小切手や手形は，振出人が当座預金を不足させたり，お金を融通できなくなったりしたために，満期に受取人が現金の支払いを受けられないことがおきる。これを**不渡り**という。不渡り防止のため，国は小切手法や手形法を制定して，小切手や手形の取り扱いを厳重にしている。

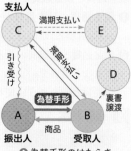

↑ 為替手形のはたらき

❸ **クレジットカード**…カード会社が発行するカード。加盟店で提示し，伝票にサインをすると，カード所有者の銀行預金から，商品を売った加盟店にあとで代金が支払われる(→ p.559)。

参考 暗号資産(仮想通貨)

紙幣や硬貨などが存在せず，インターネット上で，電子データのみでやり取りされる通貨。電子マネーとは違い，暗号資産の価格は変動し，特定の国家により発行・管理されていないことが特徴である。**ブロックチェーン**という技術によって信用性を保っている。

HighClass　キャッシュレス先進国のスウェーデンでは，町中の小さな店や屋台でも電子決済が使われている。日本ではセキュリティへの不安が強いことから，現金での支払いが主流だが，最近では，**電子マネー**や**スマホ決済**などの電子決済が普及してきており，急速に**キャッシュレス化**が進んでいる。

③ 金融のしくみとはたらき ★★☆

1 金融の意味

〜余分なお金をもっている人から必要な人へ〜

　貨幣経済が発達してくると，お金に余裕のある人が出てくる一方，事業資金や生活費に困る企業や人も出てくる。このような場合に，お金に余裕がある人からお金を必要とする人へ，お金を融通することを金融という。金融には，生活費を融通する消費者金融もあるが，今日では事業資金を融通する企業金融が大部分を占めている。

❶ **直接金融**…企業が株式や**社債**を発行して，個人や投資家から直接資金を集めることを直接金融という。

❷ **間接金融**…家計や企業が金融機関に預けた預貯金をもとに，金融機関が資金を必要とする個人や企業に対して資金を貸し付けることを間接金融という。

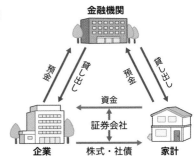

↑ 直接金融と間接金融

2 金融機関

〜金融の仲立ちをする機関〜

　資金の貸し手と借り手の間に立って，金融の仲立ちをする企業を**金融機関**という。最も代表的で生活に身近な金融機関は**銀行**である。ほかには信用金庫・証券会社・保険会社・農業協同組合なども金融の仕事をしている。

中央銀行		日本銀行
民間金融機関	普通銀行	都市銀行，地方銀行，ゆうちょ銀行など
	長期金融機関	信託銀行
	中小企業金融機関	信用金庫　信用組合　労働金庫
	農林水産金融機関	農業協同組合　漁業協同組合など
	その他	生命保険会社　損害保険会社　消費者金融機関　証券会社など
公的金融機関	政府金融機関	日本政策投資銀行　日本政策金融公庫

↑ 主な金融機関の種類

Words 証券会社，保険会社

● **証券会社**…株式会社と投資家を結びつけるなど，直接金融の中心となっている会社。投資家に対し，有価証券の売買などの業務を行う。

● **保険会社**…保険事業を営む会社。生命保険会社と損害保険会社がある。保険以外にも投資信託や住宅ローンといった商品を扱っている。

参考 インターネットバンキング

インターネットを利用して，残高照会や口座振り込みなど，銀行のサービスが利用できるシステムのこと。

参考 ベンチャーキャピタル

ベンチャー企業など高い成長が予想される未上場企業に対して積極的な投資や，事業への助言を行う投資会社をベンチャーキャピタルといい，近年注目されている。

Episode 近年，**クラウドファンディング**（群衆の「Crowd」と資金調達の「Funding」を合わせた造語）という手法が注目を集めている。資金調達が難しい個人・団体が，インターネットを通じて実現したい企画や事業を公表し，賛同した人から小額の資金を集めるしくみで，国内外で広く利用されている。

579

3 銀行（普通銀行）の業務

～預金業務と貸出業務が主な仕事～

　銀行の仕事は，預金を受け入れ利子（利息）を支払う預金業務，資金を貸し付ける（融資という）貸出業務が主であるが，このほかに為替業務がある。これは，遠隔地間の取り引きのために銀行が為替を組み，当事者にかわって代金を送る仕事である。

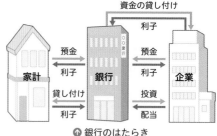

↑ 銀行のはたらき

当座預金	企業などの出納事務を代行する営業性預金。払い出しには小切手が用いられる。無利子。
普通預金	いつでも預け入れ，払い出しのできる預金。無利子。
通知預金	7日間以上据え置き，預金者が払い戻しの2日前に通知する預金。
定期預金	一定の預金期間が定められた貯蓄性の高い預金。

↑ 預金の種類

Words 利子（利息）

借り手が貸し手に支払う対価のこと。銀行は人々から貯蓄として集めた預金を，企業や家計に貸し出し利子をとり，預金者には利子を支払う。元金に対する利子の比率を金利という。貸し出しの利子は，預金者に支払う利子よりも多く，その差額が銀行の利益となる。

4 日本銀行

～日本の中央銀行としての3つの役割～

　日本銀行は，1882年に設立された日本の中央銀行である。発券銀行，銀行の銀行，政府の銀行という3つの役割をもっている。また，普通の銀行とは違い，家計や企業にお金を貸し出すことはない。

❶ 発券銀行…国の通貨である日本銀行券（紙幣）を発行する。また，発行された銀行券が流通過程で再び日本銀行に戻ってくると，枚数検査や真偽鑑定を行い，損傷や汚損具合を見て，流通に適さないものは廃棄する。

❷ 銀行の銀行…一般の金融機関からの預金を受け，また，一般の金融機関に対して貸し付けを行う。貸し付けには担保をとって行うものと，一般の金融機関のもっている手形を再割引するものとがある。

❸ 政府の銀行…国の金庫の役割を担い，政府の資金の出納や政府に対する貸し付けを行う。

↑ 日本銀行のはたらき

Episode

日本銀行の発表によると，日本銀行券（紙幣）の平均的な寿命は，一万円札では4〜5年程度，五千円札と千円札では，1〜2年程度となっている。五千円札と千円札の寿命が短いのは，つり銭などでやり取りされることが多く，傷みやすいから。

5 金融の変化

～進んだ金融の自由化～

バブル経済の崩壊（1990年代初め）後，多くの銀行は土地への貸付金が回収不能になり，多額の不良債権を抱えて経営が苦しくなった。政府は**金融の自由化**を進めたが，銀行間の競争が激化したため，多くの銀行は生き残りをかけてほかの銀行との統合・合併を進めた。一方，預金者はこれまで金融機関が破綻しても預金の全額が保護されていたが，2005年4月から金融機関が破綻した場合，すべての金融商品で一定額の払い戻し（**ペイオフ**）しか受けられないことになった。

6 経済成長と物価

～経済の状況を見る指標～

❶ **国内総生産（GDP）**…1国の経済活動の規模を示す指標として最もよく使われる。**国内総生産（GDP）**は，1年間に国内で新たに生産された財とサービスの付加価値の合計である。国民が国内外から1年間に得た所得の合計を**国民総所得（GNI）**といい，主に国の経済活動の規模を比較する指標として使われる。

❷ **経済成長**…国民経済の規模が，一定期間にどれだけ拡大されたかを示す比率を**経済成長率**と呼ぶ。通常は，GDPの前年に対する増加率で示す。

❸ **物　価**…個々の商品やサービスの価格ではなく，一定範囲における複数の商品・サービスの平均価格を**物価**という。物価には，消費者が小売店から購入する商品・サービスを平均化した**消費者物価**と，企業間で取り引きされるものの価格を平均化した**企業物価**がある。その指数は，ある基準年を100として表される。この**物価指数**には，家計での消費段階における物価水準の動きを示した**消費者物価指数**や卸売段階における物価水準の動きを示した**卸売物価指数**などがある。

❹ **インフレとデフレ**…一般に，景気が良いと商品がよく売れる。すると，市場のはたらきで価格が上がる。継続的に物価が上昇する現象を**インフレーション（イン**

Words　ペイオフ

預金の払い戻し制度。銀行など金融機関が破綻したとき，預金保険機構によって，預金者1人につき元本1000万円とその利息分までが保護される。

参考　フィンテック

金融を意味する「Finance」と技術を意味する「Technology」を組み合わせた造語。情報通信技術（ICT）の発展により，フィンテックと呼ばれる金融とICTの融合が進んでいる。スマートフォンを使った送金やキャッシュレス決済などがその一例。

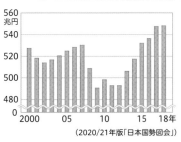

↑ 日本の国内総生産の推移

（2020/21年版「日本国勢図会」）

参考　国民総生産（GNP）

GNIとほぼ同じ概念。かつては国民総生産（GNP）が国際比較の指標として使われていた。2000年の国民経済計算の体系変更によって，現在ではほとんど使われていない。

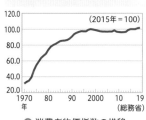

↑ 消費者物価指数の推移

（2015年 = 100）

（総務省）

Episode

日本で初めて**ペイオフ**が適用されたのは，2010年の日本振興銀行の経営破綻のときである。ペイオフの適用によって，預金者の預金は元本1000万円までとその利息分しか保護されず，融資を受けていた中小企業の倒産が相次いだ。

フレ)という。景気が悪いと商品が売れなくなり、価格が下がってくる。継続的に物価が下落する現象をデフレーション(デフレ)という。インフレーション下では貨幣の価値が下がり、デフレーション下では貨幣の価値が上がる。また、景気が悪いにもかかわらず、物価が上昇する現象をスタグフレーションという。日本は1973年の石油危機をきっかけにスタグフレーションに直面した。原油価格が値上がりして原材料費が上がったため、景気が停滞しても物価が下がらなかったためである。その後、日本はバブル経済期を経た後、1998年以降、消費者物価指数において物価上昇率がマイナスとなり、15年以上にわたりデフレーションが続いた。

参考 デフレスパイラル

デフレーションによる悪循環のこと。物価の下落が企業の収益の悪化、生産の縮小を引きおこし、人員が削減され、賃金も引き下げられる。これにより、需要が低迷し、さらにデフレーションが進む。こうした悪循環のことをいう。

4 景気の動きと金融政策 ★★☆

1 景気変動(景気の循環)

～繰り返される好況と不況～

右の図のように、景気は一定ではない。日本の経済も好景気(好況)の時期と不景気(不況)の時期を交互に繰り返していることがわかる(次ページの図)。これを**景気変動(景気の循環)**という。

2 好景気(好況)とは

～雇用増・所得増・物価上昇へ～

企業は商品の売れゆきが良くなると、設備投資をし、労働者を雇って生産の拡大を図る。そのため失業者は減り、人々は所得が増えて、購買力も増加し、国の経済は活気を帯びる。これが**好景気**である。この状態が進みすぎると物価は高くなる。

3 不景気(不況)とは

～失業者増・所得減・物価下落へ～

生産が増えすぎて供給が需要を上回るようになると、商品の売れゆきは鈍ってくる。企業は生産をおさえ、そのため失業者が増え、人々の所得は減り、購買力も減少し、倒産する企業も出てくる。これが**不景気**である。不景気では生産が縮小されるので、やがて需要が供給を上回る。それに伴い企業は生産を増やし、景気が回復していく。

好景気	景気後退	不景気	景気回復
生産・売り上げ活発化	生産減少失業増	後退現象の底	再び活発化

増加 / 減少
生産・売り上げ / 失業 / 倒産

↑ 景気変動(景気の循環)

Episode アフリカのジンバブエでは、2000年以降の経済政策の失敗などによって急激なインフレとなり、一時は年間インフレ率が2億%に達する異常事態に陥った。2009年には100兆ジンバブエドル紙幣が発行されたが、最終的にわずか約0.35円の価値しかなかった。

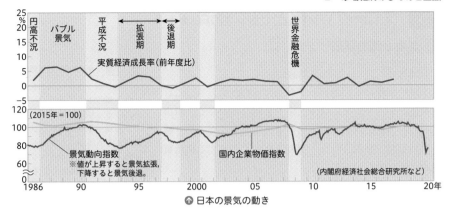

↑ 日本の景気の動き

4 日本銀行の金融政策

~景気や物価の安定のために~

　中央銀行である日本銀行は，景気や物価の安定を図るために通貨の量や流れを調整する金融政策を行っている。

❶ 公開市場操作（オープン-マーケット-オペレーション）
　日本銀行は好景気（好況）のときは，手もちの公債やそのほかの有価証券を売り出すことで通貨を吸収して通貨量を減らす（売りオペレーション）。不景気（不況）のときは，逆に買い戻して通貨量を増やす（買いオペレーション）。このように，日本銀行が国の金融や経済活動を調整することを公開市場操作という。

❷ 預金準備率操作…普通銀行のもつ預金の一定割合（預金準備率）を，支払い準備のため日本銀行に預けさせ，その預金準備率を上下して通貨量や金融を調節する。なお，1991年以降，日本銀行は預金準備率操作を行っていない。

参考 公定歩合

日本銀行が，金融機関にお金を貸し出すときの金利を公定歩合という。日本銀行は公定歩合を上下することで，金融機関が企業や個人に資金を貸しつける際の利子率に影響を与え，国の通貨量を調節してきた。1995年3月までは有効な金融政策だったが，それ以降はコールレート（金融機関どうしが短期間の資金を融通し合うときの金利）の方が公定歩合より低くなったため，各金融機関は金利の低いほかの金融機関との貸し借りで済ませるようになった。これにより公定歩合操作の役割は低下した。現在は「基準割引率及び基準貸付利率」と呼ばれる。

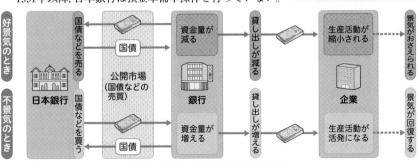

↑ 日本銀行の金融政策（公開市場操作）

HighClass

好景気が頂点に達した後，急激に不景気に落ち込む場合，これを恐慌という。国内だけでなく，世界規模の恐慌も19世紀前半から約10年を周期として繰り返し襲っている。2008年にはアメリカ合衆国の大手証券会社の倒産を機に金融危機が世界に広がり，世界同時不況を招いた。

⑤ グローバル化と日本経済 ★★☆

1 貿易と国際経済

～貿易・国際分業でつながる世界～

　商品の交換は多国間でもさかんに行われており，これを貿易という。貿易には，国家の規制などがなく，自由に行われる**自由貿易**と，国内産業を保護するために，輸入品の数量を制限したり，関税を高くしたりする**保護貿易**の2つの制度がある。

　貿易は**国際分業**を基礎として行われている。多くの国は，それぞれ自国の特産物や，他国よりも安く生産できる生産物をもっている。そこで，各国がそれぞれ比較的優位にある生産物をつくり，交換し合えば，双方の国とも利益を得ることができる。これが国際分業の利点である。

2 日本の国際収支と貿易

～グローバル化の影響～

❶ **日本の国際収支**…国際収支とは，1国の対外支払いと受け取りの差額を示したもので，それに伴うお金のやり取りをまとめたものである。通常は日本が商品の輸出で外国から受け取ったお金と，輸入によって外国へ支払ったお金の差額のことをいう。日本の貿易収支は，黒字で推移してきたが，東日本大震災や急激な円高の影響による輸出の減少，火力発電用燃料の輸入の増加によって，2011年に赤字に転じ，以降も赤字傾向が続いた。

❷ **グローバル化と日本の貿易**…かつて日本の貿易は，原材料を輸入して加工し，製品を輸出する加工貿易を行い，輸出額が輸入額を上回る貿易黒字が日本の成長を支えた。しかし，先進国の企業が安い土地や労働力・資本を求めて発展途上国や新興国に拠点を移すなどグローバル化が進むと，日本の企業も海外に工場を移して生産を行うようになった。そのため，国内の雇用が減少し，1990年ごろから産業の空洞化が進み，大きな問題になった。

参考　リカードの比較生産費説

A国とB国でオレンジと半導体を各1単位生産するのに，次の表のような労働者数が必要である。労働生産性はオレンジ・半導体ともA国の方が高いが，A国はB国と比べてオレンジの生産費をより大きくおさえることができる。半導体の生産はB国に任せて，A国はオレンジの生産に特化することで，A国は同じ労働者数でオレンジを3単位生産できるようになる。半導体に特化したB国の生産数も3単位となる。このように得意な生産物に特化し，それ以外の生産物は他国との貿易で補う考え方を**比較生産費説**という。19世紀，イギリスの経済学者リカードが唱えた。

特化前		
	オレンジ	半導体
A国	50	100
B国	300	150

特化後		
	オレンジ	半導体
A国	150	
B国		450

Words　産業の空洞化

企業が安い土地や労働力・資本を求めて海外へ生産拠点を移転させたため，国内の工場数や雇用が減少し，国内の産業が衰退する現象。

HighClass

国際収支は，財・サービスなどの取引を示す経常収支，金融資産・負債の取引を示す金融収支，資本移転等収支に分けられる。経常収支は貿易・サービス収支，第一次所得収支，第二次所得収支からなり，金融収支は直接投資，証券投資，外貨準備などからなる。

3 為替相場（為替レート）

～円高・円安のしくみ～

❶ 為替相場…貿易の決済は通常，外国為替手形によって行われ，この手形は，外国為替銀行を通じて売買される。この売買を通じて形成される自国通貨と外国通貨との交換比率を為替相場（**為替レート**）という。

	通貨の名称	為替相場
日本	円	1ドル＝109.1円
ユーロ圏	ユーロ	1ドル＝0.89ユーロ
イギリス	ポンド	1ドル＝0.76ポンド
中国	元	1ドル＝6.99元
韓国	ウォン	1ドル＝1157.8ウォン
インド	ルピー	1ドル＝71.27ルピー
ロシア連邦	ルーブル	1ドル＝61.91ルーブル
ブラジル	レアル	1ドル＝4.03レアル

（2019年末現在）　　（2020/21年版「日本国勢図会」）

⬆ 主な通貨の名称と為替相場

❷ 為替相場における円高・円安

▶円　高…外国通貨に対して円の価値が上がることをいう。例えば，1ドル＝120円とは，1ドルが120円と同じ価値をもつという意味である。このとき，1ドル＝120円を1円の価値にすると約0.0083ドルとなる。それが1ドル＝100円になると，1円の価値は0.01ドルとなり，1円の価値が高くなっている。これが円高である。

▶円　安…円高とは逆に円の価値が下がることをいう。円高になると日本では輸入品の価格が安くなるので輸入は増加するが，輸出品の価格は高くなるので輸出は減少する。円安になると日本では輸出品の価格が安くなるので輸出は増加するが，輸入品の価格は高くなるので輸入は減少する。

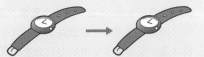

円高 1ドル＝100円が，1ドル＝80円になった場合

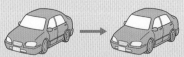

400万円／4万ドル → 400万円／5万ドル
円高のときに輸出をすると，外国における自動車の価格が高くなるので，売れにくくなる。

円安 1ドル＝100円が，1ドル＝120円になった場合

6万円／600ドル → 6万円／500ドル
円安のときに輸出をすると，外国における腕時計の価格が安くなるので，売れやすくなる。

2万ドル／160万円 ← 2万ドル／200万円
円高のときに輸入をすると，日本における大豆の価格が安くなるので，消費者は得をする。

5ドル／600円 ← 5ドル／500円
円安のときに輸入をすると，日本におけるレモンの価格が上がるので，消費者は損をする。

⬆ 円高・円安と輸出入

入試Info　**為替相場**が変動した場合の影響は必ず覚えておこう。**円高**の場合は，外国への投資増，輸入有利（輸出不利），海外旅行者の増加などといった利点がある。**円安**の場合は，外国からの投資増，輸出有利（輸入不利），外国人観光客の増加などといった利点がある。

4 財政と国民の福祉

Point
① 財政のしくみや租税について学ぼう。
② 社会保障制度のしくみや課題を理解しよう。
③ 環境保全への取り組みを知ろう。

1 財政のはたらき ★★☆

1 財政とは

～政府の経済活動～

　国や地方公共団体は，家計や企業から税金を集め，それを主な収入として，さまざまな公共的な仕事を行っている。このような国や地方公共団体が営む経済活動を財政といい，国が営む経済活動を**国家財政**，地方公共団体が営む経済活動を**地方財政**という。

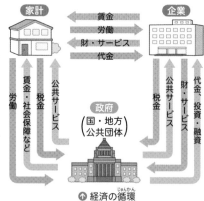
↑ 経済の循環

2 財政の役割

～財政が果たす3つの役割～

❶ **資源配分の調整(公共財の提供)**…国や地方公共団体は，利益を生み出しにくいため，民間企業では行わない道路や公園・港湾・上下水道などの**社会資本(インフラストラクチャー〈インフラ〉)**の整備，警察・消防や外交・国防，教育などの**公共サービス**を提供する。このような財政の役割を，**資源配分の調整**という。

❷ **所得の再分配**…資本主義の市場経済では，どうしても所得は不平等になる。その格差を是正するため，所得が多くなるほど税率を高くし，徴収した税金を高所得者から低所得者へ再分配し，所得の平均化を図る。このような財政の役割を，**所得の再分配**という。

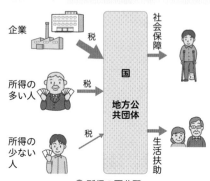
↑ 所得の再分配

Episode 道路や橋梁，上下水道管の老朽化が全国で深刻な問題となっている。今後，古くなった社会資本をつくりかえるために，年間5～6兆円規模の費用がかかるとの試算もある。国や地方公共団体が，これらの社会資本の維持・管理をどのように進めていくかが課題となっている。

❸ 経済の安定化（景気の調整）…市場経済では，好景気（好況）と不景気（不況）が繰り返される。政府がこうした景気変動を放置したままだと，その波が激しくなり，国民生活に大きな影響を与えてしまう。そこで政府は景気の浮き沈みを減らす政策を行う（**経済の安定化**）。

　現代の財政のしくみには，もともと景気変動を自動的に調整する**自動安定化装置**という機能がある。だが，財政の自動安定化のはたらきだけでは，激しい景気変動を十分に緩和できないこともある。そこで，政府は**裁量的な財政政策（フィスカル−ポリシー）** を通じて，景気変動を調整する。

▶ **好景気のとき**…景気が過熱してインフレーションのおこるおそれがあるとき，政府は公共投資を削減したり，**増税**を行ったりして社会全体の需要をおさえる。

▶ **不景気のとき**…不景気のときは，公債発行などで財源を調達し，財政の規模を大きくして公共事業の拡大などで支出を増大させる。また，**減税**を行って，民間の需要を高め，経済活動を活発にさせる。

　財政政策は，ほかの経済政策と組み合わせるとさらに有効に働く。中央銀行（日本銀行）による金融政策と組み合わせて運用（**ポリシーミックス**）されることが多い。

> **Words** 自動安定化装置
>
> 累進課税や社会保障制度を組み入れた財政に備わっている，景気の変動を自動的に調節するはたらき。**ビルト−イン−スタビライザー**ともいう。好景気のときには累進課税制度により税収が増加し，雇用保険などの支出が減少する。不景気のときはこの逆になり，自動的に景気を安定させていく。

> **Words** フィスカル−ポリシー
>
> 財政政策の中で，景気変動や経済成長など国民経済の動きを調節しようとする裁量的な財政政策。

zoomup 日本銀行の金融政策
→ p.583

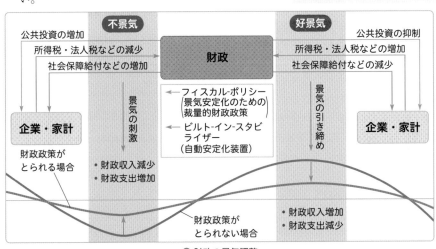

⬆ 財政の景気調整

 入試Info　自動安定化装置（ビルト−イン−スタビライザー）や裁量的な財政政策（フィスカル−ポリシー）は，理解するのが少し難しい。定期試験では具体的な内容は出題されないが，難関高校を受験する場合は学習しておいた方がよい。

3 国の予算の種類

～さまざまな予算～

❶ **一般会計**…一般に「予算」といわれるもの。税金などを財源にして，公共事業・社会保障・教育など，国の政治に必要な経費を賄う。

❷ **特別会計**…国が特定の事業を行う場合や特定の資金を保有してその運用を行う場合など，一般会計の歳入・歳出と区別する必要のある会計のこと。2020年度の特別会計は13の項目にわたった。歳入額が約394兆円(一般会計からの繰り入れを含む)，歳出額が約392兆円(一般会計への繰り入れを含む)で，一般会計の歳入・歳出を大きく上回った。

❸ **政府関係機関予算**…政府の出資によって設立された政府系金融機関(日本政策金融公庫など)の予算。国会の審議と議決が必要である。

	交付税及び譲与税配付金	51兆5872億円
1.	交付税及び譲与税配付金	51兆5872億円
2.	地震再保険	1239億円
3.	国債整理基金	193兆242億円
4.	外国為替資金	9845億円
5.	財政投融資	25兆823億円
6.	エネルギー対策	14兆3382億円
7.	労働保険	6兆7611億円
8.	年金	95兆2688億円
9.	食料安定供給	1兆2676億円
10.	国有林野事業債務管理	3646億円
11.	特許	1649億円
12.	自動車安全	7179億円
13.	東日本大震災復興	2兆739億円
	総額	391兆7591億円

(2020年度予算)　　(2020/21年版「日本国勢図会」)

↑ 特別会計歳出の内訳

> **Words** 予 算
>
> 国や地方公共団体の，会計年度(4月1日から翌年の3月31日まで)の歳入・歳出の見積もり。国会や地方議会の議決を経て成立する。

4 財政投融資

～「第二の予算」と呼ばれた財政投融資～

財政投融資とは，国の制度や信用をもとに集められた資金を，社会資本の整備など国の施策に対して行う政府の投資・融資のことをいう。政府の経済政策を補うものとして，予算とともに国会に提出され，承認を受けなければならない。かつては郵便貯金や厚生年金・国民年金の積立金が財政投融資の財源にあてられ，「**第二の予算**」といわれるほど予算規模が大きかったが，近年は，その金額が大幅に減少している。

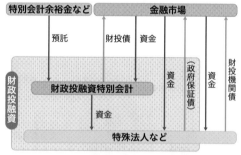

↑ 財政投融資のしくみ

融資面での非効率性などが問題視され，2001年に改革が行われた。郵便貯金や年金積立金は自主運用されるようになり，融資を受けていた特殊法人などの財投機関は，財投機関債(債券)を発行して資金を得られるようになった。

入試Info

国の予算の種類では，**一般会計**が特に重要である。特別会計の内訳も上の表で確認しよう。また，**財政投融資**も入試に狙われることがある用語なので，しっかり内容を確認しておこう。

しかし，資金の調達が難しい特殊法人には，政府が財投債の発行で得た資金を融資している。

5 財政の支出

～増加する社会保障関係費～

国や地方公共団体の一会計年度中のすべての支出を歳出という。

❶ **財政支出の原則**…国家が財政をどう支出するかは，国の経済や国民の生活に大きく影響するため，次のような原則に従う。

▶経済的に見て，支出が最大の効果をあげるようになされること。

▶国民経済の水準を向上させるような目的に使用されること。

▶国民の各層に対し，支出の効果が公平になるようにすること。

▶地域的にも支出の効果が公平になるようにすること。

❷ **一般会計の歳出**…一般会計では，少子高齢化の進展に伴い，社会保障関係費の伸びが大きい。また，国債（国の借金）の元金・利子を支払うための国債費や，地方財政の格差を是正するために地方公共団体に交付される**地方交付税交付金**の割合も増えている。

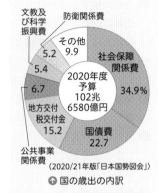

文教及び科学振興費
防衛関係費
その他 9.9
社会保障関係費 34.9%
2020年度予算 102兆6580億円
国債費 22.7
地方交付税交付金 15.2
公共事業関係費
5.2
5.4
6.7
(2020/21年版「日本国勢図会」)
↑ 国の歳出の内訳

② 租税と国債 ★★☆

1 国の財政収入

～ほとんどが租税と公債金～

国や地方公共団体の一会計年度中のすべての収入を歳入という。国の歳入の中心になるのは，わたしたち国民が得た収入や企業がもうけたお金の一部などを税金として支払う租税である。租税収入だけでは財政が賄いきれないとき（財政赤字），国は**国債**という債券を発行して，個人や銀行など民間から資金を借り入れている。

2 租　税

～国税と地方税，直接税と間接税などに分類～

憲法第30条に，「国民は，法律の定めるところにより，

その他 6.4
公債金 31.7
2020年度予算 102兆6580億円
租税・印紙収入 61.9%
(2020/21年版「日本国勢図会」)
↑ 国の歳入の内訳

入試Info

一般会計の歳出で大きな割合を占める**社会保障関係費**や**国債費**はよく問われる。上の「国の歳出の内訳」のグラフで確認し，なぜ金額が増えているのかも含めて理解しておこう。

納税の義務を負ふ。」と定められている。納税は国民の大きな負担になるので，国民の代表が国会において議決した法律でなければ，国民に租税を課すことができない。この原則を**租税法律主義**という。

❶ **租税の種類**…租税は国に納める税金（国税）と地方公共団体に納める税金（地方税）に分けられる。また，徴収の仕方によって直接税と間接税に分けられる。

❷ **直接税**…納税者と税金を負担する者とが同じである税で，所得税・法人税・相続税などがある。

❸ **間接税**…納税者と税金を実際に負担する者とが異なる税で，消費税・酒税・関税などがある。

❹ **累進課税**…納税者の所得や財産が大きいほど税率が高くなる課税制度で，**所得税・相続税**などに適用されている。

❺ **消費税**…国内での商品やサービスの購入・消費にかかる間接税である。所得の多い人にも少ない人にも同様にかかるため，所得の少ない人には負担が大きくなる**逆進性**がある。日本では1989年に初めて導入され，そのときの税率は３％であったが，1997年に５％，2014年に８％，2019年には**10％**と段階的に引き上げられた。ただし，2019年の引き上げ時には，消費者の負担を軽減するために，飲食料品（外食と酒類を除く）や定期購読の新聞については**軽減税率**が導入され，税率が８％に据え置かれた。

		直接税		間接税
国税		所得税　法人税　相続税　贈与税		消費税　酒税　揮発油税　関税　たばこ税
地方税	**(都)道府県税**	(都)道府県民税　事業税　自動車税		地方消費税　(都)道府県たばこ税　ゴルフ場利用税　軽油引取税
	市(区)町村税	市(区)町村民税　固定資産税		市(区)町村たばこ税　入湯税

↑ 主な税金の種類

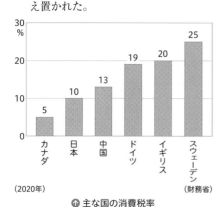

（2020年）
（財務省）
↑ 主な国の消費税率

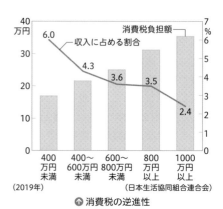

（2019年）
（日本生活協同組合連合会）
↑ 消費税の逆進性

Episode 日本独自の税金に，「**入湯税**」と呼ばれる地方税がある。鉱泉浴場（温泉施設）の入湯に対して課税される目的税で，標準税率は１日１人あたり150円である。2017年度の入湯税による税収は，全国で227億円に達している。

所得税の<ruby>累進<rt>るいしん</rt></ruby>課税

所得が高くなるにつれて高い税率が適用され，1年間の課税所得金額に応じて7段階に分けられる。課税所得金額が1000万円の場合の所得税の計算は次のとおり。

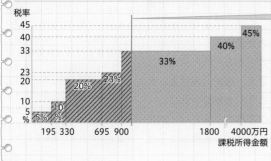

課税所得金額が1000万円の場合
195万×5% + (330万－195万) ×10% + (695万－330万)×20% + (900万－695万)×23% + (1000万－900万)×33% ＝176.4万円（税額）

3 公債

〜増える国の借金〜

❶ <ruby>公債<rt>こうさい</rt></ruby>とは…公債は，国または地方公共団体が民間から資金を借り入れる目的で発行する一種の債務証書，つまり，国や地方公共団体の借用証である。国が発行する公債は国債，地方公共団体が発行する公債は地方債と呼ばれる。公債は借金なので，期間がくれば利子をつけて返さなければならない。公債の発行は，将来の世代に大きな負担を残すので<ruby>慎重<rt>しんちょう</rt></ruby>に行わなければならない。

❷ 国債の発行…国債には建設国債と赤字国債がある。建設国債は公共事業費(道路や港湾などの建設)や出資金・貸付金などの財源にあてる国債である。財政法で発行が認められている。一方，赤字国債は財政の赤字を埋めるための国債である。原則として発行が禁じられているが，特別立法があれば発行できる(特例公債)。

❸ 国債<ruby>依存度<rt>いぞんど</rt></ruby>…1990年代以降，バブル経済の<ruby>崩壊<rt>ほうかい</rt></ruby>や世界<ruby>金融危機<rt>きんゆうきき</rt></ruby>による<ruby>不況<rt>ふきょう</rt></ruby>で税収が減少したため国債発行額が増大し，2009年度には依存度が50%を超えた。その後は，景気回復による税収の増加などから依存度は低下し，近年は30%代で推移している。

z00mup バブル経済，世界金融危機→ p.600

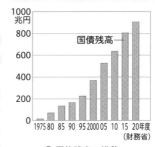

↑ 国債残高の推移

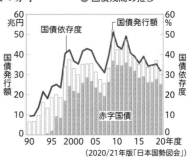

↑ 国債発行額と国債依存度の推移
(2020/21年版「日本国勢図会」)

HighClass

日本の財政は，現在，大量の国債発行を<ruby>余儀<rt>よぎ</rt></ruby>なくされている。2020年度の<ruby>一般<rt>いっぱん</rt></ruby>会計を見ると，年度末の国債残高は約906兆円になると見込まれており，これは一般会計税収(約64兆円)の約14倍にあたる。国民1人あたり約723万円の借金を<ruby>抱<rt>かか</rt></ruby>えていることになる。

③ 社会保障制度の充実 ★★★

1 社会保障制度とは

～健康で文化的な最低限度の生活を保障～

　どんな先進国でも，失業や病気・心身の障がい・老齢（ろうれい）などが原因で，生活に苦しんでいる人，不安な日々を送っている人は少なくない。個人の責任でこうした状態になったわけではない場合も多いことから，欧米（おうべい）諸国では早くから社会全体の責任として考え，国家主導による対策が講じられるようになった。こうして整備されていったのが社会保障制度である。その基本的な考えは，国民すべてに健康で文化的な最低限度の生活を保障しようとするものである。

2 日本の社会保障制度の現状

～少子高齢化の影響～

　日本では，1950年に政府の審議会（しんぎ）が出した「社会保障制度に関する勧告（かんこく）」によって，社会保障を**社会保険・公的扶助（ふじょ）・社会福祉（ふくし）・公衆衛生**の4本の柱からなるものと位置づけた。その後，各分野の制度の充実（じゅうじつ）が図（はか）られたことにより，1961年には「国民皆保険（かい）・皆年金」の制度が実現した。その後の制度の拡充に伴（ともな）い，予算規模も拡大していった。2017年度の社会保障給付費は120兆2443億円で，国民1人あたりでは94万9000円となっている。高齢化の進展により，国の予算に占める社会保障費の割合は増える一方である。同時に，高齢者を支える現役世代（げんえき）の負担が重くなっていることが，大きな問題になっている。

3 社会保障制度の体系

～社会保険・公的扶助・社会福祉・公衆衛生～

- ❶ 社会保険…社会保険は，加入者が前もって掛（か）け金を積み立てておき，老齢・疾病（しっぺい）・失業など生活を脅（おびや）かす事由が発生した場合に，一定基準の現金の給付やサービスを受ける制度である。

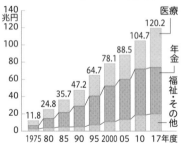

↑ 社会保障給付費の推移

短文記述対策！

Q 少子高齢化により，日本の社会保障制度にどのような問題がおこっているか述べなさい。

A 高齢者に対する社会保障給付費が増加しており，高齢者を支える現役世代の負担が重くなっているという問題。

▶医療保険…医療保険には，公務員とその家族が加入する共済組合，民間企業のサラリーマンとその家族が加入する組合管掌健康保険・全国健康保険協会管掌健康保険(協会けんぽ)，農家や自営業者などが加入する**国民健康保険**などがある。国民はいずれかの医療保険に加入しなければならない(**国民皆保険**)。医療保険の財源は労働者と事業主が納める保険料や公費で，病気やけがをすると，加入する医療保険から治療費の大部分が支給される。また，2008年には**後期高齢者医療制度**(長寿医療制度)が導入され，75歳以上の高齢者は独立した制度に組み入れられた。

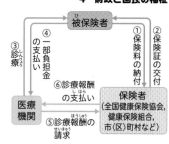

↑ 医療保険のしくみ

▶**年金保険**…年金保険は，保険料の納付者が高齢になったときや体に障がいを負ったとき，あるいは死亡したときに(死亡のときは遺族に)給付金が支給される制度である。日本の年金制度は，20歳以上60歳未満のすべての人に年金保険への加入を義務づけている(**国民皆年金**)。一定の条件を満たすと，**国民年金**(**基礎年金**)が支給され，さらにサラリーマンや自営業者などには，積み立て分の**厚生年金・厚生年金基金・国民年金基金**が上乗せされて支給される。年金に関する業務はかつては社会保険庁が行っていたが，年金記録のずさんな管理が問題となり，2010年に新設された**日本年金機構**に移行した。2015年10月には，公務員も厚生年金に加入し，共済年金は厚生年金に統一された。

↑ 年金制度

▶**雇用保険**…雇用保険は，新しい就職先を探す失業者に一定期間，お金が支給される制度である。労働者と事業主が納める保険料や公費を財源としている。

▶**労災保険**…労災保険は，労働者が勤務中に負ったけがの治療費や，仕事が原因で働くことができなくなったときの生活費などが支給される制度である。事業主の納める保険料を財源としている。

❷ **公的扶助**…公的扶助は，収入がなくなり，自分たちだけでは生活ができなくなった人に，国が最低限の生活

Words **国民年金**(**基礎年金**)

20歳以上60歳未満の全国民が加入する年金。原則として，65歳から支給される。

Words **厚生年金**

民間企業のサラリーマンや公務員とその家族を対象とした年金。保険料は事業者と被保険者が半分ずつ負担する。

HighClass　社会保障の4つの柱は，**社会保険・公的扶助・社会福祉・公衆衛生**である。このうち社会保険制度のみが保険料を支払う必要のある拠出制であり，それ以外の制度は，保険料ではなく税金を原資としている無拠出制である。

を保障する制度で, 生活保護を中心としている。**生活保護法**による保護の種類には, 生活扶助・教育扶助・住宅扶助・医療扶助・介護扶助・出産扶助・生業扶助・葬祭扶助の8種類がある。生活保護は, 国の定めた基準に基づいて, 地方公共団体の設置する福祉事務所が行う。生活保護は, 「最後のセーフティネット」と呼ばれているが, 近年, 生活保護の不正受給などの問題が増加しており, 自治体は再発防止対策に取り組んでいる。

❸ **社会福祉**…社会福祉は, 障がい者や高齢者・児童などに対し, 福祉施設の設置や福祉サービスを行い, これらの社会的に弱い立場にある人々の自立を援助する制度である。福祉六法の生活保護法・児童福祉法・身体障害者福祉法・知的障害者福祉法・老人福祉法・母子及び父子並びに寡婦福祉法に基づいて行われる。

▶**障がい者福祉**…障がい者福祉は, 障がい者の自立した生活と, 障がい者が障がいのない人と同じように生活できる社会を目ざすノーマライゼーションの理念に基づいて行われている。障がい者への支援には住み慣れた地域でのサービスが望ましい。そこで, 主に市(区)町村が実施し, 多くのサービスの利用は障がい者自らが選び, 市(区)町村がその費用を支払い, 国がそれを補助するというしくみになっている。なお, 2006年施行の**障害者自立支援法**は, 2013年4月に難病などが障がい者の定義に追加された**障害者総合支援法**に改称された。

▶**高齢者福祉**…1970年代半ばごろから高齢者の住み慣れた地域での生活を支援する在宅福祉の重要性が高まり, デイサービスやショートステイ, ホームヘルプサービスなどの在宅介護サービスの充実が図られた。しかし, 核家族化や少子化の進行に伴って, 高齢者を介護する家族の負担が大きな社会問題となり, 高齢者介護の社会的支援が求められるようになった。そこで国は1997年に**介護保険法**を制定し, 2000年から介護保険制度を開始した。**40歳以上**の国民が納める保険料と国・地方公共団体から支出される資金を財源とし, 介護を必要とする人に介護サービスを

参考 生活保護の主な問題点

●**不正受給**…賃金・年金の無申告や, 収入を少なく申告することによって, 生活保護費を不正に受給すること。所得隠しによる不正受給なども多い。
●**生活保護ビジネス(貧困ビジネス)**…ホームレスなどの生計困難者を無料定額宿泊所に住まわせ(生活保護の申請を通りやすくするため), 最低限の食事などを与えるかわりに, 入居者に支給された生活保護費から高額の食費や管理費を徴収する。社会保障制度の不備に乗じた商法であり, 逮捕者も出ている。

Words デイサービス, ショートステイ, ホームヘルプサービス

●**デイサービス**…デイサービスセンターなどが昼間だけ高齢者を預かり, 食事・入浴の世話, 健康チェックなどを行う制度。
●**ショートステイ**…動けない高齢者を介護している人が, 一時的に介護が困難になったときに, 特別養護老人ホームなどが短期間高齢者を預かる制度。
●**ホームヘルプサービス**…日常生活が困難な高齢者の家庭に派遣されたホームヘルパーが, 家事や介護などを手伝う制度。

 障害者自立支援法は, 福祉サービスや公費負担医療などを障がい者に一元的に提供できるようにした法律である。障害者自立支援法を改称した**障害者総合支援法**では, 重度訪問介護の対象を拡大するなど, 支援が強化された。

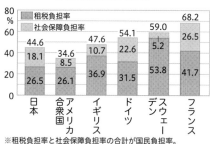

4　財政と国民の福祉

第3編　公　民

第1章　現代社会と わたしたちの生活

第2章　わたしたちの生活と民主政治

第3章　わたしたちの生活と経済

第4章　国際社会と わたしたち

ある。介護保険法は2005年に，栄養改善などを指導する「介護予防サービス」の導入や利用者負担の見直しを含めた改正がなされ，2012年には，国が掲げている「地域包括ケア」の具体策を盛り込んだ改正がなされた。

▶児童福祉…日本では**児童福祉法**に基づいて，すべての児童を対象に福祉の推進が図られている。具体的な取り組みは，児童相談所による児童に関する相談，児童福祉施設でのサービス，母子家庭への手当ての支給，少子化対策，児童虐待の防止などである。

❹ 公衆衛生…公衆衛生とは，国民の健康増進や病気を予防するために生活環境や医療などを整備すること。その中心的な役割を担う保健所は，住民の生活指導や衛生活動を行ったりしている。

市（区）町村　費用の90%（80%・70%）を支払う
① 申請
② 要介護・要支援認定
40歳以上の被保険者
費用の10%※を支払う
④ サービス
③ 選択
保険料　40歳以上の国民
公費　国，都道府県，市（区）町村
介護サービス事業者
● 家庭訪問介護
● 施設の日帰り利用者の介護
● 施設での介護　など
※一定以上の所得者は20%または30%を支払う。

⬆ 介護保険制度のしくみ

4 社会保障制度の課題

〜財源確保，格差，サービスの立ち遅れ〜

❶ 適正な給付水準の維持と財源確保…日本の社会保障給付額は，福祉先進国と呼ばれる北欧諸国に比べ，きわめて低い水準にある。しかし，少子高齢化の進展による社会保障給付費の増加と，高齢者を支える現役世代の負担が増している。今後さらに少子高齢化が進行すると予想され，社会保障制度の見直しが進められている。

❷ 社会保障制度における格差…世代間で保険料・給付額などに格差がある。効率的な運営と平等化により，負担と給付の適正化を図ることが課題である。

❸ 社会福祉サービスの立ち遅れ…ノーマライゼーションの考え方に基づき，高齢者や障がい者のための施設や介護制度を整備・充実させることも課題になっている。

保険料 50.0%		税 35.2%		
被保険者 26.4	事業主 23.6	国 23.5	地方 11.7	その他 14.8

（2017年）　　　　　　　　　（2020/21年版「日本国勢図会」）

⬆ 社会保障財源の内訳

	日本	合衆国アメリカ	イギリス	ドイツ	スウェーデン	フランス
合計	44.6	34.6	47.6	54.1	59.0	68.2
社会保障負担率	18.1	8.5	10.7	22.6	5.2	26.5
租税負担率	26.5	26.1	36.9	31.5	53.8	41.7

※租税負担率と社会保障負担率の合計が国民負担率。
（日本は2020年度見通し，ほかは2017年）　　　（財務省）

⬆ 国民所得に対する社会保障の国民負担率の国際比較

HighClass　税負担の公平化や，行政手続きの簡素化を目的に，2016年から**社会保障・税番号（マイナンバー）**制度が導入された。住民票をもつすべての国民に12桁の番号を割り当て，国や地方公共団体にまたがる個人情報を効率的に管理するというもの。

❹ 環境の保全 ★★☆

1 公害の発生と防止

〜公害を防ぐために〜

❶ **公害の発生と種類**…1950年代後半から1960年代にかけて, 日本は急速に重化学工業が発達し, 都市化も進行した。その一方で, 自然が破壊され, 生活環境に悪影響を与える公害が発生した。公害には, 工場から出る煤煙などによる**大気汚染**, 工場の廃液などによる**水質汚濁**, 土壌汚染, 騒音, 振動, 地盤沈下, 悪臭(**典型7公害**)などがある。当時, 公害を規制する法律はほとんどなく, 企業や政府も産業の発展を優先させたため, 公害を防ぐ対策が十分でなかった。

❷ **四大公害病と訴訟**…特に被害の大きかった**四日市ぜんそく, イタイイタイ病, 新潟水俣病, 水俣病**は四大公害病と呼ばれる。1960年代後半に被害者らが企業を相手に相次いで訴訟をおこし, いずれも原告側の勝訴が確定した。

❸ **公害防止への取り組み**…1967年に公害対策基本法が制定され, 企業・国・地方公共団体の公害防止の義務を明らかにした。1971年には**環境庁**(現環境省)が設置され, 公害の防止, 自然環境の保護及び整備, その他の環境保全に関する行政を総合的に担当することになった。

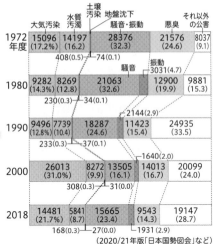

↑ 公害苦情受理件数の推移

(2020/21年版「日本国勢図会」など)

参考 大気汚染の原因

工場から出る亜硫酸ガスや, 自動車の排出ガスなどに含まれる窒素酸化物など。

参考 汚染者負担の原則(PPP)

環境破壊が発生した場合, それに伴う損害賠償や補償, 防止にかかる費用は破壊者が負担しなければならないという原則。

公害病	四日市ぜんそく	イタイイタイ病	新潟水俣病	水俣病
地域	三重県四日市市	富山県神通川流域	新潟県阿賀野川流域	熊本県・鹿児島県八代海沿岸
主な原因	大気汚染(亜硫酸ガス)	水質汚濁(カドミウム)	水質汚濁(メチル水銀)	水質汚濁(メチル水銀)
被告	三菱油化など6社	三井金属鉱業	昭和電工	チッソ
提訴	1967年9月1日	1968年3月9日	1967年6月12日	1969年6月14日
判決	1972年7月原告勝訴	1972年8月原告勝訴	1971年9月原告勝訴	1973年3月原告勝訴

↑ 四大公害訴訟

入試Info 四日市ぜんそく, イタイイタイ病, 新潟水俣病, 水俣病の四大公害病の原因は必ず覚えておこう。発生した場所も地図で確認しておきたい(→ p.451)。また, 四大公害訴訟ではいずれも「原告側が勝訴」しているということも重要なポイントとなる。

2 環境の保全

~環境を守るために~

❶ **新たな環境問題**…公害防止の法律の制定や企業の努力によって，生産活動に伴う公害の発生は減ってきた。しかし，生活の向上に伴い，自動車の排出ガスや家庭から出る生活排水・ごみが増え，わたしたちの生活が原因となる公害が問題となってきた。特に大量消費生活が引きおこしている地球温暖化やオゾン層の破壊などは，地球規模の環境破壊として全人類が取り組まなければならない問題となっている。

zoomup 地球温暖化，オゾン層の破壊→ p.621

❷ **環境基本法**…これらの環境問題に対処していくため，日本では公害対策基本法を発展させて，1993年に環境基本法が制定された。環境基本法は，国・地方公共団体・事業者及び国民の環境保全への責務を明らかにし，環境保全施策の基本理念を定めて，環境保全行政を総合的に進めていくことを規定している。

❸ **環境基本法制定以後**…公共事業など大規模な開発による環境破壊を防ぐため，1997年に環境影響評価法（環境アセスメント法）が制定された。これにより，開発事業が自然環境にどれほどの影響を及ぼすか，事前に調査して公表することが義務化された。2001年には，中央省庁の再編によって，環境庁が**環境省**へと改編された。

参考 環境や人体に悪影響を及ぼす物質

- **産業廃棄物**…工場・企業などの生産活動に伴って排出される廃棄物。土壌汚染などの公害防止のため，原則として指定の事業者が処理することを義務づけているが，不法投棄があとを絶たない。

- **ダイオキシン**…プラスチックや食品トレイなどのごみの焼却時に発生する，非常に毒性の強い物質。人体に入ると，がんや内臓障害を引きおこす。

- **アスベスト**…石綿とも呼ばれる繊維状の鉱物のこと。耐熱性や防火性などに優れていたため，断熱材などに使用されていたが，発がん性（中皮腫や肺がんなどの健康被害）があることがわかり，現在は使用が規制されている。政府は，2006年に石綿健康被害救済法（アスベスト新法）を制定し，アスベストによる健康被害者やその遺族への救済，今後の被害を未然に防ぐための対応にあたっている。

年	できごと
1885	別子銅山からの亜硫酸ガスで被害が広がる
	このころ足尾銅山で鉱毒事件発生
1921	このころ神通川流域で**イタイイタイ病**発生
1956	**水俣病**が表面化
1958	水質保全法・工場排水規制法制定
1961	**四日市ぜんそく**が表面化
1965	**新潟水俣病**が表面化
1967	**公害対策基本法**成立
1968	大気汚染防止法・騒音規制法制定
1970	公害対策基本法の一部改正，水質汚濁防止法など公害関係14法成立
1971	新潟水俣病裁判で原告側勝訴，**環境庁**設置

↑ 主な公害及び環境対策に関する年表 ①

Episode 日本で初めての公害（公害の原点）は，**足尾銅山鉱毒事件**（→ p.401）といわれている。鉱山の開発により有毒物質が周辺環境に甚大な被害を及ぼした。このとき，衆議院議員を辞職した**田中正造**が，明治天皇への直訴を試みたが，警察官に取りおさえられた。

年	できごと
1993	環境基本法制定
1997	環境影響評価法（環境アセスメント法）制定
1999	ダイオキシン類対策特別措置法制定
2000	循環型社会形成推進基本法制定
2001	環境庁が環境省となる
	家電リサイクル法施行，グリーン購入法施行
2005	京都議定書発効
2006	石綿健康被害救済法（アスベスト新法）制定
2009	水俣病被害者救済法制定
2013	小型家電リサイクル法施行

⬆ 主な公害及び環境対策に関する年表 ②

3 循環型社会の形成

～循環型社会に向けて～

　近年，ごみの大量排出による最終処分場の容量の限界，不法投棄の増大などの問題が深刻になっている。これらの問題の解決には，大量生産・大量消費社会を循環型社会に変えていく必要がある。循環型社会とは，資源の消費をできる限りおさえ，環境への負荷を低減する社会のことをいう。2000年，政府は循環型社会づくりのため，基本法となる循環型社会形成推進基本法を制定し，容器や自動車，電化製品を対象とする廃棄物・リサイクル関係法も制定した。わたしたちも3Rを心がけるなど，循環型社会の構築に取り組むことが大切である。

参考 エコマーク

環境保全に役立つと認められた商品につけられるマーク。環境への負担を減らすくふうを施した商品につけられる。

⬅ エコマーク

参考 レジ袋の有料化

2020年7月から全国の小売店にレジ袋の有料化が義務づけられた。レジ袋は便利だが，使い捨てられやすく，ごみになりやすい。消費者にマイバッグの使用を促し，ごみの削減につなげることを目的としている。

Words 3R

循環型社会の基本となるリデュース，リユース，リサイクルのこと。
- **リデュース（Reduce）**…ごみの発生をおさえること。
- **リユース（Reuse）**…資源を繰り返し使うこと。
- **リサイクル（Recycle）**…ごみを再生して使うこと。

⬆ 循環型社会形成のための法律

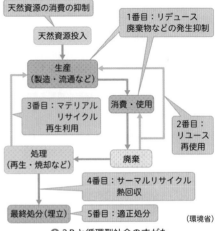

⬆ 3Rと循環型社会のすがた

Episode 3Rに，リフューズを加えた4Rに取り組んでいる地方公共団体も多い。Refuseとは「断る」という意味。例えば，不要な物は買わない，マイバッグを持参してレジ袋を断る，必要のないダイレクトメールなどは受け取りを拒否する，割りばしを使わないなど。

4　財政と国民の福祉

第3編 公民

第1章 現代社会とわたしたちの生活

第2章 わたしたちの生活と民主政治

第3章 わたしたちの生活と経済

第4章 国際社会とわたしたち

⑤ 日本経済の課題 ★☆☆

① 産業構造の高度化

〜産業の比重が第三次産業に移行〜

❶ **第一次産業**…農業・林業・漁業のこと。高度経済成長期を経て就業人口は減少し続けている。

❷ **第二次産業**…鉱業・工業(製造業)・建設業のこと。高度経済成長とともに発展し，その後も就業人口は横ばいで推移していたが，近年は減少傾向{けいこう}にある。

❸ **第三次産業**…製品の流通や商業{きんゆう}，金融業，サービス業，運輸・通信業など，第一次・第二次産業以外のすべての産業のこと。

❹ **産業構造の高度化**…産業の比重が第一次産業から第二次産業，さらには第三次産業へと移っていくことを**産業構造の高度化**という。日本では第三次産業の発展により，**経済のサービス化・経済のソフト化**が進んだ。

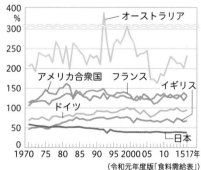

↑ 産業別就業者数の推移

(2020/21年版「日本国勢図会」)

参考 第六次産業

農産物や水産物を原材料(第一次産業)として，それを商品に加工し(第二次産業)，販売{はんばい}(第三次産業)までのすべてを行う事業を**第六次産業**という。第一次から第三次を掛け合わせた事業(第一次×第二次×第三次＝第六次)という意味で，こう呼ばれる。地元の自然資源を活用し，新たな価値を生み出す取り組みとして，各地で広まってきている。

② 日本の農業・食料問題

〜衰退する農業，低下する食料自給率〜

❶ **農業の衰退**{すいたい}…高度経済成長期，産業構造の変化によって，農業の従事者(農家)が減少し，高齢化{こうれい}も進んだ。現在，農村の過疎化{かそ}や，後継者{こうけいしゃ}不足が深刻な問題となっている。

❷ **食料問題**…牛肉やオレンジの輸入自由化をはじめとする，外国産の安い農産物の輸入によって，日本の食料自給率は低下し続けている。近年は40％前後(カロリーベース)で，先進国の中でも非常に低い国となっている。

❸ **農業の再生に向けて**…食料の安定供給，農業の持続的発展，農村の振興{しんこう}を目標に，農業の国際競争力と食料自給率を同時に高めることが必要である。

↑ 主な国の食料自給率の推移

(令和元年度版「食料需給表」)

HighClass 現在，日本は**環太平洋経済連携協定**{かん}{てっぺい}{れんけい}**(TPP)**に参加している。自由貿易を推進する協定で，輸入品の関税撤廃を原則としているため，安い外国産の農産物が国内市場に出回ることで，日本の農産物の販売価格の低下や食料自給率のいっそうの低下を招くのではないかと懸念{けねん}されている。

3　バブル経済

~泡に例えられた経済~

❶ **バブル経済**…1980年代後半，日本は円高による不況により低金利政策を続けた。その結果，「カネ余り」の状態になり，大量の資金が土地や株式の購入に回り，地価・株価が急激に上昇するバブル経済となった。

❷ **バブル経済の崩壊**…1990年代，政府は，不動産融資の総量規制や，金融引き締め策による金利の引き上げを行った。これらの対策の結果，地価・株価が暴落し，バブル経済は終息した。企業の倒産が相次ぎ，失業率も上昇した。その後，日本は「**失われた十年**」と呼ばれる長い不況に陥った。

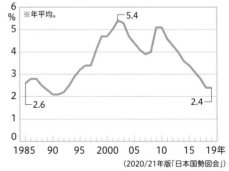

（2020/21年版「日本国勢図会」）

⬆ 失業率の推移

4　世界金融危機

~リーマン-ショックがきっかけ~

❶ **世界金融危機**…2008年，サブプライムローン（低所得者向け住宅ローン）問題に端を発し，アメリカ合衆国の大手証券会社のリーマン-ブラザーズが経営破綻した。この**リーマン-ショック**をきっかけとして，金融危機が世界に拡大した。

❷ **日本経済への影響**…リーマン-ショックの影響によりドルへの不安感が高まり，日本の円が買われて円高となった。その結果，日本の輸出（業者）は深刻な打撃を受け，日本経済は深刻な景気後退へと陥った。

5　今後の日本経済

~技術を生かした製品の開発と普及~

　2012年に発足した第2次安倍晋三内閣は，大胆な金融政策などを柱にした**アベノミクス**と呼ばれる経済政策を始めた。その結果，日本経済はゆるやかに回復したが，少子高齢化による人手不足やデフレ解消，格差の是正などは成し遂げられなかった。現在，多くの企業では高度経済成長の原動力となった「ものづくり」の優れた技術を見直し，高品質，環境に配慮した省資源・省エネルギーの製品の開発・普及が進められている。

Words　サブプライムローン

アメリカ合衆国で低所得者など信用度の低い（サブプライム）層を対象にした高金利の住宅ローン。借り手は購入する住宅を担保にローン会社からお金を借り，この債権は証券化されて世界中の金融機関が購入した。しかし，住宅価格の下落で返済不能に陥る借り手が増えて住宅ローンが不良債権化し，伴って下落した証券を保有していた金融機関が多大な損失を抱え，リーマン-ショックを契機に世界規模の金融危機に発展した。

Words　アベノミクス

2012年12月に誕生した第2次安倍内閣の経済政策。
①大胆な金融政策，②機動的な財政政策，③民間投資を喚起する成長戦略，の3つをアベノミクスの「3本の矢」として掲げ，デフレからの脱却を目ざした。

HighClass

日本が**バブル経済**に突入する以前，円高による不況（**円高不況**）に陥っていたのは，1985年の**プラザ合意**が原因である。日米の貿易摩擦により貿易赤字が続いていたアメリカ合衆国は，プラザ合意により為替相場を円高ドル安となるように誘導したのである。

☑ 重点Check

p.558 **1** 労働を提供することによって得る所得を（　　　）といい，賃金や給料などがこれにあたる。

p.561 **2** 購入した商品の欠陥が原因で，消費者が身体や財産に被害を受けた場合，製造者に過失がなくても，製造者に被害の救済を義務づけた（　　　）が1995年に施行された。

p.561 **3** 2009年，国は分散していた消費者行政を統合し，消費者の視点から政策全般を監視するために（　　　）を設置した。

p.562 **4** コンビニエンスストアなどで用いられている，商品の販売情報をコンピューター上でチェックし，在庫確認・商品の搬入・製造を管理するシステムを（　　　）という。

p.565 **5** 資本を少額の株式に分けて発行し，株式を購入した出資者を広く集めて組織した会社を（　　　）という。

p.565 **6** **5**が利益を得たとき，株主は所有する株式数（出資額）に応じて（　　　）を受ける。

p.570 **7** 労働条件の最低基準を定めた法律を（　　　）という。

p.575 **8** 市場において，需要量と供給量が一致したときの価格を（　　　）という。

p.576 **9** 国民生活に大きな影響を及ぼす電気・ガス・水道料金などの価格を（　　　）という。

p.577 **10** 現在，世界のほとんどの国では，通貨量をその国の政府と中央銀行で管理する（　　　）を採用している。

p.581 **11** 物価が継続的に上昇し，貨幣の価値が下がる現象を（　　　）という。

p.587 **12** 好景気（好況）のとき，政府は公共投資を減らし，（　　　）を行って社会全体の需要を抑制する。

p.590 **13** 納税者と税金を実際に負担する者とが異なる税を（　　　）という。

p.592 **14** 日本の社会保障制度は，（　　　）・公的扶助・社会福祉・公衆衛生の4つの柱を中心としている。

p.594 **15** 40歳以上の国民が納める保険料と国・地方公共団体から支出される資金を財源に，介護を必要とする人に介護サービスを受けるのに必要な費用を支援するしくみを（　　　）という。

p.597 **16** あらゆる環境問題に対処するため，1993年に公害対策基本法を発展させて（　　　）が制定された。

1 勤労所得（給与所得）

2 製造物責任法（PL法）

3 消費者庁

4 POS（販売時点情報管理）システム

5 株式会社

6 配当

7 労働基準法

8 均衡価格

9 公共料金

10 管理通貨制度

11 インフレーション（インフレ）

12 増税

13 間接税

14 社会保険

15 介護保険制度

16 環境基本法

第3編 公民

第1章 現代社会とわたしたちの生活

第2章 わたしたちの生活と民主政治

第3章 わたしたちの生活と経済

第4章 国際社会とわたしたち

ここからスタート！ 第3編 公 民

第4章 国際社会とわたしたち

START!
現在，核問題や地球環境問題，資源・エネルギー問題や南北問題，南南問題，人口問題，食料問題など，世界全体で取り組まなければならない問題が山積しています。国際連合などの国際機関だけでなく，日本にも重要な役割を果たしていくことが強く求められています。

"国際社会"
国際社会にはどのようなルールがあるのでしょうか。国家が互いを尊重し合うために何が大切でしょうか。

"国際連合"
なぜ国際連合が誕生したのでしょうか。また，国際連合はどのような役割を果たしているのでしょうか。

第３編

公　民

第１章
現代社会と
わたしたちの生活

第２章
わたしたちの生活
と民主政治

第３章
わたしたちの生活
と経済

第４章
国際社会と
わたしたち

☑ Learning Contents

1. 現代の国際社会

2. 世界のさまざまな問題と日本
　 の役割

"世界のさまざまな問題"
世界はどのような危機に直面しているの
でしょうか。それらを解決するために，
日本や世界はどのような取り組みを行っ
ているのでしょうか。

1 現代の国際社会

Point
❶ 国際社会の決まりや日本の領土を巡る問題について理解しよう。
❷ 国際連合の役割としくみを知ろう。
❸ 国際政治や国際経済の動きをつかもう。

1 国際社会と国家 入試重要度 ★★★

1 国際社会の成り立ち

〜主権国家と国際社会〜

　2020年11月末現在，日本の外務省が公表している国の数は日本を含め196か国である（日本が未承認の北朝鮮は含まない）。これらの国々は，他国の支配や干渉を受けない独立の権利（主権）をもち，すべて主権国家である。主権国家は，主権・国民・領域の３つの要素がそろって成立する。主権国家は独立国であるが，相互に条約を結んだり外交使節を派遣し合ったりして交流を重ね，自国の利益と安全を図っている。こうした国際的なつながりを基本として成り立っているのが国際社会である。

　主権国家は，国の象徴（シンボル）として国旗と国歌をもっている。日本では1999年に成立した国旗・国歌法で，日章旗（日の丸）を国旗，君が代を国歌とすることが定められた。

2 国際社会の決まり（国際法）

〜国際慣習法と条約〜

　国際社会の形成に伴い，その秩序を守るために国際法が必要となった。国際法は，２つの決まりが基礎になっている。１つは，大使・公使など外交使節の交換，外交交渉や国際的な儀礼など，諸国家の間で行われてきた慣習（国際慣習法）である。もう１つは国家間の話し合いで決められた約束を文書にした条約である。広い意味での条約には，協定・協約・宣言・議定書・覚書・規約・憲章なども含まれる。

国家間の移動には，政府からその国民に発行されるパスポートが必要である。

↑ 日本国の
　パスポート

↑ オリンピックで入賞し，自国の国旗を掲げる選手

↑ 国歌を斉唱するサッカー日本代表の選手

HighClass　近代的な国際社会が成立したと考えられるのは，1648年に三十年戦争（ドイツを中心にヨーロッパで広がった宗教戦争）の講和会議で結ばれたウェストファリア条約成立以降とされている。講和会議は，史上最大かつ初めての国際会議であった。

　国際法は，これまで国家間の関係を規律する法と考えられてきたが，今日では人権保障や地球環境保全の問題にも及び，国際的な組織と国家，国際的な組織相互の関係も規律するようになってきた。国際社会では，すべての主権国家は，ほかの主権国家と互いに対等で平等の立場にある。これを**主権平等の原則**という。また，互いにその主権を尊重し合って，他国の国内問題に介入してはならない。これを**内政不干渉の原則**という。

参考 グロチウス**

国際法の考え方を最初に体系的に唱えたのは，オランダの法学者**グロチウス**である。主著『戦争と平和の法』の中で，国家間には戦時・平時にかかわらず一定の守るべき法が必要であると主張した。

← グロチウス

3 国家の領域

～領土・領空・領海からなる～

　国家の主権が及ぶ範囲を領域といい，**領土・領空・領海**からなる。領土は陸地，干潮時の海岸線から沖合い12海里（１海里は約1852 m）までを領海（領海の幅は国によって異なる）という。さらに領海を除く海岸線から200海里以内の海域を**排他的経済水域**とし，沿岸国にその水域内の漁業資源や鉱産資源の専有権がある。排他的経済水域の外側は**公海**といい，どこの国の船でも自由に航行ができ，漁業などの経済活動も自由である（**公海自由の原則**）。領土と領海の上空は領空であり，一般的に大気圏内とされる。

↑ 国家の領域

※接続水域では沿岸国が輸出入の検査や出入国の管理などを行うことができる。

4 領域を巡る問題

～各国と平和的解決を目ざす～

　日本は**北方領土**と**竹島**を巡る領土問題を抱えている。北方領土は日本固有の領土であるが，第二次世界大戦後に**ソ連**が不法占拠し，現在も**ロシア連邦**が占拠を続けている。竹島は1905年に日本政府が島根県に編入したが，**韓国**が1952年に自国の領土であると主張し，その後，警備施設をつくり，不法占拠を続けている。この２つの問題について，日本政府は平和的手段での解決を望んでいる。また，沖縄県の西に位置する**尖閣諸島**は，1970年代に周辺地域で地下資源（原油など）の埋蔵が確認されてから，**中国**や台湾が自国の領土と主張しはじめた。しかし，日本は尖閣諸島を実効支配し，国際法上も正当であり，解決すべき領土問題は存在しない。

Words 公海自由の原則

国際慣習法の１つであり，公海はどこの国の領有でもないという原則。1982年に採択された**国連海洋法条約**で明文化された。

参考 竹島問題への日本の取り組み

日本政府は竹島について，日本の立場が歴史的にも国際法上も正当であるとして，韓国に抗議を続けている。その一方，1954年・1962年・2012年の３回にわたって国際司法裁判所の判断に委ねて平和的に解決することを提案した。しかし，韓国はこれを拒否し続けている。

Episode
　北方領土では，1992年から「ビザなし交流」が行われている。日本とロシア連邦が平和条約を締結するまでの間，相互理解を深め，北方領土問題の解決に貢献することを目的に，北方領土との往来の際に両国の旅券や査証（ビザ）なしで相互に訪問できるというもの。

② 国際連合と国際協調 ★★★

1 国際連盟

～世界初の国際平和機構～

❶ **国際連盟の成立**…第一次世界大戦は，歴史が始まって以来の最大の悲惨な結果をもたらし，大戦後，世界の指導者は2度と戦争がおこらないしくみを模索した。アメリカ合衆国大統領**ウィルソン**は**十四か条の平和原則**を掲げるとともに，国際平和機構の設立を呼びかけた。その結果，1919年に開かれた**パリ講和会議**で国際連盟規約がつくられ，1920年に国際連盟が発足した。発足当初の加盟国は42か国で，日本は常任理事国の1つとなった。

❷ **国際連盟のしくみ**…本部はスイスのジュネーブに置かれた。総会・理事会・事務局からなり，補助機関として国際労働機関・常設国際司法裁判所が設けられた。理事会では，日本・イギリス・フランス・イタリアが常任理事国となった。

❸ **国際連盟の仕事**…安全保障・軍備縮小・国際紛争の調停・委任統治の問題に努力し，国際協力の面では一定の成果をあげた。

❹ **国際連盟の問題点**

▶武力制裁ができず，国際紛争を十分におさえることができなかった。

▶全会一致制を採用したため，議事がはかどらなかった。

▶アメリカ合衆国が議会の反対で加盟できなかった。また，第一次世界大戦の敗戦国であるドイツや社会主義国のソ連は初めは加盟を認められなかった。

▶日本やドイツ・イタリアは，国際連盟を無視して軍事行動に走るようになった。

Words 十四か条の平和原則

1918年1月にアメリカ合衆国の**ウィルソン大統領**が講和条件として発表した平和原則。海洋の自由・秘密外交の廃止・通商貿易の自由・軍備縮小・民族自決主義・国際連盟の設立など14か条からなる。しかし，イギリス・フランスの反対にあい，十分に実現されなかった。

参考 新渡戸稲造

新渡戸稲造が国際連盟の事務局次長に就任した。新渡戸はアメリカ留学経験のある教育者で，『武士道』の著者として国際的に高名であった。

↑ 国際連盟本部（現国際連合ジュネーブ事務局）

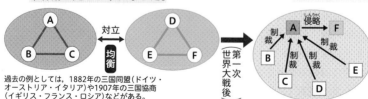

過去の例としては，1882年の三国同盟（ドイツ・オーストリア・イタリア）や1907年の三国協商（イギリス・フランス・ロシア）などがある。

↑ 勢力均衡政策から集団安全保障政策へ

利害の異なる国も同じ組織を構成する。侵略した国に対して，ほかのすべての国々が協力して制裁を行う。

Episode

アメリカは大統領のウィルソンが提唱したにもかかわらず，国際連盟に加盟しなかった。アメリカは当時，「**モンロー主義**」を掲げていたからである。モンロー主義とは，第5代大統領のモンローが唱えた，他国（ヨーロッパ）の政治に干渉しないという，外交の基本原則。

2　国際連合（国連）

〜世界平和を目ざして設立〜

❶ **国際連合の成立**…第二次世界大戦の末期，連合国の勝利が確実となった1944年，アメリカ合衆国・イギリス・ソ連・中国が戦後処理について相談し，国際協力機関の設立を決定した。1945年6月，サンフランシスコ会議で，**国際連合憲章**が採択され，同年10月，国際連合（国連）は正式に発足した。

❷ **加盟国数**…原加盟国（発足当時の加盟国）は51か国で，2020年11月末現在，193か国が加盟している。日本は日ソ共同宣言（旧ソ連と国交回復）後の1956年，80番目の加盟国として参加した。

❸ **国連憲章**…国際連合憲章の前文は，国連を創設した各国の人々の理想と共同の目的を掲げている。「世界の人々が隣人として手を握り合い，戦争をおこさないだけでなく，基本的人権を尊重し，経済的・社会的進歩を促進するために，努力を結集する」という内容。

❹ **国際連合の目的**

▶世界の平和と安全を維持すること。

▶民族の平等と自決の原則をもとに，国家間の友好関係を増進すること。

▶国家間の経済・社会・文化及び人道的諸問題を解決し，人権及び基本的自由の尊重を奨励するために協力すること。

▶各国が以上の目的を達するため，国連が中心となって各国の行動の調和を図ること。

3　国際連合のしくみ

〜国連のさまざまな機関〜

国際連合本部はアメリカ合衆国のニューヨークにあり，主な機関は総会・安全保障理事会・経済社会理事会・信託統治理事会・国際司法裁判所・事務局である。

❶ **総　会**…総会は，国連の主要な審議機関で，国連のすべての仕事について，世界の各国が討議して加盟国や安全保障理事会に勧告するなど国際民主主義を実現する場所でもある。すべての加盟国は平等の立場で総会

↑ 国際連合のマーク

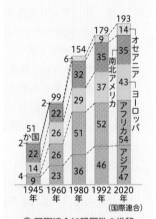

↑ 国際連合加盟国数の推移

↑ 国際連合本部

HighClass　2020年11月末現在，国連の加盟国は193か国である。これ以外に，総会の投票権をもたない**国連オブザーバー**として，バチカン市国とパレスチナが参加している。東南アジア諸国連合やヨーロッパ連合などの組織もオブザーバーである。

に代表を送り，加盟国はそれぞれ1票の投票権をもつ。国際平和と安全の維持に関する勧告，新加盟国の承認，予算問題などの重要問題は出席投票国の3分の2の多数決により決定され，その他の一般議題は過半数で決定される。総会は原則として年1回で，毎年9月に始まる（通常総会）。また，安全保障理事会の要請，国連加盟国の過半数，または加盟国の過半数の同意を得た1加盟国の要請があれば，特別総会が開かれる。

❷ **安全保障理事会**…安全保障理事会は，国際平和と安全を守る責任をもつ，国連の最も重要な機関である。国連の加盟国，非加盟国ともに，紛争や平和に関する問題を提起できる。

▶**構　成**…**アメリカ合衆国・イギリス・フランス・ロシア連邦・中国**の常任理事国5か国と，**非常任理事国**10か国，合わせて15か国で構成される。非常任理事国は総会で選出され，任期は2年で，連続の再選はない。

▶**任　務**…主要な任務は国際紛争の平和的解決，侵略行為の防止及び制裁である。理事会の決定に従わない国があれば，外交断絶，経済封鎖，国連軍の派遣などの強制措置をとる。また，議決の場合，手続事項以外の重要な問題については9か国以上が賛成し，しかも5つの常任理事国がすべて賛成していなければならない。これを**五大国一致の原則**という。常任理事国は拒否権をもち，1国でも反対すると議決は成立しない。また，紛争の当事国は，紛争の平和的解決のため，投票を棄権しなければならない。

❸ **経済社会理事会**…経済社会理事会は，経済・社会・文化・教育・人権などについて，国際協力を進める仕事をする機関である。理事国は総会で選ばれ，地域別に割りあてられた54か国で構成される。任期は3年で，毎年3分の1にあたる18の理事国が改選される。活動範囲が非常に広いので，補助機関の機能委員会と地域経済委員会が各分野の専門機関と協力して活動している。

❹ **信託統治理事会**…信託統治理事会は，国連で決まった領土（信託統治領）の統治を監督する機関である。1994

↥ 総会のようす

↥ 安全保障理事会のようす

参考 日本の非常任理事国選出
日本はこれまで国連加盟国で最多の11回も非常任理事国を務めた。2020年現在，2022年の非常任理事国へ立候補している。

参考 拒否権行使
冷戦時代には頻繁に拒否権が行使され，安全保障理事会が有効に機能しないことが多かった。冷戦終結後は，拒否権行使の回数は減少した。近年では，ロシア連邦がウクライナ問題やシリア内戦に関する決議案で拒否権を行使した。

> 2020年7月，内戦下にあるシリアへの隣国からの越境人道支援を延長する決議案を採決し，15理事国中13理事国が賛成したが，ロシア連邦と中国の拒否権行使で否決された。

賛成	アメリカ合衆国，イギリス，フランス，ベルギー，ドミニカ共和国，エストニア，ドイツ，インドネシア，ニジェール，セントビンセント及びグレナディーン諸島，南アフリカ共和国，チュニジア，ベトナム
反対	ロシア連邦，中国

↥ 拒否権行使の例

Episode 国際連合本部ビルは，地上39階，地下3階の建物である。国連本部の西側には加盟国の国旗が並べられており，事務局ビルの隣には日本から寄贈された「平和の鐘」が置かれている。

年10月のパラオ独立を最後に信託統治領がなくなった
ため，同年11月から活動を停止している。

❺ **国際司法裁判所**…国際司法裁判所は，国連の司法機関
で，国家間の紛争について当事国双方が提訴に応じた
場合に裁判を行う。本部はオランダのハーグにある。
裁判官は９年の任期を務める15人で，安全保障理事会
と総会で選出される。ただし，１つの国から２人の裁
判官を選ぶことはできない。

❻ **事務局**…事務局は，国連の仕事を実行する事務職員
（国連に対してだけ責任を負う国際公務員）からなる。
その長を**事務総長**といい，安全保障理事会の勧告に従
って総会が任命する。事務総長は，平和と安全を脅か
すことがらについて，安全保障理事会に注意を促す権
限をもつ。大国以外の国から選ばれることが，慣例に
なっている。

初代	リー（ノルウェー）
2代	ハマーショルド（スウェーデン）
3代	ウ=タント（ビルマ）
4代	ワルトハイム（オーストリア）
5代	デクエヤル（ペルー）
6代	ガーリ（エジプト）
7代	アナン（ガーナ）
8代	潘基文（韓国）
9代	グテーレス（ポルトガル）

※（　）内は出身国。

⬆ 歴代の国連事務総長

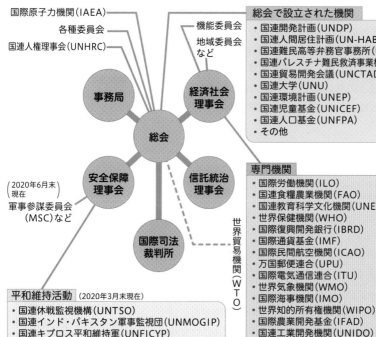

⬆ 国際連合のしくみ

（2020/21年版「世界国勢図会」）

※信託統治理事会は，現在は活動を停止している。

Episode
2020年現在の事務総長は，９代目のアントニオ=グテーレスである。ポルトガルの首相を務
めた後，欧州理事会議長や国連難民高等弁務官（UNHCR）を歴任。2017年に国連事務総長
に就任した。グテーレス（1949年生まれ）は国連創設後に生まれた初めての事務総長である。

4 国連の活動

～国連の役割と主な取り組み～

　国連の最も重要な役割は，世界の平和と安全を守ることである。そのために，侵略行為など平和を脅かす行動をとった国には，安全保障理事会の決議により，経済制裁や武力制裁を実施している。また，紛争地域に**平和維持軍（PKF）**を派遣し，休戦・停戦の監視，治安維持，選挙の監視などの**平和維持活動（PKO）**を行っている。

　このほか，人権や地球環境，貧困，軍縮，保健衛生など，多岐にわたる問題の解決のために活動している。

　人権については，1948年に国連総会で**世界人権宣言**を採択し，人権思想の世界的な普及に成果をあげた。1966年には世界人権宣言に法的拘束力をもたせるため，**国際人権規約**を採択した。

　地球環境については，1972年にスウェーデンのストックホルムで環境に関する初の国連会議である**国連人間環境会議**を開催した。それ以降，地球温暖化防止会議など環境と開発に関する多くの国際会議を主催し，環境の保全と社会・経済の発展の両立に向けて活動している。

5 国際連合に協力する主な機関

～国際社会での重要なはたらき～

❶ **国連教育科学文化機関（UNESCO）**

▶本部パリ。加盟国内にはユネスコ国内委員会が設置されている。

▶**目　的**…教育・科学・文化を通して各国の協力を促進し，世界の平和と安全に貢献する。

▶**活　動**…義務教育の普及のための活動や識字教育の支援，**世界遺産条約**に基づいて，**世界遺産**の登録や保護の支援などを行っている。世界遺産には文化遺産，自然遺産，複合遺産の3種類がある。この遺産をもつ国は，恒久的に保存していく義務を負う。

❷ **国際労働機関（ILO）**…本部ジュネーブ。政府・使用者

年	できごと
1945	**国際連合**が成立
1948	**世界人権宣言**を採択
1950	平和のための結集を決議
1965	人種差別撤廃条約を採択
1966	**国際人権規約**を採択
1968	**核拡散防止条約**を採択
1972	**国連人間環境会議**で人間環境宣言を採択
1974	国連世界人口会議
1978	第1回国連軍縮特別総会
1979	女子差別撤廃条約を採択
1982	第2回国連軍縮特別総会
1988	第3回国連軍縮特別総会
1989	**子ども（児童）の権利条約**を採択
1990	子どものための世界サミット
1992	**国連環境開発会議（地球サミット）**
1996	**包括的核実験禁止条約**を採択
2002	**持続可能な開発に関する世界首脳会議（環境・開発サミット）**
2009	**「核なき世界決議」**を採択

⬆ 国際連合のさまざまな会議・決議

参考 国連軍縮特別総会
- - - - - - - - - - - - - - - - -
軍縮問題について討議する国連の特別総会。第1回は1978年にフランス・中国を含む149か国が参加。第2回は1982年，第3回は1988年，いずれもニューヨークで開催された。

参考 世界知的所有権機関
- - - - - - - - - - - - - - - - -
通称はWIPO。本部ジュネーブ。1974年に国連の専門機関として認められた。全世界に知的所有権の保護を促進し，加盟国間の行政的協力を推進する。商標，著作，工業デザインなどの知的所有権を保護する。

Episode　日本は安全保障理事会の常任理事国入りを目ざしているが，国内には賛否両論の意見がある。賛成意見は「世界における日本の地位からすると参加すべき」「多大な財政的貢献をしているのに，重要な意思決定ができない」，反対意見は「軍事活動に参加しなければならなくなる」など。

及び労働者の協力を通じて労働条件を改善し，労働者の地位向上を図る。

❸ **国連食糧農業機関(FAO)**…本部ローマ。生活水準を高め，農産物の生産を上げて，栄養の改善を図り，貧困と飢餓をなくすことを目的としている。

❹ **世界保健機関(WHO)**…本部ジュネーブ。疫病とたたかい，すべての人の精神及び身体的健康の向上を図る。その目的のために感染症の撲滅，衛生係官の訓練，各国の保健システムの強化，災害への援助，研究・調査を行う。

❺ **世界銀行グループ**…国際復興開発銀行(IBRD，世界銀行)や国際開発協会(IDA)，国際金融公社(IFC)などの機関の総称で，主に発展途上地域の加盟国や民間企業に対し，開発に必要な資金を融資する。

❻ **国際通貨基金(IMF)**…本部ワシントンD.C.。国際通貨問題に関する協議及び協力機関。為替相場の安定を図り，加盟国が資金を出し合い，国際収支の赤字国には一時的な融資も行う。

❼ **国連児童基金(UNICEF)**…本部ニューヨーク。発展途上国の子どもに対し，予防接種の普及，食料・医薬品などの提供，教育・職業訓練などの援助を行う。

６　国際連合の課題

> ～財政難，職員不足，安保理改革など～

国連の運営資金は，通常予算とPKO(平和維持活動)のための予算に分けられる。これらは加盟国の**分担金**で賄われており，加盟国の経済規模から分担率が算出されている。しかし，国連の組織が肥大化していることや，分担金を滞納する国があること，近年におけるPKOを行う地域が急増したことなどが原因で，運営資金は不足している。また，国連職員の数は，事務の内容や地球規模の活動から考えて，きわめて少数と指摘されている。こうした問題を解決する必要がある。

また，安全保障理事会における常任理事国を含む理事国数の増加や，加盟国の主権平等に反する拒否権行使の制限など安保理改革も課題の１つとなっている。

参考 国連児童基金(UNICEF)
第二次世界大戦後の1946年に創設された。当初は戦争で被害にあった子どもたちに食料や医薬品を援助するのが目的であった。

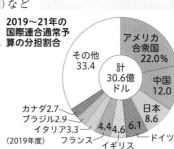

2019～21年の国際連合通常予算の分担割合

計 30.6億ドル (2019年度)
アメリカ合衆国 22.0%
中国 12.0
日本 8.6
ドイツ 6.1
イギリス 4.6
フランス 4.4
イタリア 3.3
ブラジル 2.9
カナダ 2.7
その他 33.4

PKO予算分担率

アメリカ合衆国	27.89%
中国	15.22
日本	8.56
ドイツ	6.09
イギリス	5.79

(2019年)
(2020/21年版「日本国勢図会」など)

↑ 国際連合の通常予算の分担割合とPKO予算分担率

国際連合の事務局職員数

合衆国アメリカ 360
ドイツ 159
フランス 138
イタリア 136
イギリス 123
カナダ 109
中国 89
スペイン 76
日本 75

(2018年12月)　(国際連合)

↑ 国際連合の事務局職員数

Episode

第二次世界大戦後，復興中の日本もユニセフの支援を受けた。1949～64年にかけて，学校給食に出されていた粉ミルク(脱脂粉乳)をはじめ，生活必需品の綿や医薬品などの援助を受け，その総額は約65億円にも及んだという。

③ 国際政治の動きと課題 ★★☆

1 2つの世界(東西両陣営の対立)

〜アメリカ合衆国とソ連の対立〜

❶ **冷戦(冷たい戦争)**…第二次世界大戦は,ファシズム対反ファシズムという形で展開され,アメリカ合衆国とソ連は社会体制の違いを超えて共同でドイツ・イタリア・日本のファシズム諸国と戦った。しかし戦後は,この両国が対立し,両国を中心に世界は2つの陣営に分かれ,対立と緊張を続けた。直接戦火を交えなかったため,冷戦(冷たい戦争)と呼ばれる。

❷ **集団防衛機構**…アメリカ合衆国とソ連の対立は,それぞれの陣営で地域的な軍事同盟(集団防衛機構)を生んだ。

▶ **北大西洋条約機構(NATO)**…1949年,アメリカ合衆国・イギリス・フランス・イタリア・カナダなどの欧米12か国が参加して**北大西洋条約機構(NATO)**が発足した。冷戦期はソ連圏諸国の防衛機構(**ワルシャワ条約機構**)に対抗するための軍事同盟であったが,冷戦の終結後は,地域紛争を含めた危機管理型の安全保障体制へと変わった。その後,東欧の旧社会主義諸国が加わり,2020年11月現在30か国が加盟している。

▶ **ワルシャワ条約機構**…NATOに対抗する目的で,1955年,ソ連・東欧の社会主義諸国8か国(アルバニアが1968年に脱退)で結成された。冷戦の終結によりその存在意義を失い,1991年に解体された。

❸ **平和共存へのあゆみ**…冷戦が続く中,**朝鮮戦争**やベトナム戦争,**中東戦争**など戦火を交えた戦争もおこった。これらの戦争は,すべて背景にアメリカ合衆国とソ連の対立があり,両国の「代理戦争」という側面もあった。その中でも,平和への努力が続けられた。

1954年の**ジュネーブ会議**を境に世界は「雪どけ」に向かった。1962年の**キューバ危機**で,米・ソの戦争が回避されたことをきっかけに**緊張緩和(デタント)**が進み,米・ソ両国やヨーロッパの東西両陣営がその関係を改善し,平和共存を目ざそうとする動きが広がった。

参考 西側と東側

アメリカ合衆国を中心とする資本主義陣営を西側といい,ソ連を中心とする社会主義陣営を東側といった。

zoomup 冷戦(冷たい戦争) → p.443, 444

参考 その他の主な集団防衛機構

- **米州機構(OAS)**…1951年,アメリカ合衆国・カナダ・中南米諸国など35か国で結成。アメリカ大陸の平和と安全が目的。
- **太平洋安全保障条約(ANZUS)** オーストラリア・ニュージーランド・アメリカ合衆国間で1951年に締結されたが,現在は凍結されている。

⬆ 北大西洋条約機構の旗

zoomup 朝鮮戦争 → p.444
ベトナム戦争 → p.448
キューバ危機 → p.449

Words ジュネーブ会議

1954年,朝鮮の統一,インドシナ休戦の2つの問題の平和的解決を図る目的で,ジュネーブで開かれた国際会議。朝鮮の統一については解決しなかったが,インドシナ休戦には成功し,休戦協定が結ばれた。

Episode 「冷戦(Cold War)」ということばは,ウォルター=リップマン(アメリカ合衆国のジャーナリスト)が1947年に『冷戦』という本を出版したことをきっかけに広まった。リップマンはベトナム戦争を批判したことでも知られる。

2　世界の多極化と激動する国際社会

～簡単には解決できない諸問題も～

❶ **3つの世界**…東西対立の時代に独立したアジア・アフリカの新興国と，ラテンアメリカ諸国は，**第三世界（第三勢力）**と呼ばれた。西側の自由主義諸国（第一世界），東側の社会主義諸国（第二世界）に対して，結束して国際社会に大きな影響を与える存在となった。第三世界は発展途上国であったことから，先進国に対して積極的に**南北問題**の解決を求めて活動してきた。さらに，平和共存が進み緊張が緩和されると，独自の動きをとる国が出てきた。これを国際政治の多極化という。一方，第三世界（発展途上国）の中から，**NIES（新興工業経済地域）**と呼ばれる経済成長が著しい国々が台頭した。こうしたNIESや産油国と，国民の多くが飢餓状態にある最貧国との間の格差も拡大した。これを**南南問題**という。最貧国の中では，他国から資金を借りて返済が困難になる累積債務，一次産品の価格低下などに苦しむ国も多い。

❷ **激動する国際社会**

　▶**マルタ会談**…1989年12月，アメリカ合衆国のブッシュ大統領とソ連のゴルバチョフ共産党書記長がマルタで会談し，**冷戦の終結**を宣言した。

　▶**西側世界の動き**…1989年から始まった東欧革命による民主化の中で，同年11月に東西対立の象徴とされてきた**ベルリンの壁**が崩壊した。翌1990年，西ドイツが東ドイツを吸収する形で**東西ドイツの統一**が実現した。これにより，ドイツ連邦共和国が成立し，首都はベルリンに定められた。

　▶**東側世界の動き**…1985年にソ連共産党書記長に就任

年	できごと
1945	**国際連合の成立**
1948	ソ連がベルリンを封鎖
1949	北大西洋条約調印，**中華人民共和国の成立**
1950	**朝鮮戦争**（～53）
1955	**アジア・アフリカ会議**（平和十原則採択） ワルシャワ条約調印
1962	**キューバ危機**
1967	**東南アジア諸国連合（ASEAN）結成**
1969	中ソ国境紛争
1971	国連が中華人民共和国の代表権承認
1973	ベトナム和平協定調印（パリ），第四次中東戦争
1975	ベトナム戦争終結
1979	ソ連のアフガニスタン侵攻（～89）
1980	イラン・イラク戦争（～88）
1989	マルタ島で米ソ首脳会談（**冷戦の終結**）
1990	**東西ドイツの統一**
1991	**湾岸戦争**，ワルシャワ条約機構解体，コメコン解体，韓国・北朝鮮が国連加盟，独立国家共同体（CIS）結成，**ソ連解体**
1992	カンボジアでPKO開始（UNTAC）
1993	**ヨーロッパ連合（EU）発足**
1999	NATO軍がユーゴスラビアを空爆
2001	アメリカ合衆国で**同時多発テロ** アメリカ合衆国がアフガニスタンを攻撃
2003	**イラク戦争**（～11）
2008	南オセチアを巡りロシア連邦とグルジア（現ジョージア）が戦闘
2011	「アラブの春」が本格化，シリア内戦激化
2014	ロシア連邦がクリム（クリミア）半島（ウクライナ）の編入を宣言
2015	アメリカ合衆国とキューバが国交回復
2018	初の米朝首脳会談
2020	イギリスがEUから離脱

⬆ 第二次世界大戦後の主なできごと

HighClass　ゴルバチョフは，**ペレストロイカ**と同時に**グラスノスチ**（情報公開）も政策として掲げ，ソ連の政治・経済・社会にわたる秘密主義や閉鎖的体質を改善することを目ざした。これにより，新聞・雑誌など，マスメディアの活動への制限が大幅に緩められるなどした。

したゴルバチョフは，ペレストロイカ(改革)を掲げて，政治・経済の改革を進めた。「新思考外交」を唱えて，中国との関係正常化を進め，アフガニスタンからも撤退した。この改革が東欧の民主化やソ連邦内の民族運動を推し進めた。

▶ECからEUへ…1967年にフランスと西ドイツを中心に結成されたヨーロッパ共同体(EC)は1986年に加盟国が12か国に増え，アメリカ合衆国・日本と並ぶ第三の経済圏をなすに至った。1993年，マーストリヒト条約が発効し，ECから発展したヨーロッパ連合(EU)が成立した。

米	自由主義陣営	社会主義陣営	ソ(ロ)
米ソの対立（冷戦）			
トルーマン		1945 ヤルタ会談	スターリン
		1945 国際連合発足	
	1946 チャーチル「鉄のカーテン」演説		
	47 トルーマン-ドクトリン マーシャル-プラン	1948 ソ連，ベルリン封鎖	
	49 北大西洋条約機構(NATO)成立	49 コメコン設立 中華人民共和国成立	
	1950 朝鮮戦争（～53）		
アイゼンハワー	51 サンフランシスコ平和条約	55 ワルシャワ条約機構成立	フルシチョフ
		61「ベルリンの壁」建設	
ケネディ	1962 キューバ危機		
ジョンソン	65 アメリカ，北ベトナム爆撃（北爆） 1965 ベトナム戦争（～75）	66 中国，文化大革命始まる	ブレジネフ
	66 フランス，NATOの軍事機構より脱退	69 中ソ国境紛争	
ニクソン	72 ニクソンが中国訪問		
	1978 日中平和友好条約		
フォード		79 ソ連，アフガニスタン侵攻	アンドロポフ
カーター			チェルネンコ
緊張緩和（デタント）／多極化			
レーガン		89 中国，天安門事件	ゴルバチョフ
新冷戦	1989 マルタ会談		
ブッシュ	90 東西ドイツの統一	91 ソ連解体	エリツィン
クリントン	91 湾岸戦争		プーチン
冷戦終結	99 コソボ紛争にNATOが軍事介入		

↑ 冷戦を中心とした自由主義陣営と社会主義陣営の動き

❸ ソ連の解体…共産党支配体制の維持を狙ったソ連保守派は，1991年8月にクーデターをおこしたが失敗した。その後，多くの共和国が連邦からの独立を宣言し，同年末にロシアを中心に独立国家共同体(CIS)を結成し，ソ連は解体した。

❹ 地域紛争…冷戦が終結し，大国どうしの戦争の危機は和らいだが，世界各地で地域紛争が見られるようになった。冷戦中はアメリカ合衆国とソ連の2大強国によって秩序が保たれていたが，そのパワーバランスが崩れると，不平や不満を武力によって解決しようとする人々が現れはじめた。異なる宗教や文化，言語の違いから民族紛争も頻発するようになった。

▶同時多発テロ…2001年9月11日，アメリカ合衆国で同時多発テロがおこると，アメリカ政府はテロ組織を壊滅する目的でアフガニスタン，2003年にはイラクを攻撃した(イラク戦争)。

▶アラブの春…2010年末から2011年にかけて，中東や北アフリカの国々で民主化などを求める反政府デモが相次いでおこり，チュニジア・エジプト・リビアでは独裁政権が崩壊した(アラブの春)。シリアでは独裁政権は倒れなかったものの，2011年にアサド政

Words 独立国家共同体(CIS)

旧ソ連構成国15か国のうち，11か国が結成した国家連合。グルジア(現在のジョージア)とバルト三国(エストニア・ラトビア・リトアニア)は参加しなかった。当時のヨーロッパ共同体(EC)をモデルとしてつくられたが，独自の法律や議会などは設置されなかった。協定に強制力はなく，現在は有名無実化している。

↑ アメリカ合衆国でおこった同時多発テロ

Episode 同時多発テロは2001年9月11日にアメリカ合衆国で発生したテロ攻撃。イスラム原理主義のテロ組織アルカイダの犯行とされる。テロリストにハイジャックされた旅客機4機がニューヨークの世界貿易センタービルなどに突入し，約3000人の犠牲者が出た。

権と反体制派との間で内戦が始まった。これに「イスラム国(IS)」と称するテロ組織が加わり,アメリカ合衆国も介入して泥沼化した。アメリカ軍は撤退したが,現在も混乱が続いている。

▶**クリミア紛争**…ウクライナでは親欧米派と親ロシア派の対立が激化した。2014年,ロシア連邦がクリミアに軍事介入すると,クリミアでは住民投票でウクライナからの分離独立とロシア編入が支持された。これを非難するアメリカ合衆国をはじめとする欧米諸国はロシア連邦への経済制裁を実施した。

▶**その他**…中米情勢では,2015年に1961年から断絶が続いていたアメリカ合衆国とキューバが国交を回復した。朝鮮半島情勢では,2018年に初めての米朝首脳会談が行われ,朝鮮半島の非核化について議論された。

❺**民族紛争と難民**…第二次世界大戦後に独立した国々の多くは,植民地時代の旧支配国の都合によって定められた国境線を引き継いだため,さまざまな民族や宗教による利害対立を抱えることとなった。冷戦の終結後,おさえられていた民族の独立運動が世界の各地でおこった。民族紛争では大量の難民が生まれ,国連難民高等弁務官事務所(UNHCR)によれば,世界で約2600万人もの難民がいるとされる(2019年末現在)。

Words テロリズム(テロ)

政治的目的を達成するためには,暴力も否定しないという考え方。敵対する勢力への攻撃や暗殺だけでなく,ときには一般の民衆への無差別の殺傷,建物の破壊なども行う。

Words 難 民

宗教・民族・政治上の理由による迫害や戦争,災害などのため,他国に逃れた人々のこと。

Words 国連難民高等弁務官事務所(UNHCR)

難民の保護・救済を目ざして1950年に設立された国際連合の補助機関。本部はジュネーブ。1991～2000年まで,日本人の緒方貞子氏が最高責任者の高等弁務官を務めた。

↑ 難民の出身国・地域別人数

シリア 662

イラク 34

アフガニスタン 273

中国 21

ナイジェリア 30

エリトリア 51

ミャンマー 108

中央アフリカ 61

ルワンダ 25

ソマリア 91

コンゴ民主共和国 81

ブルンジ 38

南スーダン 223

スーダン 73

ベトナム 32

▨ 1万人以上の難民流出国・地域
◯ 20万人以上の難民流出国・地域の難民数(万人)

(2019年)(国連難民高等弁務官事務所)

Episode 2018年の統計では,トルコは370万人の難民を受け入れたが,日本政府は難民受け入れに消極的で,国際社会から批判を浴びている。申請者数10493人に対して認定された人数は42人にとどまる。

4 国際経済の動きと地域主義 ★★☆

1 戦後の国際経済協力のしくみ

～国際通貨制度の整備と自由貿易の促進～

第二次世界大戦後，経済的な国際協力を推進する動きが広がった。世界恐慌や大戦後の経済の混乱を経験したことから，経済の安定と発展のためには，自由貿易を促進することが必要であると，多くの国が認識したことによる。

国際連合のもとでの国際経済機構として，戦災地域の復興と発展途上地域の開発のための金融を目的として**国際復興開発銀行（IBRD，世界銀行）**が設立された。また，国際通貨制度を整え，貿易を促進するために国際通貨基金（IMF）が設立された。この２つの機関は，1944年に連合国44か国の代表がアメリカ合衆国のブレトンウッズに集まって締結された**ブレトンウッズ協定**の下に設立された。1947年には貿易の自由化を図るために**関税及び貿易に関する一般協定（GATT）**が設立され，関税の引き下げや通商上の制限除去などを行った。1995年にGATTを強化・発展させた世界貿易機関（WTO）が発足した。貿易の自由化とともに，資本の活発な移動が行えるよう，資本の自由化も進められている。主要な先進諸国からなる経済協力開発機構（OECD）も大きな役割を果たしている。

2 国際通貨の動き

～固定為替相場制から変動為替相場制へ～

1960年代には，大量の金流出がおこった。ベトナム戦争に伴う軍事費の増大により，アメリカ合衆国から世界中に流出したドルの価値が低下し，各国がドルを金に換えようとしたためである。1971年にアメリカ合衆国のニクソン大統領が金とドルの交換を停止する声明を出すと，ドルは急落した。この**ニクソンショック**によって，**固定為替相場制**が崩れ，1973年から**変動為替相場制**に移行した。1980年代に入るとドルは上昇に転じ，1985年には先進５か国（G5）でドル高の是正が取り決められた（**プラザ合意**）。近年は，**主要国首脳会議**が通貨安定のための協調した経済政策を決める重要な場となっている。

zoomup 世界恐慌→ p.422

Words ブレトンウッズ協定
1945年に発効した国際通貨基金協定と国際復興開発銀行協定の総称。アメリカ合衆国の通貨（ドル）と各国の通貨の交換比率（為替相場）を一定に保つことで国際経済を安定させるしくみ。1971年のニクソンショックまで続いた。

Words 関税
外国からの輸入品にかけられる税金。国税で間接税。

zoomup 世界貿易機関（WTO）
→ p.155

Words 主要国首脳会議
サミットと呼ばれる。日本・アメリカ合衆国・イギリス・フランス・ドイツ・イタリア・カナダ・ロシア連邦の主要８か国（G8）の首脳にヨーロッパ連合（EU）の欧州委員会委員長が加わって年に１回開かれる。2014年以降，ロシア連邦が参加資格を停止され，G7と称せられている。

HighClass 先進工業諸国の発展途上国に対しての資金援助，加盟国間の経済的発展，貿易自由化などを目的に設立されたのが**経済協力開発機構（OECD）**である。日本は1964年に加盟した。2021年8月末現在，38か国が加盟している。

3 地域的な経済の結びつき

～強まる地域主義の動き～

　近年，地域的に近い国家が複数集まり，結びつきを強めていく動きが世界各地で広がっている。経済や安全保障，環境などの同じ課題を解決することが目的である。このような動きを**地域主義（リージョナリズム）**という。

　また，2国間あるいは多国間で，**自由貿易協定（FTA）**や**経済連携協定（EPA）**を結び，自由貿易を促進しようとする動きも見られる。

参考 相互依存

グローバル化の進展により，現代の国家は，他国の存在なしには成り立たない**相互依存**の関係にある。紛争やテロ，環境問題，人権問題などは1国だけでの解決は困難で，国際社会が協力して取り組む必要性が増している。

zoomup 自由貿易協定（FTA），経済連携協定（EPA）

→ p.155

■ヨーロッパ連合（EU）
- 1993年発足
- 27か国
- フランス，ドイツ，イタリア，ベルギー，オランダ，ルクセンブルク，アイルランド，デンマーク，ギリシャ，スペイン，ポルトガル，オーストリア，フィンランド，スウェーデン，ポーランド，ハンガリー，チェコ，スロバキア，スロベニア，エストニア，ラトビア，リトアニア，マルタ，キプロス，ブルガリア，ルーマニア，クロアチア

■米国・メキシコ・カナダ協定（USMCA）
- 2020年，NAFTAから移行
- 3か国
- アメリカ合衆国，メキシコ，カナダ

■南米南部共同市場（MERCOSUR）
- 1995年発足
- 6か国
- アルゼンチン，ボリビア，ブラジル，パラグアイ，ウルグアイ，ベネズエラ，（チリ，コロンビア，エクアドル，ガイアナ，ペルー，スリナムの6か国が準加盟）

■アフリカ連合（AU）
- 2002年発足
- 54か国・地域
- モロッコ以外のアフリカ諸国と西サハラ

■アジア太平洋経済協力会議（APEC）
- 1989年発足
- 21か国・地域
- オーストラリア，ブルネイ，カナダ，チリ，中国，ホンコン，インドネシア，日本，韓国，マレーシア，メキシコ，ニュージーランド，パプアニューギニア，ペルー，フィリピン，ロシア連邦，シンガポール，台湾，タイ，アメリカ合衆国，ベトナム

■東南アジア諸国連合（ASEAN）
- 1967年発足
- 10か国
- インドネシア，カンボジア，シンガポール，タイ，フィリピン，ブルネイ，ベトナム，マレーシア，ミャンマー，ラオス

・日本が経済連携協定（EPA）を結んでいる国・地域

⬆ 地域的な経済の結びつき

HighClass

2020年11月，東南アジア諸国連合（ASEAN）に日本・中国・韓国・オーストラリア・ニュージーランドを加えた15か国が**地域的な包括的経済連携（RCEP）**に署名した。発効すれば，世界の人口，国内総生産（GDP），貿易総額の約3割を占める巨大な経済圏が誕生する。

❶ ヨーロッパ連合（EU）…1993年，域内の通貨統合と共通の外交・安全保障政策の実現を目的に発足した。2020年11月末現在，**共通通貨ユーロが域内の19か国**などで使われている。2009年には，ギリシャ財政危機によってユーロの為替相場が下落し，EU経済が混乱するなど，統合の脆弱な一面も見られた。

❷ 東南アジア諸国連合（ASEAN）…東南アジアの経済・社会・文化の発展と政治・経済の安定を目的としている。

❸ アジア太平洋経済協力会議（APEC）…アジア太平洋地域の貿易の自由化や技術協力を円滑にして，同地域の経済を発展させることを目ざしている。

❹ 環太平洋経済連携協定（TPP）…アジア太平洋経済協力会議（APEC）の一部の国々が結んだ，全物品の関税撤廃を原則とした協定。日本を含む12か国が署名した。2017年に中心国のアメリカ合衆国が離脱したが，2018年に発効した。

❺ 米国・メキシコ・カナダ協定（USMCA）…アメリカ合衆国トランプ政権主導の下，**北米自由貿易協定（NAFTA）**を抜本的に見直して結ばれた協定で，2020年に発効した。

❻ その他…南米南部共同市場（MERCOSUR）や，アフリカ連合（AU）などがある。

4 南北問題

〜先進国と発展途上国間の問題〜

　南半球に多い発展途上国と北半球に多い先進工業国との経済格差から生じている経済的・政治的な問題を南北問題という。先進国主導の国際経済秩序の中では，発展途上国の経済発展は阻害されてきた。第二次世界大戦後のアメリカ合衆国とソ連は，発展途上国を取り込むために競って援助を行った。1960年代には，発展途上国は「援助より貿易」を強く主張し，1970年代には，石油危機に伴い，自国の資源の支配権を主張する**資源ナショナリズム**の姿勢を強めたため，南北間で対立が生じた。また，発展途上国の中でも，資源が豊富で工業化の比較的進んだ国と，資源に乏しく開発も進まない国との間には経済格差があり，さまざまな問題が生じている。これを南南問題という。

参考　ブレグジット

イギリスのEU離脱のこと。イギリスを意味する「Britain」と，離脱を意味する「exit」を組み合わせた造語。2016年6月，EU離脱の是非を問う国民投票で離脱派が勝利した。その後，離脱期限が3度も延長されたが，2020年1月31日に正式に離脱した。

参考　EUの移民問題

移民の流入によって労働力人口が増加するといった，経済効果が期待される一方，移民に職を奪われる，移民にかける社会保障費への負担が増すといった，負の要因も指摘されている。移民を巡っては，受け入れ賛成・反対の意見の対立があり，EUの連帯にも影響を及ぼしている。

Words　ギリシャ財政危機

2009年，ギリシャの財政赤字が公表されていた額よりも多額であったことが判明し，財政危機に陥ったこと。同国総選挙でおこった政権交代によって明らかになった。これにより，ユーロの為替相場も急落し，EU全体の経済に大きな影響を与えた。

Words　南米南部共同市場（MERCOSUR）

域内の関税の原則撤廃と域外共通関税の実施を目的とする地域経済統合。

Words　アフリカ連合（AU）

アフリカ55の国・地域が加盟する地域経済統合。EUをモデルに，アフリカ諸国の政治的・経済的な統合と団結を目ざす。

参考　国連貿易開発会議（UNCTAD）

国連総会の常設機関で，南北問題について討議する。総会が4年に1回，執行機関である貿易開発理事会（TDB）が年1回開かれる。

北米自由貿易協定（NAFTA）は1994年に発効した経済協定。域内の関税を段階的に撤廃し，自由貿易圏をつくることを目的とした。だが，アメリカ合衆国のトランプ大統領は，NAFTAがアメリカ国内の雇用を奪ったと見直しを要求し，2018年に新協定が結ばれた。

2 世界のさまざまな問題と日本の役割

Point
❶ 世界の核軍縮の動きや日本の取り組みについて知ろう。
❷ 地球のさまざまな問題について理解を深めよう。
❸ 日本の外交問題や国際社会での役割について学ぼう。

① 核時代の平和と安全 ★★☆

1 核時代の平和

~核兵器の廃絶に向けて~

❶ **核時代の恐怖**…今日の国際社会で最も重大な問題は，冷戦時代に核軍拡競争で生み出された核兵器の蓄積と，**核拡散**の問題である。過去，アメリカ合衆国とソ連は核軍備の拡大を競い合ったが，両国とも，核兵器の力により戦争がおこるのを防げるという考え方(**核抑止論**)に基づいていた。

❷ **核兵器の廃絶**…核の削減(制限)は，主にアメリカ合衆国・ソ連両国の2国間交渉と国連軍縮会議での多国間交渉で行われてきた。核廃絶を願う国際世論と，核戦争への不安は核保有国をも動かし，1963年の**部分的核実験停止条約**(PTBT)，1968年の核拡散防止条約(NPT)という形で実を結んだ。PTBTは，アメリカ合衆国・イギリス・ソ連の間で調印され，地下を除く大気圏内，宇宙空間，水中での核実験が禁止された。NPTは，核保有国をアメリカ合衆国・ソ連・イギリス・フランス・中国に限定し，非核保有国が新たに核兵器をもつことや，非核保有国への核兵器の譲渡を禁止した条約で，1995年には無期限に延期された。1996年には，**包括的核実験禁止条約**(CTBT)が採択された。この条約はすべての核実験を禁止するもので，NPTとともに核管理体制を支える2つの柱となっている。しかし，NPTでは前出5か国は核兵器をもち続け，NPTに加盟していないインド・パキスタンが1998年

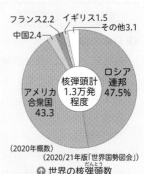

フランス2.2　イギリス1.5
中国2.4　　　　　　その他3.1
核弾頭計
1.3万発
程度
ロシア連邦 47.5%
アメリカ合衆国 43.3
(2020年概数)
(2020/21年版「世界国勢図会」)
⬆ 世界の核弾頭数

参考 包括的核実験禁止条約の現状

この条約が発効するためには特定の44か国の批准が必要だが，そのうちアメリカ合衆国・インド・中国・パキスタンなどが批准しておらず，条約は未発効である(2020年11月末現在)。

参考 クラスター弾

投下すると，親爆弾に詰められた数百個の子爆弾が飛散・爆発し，広範囲を破壊する。多数の不発弾が一般市民に被害をもたらしているとして深刻な人道問題となっている。2008年，クラスター弾禁止条約が採択され，日本も翌年に批准。2010年に発効したが，アメリカ合衆国やロシア連邦，中国など主要保有国は参加していない(2020年11月末現在)。

HighClass　アメリカ合衆国とロシア連邦は，2010年の新戦略兵器削減条約(新START)で戦略核弾頭数の大幅な削減を決めた。しかしその後，両国が対立したため，核軍縮交渉は進展していない。中距離核戦力(INF)全廃条約についてはアメリカ合衆国が破棄を通告し，2019年に失効した。

に，北朝鮮が2006年以降相次いで核実験を行うなど，核拡散の危険性はなくなっていない。2017年に核兵器の開発・保有・使用を禁止する**核兵器禁止条約**が国連で採択され2021年に発効したが，核保有国や日本は不参加を表明している。

2 核時代と日本の役割

～非核三原則の堅持～

❶ **日本の非核三原則**…日本は唯一の被爆国として，核兵器廃絶の世界運動を展開してきた。また，核兵器を「もたず，つくらず，もち込ませず」の非核三原則の立場を内外に明示している。

❷ **軍縮への課題**…核兵器反対と軍備縮小を求める国際世論が高まる中，**非核地帯**の設定や**非核自治体宣言**などの運動が広がっている。しかし，今でも核開発を進める国や，核開発の疑惑をもたれる国もあり，軍縮の推進には課題も多い。世界平和を築くため，各国が協力して軍縮に取り組む必要がある。

年	できごと
1945	米，**広島・長崎に原子爆弾**投下
1954	米，ビキニ環礁で水爆実験，第五福竜丸が被爆
1955	第1回原水爆禁止世界大会（広島）
1963	米英ソ，**部分的核実験停止条約**調印
1968	**核拡散防止条約**，国連で採択
1972	米ソ，第一次戦略兵器制限協定調印
1978	第1回国連軍縮特別総会
1979	米ソ，第二次戦略兵器制限協定調印
1987	米ソ，中距離核戦力（INF）全廃条約調印
1991	米ソ，第一次戦略兵器削減条約（START I）調印
1993	米ロ，第二次戦略兵器削減条約（START II）調印
1995	核拡散防止条約無期限延長
1996	国連総会で**包括的核実験禁止条約**採択
2002	米ロ，モスクワ条約調印
2006	北朝鮮，地下核実験
2009	国連安保理で「核なき世界決議」採択
2010	米ロ，新戦略兵器削減条約（新START）調印
	核実験場であったビキニ環礁が世界遺産登録
2017	**核兵器禁止条約**，国連で採択
2019	中距離核戦力（INF）全廃条約が失効

⤴ 核軍縮を巡るあゆみ

参考 国際原子力機関（IAEA）

1957年に設立された，原子力の平和利用促進と軍事転用防止を図る国際機関。NPT締約国の核査察などを行う。本部ウィーン。

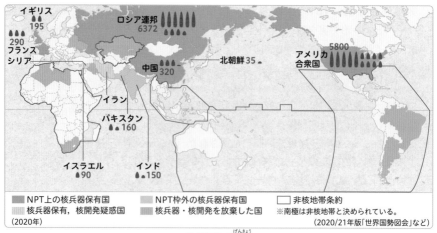

イギリス ▲▲▲ 195
290 ▲▲▲ フランス
シリア
ロシア連邦 ▲▲▲▲▲▲ 6372
中国 320
イラン
パキスタン ▲▲ 160
イスラエル ◆90
インド ▲▲▲ 150
北朝鮮 35
アメリカ合衆国 5800

■ NPT上の核兵器保有国　■ NPT枠外の核兵器保有国　□ 非核地帯条約
▨ 核兵器保有，核開発疑惑国　■ 核兵器・核開発を放棄した国　※南極は非核地帯と決められている。
（2020年）　　（2020/21年版「世界国勢図会」など）

⤴ 核拡散の現況

Episode

被爆した**第五福竜丸**は，放射線の除去などが行われた後に改造され，東京水産大学（現東京海洋大学）の練習船はやぶさ丸となった。その後，老朽化で廃船になり打ち捨てられていたが，東京都の職員らによって発見され，現在は東京都立第五福竜丸展示館に永久展示されている。

2 地球環境の問題 ★★★

1 地球環境の問題

〜危機に直面する地球環境〜

❶ **地球温暖化**…地球の気温が一定となるためには，太陽からのエネルギーと，宇宙へのエネルギーの放出のバランスがとれていなければならない。しかし，産業革命以降，石油・石炭などの**化石燃料**の使用量が飛躍的に増加し，それに伴って排出される二酸化炭素(CO_2)も増えた。CO_2 やメタンガスなどは，地上の熱を逃がさない性質をもつので温室効果ガスと呼ばれ，これらのガスの増加が地球温暖化の原因と考えられている。

　地球の温暖化が進むと，極地や山岳地帯の氷河がとけて海抜の低い地域が水没したり，干ばつや洪水などの**異常気象**を引きおこしたりして，食料生産や人間の健康，生物の生態系に大きな影響が出ると考えられている。

❷ **酸性雨**…化石燃料を使用する工場や自動車から排出される硫黄酸化物・窒素酸化物が大気中で硫酸や硝酸に変化して雨にとけ，酸性雨となって降る。酸性雨の被害には，森林や農作物の枯死，石造建築物の溶解などがある。

❸ **オゾン層の破壊**…ヘアスプレーなどに使われてきた**フロン**により，南極上空などのオゾン層が破壊されている。そのため，地表に届く紫外線の地量が増加し，皮膚がんの増加など，人体への影響が心配されている。現在，フロンの生産は規制され，新たに使うことは禁止されている。

❹ **砂漠化**…砂漠化の原因には，干ばつなどの自然的な要因のほか，焼畑や過放牧，森林の伐採，熱帯林の減少，不適切なかんがい

※EUは28か国（当時）。

世界計約328億t

中国 28.3%
その他 32.7
アメリカ合衆国 14.5
EU※ 9.8
インド 6.6
ロシア連邦 4.7
日本 3.4

（2017年）
（2020/21年版「日本国勢図会」）

⬆ 世界の二酸化炭素排出量の割合

① 太陽光が地表に当たり，熱として再放射される。
② 再放射された熱が温室効果ガスの層に当たって戻る。
③ 地球表面や大気の温度が上がる。

太陽
厚くなった温室効果ガスの層
温室効果ガス排出

⬆ 地球温暖化のしくみ

熱帯林の破壊　温暖化による水没の危機
砂漠化　オゾン層の破壊
酸性雨

⬆ 世界の環境問題

Episode

地球温暖化や森林の伐採，環境汚染は生物の生態系を破壊する危険がある。環境省によると，日本で絶滅が懸念される動物が1410種，植物が2266種ある（2019年）。ちなみに東京の上野動物園では，飼育されている動物の8割以上が絶滅危惧種に指定されている。

621

による農地への塩分の集積などがある。毎年，九州と四国を合わせた面積に相当する500万〜600万 ha の土地が砂漠化している。特にアジアの内陸部や，アフリカの**サハラ砂漠**南縁の**サヘル**で著しい。地球人口の6分の1が影響を受けており，防止対策が急がれる。

2 環境問題への取り組み
〜国際社会の動きとこれから〜

❶ **国連人間環境会議**…環境に関する初の国際会議として，1972年にスウェーデンのストックホルムで開かれた。「**かけがえのない地球**」をスローガンに掲げ，**人間環境宣言**が採択された。

❷ **国連環境開発会議（地球サミット）**…1992年にブラジルのリオデジャネイロで開かれ，**環境と開発に関するリオ宣言**，**アジェンダ21**，**気候変動枠組条約**，**生物多様性条約**などが採択された。

❸ **地球温暖化防止京都会議（気候変動枠組条約第3回締約国会議（COP3））**…1997年に京都で開かれた。この会議で採択された議定書（**京都議定書**）には，先進国の温室効果ガスの削減数値が定められた。しかし，中国・インドなどの発展途上国には削減義務がなく，先進国最大の CO_2 排出国のアメリカ合衆国が途中で離脱したため，2005年に議定書が発効してもその有効性に疑問があった。

❹ **持続可能な開発に関する世界首脳会議（環境・開発サミット）**…2002年に南アフリカ共和国のヨハネスバーグで開かれた。アジェンダ21の再確認などが行われ，**ヨハネスバーグ宣言**が採択された。

❺ **国連持続可能な開発会議**…2012年にブラジルのリオデジャネイロで開かれた。地球サミットから20年目にあたるため「**リオ＋20**」とも呼ばれる。

❻ **気候変動枠組条約第21回締約国会議（COP21）**…2015年にフランスのパリで開かれた。京都議定書にかわる新たな枠組みである**パリ協定**が採択され，世界の平均気温の上昇を産業革命以前より2℃未満におさえる目標が設定され，すべての国が温室効果ガスの削減に取り組む義務が定められた。2016年に発効した。

入試Info 温室効果ガスの削減数値を定めた**京都議定書**と**パリ協定**の内容の違いに注意しよう。京都議定書では，先進国にのみ温室効果ガスの削減義務があり，発展途上国にはその義務がない。パリ協定では，発展途上国も含めたすべての国に温室効果ガスの削減義務がある。

③ 資源・エネルギーの問題 ★★☆

1 くらしとエネルギー問題

〜限りある資源とエネルギー〜

❶ 日本のエネルギー消費…毎日のくらしの中で，石油・電力・ガスなどの直接的に使用するエネルギーと，商品の生産や輸送，貯蔵などに使うエネルギーが大量に消費されている。日本で１年間に消費されるエネルギーは，世界有数の量である。

❷ 一次エネルギーの消費と自給率…石炭や石油，水力などの一次エネルギーの消費量（石油換算）は，中国が第１位で，世界全体の24.4％（2018年）を占めている。日本を含めた上位５か国の一次エネルギー消費量の合計は世界全体の半分以上を占めている。2018年の世界の一次エネルギーの消費量は，1990年に比べて1.7倍に増加している。このまま消費量が増え続けると，世界全体の資源がなくなる可能性が出てくる。一方，日本の一次エネルギーの自給率は9.6％（2017年）ときわめて低く，エネルギー資源の多くを輸入に頼っている。

❸ 日本の原子力発電…化石燃料の大量消費は，二酸化炭素などの温室効果ガスの排出量を増やし，地球の温暖化を促進させる。石油危機を経て日本が推進してきた**原子力発電**は化石燃料を消費する火力発電に比べ，二酸化炭素を排出しない。しかし，東日本大震災における**福島第一原子力発電所事故**のように，いったん事故がおこると広い範囲が放射性物質に汚染され，放射性廃棄物の処理にも課題がある。事故後，日本では安全性が確認されるまですべての原子力発電所を停止した。その結果，日本のエネルギー構成は大きく変化し，化石燃料が総発電量の多くを占めるようになった。

Words 一次エネルギー

石炭・石油・天然ガスなどの化石燃料や，水力・原子力・地熱・風力などの加工されない状態で供給されるエネルギー。これに対して，電気・都市ガスなどのように，一次エネルギーを加工・変換してつくられたエネルギーを**二次エネルギー**という。

↑ 事故当時の福島第一原子力発電所

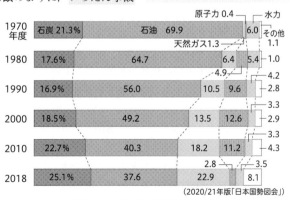

	石炭	石油	天然ガス	原子力	水力	その他
1970年度	21.3%	69.9	1.3	0.4	6.0	1.1
1980	17.6%	64.7	6.4	4.9	5.4	1.0
1990	16.9%	56.0	10.5	9.6	4.2	2.8
2000	18.5%	49.2	13.5	12.6	3.3	2.9
2010	22.7%	40.3	18.2	11.2	3.3	4.3
2018	25.1%	37.6	22.9	2.8	8.1	3.5

（2020/21年版「日本国勢図会」）

↑ 日本のエネルギー供給割合の推移

Episode

福島第一原子力発電所事故で放射性物質が大量に放出されたことにより，周囲20km圏内の住民は避難生活を余儀なくされた。土壌や農水産物などからも放射性物質が検出された。現在，廃炉に向けた作業が行われているが，作業が完了するのは2050〜60年になる計画である。

2 新しいエネルギー資源への期待と課題

～注目される再生可能エネルギー～

　今後とも，省エネルギー対策や資源の備蓄などを進め，資源の安定確保を図っていく必要がある。しかし，地球の資源は有限であることを前提に，さらなる省エネルギーへの取り組みや，無限であり環境にやさしくクリーンな**新エネルギー**の研究・開発を進めていくことが必要である。新エネルギーの多くは再生可能エネルギーであり，繰り返し利用できるエネルギーだが，発電量が不安定なことや開発や実用化に費用がかかるなどの問題がある。

近年，さとうきびやとうもろこしなどの植物を原料とする**バイオエタノール**が，ガソリンの代替エネルギーとして利用されている。しかし，世界の家畜飼料を奪い，穀物の価格上昇や食料不足を招くおそれがあると指摘する声もある。

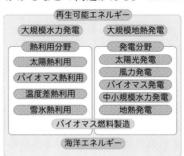

↑ 新エネルギー

参考 シェールガス

地下深くのシェール（頁岩）層に含まれている天然ガスの一種。アメリカ合衆国で採掘の技術が進み，採掘量が飛躍的に増えた。アメリカ経済全体に与える影響も大きく，「シェールガス革命」と呼ばれる。

4 人口・食料の問題 ★☆☆

1 人口の増加と貧困

～増え続ける人口～

　2020年現在，世界の総人口は約78億人で，今後も増加し続け，2050年には97億人になると予想されている。特にアジア・アフリカ・中南米の発展途上国では，人口が爆発的に増加している（人口爆発）。衛生や医療の向上による死亡率の低下や栄養状態の改善，子どもが貴重な労働力であることや出生率の高さなどが背景にある。人口の急増に食料生産が追いつかず，世界では約8億人の人々が1日1.9ドル未満で生活する**貧困**の状態に置かれている。

　一方，ヨーロッパや日本などの先進国では，出生率の低下と平均寿命が延びていることで，人口の高齢化が進んでいる。

参考 メタンハイドレート

低温・高圧下でメタンが氷状になったもので，日本近海で埋蔵が確認されている。採掘に多額の費用を要するなどの課題もあるが，実用化に向けた調査が進んでいる。

参考 貧困を解消するための取り組み

発展途上国やそこで生活する人々の経済的な自立を支援する取り組みが見られる。発展途上国で生産された農産物や製品を適正な価格で取り引きするフェアトレード（公正貿易）や，貧しい人々が起業するために無担保で少額の資金を融資するマイクロクレジット（少額融資）などの試みが行われている。

注目を集めているシェールガスとメタンハイドレートは，どちらもメタンを成分とする化石燃料である。そのため，燃焼によりさらに二酸化炭素の排出量が増えることや，採掘によって地層が不安定になることなどを懸念する声もある。

2 食料の問題

〜発展途上国で深刻化〜

　2018年現在，世界の穀物生産量は約30億 t もあり，世界の総人口に対して不足してはいない。しかし，実際には先進国で大量の食料が消費され，大量の食べ残しが出ている（**食品ロス**）ため，十分な食料を得られない発展途上国では，5人に1人が深刻な栄養不足に陥っている。国際連合の専門機関の**国連食糧農業機関**（**FAO**）は，飢餓の根絶に重点を置き，食料問題の解決にあたっている。

　このハンガーマップは，国連世界食糧計画（WFP）が，国連食糧農業機関の統計をもとに，世界の飢餓状況を，栄養不足人口の割合により国ごとに色分けして表現したもの。WFPは飢餓撲滅に向けた活動が評価され，2020年にノーベル平和賞を受賞した。

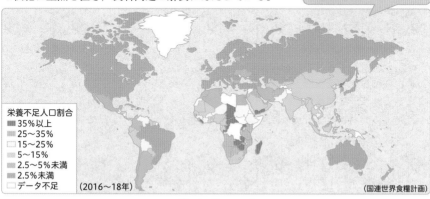

栄養不足人口割合
■ 35％以上
■ 25〜35％
□ 15〜25％
□ 5〜15％
■ 2.5〜5％未満
■ 2.5％未満
□ データ不足
（2016〜18年）　　（国連世界食糧計画）

↑ ハンガーマップ

Close Up　持続可能な開発目標（SDGs）

　「貧困をなくそう」「飢餓をゼロに」――。

　2015年，国連総会で加盟する193か国すべてが賛成し，持続可能な開発目標（SDGs〈Sustainable Development Goals〉）が採択された。SDGsは，「だれ一人取り残さない」を理念に掲げ，持続可能な社会を実現するために，紛争や貧困，地球環境問題など世界が直面している問題の解決に向けて，2030年までに達成することを目ざした17の目標（ゴール）である。

HighClass　食料問題の解決策は，発展途上国にただ食料を与えることではない。農業の技術指導や農機具の提供，かんがい施設の整備などを通じて，発展途上国の農業の発展，食料増産に貢献することが求められている。

5 国際社会における日本 ★★☆

1 国際社会への復帰

～独立の回復と国連への加盟～

❶ **サンフランシスコ平和条約**…第二次世界大戦後，日本はアメリカ合衆国を中心とした連合国軍に占領されたが，1951年にサンフランシスコ平和条約に調印して，翌年，独立を回復した。同時にアメリカ合衆国と日米安全保障条約を締結し，翌年にはそれに基づく**日米行政協定**（1960年に日米地位協定に改称）を結び，西側諸国の一員となった。

サンフランシスコ平和条約による日本の領域
その後の日本復帰地域

ソ連
樺太
千島列島
中華人民共和国
未解決
択捉島
色丹島
朝鮮民主主義人民共和国
大韓民国
竹島
国後島
歯舞群島
対馬
尖閣諸島
太平洋
沖縄・奄美諸島
小笠原諸島
琉球諸島 硫黄島
南鳥島
台湾
沖ノ鳥島
マリアナ諸島

↑ 日本の領土

❷ **サンフランシスコ平和条約の調印**…サンフランシスコ平和条約に日本はアメリカ合衆国やイギリスなど48か国と調印した。しかし，ソ連とポーランド，チェコスロバキアの社会主義3国は条約に調印しなかった。また，インドとビルマ（ミャンマー），ユーゴスラビアは調印が行われた会議に参加せず，中華人民共和国と中華民国は招かれなかった。このように，全面講和とはならなかった。

❸ **日米安全保障条約**…自発的に集団安全保障の取り決めを結べるというサンフランシスコ平和条約の規定により，日本は日米安全保障条約を結び，アメリカ軍の日本駐留と基地使用を認めた。また，**自衛隊**をつくり，日米相互防衛援助（MSA）協定で武器をアメリカ合衆国から借り，自国の安全を保持することになった。日米安全保障条約は1960年に改定され，改定後10年目の条約期限時以降にどちらかの国の意思で廃棄できることになったが，今日まで自動延長されている。

❹ **国連加盟**…日本の国際連合への加盟は，ソ連の拒否権行使によりはばまれていたが，1956年10月に**日ソ共同**

参考 サンフランシスコ平和条約の主な内容

- 条約成立後，連合国軍と日本は対等な地位に立つ。
- 日本は国連憲章の原則を守る。
- 日本と連合国との戦争状態は終結する。
- 日本は，朝鮮や台湾・澎湖諸島・千島・南樺太（サハリン）・太平洋の委任統治地のすべての権利を放棄する。
- 琉球諸島（沖縄）・小笠原諸島はアメリカ合衆国を唯一の施政権者とする（ただし，日本の潜在主権は認められる）。
- 日本の安全保障については，自発的に集団安全保障の取り決めを結ぶことができる。
- 賠償については，日本は原則として支払うべきだが，現在はその能力がないことを認め，日本の占領で直接損害を受けた国で賠償を要求する国は，生産や技術により支払いを受けるという方法で日本と直接交渉する。※

（※サンフランシスコ平和条約調印後，ビルマ〈ミャンマー〉・フィリピン・インドネシア・旧南ベトナムとの間に賠償協定が成立した。中国やインドなどは賠償請求権を放棄し，韓国とは日韓請求権協定が結ばれた。）

入試Info

日本が独立を回復した**サンフランシスコ平和条約**，アメリカ軍の日本駐留と基地使用を認めた**日米安全保障条約**，ソ連と国交を回復して国連加盟の契機となった**日ソ共同宣言**。これらはいずれも大事な条約（宣言）なので，しっかり覚えよう。

宣言が出されたことで両国の国交が回復し，ソ連が日本の国連加盟を支持したため，同年12月に実現した。こうして，日本は国際社会へ復帰することになった。

2 外交の課題

～直面する外交課題～

❶ 北方領土問題…日本は，サンフランシスコ平和条約によって千島列島を放棄したが，国後島・択捉島は日本固有の領土であり，放棄した千島列島に含まれないとして，ロシア連邦に返還を求めている。また，1956年の日ソ共同宣言で平和条約締結後，日本に返還が決められている歯舞群島，色丹島の返還も実現しておらず，北方領土問題は未解決のままである。

❷ 沖縄の基地問題…沖縄は1972年5月，アメリカ合衆国の軍政下から返還されたが，日米安全保障条約に基づいてアメリカ軍基地・施設は残されたままになった。現在も国内のアメリカ軍基地・施設の70％が沖縄に集中しており，騒音や事故，米兵による事件など多くの問題がおこっている。2006年5月には，世界一危険とされている普天間基地を名護市辺野古沿岸部に移設する案が日米で合意された。2013年12月，当時の知事が辺野古沿岸の埋め立てを承認したが，2014年12月以降の知事は，辺野古への移設に反対している。

年	できごと
1951	サンフランシスコ平和条約調印
	日米安全保障条約調印
1956	日ソ共同宣言，12月に日本が国連加盟
1960	日米新安全保障条約調印
1965	日韓基本条約調印
1968	小笠原返還協定調印
1971	沖縄返還協定調印
1972	日中共同声明
1978	日中平和友好条約
1992	国連平和維持活動(PKO)協力法成立，9月にカンボジアへ自衛隊を派遣
1999	新しい日米防衛協力のための指針(ガイドライン)関連法成立
2001	テロ対策特別措置法成立
2002	日朝首脳会談
2003	イラク復興支援特別措置法成立
2004	自衛隊をイラクへ派遣
2009	海上自衛隊護衛艦，ソマリア沖へ出発

↑ 戦後の主な日本外交

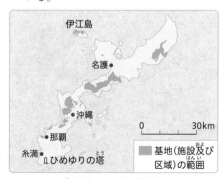

↑ 沖縄のアメリカ軍基地

↑ 北方領土

入試Info　日ソ共同宣言から日本の国連加盟までの流れは，入試で出題されやすい。①日ソ共同宣言，②日ソの国交が回復，③日本の国連加盟という流れを理解しよう。また，北方領土に関しては，四島(国後島・択捉島・歯舞群島・色丹島)の名称と位置をしっかり覚えておこう。

❸ **韓国との関係**…1965年に**日韓基本条約**が結ばれ，日本と韓国の国交が正常化した。政治・経済面で多くの利益を共有する両国であるが，韓国が**竹島**を不法占拠しており，日本は韓国に繰り返し厳重に抗議している。また，戦時中に日本から被害を受けた民間人が，日本政府・日本企業に対して謝罪や補償を求める訴訟をおこしている（戦後補償問題）。日本政府は，日韓基本条約と同時に結ばれた日韓請求権協定により，個人賠償を含む両国間の請求権問題は解決済みとしている。

❹ **北朝鮮との関係**…2002年に行われた日朝首脳会談で**日朝平壌宣言**が出され，関係改善が試みられた。だが，北朝鮮による日本人拉致問題や核開発など解決すべき課題は山積している。拉致された人々のうち5人の帰国が実現したが，まだ行方がわからない拉致被害者も多い。核開発問題を巡っては，2003年から6か国（日本・北朝鮮・アメリカ合衆国・中国・ロシア連邦・韓国）協議が開かれたが，2008年以降，協議は停滞している。

❺ **中国との関係**…第二次世界大戦後，両国の間には正式の国交が開かれなかったが，1972年の日中共同声明調印で国交が回復した。さらに1978年には**日中平和友好条約**が結ばれた。1970年代から中国が東シナ海上の**尖閣諸島**を自国の領土であると主張しはじめたが，日本は領土問題の存在を認めていない。しかし，2012年に日本が島を国有化して以降，中国船が日本の領海内に侵入することが増え，日本は警戒を強めている。また，東シナ海のガス田開発を巡る問題，歴史認識の違いなどが両国の間に懸案として残されている。

3 国際社会における日本の役割

～ ODA，PKO，NGOによる協力～

❶ **国際社会への日本の経済協力**…経済協力は資金の供給源から分類すると，政府開発援助（ODA），政府資金，民間資金，民間非営利団体による贈与などがある。日本のODAはアジアやアフリカを中心に行われている。金額では世界第4位（2018年）だが，ODAの対GNI比率は，経済協力開発機構（OECD）の下部機関である開発援助委員会（DAC）の加盟国の平均を下回っている。

↑竹島

←帰国した拉致被害者

↑尖閣諸島（魚釣島）

Words 政府開発援助（ODA）
先進国の政府が，発展途上国の経済開発や福祉の向上を図る目的で行う資金や技術援助のこと。ODAはOfficial Development Assistanceの略。

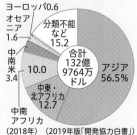

ヨーロッパ0.6
オセアニア1.6
中南米3.4
分類不能など15.2
合計132億9764万ドル
アジア56.5%
中東・北アフリカ12.7
中南アフリカ10.0
（2018年） （2019年版「開発協力白書」）
↑日本の2国間のODAの地域別実績

Episode 日中国交正常化（1972年9月）の翌月，中国から日中友好の証として，「ランラン」と「カンカン」という2頭のジャイアントパンダが日本に贈られた。2頭のパンダは東京都の上野動物園で公開され，これを見ようとする多くの来園者で賑わった（パンダブーム）。

❷ **国際紛争と日本の役割**…米ソ冷戦下，国連憲章の想定した集団安全保障体制はうまく機能しなかった。国連憲章に定められた，制裁のための国連軍は組織されなかったのである。そのため，国連は平和維持活動（PKO）に力を入れることになった。加盟国が自発的に提供した部隊を紛争地域に派遣し，紛争の再発防止や停戦の監視，公正な選挙の実施を支援するといった活動である。

国・地域	年	主な業務内容
カンボジア	1992〜93	停戦監視・選挙監視
モザンビーク	1993〜95	輸送業務
ゴラン高原	1996〜2013	兵力引き離し
東ティモール	2002〜04	道路・橋の補修
ネパール	2007〜11	停戦監視
スーダン	2008〜11	情報管理
ハイチ	2010〜13	地震被災者の支援
東ティモール	2010〜12	治安情勢の情報収集
南スーダン	2011〜	道路など社会資本の整備

⬆ 日本が参加した主なPKO

　戦後，日本は**平和主義**を掲げ，経済復興を成し遂げた。そのため，海外から経済力に見合う国際貢献を求められるようになった。1991年の湾岸戦争を契機に，国内でもPKOへの参加の是非が議論されるようになり，翌年，国連平和維持活動協力法（PKO協力法）が成立すると，政府はカンボジアに自衛隊を派遣した。さらに2004年にはPKOとは別に，戦争で荒廃したイラクの復興支援のために自衛隊を派遣した。

⬆ PKO活動を行う自衛隊員

❸ **非政府組織（NGO）による国際支援**…政府や国際機関ではなく，NGO（Non-Governmental Organization）と総称される民間の組織による海外での支援活動も活発になっている。利益を目的とする団体ではないこと，政府から独立しており，個人の自発的意思で参加する民間団体であることが特徴である。その活動範囲は，発展途上国の保健医療や貧困対策，難民救済，技術支援，地域開発，環境保護などである。日本のNGOには，災害人道医療支援会・難民を助ける会・日本医療救援機構・日本紛争予防センターなどがある。

ウガンダの子どもたちに文房具を届けるようす

⬆ 世界で活躍する日本のNGO

①	60.0%
②	55.3
③	43.0
④	38.2
⑤	36.7　（2019年10月調査）

① 国際平和への貢献（人的支援など）
② 環境・地球温暖化などの地球規模の課題解決への貢献
③ 軍縮・不拡散の取り組みなどを通じた世界の平和と安定への貢献
④ 開発途上国の発展のための協力
⑤ 世界経済の健全な発展への貢献
※複数回答，上位5位。　　　　（内閣府「外交に関する世論調査」）

⬆ 日本の果たすべき役割

Episode　国際協力機構（JICA）の事業である青年海外協力隊もODAの一環として行われている。隊員は自分のもつ技術・知識を生かし，派遣された国・地域でさまざまな技術指導や教育を行っている。これまで92か国に，4万5000人以上の隊員が派遣されている（2020年3月末現在）。

右側サイドバー：
第3編　公民
第1章　現代社会とわたしたちの生活
第2章　わたしたちの生活と民主政治
第3章　わたしたちの生活と経済
第4章　国際社会とわたしたち

6 より良い国際社会のために ★☆☆

1 多様性の社会

～多様な考え方・文化～

世界には，言語・宗教・道徳など，異なる文化をもつ多くの民族が存在している。独自の文化もあれば，日本と共通点をもつ文化もある。しかし，これらに優劣はなく，民族の尊厳とともに，**文化の多様性**も尊重されなければならない。2001年に国連教育科学文化機関（UNESCO）が採択した「文化的多様性に関する世界宣言」は，「文化的多様性の保護は，人間の尊厳への敬意と不可分の倫理的急務」と定めている。加えて，少数・先住民族の人権及び基本的自由の保障の大切さも訴えている。マイノリティを含む，こうした文化の多様性を否定することは排外主義につながり，戦争に発展することもある。

2 政治と宗教

～基本は政教分離～

世界にはキリスト教・イスラム教・仏教の世界三大宗教のほか，ユダヤ教やヒンドゥー教など多くの宗教が存在する。特定の宗教を国教と定める国がある一方，政治と宗教を厳格に分ける**政教分離**の原則を掲げる国もある。フランスは国家と宗教が完全に分離している。バチカン市国（キリスト教）やサウジアラビア（イスラム教）は，宗教国家として成立している。

3 これからの国際社会に必要なもの

～人間の安全保障，異文化理解を目ざして～

一人ひとりの人間が尊重されることを「**人間の安全保障**」という。わたしたちはこの考えに立って世界平和を実現していかなければならない。国際社会が抱える多くの問題を解決するためには，異なる文化や価値観をもつ世界の人々が対話し，相互に理解し，協力し合うことが必要になる。そのために必要なことは，文化の多様性を受容し，世界にあるさまざまな文化や価値観に敬意を払って理解（**異文化理解**）に努める姿勢であり，その違いを尊重する寛容の精神を養うことである。

参考 ユダヤ人の迫害

第二次世界大戦中，ドイツのヒトラー（ナチス）がユダヤ人を大量虐殺した。ヒトラーはドイツ民族の優秀性を国民に訴え，異なる宗教（ユダヤ教）・生活習慣をもつユダヤ人を迫害したのである。多様性を否定する民族主義・国家主義が，極端な排外主義と結びつき，悲惨なホロコースト（大虐殺）を引きおこしたのだった。

参考 グローバル化は画一化をもたらすのか？

グローバル化の進展により，地域固有の文化が失われ，画一化されているという指摘がある。例えば，日本の食文化を見ても，欧米のパン食や肉食が一般的になった。しかしその一方，タイ料理や韓国料理などを好む人も増えている。画一化と同時に多様化も拡大しているといえるだろう。また近年は，日本のローカルフード（郷土料理）を見直す動きもさかんになっている。

Words 人間の安全保障

人間一人ひとりに着目して，紛争や人権侵害，貧困，飢餓などの脅威から人々の生命や人権・生活・尊厳を守っていこうとする考え方。国家が軍事力によって国民を守るという，従来の「国家の安全保障」の考えに対する考えとして提唱されている。1994年に国連開発計画（UNDP）が打ち出した。

多様性の対象は，民族や文化だけではない。環境保全の分野では，あらゆる生物の保護と持続可能な利用を目ざす**生物多様性**が提唱されている。また人材登用の分野では，年齢・性別も問わない，自由で平等な働き方を促す多様性（**ダイバーシティ**）が提唱されている。

重点Check

第3編
公民

第1章
現代社会と
わたしたちの
生活

第2章
わたしたちの
生活と民主政治

第3章
わたしたちの
生活と経済

第4章
国際社会と
わたしたち

p.605 **1** 国家の主権の及ぶ領域は，領土，（　　　），（　　　）からなる。

1 領海，領空

p.607 **2** 国際連合の本部は，アメリカ合衆国の（　　　）に置かれている。

2 ニューヨーク

p.608 **3** 国際連合の主要機関の1つで，国際平和と安全を守る責任をもつ機関を（　　　）という。

3 安全保障理事会

p.608 **4** **3**の機関は，アメリカ合衆国・イギリス・フランス・ロシア連邦・中国の（　　　）と，10か国の（　　　）で構成される。

4 常任理事国，非常任理事国

p.610 **5** 国連教育科学文化機関は（　　　）とも呼ばれ，教育・科学・文化を通して各国の協力を促進し，世界平和と安全に貢献することを目的に活動している。

5 UNESCO

p.611 **6** 世界保健機関は（　　　）とも呼ばれ，疫病とたたかい，すべての人の精神及び肉体的健康の向上を図ることを目的に活動している。

6 WHO

p.618 **7** 1993年に域内の通貨統合と共通の外交・安全保障政策の実現を目的に発足したヨーロッパの地域統合組織を（　　　）という。

7 ヨーロッパ連合（EU）

p.618 **8** アジア・太平洋地域の貿易の自由化や技術協力を円滑にして，同地域の経済発展を目ざすための会議を（　　　）という。

8 アジア太平洋経済協力会議（APEC）

p.618 **9** **8**に加盟する一部の国々が全物品の関税撤廃を原則として結んだ協定を（　　　）という。

9 環太平洋経済連携協定（TPP）

p.618 **10** 発展途上国の間にも経済格差があり，そこから生じているさまざまな問題を（　　　）という。

10 南南問題

p.619 **11** 1968年，核保有国を限定し，新たに核兵器をもつこと，核保有国がもたない国に核兵器を渡すことを禁止した（　　　）が国連で採択された。

11 核拡散防止条約（NPT）

p.621 **12** 二酸化炭素やメタンガスなどは，地上の熱を逃がさない性質をもつので（　　　）と呼ばれ，これらのガスの増加が地球温暖化の原因と考えられている。

12 温室効果ガス

p.622 **13** 2015年，京都議定書にかわり，すべての国が**12**の削減に取り組む義務を定めた（　　　）が採択された。

13 パリ協定

p.625 **14** 持続可能な社会を実現するため，2030年までに達成することを目ざした17の目標を（　　　）という。

14 持続可能な開発目標（SDGs）

p.628 **15** 先進国の政府が発展途上国に対して行う資金援助や技術援助を（　　　）という。

15 政府開発援助（ODA）

p.629 **16** 政府間につくられた組織ではなく，純粋に民間組織として平和・人権問題などに取り組んでいる組織を（　　　）という。

16 非政府組織（NGO）

Level **2**

●右のグラフ中のア～エは，日本の「完全失業率」「労働組合の組織率」「全雇用者に占める非正規雇用者の割合」「男性の育児休暇の取得率」のいずれかの変化を示したものである。「完全失業率」の変化にあたるものを，ア～エから１つ選び，記号で答えなさい。　【洛南高】

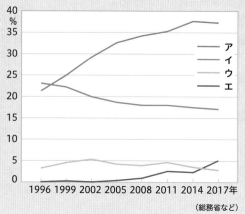

（総務省など）

▶ Key Point

バブル経済期以降の日本の雇用状況について把握しておく。日本の「完全失業率」は，長く２％台で推移してきたが，1990年代前半から上昇し，2002年には5.4％，世界金融危機後の2009年・2010年には5.1％に悪化した。2017年に２％台へ回復し，2019年は2.4％になっている。「完全失業率」はその国の景気の状況を表す指標の１つである。

▶ Solution

1996年以来，増加し続けており，およそ40％を占める**ア**は，「非正規雇用者の割合」を表している。「非正規雇用率」が低い都道府県は，徳島県，山形県，富山県。高い都道府県は，沖縄県，京都府，奈良県で，「非正規雇用」が多い都道府県は観光地に多い傾向にある。

少しずつ減少を続けている**イ**は，「労働組合の組織率」を表している。現在の「労働組合の組織率」は17％程度にとどまる。「労働組合の組織率」が減少し続けている理由に，「非正規雇用者の割合」の増加があげられる。

低い割合で推移してきた**エ**は，「男性の育児休暇の取得率」を表している。男性が育児休暇を取る環境がまだ整っていないことが取得率の低い原因だと考えられるが，近年は上昇傾向にある。

解答
ウ

難関入試対策 記述問題 第3〜4章

Level 2

●政府広報オンラインでは，「消費税は社会保障の財源を調達する手段としてふさわしい税金」とされている。一方で消費税の問題を指摘する声もある。消費税について次の問いに答えなさい。　【お茶の水女子大附高】

❶ なぜ消費税が社会保障の財源としてふさわしいのか，その理由について説明しなさい。

❷ 消費税の問題点を公平性の観点から説明しなさい。

▶Key Point

❶ 消費税はどのような性格のものかを考える。

❷ 消費税は間接税である。間接税は直接税と比較して，増税した場合に，どのような人たちが重く感じるかを考えてみる。

▶Solution

　社会保障制度で使われる歳出に対しては，社会保険料で賄うのが原則である。しかし，現在の日本の財政状況では，社会保険料だけでは不十分である。また，社会保障財源は高齢者に多く使われるという傾向がある。そのため，社会保険料を多く払っている現役世代に負担が集中し，その恩恵を受けていないという不平等な状況を生じさせている。

　間接税である消費税の特徴には，景気や人口構成の変化に影響されにくい，特定の世代に負担が集中せず，経済活動に中立的な性格をもっているという2つの特徴があげられる。所得の高低にかかわらず消費した分だけかかる消費税は，直接税の特徴である累進課税とは対極にあり，国民が広く受益する社会保障の費用をあらゆる世代が公平に分かち合うという利点をもっている。また，安定した財源を確保できるという利点ももっている。

　現在，社会保障関係費は歳出全体の35％近くにのぼり，2020年度予算内訳は年金・医療・介護・少子化対策などにあてられ，年金と医療はほぼ同等の金額が割りあてられている。

解答例

❶ 消費税はあらゆる世代から課税されるので，特定の世代に負担が偏ることがないから。／国民は生活をするために最低限の消費活動を行うことから，消費税は景気に左右されにくい安定的な財源だから。

❷ 消費に対して一律の税率を課すため，低所得者層の負担は大きくなる。

🔍 さくいん

・赤文字は人名です。
・地 は地理，歴 は歴史，公 は公民のマークです。

さくいん

あ か さ **た** な は ま や ら わ A-Z

※QRコードは㈱デンソーウェーブの登録商標です。

中学 自由自在 社会

昭和31年 3月10日 第 1 刷発行　　昭和61年 3月 1 日 改訂第1刷発行
昭和36年10月 5 日 全訂第1刷発行　　平成 5 年 3月 1 日 全訂第1刷発行
昭和38年 3月10日 増訂第1刷発行　　平成14年 3月 1 日 全訂第1刷発行
昭和40年 2月 1 日 全訂第1刷発行　　平成18年 3月 1 日 改訂第1刷発行
昭和42年 3月 1 日 全訂第1刷発行　　平成21年 2月 1 日 改訂第1刷発行
昭和47年 2月 1 日 全訂第1刷発行　　平成24年 2月 1 日 改訂第1刷発行
昭和53年 3月 1 日 改訂第1刷発行　　平成28年 2月 1 日 改訂第1刷発行
昭和56年 3月15日 全訂第1刷発行　　令和 3 年 2月 1 日 全訂第1刷発行

監修者 深 谷 圭 助
編著者 中学教育研究会
発行者 岡 本 明 剛

発行所 受 験 研 究 社
Ⓒ㈱ 増進堂・受験研究社

〒 550-0013 大阪市西区新町 2─19─15
注文・不良品などについて：(06) 6532-1581(代表)／本の内容について：(06) 6532-1586(編集)